SAINT LOUIS

ET

ALFONSE DE POITIERS

L'auteur et l'éditeur déclarent se réserver les droits de traduction et de reproduction à l'étranger.

Cet ouvrage a été déposé au ministère de l'intérieur (section de la librairie) en juin 1870.

SAINT LOUIS

ET

ALFONSE DE POITIERS.

ÉTUDE

SUR LA RÉUNION DES PROVINCES DU MIDI & DE L'OUEST A LA COURONNE

ET SUR LES

ORIGINES DE LA CENTRALISATION ADMINISTRATIVE

D'APRÈS DES DOCUMENTS INÉDITS

PAR

EDGARD BOUTARIC,

SOUS-CHEF DE SECTION AUX ARCHIVES DE L'EMPIRE
PROFESSEUR A L'ÉCOLE IMPÉRIALE DES CHARTES

OUVRAGE COURONNÉ PAR L'INSTITUT
(prix de l'Académie des inscriptions et belles-lettres en 1861)

PARIS
HENRI PLON, IMPRIMEUR-ÉDITEUR
10, RUE GARANCIÈRE

MDCCCLXX

INTRODUCTION.

But de l'ouvrage. — Alfonse et saint Louis sont inséparables. — Ils représentent l'ère féodale. — L'administration de saint Louis peu connue. — On peut l'éclairer par celle d'Alfonse sur laquelle on possède d'abondants renseignements. — Alfonse a facilité l'annexion des provinces de l'Ouest et du Midi à la couronne. — Son excellent gouvernement. — Centralisation étonnante mise en pratique par ce prince. — L'étude de son administration permet de connaître à fond le moyen âge.

Alfonse de Poitiers est un personnage nouveau dans l'histoire; il a été jusqu'ici profondément ignoré, aussi trouvera-t-on étrange de voir ce nom obscur figurer sur le titre de cet ouvrage à côté du nom éclatant de saint Louis. Et cependant rien n'est plus équitable que ce rapprochement. Tous deux ont eu le même labeur; mais l'un a recueilli la gloire, l'autre a eu l'oubli pour partage. On ne saurait pourtant séparer Alfonse de son frère, car leur œuvre a été commune, et tous deux ont un droit sinon égal, du moins incontestable, au souvenir des hommes.

Dans un précédent travail, nous avons retracé l'état de la France sous Philippe le Bel, nous efforçant de pénétrer dans les plus intimes détails de l'administration au commencement du quatorzième siècle[1]. Les suffrages de l'Académie des inscriptions, ratifiés par le bienveillant accueil du public, nous ont donné lieu de croire que nous n'avons pas entièrement échoué dans cette tâche; mais avions-nous atteint le but que nous

---

[1] *La France sous Philippe le Bel*, 1 vol. in-8°, Plon, 1861.

nous sommes proposé depuis longtemps, de faire connaître les institutions de la France au moyen âge? Nous ne l'avons point pensé. En effet, le moyen âge est bien vaste, et l'on comprend sous ce nom un laps de temps considérable, pendant lequel des révolutions véritables se sont progressivement accomplies. C'est ainsi qu'il y a un abîme entre la France de Philippe le Bel et celle de saint Louis, bien que ces deux rois soient à peine séparés par quelques années.

Philippe le Bel appartient en quelque sorte au monde moderne ; il rompit l'équilibre des pouvoirs sur lesquels avait jusqu'alors reposé la société, il tira tout à lui. L'unique représentant de la France fut désormais le Roi, qui agissait, ainsi qu'il se plaisait à le proclamer, en vertu de sa toute-puissance et de sa pleine autorité. Philippe le Bel a engendré Louis XIV. Quelle différence avec ce qui se passait un demi-siècle auparavant, au temps où la France gardait encore sa constitution féodale! Il y avait alors trois grandes classes, inégales en pouvoir, mais ayant chacune son action et ses garanties : la noblesse, le clergé, le tiers état. La royauté n'était qu'un pouvoir modérateur et protecteur. Le règne de saint Louis offre l'idéal de la royauté féodale, et l'on peut affirmer que ce prince a été un grand roi constitutionnel, car il respecta scrupuleusement la constitution politique qu'il trouva établie. Il chercha sans doute à en tirer parti, mais il n'essaya pas de la transformer à son profit, sous prétexte de l'améliorer.

C'est donc saint Louis qu'il convient d'étudier pour se former une juste idée de la royauté féodale ; mais ici s'offre une difficulté : les documents font défaut. Interrogeons les contemporains. Le confesseur de la reine Marguerite et Geoffroi de Beaulieu nous révèlent le saint; le sire de Joinville nous trace, dans ses Mémoires, un fidèle portrait du fils de Blanche de Castille et nous met à même d'admirer l'homme dans toute sa beauté morale. Mais où trouver le roi, le gouvernant? Ce ne sera certes pas dans cette *Vie de saint Louis* où Lenain de Tillemont a recueilli avec une patience infinie et comme entassé une foule de renseignements utiles, mais où il n'y a ni vie ni couleur, défauts rachetés du reste par une critique pénétrante[1].

Les documents ont manqué à Lenain; car, bien qu'il paraisse avoir eu à sa disposition les archives de la chambre des comptes, détruites depuis par un incendie en 1737, et dont la perte est à jamais regrettable, il ne lui a pas été donné de consulter les textes du Trésor des chartes, qu'il ne connut que par l'Inventaire de Du Puy et par des copies incomplètes et fautives. De là un assez grand nombre d'inexactitudes et même d'erreurs. D'ailleurs, à l'époque où il écrivait, l'attention des historiens n'était pas tournée vers ces questions d'administration et d'économie sociale qui nous intéressent aujourd'hui. En outre, Tillemont n'a pas mis dans son œuvre toute l'impartialité désirable. Janséniste ardent, il envisagea les rapports du pouvoir séculier et du Saint-Siége avec des préventions qui ont souvent obscurci sa vue. Qui le croirait? La *Vie de saint Louis* devint une œuvre de parti. Telle qu'il l'avait com-

---

[1] *Vie de saint Louis*, publiée pour la Société de l'histoire de France par M. de Gaulle, 6 vol. in-8°.

posée, elle était trop érudite, trop sévère pour être présentée au public délicat du dix-septième siècle. On chargea une plume habile, Filleau de la Chaise, de résumer le résultat de ses immenses recherches et d'en faire un livre d'une lecture agréable [1]. Le succès fut grand, mais ce fut un succès de scandale. On s'arracha l'édition (deux volumes in-quarto) de ce livre, dans lequel madame de Sévigné trouvait que l'auteur avait mis tant d'esprit [2], et grâce auquel les jansénistes, ennemis de la fréquente communion, écrasaient les jésuites en leur prouvant que saint Louis ne communiait que quatre à cinq fois par an [3]. Quant à l'œuvre de Lenain de Tillemont, elle resta inédite pendant près de deux siècles, jusqu'au moment où la Société de l'histoire de France en publia les débris, car une partie s'était égarée dans l'intervalle.

Depuis lors, la publication des *Olim* du parlement de Paris par M. le comte Beugnot, et celle de documents précieux par les éditeurs des derniers volumes du *Recueil des historiens de France*, commencé par les Bénédictins et continué par l'Académie des inscriptions, a notablement accru la somme des renseignements propres à nous initier au gouvernement de saint Louis [4]. Toutefois, cela n'est pas encore assez pour nous donner sur ce sujet une pleine lumière. Ces notions qui nous

---

[1] Paris, 1688, 2 vol. in-4°.

[2] Lettre à madame de Grignan, 25 octobre 1688. Édition Hachette, in-12, t. VI, p. 152.

[3] Voy. *Journal des savants*, année 1851, p. 625, article de M. Avenel.

[4] *Recueil des historiens de la Gaule et de la France*, t. XXI et XXII. Le tome XXI est dû à MM. Guigniaut et de Wailly, le tome XXII à MM. de Wailly et L. Delisle.

manquent, il faut les demander à l'inédit; mais là encore il y a pénurie, et il est impossible d'offrir un tableau complet de l'administration du saint roi. En cet état de choses, il est permis d'emprunter aux sciences naturelles un procédé dont on peut espérer les plus heureux résultats, et, de même qu'on a fait de l'anatomie comparée, faire de l'histoire comparée.

Puisque nous ne pouvons avec les documents, soit publiés, soit inédits, qui sont parvenus jusqu'à nous, reconstituer dans toutes ses parties l'administration royale au milieu du treizième siècle, il est légitime de rechercher un gouvernement contemporain offrant avec le gouvernement monarchique des analogies évidentes, sur lequel on aurait l'avantage de se procurer des renseignements abondants. Mais quel est ce gouvernement?

Au commencement du treizième siècle, le nombre des grands fiefs était restreint et allait toujours en diminuant par suite de l'extinction de familles princières et de la réunion de plusieurs seigneuries sur une même tête. Dans tous les grands fiefs, à travers la diversité des usages et des dénominations, on constate une sorte d'uniformité dans les principes qui régissaient l'administration, et l'on est frappé de la ressemblance qu'offrent les règles observées dans ces fiefs avec celles que l'on trouve en vigueur dans le domaine royal. Mais il y aurait danger à pousser l'assimilation trop loin et à vouloir combler certaines lacunes de l'histoire de l'administration royale à l'aide de documents empruntés à une province soumise à un feudataire, à la Champagne par exemple. D'ailleurs, pour les grands fiefs, les documents antérieurs au milieu du treizième siècle ne sont pas plus nombreux que pour les pays soumis à l'obéissance directe au Roi[1].

Il existe pourtant un gouvernement, un seul, que l'on peut prendre pour terme de comparaison ; ce gouvernement, l'Académie des inscriptions l'a indiqué en proposant en 1859, pour sujet de prix à décerner en 1861, la question suivante :

« *Faire connaître l'administration d'Alfonse, comte de Poitiers et de Toulouse, d'après les documents originaux qui existent principalement aux Archives de l'Empire, et rechercher en quoi elle se rapproche ou diffère de celle de saint Louis.* »

La voie était tracée, il n'y avait plus qu'à la suivre. Nul danger de s'égarer ; car, pour emprunter une figure à la science dont nous invoquions tout à l'heure un procédé, il y a identité non-seulement dans le genre, mais encore dans l'espèce.

Alfonse était frère de saint Louis. En vertu du testament de Louis VIII, il reçut à titre d'apanage le Poitou et l'Auvergne, qui, durant sa minorité, c'est-à-dire pendant quinze années, furent administrés par les agents du Roi d'après les errements de la monarchie. En 1249, il devint comte de Toulouse, du chef de sa femme, fille et héritière de Raymond VII ; il eut à gouverner des domaines qui le cédaient peu en étendue à ceux de la couronne, et il s'appliqua à les faire jouir d'une bonne administration. Il donna aux différentes parties

---

[1] Voir sur l'administration de la Champagne, depuis la mort de Henri le Libéral jusqu'à l'avénement de Philippe le Bel, d'Arbois de Jubainville, *Histoire des ducs et des comtes de Champagne*, t. IV, IIe partie.

de ses vastes États une impulsion uniforme, communiquant ainsi l'unité administrative aux provinces éloignées et diverses que la fortune, par un jeu bizarre, avait réunies sous son autorité et qu'il semble avoir eu pour mission de rendre françaises. Cette direction suprême était en harmonie avec celle que la royauté donnait à ses domaines et avec les principes qu'elle cherchait à faire prévaloir dans tout le royaume. Le comte de Toulouse gouvernait par lui-même, et, fait digne de remarque, il ne résida jamais dans ses domaines, qu'il ne fit que traverser en revenant de Terre sainte et en se rendant à la dernière croisade. Il demeurait dans les environs de Paris, allant de château en château, à l'exemple des princes de sa race. L'étroite amitié qui l'unissait à saint Louis, les rapports journaliers qu'il avait avec son frère, les traditions de famille, tout l'invitait à prendre pour modèle celui qui était regardé de son vivant comme le plus parfait des rois et le plus saint des hommes. Il l'imita, et c'est comme exécuteur des volontés ou reflet des idées de saint Louis qu'il est important de l'étudier et de rechercher par quels moyens il fit pénétrer les idées françaises et monarchiques dans des provinces qui avaient appartenu jusqu'alors à des feudataires ennemis ou rivaux de la couronne. Alfonse sut y introduire et, ce qui n'était pas facile, y faire aimer la domination française.

L'histoire d'Alfonse est l'histoire de l'annexion des provinces de l'Ouest et du Midi; mais là n'est pas le seul intérêt de cette étude. Ces grands résultats que nous venons de signaler sont dus à une centralisation énergique qui laisse peu de chose à envier à celle que les temps modernes revendiquent comme une de leurs gloires, et qu'après avoir longtemps attribuée à la Révolution on veut bien faire remonter à l'ancien régime, mais sans aller au delà de Louis XIV[1]. Pour saisir le jeu de cette centralisation dès le treizième siècle, on n'a qu'à parcourir les registres où était inscrite jour par jour la correspondance d'Alfonse avec ses sénéchaux et ses autres agents. On y voit que le comte était consulté sur toutes choses; qu'il décidait les questions d'un intérêt purement local; qu'il exerçait dans toute son étendue ce qu'on est convenu d'appeler la tutelle administrative.

On arrive donc à éclairer l'administration de saint Louis par celle d'Alfonse; mais si le comte de Poitiers imita son frère, il le fit avec discrétion et intelligence. Les principes étaient les mêmes; mais il savait en varier l'application suivant les circonstances et les lieux. Il avait à régir des provinces ayant chacune son caractère, on peut dire son autonomie, le mot est juste. Or, cette autonomie, Alfonse se fit un devoir de la respecter, se conformant ainsi à la conduite tenue par saint Louis et par les rois ses prédécesseurs. C'est ce respect des institutions en vigueur dans les provinces conquises ou réunies à la couronne par une cause pacifique qui a fait la force et la grandeur de la royauté française au moyen âge. Elle ne cherchait pas à s'assimiler ses nouveaux domaines en changeant les lois et les usages établis pour y introduire une législation nou-

---

[1] Voir le livre de M. de Tocqueville, *l'Ancien régime et la Révolution*, livre où la vérité et l'erreur se combinent.

velle, au risque de choquer les habitudes et les préjugés. Elle s'efforçait peu à peu de supprimer les abus, d'affaiblir les résistances, de contenir la noblesse, de protéger le tiers état, en un mot de faire régner l'ordre et respecter le principe d'autorité. Alfonse fut fidèle à cette politique, et comme son action s'étendait sur des provinces qui avaient des coutumes et des traditions différentes, les actes de son administration portent l'empreinte de ces différences et nous donnent des renseignements précis sur des institutions locales intéressantes. Ce n'est pas tout : si Alfonse fut imitateur, il fit aussi preuve d'initiative et d'originalité; il y a des institutions qu'il créa, d'autres qu'il modifia heureusement.

Répondant à l'appel de l'Académie, nous avons tenté de tracer le tableau de l'administration du comte de Poitiers et de Toulouse : notre essai a été couronné, il y a de cela déjà huit ans. Depuis, tout en nous livrant à d'autres travaux, nous n'avons cessé d'améliorer et de compléter notre œuvre pour la rendre plus digne de l'Académie et du sujet lui-même. Le sujet est magnifique, et nous nous en sommes épris. Nous n'avons pu voir sans étonnement et sans admiration une administration savante, à une époque que bien des hommes éclairés regardent comme barbare : administration qui avait ses principes et ses règles, et qui, malgré ses erreurs et ses fautes, fut plus paternelle et plus loyale, plus soucieuse du droit et des intérêts populaires que celle de temps moins éloignés de nous. Et puis, nous l'avouerons, notre tâche, bien que sévère, n'a pas été sans charme; nous avons éprouvé une sorte de volupté à interroger ces manuscrits inconnus et oubliés, qui, sous la forme de comptes, d'enquêtes et de correspondances, permettent de faire revivre un passé sur lequel le temps semblait avoir épaissi des ombres impénétrables. Ces documents ont échappé aux Bénédictins auteurs de cette merveilleuse histoire de Languedoc qui a illustré le nom de dom Vaissete[1], et à dom Fonteneau, qui a réuni une immense collection de copies de chartes pour servir à une histoire du Poitou restée à l'état de projet[2]. Quelques-uns se trouvent à la Bibliothèque impériale; la plupart sont conservés aux Archives de l'Empire, mais épars et disséminés.

Nous avons réuni près de quatre mille actes, lettres ou comptes, avec lesquels nous avons entrepris de reconstituer l'administration du comte Alfonse; nous croyons fermement que les notions nouvelles et précises que nous apportons seront d'une véritable utilité pour asseoir une opinion définitive sur le moyen âge, trop exalté par les uns, trop rabaissé par les autres, mais qui, en tout cas, pour l'honneur de l'espèce humaine, n'a pas été cette époque honteuse et dégradée imaginée par certains hommes, où quelques tyrans s'ingéniaient à opprimer des milliers d'esclaves silencieux et avilis. Loin de nous cependant la pensée de

---

[1] *Histoire générale de Languedoc*, par D. de Vic et D. Vaissete, 5 vol. in-folio, Paris, 1730-1745. Nous citons dans le cours de cet ouvrage la 2ᵉ édition en 10 volumes in-8°, publiée à Toulouse par M. du Mège. — M. Dulaurier en prépare une nouvelle, qui sera plus digne de D. Vaissete.

[2] Les copies recueillies par dom Fonteneau sont conservées à la bibliothèque de Poitiers. Un excellent inventaire en a été publié par M. Redet, inventaire qui a été imprimé et figure parmi les *Mémoires de la Société des antiquaires de l'Ouest*.

présenter le moyen âge comme l'âge d'or : il s'y passa des choses détestables qu'on ne saurait trop réprouver et flétrir, et nous n'omettrons pas de signaler ce que le gouvernement d'Alfonse et de saint Louis pourra offrir de répréhensible. Loin de nous surtout l'intention de restaurer le mot si profondément erroné de madame de Staël : « La liberté est ancienne en France, le despotisme seul est nouveau. » Mais si au moyen âge la liberté n'existait pas (où est-elle?), il y avait des libertés, des droits et des devoirs reconnus et sanctionnés, une centralisation qui était un progrès évident et pour le gouvernement et pour les administrés; car c'était, remarquons-le bien, le seul moyen de soustraire ces derniers à la tyrannie des agents locaux, même dans les communes, où l'aristocratie bourgeoise se montrait envahissante et arbitraire. Le recours volontaire des sujets au prince était même tellement fréquent qu'on était obligé à chaque instant d'y mettre des bornes et de rappeler au respect de la hiérarchie. La responsabilité des agents n'était pas un mot, et le gouvernement les désavouait et les punissait quand ils le méritaient. Les plaintes contre eux, les dénonciations étaient non-seulement acceptées, mais provoquées. Nous avons eu le bonheur d'établir ce fait pour saint Louis et pour Alfonse à l'aide de documents entièrement inédits.

Nous le répétons, la centralisation existait dès le treizième siècle, et ce fut un bien : c'est elle qui a fait de la France une nation, pendant que les pays voisins restaient morcelés en petites souverainetés féodales. Saint Louis et Alfonse contribuèrent puissamment à établir cette centralisation, dont il ne faut pas confondre les effets avec les abus, et ils ont bien mérité de la France. Mais s'il y a eu communauté de vertu entre ces deux hommes, il n'y a pas communauté de gloire : saint Louis a éclipsé son frère. Il nous semble doux de réparer cette injustice ou cet oubli de l'histoire, et d'assigner la place élevée dont il est digne à un prince qui ne s'est pas illustré par les armes, mais qui, au sein de la paix, n'eut qu'un désir de bien gouverner, et qui par sa sagesse et sa justice a conquis moralement les provinces du Midi à la France[1].

---

[1] Voyez à la fin du volume l'indication des sources qui ont servi à la composition de notre travail.

LIVRE PREMIER.

RÉCIT DES ÉVÉNEMENTS.

CHAPITRE PREMIER.

LA GUERRE DES ALBIGEOIS ET SES CONSÉQUENCES.

La réunion du midi de la France à la suite de la croisade contre les Albigeois est un des grands événements de notre histoire : elle a consommé l'unité nationale de la France. — Alfonse a cicatrisé les plaies de la croisade et rendu français le Languedoc. — Situation des comtes de Toulouse avant la croisade; ils sont entourés d'ennemis; ils ne peuvent fonder une monarchie méridionale. — Leur conduite habile; les mariages et les divorces sont pour eux des actes politiques. — Ils sont peu puissants chez eux. — L'hérésie attire sur le Midi les rigueurs de l'Église. — Une croisade est prêchée; Raymond compromis. — Conduite de Philippe Auguste qui refuse de prendre part à la croisade. — Raymond dépossédé de ses domaines, qui sont donnés à Simon de Montfort. — Grand mouvement national en faveur de Raymond, qui ne cesse d'être catholique; il n'aurait eu qu'à perdre à lever le drapeau de l'hérésie. — On le considère comme une victime; singuliers bruits sur les sentiments intimes d'Innocent III à son égard. — Simon de Montfort veut gouverner par la douceur; il rencontre partout la révolte et périt. — Son fils et successeur Amaury incapable. — Le prince Louis fait une expédition en Languedoc. — Mort de Raymond VI. — Rapprochement entre Amaury et Raymond VII. — Mort de Philippe Auguste. — Louis VIII supplié par le concile de Paris de prendre en main la conduite de la croisade. — Conditions auxquelles il accepte. — Renonciation d'Amaury à ses droits. — Le Pape invite le Roi à se rendre en Terre sainte. — Colère de Louis VIII. — Le clergé renouvelle ses instances auprès du Roi, qui finit par consentir à conquérir pour son compte le Midi. — Son expédition. — Rôle du clergé méridional, qui va au-devant du Roi. — Siége d'Avignon. — Toulouse résiste. — Mort du Roi. — La reine Blanche conclut en 1229 avec Raymond VII un traité qui met fin à la guerre des Albigeois. — Raymond abandonne une partie de ses États et promet sa fille à l'un des frères de Louis IX.

Le grand travail de la formation territoriale de la France, qui a mis tant de siècles à s'accomplir, n'a point suivi une marche régulière. Il faisait de temps à autre de notables progrès, puis il s'arrêtait pendant de longues années; souvent même il semblait reculer [1]. Le treizième siècle fut certainement une des époques où la royauté reçut le plus d'accroissement et où l'unité française, dont elle était le représentant et l'agent, fut le plus près de se réaliser. On a souvent loué la royauté du moyen âge de son habileté et de sa prudence : on a eu raison. Nos rois contribuèrent puissamment par leur mérite personnel à donner à la France la place qu'elle a toujours occupée dans le monde; ils offrent une série d'individualités remarquables dont on ne saurait trouver l'analogue chez aucun autre peuple; mais on doit aussi reconnaître qu'ils ne furent pas seulement habiles, ils furent heureux. Les événements les servirent à souhait.

Jetons en effet un regard sur l'état de la France en l'an 1200, et nous serons étonnés du peu d'étendue du domaine royal. Il se composait des comtés de Paris, de Melun, d'Étampes, d'Orléans et de Bourges [2]. Ce territoire exigu était entouré et comme étouffé par les comtés de Flandre et de Champagne, par le duché de Bourgogne, par les Anglais qui possédaient la Normandie, la Bretagne, l'Anjou, le Maine, la Saintonge, la Guyenne et la Gascogne. Les provinces du Midi semblaient étrangères, et l'action de la royauté y était presque nulle. Si alors on eût prédit qu'un demi-siècle après la Normandie, les provinces de

---

[1] Cette marche rétrograde doit être surtout attribuée aux imprudentes concessions d'apanages faites par les rois aux dépens des domaines de la couronne en faveur de leurs fils puînés. Le roi Jean, en donnant à l'un de ses fils la Bourgogne, dont il venait d'hériter, constitua, sans le vouloir, un État qui devint un rival puissant pour la monarchie.

[2] Voyez le compte des recettes du domaine royal en l'an 1202 dans Brussel, *Nouvel usage des fiefs,* t. II, Preuves, p. cxxxix.

l'Ouest et le Languedoc tout entier seraient unis au domaine royal, une pareille prédiction eût paru insensée, et c'est pourtant ce qui arriva. De tels événements peuvent bien être aidés par la sagesse humaine, mais la cause en est plus haut.

La conquête de la Normandie, de l'Anjou, du Poitou et de l'Auvergne, par Philippe Auguste et par Louis VIII, fut sans doute un résultat inattendu; mais la réunion, à la suite de la croisade contre les Albigeois, des provinces du Midi à la couronne a une bien autre importance; elle tient du prodige, et l'on peut affirmer que le jour où elle fut effectuée, notre nationalité fut définitivement constituée. Les autres provinces qui vinrent à leur tour se grouper autour de la royauté capétienne, pour former la grande famille française, avaient des affinités de langage et de mœurs; il n'en était pas de même du Midi, qui parlait une langue particulière et possédait une législation différente de celle qui régissait les autres parties de l'ancienne Gaule. C'étaient là des conditions qui, jointes à l'éloignement du centre d'action de la monarchie, devaient rendre, sinon impossible, du moins très-difficile, l'assimilation du Languedoc; aussi fallut-il, pour amener cette réunion, une de ces terribles catastrophes, en dehors de toute prévision, dont les résultats gigantesques dépassent les combinaisons les plus habiles et les rêves les plus téméraires. Une partie du Nord se précipita sur le Midi pour venger l'Église catholique attaquée par l'hérésie albigeoise : il y eut invasion sanglante, dépossession des vaincus, conquête pour tout dire, et cependant, un demi-siècle plus tard, le Languedoc faisait à tout jamais partie intégrante de la monarchie française, et avait appris cette inviolable fidélité à la France dont il donna un exemple éclatant au quinzième siècle en restant énergiquement fidèle à la mauvaise fortune de Charles VII pendant que Paris obéissait aux Anglais.

Cette soumission n'était ni l'effet de l'apathie ni le produit de la compression. Les hommes du Midi ont à un haut degré l'amour du sol natal et un vif amour de la liberté ; ils auraient lutté avec une persévérante énergie contre les Capétiens s'ils avaient trouvé en eux des oppresseurs et poursuivi cette résistance opiniâtre qu'ils avaient opposée à Simon de Montfort. En outre la royauté n'était pas assez forte pour contenir de nombreuses populations hostiles ou désaffectionnées. Comment donc expliquer cette facilité avec laquelle les Méridionaux acceptèrent la domination française? La question paraît malaisée à résoudre si on consulte les historiens modernes : on a imaginé des inimitiés de race entre le Nord et le Midi, une jalousie longtemps contenue qui finit par éclater. On nous montre une nouvelle invasion de barbares qui viennent détruire la brillante civilisation méridionale dont ils sont offusqués. On a historiquement abusé des inimitiés de race ; il serait absurde de les nier, mais il ne faut pas non plus leur accorder trop d'importance.

Nous allons retracer brièvement l'histoire de la réunion du Languedoc à la France [1]. Il faut distinguer deux pério-

---

[1] Consultez sur ce sujet Guibal, *Le Poëme de la Croisade contre les Albigeois ou l'Épopée nationale de la France du Sud au treizième siècle*. Toulouse, 1863, in-8°, notamment p. 235 et suiv., le chapitre intitulé : *Relations extérieures du Midi avec l'Italie, l'Espagne et la France du Nord. L'union de ces deux moitiés de la France est-elle l'œuvre de la guerre des Albigeois?* M. Guibal a, selon nous, accordé trop d'importance historique au poëme de la croisade. Il a le mérite d'avoir pressenti que ce poëme était l'œuvre de deux auteurs différents : l'un, partisan de Montfort; l'autre, fidèle au comte de Toulouse (p. 164 et suiv.), fait qui a été démontré philologiquement par M. P. Meyer, *Bibliothèque de l'École des chartes*, 6e série, t. I, p. 401 et suiv.

des : celle de violence, terminée en 1229 par le traité de
Meaux qui mit fin à la croisade; celle de réparation et
d'apaisement sous saint Louis et sous Alfonse de Poitiers.

Au commencement du treizième siècle, la plus grande
partie des provinces méridionales obéissaient à la puissante maison de Saint-Gilles, qui semblait devoir prendre
dans le Midi le rôle que la royauté capétienne s'apprêtait
à jouer dans le Nord. Elle avait absorbé la plupart des
grands fiefs avec lesquels elle s'était trouvée en contact.
Au comté de Toulouse, elle joignait le domaine direct du
duché de Narbonne, du Quercy, du Rouergue, de l'Agenais, de l'Albigeois, de la vicomté de Nîmes, du comtat
Venaissin; les vicomtes de Béziers et de Carcassonne, les
comtes de Foix, les seigneurs de Montpellier reconnaissaient sa suzeraineté. Tous ces pays avaient les mêmes lois,
les mêmes mœurs, la même langue; on se demande pourquoi ils n'auraient pas formé, sinon une nationalité, du
moins une monarchie nouvelle, et pourquoi les comtes de
Toulouse n'auraient pas ceint la couronne royale. L'Espagne n'était-elle pas divisée en plusieurs royaumes, dont
l'un, celui d'Aragon, était vassal du roi de France pour le
comté de Barcelone? Mais non, cette civilisation méridionale, qui de loin jette tant d'éclat, n'était qu'une vaine
apparence. La puissance des comtes de Toulouse était
illusoire. Ils avaient de vastes domaines, une suzeraineté
étendue; mais tout cela était incohérent, et n'avait pas
même de nom; car on appelait Provence au commencement du treizième siècle non-seulement la province que
nous désignons ainsi, mais encore le comté de Toulouse [1].

Les comtes de Toulouse étaient entourés d'ennemis

---

[1] Voy. Ménard, *Hist. de Nismes*, t. II, notes, p. 1; — Vaissete, t. V, p. 323, et t. VI, p. 37; — Catel, *Comtes de Tholose*, p. 2 et 3.

qui les menaçaient constamment, les rois d'Angleterre, ducs de Guyenne, et les rois d'Aragon. Ces derniers débordaient de ce côté des Pyrénées; ils possédaient de nombreuses seigneuries en France, Montpellier, Carlat, Milhaud, etc. Une branche de la maison de Barcelone avait la Provence, que Raymond V essaya en vain de lui enlever à l'aide des Génois, auxquels il avait promis de céder Marseille [1]. Les Raymond avaient dans leurs propres vassaux des ennemis intérieurs toujours prêts à les trahir et à se liguer contre eux avec l'étranger. Le père de Raymond Roger, de ce malheureux vicomte de Béziers, que Simon de Montfort dépouilla dès le début de la croisade, donna bien du souci à ce même Raymond V, son beau-père, et passa une partie de sa vie à lui faire la guerre; et notez que c'était un homme à craindre, car il exerçait sa suzeraineté sur de nombreuses seigneuries, les vicomtés de Béziers et de Carcassonne, le Rasès, Albi, le Lauraguais, le Minervois, le Termenez, etc.

A l'égard de ces dangereux voisins les comtes de Toulouse tinrent une conduite habile, mais non exempte de duplicité, analogue à celle qui permit plus tard à la maison de Savoie de conserver son indépendance et de s'étendre. Ils cherchèrent des appuis dans des alliances matrimoniales, mais sans se porter longtemps du même côté. C'est une curieuse histoire que celle des mariages de ces princes : ils divorcent à chaque instant, et la politique donne la clef de cette inconstance. Nous ne remonterons pas à Raymond V, qui divorça avec Constance, sœur du roi Louis VII. Raymond VI épousa d'abord, étant simple héritier présomptif, Ermesende de Pelet, riche veuve, qui

---

[1] Voyez le traité important conclu entre Raymond V et les Génois, publié par M. Roschach, dans les *Mémoires de l'Académie impériale des sciences de Toulouse,* année 1866.

lui apporta le comté de Melgueil : il perdit bientôt la femme et garda la dot. Il s'unit ensuite à sa cousine Béatrice, de la très-noble maison de Béziers; mais ce n'était point une héritière, elle avait un frère. Peu après il s'éprit de Bourgine, fille d'Amaury de Lusignan, alors duc, depuis roi de Chypre. Sans plus de détours il proposa à sa femme de lui laisser, en se retirant dans un couvent, la faculté de contracter un mariage qui l'apparenterait bien. La jeune comtesse accepta avec résignation cette étrange proposition, prit le voile et quitta la place à Bourgine. A la mort de Raymond V, son fils devint un grand personnage, et son ambition crut avec sa fortune. Il fut pendant quelque temps en guerre avec le roi d'Angleterre. Un accommodement survint, et Raymond se persuada que le meilleur moyen de cimenter la paix était d'épouser la sœur de son nouvel allié. Jeanne Plantagenet avait trente et un ans, mais sa dot était superbe, car son frère Richard renonçait en sa faveur aux prétentions de ses prédécesseurs sur le comté de Toulouse en qualité d'héritiers de la maison de Poitiers : il restituait le Quercy et donnait l'Agenais à charge d'hommage envers le duché de Guyenne. Raymond se rappela que Bourgine était sa parente, et qu'il n'avait pas obtenu de dispense : il divorça et épousa la riche Anglaise, qui ne tarda pas à mourir, lui laissant un fils lequel fut Raymond VII. Ennemi du veuvage, il convola à de nouvelles noces, mais à l'alliance anglaise il fit succéder l'alliance aragonaise, et prit pour femme Éléonore, sœur du roi don Pèdre. L'alliance avec la famille royale d'Aragon fut jugée si utile que le jeune Raymond VII s'unit à une autre sœur de don Pèdre, et devint ainsi le beau-frère de son propre père. Sancie était plus âgée que le jeune Raymond : elle lui donna une fille, qu'épousa plus tard Alfonse de Poitiers; mais son mari la délaissa. Il voulait un fils; il finit par la répudier en 1241, pour se marier à Marguerite, fille du comte de la Marche, avec lequel il se ligua contre saint Louis; mais ils furent battus l'un et l'autre. Marguerite le gêna. Il divorça en 1245, sous prétexte de parenté, en fait, dans l'espoir d'obtenir la main de Sancie, fille du comte de Provence; mais Sancie lui échappa, et ce fut Charles d'Anjou, frère de saint Louis, qui devint l'heureux époux de l'héritière du comte de Provence[1].

Nombre de seigneurs imitèrent ces exemples qui favorisaient le relâchement des mœurs; le grand prétexte des divorces était la parenté, prétexte qu'on était toujours sûr de trouver. L'intérêt et le caprice formaient et dénouaient les liens les plus sacrés, et la dignité et la sécurité de la famille se trouvaient compromises.

Au milieu de leurs variations politiques, les comtes de Toulouse se montraient pleins de respect envers le roi de France, leur suzerain. Ils n'oubliaient pas qu'ils étaient Français, ni leurs peuples non plus; car, fait digne de remarque, dès la révolution qui mit Hugues Capet sur le trône, on voit figurer au bas des actes rédigés dans le Midi, à côté des noms du comte et de l'évêque, celui du Roi[2]. Les Capétiens ne furent pas ingrats. En 1159, Louis VII marcha au secours du comte de Toulouse assiégé par

---

[1] Sur les mariages de Raymond VI, consultez l'invective du moine des Vaux de Cernay, *Historiens de France*, t. XIX, p. 9; Catel, *Comtes de Tholose*, p. 222, et Vaissete, t. V, p. 401, note sur les femmes et les enfants de Raymond VI dit le Vieux.

[2] Pour se convaincre de ce que nous avançons, on n'a qu'à parcourir les Preuves de D. Vaissete et de l'*Histoire de Nismes*, de Ménard; le tome Ier des *Layettes du Trésor des chartes*, de Teulet, etc. Ce ne fut qu'en 1180 qu'un concile de Tarragone interdit de faire figurer les noms des rois de France sur les actes rédigés en Catalogne.

Henri II[1] ; et, en 1195, Philippe Auguste gratifia Raymond VI de la garde de l'abbaye de Figeac[2], et pour donner plus de solennité à cet acte, il le scellait d'une bulle d'or[3].

Faible au dehors, le comte de Toulouse n'était pas plus fort au dedans. Le système féodal n'avait pas jeté de profondes racines dans le Midi. Un grand nombre de vassaux ne devaient pas le service militaire, beaucoup de terres étaient des alleux : la liberté de la terre était même de droit commun. D'un autre côté, le régime municipal était puissant en Languedoc, et empreint d'une intelligente vitalité, car il n'était pas exclusif comme dans le Nord. Il admettait dans son sein les trois ordres, et les clercs, ainsi que les nobles, siégeaient dans les assemblées populaires à côté des bourgeois. Cette indépendance, les communes du Midi en avaient trouvé le modèle dans les républiques italiennes avec lesquelles elles étaient en relations journalières de commerce et d'amitié, et, à leur exemple, elles surent la conquérir, car l'établissement des communes méridionales ne se rattache pas exclusivement à d'anciennes traditions, et n'a pas été aussi pacifique qu'on le croit. Il y eut au douzième siècle de véritables insurrections dans les principales cités, et les seigneurs furent contraints d'accorder des libertés[4].

---

[1] *Historiens de France,* t. XIII, p. 302.

[2] Brussel, *Usage des fiefs,* t. II, p. 780. — Conf. Delisle, *Catalogue des actes de Philippe Auguste,* n° 433.

[3] La bulle d'or n'existe plus, mais on trouve au Trésor des chartes, Bulles d'or, n° 6, J. 419, une copie de la charte de Philippe Auguste, du quinzième siècle, avec la mention suivante : « Copia istius littere sigillo aureo sigillate, et per antiquitatem et malam custodiam dirrupte vel corrose. » Le fait nous a paru bon à relever. Conf. Teulet, *Layettes du Trésor des chartes,* t. I, p. 180, n° 424.

[4] Voyez plus bas le chapitre consacré aux institutions municipales.

Le clergé ne jouissait pas de l'autorité qu'il avait justement conquise ailleurs; les couvents étaient peu nombreux et assez relâchés. Les évêques, pris dans les grandes familles, étalaient une existence fastueuse; l'Église n'exerçait pas cette influence morale, souveraine dans d'autres provinces. En un mot, le principe d'autorité était compromis et sans force; il y avait anarchie.

Cet état de choses ne pouvait durer plus longtemps. Les comtes de Toulouse étaient trop faibles pour dominer la situation en prenant la direction suprême : ils devaient disparaître et être absorbés; par qui? telle était la question. A première vue, on aurait pu croire que la réunion du Languedoc à l'Aragon était la combinaison qui avait le plus de chance de réussir; et, pendant tout le treizième siècle, les patriotes qui ne pouvaient supporter sans colère ce qu'ils appelaient le joug français eurent les yeux tournés vers l'Espagne, et attendaient de là l'indépendance et le salut. Le roi de France était en effet si loin! La conquête de l'Auvergne par Philippe Auguste rapprocha les distances; mais comment prévoir, ou l'extinction de la maison de Saint-Gilles ou la dépossession de cette antique famille par les Capétiens? Eh bien, l'une et l'autre de ces éventualités se produisirent en quelques années et sans qu'aucune habileté politique ait pu prévoir ou amener ce résultat. Au milieu de cette anarchie morale dont j'ai parlé, les idées religieuses prirent une voie qui n'était pas celle de l'Église. Le clergé local fut impuissant à combattre ces erreurs : de zélés missionnaires vinrent du Nord essayer de ranimer la foi éteinte ou chancelante. L'ordre de Citeaux surtout fit d'énergiques efforts pour reconquérir les âmes égarées; mais les armes de la persuasion furent vaines. Le Saint-Siége s'émut; Innocent III trouvant les évêques tièdes à réprimer l'hérésie, confia aux inquisiteurs de la foi le soin de punir les atteintes portées au dogme; en même temps les légats parcoururent le pays pour rappeler le clergé à ses devoirs. Le comte de Toulouse fut fort embarrassé; il ne paraît pas avoir eu personnellement de penchant pour les idées nouvelles; mais un grand nombre de ses sujets en étaient imbus, et s'apprêtaient à résister par la force à la contrainte venue du dehors. Sommé de faire la paix avec ses vassaux du comté de Provence, il refusa et fut excommunié par Pierre de Castelnau. Une grande croisade fut prêchée, non plus pour délivrer le tombeau du Christ des mains des infidèles, mais contre des ennemis encore plus redoutables, car ils attaquaient la religion dans ses dogmes principaux et tendaient à la ruine complète de l'Église. Les envoyés du Saint-Siége qui prêchèrent la croisade et promirent des indulgences à ceux qui y prendraient part furent accueillis dans le nord de la France et en Allemagne avec enthousiasme : on avait horreur des hérétiques et de leurs doctrines. Nous examinerons dans un des chapitres suivants quelles étaient ces doctrines; mais il faut dire de suite qu'elles étaient diverses et subversives. Autant d'hommes, autant d'hérésies : les uns n'avaient plus gardé aucune trace de christianisme; d'autres en retenaient quelques pratiques secondaires; un grand nombre étaient manichéens et admettaient la lutte perpétuelle du bon et du mauvais principe : pour certains, le mal était le bien.

Philippe Auguste, alors en guerre avec l'Angleterre, refusa de s'associer à l'expédition organisée par le Pape, prétextant l'impossibilité de réunir deux armées, l'une pour se défendre contre les Anglais, l'autre pour marcher contre les hérétiques, à moins que le Saint-Siége n'imposât une trêve au roi d'Angleterre et n'accordât à lui, Philippe Auguste, un secours pécuniaire, produit d'un impôt levé en France, du consentement des prélats et des barons, exclusivement à son profit. Ces conditions ne furent pas acceptées [1].

Sur ces entrefaites, le légat, Pierre de Castelnau, fut assassiné sur les bords du Rhône. Innocent III accusa de ce meurtre le comte de Toulouse, ordonna aux évêques de déclarer ses vassaux déliés de leur serment de fidélité, et de permettre à tout catholique de s'emparer de ses domaines et de les garder en vue d'y rétablir et d'y conserver la foi; il le mit lui-même au ban de l'Europe chrétienne. Sollicité de nouveau de tourner ses armes contre les ennemis de l'Église, Philippe Auguste s'excusa. La réponse qu'il fit au Pape est singulièrement curieuse et importante : le Roi déplorait la mort de Pierre de Castelnau; il avait lui-même à se plaindre du comte de Toulouse; il renouvelait la demande faite par lui précédemment d'une trêve avec l'Angleterre et de subsides. Il terminait ainsi : « Quant à la résolution que vous avez prise d'exposer la terre du comte de Toulouse au premier occupant, sachez que nous

---

[1] Hec est responsio quam dominus Rex fecit episcopo Parisiensi de Albigeis. Episcopus ostendit domino Regi quod dominus Papa rogabat eum ut ad hoc apponeret auxilium et quod vellet quod homines Francie illuc irent. ...Respondit dominus Rex quod non habebat posse congregandi duos exercitus, unum pro eundo contra Albigeos, et alium pro deffendenda terra sua, sine magno gravamine. ...Et libenter apponeret competens auxilium, tale auxilium quod si clerus et barones et milites Francie volunt apponere tale auxilium quod videat proficere ad servicium Dei faciendum, libenter apponet de suo ad valorem L. librarum Parisiensium singulis diebus usque ad annum, tali modo quod nullus alius capiat auxilium de domanio suo nec de abbatiis suis regalibus nisi ipse, ita quod si rex Anglie vel sui rumpent treugam, ita quod non vellent dimittere per excommunicationem, liceret domino Regi revocare homines suos sine mesfere, et dominus Papa, si vellet treugam durare apponeret super tales qui haberent potestatem excommunicandi qui treugam infringeret et terram suam et auxiliatores suos. Vers décembre 1207. Delisle, *Catalogue des actes de Philippe Auguste*, p. 512, d'après un cartulaire conservé à la Bibliothèque du Vatican.

avons appris d'hommes instruits et éclairés que vous n'aviez pas le droit de le faire tant qu'il n'aura pas été condamné comme hérétique. Quand il le sera, vous devez le signifier et le mander, pour que nous exposions cette terre nous-même, attendu qu'elle relève de notre fief. Or, vous ne nous avez pas encore signifié sa condamnation. Ce que nous en disons n'est pas pour l'excuser, car nous sommes plutôt porté à l'accuser, ainsi qu'avec la volonté de Dieu nous le prouverons quand l'occasion sera venue[1]. »

Philippe voyait de mauvais œil cette expédition, dont le caractère purement religieux ne saurait être méconnu. Ce n'était pas, ainsi qu'on l'a dit, un duel entre le Nord et le Midi, mais bien une croisade, à laquelle accoururent des Français, des Belges, des Allemands, et où figurèrent, fait bien digne de remarque, un grand nombre de Méridionaux[2]. Il y avait pour le Roi deux lignes de conduite à tenir, ayant chacune de graves inconvénients. Se mettre à la tête d'une croisade contre ses propres sujets, sous la direction des légats, avec l'aide d'étrangers, c'était abdiquer le rôle suprême, même au profit de l'Église; c'était, en outre, s'exposer à se rendre odieux. D'autre part, il

---

[1] « De eo autem quod vos predicti comitis terram exponitis occupantibus, sciatis quod a viris litteratis et illustratis didicimus quod id de jure facere non potestis, quousque idem de heretica pravitate fuerit condempnatus. Cum autem inde condempnatus fuerit, tantum demum id significare debetis et mandare ut terram illam exponamus tanquam ad feodum nostrum pertinentem. Nondum enim nobis significastis quod eumdem comitem pro condempnato habeatis; nec causans idipsum excusando dicimus, cum pocius accusare quam excusare velimus, sicut, Deo volente, cum se oportunitas obtulerit, ostendemus per effectum. » Avril? 1208. Delisle, *Catalogue des actes de Philippe Auguste*, p. 512 et 513, d'après un cartulaire conservé à la Bibliothèque du Vatican.

[2] Sur ce dernier fait curieux, voy. le *Poëme de la Croisade des Albigeois*, p. 606 et 608. — Conf. Guibal, p. 329 et 330.

était humiliant de voir le royaume de France envahi par une armée qui n'obéissait pas à l'autorité royale, les vassaux de la couronne dépossédés et leurs fiefs donnés par le Pape au premier occupant. Entre ces deux politiques, Philippe-Auguste choisit celle de l'abstention, et il fit sagement. Il laissa les haines s'amasser sur les vainqueurs, il réserva ses droits, et attendit le moment, qui ne pouvait manquer d'arriver tôt ou tard, où l'anarchie se prolongeant lui fournirait l'occasion d'intervenir utilement.

Nous ne raconterons pas l'histoire de la croisade contre les Albigeois; nous tenons seulement à bien définir les causes de la guerre et la conduite du Roi. Simon de Montfort, chef de la croisade, reçut au mois de janvier 1215, au concile de Montpellier, l'investiture des États de Raymond VI. C'était une entreprise évidente contre les droits de Philippe Auguste, qui envoya immédiatement son fils Louis avec une armée, sous prétexte d'accomplir un vœu formé trois ans auparavant et dont les hostilités avec l'Angleterre avaient suspendu l'effet. L'arrivée du prince émut le légat apostolique; il craignit que Louis ne vînt détruire son œuvre; il l'accueillit en protestant qu'il ne le regardait que comme un simple pèlerin et en déclarant que le Pape était maître du pays conquis par lui avec le secours des croisés, pays que Philippe Auguste avait refusé, malgré de pressantes instances, de purger de l'hérésie qui l'infectait. Le Saint-Père s'empressa de convoquer à Rome un concile pour décider du sort de Raymond VI. Louis passa en Languedoc quarante jours, durée légale du pèlerinage; il parcourut le pays, vint à Saint-Gilles, Montpellier, Béziers, Carcassonne, Toulouse, avec l'appareil et l'autorité du fils du Roi; il emporta de mauvaises impressions sur Simon de Montfort, impressions qu'il fit partager à la cour de France.

Le concile se réunit à Saint-Jean de Latran le 1ᵉʳ novembre 1215. Après une discussion animée, dans laquelle les évêques méridionaux se montrèrent moins hostiles au comte de Toulouse que ceux de l'Espagne et du nord de la France, le concile déclara Raymond VI convaincu d'hérésie, le priva de ses États, et lui assigna une pension annuelle de quatre cents marcs d'argent (100,000 francs environ). Les pays conquis furent donnés à Simon de Montfort, « homme courageux et catholique », et le reste des domaines du comte de Toulouse fut remis à la garde d'un homme capable d'y maintenir la foi jusqu'à la majorité du jeune Raymond. Le comtat Venaissin fut attribué à la cour de Rome.

La ruine de Raymond VI semblait consommée. Devant la grande voix du concile il n'y avait qu'à s'incliner et à obéir : c'est ce que fit le roi de France ; il reçut à Melun, au mois d'avril 1216, l'hommage de Simon de Montfort. Nous avons l'original sous les yeux ; on ne peut contempler sans émotion cet acte qui constatait une révolution. C'est une petite charte, toute courte, mais éloquente dans sa brièveté et dans ses réticences[1]. Voilà Simon de Montfort duc de Narbonne et comte de Toulouse de par la volonté de l'Église et l'acquiescement du roi de France ; mais il manquait l'aveu des peuples dont on avait disposé en sa faveur.

Déjà, depuis plusieurs années, un grand mouvement s'était opéré dans le Midi en faveur de Raymond VI. Le comte avait toujours reconnu et même invoqué la juridiction de l'Église. Plusieurs conciles provinciaux, notamment celui d'Arles en 1211, le traitèrent avec tant de

---

[1] Supplément du Trésor des chartes, J. 890, n° 17. Une autre rédaction, avec des formules plus complètes, est datée de Pont-de-l'Arche. *Ibid.*, n° 18.

dureté et montrèrent si ouvertement l'intention arrêtée de le dépouiller, que les catholiques les plus sincères n'hésitèrent pas à se ranger sous sa bannière contre les usurpateurs. En 1213, on vit les Espagnols, vainqueurs des Maures, accourir à son aide, et le chevaleresque don Pèdre venir se faire tuer à ses côtés à la bataille de Muret. L'orthodoxie du roi d'Aragon était au-dessus de tout soupçon; il avait donné des preuves nombreuses de la pureté de ses croyances, et, bien qu'il fût tombé en combattant dans les rangs des adversaires de la croisade, l'Église ne confondit pas sa cause avec celle des hérétiques. Raymond et son fils ne donnaient du reste, par leur conduite, aucune prise aux accusations d'hérésie; le clergé méridional leur était même généralement favorable[1]. Aussi les chefs spirituels de la croisade s'empressèrent de se partager les riches bénéfices ecclésiastiques du Languedoc et d'en pourvoir des hommes dévoués à Montfort. L'abbé des Vaux de Cernay, l'un des plus fermes soutiens de Simon, reçut l'évêché de Carcassonne, et l'abbé de Cîteaux, Amaury, l'opulent archevêché de Narbonne. Sans la ténacité ambitieuse de Montfort, la guerre eût été promptement finie; mais la résistance qu'il rencontrait donnait une nouvelle énergie à son désir de conquête. Chaque printemps, des prédicateurs amenaient de nouveaux croisés, qui restaient le temps de gagner leurs indulgences et s'empressaient, leur quarantaine finie, de rentrer dans leurs foyers[2]. C'était un flot sans cesse renaissant d'enva-

[1] Voy. les plaintes d'Honorius III sur la conduite de certains membres du clergé. Vaissete, t. VI, Preuves, p. 608.

[2] Plusieurs croisés même n'attendaient pas que la quarantaine fût expirée, et se retiraient, ne voulant pas participer plus longtemps à une œuvre inique. C'est ce que firent en 1210 l'évêque de Beauvais et les comtes de Dreux et de Ponthieu. Pierre des Vaux de Cernay, *Rec. des hist. de France*, t. XIX, p. 35 et suiv.

hisseurs ; mais, dès que le flot se retirait un instant, les Languedociens reprenaient les armes, et tout était à recommencer. C'est que la guerre était devenue nationale.

On a prétendu que Raymond aurait dû lever ouvertement le drapeau de l'hérésie et réunir autour de lui les nombreux ennemis que l'Église romaine comptait dans les provinces méridionales ; il eût livré un grand combat au nom de l'indépendance de la pensée contre la tradition religieuse. C'est mal connaître le moyen âge que de croire qu'une semblable tentative eût pu avoir quelque succès. Sans doute il y avait dès le treizième siècle, en Europe, un mouvement anticatholique dont l'empereur Frédéric II est le représentant[1] ; mais les chefs de ce mouvement n'osaient l'avouer. Frédéric lui-même affectait et proclamait officiellement la plus rigoureuse orthodoxie et ne craignait pas d'allumer des bûchers pour répudier toute connivence avec l'hérésie. Comment supposer que Raymond VI eût été en état d'accomplir ce que le tout-puissant empereur n'osa tenter? En outre, Raymond, tous les témoignages historiques sont d'accord sur ce point, ne partageait point les croyances des Albigeois ; il n'avait personnellement rien à gagner au triomphe de l'hérésie ; et se mettre à sa tête c'était attirer sur soi une défaite immédiate et irrémédiable. L'hérésie n'était pas aussi répandue en Languedoc qu'on serait tenté de le croire, et la grande majorité réprouvait des doctrines qui choquaient les croyances pieuses du monde féodal et tendaient au renversement de la société et de la morale. Raymond eût donc trouvé des ennemis dans une grande partie de ses sujets ; tandis qu'en restant fidèle à l'Église au milieu des persécutions dont on l'accablait, il avait le beau rôle, celui de victime. Il ne

---

[1] Voy. Huillard-Bréholles, Introduction à l'*Histoire diplomatique de Frédéric II;* et du même, *Pierre de la Vigne,* p. 160 et suiv.

cessa de se soumettre au jugement de l'Église et même de le provoquer. Il inspirait une sympathie universelle, et c'était dans tout le Midi un bruit public que le pape Innocent III, trompé par ses légats, avait cru de son devoir de sévir, mais qu'il conservait au fond du cœur une affection et une tendre pitié pour le comte de Toulouse.

On racontait même qu'à l'issue du concile de Latran, qui consomma sa spoliation, Raymond VI avait eu une entrevue secrète avec le Pape, qui répandit des larmes sur ses malheurs. On ajoutait qu'Innocent avait quelque temps après accueilli favorablement le jeune Raymond venant lui annoncer qu'il allait prendre les armes pour reconquérir son héritage, et qu'il lui avait donné sa bénédiction. Le célèbre *Poëme de la Croisade*, publié par Fauriel, est un document dont on doit souvent se défier au point de vue de la sûreté des informations; mais c'est un monument contemporain qui fait connaître la situation des esprits dans le Midi. On a remarqué dans ce poëme deux courants d'idées différents : jusqu'à l'an 1213, le poëte est partisan déclaré de Simon de Montfort; à partir de cette époque il devient favorable au comte de Toulouse. On a cru qu'il avait modifié ses opinions; mais la critique moderne a démontré par des arguments historiques[1] et philologiques irréfutables qu'il y avait deux auteurs, l'un ami des croisés, l'autre poëte patriote, qui chante la lutte héroïque soutenue par Raymond contre Montfort; tous deux également catholiques; car, je ne saurais trop le répéter, Raymond n'était pas le représentant de l'hérésie, et les catholiques les plus purs combattaient pour ce prince, devenu le symbole de l'indépendance du Midi.

En vain Simon de Montfort change de politique, et,

---

[1] Voy. plus haut, p. 16, note 1.

devenu comte de Toulouse, veut se concilier par la douceur ses nouveaux sujets : il les flatte, il les accable de priviléges[1] ; il veut, en se substituant aux Raymond, continuer leur tradition. Les Languedociens se défient de lui, ils le haïssent, ils se révoltent, préférant la mort à ce qu'ils regardent comme la servitude; et un cri de joie accueillit comme la délivrance cette pierre qui, lancée par une machine au siége de Toulouse, atteignit Montfort, et, lui brisant la tête, alla, suivant l'énergique parole du poëte patriote, là où il fallait (25 juin 1218)[2].

Rien de plus triste que la position d'Amaury, fils et héritier de Simon de Montfort. Il n'avait ni les talents militaires, ni l'indomptable ardeur, ni le prestige du chef de la croisade : ses domaines lui échappent un à un. Le Pape implore le secours de Philippe Auguste, qui refuse opiniâtrément de se charger de cette entreprise ingrate. Alors le légat cherche quelque prince puissant de bonne volonté qui accepte les fonctions de lieutenant de l'Église avec l'héritage de Montfort : il s'adresse au comte de Champagne et lui promet l'appui de l'Église et des subsides. Le comte n'osa prendre sur lui d'acquiescer à cette proposition : il envoya un de ses conseillers consulter Philippe Auguste. Le Roi fit une réponse vague, mais significative : il laissait au comte sa liberté, mais lui rappelait ses devoirs de vassal[3]. Thibaud comprit, et refusa.

---

[1] Voy. le *Registrum Curie*, qui renferme les actes de la conquête de Simon de Montfort. Trésor des chartes, reg. XXX, et reg. D de la Chambre des comptes, Arch. de l'Emp., JJ. XXX *bis*.

[2] Et venc tot dreit la peira lai ou era mestiers. » (*Poëme de la Croisade*, vers 8451, p. 570.)

[3] Delisle, *Catalogue*, n° 1868, avec la date de fin de 1218 ou commencement de l'an 1219. Vaissete a publié cette lettre avec la date approximative de 1222, qui la rend incompréhensible. (T. V, p. 615.)

Les affaires d'Amaury allaient de mal en pis. Philippe Auguste vit qu'il était temps d'intervenir; mais, toujours habile, il ne voulut pas se compromettre : il résolut d'envoyer son fils Louis avec une armée. Le pape Honorius lui accorda le vingtième des revenus du clergé dans les provinces d'Arles, de Vienne, de Narbonne, d'Auch, d'Embrun et d'Aix; de sorte que les frais de la guerre furent supportés par le Languedoc lui-même et par des provinces étrangères au royaume.

Louis prit Marmande[1] et vint assiéger Toulouse; mais, après quarante-cinq jours de siége, il se retira précipitamment, laissant deux cents chevaliers au comte de Montfort. Que cette retraite fût le résultat d'un échec ou du désir du prince Louis de ne pas écraser Raymond VI, ainsi que le bruit en courut, il est sûr qu'elle porta un coup à la cause des Montfort.

Raymond VI, aidé de son fils, regagnait pied à pied ses anciens fiefs. Nouvel appel du Pape au Roi, qui resta sourd. Enfin Amaury, à bout de ressources, n'ayant plus de quoi payer les mercenaires qui seuls composaient son armée, offre de céder au Roi ses droits sur le Languedoc. Philippe Auguste demeure inflexible : il refuse cette offre séduisante, objectant que la guerre avec l'Angleterre réclame tous ses soins.

Raymond VI mourut en 1222, et son fils hérita de l'affection que lui portaient ses sujets, affection rendue plus étroite par la communauté du malheur et par l'intérêt qu'inspirait ce jeune homme auquel on n'avait rien à reprocher. Repoussé par Philippe Auguste, Amaury se

---

[1] L'auteur du *Poëme de la Croisade* fait jouer au prince Louis un rôle invraisemblable et odieux (p. 626). Il ne faut pas trop attacher d'importance aux développements historiques de ce poëme, où la passion éclate. C'est avant tout une épopée, et non une histoire impartiale.

rapproche de Raymond VII et conclut avec lui une trêve. Un concile est convoqué à Sens pour terminer cette épineuse affaire du Languedoc. Philippe Auguste se disposait à se rendre au concile, transféré à Paris sur sa demande, quand il mourut, le 14 juillet 1223.

Le Saint-Siége renouvela ses instances auprès du nouveau Roi : les prélats du concile prièrent le cardinal légat, évêque de Porto, de supplier humblement Louis VIII de les autoriser à poursuivre la cause de l'Église contre les hérétiques : ce qui fut accordé. Le Roi fit plus, il donna à Amaury de Montfort dix mille marcs d'argent légués par Philippe Auguste à l'œuvre de la croisade. Avec cet argent, Amaury paya une partie de ses troupes ; mais ne pouvant tenir plus longtemps, il revint en France offrir de nouveau de céder ses droits[1] (février 1224). Le Pape envoya l'archevêque de Bourges et l'évêque de Langres, porteurs d'une lettre où Honorius invitait le Roi à prendre en main l'affaire des Albigeois ; ils lui promirent de vive voix de lui ouvrir les trésors de l'Église. Louis VIII, après avoir consulté son conseil, envoya au Pape les conditions auxquelles il marcherait : Amaury de Montfort lui cédera toutes les conquêtes de son père ; l'Église lui accordera les priviléges les plus étendus et un subside annuel de soixante mille livres parisis pendant dix ans[2]. Le légat fit savoir que le Pape acceptait ces conditions[3], mais peu après Louis reçut d'Honorius une lettre où il était question de

---

[1] Voy. cette cession conditionnelle datée de février 1224. Orig. Trésor des chartes, J. 310, n° 43. — Conf. Teulet, t. II, p. 24.

[2] « Peticio ad Papam pro Rege cum ibit in Albigesium contra hereticos. » Reg. XXVI du Trésor des chartes, fol. 13 v°. — Conf. Vaissete, t. V, p. 626.

[3] Voy. une lettre du cardinal de Porto au Roi pour le prier d'accepter la donation d'Amaury (4 des nones de décembre 1223). *Registrum Curie*, JJ. XXX, fol. 27 v°.

réunir toutes les forces de la chrétienté pour une expédition en Terre sainte ; il suffirait au Roi, disait-on, de menacer sérieusement Raymond VII pour l'amener à obéir aux décisions de l'Église : c'était un refus formel de laisser Louis s'emparer du Languedoc [1]. Surpris et indigné, Louis manda le légat, et en public, en présence des prélats et des barons, après un exposé succinct des négociations tentées par le Saint-Siége pour l'amener à se charger de l'affaire des Albigeois, des promesses qui lui avaient été faites d'abord, et puis des propositions dérisoires et outrageantes qu'on lui adressait en dernier lieu, il signifia ne vouloir plus entendre parler des affaires du Midi, et défendit au représentant du Saint-Siége de jamais l'en entretenir [2].

[1] Bulle datée du 2 des nones d'avril, année VIII du pontificat. Reg. XXVI du Trésor des chartes, fol. 122 v°.

[2] Cette réponse est tellement importante que nous la rapportons textuellement :

« Responsio quam dominus Rex fecit episcopo Portuensi dominica trium septimanarum Pasche, de affario Albigesii, anno Domini M. CC. XXIIII.

« Noveritis quod carissimus dominus et genitor noster Philippus, pie memorie, rex quondam Francorum illustris in principio non est aggressus negotium Albigesii, et quod bonus illud nunquam recipere voluit, quamvis multa expenderit in dicto negotio, et multi milites de regno Francie ibidem mortui sunt et multa expenderunt ; et quod semel et secundo in propria persona in eadem terra pro dicto negocio, et in quantum potuimus, fideliter laboravimus. Et cum genitor noster vite sue diem ultimum clausit, dominus Portuensis venit ad nos supplicans nobis humiliter ut consilium apponeremus in negocio Albigesii, quia prelati Francie idem negocium aggredi volebant, si assensum et voluntatem nostram super hoc haberent. Nos autem, quamvis essemus incerti de statu regni, dedimus prelatis nostris licenciam aggrediendi negocium supradictum. Postea idem Portuensis pеciit a nobis ut consilium apponeremus in munitionibus castrorum que comes Amalricus tenebat in partibus Albigesii ut illos salvos posset reducere qui in illis erant munitionibus, ita quod morti non traderentur. Tunc nos fecimus eidem Amalrico dari decem milia marcharum de elemosina patris nostri. Tunc dictus Amalricus auxilio dicte pecunie reduxit milites et servientes qui erant in dictis munitionibus, et reddidit castra et munitiones quas tenebat in partibus illis. Postea venit ad nos archiepiscopus Bituricensis et episcopus Lingonenses deferentes secum

LA GUERRE DES ALBIGEOIS ET SES CONSÉQUENCES.

L'irritation du Roi se justifie : il voyait le Languedoc lui échapper ; il ne pouvait oublier que quelques mois auparavant (le 14 décembre 1223), le Saint-Père l'avait prié de prendre les armes contre les Albigeois, et sollicité

litteras domini Pape in quibus continebatur quod dominus Papa multis auctoritatibus et aliis persuasionibus nos inducere nitebatur ad hoc quod negocium illud personaliter assumeremus. Et etiam viva voce nobis promiserunt ex parte domini Pape et cardinalium quod thesauros Ecclesie nobis exponerent, et alia auxilia impenderent et consilia, quantum secundum dominum facere possent. Nos autem communicato consilio cum prelatis et baronibus nostris, petitiones quas vidimus negotio Albigesii expedire transmisimus domino Pape. Dominus autem Papa nobis mandavit per dominum Portuensem quod ipse paratus erat petitionibus nostris omnino satisfacere. Cumque hoc ipsum injunctum esset domino Portuensi quod accederet ad nos et satisfaceret petitionibus nostris, supervenit nuntius domini Imperatoris, tot et tanta promittens ad subsidium Terre sancte, quod oportuit dominum Papam et curiam Romanam intendere negocio Terre sancte, et ad presens postponere negocium Albigesii, quia dominus Papa et curia Romana talia promiserant domino Imperatori quod nullum negocium postponerent negotio Terre sancte. — Preterea nobis significavit dominus Papa per eundem dominum Portuensem et per litteras suas, quod, si Raymundus crederet quod totis viribus uteremur ad ipsum deprimendum, non auderet nos expectare, sed rediret ad mandatum Ecclesie. Et, propter hoc nos instanter monuit et rogans, ut comminationibus et commonitionibus studeremus eum inducere ad pacem Ecclesie, hereticos eliminando, ecclesiis et personis ecclesiasticis satisfaciendo et libertatibus Ecclesie in posterum providendo, et cum Amalrico Tolosano comite componendo. — Nos autem eidem Portuensi respondimus quod ex quo dominus Papa petitiones nostras rationabiles ad negocium pertinentes ad presens exaudire nolebat, quod absoluti sumus ab honere hujus negocii, et hoc publice protestati sumus, coram omnibus prelatis et baronibus Francie. De pace si quidem ad quam dominus Papa voluit quod induceremus comitem Raymundum comminationibus et commonitionibus, respondimus domino Portuensi quod non erat necessarium examinare articulos fidei nec tractare de compositione que ad negotium fidei pertinet; sed bene volumus quod Ecclesia Romana, ad quam pertinet examinatio fidei, componat cum predicto Raymundo, sicut viderit expedire, salvo jure nostro, et salvis feodis nostris, sine aliqua diminutione, ita quod eis nullum onus novum vel insolitum imponatur. — Ad ultimum dicimus eidem domino Portuensi quod de cetero ad nos de negotio Albigesii nullum verbum reportaret, a quo sumus penitus absoluti. » Registre XXVI du Trésor des chartes, fol. 14 r°. Conf. Vaissete, t. V, p. 627.

d'accepter la cession qu'Amaury proposait de lui faire de ses droits. Cette cession s'était effectuée ; les demandes du Roi avaient été admises ; le Saint-Siége avait même ordonné la levée d'un vingtième des revenus ecclésiastiques pour soutenir la nouvelle croisade. C'était à la veille de frapper un coup décisif que tout était remis en question, ou plutôt que les promesses les plus solennelles étaient retirées. Le bien de la Terre sainte que l'on invoquait était un prétexte : de puissantes influences avaient agi sur la cour de Rome. Frédéric II avait fait une diversion puissante en faveur du comte de Toulouse en ouvrant la perspective d'une croisade en Orient. L'évêque de Lichfield était venu par ordre du roi d'Angleterre implorer la bienveillance du Pape en faveur de Raymond VII, dont les ambassadeurs furent admis et bien accueillis par la cour romaine[1]. On parlait déjà de réconciliation avec l'Église, mais on comptait sans le clergé français, dont l'hostilité secrètement encouragée par le Roi fut telle, que devant l'expression de ces sentiments le bon vouloir du Saint-Siége dut céder.

Cette hostilité se manifesta dans un concile convoqué à Bourges au mois de novembre 1225 : le légat, au nom du concile, pressa le Roi d'entreprendre en son nom une expédition contre les Albigeois, et offrit pendant cinq ans le dixième des revenus ecclésiastiques du royaume[2]. Louis VIII voulut se faire prier ; il convoqua à Paris une assemblée de prélats et de barons qui l'invitèrent à se charger de cette entreprise, et promirent de l'y aider jusqu'à ce que le succès eût récompensé ses efforts[3] (23 jan-

[1] Rymer, *Fœdera*, t. Ier, p. 271.

[2] Sur les décisions du concile de Bourges, voy. la Déclaration du cardinal Romain. Vaissete, t. V, p. 647.

[3] Acte du mois de janvier 1226. Orig. Trésor des chartes, J. 428, n° 1 *bis*. — Conf. Teulet, t. II, p. 68.

vier 1226.) En même temps Amaury céda solennellement ses droits au Roi, qui finit par accepter, mais déposa entre les mains du légat une protestation portant qu'il se réservait la liberté de quitter l'Albigeois quand il lui plairait [1].

A la tête d'une armée de cinquante mille hommes il entreprit la conquête des États de Raymond VII, avec l'intention avouée de les garder. A la nouvelle de son approche un grand nombre de villes et de seigneurs firent leur soumission : on remarque alors en Languedoc un mouvement analogue à celui qui sept siècles auparavant avait facilité à Clovis la conquête du Midi : le clergé se met à la tête des populations pour solliciter l'arrivée du roi de France, aller au-devant de lui et se ranger avec joie sous sa domination. De toutes parts arrivèrent au Roi des adresses de soumission, où éclate un enthousiasme trop exagéré pour être bien sincère [2]. Cependant beaucoup de seigneurs étaient flattés de devenir les vassaux

---

[1] Déclaration du cardinal de Saint-Ange et des prélats du royaume de France (janvier 1226). Orig. Trésor des chartes, J. 428, n° 2. — Conf. Teulet, t. II, p. 69 : « Cum Ludovicus rex Francie illustris ad honorem Dei et ad exhortationem nostram contra Albigenses et inimicos fidei signum crucis de manu nostri legati suscepisset, ante receptionem dixit et protestatus est quod ex ista crucis assumptione et tali voto emisso non vult nec intendit obligari ad morandum in terra Albigesii, nisi quantum sibi placuerit, nec ad revertendum illuc, cum inde redierit; et, quando placuerit ei, de terra recedere possit sine scrupulo conscientie... »

[2] Voy. la lettre de O. Garini et de G. Melchini, dont était porteur l'abbé de Saint-Gilles. Trésor des chartes, J. 400, n° 51; Teulet, t. II, n° 75. Voy. aussi la lettre transmise au Roi par l'abbé de la Grasse au nom de Guillaume « de Cerviera ». *Ibidem*, J. 428, n° 14; Conf. Teulet, t. II, p. 81. M. Teulet a cru que ce *Cerviera* était *Cervera* en Catalogne; il s'est trompé : il s'agit de Servière, près de la Grasse. Sicard de Puy-Laurent est encore plus enthousiaste à la nouvelle de l'arrivée du Roi : « Tantus stupor leticie, tanta replevit mentes nostras gaudii plenitudo, quod fandi vires superat et scribendi. » 8 juin 1226. Orig. Trésor des chartes, J. 626, n° 150; Teulet, t. II, p. 82.

de la couronne [1]. Avignon, ville aux traditions impériales et à l'esprit municipal, tente de résister ; elle avait un intérêt particulier. Raymond VII lui avait engagé Beaucaire, Malaucène et le comtat Venaissin, contre un prêt d'argent [2]; elle est obligée de capituler après un long siége. Toulouse reste fidèle à Raymond VII, mais le reste du Languedoc se soumet. Louis, après avoir organisé administrativement les provinces conquises, se dispose à retourner en France ; il meurt à Montpensier, en Auvergne (8 novembre 1226).

Cette mort met tout en question : Raymond VII, soutenu par la sympathie de ses peuples, fait une guerre de partisans contre les Français. Les embarras d'une régence agitée empêchent Blanche de Castille, mère de saint Louis, de lutter avec avantage : elle finit par comprendre que mieux vaut s'assurer une partie du Languedoc que risquer de ne rien garder en voulant tout avoir. L'abbé de Grandselve et le comte Thibaud de Champagne tentent un rapprochement auquel se prête le légat ; des conférences s'ouvrent à Meaux, et le 12 avril 1229 est signé à Paris un traité qui réconcilie Raymond VII avec l'Église, attribue à la royauté une partie du Languedoc, et lui assure le reste à l'avenir [3].

---

[1] Bernard Ot, seigneur de Laurac, est lyrique : « Totis visceribus exultamus, quia utilitatis hinc fructum non modicum expectamus, et maxime quia sub umbra alarum vestrarum ac moderato regimine subsistere affectamus. » Trésor des chartes, J. 400, n° 71; Teulet, t. II, p. 81. — Les seigneurs de Saint-Paul, pour rendre leur soumission plus agréable, vantent la situation avantageuse de leur château : « Cum castrum dictum prope sit et vicinum Tolose civitati et competentibus habundet victualibus multum utilitatis offeret exercitui Jhesu Christi. » Trésor des chartes, J. 400, n° 73 (14 juin 1226). Il serait superflu de poursuivre l'énumération de ces actes d'adhésion.

[2] 27 mai 1226. Orig. Trésor des chartes, J. 309, n° 4. — Conf. Teulet, t. II, p. 83.

[3] Orig. Trésor des chartes, J. 305, n° 60; Teulet, t. II, p. 147.

Ce traité est un des grands faits de l'histoire de France : non-seulement il mit fin à une longue guerre, mais il fut une réaction contre la croisade, dont il s'efforça d'effacer les traces. Simon de Montfort avait concédé une partie des domaines conquis à des croisés, à condition de suivre les coutumes de France, conformément à la célèbre ordonnance rendue à Pamiers en 1211, qui avait été pour ainsi dire le code de la conquête. Le traité de 1229 annula toutes les concessions de ce genre qui avaient pu être faites dans les pays laissés à Raymond VII, et saint Louis tint la main à ce que cette clause fût rigoureusement exécutée [1]. Au mois de mai 1230 il écrivit à l'évêque de Cahors pour lui rappeler que les donations faites par Simon de Montfort étaient caduques, et que c'était à tort que certaines églises voulaient les retenir [2]. Raymond abandonna immédiatement à saint Louis le duché de Narbonne, les diocèses de Béziers, d'Agde, de Maguelone, de Nîmes, d'Uzès et de Viviers, et la partie de l'Albigeois au sud du Tarn, pays dont il n'avait guère que la suzeraineté [3]. L'Église romaine eut pour sa part le comtat Venaissin ou marquisat de Provence, qui était un fief de l'Empire.

Un article du traité stipula que Raymond remettrait Jeanne, sa fille unique, au Roi, qui la donnerait en mariage à l'un de ses frères, avec le comté de Toulouse pour dot. Cette riche dot n'était exigible, il est vrai, qu'à la mort de Raymond VII; mais elle l'était même au cas où le

---

[1] Saint Louis délia les vassaux de Raymond VII du serment de fidélité qu'ils avaient prêté à lui saint Louis et à son père. Moret, 1229, Cartul. de Raymond VII, JJ. XIX, n° 162.

[2] Cartul. de Raymond VII, JJ. XIX, n° 163.

[3] C'est-à-dire sur ce qui était situé au delà du Tarn, sauf Alby, à charge de service de quarante chevaliers. Reg. XXX du Trésor des chartes, fol. 48 v°.

comte venant à se remarier aurait des fils légitimes. Si le gendre de Raymond mourait sans postérité, le Toulousain devait faire retour à la couronne. En un mot, le comte de Toulouse ne conserva que l'usufruit de son comté.

CHAPITRE II.

LE POITOU ET ALFONSE.
1226-1249.

Louis VIII donne le Poitou à Alfonse. — Hugues de Lusignan, comte de la Marche. — Traités de Vendôme et de Clisson. — Saint Louis investit son frère du Poitou en 1241. — Grandes fêtes à Saumur. — Hommage du comte de la Marche. Réfutation d'une erreur historique. — Mécontentement en Poitou; lettre confidentielle d'un espion à la reine Blanche. — Complots contre la France, auxquels prend part le roi d'Angleterre. — Conduite d'Isabelle d'Angoulême. — La guerre est déclarée. — Succès de saint Louis. — Le comte de la Marche amené à composition, et privé d'une partie de ses fiefs. — Énumération des possessions de l'apanage d'Alfonse, c'est-à-dire de ses fiefs en Poitou, en Saintonge et en Auvergne.

Le traité de Paris désignait pour époux de Jeanne un des frères de saint Louis, sans le nommer : le choix de la reine Blanche ne se fit pas attendre, il tomba sur Alfonse, qui était du même âge que la jeune comtesse, c'est-à-dire âgé de neuf ans. Alfonse avait été ainsi nommé en souvenir de son aïeul maternel, Alfonse de Castille, qui avait épousé Éléonor, sœur de Richard Cœur-de-lion et de Jeanne d'Angleterre, mère de Raymond VII : les deux fiancés étaient donc cousins, aussi fallait-il une dispense, qui fut accordée par le légat, le cardinal Romain [1], en

[1] Juin 1229. Trésor des chartes, J. 318, n° 24. Cet acte porte que Jeanne et Alfonse « ex uno latere in tercio et alio vero in quarto consanguinitatis gradibus se contingunt ».

vertu de pouvoirs qui lui avaient été conférés par le pape Grégoire IX, dès le mois de juin de l'année précédente, dans le but de cimenter la paix entre le Roi et le comte de Toulouse [1]. Jeanne quitta le Languedoc et fut élevée à la cour de France : il règne assez d'incertitude sur l'époque où elle épousa Alfonse. Un chroniqueur rapporte son mariage à l'année 1239 : en tout cas, il ne put être célébré avant la seconde moitié de l'an 1236, attendu que le 27 mai de cette année le Pape accorda une nouvelle dispense, bien que celle qui émanait du cardinal Romain fût parfaitement valable. La bulle pontificale suppose qu'Alfonse avait des scrupules sur ce qu'il était parent de sa future au troisième et au quatrième degré. Or la dispense du légat s'appliquait justement à ce cas, mais on désirait enlever tout prétexte de rupture d'un mariage si avantageux, et une bulle d'un pape paraissait plus solide que le décret d'un légat [2].

Louis VIII avait dans son testament assigné des apanages à ses fils, en suivant l'ordre de naissance, sauf au dernier, qu'il destinait à l'Église. Alfonse était le quatrième : son père lui attribua le Poitou et l'Auvergne [3] : un de ses frères aînés, Jean, étant mort en bas âge, Alfonse aurait dû recevoir l'apanage destiné au défunt, c'est-à-dire l'Anjou et le Maine, et laisser le Poitou à son dernier frère, devenu le quatrième fils de Louis VIII, d'autant plus qu'il avait à gagner au change. Il en fut autrement : voici pourquoi.

Un des principaux feudataires de l'ouest était Hugues de Lusignan, qui avait épousé en 1220 Isabelle, comtesse

---

[1] Orig. Trésor des chartes, J. 435, n° 1. Pérouse, 25 juin 1220. — Conf. Vaissete, t. VI, p. 23, note 6.
[2] Orig. *idem*, J. 435, n° 1. — Conf. Teulet, t. II, p. 317.
[3] Orig. *idem*, J. 403, n° 2, juin 1225.

d'Angoulême, veuve de Jean Sans-terre et mère de Henri III. Malgré son alliance avec la maison royale d'Angleterre, Hugues abandonna le parti anglais [1] et servit Louis VIII, qui chercha à se l'attacher par des bienfaits, et alla même jusqu'à lui promettre Bordeaux et la Guyenne au cas où il parviendrait à s'en emparer [2]. Le comte entraîna toute sa famille [3]. Lors de la minorité de saint Louis, il s'associa aux barons révoltés, mais il se réconcilia bientôt avec la régente, et le traité de Vendôme (mars 1227) fut le gage de cette réconciliation [4]. On y stipula un double mariage entre Alfonse et Élisabeth de la Marche, et entre l'héritier de Hugues de Lusignan et Isabelle, sœur de Louis IX. Hugues dut recevoir pendant dix ans une pension annuelle de cinq mille livres tournois en dédommagement de la promesse de Bordeaux, et sa femme une pension de pareille somme en compensation de son douaire, qui avait été confisqué.

Pourquoi Alfonse n'épousa-t-il pas la fille du comte de la Marche? C'est ce que les chroniques et les actes contemporains ne nous apprennent pas. Ce qui est certain, c'est que dès 1228, ainsi que nous l'avons dit plus haut, Blanche de Castille prépara le mariage d'Alfonse avec la fille du comte de Toulouse, mariage qui fut décidé en 1229. Au mois de mai 1230 intervint, à Clisson, entre le Roi et Hugues de Lusignan, un traité confirmatif de celui de Vendôme, dont les stipulations pécuniaires avaient été

---

[1] En septembre 1223, il accorda une trêve à Louis VIII, trêve qui devait durer jusqu'à la Pentecôte. Reg. XXVI du Trésor des chartes, fol. 13 r°.

[2] Traité de Bourges, mai 1224. Reg. XXVI du Trésor des chartes, fol. 182 v°.

[3] Hommage de Geoffroy de Lusignan pour le vicomte de Châtellerault, du chef de sa femme Clémence. Mai 1224. Trésor des chartes, Teulet, t. II, p. 30.

[4] Reg. XXVI du Trésor des chartes, fol. 189.

exécutées par saint Louis[1] : par un acte séparé, le comte reconnut avoir reçu Saint-Jean d'Angély, Montreuil en Gâtines et Langeais comme gage de l'union de son fils avec Isabelle de France : il devait garder ces domaines au cas où le mariage projeté n'aurait pas lieu par le fait du Roi[2]. Il n'y est pas question d'Élisabeth de la Marche.

Quand Alfonse eut atteint sa vingt et unième année, âge de la majorité féodale, saint Louis résolut de le mettre en possession de son apanage; mais auparavant il voulut lui conférer l'ordre de chevalerie. A cet effet il tint cour plénière à Saumur, le 24 juin 1241 : les fêtes durèrent trois jours et furent brillantes. Le sire de Joinville, qui y assista, nous en a laissé une charmante description : on ne s'attend pas à trouver une pareille magnificence à cette époque.

« Après ces choses tint le Roy une grant court à Saumur en Anjo, et là fu-je, et vous tesmoing que ce fu la miex arée que je veisse onques; car à la table le Roy manjoit emprès li le conte de Poitiers, que il avoit fait chevalier nouvel à une Saint Jehan, et après le conte de Poitiers, mangoit le conte de Dreuez, que il avoit fait chevalier nouvel aussi; après le conte de Dreuez mangoit le conte de la Marche; après le conte de la Marche, le bon conte Pierre de Bretaigne. Et devant la table le Roy, en droit le conte de Dreuez, mangoit mon seigneur le roy de Navarre, en cote et en mantel de samit, bien paré de courroie, de fermail et de chapel d'or; et je tranchoie devant li.

» Devant le Roy servoit du mangier le conte d'Artoiz, son frère; devant le Roy, tranchoit du coutel le bon conte Jehan de Soissons. Pour la table garder, estoit monsei-

---

[1] Reg. XVI du Trésor des chartes, fol. 194 r°.
[2] *Ibid.*, fol. 194 v°.

gneur Ymbert de Biaugeu, qui puis fu connestable de France, et monseigneur Engerran de Coucy, et monseigneur Herchanbaut de Bourbon. Darière ces trois barons avoit bien trente de leur chevaliers en costes de drap de soies, pour eulz garder; et darières ces chevaliers avoit grant plenté de sergans vestus des armes au conte de Poitiers, batues sur cendal. Le Roy avoit vestu une cotte de samit inde, et seurcot et mantel de samit vermeil fourré d'hermines, et un chapel de coton en sa teste, qui moult mal lui séoit, pour ce que il estoit lors joenne homme.

» Le Roy tint cele feste ès hales de Saumur, et disoit l'en que le grant roy Henry d'Angleterre les avoit faites pour les grans festes tenir; et les hales sont faites à la guise des cloistres de ces moinnes blancs [1], mès je crois que de trop il n'en soit nul si grand. Et vous dirai pourquoy il me le semble, car à la paroy du cloistre où le Roy mangoit, qui estoit environné de chevaliers et de serjans qui tenoient grant espace, mangoient à une table vingt que evesques que arcevesques, et encores après les evesques et les arcevesques mangoit encoste cele table la royne Blanche, sa mère, au chief du cloistre, de celle part là où le Roy ne mangoit pas. Et si servoit à la Royne le conte de Bouloingne, qui puis fu roy de Portingal, et le bon conte de Saint-Pol et un Alemant de dix-huit ans, que en disoit que il avoit esté filz sainte Helizabeth de Thuringe, dont l'en disoit que la royne Blanche le besoit au front par devocion, pour ce que ele entendoit que sa mère l'i avoit maintes foiz besié. Au chief du cloistre, d'autre part estoient les cuisines, les bouteilleries, les paneteries et les despenses; de celi chief servoient devant le Roy et devant la Royne de cher, de vin et de pain. Et en toutes les autres

---

[1] C'est-à-dire des moines de l'ordre de Cîteaux.

elez et eu prael d'en milieu mangoient de chevaliers si grant foison que je ne sceu les nombres, et distrent moult de gent que il n'avoient onques veu autant de seurcoz ne d'autres garnemens de drap d'or à une feste comme il ot là; et dit-on que il y ot bien trois mille chevaliers [1]. »

Que cette description ne paraisse pas exagérée; nous avons pour en contrôler l'exactitude le compte original des dépenses de la fête de Saumur, qui nous fait connaître de quelle magnificence saint Louis se plaisait à s'entourer dans le commencement de son règne pour rehausser la majesté royale aux yeux de la noblesse et du peuple [2]; mais il agissait ainsi par raison d'État, car dès lors il avait ces goûts simples et modestes qui le portèrent à renoncer plus tard au luxe des vêtements, et l'on sourit, comme Joinville, à l'aspect de ce jeune Roi, au milieu de toutes les pompes de la royauté, environné de sa noblesse, revêtu d'un manteau royal splendide et coiffé « d'un chapel de coton qui moult mal lui séoit ».

En même temps qu'Alfonse furent armés vingt-neuf chevaliers appartenant aux plus grandes familles : les comtes de Périgord et de Dreux, Robert de Beaumont, Jean de Corbeil, etc. Parmi eux on remarquait deux vassaux de Raymond VII, destinés à devenir ceux d'Alfonse, Pons d'Olargue et Sicard de Murvieil : quoi qu'en ait dit un contemporain, le comte de Toulouse ne parut pas à Saumur [3].

---

[1] Joinville, *Histoire de saint Louis*, édit. de M. N. de Wailly, Paris, Le Clère, 1867, p. 64 et suiv.

[2] Orig. Bibl. imp., fonds latin, n° 9019. Nous l'avons publié dans la Bibl. de l'École des chartes, IIIe série, t. IV, p. 22 et suiv. Il a été publié de nouveau dans le t. XXII du *Recueil des historiens de France*.

[3] *Chronique de Philippe Mousket*, édit. de Reiffenberg, t. II, p. 676. Le poëte, pour rimer avec *cuens de Saint-Gille*, a ajouté : *qui n'aime mie l'Évangile*.

Chaque nouveau chevalier reçut de la munificence du Roi une somme d'argent, une robe d'étoffe précieuse, une couverture pour la veillée d'armes, des fourrures, un cheval de bataille et un palefroi. La dépense totale s'éleva à près d'un million de francs, non compris les gages des chevaliers soudoyés et de trois cents sergents de pied, qui furent convoqués à Saumur. Cet appareil militaire était une sage précaution. En effet, après avoir armé son frère chevalier, saint Louis se rendit à Poitiers pour l'investir de ses domaines, sur lesquels les Anglais conservaient des prétentions : un des frères de Henri III, Richard, prenait même publiquement le titre de comte de Poitou [1]. Il était à craindre que les nombreux partisans que les Anglais avaient dans les provinces qui leur avaient été enlevées par Philippe Auguste et par Louis VIII ne se soumissent pas sans résistance à leur nouveau seigneur.

Une lettre confidentielle adressée par un anonyme à la reine Blanche, publiée récemment et savamment commentée par M. Léopold Delisle, jette un jour tout nouveau sur les événements importants qui suivirent la prise de possession du Poitou par Alfonse, événements qui sont d'un grand intérêt pour l'histoire générale de la France, et que les historiens contemporains ont mal connus [2]. Quand on étudie de près une époque du moyen âge, et qu'on compare les chroniques aux actes officiels, on est étonné du peu de confiance qu'il faut accorder aux chroniqueurs. A réfléchir mûrement, cela n'a rien qui doive surprendre. De tout temps il est difficile de recueillir sur

---

[1] Math. Paris, p. 566. Il existe aux Archives de l'Empire un sceau où Richard s'intitule comte de Poitou. J. 628, n° 12. — Conf. Douët d'Arcq, *Inventaire des sceaux*, n° 10188.

[2] *Bibl. de l'École des chartes*, IVe série, t. II, p. 513, d'après l'original, Bibl. imp., fonds latin, n° 9782.

les faits politiques des notions exactes; mais la difficulté était encore plus grande au moyen âge, et l'historien qui paraît le mieux informé est souvent le moins sûr : tel est Mathieu Paris, qui séduit par l'abondance des détails; mais cette abondance est elle-même une source fréquente d'erreurs.

La lettre découverte par M. Delisle émane d'un espion ou plutôt d'un agent dévoué qui s'était rendu en Poitou pour surveiller les menées des Anglais et de leurs adhérents, et tenir la reine Blanche au courant. Saint Louis se rendit à Poitiers au mois de juillet; il y investit son frère du Poitou et de l'Auvergne, et lui accorda une pension de six mille livres parisis, à charge d'hommage lige, avec cette clause que si Alfonse acquérait par mariage ou autrement des domaines en dehors de son apanage, sa pension serait réduite au prorata de la valeur de ses acquisitions[1].

Les nouveaux vassaux d'Alfonse vinrent lui faire hommage. Je touchais tout à l'heure quelques mots du peu de confiance que l'on doit accorder aux chroniqueurs même contemporains. Voici à l'appui un exemple frappant : un historien autorisé, qui a vécu à la cour de saint Louis et dont le livre fut publié du vivant du saint Roi, Vincent de Beauvais[2], qui a été copié par Guillaume de Nangis[3] et par les *Chroniques de Saint-Denis*[4], rapporte que le comte de la Marche refusa de reconnaître Alfonse, et que saint Louis, qui n'était pas en état de lui imposer sa volonté, fut obligé de retourner en France, humilié. Le dernier

---

[1] Orig. Trésor des chartes, J. 329, n° 4. — Conf. Teulet, t. II, p. 452. Lenain de Tillemont n'indique pas la clause importante que nous signalons. *Vie de saint Louis*, t. II, p. 429.

[2] *Speculum historiale*, livre XXX, chap. CXLVIII.

[3] *Recueil des Historiens de France*, t. XX, p. 335.

[4] *Chroniques de Saint-Denis*, édit. P. Paris, t. IV, p. 266.

historien de saint Louis, M. Faure[1], a adopté cette version; mais elle est inexacte, car nous avons l'acte original par lequel Hugues de Lusignan se reconnaît vassal d'Alfonse[2].

Lenain de Tillemont, qui fait autorité et dont il est nécessaire de relever les erreurs, prétend que le comte, après avoir prêté serment de fidélité, tint renfermé pendant une quinzaine de jours dans Poitiers saint Louis, qui fut obligé pour obtenir sa liberté de conclure un traité désavantageux[3].

C'est là encore une tradition erronée; Lenain de Tillemont a été trompé par Mathieu Paris[4] et par Joinville. Ce dernier s'exprime ainsi : « Après ceste feste, mena le Roy le conte de Poytiers à Poytiers. Il vousist bien estre arières à Paris, car il trouva que le conte de la Marche, qui ot mangié à sa table le jour de la Saint-Jehan ot assemblé tant de gens à armes à Lusignan de lès Poytiers, comme il peust avoir. A Poytiers fut le Roy près de quinzaine, que onques ne s'osa partir, tant que il fu acordé au conte de la Marche, ne je ne scé comment. Plusieurs foiz vi venir le conte de la Marche parler au Roy à Poytiers de Lusignan, et touz jours amenoit avec li la royne d'Angleterre, sa femme, qui estoit mère au roy d'Angleterre, et disoient moult de gens que le Roy et le conte de Poytiers avoient fet mauvese paiz au conte de la Marche[5]. »

Il semble difficile de contredire ce récit d'un témoin oculaire; mais remarquons que Joinville déclare lui-même avoir ignoré ce qui se passait entre le Roi et Hugues de

---

[1] *Histoire de saint Louis*, t. Ier, p. 337.
[2] Orig. Trésor des chartes, J. 190, n° 92.
[3] Lenain de Tillemont, *Vie de saint Louis*, t. II, p. 430.
[4] Math. Paris, p. 547.
[5] Joinville, édit. de Wailly, p. 68.

Lusignan. Quant à la mauvaise paix dont il parle, elle fut toute au détriment du comte de la Marche, qui non-seulement reconnut Alfonse pour suzerain, mais encore fut obligé d'abandonner l'Aunis, qui lui avait été concédé en 1230 comme gage de l'exécution du mariage convenu entre son fils et la sœur du Roi[1]. Ce mariage n'avait pas été accompli. Au terme du traité de Clisson, les domaines engagés devaient rester au comte de la Marche, pourvu que l'inexécution de cette clause du traité de Vendôme, renouvelée en 1230, ne fût pas le fait de saint Louis. Nous ne savons pourquoi Isabelle n'épousa pas l'héritier de Lusignan. Quoi qu'il en soit, il paraît que ce ne fut pas le Roi qui s'opposa à cette union. L'Aunis avait été confisqué sur le vicomte de Thouars. Aux termes du testament de Louis VIII, qui avait légué à son quatrième fils ses conquêtes de Poitou, il devait faire partie de l'apanage d'Alfonse. Quand saint Louis mit en 1241 son frère en possession de ses domaines, il se crut obligé en conscience à lui délivrer dans toute son intégrité le legs paternel : il fallut obtenir que le comte de la Marche renonçât à la donation que lui avait faite la reine Blanche, et qui était nulle en droit. Tel fut le motif des allées et venues que Joinville remarqua entre Poitiers, où était le Roi, et Lusignan, où se trouvaient le comte et la comtesse de la

---

[1] « Nos autem et regina uxor nostra eidem domino comiti restituimus et quiptavimus Sanctum Johannem de Angeliaco, scilicet castrum et villam, cum omnibus pertinenciis, et terram de Alnisio que fuit Hugonis de Thoarcio, que nos tenebamus ex donatione domini regis Ludovici, fratris dicti comitis, quam ipse Rex nobis fecerat de tali jure quale habebat in predictis post partitionem quam dominus rex Ludovicus, dicti comitis genitor, eidem comiti et aliis filiis suis fecerat, et post obitum ejusdem genitoris sui et tempore quo erat dictus comes sub ballo et minoris etatis. » Orig. Trésor des chartes, J. 190, n° 92. — Conf. Teulet, t. II, p. 453. Cet acte important est daté de Poitiers, du mois de juillet.

Marche, et qui furent terminées par un traité dont l'original est au Trésor des chartes, par lequel Lusignan renonçait à l'Aunis.

Si Hugues abandonna ses prétentions, la comtesse de la Marche ne se montra pas d'aussi bonne composition. C'était une femme violente et hautaine; elle n'oubliait pas qu'elle avait été reine et se plaisait à en porter encore le titre. Elle exerçait un empire souverain sur son faible époux, dont la soumission et les prévenances envers Alfonse et saint Louis lui parurent une lâcheté déshonorante. L'hospitalité qu'il avait donnée dans le château de Lusignan au Roi et à son frère après le traité qui le dépouillait acheva de l'exaspérer. C'est ici que la lettre anonyme fournit de curieux détails. Après le départ des princes français, Isabelle accabla son mari d'injures, le chassa, et lui défendit de paraître devant elle. Dans sa colère, elle fit enlever les meubles du château de Lusignan, souillé par la présence de ces étrangers odieux, et se retira dans Angoulême. Hugues l'y suivit; mais elle lui fit fermer les portes du château, et ce ne fut qu'après trois jours, et à la suite de démarches de ses amis, qu'il obtint la faveur d'une entrevue.

Isabelle avait changé de tactique : à l'emportement succédèrent les pleurs, aux reproches les prières. Elle rappela à Lusignan l'injure qu'elle avait reçue à Poitiers du roi de France, qui l'avait fait attendre plusieurs jours avant de l'admettre à lui faire sa cour, et lors de sa réception était resté assis, ainsi que la Reine, tandis qu'elle, la mère du roi d'Angleterre, était debout, confondue dans la foule. Elle le conjura de la venger. Le comte, touché de ses larmes et peut-être effrayé de ses menaces, prit le parti de secouer la domination française; il fut secondé par les barons poitevins, auxquels le gouvernement ferme du roi de France faisait regretter le bon temps où, sous la seigneurie du roi d'Angleterre, qui demeurait loin, ils étaient les maîtres du pays.

Une première assemblée se tint à Parthenay, à laquelle assistèrent, outre le comte de la Marche, le comte d'Eu, Guillaume de Lusignan et les principaux barons. On y tint les plus violents discours contre le roi de France. « Hugues de la Marche avait été dépouillé, le tour des autres était proche. » Un conjuré se distingua surtout par l'âpreté de ses invectives : « Les Français, dit-il, ont de tout temps haï les Poitevins, et ils continuent de les haïr ; ils veulent tout fouler aux pieds et tout prendre dans leurs anciens domaines et dans les pays conquis; ils nous traiteront avec plus de mépris qu'ils n'ont fait des Normands et des Albigeois. Un valet du Roi fait toutes ses volontés en Bourgogne, en Champagne et dans toute autre terre ; les barons n'oseraient rien faire sans sa permission ; ils sont devant lui comme des serfs. J'aimerais mieux, ajoutait-il, la mort pour vous et pour moi que de nous voir ainsi. Les bourgeois des villes craignent aussi l'orgueil des valets du Roi, car ils sont loin de la cour, ils ne peuvent s'y rendre pour obtenir justice et sont anéantis. Préparons-nous donc à résister avec énergie pour ne pas périr.

Nam tua res agitur, paries cum proximus ardet. »

Une ligue fut constituée. Les confédérés se rendirent à Angoulême, où la comtesse leur fit un gracieux accueil, ce qui n'était pas dans ses habitudes. Le pacte fut renouvelé en sa présence. On résolut d'implorer le secours du roi d'Angleterre, qui accueillit avec joie les ouvertures qui lui furent faites. Le sénéchal anglais de Gascogne, après avoir reçu ses instructions, assista dans la ville de

Pons à une nouvelle assemblée où figurèrent les principaux barons et châtelains de Guyenne et d'Agenais, ainsi que les maires de Bordeaux, de Bayonne, de Saint-Émilion et de la Réole, le comte de Bigorre et les seigneurs de Saintonge, sauf Geoffroi de Rancon. Il n'y eut qu'une opinion, de repousser les Français ; leur être soumis, c'était la ruine. Le roi d'Angleterre ne donne nul souci, avec lui on fait ce qu'on veut ; il fera largesse, tandis que le roi de France leur enlèvera tout ce qui leur appartient. Tels étaient les propos tenus par des affidés. Un traité d'alliance fut juré avec l'Angleterre, et l'on prit dans l'ombre toutes les mesures propres à faire réussir un complot dont le succès devait arrêter dans son essor la royauté capétienne et assurer le triomphe de la féodalité.

Appel fut fait à tout ce qui haïssait la France ; on mit à profit les rivalités commerciales qui existaient entre plusieurs villes ; vingt galères de Bordeaux et de Bayonne s'apprêtèrent à bloquer la Rochelle. Bordeaux payait la moitié des frais de cette expédition, dont l'autre moitié était à la charge du comte de la Marche[1]. Ce dernier reçut du roi d'Angleterre promesse d'un subside annuel de huit mille marcs d'argent tant que durerait la guerre[2]. Henri III s'engagea à débarquer lui-même en France au moment opportun avec une forte armée. Les nobles du Poitou et de Saintonge prirent pour la plupart l'engagement d'amener leurs vassaux.

La conjuration s'étendit au loin : on alla trouver le comte de Toulouse, on lui fit voir la possibilité de recouvrer ses États ; les rois de Navarre et d'Aragon assurèrent leur appui ; on parlait même tout bas de l'adhésion de

---

[1] Lettre à la reine Blanche, *Bibl. de l'École des chartes*, 4ᵉ série, t. II, p. 513 et suiv.

[2] L. Delisle, Restitution d'un volume perdu des *Olim*, nº 723 A.

l'empereur Frédéric II, et ce bruit, tout faux qu'il était, contribuait à renforcer la ligue.

Tout était prêt à la fin de l'année 1241. Le comte de la Marche se chargea de provoquer le roi de France. Alfonse l'ayant invité à se rendre à Noël auprès de lui, il vint à Poitiers, renia sa vassalité, mit le feu à son logis, et quitta la ville au milieu d'une troupe d'archers, les arcs bandés. Saint Louis était prévenu et prêt à opposer la force à la force; mais il voulut suivre les formes légales. Il somma Lusignan d'amender son tort envers Alfonse, et, sur son refus, lui déclara la guerre.

Il convoqua les vassaux et les communes du royaume à Chinon, le 26 avril 1242; à la tête d'une nombreuse armée, où figuraient des chevaliers et des roturiers de toutes les parties de la France, il envahit les terres du comte de la Marche. Il prend Montreuil en Gâtines, la tour de Béruges, puis Fontenay-le-Comte; il se fait ouvrir par Geoffroi de Lusignan les portes de Vouvant et de Mervant, et vient assiéger Frontenay. Jusqu'alors ce n'était qu'une guerre entre le roi de France et des vassaux révoltés; la guerre devint nationale. Henri III accourut bientôt au secours du comte de la Marche; il débarqua le 20 mai à Royan en Saintonge, et déclara la guerre à saint Louis. Celui-ci prit l'oriflamme, poussa vigoureusement le siége de Frontenay. Devant cette ville, Alfonse fut blessé d'un carreau d'arbalète à la jambe, et saint Louis manqua, dit-on, de périr empoisonné par des misérables envoyés par la comtesse de la Marche; mais les assassins furent surpris et pendus. On ne doit pas à la légère accueillir ces accusations d'empoisonnement où se complaît la malignité des hommes, et par lesquelles on a cherché à expliquer de graves événements[1].

---

[1] C'est surtout en pareille matière qu'il convient de discuter le témoignage

Frontenay fut pris au bout de quinze jours et rasé (9 juin); la Saintonge se soumit. Je n'ai pas à faire l'histoire de cette guerre; qu'il suffise de savoir que l'armée française passa la Charente à Taillebourg, malgré le roi d'Angleterre, qui se retira dans Saintes. Les Français l'y suivirent et gagnèrent une bataille (22 juillet). Henri fut contraint de se retirer, d'abord à Blaye, puis à Bordeaux. Le comte de la Marche comprit qu'il n'avait plus qu'à se soumettre : il envoya son fils aîné à saint Louis, qui exigea que le comte lui fît abandon de tous ses fiefs et vînt dès le lendemain se soumettre à sa volonté. Hugues accourut avec sa femme et ses deux fils aînés se jeter aux pieds du Roi, qui lui pardonna; mais il lui fallut renoncer à tous les domaines que saint Louis avait conquis et dont il fit don à Alfonse. Il abandonna la pension de cinq mille livres que touchait sa femme en vertu du traité de Vendôme; il remit au Roi, pour y tenir garnison, les châteaux de Merpins, Crozant et Châtel-Achard; il abandonna l'hommage du comte d'Eu, de Geoffroi de Rançon, de Renaud de Pons et de Geoffroi de Lusignan; il se désista de tout droit sur le grand fief d'Aunis. Moyennant toutes ces conces-

des chroniqueurs, et surtout de remonter à celui qui le premier a cru devoir transmettre par écrit un bruit plus ou moins fondé. C'est Vincent de Beauvais qui, dans son *Miroir historial,* a raconté la tentative d'empoisonnement faite par la comtesse de la Marche sur saint Louis. Vincent mourut en 1268, et son ouvrage parut de son vivant et du vivant de saint Louis. Il offre donc des garanties d'exactitude. Toutefois, ce sont là des imputations qu'il ne faut pas accepter avec trop de confiance : Vincent, comme tous les autres chroniqueurs, notamment Mathieu Paris, s'est plus d'une fois trompé et s'est fait l'écho de bruits populaires peu fondés. L'insertion de cette anecdote dans les *Chroniques de Saint-Denis* n'est pas non plus une présomption en faveur de la réalité du crime imputé à Isabelle. Ces chroniques n'eurent dans leur principe et pour les temps antérieurs au milieu du quatorzième siècle aucun caractère officiel; ce fut Charles V qui le premier fit rédiger sous ses yeux et sous son inspiration, par le chancelier d'Orgement, l'histoire du roi Jean et celle de son propre règne.

sions, il fut admis à prêter hommage au Roi pour le comté d'Angoulême et pour les seigneuries de Cognac, de Merpins, de Jarnac, de Villebois et d'Aubeterre, et à Alfonse pour le comté de la Marche et Lusignan [1] (août 1243).

On raconte que, pour donner un gage de sa fidélité, Hugues alla avec Pierre Mauclerc, comte de Bretagne, à la tête d'une puissante armée, dans le Midi, pour empêcher les rois d'Angleterre et d'Aragon de faire leur jonction avec le comte de Toulouse; mais cela n'est nullement prouvé ni même vraisemblable : il eût été trop dangereux d'employer le comte de la Marche à combattre ses propres adhérents.

L'Ouest et le Midi étaient pacifiés; Alfonse eut dès lors la libre jouissance de son apanage. Quand je me sers du mot *apanage* pour désigner les domaines qui lui furent

---

[1] « Hugo de Lezigniaco comes Marchie et Engolismensis et Y. Dei gracia regina Anglie dictorum comitissa locorum. Noveritis quod, cum guerra esset inter nos ex una parte et karissimos dominos nostros Ludovicum regem Francie illustrem et comitem Pictavie, fratrem ipsius domini Regis, ex altera, tandem post plures conquestas quas idem dominus Rex fecit super nos, nos et filii nostri, videlicet Hugo Brunus, Guido et Gaufridus de Lezigniaco, milites, ad ipsum dominum Regem venientes, nos et terram nostram, alte et basse, ipsius domini Regis supposuimus voluntati; et antequam dominus Rex in sua voluntate nos reciperet, dixit nobis quod conquestas quas jam conquisierat per se et gentes suas super nos, videlicet Xanctonas, cum castellania et pertinenciis, Forestam, domum de la Vergnia, et totum jus quod habebamus in Ponte l'Abai, Mosterolium cum appendiciis suis, Fronteneium cum appendiciis, Langestum, Sanctum Gelasium cum appendiciis, Praec cum appendiciis, Tauneium super Voto cum appendiciis, clausam Bauceium, feoda que tenebat a nobis comite Marchie comes Augi, feodum Renaldi de Pontibus, feodum Gaufredi de Rancon et feoda que tenebat Gaufridus de Lezigniaco a nobis comite Marchie, et grande feodum de Alniaco, et omnes alias conquestas quas idem dominus Rex fecit super nos usque ad hodiernum diem, per ipsum et gentes suas, ipsi domino Regi fratri suo predicto, comiti Pictavie, et eorum heredibus in perpetuum retinebat. Actum in castris in praeria prope villam Pontium. Anno MCCXLII, mense augusto. » Orig. Trésor des chartes, J. 192, n° 8. — Confirmation par Hugues Le Brun à Maubuisson, au mois de juin 1246. Orig. J. 192, n° 15.

légués par son père, c'est à défaut d'autre expression convenable, car le mot *apanage* ne fut en usage qu'un peu plus tard; mais c'était en fait un véritable apanage, c'est-à-dire des domaines détachés de la couronne en faveur d'un prince du sang, sous la condition de retour à défaut d'héritiers mâles [1]. L'apanage tel qu'il fut constitué par Louis VIII comprenait le Poitou, l'hommage du comté de la Marche, de l'Aunis et de la Saintonge. En 1241, le comte de la Marche abandonna, ainsi que nous l'avons vu, le domaine direct de Saint-Jean d'Angély et de l'Aunis, et, en 1243, plusieurs fiefs en Poitou et le nord de la Saintonge.

Alfonse reçut aussi à titre d'héritage paternel une partie de l'Auvergne conquise par Philippe Auguste. Richard Cœur-de-lion avait cédé à Philippe la suzeraineté de cette province [2], cession qui avait été confirmée en 1200 par le roi Jean à l'occasion du mariage de Blanche de Castille, sa mère, avec Louis, fils aîné du roi de France [3]. Le comte d'Auvergne, Gui, ayant en 1210 jeté en prison l'évêque de Clermont, le Roi envoya pour délivrer ce prélat une armée conduite par Gui de Dampierre, sire de Bourbon, et par l'archevêque de Lyon. Le comte d'Auvergne fut dépouillé d'une partie de ses États. Un traité définitif régla en 1230 la position respective du Roi et de Guillaume X, fils de Gui. Le comté fut confisqué au profit du Roi; mais on laissa à Guillaume le pays borné à l'ouest par l'Allier, au midi par l'Allioux, à l'est et au nord par les fiefs de l'évêque de Clermont. Vic devint le chef-lieu de cette seigneurie, qui prit le titre de comté. La ville de Clermont

---

[1] Delisle, Restitution d'un volume perdu des *Olim*, n° 537. Arrêt rendu en 1284.

[2] Baluze, *Histoire de la maison d'Auvergne*, t. Ier, p. 69.

[3] Rymer, *Fœdera*, anno 1200.

resta dans la mouvance directe du Roi, ainsi que les fiefs de l'évêque[1]. Alfonse réclama la suzeraineté sur Clermont, conformément au testament de Philippe Auguste; mais sa demande ne fut pas accueillie par le Parlement, qui déclara en 1255, en présence du Roi, Clermont inséparable de la couronne[2].

Alfonse eut des difficultés avec Archambaud, sire de Bourbon, au sujet de certains fiefs; au mois de mars 1248 intervint une transaction qui laissa le comte en possession de la Roche d'Agoult, de Pionsat, de Barrot, des Faies, des Aies, et attribua au sire de Bourbon l'honneur de Barrassat et tout ce qui avait été confisqué sur le comte Gui, à la charge pour Archambaud d'assigner cinquante livrées de terre à Dorat et cinquante livrées à Goutières[3], ce qui fut exécuté en 1260[4].

[1] Delalo, *Des limites et des divisions territoriales de la haute Auvergne*, p. 57.

[2] « Judicia coram domino Rege facta. Anno Domini M. CC. quinquagesimo quarto, in parlamento Candelose, factum fuit istud judicium. Cum karissimus et fidelis frater noster A. comes Tolosanus et Pictavensis peteret coram nobis regalia Clarimontis, fidelitatem burgensium ejusdem ville, exercitum et calvacatam ibidem, que dicebat ad ipsum pertinere ratione testamenti felicis recordationis Ludovici patris sui, qui eidem totam Averniam in dicto testamento legaverat, cum omnibus suis pertinentiis, ut dicebat, et dilectus et fidelis noster episcopus Claromontensis se opponeret ex adverso asserens quod ad nos omnia pertinebant predicta. Nos auditis rationibus utriusque partis, lecto et relicto dicto testamento, et habito super hiis prudentium consilio, judicatum fuit coram nobis ad nos predicta omnia pertinere. » Reg. XXVI du Trésor des chartes, fol. XIIII.

[3] Arch. de l'Emp., Chambre des comptes, P. 1377, cote 2793. — Conf. Huillard-Bréholles, *Titres de la maison de Bourbon*, t. Ier, p. 57, n° 274.

[4] *Ibid.*, acte de janvier 1259, *Ibid.*, P. 1369, cote 1684; Huillard, p. 74, n° 369.

CHAPITRE III.

ALFONSE DEVIENT COMTE DE TOULOUSE.
1249.

Participation de Raymond VII à la révolte du comte de la Marche. — Il est battu et demande merci. — Alfonse part pour la croisade. — Raymond meurt (27 septembre 1249). — Il est inhumé à Fontevrault. — Douleur que cause sa mort dans le Midi. — Énumération des fiefs qui passent à Alfonse. — Éclaircissement sur les possessions de Raymond VII en Quercy. — Nombreuses acquisitions domaniales de ce prince. — La reine Blanche fait prendre possession des domaines du feu comte. — Curieux récit du chapelain d'Alfonse. — Résistance des villes. — Prétentions de la cour de Rome sur le comtat Venaissin, et du roi d'Angleterre sur le Quercy et l'Agenais. — Fait capital : la prise de possession du comté de Toulouse se fait, non à titre d'héritage, mais en vertu du traité de 1229. — Importance de cette distinction. — Alfonse revient d'Orient. — Il visite ses nouveaux États. — Il fait casser le testament de Raymond VII. — Examen de la légalité de cet acte. — Motifs qui ont guidé Alfonse. — Réclamations des églises légataires de Raymond.

Raymond ne cherchait qu'une occasion de recouvrer une partie des domaines qu'il avait perdus. Déjà en 1240 il avait essayé ses forces : il avait attaqué le comte de Provence, beau-père du roi de France, et battu des seigneurs français du Languedoc qui allaient au secours de Raymond Bérenger. Menacé par saint Louis, il dut se retirer; mais il se vengea en refusant de secourir le sénéchal royal de Carcassonne, assiégé dans cette ville par Trencavel, fils du dernier vicomte de Béziers, qui avait soulevé contre les Français une partie des provinces royales du Midi [1]. Le comte de Toulouse fut obligé de se rendre

[1] Sur les événements qui signalèrent le siége de Carcassonne, voyez la curieuse lettre du sénéchal Bernard des Ormes à la reine Blanche, publiée par M. Douët d'Arcq. *Bibl. de l'École des chartes*, IIe série, t. II, p. 363.

à la cour pour obtenir le pardon de sa conduite [1]; mais il espérait toujours une revanche. Aussi accueillit-il avec joie les ouvertures du comte de la Marche : il se concerta avec lui dès le mois d'octobre 1241, ainsi qu'avec le roi d'Aragon [2] : il s'assura le concours de ses principaux vassaux, des comtes de Foix, de Comminges, de Rodez, des vicomtes de Narbonne, de Lautrec, de Lomagne, du sire de Lunel, etc. Trencavel se mit en devoir d'accourir d'Aragon à la tête des faidits, c'est-à-dire de tous ceux qui avaient été obligés de s'expatrier pour s'être compromis par leurs opinions religieuses ou leur haine de la France.

Le succès semblait assuré, mais la certitude du triomphe ôta toute prudence. Des inquisiteurs de la foi furent massacrés à Avignonnet (28 mai 1242) par des hérétiques, avec la connivence des officiers du comte de Toulouse : c'était mal commencer. C'était surtout une grande faute que d'introduire les passions religieuses et le meurtre là où il ne devait être question que d'indépendance et d'honneur national. Ce crime souleva la réprobation des cœurs honnêtes, et attira les foudres de l'Église : Raymond VII fut accusé de complicité et excommunié. Il repoussa, il est vrai, toute solidarité avec les hérétiques et se prononça solonnellement contre eux, mais le coup était porté, et le clergé le dénonça comme un ennemi de l'Église. Pendant que le comte de la Marche se faisait battre

---

[1] Traité de Montargis, veille des ides de mars 1240 (14 mars 1241). Reg. XXVI du Trésor des chartes, fol. 183 v°.

[2] Le lundi avant la fête de saint Luc 1241, Hugues de Lusignan promit à Raymond VII « quod ipsum ad requestam suam juvabimus bona fide contra omnes homines qui ei facerent injuriam vel gravamen. Hoc idem predicto comiti pro domino J. rege Arragonie sub eodem promisimus juramento fideliter observare ». Orig. Arch. de l'Emp., J. 192, n° 5. Par un traité conclu le 18 avril 1241, le comte de Toulouse et le roi d'Aragon avaient fait un traité d'alliance, sauf contre le roi de France. *Idem*, J. 539, n° 3.

en Saintonge, Raymond envahissait le bas Languedoc et prenait le titre de duc de Narbonne.

Il se rendit au mois d'août à Bordeaux auprès du roi d'Angleterre, et tenta de lui donner du courage : il convint avec lui d'un traité d'alliance offensif contre saint Louis ; mais ses efforts n'eurent aucun résultat. Il fut obligé de rentrer dans ses États, que venait d'envahir une puissante armée où l'on comptait un grand nombre de Normands. Cette armée s'était réunie en Auvergne sous la conduite d'Imbert de Beaujeu [1] et de l'évêque de Clermont, et était entrée en Agenais et en Quercy. On ne sait presque rien de ses opérations : cependant elle s'empara de plusieurs villes où elle mit garnison, notamment de Penne et de Castel-Sarrasin ; mais Raymond vint assiéger ces villes, et pressa Castel-Sarrasin si étroitement que les assiégés furent réduits à manger leurs chevaux [2]. L'inaction de Henri III et du roi d'Aragon, la soumission du comte de la Marche ne laissaient plus à Raymond d'espoir de vaincre, ses alliés l'abandonnèrent : le comte de Foix, qui avait été un des plus ardents à l'exciter à la révolte, fut le premier à faire sa paix avec le Roi à condition de relever immédiatement de la couronne (5 octobre) ; il déclara même la guerre à Raymond au nom du Roi et de l'Église [3].

L'évêque de Toulouse qui éprouvait une sincère affection pour Raymond le pressa vivement de se réconcilier avec saint Louis. Le comte y consentit, mais le Roi voulut que Raymond se rendît sans condition. Se sentant

---

[1] Registre des enquêteurs de saint Louis en Normandie. Arch. de l'Emp., J. 783.

[2] *Ibidem.* « Hugo de Monte-Acuto, miles de Nonnant, conqueritur quod cum ipse esset in servicio d. Regis, et in municione Castri Sarraceni, in terra Albigensium, et plures alii servientes, cum eo, fame coacti sunt comedere quemdam roncinum suum. »

[3] Trésor des chartes, J. 332, n° 6.

perdu, le comte écrivit le 20 octobre pour demander grâce au Roi. Il supplia la reine Blanche d'intervenir en sa faveur, alléguant un grand repentir et promettant de servir le Roi fidèlement, de défendre et d'honorer l'Église, de protéger la foi catholique et de purger le pays des hérétiques [1]. Le prévôt de l'église de Toulouse se rendit auprès du Roi porteur de cette missive : il arrivait à temps, car saint Louis avait déjà obtenu un vingtième des revenus ecclésiastiques et se préparait à une nouvelle croisade. La plupart des seigneurs languedociens avaient fait leur paix séparément. Saint Louis et la reine Blanche, qui, bien qu'elle ne fût plus régente, avait une grande part au gouvernement, accueillirent favorablement l'émissaire du comte de Toulouse. Raymond, après avoir donné des sûretés de l'exécution de ses promesses, se rendit au mois de janvier 1243 à Lorris, où il reçut son pardon en bonne forme, à condition de faire prêter serment de fidélité au Roi, suivant les formules du traité de Paris, par tous les nobles, bourgeois et roturiers de ses domaines, âgés de plus de quinze ans [2] : il remit plusieurs châteaux à titre de sûreté [3].

En 1246, Alfonse prit la croix avec saint Louis, et après avoir fait d'immenses et dispendieux préparatifs il se disposa à partir pour la croisade en 1249, amenant au Roi, selon l'expression de Joinville, l'arrière-ban du royaume de France : il s'embarqua le 26 août 1249 à Aigues-Mortes, avec Jeanne sa femme. Raymond VII était venu faire ses

---

[1] Orig. Trésor des chartes, J. 309, n° 29. Lettre datée de Penne-d'Agen le 20 octobre 1242.

[2] Traité de Lorris, janvier 1243. Orig. Trésor des chartes. J. 305, n° 10.

[3] *Ibidem.* J. 305, n° 9. — Le 10 janvier, Raymond VII s'engagea à chasser les hérétiques de ses terres. *Ibidem.* J. 428, n° 9. Cette promesse fut faite spécialement à la reine Blanche.

adieux à son gendre et à sa fille : de là il se rendit en Rouergue ; la fièvre le prit dans un château près de Rodez : il se fit transporter à Millaud, et y mourut en paix avec l'Église le 27 septembre. Il avait fait un testament où il élisait sépulture à côté de sa mère la reine Jeanne, dans l'abbaye de Fontevrault [1] : il instituait sa fille son héritière et chargeait un noble languedocien, Sicard d'Alaman, du gouvernement de ses domaines jusqu'au retour d'Alfonse : le lendemain il compléta dans un codicille ses dernières volontés [2]; il avait cinquante-deux ans. Son corps fut porté à Toulouse : là, on l'embarqua sur la Garonne, et on le conduisit au monastère du Paradis en Agenais. Il y resta en dépôt jusqu'au printemps suivant, où, sa sépulture étant prête, il alla reposer dans la noble abbaye de Fontevrault aux pieds de sa mère, à côté de Richard Cœur-de-lion et des autres princes de la famille royale d'Angleterre.

La tombe de Raymond VII n'a point partagé l'étrange destinée des sépultures dont elle était entourée, profanées sous la République, transportées au musée de Versailles, restituées à Fontevrault, cédées à l'Angleterre, et en fin de compte conservées comme un souvenir historique dans la chapelle d'une prison. Elle n'attendit pas 1793 et le marteau révolutionnaire. Dès 1668, une princesse du sang, abbesse de Fontevrault, trouvant que le tombeau du comte de Toulouse gênait dans le chœur de son église, le déplaça ; et comme elle le jugeait barbare et gothique, elle substitua à l'effigie couchée du prince, qui était un portrait, une figure agenouillée, sans caractère et sans vérité [3]. Ray-

[1] Original du testament. Trésor des chartes, J. 313, n° 64.
[2] Original. *Ibid.*, n° 63.
[3] Voy. Montfaucon, *Monuments de la monarchie française;* Godard-Faultrier, *Statues de Fontevrault,* février 1867, in-8.

mond VII était plus heureux que son père, dont les os privés de sépulture se montrèrent pendant des siècles comme un objet de curiosité[1].

La mort de Raymond VII excita dans tout le Midi une douleur profonde; en lui s'éteignait la race des comtes, dont l'origine remontait au neuvième siècle. Les Français allaient dominer : quelle conduite tiendraient-ils? Graves sujets d'inquiétude pour les populations méridionales, qu'une étroite sympathie, resserrée par le malheur, avait unies à leurs chefs. Pour gagner sa dernière demeure, le corps de Raymond VII traversa tous ses anciens États : ce fut pitié de voir le peuple accourir rendre en pleurant un dernier hommage à celui qui avait été son seigneur naturel. Le deuil fut général; et aux yeux des catholiques les plus fervents cette mort, qui mettait fin à la lignée des comtes nationaux, était un châtiment de Dieu, qui voulait punir le Midi de sa participation à l'hérésie[2].

Alfonse devint le plus puissant feudataire du royaume. Nous avons vu que le traité de Paris de 1229 avait partagé le Languedoc entre le Roi et Raymond VII. Par le Languedoc il ne faut pas entendre ici seulement la province qui portait ce nom dans les derniers temps de la monarchie. Au douzième siècle, et même au commencement du treizième siècle, on appelait Provence non-seulement la province connue depuis sous ce nom, mais encore une

---

[1] Voy. La Faille, *Annales de Toulouse*, t. I, p. 126. Le crâne de Raymond VII avait cette particularité qu'on y voyait une fleur de lis.

[2] Voici comment s'exprime Guillaume de Puy-Laurent : « Ad sepeliendum apud Fontem Ebraudum, ut elegerat, deportatur; eratque pietas prius et posterius videre plebes ejulare et flere dominum naturalem, et a modo nullum de sua linea expectare; sicque fieri Domino Jesu Christo placuisse ut cunctis innotesceret quod propter peccata labis heretice multasset Dominus universam sublato sibi domino liberali. » Catel, *Comtes de Tholose*, p. 100, cap. XLVIII.

partie du Languedoc moderne [1]. Après la guerre des Albigeois, on appela *partes Tholosane* ce qu'avait conservé Raymond VII [2] de ses anciens États, et *partes Albienses* les provinces que la royauté s'était fait céder. Après la mort d'Alfonse, la couronne se vit maîtresse des anciennes possessions des comtes de Toulouse. Ses domaines directs s'étendirent de la Manche à la Méditerranée. De la différence bien tranchée des deux langues parlées au nord et au midi de ces vastes possessions, naquirent les noms de Langue d'oïl et de Langue d'oc, donnés, le premier aux pays situés au nord de la Loire, ainsi qu'au Poitou, à la Saintonge et au Bourbonnais; le second, aux provinces que la royauté possédait dans le Midi, c'est-à-dire au Languedoc de nos jours et à une partie de la Guyenne.

Par le traité de 1229 saint Louis eut tout le bas Languedoc, comprenant les diocèses de Maguelone, de Nîmes, d'Agde, de Narbonne, le pays d'Uzès, les Cévennes, le Vivarais, le Velay, le Gévaudan, la moitié de l'Albigeois.

Raymond conserva :

1° Le comté de Toulouse, sauf plusieurs fiefs qui avaient été donnés au sire de Lévis, maréchal de l'armée de la foi, dont le Roi retint l'hommage, et le comté de Foix, qui fut déclaré relever directement de la couronne pour récompenser le comte qui avait abandonné en 1242 Raymond VII dans sa révolte. Alfonse réclama en vain; le comté de Foix fit partie jusqu'à la Révolution de la sénéchaussée de Carcassonne.

---

[1] Voy. Ménard, *Histoire de Nismes*, t. II, notes, p. 1; Vaissete, t. II, p. 630, et t. III, p. 96; Catel, *Comtes de Tholose*, p. 2 et 3.

[2] C'est ce qui résulte d'une foule de documents, entre autres du Registre des enquêteurs d'Alfonse (J. 190, n° 61), où le Quercy est rangé sous la rubrique générale : *Partes Tholosane*. L'expression *lingua occitana* est une traduction latine barbare du mot *langue d'oc*.

2° L'Albigeois, au nord du Tarn [1].

3° Le Rouergue. Rodez appartenait à un comte particulier nommé comte de Rodez : Saint-Antonin avait été cédé au Roi en 1229 par Raymond [2] et fit dès lors partie de la sénéchaussée de Carcassonne [3].

4° Le comtat Venaissin. Ce comté, appelé aussi marquisat de Provence, avait été confisqué par le Saint-Siége; mais le pape Grégoire IX l'avait rendu à Raymond VII en 1234. Avignon appartenait par indivis au comte de Toulouse et au comte de Provence; cette grande cité n'était pas censée faire partie du comtat Venaissin, dans lequel elle se trouvait enclavée [4].

5° Le Quercy et l'Agenais. Il est utile d'entrer au sujet du Quercy dans quelques explications. Dom Vaissete prétend que Raymond VII possédait toute cette province, à l'exception de Cahors : c'est une erreur. Le comte de Toulouse n'avait tout au plus que la moitié du Quercy. Dans les comptes de recettes de ses domaines, le Quercy est divisé en douze baylies, dont onze situées au midi du Lot, qui divise la province de l'est à l'ouest en deux parties à peu près égales, et une seule située au nord de cette rivière. Cette dernière baylie était désignée sous le nom de baylie d'Outre-Lot. (*ultra Oltim*) [5], et ne com-

---

[1] *Traité de Paris.* Vaissete, t. VI, Preuves, p. 330. Sur les limites de l'Albigeois et du Toulousain, voici un passage curieux d'une charte de l'an 1242 : « Prout rivus de Parer incipit prope Testonem dividendo Tholosanum et Albigesium, descendendo usque ad flumen Tarni prope portum de Coffolens. » *Recueil des ordonnances*, t. XV, p. 423.

[2] Le vicomte de Saint-Antonin céda ses droits particuliers en 1249.

[3] Voy. une lettre de saint Louis, relative à la monnaie de Saint-Antonin. Bibl. imp., fonds latin, n° 10918, fol. 14.

[4] Voy. plus loin le chapitre consacré aux divisions administratives.

[5] Cette baylie d'Outre-Lot est peu connue. Dans un compte publié par Vaissete (t. VI, p. 484), elle figure sous le nom de *ultra Cust*, ce qui est

prenait que des localités voisines de l'Agenais. Tout le reste du haut Quercy était dans la mouvance du Roi. L'évêque de Cahors avait profité de la guerre des Albigeois pour se rendre vassal immédiat de la couronne [1]. Il en fut de même des vicomtes de Turenne, qui possédaient Martel [2], des puissants seigneurs de Gourdon [3], et de plusieurs autres feudataires quercinois, auxquels le Roi promit de ne jamais les distraire de la mouvance directe de la couronne. L'abbé de Figeac était dès le douzième siècle vassal royal, et Philippe Auguste, ainsi que nous l'avons déjà dit, avait donné en 1196 à Raymond VI la garde de ce monastère ; mais après la croisade, l'abbé rompit ses liens avec le comte de Toulouse [4], et son abbaye ainsi que le prieuré de Souillac devint vassale immédiate de la couronne. A partir donc du premier quart du treizième siècle, tout le haut Quercy relevait *sine medio* du Roi, et était placé sous les ordres d'un sénéchal royal qui gouvernait cette province ainsi que le Périgord et le Limousin. Le traité de Paris, en restituant à Raymond VII le Quercy, réserva

une faute de lecture; dans le Reg. XI du Trésor des chartes, elle est appelée *ultra Mo tem*. Nous rétablissons, d'après plusieurs textes originaux, le vrai nom de cette baylie.

[1] Diplôme de Philippe Auguste d'octobre 1211 ; *Gallia christiana,* t. Ier, p. 132. Le 12 des calendes de juillet 1211, l'évêque fit hommage à Simon de Montfort pour le comté de Cahors, tel qu'il le tenait de Raymond VII. *Registrum Curie,* fol. 13. Sur les droits du Roi à Cahors, voy. *Actes du Parlement de Paris,* t. Ier, Arrêts et enquêtes antérieurs aux *Olim,* p. cccviii, n° 22, enquête de l'an 1246.

[2] Diplôme de Philippe Auguste de septembre 1217, Reg. VII du Trésor des chartes, fol. 55.

[3] Hommage de Bertrand de Gourdon à Philippe Auguste, décembre 1211. Bibl. de l'École des chartes, 1re série, t. III, p. 446.

[4] Cartul. de Raymond VII, fol. 61 ; Brussel, *Nouvel usage des fiefs,* t. II, p. 780. — Pour la preuve que Figeac était du temps d'Alfonse soumis au Roi, voy. *Olim,* édit. Beugnot, t. Ier, p. 681.

expressément les fiefs que Philippe Auguste y possédait lors de sa mort, c'est-à-dire la moitié du pays[1].

Un fait curieux qui a échappé à dom Vaissete, c'est l'ardeur avec laquelle Raymond VII avait, à partir de 1229, travaillé à étendre ses domaines directs dans les provinces qui lui avaient été laissées, et à réparer ainsi les pertes qu'il avait faites. Il ne cessa d'acheter des châteaux; le registre connu sous le nom de *Cartulaire de Raymond VII* nous fait connaître ces acquisitions dont il reproduit les instruments[2]. En voici les principales :

Comté de Toulouse. En 1233 Raymond acquit de R. Unaud une partie de Saint-Rome[3]; en 1236, une autre partie d'Aymeri de Roquefort[4]; la même année, le reste, d'Aymeri de Castelnau[5]. En 1245, Aicard de Miramont lui vendit le tiers de Cintegabelle[6], et en 1248, Bernarde, fille d'Aicard de Cintegabelle, abandonna ses droits sur le même fief[7]. Raymond VII échangea la moitié du château de Vaziége contre Gardouch[8] : il réunit à son domaine en 1234 Montgiscard[9], et en 1237 et 1238, Buzet[10] : en 1238, différents domaines à Antenac, à Rieux et à Montesquieu[11];

---

[1] « Episcopatum autem Caturcensem dimittit nobis Rex, excepta civitate Caturcense et feodis, et aliis que habuit in eodem comitatu rex Philippus, avus ejus, tempore mortis sue. »

[2] Le Cartulaire de Raymond VII est conservé au Trésor des chartes, où il est coté Registre JJ. XIX.

[3] Cartulaire de Raymond VII, fol. 172, VII die exitus mensis aprilis.

[4] *Ibid.*, n° 7, XI die exitus mensis marcii M. CC. XXXV.

[5] *Ibid.*, n° 8, 24 décembre.

[6] *Ibid.*, n° 9.

[7] *Ibid.*, n° 144.

[8] *Ibid.*, n° 104.

[9] Vendu par Aicard de Miramont, n° 171.

[10] Nos 4, 6 et 158.

[11] Cede par Gentile, fille d'Adhémar de Gensac, n° 13.

en 1246, la moitié de Fanjaux[1]; en 1248, Cepet[2]; en 1249, Laurac[3]. En 1246, dame Siguis et Eude de Lomagne lui cédèrent leurs droits sur le comté de Fezensac[4].

Querci. En 1246 les seigneurs de Montdenard abandonnèrent au comte le domaine de ce château[5], et Eude de Montpezat, ce qu'il avait à Montpezat.

Rouergue. En 1246, Guillaume de la Queilhe céda ses droits sur Najac[6] du consentement de ses fils[7].

Périgord. L'abbé de Sarlat inféoda à Raymond VI le château de Baynac, en 1238[8].

Agenais. Pierre de Lavarzac vendit en 1246 le tiers du château de Lavarzac[9].

Venaissin. En 1235, Frédéric II donna Ile et Carpentras[10]. Elzéar vendit en 1247 le château de Seguret[11], et en 1248, Guillaume de Caderousse la vingt-quatrième partie du domaine de Caderousse[12].

Dès que Raymond VII eut fermé les yeux, le sénéchal de Carcassonne s'empressa d'en instruire la reine Blanche, qui envoya deux chevaliers, Gui et Hervé de Chevreuse, et Philippe, trésorier de Saint-Hilaire, chapelain du comte de Poitiers, recueillir la succession du comte de Toulouse. On a découvert récemment une missive en lan-

---

[1] Vendu par dame Na Cavaers, n° 78.
[2] Vendu par P. Embrinus, n° 145.
[3] N° 157.
[4] N°s 70 et 71.
[5] Ibid., n° 1.
[6] 8 des ides de mai, n° 101.
[7] 2 des calendes de juin, n° 102.
[8] 3 septembre 1230, n° 132.
[9] 1246. Undecima die exitus septembris, feria 5, n° 66.
[10] Décembre 1235, n° 113.
[11] 12 des calendes de juin, n° 142.
[12] 2 des ides de janvier 1247, n° 123.

gue vulgaire écrite par le trésorier de Saint-Hilaire à son maître, alors en Orient, et qui ne se doutait guère de la haute fortune qui lui arrivait en France. C'est une lettre intime et d'affaires, où le fidèle chapelain rend compte des soins qu'il s'est donnés depuis le départ d'Alfonse pour accomplir ses ordres et veiller à ses intérêts ; mais la partie la plus curieuse est le récit détaillé des événements qui suivirent la mort de Raymond, l'envoi d'une commission pour prendre possession de ses États, les difficultés que rencontrèrent les commissaires. Cette lettre est, ainsi que celle qui fut adressée à la reine Blanche au sujet de la révolte du comte de la Marche, dont nous avons tiré tant de lumières, un de ces trop rares documents historiques qui permettent d'assigner aux événements auxquels ils se rapportent leur véritable caractère : ils donnent surtout, ce que ne font jamais les chartes, la signification morale des faits. La lettre du chapelain d'Alfonse est précieuse sous ce rapport ; elle montre avec quelle défiance le Midi accueillit l'avénement d'un prince du sang royal. Mais laissons parler le trésorier de Saint-Hilaire, sauf à éclairer et à compléter sa lettre [1].

« A son très noble et son très chier seignor, Alfonz, fuiz le roi de France, comte de Tholose et de Poitiers, et marquis de Provence, Phelippes, ses devoz chapeleins, saluz et soi tout à son servise et à sa volenté.

» Voz lestres que vos m'envoiates par le message lo Roi closes et overtes, ge les reçui liement e o grant affection de cuer, à Paris, le lundi devant la feste saint Mathias l'apostre ; et entendu par celes vostre arivement à Damiete, et vostre santé, et la joie que li Rois et vostre

---

[1] Orig. Arch. de l'Emp., suppl. du Trésor des chartes, J. 890. Cette lettre a été publiée pour la première fois par M. Saint-Brice dans la *Bibliothèque de l'École des chartes*, 1re série, t. Ier, p. 389 et suiv.

frère, et li baron vos firent, ge fui moult durement eleesciez en cuer; mes nequedent ge me merveillié moult et me fu moult grief de ceo que vos arivates en Chipre et de ceo que vostre passages fu tant retardez, mes je crois certennement que Nostre Sires le fist à vostre bien et à acressemant de corone et de merite, se vos cez travaux et les autres que voz avez sofferz et sofferroiz recevez humblement et en bone paciance. Et toutes les choses que vos feroiz soit en buvent, soit en mengent, ou en toutes choses faisant, adreciez, selonc le conseil de l'Apostre, et faciez à l'enor de Dieu, et ge croi bien que voz aiez bone volenté dou faire, et Nostre Sire vos en dont le pocir.

» Et selonc le mandement que vos me feites par voz lestres, ge vos faz à savoir par cez presentes lestres le procès, et les novelles et les choses qui sunt avenues en France, puis que voz passates.

» Sachiez, sire, que celui jour mesmes que vos feites voile, si tout comme j'oi perdue la veue de voz nes, qui me fu grant meseise et grant engoisse de cuer, ge me parti dou port et m'en ving par mes jornées droit à madame la Roine, à Pontoise, que ge trové moult liee des novelles que ele avoit oïes deus jourz avant que je venisse à lui, de la prise de Damiete; et moult en fu esjoïe toute France; et meesment à Paris et es leus voisins en firent la gent grant joie et processions, et oroisons et aumosnes, et en loèrent Nostre Seignor humblement et devotemant. Et quant ge fui venuz à Madame, ge li dis et raconté combien vos aviez demouré au port, et le jour et l'eure de votre passage, et les granz despens qu'il vos avoit convenu faire, et li prié de par vos que ele, comme mère, meist conseil en voz afaires, car toute vostre fiance et toute vostre atendence si en ert à lui. Elle respondi que si feroit-ele moult volentiers.

» Après ceo, ne demora que un pou de tens que ele oï novelle de la mort le comte de Tholose qui avoit esté morz, si comme il me remembre, la veille de la Saint Michiel à la Milloe, et qui avoit fait moult bele fin, si comme l'en disoit, et avoit bien fait son testament et ordené de ses choses; et ce porroiz vos bien voeir par le testament meesme que ge voz envoi saelé de mon sael. Si tost comme Madame ot oïes ces noveles, les quelles ge meesmes avoie jà oïes, ele me manda que ge alasse à lui sanz deloi à Courboil; et ge tantost i aloi et trové avec lui Hemeri Portier qui ces noveles li avoit aportées. Et ilueques ele ot conseil que ele manda monseignor Ansel de l'Isle, monseignor Gui et monseignor Hervé de Chevreuse, que il venissent à lui sanz delai, et il i vindrent. Et fu atorné que misires Guis et misires Hervé et ge aleissons au parties de Tholose et de Albigeis pour la terre et pour les feutez recevoir en vostre nom. Et nos i alames, si que nos fumes là le diemanche après la Saint Martin d'iver.

» Misires Secars[1], à cui li cuens de Tholose avoit lessié la garde de sa terre, à cui noz feimes savoir nostre venue, vint avant encontre nos à Chatelneef[2] et nos reçut moult liement. Et d'iluecques vint avec nos jusqu'à Tholose. Et li borgeis de la vile, li greignor et li plus poissant, quant il sorent nostre venue, vindrent encontre nos à granz chevaucheures et nos reçurent moult liement. Et nos fu avis, et est encore, qu'il soient moult lie de vostre seignorie, à quoi il sont venu.

» Landemain au matin, nos les feimes asambler en la meison dou commun, et leur proposames la besoigne pour-

---

[1] Sicard d'Alaman, institué par Raymond VII gouverneur général de ses États jusqu'au retour d'Alfonse.

[2] Castelnau, Haute-Garonne, arr. de Toulouse.

quoi nos estions venu là. Il nos respondirent que il avoient envoié des leur greignors borgeis à madame la Roine, pour cette besoigne meesme et pour confermemant avoir de leurs franchises, et nos prièrent que nos soffrissons tant que leur messages fussent revenu. Et nos nos soffrimes et les atendimes par quinze jourz et plus. Nos, endemantières, mandames à touz les barons et aus chevaliers et aus consès des bones viles de Tholosan qu'il fussent à nos à certein jour pour feire les feutez en vostre nom. Et à ce jour vindrent li cuens de Cominges et pluseurs des autres barons et des chevaliers et des consès, et nos firent les feutez volentiers, si comme leur requimes. Et après ceo, quant li message de Tholose furent venu de madame la Roine, il nos firent volentiers les feutez, selonc la forme que Madame nos envoia escrite et saelée, par els meesmes.

» Cez choses faites, nos meismes chateleins es chatiaux et les feimes garnir; c'est à savoir le chatel Narboneis, Lorac, Laval, Villemur, Verdun et Sainte Gazele. Et ces choses faites, nos alames aus autres bones viles de Tholosan, de Albigeis, de Caoursin, et receumes les feutez. Et après ceo, nos alames à la cité de Agen et requeimes les feutez, mais il ne les nos voldrent pas faire, car leur franchises estoient teles, si comme il disoient, qu'il ne devoient pas jurer devant ceo que vos leur eussiez juré. Et li baron et li chevalier de Ageneis respondirent ausinc, ne ne voldrent faire les feutez lors. Nos, cez choses oïes, nos soffrimes et nos partimes d'ilueques et venimes à Mirmande, et ilueques receumes les feutez. D'ilueques nos alames à la Riole, à monseignor Symon de Montfort, à la comtesse, sa femme, qui ilueques estoient, et nos avoient mandé et prié par lestres que nos i alessons. Ilueques nos les trovames et i geumes une nuit, et nos firent moult grant joie, et parlâmes à monseigneur Symon en tele manière que il ne receut nus des maufeteurs de vostre terre en la sene, ne vos de cels de la sene en la vostre. Et quant li baron et li chevalier et li borgeis de Ageneis virent que nos estions à un acort, si furent moult esbahi. Et sachiez que nos parlames à monseignor Symon d'endroit la voie d'outre mer, et entendimes de lui qu'il a bone volenté de passer à ceste feste Saint Johan. Et sachiez que il tenoit Gascoigne en bon estat, et que tuit li obeisseent ne n'oseent rien enprendre contre lui; et avoit prins le chatel de Fronçac seur monseignor Ernault de Blanquefort et le tenoit en sa main.

» D'ilueques nos en revenimes par Mirmande droit à Penne en Ageneis, et receumes illuec les feutez de cels de la ville, et meismes chatelein et garnison ou chatel. Et ilueques vindrent à nos aucun des borgeis de la cité de Agen pour touz les autres, et aucun des barons et des chevaliers de Ageneis, et nos offrirent à faire feuté en forme qui n'estoit pas bone, ne profitable. Pourquoi, nos ne la volsimes pas recevoir. Et s'en partirent issinc de nos li borgeis de Agen, mes il remest aucuns des barons et des chevaliers de Ageneis qui firent la feuté, si comme nos leur requimes. Et li evesques de Agen qui a esté toujours en ceste besoigne avec nos et qui bien et léalment s'i est portez, et de cui nos nos devons moult loer, nos fist la sene feuté moult volentiers.

» Ces choses faites nos en revenimes en l'eveschié de Rodois et receumes les feutez des bones viles et des chevaliers. Et cez choses toutes parfaites et le païs leissié en bone seurté et en bone pais, noz en revenimes en France par nox jornées un poi devant la Chandeleur droit à Bealmont, où madame la Roine estoit, et li raportames tout le procès et toute l'ordenance de la besongne, si comme nos l'avons faite.

» En la terre de Venissi [1] noz n'alàmes pas, pour ce que ele nos estoit trop loigtigne et parce que li evesques d'Albenne [2] ert alez en cele terre pour avoir la à l'Eiglise; si ne volons pas qu'il nos meist à reison de ceste chose, mes noz i envoiames le seigneur de Lunel, pour prendre les feutez, qui bien s'est contenuz en cest afaire, si comme il nos est avis. Après ceo, aus oictèves de la Chandeleur ge fui à Paris pour voz contes oïr avec meistre Renaut et avec monseignor Pierre de Esnancourt, et oï lors le conte de la Tousainz, auquel ge n'avoie pas esté, et puis, celui de la Chandeleur. Et sachiez qu'il sunt moult petit ce me sanble avers ceo que il solent estre, et la value de la terre en cez deus termes je vos envoie en escrit par ce que je voil que vos les voiez et les sachiez.

» Et sachiez que misires Secarx et li sires de Lunel, et Barraut des Baux et moult d'autres du pais vindrent à madame la Roine à Meleun, la seconde semeine de quaresme, et lors vindrent li consés d'Agen qui nos avoient née la feuté à faire, et la firent par devant madame la Roine. Et fut ilueques moult traictié des besongnes dou païs, et Barraut des Baus s'offri moult et promist à votre service, et promit à traire à vostre volenté et à vostre obéissance et de vostre frère le comte de Provence, la cité de Avignon et de Arle, et en fist seurté de serement et de lestres. Et ilueques misires Secarz nos bailla en escrit la value de toute la terre, laquele ge voz envoi en escrit par le porteur de cez lestres. Et sachiez que ge li prié moult qu'il vos envoiast argent, s'il onques poeit, mes il respondi qu'il ne creoit pas qu'il vos en poist point envoier à cest passage, car il et la terre estoient trop encombré des leis

---

[1] Comtat Venaissin.
[2] L'évêque d'Albano.

et des deites le conte paier. Et lors fu ordené par Madame et par lui que li cors le conte de Tholose seroit aporté le dimanche devant l'Ascension à Fontevrault où il avoit esleue sa sépouture.

» Estre cez choses, sachiez que li rois d'Angleterre prist la croix en caresmes à movoeir à sis ans, mes moulz de genz croient qu'il ne le fist que pour retarder la voie des croisiez d'Engleterre. Et sachiez que madame la Roine envoia à l'Apostole pour pourchacier qu'il fussent escoumeniez, se il ne passéent au passage d'aoust, et ensinc fu pourchacié et otroié de l'Apostole. Et sachiez que li cuens Richarz[1] et sa feme vindrent en France en cest caresme, et alerent à Saint Calmon, et d'ilueques ala li cuens Richarz à l'Apostole, mes ge ne sui pas certeins pour quoi. En sa revenue, il vint à Meleun à Madame entour les trois semeines de Pâques, et misires Symon de Montfort i vint ensement, et fu traictié de trive et a esté alongnié cele trive de la Saint Jehan an cinc anz.

» Ge vos faz à savoir que madame la Roine vostre mere et madame Ysabel vostre seuer, et vostre neveu sont sain et haitié, et ge lou et conseil que vos la merciez par lestres dou conseil que ele met en voz besongnes, et la priez que ele comme mere soit ententive à faire les, et que ele i meste tout le conseil que ele porra.

» Li réaumes de France et vostre terre sunt en paisible estat par la grace de Dieu. De rechief, sachiez, sire, que de la promesse que li Apostoles vos fist de sis mile livres de Parisis que nos n'en n'avons mie eu, dom ge loeroie que voz priessiez l'Apostole par voz lestres qu'il les rendist, et que vos li recommandoiz vos besongnes, et que vos toutes le foiz que vos envoierez a cez parties que vos à lui et au

[1] Richard, comte de Cornouailles, frère de Henri III, depuis roi des Romains.

freres faciez savoir par voz lestres vostre estat et le voz frères et le procès de la besongne de la Terre sainte, quar il en seront moult liez, et en ameront mieulx voz besongnes. Et sachiez que ge entendu qu'il sont corrocié quant l'en ne leur escrit.

» Fromaches, et vins et harans ge vos envoi par Guillaume de Monleart, et par Jehan de la Hale, qui volentiers travaillent en vostre afaire, tant comme vos mandates par voz lestres, et vos envoi par cez meemes, ovec l'avoir lo Roi, que en or, que en argent, que en tournois, xvii m. iiii c. iiii livres v solz et v deniers de tournois. Et sachiez que je ne poi plus envoier, quar voz detes que l'en vos doit l'en ne les peot pas bien avoir, et meemement celes que li cuens d'Angolesme et se freres, et misires Renauz de la Parcite vos doivent. De cez deniers que ge vos envoi, sachiez que il i a iiii m. vii c. xxxi livre xvi solz de tournois et xvii mars d'estellins. Et sachiez qu'eles sont moult escoulées, et que je dout que nos n'en puissions moult avoir, quar eles sont moult haineuses, et i avons moulz de nuiseurs, si comme vos seustes avant que vos en partissiez. Et nequedent g'i travalleré, tant comme ge pourroi par moi et par autrui.

» Ge vos soupli en toutes les menières que je puis que vos esjoissez en Nostre Seigneur et que vos aiez vostre cuer en peis et en léété, quar vos estes ou servise de Celui qui est amierres et faissieres de peis, et que vos, vostre estat et le procès de vos besongnes de là me faciez savoir quant vos auroiz par qui. Et sachiez que vos avez moult d'oreisons de moult de bones genz, en qui vos devez avoir moult grant fiance. Nostre Sires vos gart. Et je voz lou et vos conseil que vos escrivez aus barons et au chevaliers et aus bones viles d'Aubigeis, selonc les formes que ge vos envoi saelées de mon sael, ou souz meilleurs formes, si comme vos verroiz qu'il soit à faire. Et à Madame envoiez ausinc unes lestres de procuration overtes souz la forme que ge vos envoi avec les autres formes, ovec le testament devandit. Ge vous envoie en escrit la value de toute votre terre d'Aubigeis, et sachiez que je n'ai eu nules lestres de vos, fors celes, samplus, que vos m'envoiates par le message lo Roi.

» Cez lestres furent données à Courbeil le mercredi après les trois semaines de Pàques. »

Il y a un point capital qui ne ressort pas de la lettre du trésorier, mais sur lequel nous ne saurions trop attirer l'attention, c'est que la prise de possession du comté de Toulouse se fit, non pas en vertu du testament de Raymond VII, mais bien aux termes du traité de 1229. Les actes originaux de serment de fidélité au nouveau comte qui nous sont parvenus sont rédigés d'après cette formule : « Je serai fidèle à monseigneur Alfonse, comte de Poitiers et de Toulouse, et marquis de Provence, et aux fils qu'il aura de madame Jeanne, sa femme, fille de feu Raymond, comte de Toulouse : je conserverai de bonne foi et de tout mon pouvoir leur vie, leurs membres, leur seigneurie et leurs droits, j'obéirai à ceux qui gouverneront leur terre pour eux, sauf le droit de monseigneur le roi de France et de ses héritiers, suivant la forme de la paix conclue à Paris entre le Roi et ledit Raymond [1]. »

Notons la résistance que les communes opposèrent et l'énergie avec laquelle elles sauvegardèrent leurs priviléges. Les consuls de Toulouse refusèrent de jurer fidélité purement et simplement, et n'y consentirent que lorsque la reine Blanche les eut autorisés à joindre à leur serment

---

[1] Trésor des chartes, J. 308, n° 67 : « Forma juramenti quod faciunt cives Tholosani. » — Lundi, 6 décembre 1249.

une protestation en faveur de leurs droits [1]. Les consuls d'Agen se montrèrent encore moins accommodants : il fallut les mander devant la régente à Melun et leur faire prendre l'engagement d'être fidèles à Alfonse, *absent pour le service de Jésus-Christ*. Cette clause était une satisfaction qu'on leur accordait et qui leur permettait d'exiger personnellement d'Alfonse, à son retour de la croisade, le serment de respecter leurs priviléges [2]. Les autres villes se contentèrent du serment du sénéchal ou du bayle.

On ne savait rien jusqu'ici de la manière dont Alfonse avait été investi du comtat Venaissin; la lettre du trésorier apprend que les commissaires ne se rendirent pas dans le marquisat de Provence, parce qu'ils surent que l'évêque d'Albano y était accouru pour essayer de reprendre cette province au nom du Saint-Siége. Ils craignirent de s'attirer des difficultés avec la cour de Rome, et chargèrent le sire de Lunel de faire reconnaître Alfonse dans le Comtat. Les habitants d'Avignon ne voulurent pas se soumettre, et s'érigèrent en république sous la protection de Barral des Baux; mais Barral redoutant la vengeance royale, implora son pardon de la Reine et promit de faire reconnaître l'autorité d'Alfonse par les Avignonnais, dût-il employer la force. Il ne put y parvenir.

Pendant que ces choses se passaient en France, Alfonse éprouvait de grandes vicissitudes en Orient. Fait prisonnier à la Massoure avec saint Louis, il fut délivré peu après et rejoignit à Damiette Jeanne de Toulouse, qui y était restée avec la reine Marguerite. De Damiette il suivit saint Louis à Acre; mais sa présence ayant été jugée nécessaire en France, le Roi l'autorisa à partir vers la fin de

---

[1] Trésor des chartes, J. 308, n° 67.
[2] Refus de prêter serment, 16 décembre, J., 192, n° 5.— Lettre des consuls d'Agen à la Reine, 3 février 1250. J. 307, n° 10.

juin 1250. Après une longue traversée il débarqua à Aigues-Mortes, à la fin de septembre. Il ne visita pas ses nouveaux États. Le but de son voyage étant de procurer du secours aux croisés, il se borna à recevoir à Beaucaire l'hommage personnel du comte de Comminges et de quelques autres seigneurs. Il se joignit à Charles d'Anjou et se rendit à Lyon auprès du pape Innocent IV pour l'inviter à cesser ses querelles avec l'empereur Frédéric II et à ne pas abandonner la Terre sainte. Les deux frères, d'après l'ordre exprès de saint Louis, se rendirent ensuite auprès du roi d'Angleterre pour le déterminer à remplir la promesse qu'il avait faite de passer sans délai en Orient.

Après avoir veillé aux affaires de saint Louis, Alfonse songea aux siennes et voulut prendre possession de ses États de Languedoc. Ce fut au printemps de l'année 1251 qu'il partit avec la comtesse Jeanne. Il se rendit d'abord dans le comtat Venaissin et y reçut les hommages des seigneurs du pays; la ville d'Avignon n'ayant pas consenti à reconnaître son autorité ni celle de son frère le comte de Provence, il résolut, de concert avec Charles d'Anjou, de l'y contraindre par la force. Les Avignonnais voyant que l'on était disposé à agir sérieusement se soumirent en stipulant le maintien de leurs franchises [1]. La ville fut gouvernée par un viguier commun aux comtes de Toulouse et de Provence (7 mai 1251).

Le comte et la comtesse délivrés de ce souci se dirigèrent vers leur nouvelle capitale; ils firent leur entrée à Toulouse le 23 mai. Quelques jours après Alfonse ayant réuni les habitants jura de maintenir leurs privilèges. Ce premier devoir rempli, il tenta de s'affranchir de certaines obligations inhérentes à sa qualité d'héritier.

[1] Traité en date des nones de mai. Orig. Trésor des chartes, J. 311, n° 65.

Il voulut faire casser le testament de Raymond VII. Il semble que le projet de faire annuler l'acte de dernière volonté du comte de Toulouse remonte à l'époque même de la mort de ce prince, car on se rappelle que ce ne fut pas comme mari de l'héritière de Raymond qu'Alfonse fut mis en possession du comté de Toulouse, mais bien en vertu du traité de Paris [1]. On réunit à Toulouse vingt et un des plus célèbres jurisconsultes pour examiner la validité du testament [2]. Il est bon de dire que le testament original est conservé au Trésor des chartes, où nous l'avons examiné avec soin, et qu'il présente toutes les garanties d'authenticité désirables [3]; mais les légistes dévoués à Alfonse exigèrent que cet acte réunît toutes les conditions exigées dans l'ancienne Rome pour la validité des testaments, conditions dont la plupart étaient tombées depuis longtemps en désuétude et dont l'absence ne pouvait être invoquée contre un acte de dernière volonté dont l'authenticité était surabondamment prouvée. Nous avons sous les yeux une enquête originale que n'a pas connue Dom Vaissete, qui démontre de la manière la plus évidente cette authenticité. Le chancelier de Raymond, Pons d'Astoaud, y raconte comment son maître étant tombé malade à Riom en Auvergne commença son testament; mais ayant recouvré la santé il ne mit pas la dernière main à cet acte. Plus tard, ayant été repris par la maladie au château de Prix, près de Rodez, et sur l'instance de ses barons, il fit venir un notaire, Jean Auriol, pour écrire ses volontés; mais il ne

---

[1] Voy. plus haut, p. 77, la réserve introduite dans les actes d'hommage à Alfonse.

[2] L'original de cet acte important est conservé au Trésor des chartes. Il était scellé de vingt et un sceaux. (J. 311, n° 69.) Catel en a publié une copie détestable. (*Comtes de Tholose*, p. 380.)

[3] Orig. Trésor des chartes, J. 311, n° 64.

put se résoudre à terminer. Son état s'étant aggravé, il se fit transporter à Millaud. Se sentant mourir, il prit son parti, et dicta son testament à Jean Auriol, qui vint en secret de sa part le lire à Sicard d'Alaman et au chancelier. Cette lecture se fit à la dérobée dans une salle basse, pendant que le comte était dans sa chambre. Sicard, mandé auprès de lui, en reçut l'ordre de prescrire à Pons d'Astoaud de sceller l'acte : le chancelier répondit qu'il était indispensable pour assurer la validité du testament de l'entourer de formes solennelles, puisque le comte refusait de faire un testament mystique. Sicard objecta que Raymond était fatigué, qu'il ne voulait ni parler ni entendre parler, et qu'il suffisait, suivant la coutume du pays, que le testament fût scellé du sceau du comte et des sceaux des barons. Le chancelier alla trouver Raymond et lui demanda s'il voulait qu'il scellât le testament écrit par Jean Auriol : le malade dit oui [1].

---

[1] Orig. supplément du Trésor des chartes, dépositions de Pons d'Astoaud, de Sicard d'Alaman et de J. d'Auriol. (J. 1031, n° 23.) Voici le dire du chancelier : « Cum dominus R. bone memorie quondam comes Tholosanus esset infirmus apud Riomum in Alvernia, incepit facere testamentum suum et de bonis suis disponere. Convaluit autem de illa infirmitate et testamentum inceptum non complevit. Postmodum, tempore procedente, fuit infirmus in partibus Ruthenensibus apud Pris prope Ruthenam, et ibidem baronibus qui presentes erant instantibus propter periculum infirmitatis ut d. comes faceret testamentum suum, fecit vocari Johannem Aurioli ad scribendum testamentum suum, sicut audivit a dicto Johanne. Deinde in eadem infirmitate fecit se deportari apud Amiliavum et ibidem complevit scripturam testamenti quod facere volebat, et pro majori parte ordinaverat apud Rioms ea que postea fuerunt contenta in testamento quod fecit apud Amiliavum. Et cum omnia illa scripsisset dictus Johannes Aurioli, familiariter et secreto venit dominus Sicardus Alamanni ad ipsum Poncium Astoaudi, ex parte d. comitis ut videret et audiret cartam illam, in qua testamentum domini comitis continebatur; et legit eam sibi dictus Johannes, in presencia domini Sicardi in inferiori domo turris castri. Et dominus comes jacebat infirmus in quadam camera juxta turrim, et non erat presens d. comes quando sibi fuit lecta carta illa. Tunc d. Sicardus ivit ad d. comitem et reversus dixit ipsi Poncio ex parte d. comitis ut

Dans ce testament, Raymond VII, après avoir élu sa sépulture, faisait pour le repos de son âme une aumône de dix mille marcs sterling, dont cinq mille à l'abbaye de Fontevrault, à laquelle il laissait en outre ses joyaux, ses pierreries et sa vaisselle d'or et d'argent. Il distribua les cinq mille autres marcs à différents monastères. Il instituait sa fille Jeanne son héritière, ordonnait à ses exécuteurs testamentaires de restituer ce que lui ou ses baillis avaient enlevé injustement; il confirmait les priviléges et les libertés des nobles, des églises et des villes; il désignait pour exécuteurs de ses dernières volontés les évêques de Toulouse, d'Albi, d'Agen, de Cahors, de Rodez, de Carpentras et de Cavaillon, le comte de Comminges, Sicard d'Alaman, et quatre bourgeois de Toulouse. Le lendemain il ajouta un codicille où il déclara devant témoins sa ferme intention, s'il revenait à la santé, d'aller en personne à la croisade; s'il mourait, il enjoignait à son héritier d'envoyer et d'entretenir pendant un an outre-mer, au service de Jésus-Christ, cinquante chevaliers, et de restituer au Saint-Siége les deniers que le Pape l'avait autorisé à lever pour la guerre sainte, ainsi que les sommes qu'il en avait reçues à la même intention. Il semble que Raymond n'avait rien ordonné

sigillaret illud testamentum d. comitis, et ipse Poncius dixit quod major sollempnitas erat necessaria ad hoc ut testamentum valeret, quod d. comes nolebat facere clausum et clausum sigillari. Et d. Sicardus dixit quod d. comes nolebat alias sollempnitates adhibere quia multum displicebat ei loqui et audire loquentes, et sufficiebat secundum consuetudinem terre si testamentum esset sigillatum cum sigillo d. comitis et cum sigillis baronum : et alia vice fecerat testamentum suum sub eadem forma. Tunc ipse Poncius accessit ad d. comitem et interrogavit eum si volebat quod sigillaretur cum sigillo suo carta illa quam scripserat Johannes Aurioli pro testamento, et d. comes dixit quod sic. » — Dépositions semblables de Jean d'Auriol et de Sicard d'Alaman. Orig. Arch. de l'Emp., suppl. du Trésor des chartes, J. 1031, n° 23.

que de juste et de licite dans les actes qui renfermèrent l'expression de ses dernières volontés. Il ne violait aucun de ses engagements, il faisait des aumônes considérables sans doute, mais en rapport avec son immense fortune; et les legs pieux qu'il affectait aux églises étaient encore plus méritoires de la part d'un homme qui avait été toute sa vie en butte aux accusations d'hérésie. Ces considérations n'arrêtèrent pas Alfonse.

Niant impudemment l'évidence, les jurisconsultes réunis à Toulouse déclarèrent le testament nul pour plusieurs raisons : parce qu'il ne renfermait pas la mention qu'il eût été lu devant le testateur et les témoins; qu'il n'était pas rédigé dans la forme prescrite, attendu que le testateur ne déclarait pas que le testament avait été lu en présence du testateur et en celle des témoins ; que les souscriptions des témoins manquaient (ils avaient apposé leurs sceaux!); que le testament avait été ouvert en l'absence de l'héritier; que les témoins n'avaient pas été appelés pour reconnaître leurs sceaux lors de l'ouverture, conformément au droit civil; enfin, qu'il n'avait pas été insinué devant un tribunal royal, comme si le comte de Toulouse était tenu de faire insérer son testament dans les registres d'un greffe royal. Le testament fut déclaré nul : on voulut bien admettre la validité du codicille, qui n'avait aucune importance [1].

Lenain de Tillemont prétend qu'Alfonse refusa de se prévaloir de cette décision et qu'il exécuta le testament de Raymond VII; mais il s'est trompé.

C'est un spectacle étrange que de voir Raymond VII qui avait passé une partie de son existence agitée frappé des foudres de l'excommunication, enrichir en mourant les

---

[1] Original de la consultation, Trésor des chartes, J. 311, n° 69.

églises, et Alfonse, le frère de saint Louis, le prince très-chrétien, faire annuler ces libéralités qui lui étaient à charge : on ne s'attendrait pas surtout à voir un pareil fait se passer au treizième siècle et se produire impunément. La conduite d'Alfonse fut peu noble et indigne de son caractère élevé, et l'on ne peut que souscrire au jugement qu'en a porté Dom Vaissete, qui s'exprime dans cette circonstance avec la franchise et la modération qu'il portait dans toutes ses appréciations, même lorsqu'il s'agissait des rois et du clergé :

« Telle est cette célèbre décision touchant les dernières dispositions de Raymond VII, comte de Toulouse, sur lesquelles le comte Alfonse, son gendre, ne cherchait à s'éclaircir que dans le dessein de s'exempter des legs pieux que ce prince avait faits; en quoi il semble qu'il ne fit pas assez d'honneur à la mémoire d'un beau-père qui lui avait laissé des domaines si riches. »

Une preuve cependant que la cupidité ne poussa pas seule Alfonse à faire annuler le testament de Raymond VII, c'est qu'il désintéressa les monastères auxquels son beau-père avait attribué des legs. Il est juste d'ajouter que les églises, lorsqu'elles se virent frustrées de ce qu'elles regardaient comme leur appartenant, protestèrent énergiquement, et revendiquèrent leurs droits avec persistance. Alfonse leur proposa des transactions qu'elles eurent de la peine à accepter, car la valeur des compensations offertes n'était pas égale à celle des legs. Fontevrault surtout, qui avait été traité avec une royale munificence, fit des difficultés : il résista, et ce ne fut qu'en 1253, après des sommations réitérées, que l'abbesse consentit à remettre à Alfonse les joyaux de Raymond VII. On lui donna quinze cents livres une fois payées, et une rente annuelle de quatre cents livres sur le péage de Marmande ¹. L'abbé de Cîteaux était porté sur le testament du comte pour une somme de quinze cents marcs d'argent : il tint bon, et tout ce qu'Alfonse put obtenir, ce fut d'acquitter ce legs par annuités de cent marcs ². Les monastères mirent en général une grande ténacité à exiger la délivrance des legs à eux faits par Raymond VII ; mais Alfonse apporta une obstination non moins grande à ne les pas payer, ou du moins à les amener à composition ³. Le comte établissait une distinction entre les legs portés au testament et ceux qui figuraient au codicille. En somme il donna un mauvais exemple, il abusa de sa puissance et des services qu'il rendait au Saint-Siége, pour ne pas remplir envers les églises les obligations pécuniaires auxquelles il était tenu, et que la charité chrétienne lui commandait de remplir au cas où il n'y aurait pas été contraint par le droit.

¹ Original, Trésor des chartes, J. 310, n° 30.
² Original, Trésor des chartes, J. 308, n° 68, lendemain de la Saint-Clément 1258 (vieux style). En octobre 1252, Alfonse traita avec l'abbé de Belleperche. Reg. C., fol. 5 v°.
³ De petitione abbatis et conventus de Alnise, Cisterciensis ordinis, super centum marchis argenti quas petunt ex legato sibi facto a comite Raimundo. — Videatur testamentum, et secundum quod de legato hujusmodi et vigore ejusdem constiterit, tractetur cum eisdem ; et si competentem tractatum admittere noluerint, fiat eis jus. — Décision du Parlement en 1270, J. 1031, n° 11. Nous pourrions multiplier les exemples de ce genre.

CHAPITRE IV.

BIOGRAPHIE D'ALFONSE, COMTE DE POITIERS ET DE TOULOUSE.

1251-1271.

Alfonse habite le Parisis. — Il tombe malade. — Il a recours à un médecin juif. — Il remplit les fonctions de régent après la mort de Blanche de Castille. — Traité de saint Louis avec le roi d'Aragon, 1258. — Traité d'Abbeville avec Henri III; importance de ce traité pour Alfonse. — Prétentions du roi d'Angleterre sur l'Agenais reconnues fondées. — Saint Louis indemnise Henri III jusqu'à la mort d'Alfonse. — La question du Quercy réservée. — Ce que saint Louis gagne à ce traité; son opinion à cet égard. — Différentes résidences d'Alfonse. — Il se fait bâtir un palais à Paris. — Il n'était pas ennemi des lettres et n'a pas cherché à étouffer la littérature provençale. — Sa correspondance intime avec la reine Marguerite et Éléonore d'Angleterre au sujet de la révolte des barons anglais (1263). — Ses rapports étroits avec saint Louis. — Il a le ferme propos d'aller de nouveau à la croisade. — Urbain IV et Clément IV l'invitent à secourir Charles d'Anjou : il refuse. — Il prête de l'argent à Clément IV. — Il enrôle des chevaliers et des arbalétriers pour la croisade. — Il se rend à Aymargues (mai 1270). — Il fait un testament insignifiant. — Jeanne fait aussi son testament. — Désastreuse croisade de Tunis. — Alfonse et Jeanne reviennent lentement et meurent à Savone (août 1271). — Le testament de Jeanne sans effet. — Charles d'Anjou réclame en vain sa part de l'héritage d'Alfonse. — La royauté prend possession de tous les États d'Alfonse, et les garde.

Alfonse ne se sentait pas à l'aise dans le Midi; aussi, quelques jours après l'annulation du testament de Raymond VII, il quitta Toulouse, traversa rapidement l'Agenais, le Quercy, l'Auvergne, le Rouergue, et gagna le Nord, qu'il ne quitta pas jusqu'en 1270.

De graves infirmités vinrent le condamner au repos. Une lettre de son chapelain à saint Louis nous apprend que vers la fin de l'année 1251 il était tombé en paralysie[1] : à cette maladie, qui céda heureusement devant les efforts de la médecine, mais non sans laisser des traces pénibles, vint se joindre une ophthalmie dont il avait peut-être contracté les germes sur le sol brûlant de l'Afrique. Les remèdes des chirurgiens français furent impuissants contre cette affection. Le comte de Poitiers entendit parler d'un juif dont la renommée était grande dans le Midi, appelé Ibrahim; il venait du pays des Sarrasins, et était établi en Aragon, où il avait gagné une grande fortune dans le commerce. Alfonse résolut de recourir à ses soins, bien que les canons des conciles défendissent aux chrétiens de demander la santé à des médecins israélites. Le sire de Lunel qui avait prôné ses talents auprès du comte fut chargé de le faire venir à la cour; mais ce ne fut pas une entreprise facile, car le médecin juif qui savait à quels outrages ses coreligionnaires étaient exposés en France ne voulait pas quitter le pays hospitalier où il avait trouvé un asile. Le sire de Lunel lui députa deux juifs, ses sujets, qui lui expliquèrent la maladie du comte. Il se chargea de guérir Alfonse, pourvu qu'il fût en état de distinguer le bleu du vert, ou de reconnaître de près de très-petits objets[2]. Nous ignorons s'il consentit à venir en France et à traiter le frère de saint Louis. Cependant la reine Blanche, usée par l'âge et les émotions d'un long règne, se faisait aider par les comtes de Poitiers et d'Anjou; le 1er décembre 1252, elle mourut. Alfonse prit avec Charles d'Anjou la direction des affaires jusqu'au retour du Roi. Louis, fils aîné de saint Louis, quoique mineur, eut officiellement le gouvernement de l'État[3], mais Alfonse présidait le conseil

---

[1] Orig., Trésor des chartes, J. 320, n° 94. Conf. Matth. Paris, p. 844.
[2] *Ibid.*, J. 320, n° 95, 31 mai 1253.
[3] Boutaric, *Actes du Parlement de Paris*, t. I. Actes antérieurs aux

où se discutaient les affaires; c'est devant lui que fut décidée, le 25 mars 1254, l'importante affaire de la régale de l'archevêché de Sens. Le nouvel élu, Henri Cornu, requit qu'on lui délivrât les biens de l'archevêché. Le comte et les autres membres du conseil lui demandèrent s'il faisait cette demande à titre de droit ou de grâce; il répondit que peu lui importait. Après délibération, il lui fut signifié qu'en droit il y avait beaucoup de raisons pour qu'on ne lui rendît pas la régale; mais attendu que lui, ses parents et ses ancêtres, étaient depuis longues années nourris à la cour et avaient été familiers des rois et du royaume, on voulait lui faire grâce [1]. Dans les actes d'un différend entre l'université de Paris et les frères prêcheurs, on trouve plusieurs requêtes adressées à Alfonse avec le titre de régent [2]. Au mois de mai 1253 les deux frères reçurent pleins pouvoirs du Roi de conclure une trêve avec le roi d'Angleterre [3].

Dès son retour Alfonse avait fait vœu de retourner à la croisade, et il n'oublia pas sa promesse. Déjà, conformément aux dernières volontés de Raymond VII, il avait entretenu à ses frais quarante chevaliers en Terre sainte pendant un an. Il en envoya d'autres en son propre nom [4].

Olim, p. cccxxiv. Enquête faite par ordre de Louis, fils aîné du roi de France. Conf. la note 1, où un autre acte du même genre est indiqué.

[1] Registre xxvii du Trésor des chartes, fol. 1. Conf. Boutaric, *Actes du Parlement de Paris*, t. I, Actes antérieurs aux *Olim*, p. cccxxxviii.

[2] *Regni rectori*. Bulæus, *Historia universitatis Parisiensis*, t. I, p. 251 et 257.

[3] Original, Trésor des chartes, J. 629, n° 1. Lenain de Tillemont a par erreur attribué au mois de mars cet acte qui est de mai. *Vie de saint Louis*, t. III, p. 472, et t. IV, p. 270.

[4] Voyez dans un acte daté de Joppé, décembre 1252, la liste de ces chevaliers. Original, Trésor des chartes, J. 318, n° 47. D. Vaissete (t. VI, p. 493), qui a publié cet acte, estropie les noms de la plupart des chevaliers qui y sont mentionnés.

Il eut en 1254 quelques difficultés avec Henri III d'Angleterre, qui avait passé en Guyenne pour punir des révoltes. Les Anglais avaient fait des courses jusqu'aux portes de Toulouse et commis des dégâts. Alfonse demanda des indemnités pour ceux de ses sujets qui avaient souffert, et obtint une somme de sept mille deux cent cinquante-huit livres de Bordeaux, dont il ordonna la répartition [1].

En 1258, saint Louis conclut avec le roi d'Aragon un traité qui eut pour résultat de mettre fin à des prétentions réciproques. Les rois de France revendiquaient la suzeraineté du Roussillon et de la Catalogne, et les rois d'Aragon avaient des droits plus ou moins fondés sur plusieurs fiefs du Languedoc. Par le traité de Corbeil, saint Louis renonça à des prétentions surannées, et le roi d'Aragon ne conserva plus en France, sous la suzeraineté du Roi, que la seigneurie de Montpellier et la vicomté de Carlat en Auvergne [2]. Alfonse gagna à cette convention, car le roi d'Aragon abandonna des droits très-réels sur la vicomté de Milhaud en Rouergue. En agissant ainsi, c'est-à-dire en tenant compte des droits d'autrui, saint Louis prévenait des guerres, se faisait des amis et affermissait sa puissance; aussi devint-il le symbole vivant de la justice et fut regardé comme l'arbitre de l'Europe. Il ne pouvait souffrir d'être le détenteur du bien d'autrui, aussi le traité de Corbeil ne fut-il que le prélude d'un autre encore plus important.

Le roi d'Angleterre ne cessait de revendiquer les provinces qui lui avaient été enlevées par Philippe Auguste : il invoquait la promesse formelle faite par Louis VIII en Angleterre, lors de sa désastreuse expédition; mais

---

[1] 25 mars 1253 (vieux style). Reg. C., fol. 1, v°.
[2] Registre XXX du Trésor des chartes, fol. 182.

Henri III ayant violé ses engagements, le roi de France avait pu se regarder comme dégagé de la parole qu'il avait donnée [1]. Cependant saint Louis avait des scrupules que ses barons s'efforçaient de combattre. Les réclamations incessantes de Henri III le tourmentaient; mais comment abandonner la Normandie, ainsi que le demandait le roi d'Angleterre? Saint Louis l'eût-il voulu, la noblesse française s'y fût opposée. Il conclut enfin, en 1258, un traité qui moyennant de très-légères concessions lui procura, ainsi qu'à la couronne, de très-sérieux avantages.

Une partie des provinces revendiquées par le roi d'Angleterre étaient devenues le lot d'Alfonse, soit par suite du legs de son père Louis VIII, soit par héritage de Raymond. Nous allons mettre sous les yeux de nos lecteurs le texte même des clauses du traité d'Abbeville qui concernent les domaines du comte de Poitiers et de Toulouse.

« Li rois de France donra au roi d'Engleterre tote la droiture que li rois de France a e tient en ces trais esveschiez e citez, c'est à dire de Limoges, de Cahors e de Pieregord, en fiez e en demaines, sauf le homage de ses freres, se il acune chose i tiennent, dont il soient si homme, et sauves les choses que li rois de France ne peut mettre hors de sa main par lettres de lui ou de ses anceisors.....

» Et encore, li devantdit rois de France donra au rei d'Engleterre la value de la terre de Agenois, en deniers, chacun an, selonc ce que ele sera prisée à droite value de terre par prodes hommes... Et s'il avenoit que cele terre eschait de la cuntesse Johanne de Poitiers au rei de France ou à ses heirs, il sera tenuz, ou ses oirs, de rendre au rei d'Engleterre ou ses oirs, e, rendue la terre, il seroit quite de la ferme.

[1] Voy. le texte du traité de Londres dans d'Achery, *Spicilegium*, t. III, p. 586.

» De rechef, il sera enquis, à bone foi e de plein, à la requeste le rei d'Angleterre, par prodes homes, à ce esleuz de une part e d'autre, se la terre que li quens de Poitiers tient en Cahorsin, de par sa femme, fu dou rei d'Engleterre donée ou bailée ovesqe la terre de Agenois, par mariage ou par gagière, ou tout ou partie, à sa soer que fu mère le cunte Raimon de Tholouse dereinement mort; et s'il estoit trové qu'il eust ensi esté, et cele terre eschait au roi de France ou à ses oirs dou decès la cuntesse de Poitiers, il la donrait au rei d'Engleterre ou à ses oirs saus le homage de ses freres se acune chose tenoient, tant come il viveroient.

» De rechef, après le decès le cunte de Poitiers, li rois de France, ou si oirs rois de France, donra au rei d'Engleterre ou a ses oirs la terre que li quens de Poitiers tient ore en Xanctonge, outre la rivère de Charente, en fiez e en demaines, qui saient outre la Charente, se ele eschait au roi de France ou à ses oirs. Et se ele ne li eschait, il purchacera en bone manere, par eschange ou autrement, que li rois d'Engleterre e si oirs la aient; ou il lui fera avenable eschange a l'esgard des prodes homes qui serunt nomez de une part e d'autres. Et de ce que li rois de France donra au rei d'Angleterre e a ses oirs en fiez et en demaines, li rois d'Engleterre et si oirs feront homage lige au rei de France et à ses oirs rois de France; e aussi de Bordeaux, de Baionne e de Gascoine, e de tote la terre qu'il tient deça la mer d'Engleterre en fiez et en demaines, et des illes, se acune i en a, qe li rois d'Engleterre tiegne que soit dou réaume de France, e tendera deli come pers de France et dux d'Aquitaine [1]. »

Nous avons mis le texte du traité d'Abbeville sous les

---

[1] Original, Trésor des chartes, J. 629, n° 4 (28 mai 1258).

yeux du lecteur : nous allons maintenant en examiner la signification véritable et en étudier les conséquences.

Saint Louis céda aux termes de ce traité « toute la droiture qu'il avoit es trois éveschiez de Limoge et de Cahors, et de Périgord, en fiez et en demaines ». Examinons quelle était la valeur de cette cession [1].

En Limousin, saint Louis n'avait pas de domaine direct, mais l'hommage des vicomtes de Turenne et de Limoges. En Quercy et en Périgord il n'avait non plus que des droits d'hommage : encore excepta-t-il les fiefs que les rois de France s'étaient engagés à ne pas mettre hors de leur main sans le consentement des feudataires. Plusieurs d'entre ceux-ci consentirent à devenir vassaux du roi d'Angleterre, les vicomtes de Turenne et de Limoges ; mais un grand nombre, surtout ceux du Quercy, voulurent rester sous la domination directe du Roi. Saint Louis s'engagea à constituer au roi d'Angleterre des domaines d'une valeur égale à ceux qu'il ne put lui rendre par suite de ces engagements particuliers. Mais si le Roi céda quelques domaines et quelques fiefs, il se réserva la suzeraineté ; car une des conditions du traité fut que Henri III se reconnaîtrait vassal de la France pour tout ce qu'il conservait dans le royaume [2]. Pour bien apprécier cette transaction, il faut se placer au point de vue où l'on se mettait au moyen âge. On doit distinguer surtout le *domaine* de la *suzeraineté*. Le Roi pouvait renoncer à une partie de ses domaines sans diminuer son autorité, et pareille chose arrivait chaque

---

[1] Conf. Rymer, t. I, part. IIe, p. 60, et Brussel, Preuves, p. XL. (Preuves du 2e volume.)

[2] On peut voir dans l'*Essai sur les Institutions politiques de saint Louis*, de M. le comte Beugnot, l'exposé complet des raisons qui peuvent faire incliner à trouver impolitique le traité de 1258, p. 50 et suiv. L'opinion de M. le comte Beugnot est partagée par M. Henri Martin.

jour : quand une province faisait retour à la couronne, par conquête ou autrement, il était bien rare qu'elle ne fût pas donnée en apanage, sous la condition de l'hommage. Seuls les revenus royaux diminuaient; l'autorité du Roi restait la même, car les baillis surveillaient les feudataires et les contenaient dans le devoir.

On pourra objecter que les rois d'Angleterre étaient des vassaux d'une espèce dangereuse; mais il était glorieux pour la royauté française d'avoir pour homme lige le souverain d'une des plus puissantes nations de l'Europe. La suzeraineté du roi de France que Henri III reconnut au Roi par le traité d'Abbeville n'était plus un vain mot : cette suzeraineté, saint Louis l'exerça de la manière la plus rigide; il y eut un sénéchal français de Périgord qui n'eut d'autre occupation que de faire sentir aux agents du roi d'Angleterre en Guyenne la supériorité du roi de France. Le Parlement recevait les appels des sentences des sénéchaux anglais et les faisait exécuter par la force [1].

Le traité d'Abbeville portait aussi la cession au roi d'Angleterre :

1° De la partie de la Saintonge à gauche de la Charente ;

2° De l'Agenais ;

3° Du bas Quercy.

Ces trois provinces appartenaient au comte Alfonse : saint Louis ne les abandonna qu'à condition que son frère mourrait sans postérité. La Saintonge avait été conquise par Louis VIII; la cession de cette province pouvait donc passer pour une restitution. Quant à l'Agenais, le roi d'Angleterre avait sur ce pays des prétentions légitimes, car il avait été donné en dot par Richard Cœur de lion à

[1] *Olim*, t. I, p. 499, 533 et 723. Ce fut surtout Philippe le Bel qui tira un merveilleux parti de sa suzeraineté sur le roi d'Angleterre.

sa sœur Jeanne, lors de son mariage avec Raymond VI, et il devait faire retour au domaine des rois d'Angleterre par suite de l'extinction de la descendance masculine de Jeanne d'Angleterre. Le Quercy était dans le même cas; cependant il y avait doute. On convint de faire une enquête, dont le résultat bien tardif fut l'assignation en 1285 au roi d'Angleterre d'un certain nombre de fiefs représentant un revenu de sept cent cinquante-huit livres tournois, moyennant quoi le bas Quercy resta uni à la couronne [1].

En résumé, saint Louis céda immédiatement les fiefs et domaines qu'il possédait dans le haut Quercy, en Limousin et en Périgord, et éventuellement une partie de la Saintonge, du Quercy et l'Agenais. Il s'engagea à payer au roi d'Angleterre une pension annuelle de trois mille sept cent vingt livres huit sous six deniers tournois comme indemnité pour l'Agenais, sur lequel les droits de Henri III étaient évidents [2] : cette somme était loin de représenter le revenu de cette province, qui, en déduisant les frais d'administration, s'élevait chaque année à plus de seize mille livres [3].

De son côté, Édouard renonça à la Normandie, au Poitou, au Maine, à l'Anjou, à l'Aunis, à la moitié de la Saintonge, et il reconnut la suzeraineté du roi de France pour la Guyenne. Il vint à Paris prêter à saint Louis l'hommage lige qui n'avait pas été prêté depuis plus d'un demi-siècle [4].

---

[1] Rymer, t. Ier, 2e partie, p. 179; Voy. l'assignation de sept cent cinquante-huit livrées de terre en Quercy par Philippe le Bel. Cathala-Coture, *Histoire de Quercy*, t. II, p. 425.

[2] Conf. Acte du 12 décembre 1261. Original, Trésor des chartes, J. 630, n° 16.

[3] Voy. plus bas le chapitre consacré aux finances.

[4] L'acte d'hommage est transcrit dans un cartulaire de Philippe Auguste. Conf. Matheus West, p. 373, et Rymer, t. I, p. 380.

Ce traité, que des historiens modernes ont reproché à saint Louis comme désavantageux, fut au contraire un chef-d'œuvre de politique : il dessina nettement la situation, qui jusqu'alors avait été fort incertaine ; il établit *légalement* la prédominance du Roi dans tout le royaume en faisant reconnaître sa suzeraineté par un puissant roi, et c'était en invoquant cette considération que saint Louis répondait à ceux qui le blâmaient, car il fut blâmé : « De ladite pez furent moult contraire ceulz de son conseil et li disoient ainsi : « Sire, nous nous merveillons moult que
» vostre volenté est tele que vous voulez donner au roy
» d'Angleterre si grant partie de vostre terre que vous et
» vostre devancier avez conquise sur li et par son mesfait.
» Dont il nous semble que se vous entendez que vous ni
» aiés droit, que vous ne fetez pas bon rendage au roy
» d'Angleterre, se vous ne li rendez toute la conqueste que
» vous et vostre devancier avez faite ; et se vous entendez
» que vous y aiés droit, il nous semble que vous perdez
» quant que vous li rendez. » A ce respondi le saint Roy en tele maniere : « Seigneurs, je suis certain que les de-
» vanciers au roy d'Angleterre ont perdu tout par droit la
» conqueste que je tieing ; et la terre que je li donne, ne
» li donnèje pas pour chose que je soie tenu à li ne à ses
» hoirs, mes pour mettre amour entre mes enfans et les
» siens qui sont cousins germains. Et me semble que ce
» que je li donne emploié-je bien, pour ce que il n'estoit
» pas mon home, si en entre en mon houmage [1] ». Si quelqu'un perdit à ce traité, ce ne fut pas saint Louis, mais Henri III. Les barons anglais furent indignés, et il est peut-être permis de croire que la honte dont ce traité couvrit le monarque anglais ne fut pas sans influence sur

---

[1] Joinville, *Histoire de saint Louis*, édit. de M. de Wailly, p. 456 et 458.

la révolte qui ne tarda pas à éclater sous la conduite du comte de Leicester, et manqua de faire tomber la couronne de la tête de Henri.

Ainsi que nous l'avons dit, l'histoire d'Alfonse est celle de son administration. Nous avons peu de renseignements sur sa vie. Il demeurait aux environs de Paris, à Vincennes, à Josaphat, près de Chartres, à l'Hôpital, près de Corbeil, à Longpont, à Rampillon. On le trouve aussi à Fontainebleau.

Il se fit bâtir à Paris un palais proche du Louvre, donnant sur deux rues, la rue des Poulies et la rue d'Autriche; il acheta un grand nombre de maisons particulières qu'il fit démolir pour construire son hôtel, car ce n'est pas d'aujourd'hui seulement que date la coutume de détruire pour édifier. Il habita peu ce palais, qui après sa mort passa au comte de Périgord, lequel en vendit la moitié au comte d'Alençon. Cet hôtel ainsi morcelé fut connu sous le nom d'hôtel d'Autriche, de l'Hôte riche, et même de l'Autruche; exemples singuliers des altérations que subissent les noms dans la bouche du peuple [1].

---

[1] Sur l'hôtel d'Autriche, voyez Berty, *Topographie historique du vieux Paris*, t. I, p. 88. M. Berty n'ayant pas connu tous les actes d'acquisition de l'emplacement de l'hôtel d'Alfonse, nous croyons en devoir donner la liste.

Sur les acquisitions pour l'hôtel d'Autriche, voyez Trésor des chartes, J. 152, une liasse intitulée : « Littere tangentes acquisitiones factas per comitem Pictavie in vico des Poulies et in vico d'Austriche de quibusdam domibus sitis in dictis vicis. » Cette liasse ne comprend pas tous les actes relatifs à cet objet, dont voici l'énumération :

Juin 1254. Vente par Jean de Maisons, chevalier, de plusieurs maisons proche du Louvre et de la porte Saint-Honoré, en la censive de l'évêque de Paris, moyennant cinquante livres de rente. Original, Trésor des chartes, J. 152, n° 2; voyez aussi sur cette vente, les actes cotés J. 312, n° 54, et J. 304, n° 79.

Février 1255. Vente d'une maison sise en la censive de Saint-Denis de la Chartre, par Robert Morel et Perronnelle, sa femme. *Ibid.*, J. 152, n° 1.

On a accusé Alfonse d'avoir puissamment contribué à la décadence de la littérature provençale, qu'il aurait travaillé à anéantir comme un souvenir vivace de l'indépendance du Languedoc; mais cette littérature s'est éteinte d'elle-même. Sans doute la réunion du Midi à la couronne et la suppression de ces galantes cours seigneuriales où les troubadours brillèrent à la fin du douzième siècle d'un si vif éclat contribuèrent à reléguer parmi le peuple l'usage de la langue d'oc, tandis que les nobles, les fonctionnaires, les ambitieux, apprenaient la langue parlée à la cour et au siége du gouvernement; mais ce résultat, amené par la force des choses, fut postérieur à Alfonse.

Septembre 1255. Vente par Jeanne, veuve de Robert de Saint-Yon, d'une grange sise en la censive de Saint-Germain l'Auxerrois pour cent dix livres parisis. Original, J. 151, n° 7.

Mars 1260. Vente par Jean Groyn de Bœuf, d'une maison sise en la censive de Saint-Germain moyennant vingt livres. J. 152, n° 3.

Mai 1260. Vente par Hugue le Bourguignon, chanoine de Saint-Paul, à Saint-Denis, de plusieurs maisons rue des Poulies. J. 152, n° 9.

30 août 1260. Vente par Agnès, fille de Maurice de Chartres, frère de Citeaux, et de feu Marie, moyennant vingt livres parisis, d'une maison « in vico Hosteriche, in censiva Tyboudi de Capella. » J. 152, n° 6.

Novembre 1260. Vente par Raoul, fils de Bernard de Chevreuse, moyennant vingt-sept livres dix sous, de la moitié d'une maison rue des Poulies. Original, J. 152, n° 7.

Novembre 1260. Vente par Hamon des Poulies, moyennant le même prix, de l'autre moitié de la même maison. J. 152, n° 8.

Janvier 1262. Vente par Eude Popin et Pierre le Boucher, chanoine de Saint-Cloud, exécuteurs testamentaires de Hubert Colebrart, chanoine de Bayeux, de plusieurs maisons rue des Poulies, moyennant deux cents livres parisis. J. 152, n° 10.

Février 1262. Ratification par Marie, veuve de Guillaume Baudouin, de la vente faite par son mari d'une maison rue d'Autriche. Original, J. 312, n° 8.

Juin 1262. Vente d'un jardin par le chapitre de Saint-Germain. Cartulaire de Saint-Germain, fol. 16 v°.

1266. Acquisition de maisons rue d'Autriche. J. 318, n° 53.

1268. Vente par le chapitre de Saint-Germain l'Auxerrois d'un emplacement rue des Poulies. J. 737, n° 2.

Au treizième siècle, dans le Nord comme dans le Midi, la séve poétique s'épuise ; aux fictions poétiques va succéder la muse sévère de l'histoire [1]. Alfonse ne paraît pas avoir été ennemi des lettres : un de ses ménestrels de la langue d'oïl, rompant avec la poésie, rédigea pour lui, d'après les originaux, une chronique française qui a servi de modèle aux Chroniques de Saint-Denis [2].

Nous aurions promptement terminé la biographie d'Alfonse si nous n'avions eu l'heureuse fortune de découvrir épars plusieurs fragments d'une correspondance intime entre lui, saint Louis, la reine Marguerite et plusieurs autres contemporains illustres. Ce ne sont malheureusement que des fragments difficiles à dater ; ils se rapportent souvent à des faits peu connus, mais étudiés de près ils éclairent le caractère de personnages considérables et de graves événements. Ne demandons à ces lettres que la pensée qui les a inspirées, sans chercher dans le style l'empreinte de la personnalité de ceux au nom de qui elles ont été écrites, car à cette époque les rois et les princes ne tenaient pas eux-mêmes la plume, ils se contentaient d'indiquer à leurs clercs l'objet de leurs missives. Cette correspondance nous montre Marguerite de Provence sous un jour nouveau. Jusqu'ici c'était une des plus gracieuses figures de l'histoire de France. Qui ne s'est indigné en lisant dans le sire de Joinville ce qu'elle eut à souffrir de sa belle-mère Blanche de Castille, qui semblait jalouse de l'affection que lui portait son fils ? Qui n'a souri au récit des ruses charmantes employées par le jeune couple pour échapper à une

---

[1] Sur la décadence de la littérature provençale, voyez Meyer, *Bibl. de l'École des Chartes*, VIe série, t. V, p. 415 et suiv.

[2] De Wailly, *Mémoires de l'Académie des Inscriptions*, t. XVII, p. 399 et suiv.

fâcheuse surveillance et se procurer quelques instants de causerie intime? Qui n'a admiré cette pieuse fermeté avec laquelle elle priait en Orient un vieux chevalier de l'occire plutôt que de la laisser tomber entre les mains des musulmans? Mais ce serait une erreur de ne voir dans Marguerite qu'une femme douce et timide, sachant trouver au besoin dans une foi ardente la force de préférer la mort à la captivité chez les ennemis de Jésus-Christ. Elle prit plus d'une fois une part active aux affaires de l'État, je dirai même à des intrigues politiques, et sa correspondance avec Alfonse nous la fait voir intervenant dans la querelle entre Henri III et ses barons.

Le gouvernement despotique de Henri III avait soulevé les trois ordres de l'État contre lui. Contraint de céder, il accorda sous le nom de statuts d'Oxford des libertés qu'il s'empressa de retirer dès qu'il se crut le plus fort. Ses barons reprirent les armes sous la conduite du comte de Leicester, fils du chef de la croisade contre les Albigeois, et Henri III fut réduit à de dures extrémités. La reine Éléonore chercha en France des appuis; elle recruta des combattants pour la cause royale, et fut secondée dans cette tâche par Marguerite sa sœur. Ce fut à ce propos que s'engagea entre les reines d'Angleterre et de France d'une part, et Alfonse d'autre part, une correspondance pleine d'intérêt. Alfonse était un prince puissant : il possédait de vastes États et de nombreux vassaux. La Rochelle lui appartenait, et mettait à sa disposition des vaisseaux marchands qu'on pouvait aisément convertir en flotte de guerre. Il était donc d'un très-grand intérêt de se concilier sa bienveillance, soit pour en obtenir des secours directs, soit pour qu'il permît à ses sujets de se ranger sous la bannière du roi d'Angleterre, ainsi que le faisaient de nombreux gentilshommes des autres provinces de France.

7.

Gaston de Béarn, cousin des reines de France et d'Angleterre, était un brave chevalier; il pouvait mettre au service de Henri III une bonne épée, et l'aide de ses vassaux, les belliqueux Béarnais, était fort désirable. Mais Gaston était remuant, souvent en querelle avec ses voisins, et pour l'instant il faisait la guerre au comte de Comminges. Marguerite, à l'instigation de sa sœur, écrivit à Alfonse pour se plaindre de ce que Gaston, qui était aussi cousin de la comtesse Jeanne, fût opprimé par les gens du comte de Toulouse [1]. C'était intervertir les rôles, car l'opprimé, s'il y en avait un, était le comte de Comminges, dont Gaston avait envahi les terres. Aussi Alfonse, dont le comte de Comminges était vassal, dans sa réponse à la reine, exposa les faits sous leur vrai jour : il se plaignit de Gaston, qui avait fait irruption dans des fiefs relevant du comté de Toulouse, et qui, bien que mis en demeure, n'avait pas voulu amender son tort. Il déclarait qu'une pareille conduite lui déplaisait : « Nous prions votre sérénité, ajoutait-il, qu'elle vous déplaise aussi [2]. »

[1] « Margareta, Dei gracia Francorum regina, karissimo fratri suo Alfonso, comiti Pictavie et Tholose, fratri domini regis, salutem et sincere dilectionis affectum. Pro karissimo consanguineo nostro domino Gastone de Biarno vobis preces porrigimus, ex affectu, ut eidem in negociis suis, amore nostri, necnon contemplatione uxoris vestre, que sibi in linea consanguinitatis conjungitur, sitis favorabilis et benignus, erga ipsum taliter vos reddentes, prout ad honorem vestrum pertinet, ne possit dici merito vel obici vobis quod per vos vel vestros idem Gasto violenter opprimi videatur; tantum inde facientes quod preces nostras sibi sentiat fructuosas et quod vobis inde teneamur ad merita graciarum. » — *Arch. de l'Empire*, Trésor des Chartes, J. 307, n° 55, fol. 6. Cette lettre n'est pas datée, mais elle précède dans le registre une lettre du samedi après la Chandeleur 1262 (v. style), 3 février 1263.

[2] « Eccellentissime domine et karissime sorori sue Margarete, Dei gratia Francorum regine illustrissime, Alfonsus filius regis Francorum comes Pictavie et Tholose, salutem, et cum dilectione fraterna paratam ad beneplacita voluntatem. Super litteris quas nobis misistis pro negocio domini Gastonis de Biarno, vestre excellentie notificamus de facto ipsius, quod idem G. intravit

Marguerite ne se le tint pas pour dit. Elle renouvela ses instances, affectant de regarder Gaston comme victime [1].

Alfonse ne put tolérer ce langage et fit une réponse étendue et motivée, dans laquelle il rétablissait la vérité ; il prouvait que tous les torts étaient du côté du vicomte. Gaston avait pénétré à main armée dans des fiefs mouvants du comte de Toulouse; et quand celui-ci l'avait sommé de réparer les dommages provenant de son fait, il n'avait pas répondu. Aussi Alfonse déclarait-il que, loin

cum armis in terra fidelis nostri comitis Convenarum, quam tenet a nobis, et in eadem multa gravamina et dampna perpetravit, que adhuc non emendavit, quamvis super hoc a nobis fuerit requisitus : quod nobis displicet, vestram serenitatem rogantes ut vobis displiceat. Illud idem scire vos volentes quod terra illa de qua contentio vertitur inter comitem Convenarum et dictum Gastonem de nostris feodis non existit. » *Ibidem.*

[1] « Margarita, Dei gratia Francorum regina, karissimo fratri suo Alfonso, filio regis Francorum, comiti Pictavie et Tholose, salutem et sincere dilectionis affectum. Oppressiones, dampna et gravamina que barones regni Anglie, rejecto fidelitatis debito, procurante comite Leycestrie, illustribus regi, regine Anglie, karissime sorori nostre, ac liberis eorum [intulerunt] ad aures vestras credimus pervenisse. Ipsa quidem dampna cordi habemus plurimum, et nostra propria merito reputamus. Sane hucusque super dicto negocio vobis distuleramus scribere, ob hoc quod vobis de ipso majorem certitudinem et omnimodam scriberemus; et quia de vobis gerimus et semper gessimus fiduciam pleniorem, sperantes per vos nostris necessitatibus subveniri, rogamus vos et requirimus, ex affectu, quatinus oppressiones dictorum regis, regine ac liberorum suorum vobis displiceant, et quod in negociis ipsorum ad statum prosperum et tranquillum reducendis velitis vestrum concilium et auxilium impertiri, cum a nobis super hoc fueritis requisiti. Rogamus eciam vos quod senescallo vestro Agennensi vestris detis litteris in mandatis ut ipse laboret ad hoc quod quedam longa treuga iniatur inter dominum Gastonem, vicecomitem Bearnensem, et comitem Convenarum; ita quod idem dominus Gasto, consanguineus noster karissimus, circa juvamen dictorum regis, regine ac liberorum suorum interim intercedere valeat, si necesse fuerit, et vaccare. Preterea vos rogamus quod ballivo vestro Pictaviensi mandetis quod ipse apponat consilium ut omnes naves et batellos illius partis habere possimus, mediante peccunia dicti regis; et vos, si quas galeas in illis partibus habetis, nobis eas accommodare velitis. » Fol. 18 r° (sans date).

de favoriser le protégé de la Reine, il était disposé à tirer punition de ses méfaits. Il l'avait mis en demeure de faire la paix avec le comte de Comminges, et cette sommation était restée sans résultat : il était donc prêt à le contraindre, par la force, au respect des droits d'autrui. Il terminait en priant Marguerite de savoir mauvais gré à son cousin des attentats qu'il avait commis et de ceux qu'il pourrait commettre. Toutefois il tentait un dernier effort pour plaire à la Reine, et par commisération pour les pauvres paysans *qui,* ajoutait-il, en empruntant avec quelque changement un célèbre passage d'Horace, *pâtissent toujours des sottises d'autrui.* Il est beau de voir cette maxime philosophique dans la bouche d'un prince du moyen âge. Cette pitié pour le pauvre peuple était enseignée par le christianisme; mais il y a, ce nous semble, quelque chose de piquant à la voir exprimée à l'aide d'une citation classique[1]. Comme corollaire à cette ferme réponse, Alfonse

---

[1] Lettre sans date. Bibl. impériale, Cartulaire d'Alfonse, n° 10918, fol. 22. — « Regine Francie pro domino comite Pictaviensi. Excellentissime et karissime domine ac sorori sue Margarite Dei gracia Francorum regine illustrissime, Alfonsus filius regis Francorum, comes Pictavie et Tholose, salutem et cum dilectione fraterna paratam ad beneplacitum voluntatem. Serenitatis vestre litteras nuper recepimus quarum tenorem pleno collegimus intellectu. Sane quia varia facti narracio nonnunquam perplexitatem et scrupulum generat in animo audientis, veritatem rei et processum negocii quod vertitur inter nobiles viros dominum Gastonem vicecomitem Bearnensem, consanguineum vestrum ex una parte, et fidelem nostrum B. comitem Convenarum ex altera, quatenus ipsum nos tangit negocium dominacioni vestre optamus sub compendio declarare. In primis itaque vos volumus non latere quod terra illa, castrum, seu fortalicium pro quibus dicti dominus Gasto et comes Convenarum sibi invicem adversantur et unde guerra inter ipsos mota traxit originem, de nostris non movet feudis seu retrofeudis, sed omnino separata est a juridictione nostra, dominio et districtu, et in illis nullum prorsus prestamus auxilium, consilium vel favorem memorato comiti Convenarum in deffendendo vel invadendo loca ipsa de quibus est contencio inter partes, nec ullum impedimentum fecimus aut facimus, nec facere proponimus, quo minus prefatus consanguineus vester in illis locis et terris quorum occasione guerra sumpsit exordium possit se vindicare, deffendere vel inva-

donnait ordre à son sénéchal de Toulouse de prêter main-forte au comte de Comminges [1].

dere, et comes similiter, prout sibi viderint expedire ; nec unquam inhibuimus aut inhibere fecimus quominus uterque possit sibi amicos acquirere tam de terra nostra quam aliunde qui in illis locis et terris eisdem prestent auxilium et favorem ; illud solum attendentes ne in nostris feudis de quibus ulla prorsus mota est contencio aliqua manu armata attemptent maleficia perpetrare. Unde non debet mirari vestra magnificencia si, premissis a nobis precibus, inhibere fecimus dicto vicecomiti Bearnensi ne in hiis que de nostro movent feudo intret cum armis hostiliter, cum nec in toto nec in parte aliquid in nostris existat feudis propter quod orta est contencio inter ipsum et comitem memoratum, presertim cum nos semper parati simus et fuerimus cuilibet conquerenti de nostris hominibus exhibere celeris justicie complementum, et hoc dicto vicecomiti sepe duximus intimandum ; et sepedictus comes se offerat et semper obtulerit coram nobis absque ullo diffugio stare juri. Unde deliberato consilio ad instanciam dicti comitis, cum sit homo noster ligius, in deffendendis nostris feudis que tenet a nobis, deesse non possumus nec debemus. Dictus vero vicecomes, contemptis precibus et spreta inhibicione, in nostrum prejudicium et jurisdictionis nostre non modicum detrimentum, feuda nostra cum armis aggressus est, ubi dampna dedit non modica et maleficia plurima perpetravit, que licet requisitus tam per nuncios quam per litteras et a nobismetipsis ore proprio, nondum voluit emendare ; quod nobis displicet nec immerito eciam displicebit quousque fuerint emendata. Avertat itaque celsitudinis vestra prudencia an propter hoc vel nostri dicto domino Gastoni de Bearno reputari injuriosi existere, si duntaxat nostra feoda deffendendo, non alia invadendo, minus justo impetui suo necnon maleficiis perpetrandis que adhuc minatur in nostris feudis se facturum nimirum, prout licet, disposuimus obviare. Verum quia in vestris litteris de reformanda pace inter dictos fiebat mencio, procul dubio vobis constet quod nos litteras et nuncios misimus ad tractandum de pace inter ipsos specialiter deputantes ; sed, sicut nobis retulit aliquis nunciorum vir utique fide dignus, dominus Gasto in nullo se prebuit favorabilem nec assignatis die et loco ad tractandum de reformacione pacis voluit comparere. Nichilominus tamen, ob reverenciam vestram et bonum pacis, utque provideatur indempnitati pauperum agricollarum *qui semper plectuntur quicquid delirant alii,* adhuc libenti animo ad reformacionem pacis curaremus interponere partes nostras si sciremus probabiliter quod dominus Gasto vellet se in hac parte tractabilem exhibere. Consideratis itaque hiis que premissa sunt videtur nobis et aliis quod vobis displicere deberet si dominus Gasto feuda nostra hostiliter cum armis ingredi attemptaret, et vos rogamus quod vobis displiceat de jam attemptatis illicite et si, quod absit, ipsum contingeret talia attemptare. »

[1] Bibl. imp., n° 10918, fol. 22.

Saint Louis, dans son infatigable désir de rétablir la concorde, avait réussi non sans peine à faire accepter sa médiation entre Henri et ses barons : rendez-vous avait été assigné à Boulogne-sur-Mer, à la quinzaine de la Nativité de la Vierge (22 septembre 1263); mais le saint Roi était le seul qui voulût la paix. Marguerite, dans la lettre même où elle apprenait à Alfonse la conférence de Boulogne, le priait de mettre ses vaisseaux et les barques qui se trouveraient à la Rochelle et dans ses autres ports à la disposition du roi et de la reine d'Angleterre, afin d'équiper une flotte destinée à un débarquement en Grande-Bretagne [1]. Alfonse se contenta de répondre qu'il ne possédait aucun vaisseau [2]. La conférence de Boulogne ne produisit aucun résultat, ce qui n'a rien de surprenant, vu les dispositions belli-

---

[1] Bibl. imp., n° 10918, fol. 19. — « Margarita, Dei gratia Francorum regina, karissimo fratri sui Alfonso, filio regis Francorum, comiti Pictavie et Tolose, salutem et sincere dilectionis continuum incrementum. Satis vos credimus audivisse qualiter, per falsam suggestionem comitis Leycestrie, barones regni Anglie illustres regem, reginam Anglie, ac eorum liberos tractaverunt, et qualiter serenissimus et karissimus dominus noster rex acceptavit diem una cum baronibus Anglie supradictis, ad tractandum de pace inter regem, et reginam, ac eorum natos, ex una parte, et barones predictos, ex altera, ad quindenam instantis Nativitatis Beate Marie Virginis, apud Boloniam supra mare. Hinc est quod dilectionem vestram ex affectu requirimus et rogamus, petentes, pro munere speciali, quatinus de vestris navibus et batellis de Rupella velitis nos juvare, si placet, ita quod illas, ad quindenam instantis festi sancti Michaelis, in subsidium regis et regine Anglie, ad expensas ipsorum, valeamus habere, si contingat quod ad dictam diem inter partes pax non valeat reformari; mandantes nobis super hoc litteratorie voluntatem vestram, et de quot navibus nos poteritis juvare, per presencium portitorem. »

[2] Bibl. imp., n° 10918, fol. 19°. — « Excellentissime et karissime sorori sue Margarite, Dei gratia Francorum regine illustri, Alfonsus, filius regis Francorum, comes Pictavie et Tholose, salutem, et dilectione sincera paratam ad beneplacita voluntatem. Cum nos, per vestras rogaveritis litteras quod vellemus vos juvare de nostris navibus et batellis de Rupella, excellentie vestre significamus, quod nos non habemus apud Ruppellam naves nec batellos qui sint nostri, quos sciamus. »

queuses que nourrissait la reine d'Angleterre. Cette princesse, douée d'une grande énergie, s'adressa au comte de Poitiers, fit appel aux sentiments qu'il avait hautement manifestés sur le comte de Leicester, et renouvela la demande de vaisseaux faite précédemment par Marguerite (15 octobre 1263)[1].

Marguerite appuie cette requête, et pour mieux en assurer le succès elle juge à propos de la restreindre; elle ne demande plus qu'on prête des vaisseaux, mais qu'on les loue au roi d'Angleterre, et elle prie son beau-frère de donner des ordres en conséquence à ses sénéchaux[2]. Un

[1] Bibl. imp., n° 10918, fol. 19 v°. — « A., Dei gracia regina Anglie, domina Hibernie et ducissa Aquitanie, nobili viro domino A. comiti Pictavie, salutem, et cum honore prumptam ad beneplacita voluntatem. Attendentes vos moleste gessisse, et animo nimis amaro planxisse illata domino nostro Regi, nobisque, et E. primogenito nostro, per quosdam regni Anglie gravamina, grates, quas scimus et possumus, vobis exinde referimus; vos ex intimo cordis deprecantes, quatinus gravamina illa animi gravitate ponderantes, juvamen vestrum ad vindictam super his impendendum nobis communicare velitis, naves et galeas vestras, si placet, transmittendo quo modo karissima domina et soror nostra regina Francorum illustris disposuerit, secundum quod ipsa vos requirit. Nos quidem vobis ob inde teneri volumus nostro perpetuo (sic) ad uberiores graciarum actiones; beneplacitum vestrum una cum statu vestro prospero, utinam, et jucundo nobis petimus crebrius intimari; parate enim erimus ad ea exequenda pro viribus que vobis cedent in commodum et honorem. Valete, etc., semper in Domino. Datum apud Witsaund, xv die octobris, anno regni H. domini nostri XLVII. »

[2] Bibl. imp., n° 10918, fol. 18, r°. — « Margarita, Dei gratia Francorum regina, illustri viro et karissimo fratri suo Alfonso, filio regis Francorum, comiti Pictavie et Tholose, salutem et sincere dilectionis affectum. Cum illustres rex, regina Anglie soror mea, ac dominus Eduardus, nepos noster karissimus mandent amicos suos apud Sanctum Odomarum in Flandria ad unum mensem post proximum festum Beati Martini, nosque intelleximus vos habere galeas apud Ruppellam, rogamus vos et requirimus, quatinus, ad expensas dicti regis Anglie, de ipsis galeis nobis velitis facere subsidium et succursum intimantes ballivis vestris Pictavie et Ruppelle, per vestras litteras, quas nobis mittatis per latorem presencium, quod nunciis nostris suum prestent consilium et juvamen ad hoc quod possimus habere de

post-scriptum affectueux est ajouté pour préparer un accueil favorable à cet appel pressant fait à l'amitié du frère de saint Louis (31 octobre 1263)[1].

Le comte de Poitiers n'avait aucune envie d'intervenir dans la querelle entre Henri et ses barons; il ne pouvait oublier qu'il avait été obligé de conquérir son comté sur ce même Henri III, qui implorait son secours, et qu'il y avait en Poitou un parti qui regrettait la domination anglaise et était prêt à saisir l'occasion de secouer ce qu'il appelait le joug des Français. A la lettre d'Éléonore, il répondit courtoisement, remerciant la Reine de l'intérêt qu'elle prenait à sa santé, et se référant pour l'objet principal de sa missive à la réponse qu'il faisait à Marguerite de Provence[2]. Cette réponse nous l'avons[3] : Alfonse y

navibus et vasis in illis partibus exhistentibus, ad dicti regis Anglie expensas, tantum autem inde facientes quod vobis teneamur ad merita gratiarum. Datum apud Sanctum Germanum in Laia, in vigilia Omnium Sanctorum.

» Credatis dilecto militi nostro latori presentium, super hiis que vobis dixerit ex parte nostra de dicto negocio. »

[1] « Margarita, etc. (*sic*), illustri viro Alfonso, etc. De statu vestro capientes certitudinem obtinere, rogamus vos quatinus per latorem presencium, nos de eodem statu omnino, utinam proficuum sit ac florens, reddatis, cum vestro beneplacito, certiores. Datum quanto et precedens. » *Ibidem*.

[2] « Excellenti et dilecte sue A. Dei gratia, regine Anglie, Alfonsus filius regis Francie, comes Pictavie et Tholose, salutem et sincere dilectionis affectum. Gravamina vobis illata nobis displicent, vobis significantes quod super navibus et galeis de quibus vobis scripsistis excellentissime domine M. regine Francie nostram scripsimus plenam voluntatem. Super hoc autem quod statum nostrum scire desideratis per vestras litteras exinde vobis scimus bonum gratum, scientes quod in confectione presentium eramus in bono statu, Domino concedente, quod de vobis scire sepius affectamus. Datum apud Corbolium die lune post festum Omnium Sanctorum (5 nov.). » Bibl. imp., fol. 22.

[3] « Excellentissime domine et karissime sorori sue Margarite, Dei gratia regine Francorum illustri, Alfonsus, filius regis Francorum, comes Pictavie et Tholose, salutem et, cum sincera dilectione, paratam ad beneplacita voluntatem. Cum nos per vestras rogaveritis litteras, ut de galeis nostris, quas mandavistis nos habere apud Ruppellam, ad expensas illustris regis Anglie,

exprime son désir de porter secours au roi d'Angleterre, mais il n'a pas de vaisseaux. Il autorise ses sujets à entrer au service d'Édouard, mais il se gardera bien de les y contraindre, dans la crainte de leur faire tort en agissant ainsi, et de tomber dans le péché. C'était proclamer le principe de la non-intervention (5 novembre 1263).

Cependant saint Louis, dans son ardent amour de la paix, travaillait à faire cesser l'anarchie qui désolait l'Angleterre; il obtint que les deux partis le prissent de nouveau pour arbitre (décembre 1263). La ville d'Amiens fut indiquée comme lieu de rendez-vous. Le roi et la reine d'Angleterre, la reine Marguerite, un grand nombre de barons anglais, les personnes les plus considérables de France y vinrent chercher la décision de saint Louis ; Simon de Montfort demeura en Angleterre. Le 23 janvier 1264, le Roi rendit sa sentence en faveur de Henri III. Il abolit les statuts d'Oxford qui limitaient le pouvoi de la couronne, et que Henri avait pourtant acceptés et juré d'observer. C'était la guerre. Les barons refusèrent d'exécuter cette décision qui ne tenait aucun compte des conquêtes politiques qu'ils devaient à plusieurs années de lutte. On en appela aux armes.

velimus vobis facere subsidium et succursum, excellentie vestre significamus quod nos non scimus ibidem habere galeas que sint nostre; et, si ibidem haberemus galeas que essent nostre, nobis placeret quod eas ad vestram voluntatem faciendam caperetis. Et si homines nostri de Ruppella aliquas galeas seu naves habeant, et vos, rex Anglie vel regina, ad ipsos vestros nuncios mitteretis, placeret nobis quod ipse vobis tradentur, si placeret eis, ad faciendam vestram voluntatem. Nos enim ipsos ad hoc faciendum minime compelleremus, quia timemus ne eis faceremus injuriam, et peccatum super hoc incurreremus. Super hoc autem quod de statu [nostro] cupitis certitudinem obtinere, exinde vobis regratiamur, scire vos volentes quod in confectione presentium eramus in bono statu, Domino concedente, quod de vobis audire jugiter affectamus. Datum die lune post festum Omnium Sanctorum, apud Hospitale, juxta Corbolium. » — Bibl. imp., n° 10918, fol. 18 v°.

Éléonore compta trouver dans les sympathies que lui témoignait la noblesse française un appui efficace : elle espéra que, pour tous, les partisans des barons seraient des rebelles que l'on devait combattre par tous les moyens possibles. Elle pria le comte de Poitiers de mettre l'embargo sur tous les navires anglais qui se trouveraient dans ses ports, et de les lui faire remettre pour en former une flotte chargée de faire une diversion puissante sur les côtes d'Angleterre, et d'y transporter toute une armée de volontaires recrutés sur le continent (7 mai 1264[1]).

A cette proposition, le comte répondit par un refus formel, alléguant qu'une telle conduite lui paraissait à lui et aux hommes sensés constituer une violation du droit et

---

[1] « Inclito viro A. illustris regis Francie, filio comiti Pictavie et Tholose, A., Dei gratia regina Anglie, domina Ybernie, ducissa Aquitanie, salutem et sincere dilectionis affectum. Iniquitatem et prodicionem quorundam baronum Anglie qui per vivam guerram dominum nostrum regem Anglie illustrem et liberos ejus exheredare nituntur, ad audienciam vestram et scientiam venisse minime dubitamus, credentes firmiter quod si talia in quemcumque regem vel principum nedum in dominum nostrum regem, quem idem sanguis et speciales cause dilectionis vobis jungunt, et vos ei similiter, vice versa, sciretis talia attemptari, vestra bonitas et magnanimitas non compati vel non scandalizari non possent. Ideoque nobilitatem vestram et dilectionem pro memorato domino nostro rege ac nobis, et liberis nostris confidenter et attente rogamus quatinus omnes naves Anglie que in terra et districtu vestro invenientur, durante guerra predicta, arrestari et detineri faciatis, ut per arrestacionem eandem inimici domini nostri regis qui in multitudine navium confidunt, potissime careant navibus et sua spe fraudentur iniqua, et succursus qui de partibus cismarinis paratur pro domino nostro navigio noscat habundare. Sane inter meliores modos subveniendi domino nostro regi est unus de melioribus retencio navium supradicta. Talis siquidem et tantus est casus iste quod sine offensa divina arrestacio potest fieri antedicta, cum memoratus dominus rex dominus sit et princeps omnium Anglicorum et omnia sint principis, necessitate urgente. Super hoc rescribatis nobis et aliis per latorem presentium vestre beneplacita voluntatis. Datum apud Poissi, die septima maii, anno regni Henrici domini nostri regis XLVIII. » Bibl. imp., n° 10918, fol. 18 v°.

devoir être une source de périls[1]. Il fallut se contenter des
vaisseaux que les sujets d'Alfonse voulurent bien mettre,
moyennant finance, au service de la cause royale[2]. Cette
cause semble un instant désespérée : au mois de mai, Henri
perd la bataille de Lewes, et est fait prisonnier avec son
frère Richard et ses deux fils Édouard et Henri; mais la
défaite et la mort de Simon de Montfort à Evesham, le
4 août suivant, délivrent le Roi de son ennemi le plus redoutable : la lutte durera encore quelque temps, mais la
couronne est sauvée. Éléonore avait puissamment contribué à ce résultat par son énergie à organiser la résistance,
à lever des troupes, à se procurer des vaisseaux, à faire
des emprunts ; et elle avait été aidée par Marguerite, qui
se laissa quelquefois entraîner par son amitié à des actes

---

[1] « Excellenti et dilecte sue A., Dei gratia regine Anglie, Alfonsus filius regis Francie, comes Pictavie et Tholose, salutem et sincere dilectionis affectum. Excellentie vestre significamus quod super hoc quod per vestras scripsistis litteras ut nos omnes naves Anglicas que in terra et districtu nostro invenientur durante garra arrestari et detineri faciamus, timemus et videtur multis bonis hoc nos non posse seu debere facere absque magna injuria et periculo. Datum apud Longum Pontem, die lune post Translationem Beati Nicholai. » 12 mai 1264. — Bibl. imp., n° 10918, fol. 19 r°.

[2] *Lettre de la reine Éléonore à Alfonse.* — « A., Dei gratia regina Anglie, domina Hybernie, ducissa Aquitanie, serenissimo viro, domino Alfonso, filio regis Francorum, comiti Pictavie, salutem et paratam ad beneplacita voluntatem. Serenitatem vestram credimus non latere quantum istis temporibus amicorum nostrorum egemus auxilio, propter adversum et inopinatum casum qui nobis contingit in partibus Anglicanis. Unde cum, pro querendis navibus et habendis, apud Ruppellam nostros speciales nuncios destineamus, nobilitatem vestram, de qua indubitanter confidimus, requirimus et rogamus quatinus in partibus illis vestris significetis ballivis quod magistris et rectoribus navium significent quod nuncios nostros favorabiliter recipiant et benigne, et in conductione navium sive alio subsidio nobis necessario, dictis nunciis se exhibeant curiales, tantum inde, si placet, facientes quod nos et nostri qui sumus vestri vobis perpetualiter obligemur. Datum Parisius xxiii die julii, anno regni regis H. domini nostri xlviii. » — Ms. 10918, fol. 19.

qu'on pourrait considérer comme contraires au droit et à la politique ; mais saint Louis était là avec son inexorable justice pour réprimer les excès de son zèle. La Reine, d'après les suggestions d'Éléonore, avait prié Alfonse de faire arrêter plusieurs habitants de Bayonne du parti des barons, pendant qu'ils traverseraient ses États. Le comte n'avait point vu d'inconvénient à cette mesure et avait transmis des ordres conformes à ses sénéchaux. Plusieurs Gascons furent ainsi arrêtés ; mais saint Louis, ayant été instruit de ce fait, ordonna à son frère de lui envoyer à Paris les sujets anglais qu'il avait cru devoir faire retenir en prison [1], et, après enquête, ordonna de les mettre en liberté.

Cette décision était conforme à la justice et au droit des gens, car la France étant en paix avec l'Angleterre, le roi de France n'était pas autorisé à mettre la main sur des sujets anglais parce qu'ils étaient d'un parti opposé à celui de la couronne. Cette doctrine de non-intervention, qui bien qu'acceptée n'a pas toujours été observée dans les temps modernes, n'avait pas cours au moyen âge ; et il faut hautement louer saint Louis d'avoir agi contre ses

---

[1] « Ludovicus, Dei gracia Francorum rex, karissimo fratris et fideli suo A. Pictavensi et Tholose comiti salutem et fraterne dilectionis affectum. Cum sicut intelleximus Guillelmus Arnaudi de Savignac, Bernardus Raimondi de Gavaret, Johannes Henrici, frater ejus et Thomas de Logar ac Johannes de Gorin, cives Bayonenses, per gentes vestras, de mandato vestro ad nostram instantiam sibi facto, apud Ruppellam fuerint arrestati, nos volentes easdem Parisius ad nos adduci vobis mandamus et vos requirimus quod prefatos Baionenses et alios si qui similiter arrestati fuerint deliberari mandetis per litteras vestras patentes et tradi servientibus nostris, scilicet Michaeli de Piano latori presentium, quem propter hoc mittimus et Droconi de Silvanecti quem ob hoc eciam antea miseramus ; ipsis insuper servientibus nostris salvum et securum mandetis, quousque in propriam terram nostram una cum prefatis Baionensibus arrestatis seu arrestandis venerint, prestari conductum. Datum apud Fontem Bleaudi, dominica post octabas Epiphanie. » (18 janvier 1265 ?) — Bibl. imp., n° 10918, fol. 24 r°.

sympathies privées, en ne se faisant pas en France l'exécuteur des vengeances ou le ministre des intérêts d'un souverain étranger. Marguerite n'eut pas cette vertu ; la décision du Roi la surprit. Elle s'étonna qu'on mît en liberté des gens qui avaient nui à son beau-frère en empêchant, l'année précédente, le grand débarquement qu'Éléonore avait préparé. Ne pouvant les faire tenir prisonniers, elle pria Alfonse de leur interdire le séjour de ses États [1]. Le comte de Poitiers acquiesça volontiers à cette requête [2].

[1] « Margarita, Dei gratia Francorum regina, karissimo fratri suo Alfonso filio regis Francorum, comiti Pictavie et Tholose, salutem et sincere dilectionis affectum. Noveritis quod dominus noster rex cives Baionenses qui capti detinebantur Parisius, precepit noviter liberari; et cum ipsi, sicut per eorum patentes litteras, illustri regi Anglie ac regine fratribus nostris karissimis et domino Eduardo nepoti nostro intimo (*sic*) multa dispendia procuraverint atque dampna, impediendo precipue quod soror nostra predicta anno preterito apud Brugas ubi suum congregaverat exercitum, galeas de Baiona non habuit, quia impeditus fuit ejus transitus, inde gravamina non modica sustinendo ; nos vero qui de vobis semper gessimus et gerimus fiduciam specialem, sinceritatem vestram requirimus specialiter et rogamus quod ipsos cives qui non solum semel sed pluries suos naturales dominos prodiderunt, non permittatis amore nostri in terra vestra et dominio receptari, facientes moram dicte terre vestre et introitum inhiberi. Quid autem inde facere volueritis nobis per vestras litteras rescribatis. Sane idem de Guillelmo Arnaudi de Podio et fratribus suis, sociis istorum, qui multa mala fecerunt et roberias in costibus maris Normannie, sicut domino nostro regi querimonialiter est ostensum, petimus nobis concedi. Domino vero Johanni de Nantolio verbo tenus dixeramus quod vos inde requireret loco nostri; tamen istud nichilominus vestre dilectioni litteratorie intimamus, vos rogando attentius et postulando. pro munere speciali quod istud nobis, si placeat, concedatis. Datum apud Vicenas in crastino Decollationis Beati Johannis Baptiste. » 30 août. — Bibl. imp., n° 10918, fol. 19 r°.

[2] « Excellentissime domine et karissime sorori sue Margarite, Dei gratia Francorum regine illustrissime, Alfonsus filius regis Francorum, comes Pictavie et Tholose, salutem et cum fraterna dilectione paratam ad beneplacita voluntatem. Cum nos per vestras litteras rogaveritis ut Guillermum Arnaldi de Savignaco, Bernardum Remundi de Gavaret, Johannem Henrici, fratrem ejus Thomam de Logarac et Johannem de Gorin, cives Bayonenses qui detinebantur capti Parisius ac similiter Guillelmum Arnaldi de Podio in terra seu

Pendant que ces choses se passaient, Alfonse était en correspondance réglée avec saint Louis. Le 28 mai 1263 Louis lui écrivait : « J'ai à vous parler familièrement sur de graves affaires. Venez à Paris samedi ou dimanche matin[1]. » Alfonse s'excusa, alléguant qu'il avait pris rendez-vous avec le comte de Boulogne, Charles d'Anjou, Renaud, vicomte de Thouars, et Maurice de Belleville. Je ne sais si saint Louis voulait l'entretenir d'une affaire de Normandie, qui fit quelque temps après l'objet de plusieurs lettres échangées entre les deux frères, et dont la nature nous échappe[2]. Le Roi voulait qu'Alfonse lui donnât des lettres de pleins pouvoirs pour terminer cette affaire à l'amiable en qualité d'arbitre[3]. Le comte refusa par deux fois, prétendant ne vouloir pas charger la conscience du Roi.

Une lettre de saint Louis du mois d'octobre 1263 nous révèle un fait ignoré et qui n'est pourtant pas sans impor-

dominio nostro non permitteremus receptari, excellentie vestre significamus quod nos dilecto et fideli nostro senescallo Xantonensi per litteras nostras mandamus, propter amorem vestrum, quod supradictos cives Bayonenses in terra seu dominio nostro non permittat aliquatenus receptari. Datum apud Longum Pontem die lune post Decollationem Sancti Johannis Baptiste. » — Bibl. imp., n° 10918, fol. 19.

[1] Lettre datée de Paris le lundi après la Trinité (1263). Bibl. imp., n° 10918, fol. 16 r°.

[2] Paris, mardi avant la Saint-André, *ibid.*, 27 novembre, fol. 17 v°.

[3] Cette affaire de Normandie n'est pas la même qu'un procès que nous fait connaître une lettre d'Alfonse, dans laquelle il déclare « quod nos judicium quod karissimum dominum et patrem nostrum regem factum fuerit, super querela que vertitur inter ipsum D. regem, nos et dilectum fratrem nostrum K. Andegavie et Provincie comitem ac dilectos nepotes nostros liberos bone memorie karissimi fratris nostri R. quondam comitis Attrebatensis, ex una parte, et nobilem M. comitissam Boloni ex altera de terra Kaleti, quantum in nobis est, gratum habemus et acceptum... Actum apud Vicenas, anno Domini M. CC. L. sexto, die sabbati ante Cineres » (17 février 1257). Au dos se lit : « de Facto Normannie ». Orig., Arch. de l'Emp., J. 312, n° 57.

tance : les infants d'Aragon, Pierre et Jacques, envahirent à main armée la terre du Roi [1]. Le comte de Toulouse reçut ordre de prescrire à ses sénéchaux de prêter main-forte au sénéchal royal de Carcassonne pour repousser cette attaque[2].

Alfonse ne perdait pas de vue son projet de se rendre en Terre sainte. Il avait lors de son premier voyage acheté les services d'un noble génois, Jean Bocca-Nigra, et il comptait sur lui pour sa seconde expédition ; mais une révolution ayant éclaté à Gênes, Bocca-Nigra fut chassé et dépouillé de ses biens. Alfonse le reçut à foi et hommage et s'employa pour lui faire restituer ce qu'il avait perdu [3].

Pour la croisade il fallait d'immenses quantités d'argent et des provisions abondantes. Quant aux hommes, on n'était plus au temps d'enthousiasme où les seigneurs vendaient ou hypothéquaient leurs châteaux pour prendre part à une expédition sainte; il fallait les payer. L'Église se chargeait de fournir aux princes une partie de l'argent nécessaire : on se procurait le reste au moyen d'impôts extraordinaires. Dans un chapitre spécial nous étudierons cette double source de revenu; mais arriva un moment où le Saint-Siége lui-même arrêta ses efforts incessants qui tendaient à un nouveau passage outre-mer, et chercha à tourner contre un ennemi plus proche et plus dangereux que les musulmans les efforts de la chrétienté. On sait comment Urbain IV donna le trône de Sicile à Charles

---

[1] Bibl. imp., n° 10618, fol. 17 v°. « Cum infantes Petrus et Jacobus, filii regis Arragonie, guerram nobis fecerint et hostiliter invaserint terram nostram, mandamus vobis quatinus sub forma presentibus interclusa vestras patentes senescallo vestro Tholosano, super facto hujusmodi dirigendas nobis per latorem presentium transmittatis. Datum Vicenis die martis post festum Beati Luce evangeliste (23 octobre). »

[2] *Ibid.*, pl. 17 v°. Longpont, veille de la Sainte-Catherine, (24 nov.) 1263.

[3] Voyez différentes lettres d'Alfonse au podestat de Gênes et à d'autres personnages. Bibl. impér., n° 10918, passim, et J. 307, n° 55.

8

d'Anjou ; il avait même instamment prié Alfonse d'insister pour que son frère acceptât cette couronne, que saint Louis avait refusée pour un de ses fils[1]. Les scrupules du comte d'Anjou ne furent pas difficiles à vaincre; mais il eut à conquérir pied à pied son royaume. Le Pape, inquiet pour Charles et pour lui-même, chargea le cardinal Richard de Saint-Ange d'exposer officieusement au comte de Poitiers la triste situation du Saint-Siége et d'invoquer son appui[2]. Urbain IV fit une démarche plus explicite, il invita le comte de Poitiers à renoncer à ses projets de croisade pour aider Charles d'Anjou à conquérir le royaume de Naples sur Mainfroy[3] : Alfonse refusa. Urbain mourut en 1264; il eut pour successeur un Français, Gui Fouquet, ancien secrétaire de saint Louis, qui prit le nom de Clément IV. Le nouveau Pape embrassa avec ardeur la cause de Charles d'Anjou[4]; il fit de nouvelles instances auprès du comte de Poitiers, et dans une lettre publique lui traça un tableau énergique des extrémités où était réduit le roi de Naples. Il le montra renfermé dans Rome, sans argent, personne ne voulant lui prêter, car il avait mal satisfait à ses engagements envers ses créanciers : le pape sollicitait le comte de Poitiers, implorant son intervention, faisant espérer que Charles trouverait peut-être des prêteurs si le remboursement était fait en France[5]. Alfonse dans sa réponse exprima la vive sympathie qu'il portait à l'Église

---

[1] Bulle datée d'Orvieto, le xii des calendes de juin, année deuxième du pontificat (21 mai 1263). Orig., Trésor des chartes, J. 512, n° 25.

[2] Bibl. imp., n° 10918, fol. 26 r°.

[3] Rainaldi, *Annales ecclesiastici*, anno 1264, n° 14.

[4] Clément IV, dans son désir de procurer de l'aide à Charles d'Anjou, pria Alfonse de permettre que Barral des Baux, son vassal, changeât son vœu de croisé pour aller au secours du roi de Naples. Pérouse, iv des nones de juin, année 1re du pontificat. Orig., Trésor des chartes, J. 450, n° 150.

[5] Orig., Trésor des chartes, J. 391, n° 5.

romaine et l'horreur que lui inspiraient ses persécuteurs, il accorda au Pape quinze cents marcs sterling et cinq mille livres tournois : il promit en outre cinq mille livres poitevines, bien que ce prêt le gênât et le mît dans la nécessité de recourir aux usuriers [1].

Alfonse se procura d'énormes sommes d'argent pour se trouver prêt à suivre saint Louis à la croisade, fixée au commencement de l'été de 1270. Il enrôla un certain nombre de chevaliers et d'arbalétriers à des conditions onéreuses, semblables sans doute à celles que saint Louis eut à subir.

En 1270 il écrivait à Sicard d'Alaman pour lui faire connaître les conditions auxquelles il prendrait des arbalétriers à sa solde pour servir sous ses ordres en Orient. Chaque arbalétrier, pourvu d'un cheval et de son équipement, devait recevoir cinq sous tournois de gages par jour; sur laquelle somme il était tenu de se nourrir et de faire face à toutes les autres dépenses. On lui promettait une place sur le vaisseau pour lui, son cheval et son équipement : il pouvait obtenir d'être nourri pendant la traversée en abandonnant ses gages. Le prix des chevaux qui périraient devait être remboursé conformément au tarif adopté par le roi de France pour ses sergents stipendiés [2].

Au mois de juin il écrivait au sénéchal de Toulouse pour lui faire connaître à quelles conditions il voulait retenir des chevaliers pour l'expédition d'outre mer.

« Nos vos mandons que aus chevaliers que nobles et nostre faaus Sycart de Montaut, chevaliers, vos nomera, de quau nombre de xx chevaliers traitiez diligenment de venir avec nos en la terre d'outre-mer au service Dieu et

---

[1] Bibl. imp., n° 10918, fol. 28. Lettre du lundi après la Saint-Michel (5 octobre) 1265.
[2] Reg. B., fol. 101, mardi après la Purification 1269.

au nostre, souz cez conditions; c'est à savoir que pour le servise de un an enterin es parties d'outre-mer fere à nous ou à nostre certein commandement, vos leur promestez pour cetes choses dequ'à la some de viii" livres de tornois au plus, se n'estoit à aucunes personnes que vous veiissiez qu'il fust bien emploié, à qui vous creussiez de x livres ou de xx au plus; si que pour le tout i chevaliers n'ait que ix" livres pour totes choses, tant pour paissages cum pour viandes et pour pertes de cheviaus et pour toutes autres choses par quelque non qu'eles porroient estre nomées. Et que il soient tenu de movoir quant nos movrons, de tenir la voie que nos tenderons, monter au port où nos monterons et arriver à celui où nos arriverons ou nostre certein conmandement; et ce servise soient tenu à fere en leur propres persones ou par autre soffisant en leu daus, se par aus defalloit. Et la poie de leur covenance sera fete à v termes, c'est à savoir, la première poie par deus mois ou entour einz la muete, la seconde sour le port au monter, la tierce quant l'en sera arrivé par delà la mer dedenz le mois après l'arrivement, la quarte poie environ le demi an dou servise, et la quinte et la darreniere poie dedenz la fin de l'an dou servise. Et est à savoir que li anz dou servise conmencera puis qu'en sera arrivé par delà la mer. Et de cez covenances dessusdites et autres profitables pour nos que vos i porrois ajouster, garder et à emplir enterinement recevez le serement et seurté soffisant de ceus à qui vos fereiz covenant por nos, et nos remandez en escrit ce que vos en auroiz fet, et comment et à qui, et la forme des covenances tant de la some cum des autres choses. Ce fu donné à Loncpont le diemenche en la feste seint Jehan Baptiste en l'an Nostre Seigneur M. CC. LXVIII. » [1].

[1] Reg. A, fol. 130 verso.

Nous avons le traité passé avec un seigneur nommé Imbert de Bouzagues, qui s'engagea par écrit à servir, lui dixième chevalier, armé, monté, équipé, et muni de tout ce qui convenait à un chevalier, pendant une année entière. Si un des chevaliers venait à mourir, Imbert était tenu de le remplacer et de tenir toujours sa compagnie au complet. De son côté, le comte promettait de servir une rente perpétuelle de quatre-vingts livres tournois, à rembourser le prix des chevaux qui périraient et à fournir des moyens de transport sur mer. Chaque chevalier était assuré sur le navire d'une place pour lui, un cheval, un écuyer, un valet, et les provisions de bouche pour deux mois [1].

En général un simple chevalier touchait dix sous de gages par jour. Quelques seigneurs allèrent à la croisade à leurs frais [2].

Alfonse s'occupa d'avance de réunir une grande quantité d'armes, de projectiles et de provisions. Il écrivait, le mardi après la Pentecôte 1268, à Sicard d'Alaman : « Come Sycart vostre filz ait baillié arbalestes, et tarcais, et quarriaus, dont le millier des greigneurs carriaus costeroit

---

[1] Memoriale quod cum Imberto de Bouzagues tractatum est de passagio transmarino cum d. comite tractatum est in hunc modum : quod idem Imbertus debet servire, se decimo militum, in equis, armis, harnesiis et aliis necessariis... per unum annum integrum in partibus transmarinis. Et si contigerit aliquem de dictis militibus discedere vel decedere, ipse tenetur eque ydoneum substituere, qui servicium ipsius integre perficiat. Dictus vero comes debet sibi et heredibus suis dare et assignare LXXX libras turon. annui redditus in villa de Brusca. Debet etiam d. comes eidem providere de naulagio, sive loco in navi pro se et dictis militibus suis, et cuilibet dictum militum pro uno equo, uno scutifero et uno garcione, etc. » Reg. B., fol. 146 r° (samedi après la quinzaine de la Pentecôte 1270). — Consultez aussi un traité entre Alfonse et Guillaume de Chauvigny. J. 313, n° 90.

[2] Durandus Corbenay crucesignatus ydoneam prestat cautionem de transfretando personaliter ad sumptus suos. Reg. B., fol. 54.

vingt sols, et des meneurs dix-huit sols, si come il estoit contenu en l'escrit que cil vostre filz bailla, nos vos fesons assavoir que les devant diz quarriaus que il bailla sont trop lons et ne sunt mie bien droit enferrez; pour quoi nos vos envoions quatre quarriaus à estreu, et vos prions qu'à l'essamplaire des devant diz quatre quarriaus que nos vos envoions vos nos en faciez fere cent milliers à arbaleste à estreu, pour XVIII s. Tholosans le millier, ou pour meins au meilleur marchié que vos pourroiz;... et des gros à deux piez, dont nos vos envoions aussinc deux qui n'a point de pointe, nos faciez fere vingt milliers por vingt sos de Tholosans le millier... et bien nos plest que des arbalestes, et des cros, et des tarcais nos faciez fere de chascun quarante, pour quarante sos une arbaleste, et pour douze deniers le croc et le tarcais [1]. »

Les sénéchaux du Midi reçurent l'ordre de faire de grandes provisions de vivres : un chevalier du Temple, Jean de Cayx, et un familier du comte, Simon de Bucy, furent chargés de surveiller les préparatifs de la croisade, de rassembler des vivres, de fréter des vaisseaux [2]. Alfonse écrivait à frère Jean :

« A home religieux sun amé et sun familier frère Johen de Kais, de l'ordre de la chevalerie du Temple... Vous avez jà pourchaciées toutes les choses neccessaires à nostre passage, segon ce que il vous fu en charge fors vin et chiches, de quoi il nous faut quantité, de quoi nous vous savons bon gré. Nous plest bien que dou bescuit vous faciez fere de quatre mil sas... Toutes choses fetes porter en tele manière que elles soient à Egues-Mortes le premiere semaine de mai, car nous i proposons à estre lors, se Dieu plest. » Il l'entretient ensuite des vaisseaux qu'il

---

[1] Reg. A., fol. 44, mardi après l'octave de la Pentecôte 1268.
[2] Reg. B., fol. 169 r°, 174 r°, 178 r°, 180 v°.

avait loués à Gênes et en Catalogne[1]. Il réprimanda plusieurs fois les sénéchaux qui n'obéissaient pas assez promptement à ses ordres. Il prescrivit au connétable d'Auvergne de faire de grandes chasses dans ses forêts et de prendre une centaine de sangliers dont il ferait préparer la chair pour son expédition en Terre sainte. Il lui recommanda d'employer pour cette chasse les filets déposés au château de Riom et de les faire réparer[2].

Le rendez-vous général des Croisés fut fixé à Aigues-Mortes. Saint Louis arriva dans cette ville au milieu du mois de mai. Alfonse et Jeanne, partis de Paris au commencement de février, se rendirent à la Rochelle, à Saint-Jean d'Angely, à Saintes : ils traversèrent l'Agenais et le Quercy, et séjournèrent quelque temps à Toulouse. Il semble qu'ils aient voulu dire un dernier adieu à leurs sujets qu'ils connaissaient si peu. Ils arrivèrent à la fin de mai à Aymargues, à deux lieues d'Aigues-Mortes. Ils y firent l'un et l'autre leur testament. Celui d'Alfonse, rédigé en français, est, quoique long, insignifiant. Il institua pour héritiers ceux qui devaient l'être par la loi ou par la coutume; c'était peu compromettant. Il fit des legs à des églises, à ses serviteurs, et affranchit tous ses serfs. C'est le testament d'un simple particulier. Il savait en effet qu'il n'était que simple usufruitier, et le sort qu'avait eu

---

[1] Reg. B., fol. 184 r°. Mardi après l'Annonciation 1269 (v. style).

[2] *Ibid.*, fol. 52. « Mandamus vobis quatenus a quindena festivitatis Omnium Sanctorum proxime venture in antea in forestis nostris Alvernie venari faciatis ad apros et leas tamdiu quod capiantur quadraginta vel sexaginta vel centum ex ipsis, et apud Ruppem Dagulphi vel apud turrim nostram Ryomi capiatis nostra rethia ad dictas feras capiendas, et dicta retia faciatis si opus fuerit repparari, apros et leas captas salsari et parari prout condecet faciatis ad defferendum in partibus transmarinis. Datum die lune post Exaltationem sancte Crucis 1269. » (16 septembre 1269.)

le testament de Raymond VII était pour lui un avertissement de ne pas se montrer trop libéral [1].

Il n'en fut pas de même de Jeanne ; elle se crut propriétaire des fiefs dont elle avait hérité de son père. Elle donna des seigneuries importantes à plusieurs de ses parents, et institua pour héritière de ses domaines d'Albigeois, d'Agenais, de Rouergue et de Quercy, sa cousine Philippa, nièce du vicomte de Lomagne. Elle légua le comtat Venaissin à Charles d'Anjou. L'acte original fut, conformément aux règles du droit romain, souscrit et scellé par sept témoins, au nombre desquels figure Jean de Nanteuil, chambrier de France ; comme cet illustre personnage ne savait pas écrire, il pria un chanoine de la Roche de souscrire en son nom [2].

Je n'ai pas à raconter la triste expédition de saint Louis en Afrique ; Alfonse et Jeanne, après avoir échappé à la peste, passèrent l'hiver en Sicile. Au printemps ils gagnèrent l'Italie et s'embarquèrent à Naples pour Gênes. Frappés en Sicile par la maladie, on les débarqua à Savone, où ils moururent, Alfonse le 21 août 1270, Jeanne trois jours après.

Dès que ce double décès fut connu, le Roi fit prendre possession de tous les États d'Alfonse [3]. Le roi d'Angleterre réclama l'Agenais ; au terme du traité d'Abbeville on le lui rendit. Il demanda aussi la restitution du Quercy : son droit ayant paru douteux, on fit une enquête, à la suite

---

[1] Orig., Arch. de l'Emp., K. 33, n° 14. Ce testament est endommagé : il est inédit et ne mérite pas d'être publié.

[2] Orig., Trésor des chartes, J. 406, n° 4. Ce testament est exposé au Musée des Archives sous le n° 270. Voyez l'Inventaire, p. 147.

[3] Voy. à la fin du tome Ier des *Annales de Toulouse* de La Faille, le curieux procès-verbal de prise de possession du Languedoc, connu sous le nom de « Saisimentum comitatus Tholosæ ».

de laquelle Philippe le Bel s'engagea en 1285, ainsi que nous l'avons vu plus haut, et lui donna une indemnité [1]. Le comtat Venaissin fut abandonné au Saint-Siége. Philippa de Lomagne invoqua le bénéfice du testament de Jeanne : elle fut déboutée en 1274 par arrêt du Parlement. Charles d'Anjou prétendit que les domaines personnels d'Alfonse devaient être partagés entre ses parents. Le Parlement repoussa cette prétention en 1283 par un arrêt célèbre qui posa en principe le retour à la couronne des apanages par suite de l'extinction de la postérité masculine.

[1] Nous avons vu plus haut que saint Louis avait promis de payer, tant qu'Alfonse vivrait, au roi d'Angleterre, pour l'indemniser de la possession de l'Agenais, une rente de 3,720 livres. Henri III donna cette rente en dot à sa fille, qu'épousa Jean, fils du duc de Bretagne. En mai 1263 il rentra en possession de cette rente, ayant donné en échange à son gendre le comté de Richemond. Rymer, t. Ier, 2e partie, p. 476.

LIVRE DEUXIÈME.

ADMINISTRATION GÉNÉRALE.

PREMIERE PARTIE.

ADMINISTRATION CENTRALE.

Alfonse n'est pas entouré de grands officiers fieffés. — Chevaliers et clercs de l'hôtel. — Conseil et Parlement. — Espèce de ministère. — Gouverneurs généraux. — Conseil de régence.

Le gouvernement d'Alfonse était un gouvernement personnel; rien n'était fait ou censé fait que par ses ordres. Le comte n'était pas entouré, suivant la mode du temps, de ces officiers féodaux tels que connétables, sénéchaux, chambellans, qui, chez les grands feudataires, se partageaient l'administration de l'hôtel et des domaines, et qui, pour la plupart, étaient héréditaires. Cette hérédité constituait un danger; aussi les seigneurs qui ne pouvaient supprimer leurs grands officiers les annulèrent, et tout en leur laissant des honneurs et quelques profits, transmirent leurs pouvoirs effectifs à des agents révocables à volonté. Alfonse s'estima trop heureux de ne pas trouver de grands officiers dans son apanage, et il se garda bien d'en créer. Dans le Midi, où la hiérarchie féodale avait toujours été incomplète, les Raymond n'avaient point à leurs côtés ce luxe de serviteurs titrés et inutiles qui faisaient l'ornement des cours du Nord et dont l'Allemagne moderne fournit encore de si curieux exemples. Raymond VII se faisait suivre uniquement d'un chancelier, Pons d'Astoaud, que d'un signe il pouvait plonger dans le néant [1]. Alfonse fut d'avis qu'un chancelier était même de trop; il employa Pons d'Astoaud, qui était un jurisconsulte distingué, mais sans lui laisser porter de titre. Cependant comme ses États étaient vastes et la centralisation administrative très-tendue, il avait besoin d'hommes dévoués pour l'éclairer et lui préparer les affaires, sauf à lui à décider souverainement. Aussi entretenait-il à ses gages un certain nombre d'ecclésiastiques et de chevaliers [2] qui formaient une sorte de conseil et qu'il chargeait de missions dans les provinces. Aux grandes fêtes de l'année, à Pâques, à la Pentecôte, à la Toussaint, à Noël, il tenait cour plénière; alors ses vassaux venaient lui rendre hommage, ses baillis et ses sénéchaux apportaient les comptes de leur gestion. En même temps, les chevaliers et les clercs de l'hôtel se réunissaient en conseil : les uns contrôlaient les comptes des baillis et formaient une sorte de chambre des comptes; les autres rendaient la justice en dernier ressort; mais ce conseil n'avait qu'un pouvoir momentané. Il ne pouvait même en principe prendre de décision, la sanction d'Alfonse était nécessaire pour donner force d'arrêt à ses décisions, et

---

[1] Cartulaire de Raymond VII, n° 7, acte de l'an 1246, etc.

[2] Souvent les sénéchaux retenus par leurs fonctions envoyaient à la cour leur clerc, qui avec l'argent de la recette de la sénéchaussée y portait différents renseignements. Les consuls de Millaud ayant porté des plaintes au sujet de la monnaie, Alfonse ordonna au sénéchal de Rouergue de lui faire savoir la vérité « per clericum vestrum, ad diem lune post quindenam Penthecostis, ad parlamentum nostrum cum ad nos venerit, pro vestris compotis faciendis. » 1267. Reg. A., fol. 9. — « Memoria quod Johannes clericus senescalli Agenensis debet assistere ad instans parlamentum Candelose. » *Ibid.*, fol. 77. Il serait superflu de citer les exemples analogues, qui abondent.

cette sanction le comte quelquefois la refusait ou modifiait l'avis qu'on lui proposait. Cette institution offre donc la plus grande ressemblance avec le conseil du Roi, dont les attributions étaient alors mal définies et embrassaient toutes les branches de l'administration. Comme le Parlement de Paris, le conseil ou parlement d'Alfonse, car ces deux noms servent à désigner dans les documents officiels l'assemblée qui aidait le frère de saint Louis à gouverner ses États, était ambulatoire, avec cette différence qu'en fait, le conseil judiciaire du Roi siégeait ordinairement à Paris, tandis que celui du comte de Poitiers suivait ce prince dans ses voyages. Je traiterai en détail des fonctions judiciaires de ce conseil, dans un des chapitres que je consacrerai à l'administration de la justice.

En dehors des séances du conseil, les clercs et les chevaliers de l'hôtel étaient chargés de veiller dans les provinces à l'exécution des ordres du comte [1], de presser le recouvrement des impôts extraordinaires [2], etc. ; ils avaient pour la plupart une spécialité ; quelques-uns formaient une sorte de ministère.

Les affaires ecclésiastiques étaient de la compétence du trésorier de Saint-Hilaire de Poitiers [3] : ces fonctions paraissent avoir été en quelque sorte attachées à cette haute dignité ecclésiastique, car en vingt années je constate que trois trésoriers différents eurent successivement ce que

---

[1] Pons Astoaud et Eudes de la Montonnière furent envoyés pour surveiller l'administration en Languedoc. Reg. A. et B. passim.

[2] Reg. B., fol. 61, Ordre à Salomon, clerc, de hâter la perception du fouage, 1267, le dimanche après la Chaire de saint Pierre. — Ordre semblable à G. du Plessis. *Ibidem,* etc.

[3] Sur certaines fonctions du trésorier de Poitiers, voyez une bulle de privilèges donnée par le pape Innocent à Alfonse à l'effet de percevoir des grâces pécuniaires. Trésor des chartes, J. 190, n° 70.

j'appellerai le département des affaires ecclésiastiques [1], département qui comprenait les relations avec la cour de Rome et les rapports entre Alfonse et l'autorité ecclésiastique, rapports qui devenaient quelquefois difficiles par suite de la lutte qui existait entre l'administration séculière et la juridiction de l'Église.

La surveillance générale du Languedoc était confiée à messire Sicard d'Alaman [2], qui, ainsi que nous l'avons vu, avait été constitué, par Raymond VII mourant, gouverneur général du Languedoc jusqu'au retour de son gendre de la croisade [3]. Les services de Sicard furent agréables au nouveau comte, qui continua de l'employer, mais sans lui conférer de titres officiels. Sicard survécut au frère de saint Louis. C'était un homme d'une grande famille, et il contribua singulièrement, par ses conseils judicieux et son crédit personnel, à rattacher le Midi au gouvernement d'Alfonse. Un autre noble languedocien, Pons d'Astoaud, dont nous avons aussi parlé, était chargé de tout ce qui

---

[1] 1° Philippe, l'auteur de la lettre à Alfonse sur la prise de possession du comté de Toulouse en 1250.

2° Raoul de Gonesse, trésorier de Saint-Hilaire, fut en 1262 chargé de négocier un traité avec la ville d'Agen. Trésor des chartes, J. 307, n° 55.

3° Étienne de Saclay (de Sacleiis), Ludwig, *Reliquiæ*, t. XII, p. 5. Il fit partie en 1270 du conseil de régence. Sur Philippe, voyez Lecointre-Dupont, *Bulletin de la Société des antiquaires de l'Ouest*, année 1843, p. 407.

[2] Sicard d'Alaman transmet en 1268 les plaintes des Toulousains à Alfonse en 1268. Reg. A, fol. 131. — Lettre d'Alfonse au même relativement à une demande des habitants de Moissac. *Ibid.*, p. 135; voyez les Reg. A et B, passim.

[3] « Coram domino Sicardo Alamanni, comitatus Pictavie et Tolose senescalli generalis. » Hommage de G. d'Adhémar, février 1251. Trésor des chartes, J. 314, n° 50. Dans un acte du mois d'avril de la même année, Sicard s'intitule lui-même « Vices gerens domini A. comitis Tholosani, in comitatu Tholosano ». *Ibid.*, J. 318, n° 45. Sur les rapports continuels entre Alfonse et Sicard, voyez les registres A et B, et Bibl. imp., n° 10918.

concernait l'administration de la justice dans les provinces méridionales; il était aidé dans cette tâche par Eude de la Montonnière, chanoine. Un ecclésiastique, Jacques Dubois, était préposé à la partie fiscale de l'inquisition contre les hérétiques et veillait à ce que le montant des confiscations prononcées pour crime d'hérésie fût exactement versé dans les coffres du comte [1]. Un membre de la noble famille de Nanteuil avait la haute main sur l'administration en Poitou et en Saintonge; il maintenait les sénéchaux dans le devoir et les aidait de ses conseils. Comme Sicard d'Alaman, il entretenait avec Alfonse une correspondance suivie [2]. Voici une lettre du prince qui donnera une idée du ton qui régnait dans cette correspondance, empreinte, en général, d'une certaine familiarité bienveillante. Le sénéchal de Poitou s'étant montré négligent, Alfonse invita Jean de Nanteuil à le rappeler au devoir et à aviser aux mesures à prendre. Ayant appris que Jean avait été malade, il commence par l'entretenir de sa santé dans des termes affectueux.

« Aufonz, fuiz de roy de France, coens de Poitiers et de Thoulose, à noble, son amé et son fael Jehan de Nantueill, chevalier, seigneur de Torz, saluz et attalantemen de boenne amour.

« De ce que vous avez esté ferment dehestié, si cum vos nos avez fet assavoir par voz lestres, nos en avons pilié en nostre cuer; et de ce que vos estes tornez à guerison, nos en loons Nostre Segneur et en somes liez. De ce que

---

[1] Voyez dans le registre 10918 une instruction adressée à J. Dubois sur la recette du produit des confiscations, et plus bas le chapitre consacré à l'inquisition.

[2] Reg. A et B, passim. — Alfonse lui envoyait un double des lettres importantes qu'il adressait à ses sénéchaux. Trésor des chartes, J. 307, n° 55, fol. 6.

en la terre de Thalemont et en la viconté de Toarz eschei mout de choses quant nous les eusmes en nostre main, dont li seneschaus n'a de riens ouvré, dites audit seneschal que il en face ce qu'il devra, et vous meesmes l'en aidiez et conseilliez selonc ce que vous verrez qui sera à fere. Et des dites choses, et de ce que en sera fet, nos raportez plus pleinement la vérité et vostre conseil comment seur ce irons avant, à landemain de la quinzeine de la Touz Seinz qui vient prochiennement; au quel jour nos vous mandons, prianz que vos soiez à nos, et ne lesiez mie. Et sachiez que quant ces lestres furent fetes nos estions sein et hestié, Dieu merci; ce meesmes desiranz à oïr toujours de vous. Ce fu doné à Paris le lundi ou lendemain de la Saint-Michiel, en l'an Nostre Seigneur M.CC. LXIX [1]. »

Gille Camelin, chanoine de Saint-Quiriace de Provins, Thomas de Neuville et Guillaume le Roux, clercs, s'occupaient spécialement des finances [2]. Ces agents supérieurs recevaient un traitement fixe [3] considérable et une somme pour *leurs manteaux* : tout comme les chevaliers et les clercs de l'hôtel du Roi [4]. Alfonse récompensait leurs ser-

---

[1] Reg. B, fol 12 r°. Jean de Nanteuil, outre une pension annuelle, recevait aussi de temps à autre des marques de la munificence d'Alfonse. « Domino J. de Nantolio, pro dono, c. lib. Tur. » Compte de la Toussaint 1263. Trésor des chartes, J. 192, n° 19.

[2] Reg. A, B et C, passim. — Gilles Camelin avait spécialement la direction des forêts. Reg. C, fol. 141. Lettre d'Alfonse pour l'inviter à donner à cens des portions de forêts, à condition de les défricher, 1269. « Nobis foret gratum ut circa traditionem forestarum nostrarum ad censum congruum in pecunia nobis danda pro ostagio in majori quam poteritis quantitate. » — Confirmation d'une vente de biens domaniaux faite par G. Camelin et Thomas de Neuville à B. de Saint-Geniès, de biens situés dans la paroisse de Sainte-Eulalie. Reg. C, etc.

[3] Voyez un état de gages intitulé *Gagia solvenda per diem*, J. 318, n° 105 et 106.

[4] Ludwig, *Reliquiæ*, t. XII, p. 5. La liste des chevaliers de l'hôtel est nombreuse : Hugues d'Arsis, M. de Villebéon, Ph. d'Eau-Bonne, Boquet

vices par des pensions[1] et même des concessions de domaines à titre viager[2]. Ils passèrent tous après sa mort au service du Roi ; plusieurs d'entre eux remplirent même les fonctions les plus éminentes.

A la veille de partir pour la croisade de 1270, Alfonse prit des mesures pour assurer la bonne administration de ses États ; il institua une régence, fait qui a été ignoré jusqu'à nos jours. Cette régence se composait de plusieurs personnes : c'étaient maître Guillaume de Vaugrigneuse, archidiacre de l'Église de Paris ; Raoul de Mirebeau, doyen de Poitiers ; Pierre Viguier, archidiacre de Saintes ; Gilles de Bonneval, grangier de Saint-Martin de Tours[3] ; Alain de Meulan, archidiacre d'Évreux ; Étienne de Saclay, trésorier de Saint-Hilaire de Poitiers, et Robert Ruette, chevalier. L'élément ecclésiastique dominait dans ce conseil, car il n'y figure qu'un seul chevalier ; remarquons qu'il n'y a pas un seul moine. Cela tient à ce que les importantes fonctions dont les régents étaient revêtus s'accordaient mal avec la dépendance monastique.

On n'y trouve non plus aucun des principaux agents d'Alfonse, sauf le trésorier de Poitiers : il devait en être ainsi, car les régents avaient pour mission de surveiller les officiers du comte[4].

de Santeul, G. le Thyais, Hervé et G. de Chevreuse, Robert Ruette, J. de Nanteuil, P. de Clairambaud, etc., en tout vingt-quatre chevaliers et douze clercs.

[1] Août 1249, donation de vingt livres de rente à Adam le panetier sur la prévôté de Poitiers. J. 190, n° 92.

[2] Donation d'Alfonse à Jacques Dubois d'une métairie « bovariam de Podio cum jardinis, et de Bosqueto cum terris et vineis », 1269. Reg. A. — Août 1269. Donation à Robert Ruette, son féal chevalier, en récompense de ses bons services, d'une rente perpétuelle de trente livres poitevines sur la prévôté de Niort. Beau diplôme scellé. J. 192, n° 52.

[3] « Granicarius Sancti Martini Turonensis. »

[4] Statuta super reformatione terre comitatus Tolosani per tenentes locum

DEUXIÈME PARTIE.

ADMINISTRATION LOCALE.

CHAPITRE PREMIER.

BAILLIS ET SÉNÉCHAUX.

Origine des grands baillis et des sénéchaux. — Administration anglaise en Poitou. — Sénéchaux héréditaires de Poitou. — Baillies. — Prévôtés. — Connétables d'Auvergne. — Sénéchaux dans le Midi. — Établissement des sénéchaussées méridionales. — Attributions administratives des sénéchaux. — Ordonnance de saint Louis pour la réformation du royaume. — Règlement d'Alfonse sur l'administration de ses États. — Étude comparée de ces documents. — Ce sont de véritables chartes des libertés publiques. — Règlement fait en 1270 par le conseil de régence.

Au douzième siècle, l'administration des domaines du Roi et des grands feudataires était confiée aux sénéchaux, officiers dont les fonctions d'abord purement domestiques avaient pris avec le temps une grande importance [1]. Ils

---

domini comitis Pictavensis et Tolose, anno Domini millesimo ducentesimo septuagesimo, die sabbati post festum Beati Andrehe apostoli..... Nos vero magister Guillelmus de Valle-Grignosa, ecclesie Parisiensis archidiaconus, Radulphus de Mirabello, decanus Pictavensis, et Petrus Viguerii, archidiaconus Xantonensis, Egidius de Bona Valle, granicarius ecclesie Beati Martini Turonensis, Alanus de Mellento, archidiaconus Ebroycensis, Stephanus de Sarcleiis, thesaurarius ecclesie Beati Ylarii Pictavensis, et Robertus dictus Rueta, miles, gerentes vices illustris domini comitis Pictavensis et Tolose in suis negociis peragendis et per ipsum specialiter deputati, ordinationem presentem et universos et singulos articulos in eadem contentos, in pleno parlamento Omnium Sanctorum approbamus. » Règlement inédit découvert en 1860 par M. Jouglar, notaire à Bouillac, et publié par M. Bressolles, *Recueil de l'Académie de législation de Toulouse*, t. IX, p. 317 et suiv.

[1] Voyez Gibert, *Mémoire sur les grands baillis* dans les *Mémoires de l'Académie des inscriptions*, t. XXX.

choisissaient les agents inférieurs, affermaient les prévôtés, surveillaient la perception des revenus et exerçaient une juridiction. Les émoluments de leur charge étaient considérables. Ils mirent le comble à leur pouvoir en rendant leur office héréditaire, et se rendirent redoutables à leurs seigneurs [1]. La sénéchaussée de France pouvait devenir un danger pour la royauté capétienne, en ressuscitant la puissance des anciens maires du palais. Philippe Auguste comprit le péril qu'il y aurait à laisser le gouvernement de ses domaines à des officiers héréditaires et puissants ; il supprima la charge de sénéchal, et confia l'administration de chaque province à des agents révocables nommés baillis.

Telle fut l'origine des grands baillis, qui aidèrent puissamment la royauté à abattre la féodalité.

Que ce soit Philippe Auguste qui ait institué le premier les baillis dans le domaine royal, cela ne paraît pas douteux ; mais on a récemment prétendu qu'il avait imité en cela plusieurs grands feudataires [2]. C'est une question d'origine qu'il n'est pas sans intérêt de résoudre. D'abord on rapporte l'établissement des grands baillis au testament de Philippe Auguste, en 1190 [3], mais le Catalogue des actes de ce roi, recueillis par M. L. Delisle, fait mention de baillis dès l'année 1187 [4]. Toutefois il faut bien se garder de se laisser tromper par les mots.

---

[1] Jeanne des Roches porta la sénéchaussée d'Anjou dans la maison de Craon. Trésor des chartes, J. 179, n° 4. — Voyez aussi un acte par lequel la comtesse Blanche reconnaît que la sénéchaussée de Champagne était héréditaire dans la maison de Joinville en 1218. Orig. Suppl. au Trésor des chartes, J. 1035, n° 11.

[2] A. Lefevre, *Les baillis de Brie*, p. 1.

[3] *Ordonnances*, t. I, p. 18.

[4] « Philippe Auguste ordonne à ses prévôts et à ses baillis de garder comme ses propres biens les biens des moines de l'ordre de Cîteaux ; » 1187, octobre. *Catalogue des actes de Philippe Auguste*, t. I, p. 49, n° 202, d'après le Cartulaire de Savigny.

Suivant Du Cange, les seigneurs se firent remplacer dès le onzième siècle dans l'administration de leurs domaines par des officiers appelés *bajuli* ou *baillivi, quasi justitiæ custodes* [1]. Brussel et les continuateurs de Du Cange se sont élevés contre cette assertion, et ont prétendu que les baillis ne paraissent pas avant le milieu du douzième siècle [2]. Si par baillis on entend des agents ayant une juridiction supérieure et chargés de surveiller les prévôts, Brussel a raison; mais si on se borne à dire que les grands feudataires ont de bonne heure investi de fonctions administratives des officiers nommés baillis, Du Cange est dans le vrai. La forme la plus ancienne du mot *baillivus* est *bajulus*. Les textes rapportés par Du Cange, au mot *bajulus*, ne s'appliquent pour les deux premières races qu'à des officiers ecclésiastiques. On trouve la mention d'un bailli laïque en Anjou dès la fin du onzième siècle. Au douzième siècle, les baillis se présentent fréquemment en Normandie. Le titre de bailli passa de là en Angleterre : Spelmann est là pour l'attester [3]. A la même époque il pénétra en Flandre, en Picardie et en Champagne.

Mais dans tous les textes antérieurs au testament de Philippe Auguste, le mot bailli n'a pas la signification que nous sommes habitués à lui donner. Il ne désigne pas un agent supérieur, mais un agent quelconque, sans exprimer son rang ni la nature de ses fonctions.

Ainsi que l'a judicieusement fait remarquer Brussel, les noms des vicomtes, des sergents et des baillis sont inscrits sans ordre dans les chartes normandes de la seconde moitié du douzième siècle : souvent les baillis sont nommés

---

[1] Voy. au mot Baillivus.
[2] Brussel, *Nouvel usage des fiefs*, t. I, p. 505.
[3] *Glossarium*, v° Baillivus. — Conf. Brussel, t. I, p. 495.

après les sergents[1]; évidemment le mot bailli est employé comme synonyme d'officier. Souvent l'énumération des agents auxquels un diplôme était adressé se termine par cette formule : *ceterisque baillivis nostris*. Un précieux passage du cartulaire de l'abbaye de Saint-Bertin explique la fréquente apparition à la fin du douzième siècle du mot bailli : c'était, dit le rédacteur contemporain du cartulaire, un mot nouveau pour désigner les agents qu'on appelait autrefois *ministeriales*[2]. On donnait le nom de *ministerialis*, non pas à une classe spéciale, mais à la généralité, à l'ensemble des fonctionnaires, à ceux de l'ordre le plus élevé comme à ceux qui étaient placés aux degrés inférieurs de la hiérarchie administrative. Au quatorzième siècle encore, dans le Dauphiné, *bajulus* et *ministerialis* étaient synonymes[3].

Mais si les grands baillis n'existaient pas dans les États des grands feudataires avant Philippe Auguste sous le nom de baillis, on peut affirmer qu'il y avait dans les possessions anglaises du continent de véritables baillis sous le nom de sénéchaux. Comme les baillis, ces sénéchaux étaient révocables : ils affermaient les domaines, faisaient rentrer les revenus, etc. Il y avait pourtant une différence, c'est que les baillis recevaient un traitement fixe, des gages, tandis que les sénéchaux prélevaient une part des revenus dont la perception leur était confiée.

---

[1] *Nouvel usage des fiefs*, t. I, p. 504.

[2] « Hinc sequitur auctorisatio legis quondam facte de ministerialibus, qui moderno tempore ballivi appellantur, predii et ville Sancti Bertini, per Philippum Alsacie, Flandrarum comitem. » *Cartulaire de Saint-Bertin*, édition Guérard, p. 366.

[3] Voyez les remarquables dissertations du président de Valbonnays sur l'*Histoire de Dauphiné*, p. 107, 108 et 109. — « Mystralia sive ballia », dit un texte du treizième siècle. (*Ibidem*, p. 140.) Les baylies s'appelaient mistralies, surtout dans le Diois et le Valentinois (p. 112).

Cette discussion sur les origines des baillis royaux est indispensable pour bien faire connaître quelle part revient au comte Alfonse dans les institutions administratives que nous verrons en vigueur sous son règne ; il est important de déterminer exactement l'état dans lequel il trouva la science gouvernementale pour montrer quels progrès il introduisit. D'ailleurs, la matière est obscure : on est généralement disposé à faire honneur à saint Louis et à Philippe le Bel de la puissante organisation que reçut la France royale. Il faut remonter plus haut : on trouve le germe de presque toutes nos institutions sous Philippe Auguste, germe que ses successeurs ne firent que développer d'une manière plus ou moins heureuse. Cette remarque est surtout vraie pour les baillis. Ces officiers jouèrent sans doute, à partir du règne de saint Louis, un plus grand rôle qu'auparavant. Ils eurent principalement mission d'attaquer et de ruiner la noblesse, mais ils remplirent dès leur origine les mêmes fonctions administratives que celles que nous leur voyons au milieu du treizième siècle. Je n'en veux d'autre preuve que ce Pierre de Thillay, dont M. Delisle a récemment fait la biographie et qui fut un des plus utiles agents de Philippe Auguste [1].

Voici quelles étaient les attributions d'un bailli dans les premières années du treizième siècle. Chaque année il se rendait à l'Échiquier ; il faisait des enquêtes sur des points litigieux ; il veillait à l'exécution des arrêts de la cour et des ordres du Roi ; il protégeait les églises ; il administrait les domaines royaux ; il rendait les comptes des recettes et des dépenses de son bailliage ; il faisait rédiger un état des fiefs relevant du Roi dans la circonscription

---

[1] Fragments de l'histoire de Gonesse, par M. L. Delisle, *Bibl. de l'École des chartes*, IVe série, t. V, p. 116, 117, 118. Il est inutile d'ajouter que ce travail est entièrement fait à l'aide de documents inédits.

soumise à son autorité; il prenait le commandement des nobles et des roturiers qui devaient le service militaire. Les baillis de saint Louis et de Philippe Auguste n'avaient pas d'autres fonctions. C'est donc à Philippe Auguste qu'appartient la gloire d'avoir institué les baillis.

L'apanage d'Alfonse ayant fait partie du domaine royal jusqu'à sa majorité, les provinces qui composaient cet apanage avaient vécu pendant un temps assez long de la vie propre au domaine royal. Le comté de Toulouse avait d'autres traditions : l'administration y était fortement empreinte du génie méridional. Je vais montrer comment Alfonse s'y prit pour concilier ces différentes influences et pour établir une sorte d'unité administrative, sans porter atteinte aux anciens usages.

Commençons par les domaines de l'apanage. Pendant la régence, le Poitou était, ainsi qu'en fait foi un compte royal de 1238, administré par Hardouin de Maillé [1]. Le titre de ce personnage n'est pas indiqué dans le compte; mais dans un registre qui renferme des enquêtes faites en 1248 contre les officiers du Roi en Touraine, en Anjou et en Poitou, il est plusieurs fois qualifié sénéchal [2].

En étudiant l'organisation administrative des provinces anglaises de France avant la conquête de Philippe Auguste, on trouve que chaque province était sous les ordres d'un sénéchal. C'est ainsi que dès le milieu du douzième siècle le Poitou était gouverné par un sénéchal révocable. En 1168, Raoul de Faye, qui remplissait ces importantes fonctions, commit tant d'exactions que le roi Henri II le destitua et l'envoya en exil. Ces sénéchaux étaient chan-

---

[1] *Historiens de France*, t. XXI, p. 259. « Ardoinus de Malli » rend compte des dépenses d'une baillie non dénommée.

[2] Reg. des enquêteurs de saint Louis en Poitou, en Anjou et en Touraine. Arch. de l'Emp., JJ. 507, fol. 7 et 9, etc.

gés fréquemment[1] : les lettres qui les invest ssaient de leurs fonctions spécifiaient que ces fonctions ne dureraient qu'autant qu'il plairait au Roi[2] ; formule usitée sous saint Louis et sous Philippe le Bel dans les lettres de commission des baillis[3], formule que l'on retrouve dans les actes émanés de la chancellerie du comte Alfonse.

Après la conquête, Philippe Auguste investit en 1204 Aimeri, vicomte de Thouars, de la charge de sénéchal de Poitou[4] ; un acte de la même année fait connaître quels étaient les droits du sénéchal. Il percevait sur le revenu des prévôtés cinquante sous par marc. Il n'avait aucun droit sur le produit des domaines qui n'étaient pas compris dans les prévôtés ni sur celui des bois. Il était tenu de lever sans indemnité les tailles extraordinaires sur les juifs et sur les chrétiens. Il avait le tiers des amendes et des

---

[1] Voici la liste des sénéchaux anglais de Poitou que j'ai pu relever : Av. 1169, Radulpho de Faya, senescallo Pictavensi. Marchegay, Chartes de Fontevrault concernant l'Aunis et la Rochelle, *Bibl. de l'École des chartes*, IVe série, t. IV, p. 131. — 1199, Petro Bertino, senescallo Pictavensi. Charte de la reine Éléonore, *ibidem*, p. 135. — 1199, Gaufrido de Cella, senescallo Pictavensi, *ibidem*, p. 338. — Sans date : Roberto de Torneham, senescallo Pictavensi. Vers 1180, *ibidem*, p. 339. — Roberto de Montemirallo, senescallo Pictavensi ; sans date, vers 1185, *ibidem*, p. 330. — 1207, Savarico de Malo-Leone, senescallo Pictavensi, *Rotulus litterarum patentium*, p. 58. — 1214, Hubertus de Burgo, *Rotulus litterarum clausarum*, p. 179. — 1215, Reginaldus de Pontibus, *Rotulus litterarum patentium*, p. 158 et 241, etc.

[2] « Rex, comitibus, baronibus, militibus, liberis hominibus et omnibus de Pictavia, salutem. Sciatis nos commisisse dilecto et fideli nostro Gaufrido de Nevilla senescalciam nostram Pictavensem *quamdiu nobis placuerit*, et ideo vobis mandamus quod ei tanquam senescallo Pictavensi in omnibus intendentes, etc. » *Littere patentes*, p. 145.

[3] Voyez Lettres de nomination de baillis sous Philippe le Bel. Reg. XLII du Trésor des chartes, n° 15.

[4] Martène, *Thesaurus novus anecdotorum*, t. I, p. 1043. Cet acte fut passé entre le 1er novembre 1203 et le 24 avril 1204. Conf. Delisle, *Catalogue des actes de Philippe Auguste*, p. 180, n° 794.

services; il ne pouvait réclamer la garde des châteaux et des forteresses.

On voit que les droits du sénéchal étaient étendus; Philippe Auguste avait évidemment attribué au vicomte de Thouars les mêmes droits qui appartenaient au sénéchal anglais de Poitou : ce qui met ce fait hors de doute, c'est qu'il donna la sénéchaussée d'Anjou aux mêmes conditions à Guillaume des Roches[1]. Pour s'attacher le vicomte de Thouars, il rendit la sénéchaussée héréditaire dans sa famille; mais, en 1208, ce vicomte ayant embrassé le parti anglais, le Roi le dépouilla de la sénéchaussée et ne commit plus la faute de la concéder à titre héréditaire : il confia l'administration du Poitou à un agent révocable. Pendant la minorité d'Alfonse, le sénéchal de Poitou était, ainsi qu'on l'a vu, Hardouin de Maillé. Ce personnage fut, lors de l'avénement d'Alfonse, remplacé par Guillaume le Panetier et reçut à titre de dédommagement les importantes fonctions de châtelain de Niort[2]. Quant au vicomte de Thouars, alors existant, il revendiqua la sénéchaussée de Poitou que Philippe Auguste avait donnée à son père, mais ce fut en vain. Alfonse rejeta sa requête[3]. Le pays placé sous les ordres du sénéchal de Poitou s'appelait sénéchaussée ou baillie, *baillivia*. Alfonse le trouva divisé en plusieurs baillies; cette division subsista jusqu'en 1245. Ces baillies se subdivisaient en prévôtés.

Il y avait la baillie de Poitiers, renfermant les prévôtés

[1] *Ordonnances des rois de France*, t. XI, p. 288. — Orig. Trésor des chartes, Dreux, n° 218.

[2] Voici la preuve que Hardouin de Maillé devint châtelain de Niort, « summa denariorum quos castellanus Niorti dominus Harduinus de Malli tradiderat. Arch. de l'Emp., KK, 376, fol. 30.

[3] Voyez la minute originale de cette requête, Trésor des chartes, J. 190, n° 76.

de Poitiers, de Montreuil, de Montmorillon et de Saint-Savin [1];

La baillie de Niort, où se trouvaient les prévôtés de Niort, de Frontenay, de Colon et de Prahec [2];

La baillie ou terre d'Aunis, ayant pour subdivision les prévôtés de Bénon, de Tonnay et de la Rochelle [3];

La baillie de Saintes [4].

Dans quelques textes, baillie est synonyme de prévôté. On rencontre aussi de petites baillies inféodées [5].

En résumé, Alfonse trouva le Poitou formant une sénéchaussée, divisée en baillies, qui elles-mêmes étaient divisées en prévôtés. Il simplifia cette organisation. Les confiscations qui furent la suite de la rébellion du comte de la Marche ayant considérablement agrandi ses domaines, il divisa ses possessions de l'ouest en deux grandes sénéchaussées : celle de Poitou et celle de Saintonge [6]; il sup-

---

[1] « Compotus Johannis de Galardon de baillivia Pictavensi; — de ultimo tercio prepositure Pictavensi; — idem pro primo tercio terrarum forefactarum, de Monasteriolo, de Monte Maurilii, etc. » Arch. de l'Emp., KK. 376, fol. 30 v°.

[2] Baillivia Nyorti, de preposituris Nyorti pro primo tercio. Item de Frontenaio, de Colons, de Prahec. *Ibid.*, fol. 12.

[3] La terre d'Aunis était sous le gouvernement de G. Roaud. Compotus W. Roaudi de terra Alnisii. *Ibid.*, fol. 33.

[4] Terra vel baillivia Xanctonensis, *ibid.*, p. 35.

[5] « Paganus Larcher, tunc temporis Oleroni, super sacrosancta Evangelia juraverat quod ipse quando illius fuerit insule ballivus, predictum redditum persolvet. » Charte de Savari de Mauléon, 1223. *Bibl. de l'École des chartes*, IVe série, t. IV, p. 341. Or cette rente avait été assignée « de redditibus prepositure nostre Oleronis, ita quod quicumque prepositus Oleronis predictus decem libras, singulis annis reddet. » *Ibid.*, p. 338.

[6] Arch. de l'Emp., J. 307, n° 61, fol. 10 v°. C'est au terme de la Chandeleur que la baillie de Saintonge paraît pour la première fois, et le revenu de la baillie de Poitiers est diminué d'autant. Quant à la date de la prise de possession de Jean de Sours, elle est indiquée par la note suivante : « Anno 1255, circa quindenam Sancti Johannis, ivit d. Johannes de Sours in senescalcia Xanctonensi ». *Ibid.*, fol. 92 r°.

prima les baillies. Il n'y eut donc plus que deux sénéchaussées et des prévôtés. La châtellenie fut une subdivision purement militaire ; d'ailleurs elle n'embrassait pas le territoire entier. La création de la sénéchaussée de Saintonge remonte au mois de juillet 1255.

A la tête des prévôtés étaient des prévôts qui affermaient les produits du domaine et exerçaient la justice, faisaient la police et tous les autres actes d'administration. Je décrirai plus au long leurs fonctions quand je parlerai des bayles du Midi qui n'étaient autres que des prévôts, sous un nom différent.

En Auvergne, le magistrat supérieur s'appelait connétable ; il avait les mêmes attributions que les baillis et les sénéchaux des autres provinces [1]. Il peut paraître singulier de voir un titre militaire donné au gouverneur d'une province : voici comment ce fait s'explique. Après s'être emparé d'une partie de l'Auvergne, Philippe Auguste en avait confié la garde et la jouissance au sire de Bourbon : il ne s'agissait pas d'administrer mais bien de conserver une conquête. On ne le pouvait que par la force, aussi le sire de Bourbon fut-il surtout un chef militaire, bien qu'il réunît tous les pouvoirs. En 1230, la reine Blanche ôta au sire de Bourbon le gouvernement de l'Auvergne pour le confier à un agent qui fut appelé tantôt bailli, tantôt connétable [2].

L'Auvergne n'était qualifiée ni bailliage ni sénéchaussée, mais simplement *Terre d'Auvergne;* elle était divisée en baylies (*bajuliæ*), nom que l'on donnait, ainsi que nous l'avons dit, aux prévôtés dans le Midi. La haute Auvergne,

---

[1] Voyez dans les reg. A et B les lettres adressées à cet officier, et dans le registre I, 190, n° 61, les enquêtes contre la conduite du connétable d'Auvergne en 1263.

[2] Le titre de connétable finit par prévaloir.

éloignée du centre de l'administration, qui était à Riom, forma un petit bailliage connu sous le nom de Bailliage des Montagnes d'Auvergne et fut administrée par un bailli ou gardien [1].

Passons maintenant au Languedoc :

Alfonse respecta l'ordre qu'il trouva établi dans cette province, et il fit bien, car l'organisation des provinces que lui laissa Raymond VII était identique à celle des domaines de la couronne, sauf quelques changements de noms. Les baillis du Midi s'appelaient sénéchaux : ils n'étaient pas héréditaires. Le plus ancien sénéchal des comtes de Toulouse connu figure dans un acte de l'année 1210. Le savant historien du Languedoc, Dom Vaissete, a cru que c'était le premier [2]. C'est là une simple conjecture. En effet, parce que les sénéchaux toulousains ne sont pas mentionnés dans les documents diplomatiques du douzième siècle qui nous sont parvenus, on ne doit pas révoquer en doute et nier leur existence. La plupart des grands officiers de la couronne, qui étaient des personnages importants, ne nous sont connus à cette même époque que par les souscriptions des chartes rédigées en leur présence où leurs titres sont indiqués. Or, au douzième siècle, la qualité des témoins est très-rarement jointe à leur nom dans les actes rédigés dans le Midi, et cet usage nous a privés de renseignements précieux [3].

---

[1] Ballivus Montanarum Arvernie, 1269. Reg. A, fol. 49. — Custos Montanarum. Trésor des chartes, J. 272, et Compte d'Éverard de Milleschamps, connétable d'Auvergne, 1266. Bibl. imp., n° 9019.

[2] Vaissete, t. VI, p. 348. — M. Du Mége, *Institutions municipales de Toulouse*, t. III, p. 21, cite un sénéchal de Toulouse en 1200, Jean de Copiac. Ce n'était qu'un bayle. Voyez Catel, *Comtes de Tholose*, p. 33.

[3] Voyez les preuves de l'*Histoire de Languedoc*, t. III à VI; les layettes de Toulouse au Trésor des chartes; les preuves du premier volume de l'*Histoire de Nismes*, de Ménard, etc., Tardif, *Cartons des rois*, etc.

L'analogie porte à croire que les comtes de Toulouse eurent aussi des sénéchaux avant 1210[1]. Ils avaient sous les yeux l'exemple des rois d'Angleterre leurs voisins; on trouve même des sénéchaux en Languedoc au douzième siècle. En 1166, le vicomte de Béziers, Raymond Trencavel, confia par son testament, à un seigneur nommé Pierre de Brens, avec le titre de sénéchal, l'administration de l'Albigeois, et lui donna le pouvoir de nommer les agents qu'il voudrait[2].

Ce qui est certain, c'est que dès les premières années du treizième siècle, les domaines des comtes de Toulouse étaient gouvernés par des agents supérieurs nommés sénéchaux. Dom Vaissete a cru qu'ils s'appelèrent baillis. « Il paraît, dit l'illustre bénédictin, que les comtes de Toulouse eurent en un certain temps des baillifs généraux dans le Toulousain et dans les autres païs qui leur étoient soumis, avant qu'ils y eussent establi des séneschaux; aussi trouvons-nous au commencement du treizième siècle Jourdain de Copiac et Étienne de Fenouillet qualifiez baillifs de Raymond VI, comte de Toulouse. » Dans un acte de l'an 1203, plusieurs personnages sont qualifiés baillis et viguiers, et comme l'un d'eux, Raymond de Recalto, figure avec le titre de sénéchal dans un acte de l'an 1210, Dom Vaissete en a conclu qu'en 1203 il exerçait, sous le titre de bayle, les mêmes fonctions qu'il exerça plus tard sous celui de sénéchal. Je ne saurais admettre cette conclusion. En vain le savant bénédictin suppose que Raymond de Recalto était bailli général, il n'apporte aucune preuve à l'appui de cette assertion, qu'aucun texte ne saurait confirmer.

---

[1] Voyez Vaissete, t. VI, p. 346 et suiv., note 18, sur les grands officiers de la maison des comtes de Toulouse.

[2] Vaissete, t. IV, Preuves, ann. 1166.

La souscription sur laquelle s'appuie Dom Vaissete fait partie d'un acte publié par Catel[1], et cité inexactement. Voici le texte authentique et complet de cette souscription : « In præsentia Raimondi Tolosani episcopi, et Willelmi de Canletio, abbatis ecclesiæ Sancti Saturnini, et Raimondi de Recalto, et Arnaldi Calutiæ, et Petri Rogerii, qui tunc erant bajuli et vicarii domini comitis. » Il est évident ici que parmi les témoins de cette charte les uns étaient bayles et les autres viguiers. Aussi est-ce bien à tort que Catel a cru que bayle était synonyme de viguier.

A partir du milieu du treizième siècle, les sénéchaux furent quelquefois appelés baillis et les sénéchaussées bailliages, et quelquefois grands bailliages pour les distinguer des baylies ou prévôtés[2].

Les comtes de Toulouse ne confièrent pas à un sénéchal unique le gouvernement de tous leurs domaines; ils en préposèrent un dans le principe à chacune des provinces qui leur étaient soumises. Raymond VII institua une sénéchaussée par diocèse : celle de Toulouse paraît dès 1210[3]; la même année on trouve un sénéchal en Agenais[4]; un en Albigeois en 1231[5]; un en Rouergue dès 1226[6]; un en Querci dès 1229[7]. La sénéchaussée de Venaissin compre-

---

[1] Catel, *Comtes de Tholose*, p. 33.

[2] Ordonnance de 1254, *Ordonnances des rois de France*, t. I, p. 72. Voyez les comptes des recettes d'Alfonse où les sénéchaussées sont appelées *baillivie*. Trésor des chartes, J. 317, n° 61.

[3] Vaissete, t. VII, p. 348.

[4] *Ibidem*. Dans un acte sans date, mais antérieur à 1218, on voit Itier de Villaboc et Guiraud Cabrol faire hommage à Simon de Montfort, en présence de Philippe, sénéchal d'Agenais. Registrum Curie, fol. 6, n° 8.

[5] « Guillelmus, senescallus Albiensis. Arch. de l'Emp., J. 309, n° 10. Dom Vaissete ne cite de sénéchal d'Albigeois qu'à partir de 1236 (t. VI, p. 348.)

[6] Gaujal, *Histoire du Rouergue*, t. I, p. 134.

[7] Annuaire du département du Lot, année 1830.

naît des fractions des six diocèses de Cavaillon, Avignon, Apt, Carpentras, Vaison et Orange [1]. Dès le douzième siècle, cette province avait une administration séparée et un grand juge ou chancelier [2].

Alfonse trouva donc les États de Raymond VII divisés en six sénéchaussées : Toulouse, Agenais, Querci, Rouergue, Albigeois et Venaissin. Il respecta en principe ces divisions, mais il réunit plusieurs sénéchaussées sous l'autorité d'un sénéchal. Dès 1251, l'Albigeois fut uni à la sénéchaussée de Toulouse [3] ; il fut quelques années après soumis au sénéchal de Rouergue [4] ; il fut de nouveau réuni à la sénéchaussée de Toulouse en 1256, et ce dernier état de choses a duré jusqu'à la révolution [5].

Le Rouergue resta dès lors seul [6] ; le Querci et l'Agenais furent réunis [7]. Le comtat Venaissin fut toujours régi séparément ; ainsi le voulait sa position géographique isolée des autres domaines du comte de Toulouse.

On ignore comment le bas Languedoc était administré avant la conquête de Simon de Montfort : tout porte à croire qu'il était dès lors divisé en deux grandes sénéchaussées ayant leur siége l'une à Nîmes, l'autre à Carcassonne [8].

---

[1] Voy. le Polyptique du Venaissin. Arch. de l'Emp., reg. XI du Trésor des chartes, et J. 319, n° 3.

[2] « Bertrandus Radulphus, judex et cancellarius ». 1204, Arch. de l'Emp., M. 573.

[3] Arch. de l'Emp., J. 1032. Fermage de la baylie d'Albigeois.

[4] Ballivia Ruthenensis et Albiensis. Arch. de l'Emp., J. 317, n° 61.

[5] Trésor des chartes, J. 307, n° 55, fol. 3 r°.

[6] Compte de Philippe de Boissy, sénéchal de Rouergue. Bibl. imp., suppl. lat., n° 9019, fol. 27. La réunion eut lieu entre la Toussaint 1254 et la Chandeleur suivante. J. 317, n° 61.

[7] Vaissete dit dès 1262 : erreur. Voyez les comptes généraux des bailliages à partir de 1250. Trésor des chartes, J. 317, n° 61.

[8] Le 2 septembre 1218, dans un acte, paraît un sénéchal de Béziers pour Simon de Montfort. Teulet, *Layettes du Trésor des chartes*, t. I, p. 460.

On en attribue la création à Simon de Montfort, mais sans aucune preuve. Il est au contraire probable que Simon trouva ces divisions établies et qu'il les respecta; car malgré sa violence il n'avait pas l'intention de tout changer dans le Midi : il voulait simplement se substituer à la maison de Saint-Gilles. Cette opinion, qui m'est personnelle, est assez nouvelle pour avoir besoin d'être appuyée par quelques faits; en voici un qui n'est pas connu. Dès que Simon eut été investi par le pape du comté de Toulouse, il se fit faire un sceau pareil à celui des anciens comtes, sceau traditionnel où les comtes de la dynastie de Saint-Gilles étaient représentés en costume civil, assis sur un trône, tenant une épée couchée sur les genoux [1]. Simon acceptait donc les anciennes traditions. Si on m'oppose l'inféodation d'une partie du Languedoc à des nobles venus du Nord, à la condition expresse de suivre la coutume de Paris, je répondrai que ces inféodations, peu nombreuses, se produisirent au début de la croisade, et furent faites aux dépens de feudataires du comte de Toulouse et non avec ses domaines directs.

Dès que Simon de Montfort vit la possibilité de devenir lui-même comte de Toulouse, il modifia sa conduite, et chercha par tous les moyens possibles à se concilier les

---

Nous avons vu un sénéchal de Béziers au douzième siècle : il est hors de doute que les domaines des vicomtes de Béziers et de Carcassonne avaient un sénéchal, ainsi que l'ancien domaine des vicomtes de Nîmes. — Pendant le peu de temps qu'il occupa Toulouse, Simon eut un sénéchal de Toulouse, Bernard « de Chameniaco ». Voy. *Mémoires de l'Académie des sciences de Toulouse*, 4ᵉ série, t. VII, p. 355 et suiv.

[1] Un fragment de ce sceau de Simon de Montfort, fragment unique et qui n'a pas encore été signalé, est appendu à un acte de l'année 1216. Arch. de l'Emp., suppl. du Trésor des chartes, J. 890. — A gauche de la tête est une croix qui ne figure pas sur les sceaux des Raymond, et qui était l'emblème de la croisade. — Amaury se fit faire un sceau analogue.

Languedociens. Il confirma les priviléges des villes, en accorda de nouveaux ; il se conforma aux usages administratifs qu'il trouva en vigueur ; et cela est si vrai que la partie du Languedoc qu'il gouverna quelque temps, que son fils Amaury céda au roi Louis VIII en 1225 et dont Raymond VII abandonna définitivement la possession à la couronne en 1229 par le traité de Paris, offrait encore au milieu du treizième siècle la même administration que les provinces qui avaient été laissées à Raymond VII. Preuve qu'on n'avait rien fait pour y introduire les coutumes du Nord [1] !

Comme les baillis, les sénéchaux avaient des attributions nombreuses ; ils réunissaient entre leurs mains les différentes branches de l'administration. Baillis et sénéchaux étaient choisis sans exception, à l'époque qui nous occupe, dans les rangs de la noblesse. Avant d'entrer en fonctions, ils prêtaient serment de se conduire fidèlement et loyalement, de rendre une exacte justice à chacun, sans acception de personnes, selon leur conscience et leur pouvoir ; de ne recevoir aucun don de leurs administrés, ni eux, ni leurs femmes, ni les gens de leur maison [2], sauf des présents en comestibles et en boissons qu'on pourrait consommer rapidement.

---

[1] Sur l'administration des sénéchaussées royales au treizième siècle, outre D. Vaissete, on peut consulter les preuves de l'*Histoire de Nîmes*, de Mesnard, et surtout le Cartulaire de saint Louis pour la sénéchaussée de Carcassonne.

[2] Vaissete, t. VI, p. 502. « Jurabunt senescalli et bajuli d. comitis quod erunt ei fideles, ac in officio sibi commisso, nulla acceptione habita personarum, fideliter se habebunt. Item quod nullum donum recipient à quocumque sibi subjecto, seu aliqua occasione sui officii, nisi esculentum vel poculentum quod infra dies proximos prodigatur et que jus permittit, exceptis stipendiis a domino comite designatis, per se uxores suos aut familiam. Et si ipsos invenerint accepisse, pro possibilitate sua, bona fide restitui procurabunt. Item jurabunt omnia que in constitutione que sequitur continentur. »

Dans le Toulousain, ils juraient d'observer un règlement où étaient inscrites les principales libertés de la province.

Les sénéchaux ne restaient pas longtemps à la tête de la même circonscription : on craignait qu'un séjour trop prolongé ne leur fît contracter des amitiés qui auraient pu affaiblir leur zèle pour les intérêts du prince et apporter des obstacles à leur bon gouvernement.

Il leur était interdit d'épouser une femme de leur sénéchaussée. Ces règles, puisées en partie dans les lois romaines, sont tracées dans une ordonnance d'Alfonse sans date, que dom Vaissete rapporte à l'année 1254, mais qu'on pourrait attribuer avec toute apparence de raison à l'année 1255 [1]. Ce règlement, que le savant historien du Languedoc a intitulée « Ordonnance touchant l'administration de la justice », porte dans un manuscrit le titre suivant qui lui convient parfaitement : « Forma accensandi et tradendi ballivias [2] ». Elle se trouve dans un ancien registre à la suite de la fameuse ordonnance de saint Louis, de l'année 1254, pour la réformation du royaume, et offre avec ce document certains points de ressemblance frappants [3].

Avant d'être générale pour tout le royaume, l'ordonnance de saint Louis fut spécialement appliquée aux sénéchaussées royales du Midi; et en l'étudiant attentivement on reconnaît facilement qu'elle fut d'abord rédigée en vue de ces provinces [4].

---

[1] Vaissete, t. VI, p. 502.

[2] Bibl. imp. Collection de Doat, tome LXXIV, pièce dernière : transcription du dix-septième siècle, d'après une copie du treizième conservée à Rodez.

[3] Ancien Mss. de Foucaud cité par D. Vaissete : j'ignore ce qu'est devenu ce manuscrit.

[4] *Recueil des ordonnances*, t. I, p. 65 et suiv. Voy. un texte complet latin excellent de l'ordonnance générale, en date de décembre 1254, dans

Elle fut présentée en 1255 au concile de Béziers par Gui Fouquet, clerc de saint Louis, qui devint plus tard pape sous le nom de Clément IV [1]. Cette même année 1255, Gui Fouquet, accompagné de plusieurs ecclésiastiques et d'un chevalier, parcourut le Toulousain par l'ordre d'Alfonse pour y réformer les abus. Ces commissaires rendirent même une ordonnance préparatoire : il est vraisemblable qu'ils réunirent les matériaux nécessaires pour la rédaction de la grande ordonnance d'Alfonse [2]. Or, en voyant ce même Gui Fouquet transmettre au concile de Béziers l'ordonnance de saint Louis, on peut croire qu'il eut part à la confection de cet acte important. Quoi qu'il en soit, on ne peut douter un instant que les ordonnances de saint Louis et d'Alfonse pour la réformation de l'administration, quels qu'en aient été les rédacteurs, n'aient une origine commune, ou du moins que celle de saint Louis n'ait servi de modèle pour celle d'Alfonse. Toutefois il existe entre ces deux règlements des différences dont je vais tâcher de faire ressortir la nature et les motifs.

Les sénéchaux devaient après leur sortie de charge rester pendant un mois dans le ressort de leur ancienne juridiction pour répondre aux plaintes que l'on pourrait porter contre eux [3]. Dans les deux sénéchaussées royales ce

---

le reg. XXX du Trésor des chartes. Le texte français, avec la date de 1250, qu'on trouve dans Nangis et dans Joinville, n'est pas un texte officiel, mais bien une traduction.

[1] *Concilia*, t. XI, p. 753.

[2] Vaissete, t. VI, p. 495, d'après un manuscrit conservé aux archives de l'hôtel de ville de Gaillac. Gui Fouquet était accompagné de Jean de Maisons, de P. Bernard, des frères J. de Caseneuve et Philippe, de l'ordre des Mineurs.

[3] Item quilibet senescallus, propositus et bajulus post corum administrationem finitam, debet in loco suc bajulie unius mensis spatio remanere, ut, si contra ipsos vel suos allocatos, dicere voluerint ab ipso aliquod extorsisse,

délai était de cinquante jours[1]. L'ordonnance générale porte quarante jours.[2] Il paraît que dans les domaines de l'apanage on suivait les prescriptions de l'ordonnance royale, car en 1268 Alfonse ayant relevé Simon de toutes ses fonctions de sénéchal de Poitou, lui enjoignit de rester quarante jours dans sa sénéchaussée, conformément à la coutume, pour répondre aux accusations dont il pourrait être l'objet[3].

Pendant le temps que les sénéchaux étaient tenus de rester en sortant de charge dans leur ancienne sénéchaussée, ils touchaient la moitié du traitement attaché aux fonctions qu'ils venaient de quitter[4].

Le règlement d'Alfonse entre sur l'organisation judiciaire dans de précieux détails que n'offre pas celui de saint

---

juri pareat. Et si culpabilis inventus fuerit, emendare cogatur.... Et sic fiat de senescallo, qui per mensem post administrationem finitam, ibidem debeat commorari, et juri parere, sicut de prepositis et bajulis minoribus superius est relatum.... Et si habeant legitimum impedimentum quod non possint morari post suam administrationem, poterunt dimittere loco sui idoneum procuratorem ; et eo tempore quo remanserit, habeat solum medietatem stipendiorum suorum illorum que habebat tempore sue administrationis. (Règlement d'Alfonse.)

[1] *Ordonnances des rois de France*, t. I, p. 66.

[2] *Ibidem*, p. 73.

[3] Symoni de Cubitis. — Cum nos dilecto et fideli nostro Eustachio de Bello Marchesio, militi, senescalliam nostram Pictavensem tradidimus, quamdiu nobis placuerit, custodiendam, vobis mandamus quatinus per quadraginta dies, prout moris est in senescallia eadem, sitis querelantibus de vobis, si qui fuerint, prout condecet, responsurus : medietatem solidorum gagiorum vestrorum pro rata dicti temporis habiturus. Ceterum vobis mandamus quatinus dicto Eustachio assistatis et ipsum super nostris negociis plenius instruatis, tradentes eidem in scriptis redditus nostros : debita tam nova quam vetera sciturus. — Die veneris post Brandones. Reg. A, fol. 21. —Voyez la nomination de Philippe de Boissy comme sénéchal de Rouergue en 1262. Trésor des chartes, J. 307, n° 55.

[4] Vaissete, t. VI, p. 502. — Conf. le règlement de 1270. *Mémoires de l'Académie de législation de Toulouse*, t. IX, p. 327, et la note précédente.

Louis, et dont je parlerai plus au long au chapitre que je consacrerai à l'administration de la justice.

Comme les sénéchaux de saint Louis, ceux d'Alfonse ne devaient convoquer les habitants pour des chevauchées, nom qu'on donnait aux expéditions militaires dans l'intérieur de la province, qu'en cas de nécessité, notamment pour rétablir la paix publique compromise par des querelles féodales, repousser une invasion, etc. [1]. Il était interdit aux uns comme aux autres de souffrir qu'on mît en prison des accusés qui offriraient de donner caution, à moins que la grandeur et l'évidence du crime ne les rendît indignes de toute indulgence. L'ordonnance de saint Louis est plus explicite que celle d'Alfonse : elle fixe les cas où la caution ne sera pas admise, savoir : pour cause d'hérésie, quand un individu accusé d'un crime grave sera convaincu par des témoins, ou aura fait des aveux, ou que le juge trouvera les charges suffisantes [2]. Cette disposition favorable à la liberté individuelle est reproduite dans l'ordonnance générale pour la réformation du royaume. Après la mort de saint Louis, aucune loi ne fut plus honteusement violée que cette prescription du saint roi; et de nos jours même les emprisonnements préventifs inutiles et prolongés ont en vain soulevé l'indignation de quelques magistrats pénétrés de la grandeur de leurs devoirs. Il serait à désirer, au milieu du dix-neuvième siècle, que l'on voulût bien appliquer les ordonnances de saint Louis : ce serait là un grand progrès que nous souhaitons vivement voir se réaliser.

Un article de l'ordonnance pour les deux sénéchaussées royales reproduit dans l'ordonnance générale, relatif à la

---

[1] *Ordonnances des rois de France*, t. I, p. 67.
[2] Nous verrons plus bas que la réception de la caution fut inscrite dans les coutumes particulières et fit partie du droit civil.

défense d'exporter le blé en cas de disette sans l'avis d'un conseil de notables, se chercherait vainement dans le règlement d'Alfonse.

On remarque dans l'ordonnance de saint Louis une plus grande précision : Alfonse défendit de soumettre trop facilement les prévenus à la torture; saint Louis interdit de le faire en présence d'un seul témoignage.

Voici quelques articles de l'ordonnance pour les deux sénéchaussées qui ne se trouvent ni dans l'ordonnance générale ni dans le règlement d'Alfonse. — Les enquêtes en matière criminelle seront communiquées à l'accusé. — La publicité était une conséquence de l'adoption, dans le Midi, du droit romain. Dans le droit coutumier, l'instruction criminelle était secrète. Je m'étonne de ne pas voir cette disposition dans l'ordonnance d'Alfonse : on ne peut expliquer cette absence que par un oubli, ou bien on crut inutile de rappeler une règle qui était en vigueur dans les pays de droit écrit.

Saint Louis défendit de porter des armes aux Sarrasins; cette prohibition n'était pas superflue, à cause du commerce actif que faisaient avec l'Orient et les États barbaresques les grandes cités languedociennes du littoral de la Méditerranée. Enfin il prescrivit de brûler les livres des juifs. La piété du Roi se manifesta dans des dispositions qu'il n'eut garde d'oublier dans l'ordonnance générale, par lesquelles il ordonnait de bannir des villes les filles publiques, prohibait les jeux de hasard et punissait les blasphémateurs [1].

Telle fut cette ordonnance de saint Louis qui fut consi-

---

[1] Ces différentes dispositions purement morales ne se trouvent pas dans les ordonnances d'Alfonse : cependant dans sa conduite il se conforma à la pensée qui les avait inspirées à saint Louis. Voyez le chapitre des *Enquêteurs*, § Poitou.

dérée au moyen âge comme la charte des libertés françaises ; qui ne fixait pas les droits du peuple ni les devoirs de la couronne, mais qui se bornait à prescrire aux agents du Roi d'observer la justice ; qui avait pour base l'équité, et dont pendant plusieurs siècles les grands et le peuple ne cessèrent de réclamer l'exécution ; que les sénéchaux, les baillis et les prévôts jurèrent d'observer sous tous les règnes suivants, mais qui fut toujours violée quand il n'y eut plus pour la faire respecter celui qui l'avait dictée. Alfonse eut le mérite de s'approprier une partie des sages lois de son frère.

On comptait sous Alfonse, dans la sénéchaussée de Toulouse, outre la viguerie de Toulouse, trois jugeries. Un compte de recettes et de dépenses inédit nous permet de fixer l'époque à laquelle elles étaient déjà établies.

Au terme de la Chandeleur 1256 (v. style), on trouve des gages accordés aux juges de Castelnaudary et de Lavaur. De plus, une somme de vingt-six livres treize sous quatre deniers, somme égale au traitement des deux autres juges est donnée à Jean Dominique : nul doute que ce dernier ne fût aussi un juge, celui de Gascogne : la jugerie de Gascogne qui existait en 1268 dut donc être instituée vers 1256 [1].

En Albigeois il n'y avait qu'une seule jugerie. La sénéchaussée d'Agenais et de Quercy en comptait deux, une

---

[1] Salaria judicum. Magistro Gaufrido judici Tholose, pro termino Ascensionis 1256, pro ultima parte anni, xxxiii^{tt} vi s. viii d. Tur. — Magistro B. Quarrerii, judici de Castro-novo de Sancto Felice, per manum Petri Sicardi, x^{tt} Tur. — Item per d. Hugonem de Arcisio, xvi^{tt} xiii s. iii d. Tur. Compte de la Toussaint 1256. — Pro magistro Gaufrido judice Tholose, pro termino O. Sanctorum purificationis xxxiii^{tt} vi s. viii d. — Pro magistro Petro judice Castri Novi de Arri, xxvi^{tt} xiii s. iii d. Tur. — Pro magistro Guillelmo de Sopet, judice de Vauro, xxvi^{tt} xiii s. iii d. Tur. — Pro magistro Johanni Dominico, xxvi^{tt} xiii s. iii d., mandato magistri Stephani.

pour chacune des provinces dont elle était formée[1]; la sénéchaussée de Rouergue une seule, dont le siége était à Milhaud[2].

En 1270, le conseil de régence rendit une ordonnance sur l'administration de la partie méridionale des États d'Alfonse. Ce règlement, découvert récemment et publié par M. Bressolles, professeur à la Faculté de droit de Toulouse, n'a pas l'importance qu'a cru devoir lui attribuer son éditeur; il porte surtout sur l'organisation des greffes et des notariats : pour le reste il rappelle à l'exécution des deux ordonnances de 1255. Cependant on y trouve quelques dispositions nouvelles que nous allons relever.

Un article qui a le privilége d'attirer l'attention est celui qui prescrit l'institution dans chaque baylie, par le sénéchal, avec l'avis des notables du pays, d'une personne bonne et fidèle, désintéressée, chargée de veiller à ce que les bayles n'oppriment pas ceux qui ont affaire à eux, et, en cas d'oppression, qui les dénoncent au sénéchal. Sur un premier avertissement, le bayle devra s'abstenir de ses mauvaises pratiques. S'il résiste, le sénéchal le punira et le frappera d'une amende au profit du comte[3].

L'institution de surveillants pris dans le sein de la bour-

---

[1] Judex institutus in Albigesio a domino comite sit judex Galliaci. Transaction entre Alfonse et l'abbé de Gaillac, 1265. J. 190, n° 61. — Conf. Vaissete, t. III, Preuves, col. 486 et 581.

[2] Ce juge avait 20 livres tournois de gages par an. Compte de la Chandeleur 1269 (a. style). Bibl. imp., 9019, fol. 29.

[3] « In qualibet bajulia instituatur quidam ex parte senescalli, de consilio bonorum, bonus et fidelis, neutri partium suspectus, qui vigilet et provideat ne dicti balhivi opprimant aliquam partium litigantium coram ipsis, nec aliquam violentiam inferant eisdem, seu aliis quibuscumque. Et si balhivi taliter se habuerint... tunc ille institutus moneat dictum balhivum quod se abstineat a predictis. Quod si se abstinere noluerit, tum institutus intimet hoc senescallo et tunc dictus senescallus faciat injurias emendari... » *Académie de législation de Toulouse*, t. IX, p. 320.

geoisie rappelle la création par Philippe Auguste de commissions de bourgeois placés auprès des baillis pour contrôler leur gestion pendant l'absence du Roi, qui était à la croisade ; mais les bourgeois de Philippe Auguste étaient investis d'un pouvoir étendu, puisqu'ils étaient chargés de venir rendre compte à la Reine de l'état de leur province. Leur contrôle pouvait être efficace [1]. En outre, ils étaient plusieurs et par conséquent ils se trouvaient en état d'exercer une action d'autant plus forte qu'elle était collective. Il n'en était pas de même des *institués* d'Alfonse ; il n'y en avait qu'un seul par baylie, et il était incapable de soutenir avec avantage une lutte contre le bayle, qui avait entre les mains les moyens de le vexer et de le punir de son opposition. Je crois donc que cette institution porta peu de fruits : au reste elle ne fut pas durable.

Le règlement de 1270 renferme quelques principes d'administration dont l'observation devait puissamment contribuer au maintien du bon ordre et à la sauvegarde des intérêts du prince. Il interdit aux sénéchaux d'imposer aux habitants des prises d'armes trop fréquentes, de faire des arrestations arbitraires [2]. Défense d'affermer les baylies à des fils de famille : cette disposition paraîtra raisonnable si on se rappelle que dans le Midi, où dominait le droit romain, les fils de famille n'avaient par eux-mêmes aucun droit et n'offraient pas de garanties, puisqu'en cas d'infidélité ou de concussion ils n'avaient pas de biens avec lesquels le comte pût s'indemniser. Certaines prescriptions sont empreintes de l'esprit des anciennes lois romaines à un degré qui peut surprendre ; les usurpateurs des domaines du comte sont l'objet des rigueurs les plus

---

[1] Testament de Philippe Auguste (juin?) 1190. Bouquet, t. XVII, p. 30. *Ordonnances des rois de France*, t. I, p. 21.

[2] *Académie de législation de Toulouse*, t. IX, p. 322.

fortes : on confisquera la moitié de leurs biens et ils seront eux-mêmes frappés d'exil pendant un temps laissé à la volonté du juge.

Ce règlement avait été motivé par les exactions et les abus de pouvoir que commirent les agents du comte Alfonse dès qu'ils virent leur maître parti pour la croisade [1].

Les sénéchaux étaient révocables à volonté, aux termes mêmes de leur commission [2]. Ils jouissaient de gages considérables qui variaient suivant l'importance de la province qu'ils administraient.

Le sénéchal d'Agenais recevait trente sous tournois par jour, soit cinq cent quarante-cinq livres par an [3], environ neuf mille huit cents francs, valeur intrinsèque ; il en était de même de celui de Poitou. Celui de Rouergue

---

[1] « Dudum siquidem, dominus noster Alfonsus comes Pict. et Thol., est fide sincera et consciencia innocenti; pro viribus firmaverat judicio et justicia terram suam, instituens personas ibidem que potestate debita preeminerent, et in exhibenda justicia omnibus exsolverent quod debetur et jura ipsius domini comitis nichilominus debite conservarent. Et quia plerumque iniquitas parit ausum, et ausus excessum, tam ipse dominus comes quam ipsi subditi et subjecti provisionis hujusmodi fructum modicum vel minus modicum debitum, propter quorumdam fraudem, malitiam vel negligentiam, reportarunt; et quod previsum fuerat per medelam tendit ad noxiam. Quare nos qui conservationi jurium d. comitis et quieti subditorum ex debito nobis injuncti officii vigilare tenemur, optantes distorta reducere ad lineam rectitudinis et tramitem equitatis, ea que sequuntur duximus ordinanda, etc. »

[2] Voici le texte des lettres de nomination du sénéchal de Toulouse en 1269. « Alfonsus... universis... significamus vobis quod nos dilecto et fideli nostro Theobaldo de Nangervilla, militi, exhibitori presentium, senescalliam nostram Tholosanam et Albiensem, quamdiu nobis placuerit, tradidimus custodiendam. Unde vobis mandamus quatinus eidem Theobaldo, tanquam senescallo nostro, obediatis et intendatis. Datum apud Longum-Pontem, die veneris post quindenam Penthecostis, anno Domini M.CC.LXIX. » Arch. de l'Emp., Reg. B, fol. 70 r°.

[3] « Senescallo pro IX III diebus XXX s. per diem, IIII XIII^{tt} X s. Tur. » Compotus Joh. de Angervillari senescalli Agennensis et Caturcensis. Bibl. imp., suppl. latin, n° 9019.

touchait quatre cents livres[1], soit sept mille cent quatre-vingt neuf francs, valeur intrinsèque; celui de Toulouse toucha en 1257 quatre cent quarante et une livres pour deux cent quatre-vingt-treize jours[2], soit cinq cent quarante-sept livres par an, soit neuf mille huit cent dix-neuf francs. Le connétable d'Auvergne, vingt-cinq sous par jour[3]. En multipliant par cinq la valeur intrinsèque, ce qui n'est pas exagéré, car tous les calculs prouvent que l'argent avait au treizième siècle cinq fois plus de valeur que maintenant, l'on trouve que le sénéchal de Toulouse avait une cinquantaine de mille francs de traitement. Et ce n'était pas trop, car généralement les sénéchaux sortaient de fonction chargés de dettes.

CHAPITRE II.

PRÉVOTS ET BAYLES.

Fonctions des prévôts. — Ils se rendent adjudicataires des prévôtés. — Abus de la vénalité. — Remèdes à ces abus. — Bayles. — Viguiers dans le Midi. Leur origine et leurs attributions. — Juges et jugeries. — Châtelains.

Au-dessous des sénéchaux était une hiérarchie d'agents subalternes, plus ou moins compliquée, suivant les provinces, car, ainsi que je ne saurais trop le répéter, Alfonse respecta l'organisation administrative qu'il trouva établie dans chacun de ses domaines. Nous avons dit que dans le Poitou et la Saintonge, sous les ordres des sénéchaux,

[1] Gagia senescalli per annum cccc lib. Compte de la Chandeleur 1258-1259, n° 9019, fol. 29.
[2] Gagia senescalli domini Gaufridi de Chaneveiris militis cccc. xli[lib] Tur. pro cc. iiii xx. xiii diebus. Compte de la Toussaint et de la Chandeleur 1256. Ibid., fol. 13.
[3] Ibid., fol. 9. 1253-1254.

étaient les prévôts, dont les attributions étaient à la fois judiciaires et financières : tous les pouvoirs étaient réunis entre leurs mains, mais dans des limites assez étroites. Ces agents avaient un caractère tout particulier; ils étaient fermiers des revenus domaniaux, et, comme au moyen âge, la propriété et la souveraineté étaient souvent confondues, confusion qui était la base de la féodalité, le droit de percevoir les revenus du seigneur entraînait celui de contraindre les récalcitrants par des voies de rigueur[1]. Telle fut l'origine de la juridiction des prévôts, juridiction qui finit par s'étendre à toutes sortes de délits et même aux litiges entre particuliers. En un mot, les prévôts représentaient le seigneur; mais tout en acquérant une grande autorité et en devenant des fonctionnaires publics, des magistrats, ils continuèrent d'affermer les revenus d'un territoire plus ou moins étendu appelé prévôté.

Tous les ans, ou à des époques plus ou moins éloignées, suivant les circonstances, les sénéchaux mettaient aux enchères les prévôtés : le plus offrant était investi de l'office de prévôt. Quelquefois le même individu affermait plusieurs prévôtés qu'il faisait administrer par ses commis ou qu'il sous-louait; d'autres fois plusieurs personnes se réunissaient pour acquérir une charge de prévôt. De ce système bizarre résultaient les plus grands abus[2]. Quand il y avait plusieurs prévôts pour une même prévôté, chaque prévôt exerçait des fonctions au grand détriment des administrés, qui ne savaient souvent à qui entendre[3]. Cette vénalité, si

---

[1] Sur l'origine des prévôts et leurs fonctions primitives, on peut consulter Guérard, *Prolégomènes du Polyptique de l'abbé Irminon*, p. 437, et Pardessus, *Recueil des ordonnances*, t. XXI, préface, p. 135.

[2] Voyez le document dont nous avons rétabli le véritable titre, « Forma accensandi et tradendi bajulias », Vaissete, t. VI, p. 502, et l'Ordonnance des réformateurs, *ibid.*, p. 495.

[3] Vaissete, Ordonnance des enquêteurs de 1255, t. VI, p. 495.

préjudiciable au bon ordre, était tolérée par suite des bénéfices que procurait la *vente* des prévôtés. Alfonse recommandait vivement à ses sénéchaux de les affermer le plus cher possible [1] et toujours aux enchères publiques; on ne donnait en garde que celles pour lesquelles on ne trouvait pas d'adjudicataire. Il fit même révoquer des prévôts nommés directement par les sénéchaux et ordonna que leurs prévôtés fussent mises aux enchères [2].

Saint Louis lui-même conserva cet abus, qui simplifiait l'administration financière, mais il prit des mesures pour maintenir les prévôts dans le devoir : à Paris, il supprima la vénalité de la prévôté et donna en garde la charge de prévôt avec un traitement fixe au célèbre Étienne Boileau. Alfonse chercha aussi à remédier aux abus provenant du fermage des prévôtés; il établit qu'il n'y aurait qu'un prévôt qui eût l'exercice de l'autorité, et rendit les adjudicataires responsables des fautes de leurs agents [3].

Dans le Midi, l'organisation administrative était plus compliquée, plus savante, et offrait plus de garanties que dans le Nord. Les prévôts y existaient sous le nom de bayles (prononcez baïles); tous les reproches que l'on peut adresser aux prévôtés s'appliquent aux baylies, qui s'affermaient aussi aux enchères dès le règne de Raymond VII.

En 1247, Oudard de Villiers, sénéchal de Beaucaire,

---

[1] Reg. A, fol. 57.

[2] Trésor des chartes, J. 317, n° 7. Ordre de révoquer B. d'Espierres, qui avait reçu une baylie en louage sans enchères.

[3] Vaissete, t. VI, p. 495. Règlement des enquêteurs de 1255. « Quia vero propter multitudinem bailivorum quos in partibus istis invenimus, multiplicata reperimus gravamina subjectorum, eam resecare volentes, diximus et injunximus senescallo quod in singulis locis ubi consueverint teneri bailivi, unicus sit bajulus qui jurisdictioni habeat exercitium, emptor scilicet reddituum vel quem posuerit loco sui. Et si quem loco sui posuerit, obliget se emptor de respondendo pro eo, si in officio suo quidquam a subditis contra justiciam extorqueret. »

écrivit par ordre du Roi à Jean d'Escreines, qui venait d'être investi des fonctions de sénéchal de Carcassonne, une curieuse lettre où il lui expliquait le mécanisme administratif du Midi :

« Notre sénéchaussée est divisée en plusieurs baylies; nous concédons chaque année les revenus et l'exercice de la juridiction au plus offrant, pourvu que ce ne soit pas une personne vile ou décriée pour ses méfaits... Les bayles touchent le produit des amendes prononcées par les viguiers qui jugent les causes. Si les viguiers commettent quelque délit, nous les en punissons. Ils prêtent serment de rendre justice à chacun et de conserver les droits du Roi. Nous n'affermons jamais aux viguiers les péages et les autres revenus du Roi [1]. »

Dans cette lettre, comme dans beaucoup d'autres documents, le mot juridiction n'a pas le sens que nous lui donnons : il signifie exercice de l'autorité accompagné de la coercition. C'est ainsi que le sénéchal de Beaucaire écrit qu'il concède au plus offrant la juridiction et les revenus domaniaux, et plus loin il ajoute que le jugement des causes, c'est-à-dire ce que nous appelons la juridiction, appartient uniquement à des officiers nommés viguiers.

Dans le Languedoc, à partir du milieu du treizième siècle,

[1] Possessiones d. Regis ad firmam concedimus... cum senescallia nostra per plures ballivos sit divisa, jurisdictionem et redditus cujuslibet balliviæ ad annum illi concedimus qui plus offert : dummodo non sit persona sui vilitate vel culpa non merito admittenda... Expensæ causarum, quas sub talium quos vicarios appellamus examine agitantur eorum sunt et emenda quælibet usque ad xxx. sol... Pedagia quoque ad firmam similiter concedimus non ipsis vicariis, vel personis aliis eodem modo. Si autem a die incepti officii infra mensem in ballivia vel in pedagio contigerit aliquem secundo vel alium tercio tantum plus offerre quod ideo ad balliviam vel ad pedagium admittatur, illius pluris medietas d. Regi accrescit : alia vero ejus efficitur qui secundo uti poterat officiis supradictis. » Dimanche de la troisième semaine après la Pentecôte 1247. Vaissete, t. VI. Preuves, p. 470.

l'autorité administrative des bayles fut considérablement restreinte par suite de la juste défiance qu'inspiraient ces agents, qui n'étaient à proprement parler que des traitants et se livraient aux plus odieux trafics. Comme je l'ai dit, il y avait souvent plusieurs bayles pour une baylie; les bayles cédaient l'exploitation d'une partie des revenus de leur baylie à des individus qui prenaient le titre de sous-bayles. Tous rapinaient à l'envi : en vain on leur avait ôté le droit de juger les procès, mais ils avaient conservé la police et la constatation des délits, et ils abusaient de leur pouvoir pour rançonner leurs administrés [1].

Je consacrerai un chapitre spécial au tableau des mœurs administratives du treizième siècle.

On trouve dans le Languedoc une institution très-ancienne, celle des viguiers (vicarii). Sous les deux premières races, les comtes avaient des vicaires qui les suppléaient dans l'exercice de leurs fonctions : c'est là, suivant les auteurs les plus accrédités, l'origine des viguiers languedociens [2]. Je crois qu'il faut faire une distinction : il y avait deux sortes de vicaires. A la fin de la seconde race on voit paraître des vigueries, circonscriptions administratives et judiciaires, qui se confondent avec la centaine et sont une subdivision du comté [3]. A la tête de la viguerie était un viguier (vicarius), officier différent du vicaire. En effet, l'un était le lieutenant, le suppléant du comte, l'autre un officier public ayant une autorité personnelle bien

---

[1] A l'Isle en Venaissin les bayles prenaient des draps de lit aux habitants, « pannos seu lintheamina », sans les payer, pour le sénéchal et le juge. Alfonse ordonna de supprimer cet abus. Mardi avant la Pentecôte 1269. Reg. B, fol. 168.

[2] *Mémoire sur le Languedoc*, par Lamoignon de Bâville, parmi les Mémoires des intendants rédigés pour le Dauphin. Arch. de l'Emp., KK, 1316. Il y a de ce livre curieux une édition tronquée. Amsterdam, 1737, in-8°.

[3] Guérard, *Polyptique d'Irminon*, Prolégomènes.

moins étendue : l'un exerçait les mêmes fonctions que le comte ; l'autre avait des attributions qui lui étaient propres, en matière criminelle il ne pouvait juger les causes où la vie des personnes était engagée [1].

Parmi les actes passés dans le Languedoc au dixième siècle, on en rencontre bien peu où, pour préciser la situation d'un domaine, on n'indique d'abord le comté, ensuite la viguerie (ou *ministerium*, car ces deux mots sont synonymes) dans laquelle le bien était situé [2] ; mais si les vigueries existaient encore à l'état de circonscription territoriale, la juridiction des viguiers avait disparu ou changé de caractère : de publique elle était devenue privée. Un grand nombre de viguiers rendirent leurs fonctions héréditaires, mais tous ne le firent pas de la même manière. Les uns usurpèrent à la fois les fonctions publiques qui leur étaient confiées et le territoire soumis à leur autorité ; d'autres ne réussirent qu'à garder leurs attributions [3]. On trouve sous saint Louis un viguier perpétuel de Sauve qui rendait la justice, faisait la police, commandait ceux qui devaient au Roi le service militaire ; et notez qu'il exerçait son autorité en dehors de ses domaines sur les hommes du Roi [4].

Vaissete a eu tort de prendre les fonctions de ce viguier féodal pour type de celles des viguiers du treizième siècle.

---

[1] Pardessus, *Loi salique*, dissertation IX.

[2] On trouve encore des vigueries au dixième et au onzième siècle.

[3] C'est ce qui arriva en Albigeois : le viguier de Lautrec érigea sa viguerie en vicomté.

[4] Catel, *Comtes de Tholose*, p. 36. Le mot de viguerie, *veguaria* en langue romane, avait aussi la signification d'administration. Voyez un acte de l'an 1235, dans lequel l'abbé de Gaillac concède à Vital Bugarel, etc., et à leurs héritiers, la veguaria de toute la seigneurie appartenant à l'abbaye de Gaillac à Buzet : un tiers des revenus était la part des concessionnaires. Trésor des chartes, J. 328, n° 9.

Ce qu'il y a de piquant, c'est que le viguier de Sauve faisait hommage entre les mains du bayle de Sauve, son inférieur dans la hiérarchie, mais qui avait l'avantage d'être un officier royal. Il y eut pourtant certains viguiers qui ne réussirent pas à rendre leur charge héréditaire, ceux qui étaient établis au chef-lieu d'un comté, sous la surveillance immédiate du comte : à Toulouse, à Nîmes, à Carcassonne ; mais ce fut là l'exception [1]. Au treizième siècle, lorsque les comtes de Toulouse voulurent organiser l'administration de leurs domaines d'une manière régulière et uniforme, et qu'ils comprirent la nécessité d'établir entre les sénéchaux et les bayles un magistrat investi d'un pouvoir suffisant pour maintenir ces derniers dans le devoir, ils parurent craindre les conséquences de la création de nouveaux offices : Raymond VII se contenta de faire assister les bayles dans l'exercice de la justice par des légistes, qui en fait furent les véritables juges [2]. La royauté fut moins craintive : elle généralisa dans les deux sénéchaussées de Beaucaire et de Carcassonne l'institution des viguiers, et la viguerie devint une division normale de la sénéchaussée.

Alfonse, qui en tout suivit les traces de ses prédécesseurs, établit au-dessus des bayles des juges (*judices*) qui avaient des attributions très-étendues, mais qui ne s'occupaient jamais de la perception des impôts, ni des opérations militaires [3]. Ces juges étaient à la tête d'une circonscription appelée jugerie ou judicature.

En résumé, il y avait dans les sénéchaussées royales du Midi un degré de plus dans la hiérarchie administrative :

---

[1] A Nîmes, acte de 1210. Teulet, *Trésor des chartes*, t. I, p. 355. — La même année on trouve un viguier à Montauban. *Ibid.*, p. 350.

[2] Arch. de l'Emp., J. 223, n° 62, au Caylar, en 1203 ; à Castel-Sarrazin, en 1245. J. 320, n° 54.

[3] *Bibl. de l'École des chartes*, 4ᵉ série, t. I, p. 211.

les viguiers, qui étaient aux sénéchaux ce que les sous-préfets sont aux préfets. Dans les États d'Alfonse, un seul viguier, celui de Toulouse, dont l'origine remontait à la seconde race, et qui avait les mêmes attributions que les viguiers royaux. Il rendait des comptes particuliers [1]. Le reste du pays était divisé en jugeries, dont la création est l'œuvre d'Alfonse. Remarquons que la jugerie devint une subdivision administrative : en 1277, lors de la levée des droits de francs-fiefs pour les biens nobles acquis par des roturiers, les rôles des imposables furent dressés par jugerie [2].

Je ne puis passer sous silence une catégorie d'officiers préposés à la défense du pays et au maintien de la tranquillité. Il y avait un certain nombre de châteaux forts commandés chacun par un châtelain et possédant une petite garnison. Ces châtelains recevaient, suivant l'importance de leur commandement, un traitement annuel qui variait de quinze à cent livres tournois [3]. Ils étaient nommés par lettres patentes et révocables à volonté [4]. Certains châtelains commandaient dans des châteaux qui n'appartenaient pas au comte, mais qui, en certaines circonstances, devaient être remis par leur propriétaire au suzerain.

Voici la liste des principaux châteaux pourvus de châtelains comtaux que nous avons rencontrés :

---

[1] Compte du viguier de Toulouse renfermé dans le compte du sénéchal de Toulouse pour les termes de la Toussaint et de la Chandeleur 1256. Bibl. imp., n° 9019. Il touchait cent livres de gages par an.

[2] Voyez une liste de confirmations de francs-fiefs et de nouveaux acquêts qui permet de déterminer le ressort de la viguerie de Toulouse en 1277. Orig. Arch. de l'Emp., suppl. du Trésor des chartes, J. 1042, n° 10.

[3] Compotus Guillelmi de Vicinis, castellani de Niorto. 1250. Trésor des chartes, J. 318, n° 87.

[4] Voyez les lettres de nomination du châtelain de Thouars. Reg. A, fol. 1 v°.

Poitou. Poitiers, Niort, Parthenay, Tiffauges, Vouvent, Saint-Maixent, Benon, Talmont, Curzon, Olonne, Châtel-Gontier, Thouars [1].

Saintonge. La Rochelle et Saint-Jean d'Angély [2].

Agenais et Quercy. Penne, Sainte-Foi, Marmande, Montcuq, Caussade, Caylus [3].

Rouergue. Roque-Valsergue, Najac, Milhau [4].

Toulousain et Albigeois. Toulouse (château Narbonnais), Buzet, Verdun [5].

Il était interdit aux châtelains de faire acte d'administration, sauf à la requête des sénéchaux ou dans un cas urgent [6].

---

[1] Rôle original, Trésor des chartes, J. 190, n° 71. « Quantum garnisiones costant per diem : — Nyortum, 16 s. 3 d. per diem. — Partenetum, 8 s. 2 d. — Tiffauges, 6 s. 8 d. — Vovantum, 8 s. 2 d. — S. Mauxentius, 40 lib. per annum. — Benaum, cum foresta, 100 lib. per annum. — Castrum Pictavense per manum Passemer, 40 l. — Castrum Talemondi, 11 s. 8 d. per diem. — Castrum de Curzum, 2 s. per diem, Symon Panetarius. — Castrum Olone, 18 d. per diem, filius castellani Niorti. — Castrum Gualteri, 15 d. per diem, Symon de Argentolis. »

[2] Compotus Ade Panetarii factus cum domino regi, anno 1243, in festo O. Sanctorum. Arch. de l'Emp., KK. 376, pl. 26.

[3] Compte de 1270. Bibl. imp., n° 9019, pl. 28.

[4] *Ibidem*, fol. 29. — Nomination de Jean Turpin, châtelain de Najac, aux gages de 40 livres, 1267. Reg. C, fol. 139 v°.

[5] Compte de 1256. Bibl. imp., n° 9019, fol. 11. — Nomination d'Étienne de Pons comme garde du château de Verdun, 1254. Reg. C, fol. 2 v°.

[6] Règlement de 1270. « Item ordinamus quod castellani de balhiviis non intromittant se, nisi ab agentibus domini comitis vel a senescallis aliquis specialiter committatur, vel nisi casus inopinatus vel urgens necessitas hoc exposcat. »

CHAPITRE III.

LISTE DES SÉNÉCHAUX DU COMTE ALFONSE.

J'ai pensé qu'il serait instructif de dresser la liste nominative des sénéchaux qui administrèrent les différentes provinces d'Alfonse, en indiquant autant que possible la durée de leurs fonctions. On remarquera que tous ces officiers étaient pris parmi des nobles étrangers au pays.

POITOU.

Pendant la minorité, Hardouin de Maillé gouverna l'apanage avec le titre de sénéchal [1]. Il fut remplacé par Adam le Panetier, qui ne porta que le titre de bailli. En 1243, Adam rend compte à saint Louis des dépenses occasionnées par la révolte du comte de la Marche [2] : il figure dans des actes du mois de septembre 1246 [3] et du mois de février 1247 [4]. Au mois d'août 1249, Alfonse lui donne, en récompense de ses services, une rente de trente livres sur les revenus de la prévôté de Poitiers [5].

Il eut pour successeur Guillaume le Thyais (Guillelmus Teutonicus), chevalier, qui porta le titre de sénéchal. Il exerçait en 1252 [6]; il ne resta pas longtemps en fonction; il fut remercié en 1254 [7]. Il paraît que sa gestion finan-

---

[1] Delisle, Restitution d'un volume perdu des *Olim*, n° 324. Avant lui on trouve Thibaud de Blazon, sénéchal royal de Poitou en 1228. Trésor des chartes, J. 628, n° 13.

[2] Arch. de l'Emp., KK. 376, fol. 26 r°.

[3] Trésor des chartes, J. 190, n° 29.

[4] *Idem*, J. 191, n° 27.

[5] Orig. scellé, J. 190, n° 92.

[6] Compte de la Toussaint 1261. J. 317, n° 61, fol. 34.

[7] Compte original. Bibl. imp., n° 9019, fol. 8 et 9.

cière ne fut pas heureuse ; il était redevable de fortes sommes sur les recettes qu'il avait effectuées, et en 1257 il reconnut devoir sept cent soixante-dix livres tournois : ses fils et d'autres seigneurs durent se porter caution de sa solvabilité [1]. En 1258 il figure parmi les chevaliers de l'hôtel qui reçurent des manteaux à la Toussaint, ce qui prouve que sa disgrâce ne fut pas de longue durée [2].

Il fut remplacé par Robert Boillie, chevalier [3], qui lui-même dut résigner ses fonctions, à la fin de 1255, entre les mains de Thibaud de Neuvy, chevalier [4]. Ce dernier n'eut pas l'administration de la Saintonge, qui forma une sénéchaussée séparée ; il céda la place à Simon de Coutes, qu'Alfonse nomma, en 1268, châtelain de la Roche-sur-Yon [5]. Le comte ordonna en même temps à Simon de demeurer à son poste pendant les délais voulus pour répondre aux plaintes qui seraient portées contre lui, et de mettre au courant son successeur, Eustache de Beaumarchais, originaire d'Auvergne. Eustache fut porteur de cette missive et trouva le meilleur accueil auprès de Simon de Coutes [6], qui se mit avec empressement à sa disposition et l'initia au gouvernement du Poitou. Personne ne se plaignit du sénéchal sortant, qui prit avec joie possession

---

[1] Orig. Trésor des chartes, J. 190, n° 49.

[2] Ludwig, *Reliquiæ manuscriptorum*, t. XII, p. 5.

[3] Bibl. imp., n° 9019, fol. 9.

[4] Trésor des chartes, J. 317, n° 61. Cet événement se passa entre la Toussaint 1254 et la Chandeleur suivante.

[5] Samedi après les Brandons. Lettre d'A. à S. *de Cubitis*, Reg. A, fol. 21 r°.

[6] Lettre d'Alfonse à Eustache de Beaumarchais, mardi, jour de Saint-Philippe et Saint-Jacques (1ᵉʳ mai) 1268. Reg. A, fol. 93 r°. « Symon de Cubitis, circa nostra negotia promovenda ac debita exigenda benigne et fideliter vos instruxit, pauci aut nulli de eodem hactenus sunt conquesti, gratum gerimus et acceptum. »

de son office de châtelain, non sans avoir remercié Alfonse et sans lui avoir rendu brièvement ses comptes. La lettre qu'il adressa dans cette circonstance à son maître est trop curieuse pour que nous ne la mettions pas sous les yeux du lecteur. C'est sinon le plus ancien, du moins un des plus anciens échantillons du style administratif dans les relations d'inférieur à supérieur.

« A son très excellent et très redoutable segneur, Aufonz fuiz le roi de France, conte de Poitiers et de Tholose, Symons de Coutes, chevaliers, sis chateleins de la Roche seur Oyon, saluz o toute reverence, o servise léal. Sire, je vous rent graces et merciz, tant com je puis, de ce que vous m'avez relaschié de vostre seneschauciée de Peitou, et de ce que vos m'avez retenu par vostre grace, en vostre servise ou chatel de la Roche. Et sachiez que je ai ensengné et monstré diligemment et loiaument, à mon pooir et à vostre profist, à vostre seneschal l'estat de voz besongnes et de vostre terre, et de totes voz choses, et de voz rentes, si com vos porroiz mieux savoir par lui que par moi; et ai conté à li de totes les choses certeinnes qui vos sont deues en Poitou, sanz voz rentes, fors de cest terme de la Penthecoste qui vient, et monte la somme $xiii^m\ vi^e\ lvi$ l. vi s., dont l'en devra à ce terme de la Penthecoste $vi^m\ iii^e\ xlviii$ l. xv s., que por vos que por le roi de Sezile. Et sachiez que vostre terre est, Dieu merci, en bon estat, ne je ne crois pas que je voz rentes ne voz droiz soient en rien déperdu par ma deffaute. Il seroit bien trové par les contes de la court, que je ai rendu chascun an, que je ai tenu vostre terre ii mille livres plus que il n'avoit esté fet lonc tans avant : mandez moi vostre plesir et commandez com à vostre léal [1]. »

---

[1] Reg. A, fol. 93 v°.

La justice que Simon croyait pouvoir se rendre à lui-même lui fut aussi rendue par Eustache de Beaumarchais, qui se plut à porter témoignage de l'exactitude de ses comptes et de l'excellence de sa gestion [1]. Beaumarchais accompagna saint Louis à Tunis en qualité de chevalier de l'hôtel du roi [2]. Depuis il occupa les postes les plus importants; il devint sénéchal de Toulouse et gouverneur du royaume de Navarre. Mais nous n'avons pas à le suivre dans sa brillante carrière [3] au service du roi de France.

SAINTONGE.

Jusqu'en 1255 la Saintonge fut, ainsi que nous l'avons vu, unie au Poitou : à partir de cette époque elle forma une sénéchaussée séparée. Le premier titulaire fut Jean de Sours, chevalier [4], qui mourut dans le cours de l'année 1265 [5] : son successeur fut Jean de Villette, chevalier [6].

AUVERGNE.

La terre d'Auvergne fut administrée, pendant la minorité d'Alfonse, par Béraud de Mercœur, avec le titre de connétable [7]. En 1238 paraît Amaury de Courcelles, qui

---

[1] Reg. A, fol. 93 r°.

[2] *Recueil des historiens de France*, t. XX, p. 307.

[3] Voyez les documents réunis par M. F. Michel dans les notes de l'*Histoire de la guerre de Navarre*, Collection des documents inédits, p. 407 et suivantes.

[4] Compte de la Toussaint 1255. Trésor des chartes, J. 317, n° 64, fol. 44 r°.

[5] On lit dans le compte de la Toussaint 1265 ce qui suit : « Recepta quam fecerat Johannes de Sours, dum vivebat. » Trésor des chartes, J. 192, n° 19.

[6] Lettre d'Alfonse, en date du jour de la Saint-Matthias 1268. Reg. A, fol. 116 r°.

[7] « B., marescallus Borbonensis et conestabulus Arvernie », reçoit pour le Roi l'hommage de P. de Losac. 1237. Reg. XXXI du Trésor des chartes, fol. 94 v°.

se qualifie bailli d'Auvergne [1]. En 1244 et 1245, Henri de Ponceaux figure dans plusieurs actes comme connétable [2]. Messire Nivard remplit les mêmes fonctions en 1251 [3] : il eut pour successeur Herbert de Plailly [4]. Ce dernier fit place, en 1255, à Geoffroi Thomas, chevalier, qui exerçait encore en 1261 [5]. De graves plaintes furent portées contre ce fonctionnaire, qui dut abandonner ses fonctions. De 1267 à 1271, l'Auvergne fut administrée par Évrard de Milleschamps (de Mediis Campis [6]).

AGENAIS ET QUERCY.

Arnal de Tantalon était sénéchal de Quercy et d'Agenais en 1246 [7] : il eut pour successeurs Simon Claret, chevalier, 1252 et 1253 [8]; messire Guillaume de Bagnaux (de Balneolis), 1256 [9]; Philippe de Villefavereuse [10] et Jean d'Angervillers, 1269 à 1271 [11].

ROUERGUE.

Jean d'Arsis, chevalier, était sénéchal de Rouergue en

---

[1] Acte du 6 juillet 1238. Orig. Trésor des chartes, J. 271, n° 3.

[2] Acte de septembre 1244. Orig. Trésor des chartes, J. 328, n° 20. Hommage de B. Contor. *Ibidem*, J. 192, n° 12, 20 mai 1245.

[3] Compte de la Toussaint 1261. Trésor des chartes, J. 317, n° 61, fol. 35 r°.

[4] Compte de l'Ascension 1252. *Ibidem*, fol. 35 r°.—Compte de la Chandeleur 1253. Bibl. imp., n° 9019, fol. 9.

[5] Trésor des chartes, J. 317, n° 61, fol. 42 v°. — Charte du doyen d'Herment, février 1260. Orig. J. 190, n° 96.

[6] Compte de 1267. Bibl. imp., n° 9019, fol. 27, etc.

[7] Acte du 20 septembre 1246. Trésor des chartes, J. 322, n° 65.

[8] Compte de l'Ascension 1252. Trésor des chartes, J. 317, n° 61, fol. 36. Il laissa un reliquat dont Alfonse lui fit don. *Ibidem*, fol. 11 v°.

[9] Compte de la Toussaint 1256. *Ibidem*, fol. 42 v°.

[10] Il ne l'était plus en 1267, le jeudi après le mois de Pâques. Reg. B, fol. 68 r°.

[11] Compte de la Chandeleur 1268 et de la Toussaint 1269. Bibl. imp., n° 9019, fol. 28 et 30.

1250, 1251, 1252 et 1253 [1] : il fut accusé par des malveillants d'avoir reçu des présents de ses administrés. Il écrivit à Alfonse pour se disculper : il déclara n'avoir jamais accepté que les cadeaux autorisés par l'usage. Plusieurs prélats et des abbés lui avaient offert des bénéfices pour ses enfants, il les avait remerciés, voulant auparavant obtenir l'autorisation du comte. Il eut des différends assez vifs avec l'évêque de Rodez [2] : il fut transféré, en 1253, à la sénéchaussée de Venaissin [3]. Pierre de Landreville, chevalier, réunit sous son autorité les sénéchaussées de Rouergue et d'Albigeois : il administra jusqu'au mois d'octobre 1262, qu'il fut nommé sénéchal de Toulouse, tout en conservant la direction de l'Albigeois [4]. Il rendit ses comptes à Philippe de Boissy, chevalier, qui était encore en place en 1271.

ALBIGEOIS.

Uni de 1249 à 1256 à la sénéchaussée de Toulouse,

[1] Compte de l'Ascension 1252. Trésor des chartes, J. 317, n° 61, fol. 36.
[2] Lettre originale (vers 1252). Trésor des chartes, J. 326, n° 40.
[3] J. 317, n° 61, fol. 38. Compte de la Toussaint.
[4] « Dilecto et fideli suo Petro de Landrevilla, senescallo Tholosano et Albiensi. Significamus vobis quod nos dilecto et fideli nostro Philippo de Boissiaco, militi, latori presentium, seneschalliam Ruthinensem tradidimus custodiendam quamdiu nobis placuerit; unde vobis mandamus quatinus eidem Philippo, militi, omnia transcripta seneschallie Ruthinensis et omnes ballivias quomodo sunt tradite et affirmate, et omnes plegios cum incheramentis tradatis, penes vos dicta transcripta retinentes; et dictum Philippum, prout meliori modo poteritis, super regimine dicte senescallie et custodia informantes, et eidem consilium vestrum pariter et auxilium quocienscumque ab ipso fueritis requisitus et expedire videritis... mandamus vobis insuper ut maxima diligentia quam poteritis seneschalciam nostram Tholosanam et senescalliam Ruthinensem custodiatis... Apud Chaufour, » octobre 1262. Trésor des chartes, J. 307, n° 55, n° 11.

et de 1256 à 1262 à la sénéchaussée de Rouergue, et à partir de 1262 réuni de nouveau au Toulousain [1].

TOULOUSAIN [2].

Pierre de Voisins, sénéchal de Toulouse et d'Albigeois, cessa ces fonctions le 14 février 1254 [3]. Hugues d'Arsis exerça deux ans [4] : Geoffroi de Chennevières fut chargé d'administrer, en 1256, la sénéchaussée de Toulouse sans l'Albigeois : il fut remplacé en octobre 1262 par Pierre de Landreville, sénéchal de Rouergue et d'Albigeois, auquel on laissa cette dernière province à diriger [5]. Landreville mourut en 1268 [6]. Sicard d'Alaman administra la sénéchaussée jusqu'à l'arrivée du nouveau sénéchal Thibaud de Nangerville, qui fut institué par lettres patentes du vendredi après la quinzaine de la Pentecôte 1269 [7].

COMTAT VENAISSIN [8].

Raimond Gaucelme, sire de Lunel, gouverna le Venais-

[1] Du temps de Raymond VII il y avait un sénéchal spécial pour l'Albigeois. Dans une transaction entre le comte de Toulouse et l'abbé de Gaillac, en date du 13 octobre 1231, figure « Guillelmus, senescallus Albigensis. » Orig., J. 309, n° 8.

[2] De 1236 à 1241, Hugues de Villeneuve fut sénéchal de Toulouse pour Raymond VII. Trésor des chartes, J. 311, n° 54 (acte du 13 août 1236), et J. 314, n° 76 (acte du 14 février 1241).

[3] Acte d'octobre 1251. Trésor des chartes, J. 323, n° 88. — Il était encore sénéchal le mercredi après les Rameaux 1253. Vaissete, t. VI, Preuves, p. 495. La date de sa sortie de charge est indiquée par le compte de la Chandeleur 1254, où on lit : « De ballivia Tholose, per d. Petrum de Vicinis, ab octaba O. Sanctorum 1253 usque ad primam dominicam Quadragesime sequentem. » J. 317, n° 61, fol. 9 r°.

[4] Trésor des chartes, J. 317, n° 61, fol. 40 r°.

[5] *Ibidem*, fol. 3 r°.

[6] Reg. A, fol. 150 v°. Lettre d'Alfonse, datée du mardi avant Noël 1268.

[7] Reg. B, fol. 70 r°.

[8] En 1246, A. de Clermont était sénéchal du Venaissin, 15 octobre 1246. Trésor des chartes, J. 323, n° 85.

sin de 1249 à 1253 [1], époque où il fut relevé de ses fonctions par Jean d'Arsis, sénéchal de Rouergue. Messire Jean d'Arsis gouverna jusqu'en 1267, époque où il mourut [2]. Il sut se concilier pendant sa longue administration les sympathies de tous. Il paraît que son manque de fortune personnelle, joint à la mauvaise gestion de ses intérêts privés, lui rendit difficile de soutenir son rang : il dut même un instant renoncer à ses fonctions. Tout était prêt pour son départ, quand l'abbé de Saint-André-lez-Avignon supplia Alfonse, au nom du clergé du Venaissin, de leur laisser un sénéchal dont l'Église avait hautement à se louer, promettant de lui venir pécuniairement en aide et de le mettre à même de vivre conformément à son rang [3]. Il laissa toutefois une succession embarrassée, et mourut redevable de fortes sommes au comte, qui fit vendre pour se payer les meubles, l'argenterie du défunt et des blés qui lui appartenaient [4].

Après Jean d'Arsis, le Venaissin eut pour sénéchal Girard de Prunai, chevalier [5], puis Guillaume de Vaugrigneuse [6].

[1] Trésor des chartes, J. 317, n° 61, fol. 37. Compte de la Chandeleur 1253. — Acte de novembre 1254 qui prouve qu'il n'était plus sénéchal. J. 311, n° 71.

[2] Trésor des chartes, J. 317, n° 61, fol. 58.

[3] Lettre sans date. J. 1024, n° 21.

[4] Lettre de Thibaud d'Arsis, damoiseau, lendemain de Pâques 1267. Reg. A, fol. 84 r°, et lettre d'Alfonse de même date, *ibidem*.

[5] Lettre par laquelle G. de Prunai reconnaît devoir à A., tant à titre de prêt, que pour reliquat des comptes de la sénéchaussée de Venaissin, trois cent vingt livres tournois. « Le diemanche es trais semaines de Pentecoste 1267. » Orig. Trésor des chartes, J. 318, n° 57.

[6] Voyez la liste des compositions faites par G. de Vaugrigneuse, chevalier, avec les communautés du Venaissin, pour le fouage 1269. Bibl. imp., n° 9019, fol. 38.

CHAPITRE IV.

DIVISIONS ADMINISTRATIVES DES DOMAINES D'ALFONSE.

Nous offrons le tableau des divisions administratives des domaines d'Alfonse, d'après les comptes originaux de recettes et de dépenses. Nous indiquons les prévôtés et baylies, mais nous ferons remarquer que leur nombre variait à chaque instant : tantôt une prévôté était affermée seule, tantôt elle était jointe à une autre ou même à deux autres prévôtés, suivant le caprice d'un sénéchal ou le hasard des enchères. Quand le même individu avait pris à l'adjudication deux prévôtés, il les administrait toutes les deux seul, et en fait il n'y avait plus qu'une prévôté. J'avais eu un moment l'intention et j'avais même essayé de faire connaître ces vicissitudes des circonscriptions inférieures, mais j'ai dû y renoncer : je n'aurais pu être complet. Je me contente de donner pour chaque sénéchaussée la liste la plus complète.

SÉNÉCHAUSSÉE DE POITOU [1].

(Partie de la Vienne, des Deux-Sèvres et de la Vendée.)

Prévôtés.

Poitiers.	*Pictavi.*	Vienne, ch.-lieu de dép.
Niort.	*Niortum.*	Deux-Sèvres, ch.-lieu de département.
Fontenai.	*Fontenaium.*	Vendée, ch.-lieu d'arr.
Montreuil.	*Monasteriolum.*	Vienne, arr. de Poitiers.
Sanzai.	*Sanceium.*	Deux-Sèvres, arr. de Bressuire.

[1] J. 317, n° 61, et J. 192, n° 19. — Comptes d'Adam le panetier, années 1243-1247, KK. 376. — Compte de Thibaud de Neuvy, sénéchal de Poitiers. Toussaint 1259. Bibl. imp., n° 9019. — *Ibidem*, 1260. — Autre de l'an 1260.

Prahecq.	*Prahec.*	Deux-Sèvres, arr. de Niort	Terres confisquées.
Cherveus.	*Chervios.*	Deux-Sèvres, arr. de Niort	
St-Savin.	*Sanctus Savinus.*	Vienne, arr. de Montmorillon.	*Terre forefacte.*
Montmorillon.	*Mons-Maurilii.*	Vienne, ch.-lieu d'arr.	

SÉNÉCHAUSSÉE DE SAINTONGE [1].

(Charente-Inférieure, partie des Deux-Sèvres.)

Prévôtés.

La Rochelle.	*Rupella.*	Charente-Infér., chef-lieu de département.
St-Jean d'Angély.	*Sanctus Johannes de Angeliaco.*	Charente-Infér., chef-lieu d'arrondissem.
Benon.	*Benaon, Banaon.*	Charente-Infér., arr. de la Rochelle.
Grand fief d'Aunis.	*Magnum feodum Alnisii.*	Charente-Inférieure.
Tonnay.	*Tauneium, Talniacum.*	Charente-Infér., arr. de Rochefort.
Saintes.	*Xanctones.*	Charente-Infér., arr. de Saintes.
Marennes.	*Marannie.*	Charente-Infér., chef-lieu d'arrondissem.
Frontenai.	*Frontenaium.*	Deux-Sèvres, arr. de Niort.
Coulons.	*Colons, Coulons.*	Deux-Sèvres, arr. de Niort.

---

[1] J. 317, n° 61; J. 192, n° 19. — Compte de Jean de Sours, Ascension 1260. Bibl. imp., n° 9019.

AUVERGNE [1].

(Puy-de-Dôme, partie de Haute-Loire et de l'Allier.)

Baylies.

Langeac.	*Langiacum.*	Haute-Loire, arr. de Brioude.
Brioude.	*Brivatensis bajulia.*	Haute-Loire, ch.-lieu d'arrondissem.
Auzon.	*Ausonium.*	Haute-Loire, arr. de Brioude.
Nonnette.	*Noneta.*	Puy-de-Dôme, arr. d'Issoire.
Monton.	*Montonium.*	Puy-de-Dôme, arr. de Clermont-Ferrand.
Breuil.	*Brolium.*	Puy-de-Dôme, arr. de Clermont-Ferrand.
Pont-du-Château.	*Castri-Pons.*	Puy-de-Dôme, arr. de Clermont-Ferrand.
Montcel.	*Moncels.*	Puy-de-Dôme, arr. de Riom.
Billom.	*Buillon.*	Puy-de-Dôme, arr. de Clermont.
Ennezat.	*Enaziacum, Anaziacum.*	Puy-de-Dôme, arr. de Riom.
Riom.	*Riomum.*	Puy-de-Dôme, ch.-lieu d'arrond.

[1] J. 317, n° 62. Comptes de l'Ascension 1255 : dans ce compte il y a un moins grand nombre de baylies qu'en 1867. J. 192, n° 19. — Compte d'Évrard de Millechamps, Ascension 1267. Bibl. imp., 10918, fol. 21. Conf. Delalo, *Des limites des divisions territoriales et civiles de la haute Auvergne*, 1859, p. 40. — M. Chazaud, archiviste de l'Allier, a bien voulu revoir notre tableau des divisions de l'Auvergne, et a corrigé quelques erreurs de M. Delalo.

Tournoelle.	*Tournolium.*	Puy-de-Dôme, arr. de Riom.
Châtel-Guion.	*Castrum Guidonis.*	Puy-de-Dôme, arr. de Riom.
Le Mans.	*Mansus.*	Puy-de-Dôme, arr. de Riom.
Châteauneuf.	*Castrum-Novum.*	Puy-de-Dôme, arr. de Riom.
Cournon.	*Corno.*	Puy-de-Dôme, arr. de Clermont.
Pionsat.	*Pinciacum.*	Puy-de-Dôme, arr. de Riom.
Roche d'Agout.	*Ruppes Dagulphi.*	Puy-de-Dôme, arr. de Riom.
Palluel et Buchecairal.	*Paluellum.*	Allier, arr. de la Palisse.
Langy.	*Langetum, Lengis.*	Allier, arr. de la Palisse.
Puy-Rogier.	*Podium Rogerii.*	Allier, arr. de la Palisse.
Cébazat.	*Cebaziacum, Sabaziacum.*	Puy-de-Dôme, arr. de Clermont.
Vichy.	*Vichiacum, Vicherium.*	Allier, arr. de la Palisse.
Ris.	*Rivi.*	Puy-de-Dôme, arr. de Thiers.
Péage de Saint-Pourçain.	*Sanctus Porcianus.*	Allier, arr. de Gannat.
Goutières.	*Gouteria, Goteria.*	Puy-de-Dôme, arr. de Riom [1].

[1] On peut consulter sur les variations des baylies d'Auvergne le registre du Trésor des chartes J. 317, n° 61, fol. 73 et 74 : ces variations sont très-nombreuses.

SÉNÉCHAUSSÉE D'AGENAIS ET DE QUERCY[1].

(Lot-et-Garonne, partie du Lot et de Tarn-et-Garonne.)

AGENAIS.

Baylies.

Agen.	*Agennum.*	Lot-et-Garonne, chef-lieu de dép.
Outre-Garonne.	*Ultra Garonnam.*	Lot-et-Garonne, arr. de Nérac.
Port-Ste-Marie.	*Portus Sancte Marie.*	Lot-et-Garonne, arr. d'Agen.
Grand-Castang.	*Grande Castrum.*	Dordogne, arr. de Bergerac.
Penne.	*Penna.*	Lot-et-Garonne, arr. de Villeneuve.
Villeneuve de Poujoul[2], et Ste-Livrade.	*Villa Nova de Poujol et Sancta Liberata.*	Id.
St-Pastour.	*Sanctus Pastor.*	Id.
Monclar.	*Mons Clarus.*	Id.
Castel Seignoret et Castillonnez.	*Castrum Seignoreti et Castellio.*	Id
Monflanquin.	*Mons Flanquinus.*	Id.
Villeréal.	*Villa Regalis.*	Id.
Tournon.	*Torno.*	Id.
Sainte-Foi.	*Sancta Fides.*	Id.
Marmande et péage de Marmande.	*Mirmanda.*	Lot-et-Garonne, chef-lieu d'arrond.

[1] Compte de la Toussaint 1259. Bibl. imp., n° 9019, fol. 14. — Conf. Trésor des chartes, J. 317, n° 62.
[2] Actuellement Villeneuve-sur-Lot.

QUERCY [1].

(Lot et partie de Tarn-et-Garonne et de Lot-et-Garonne.)

Baylies.

Moissac.	*Moissiacum.*	Tarn-et-Garonne, ch.-lieu d'arr.
Montauban.	*Mons Albanus.*	Tarn-et-Garonne, ch.-lieu de dép.
Castelnau.	*Castrum Novum.*	Lot, arr. de Cahors.
Caussade.	*Calciata.*	Tarn-et-Garonne, arr. de Montauban.
Caylus.	*Caslucium.*	Tarn-et-Garonne, arr. de Montauban.
Hautmont.	*Altus mons.*	Tarn-et-Garonne, arr. de Montauban?
Mirabel.	*Mirabellum.*	Tarn-et-Garonne, arr. de Montauban?
Montjoie.	*Mons Gaudii.*	Tarn-et-Garonne, arr. de Moissac.
Castelsagrat.	*Castrum Sacratum.*	Tarn-et-Garonne, arr. de Moissac.
Mollières.	*Molerie.*	Tarn-et-Garonne, arr. de Montauban.
Montcuq.	*Mons Cuci.*	Lot, arr. de Cahors.
Lauserte.	*Lauserta.*	Lot, arr. de Cahors.
Sauveterre et	*Salvaterra et*	Tarn-et-Garonne, arr. de Moissac.
Montdenard [2].	*Mons Lanardi.*	Tarn-et-Garonne, arr. de Moissac.

---

[1] Mêmes sources que pour la sénéchaussée d'Agenais : ces deux sénéchaussées étaient en effet administrées par un même sénéchal.

[2] Cette bastide, appelée en ancien idiome *Montlanard*, a été à tort appelée *Montleard* et *Montlevard* par D. Vaissete.

DEUXIÈME PARTIE. — ADMINISTRATION LOCALE. 177

Sept-Fonts.	*Septem Fontes.*	Tarn-et-Garonne, arr. de Montauban.
Outre-Lot [1].	*Ultra Oltim.*	Lot, arr. de Cahors, et Lot-et-Garonne, arr. de Villeneuve.

SÉNÉCHAUSSÉE DE ROUERGUE [2].

AVEYRON.

Baylies.

Millau.	*Amilliavum.*	Aveyron, arr. de Millau.
St-Geniès.	*Sanctus Genesius.*	Id.
La Guiolle.	*Guyola.*	Id.
Cassagnes (*Cassanee*), appelée aussi baylie de Rodez, comprenant la Pézade.		Aveyron, arr. de Rodez.
Peyrusse.	*Petrucia.*	Aveyron, arr. de Villefranche.
Najac.	*Najacum.*	Id.
Villeneuve.	*Villanova.*	Id.
Villefranche.	*Villafranca.*	Aveyron, ch.-lieu d'arr.

SÉNÉCHAUSSÉE DE TOULOUSE ET D'ALBIGEOIS.

(Haute-Garonne; partie de Tarn-et-Garonne, arrondissement de Castelsarrasin; du Tarn, arrondissement de Lavaur; de l'Aude, arrondissement de Castelnaudary.

TOULOUSE.

Baylies.

Toulouse.	*Tholosa.*	Haute-Garonne, chef-lieu de départ.

---

[1] Sur cette baylie voyez plus haut, page 65.

[2] « Compotus domini Philippi de Boyssiaco, militis, senescalli Ruthinensis, de termino Purificationis Beate Marie M.CC.LXVIII. » Bibl. imp., n° 109, n° 13. — Arch. de l'Emp., J. 317, n° 61.

Buzet et Villemur.	*Busetum et Villa muri.*	Haute-Garonne, arr. de Toulouse.
Les Vaux.	*Vallis.*	Haute-Garonne, arr. de Villefranche.
Saint-Félix et Caraman.	*Sanctus Felix et Caramannum.*	Id.
Castelnau.	*Castrum novum.*	Id.
Laurac et Fanjeaux.	*Loracum. Fanum Jovis, Fangiax.*	Aude, arr. de Castelnaudary. Id.
Avignonnet.	*Avinio, Avinionetum.*	Haute-Garonne, arr. de Villefranche.
Saint-Rome.	*Sanctus Romanus.*	Id.
Montgiscard.	*Mons Giscardi.*	Id.
Rieux et Montesquieu.	*Rivi et Mons Esquivi.*	Haute-Garonne, arr. de Muret. Id.
Verdun et Castel-Sarrasin.	*Verdunum et Castrum Sarraceni.*	Tarn-et-Garonne, arr. de Castel-Sarrasin. Id.
Bonnac.	*Bonnacum.*	Id.
Lavaur et Puy-Laurens[1].	*Vaurum et Podium Laurentii.*	Tarn, arr. de Lavaur. Id [2].

[1] En 1258 « balliva Vauri et de Podio Laurentii et des Apaihais ».

[2] Bibl. imp., Compte du terme de l'Ascension 1256; Bibl. imp., n° 9019. — Arch. de l'Emp., J. 317, n° 61, fol. 58 r°, comptes de 1258 à 1259. En 1258, à Rieux et Montesquieu, on a joint les nouvelles bastides de Gascogne. En 1256 on voit figurer « Terra domini Rogeri d'Espec, et bastide non affirmate ».

ALBIGEOIS [1].

(Tarn, arrondissement de Gaillac. — Jugerie d'Albigeois.)

Baylies.

Cordes.	*Cordue.*	Tarn, arr. de Gaillac.
Gaillac.	*Galliacum.*	Id.
Cahuzac.	*Causacum.*	Id.
Castelnau.	*Castrum novum.*	Id.
Rabastens.	*Rapistagnum.*	Id.
Penne.	*Penna.*	Id.

SÉNÉCHAUSSÉE DE VENAISSIN [2].

VAUCLUSE.

Baylies.

Bonnieux.	*Bonnilii.*	Vaucluse, arr. d'Apt.
Oppède.	*Oppeda.*	Id.
Cavaillon.	*Cavallio.*	Vaucluse, arr. d'Avignon.
L'Isle.	*Insula.*	Id.
Pernes.	*Paterne.*	Vaucluse, arr. de Carpentras.
Pont de Sorgue.	*Pons Sorgie.*	Vaucluse, arr. d'Avignon.
Malaucène.	*Malaucena.*	Vaucluse, arr. d'Orange
Vaison et Seguret.	*Vasio et Seguretum.*	Id.
Mornas et La Palud.	*Mornacium et Paludium.*	Id.

[1] Voyez les sources indiquées pour la sénéchaussée de Toulouse.
[2] Arch. de l'Emp., J. 317, n° 61, Comptes de l'année 1257; et Compotus abreviatus, J. 192, n° 19.

AVIGNON.

Avignon, indivis entre le comte de Toulouse et le comte de Provence, avait une administration séparée : elle était soustraite à l'autorité du sénéchal de Venaissin. Elle était gouvernée par un viguier choisi alternativement par un des deux seigneurs : il y avait aussi un receveur nommé clavaire.

LIVRE TROISIÈME.

FINANCES.

CHAPITRE PREMIER.

HISTOIRE MONÉTAIRE D'ALFONSE.

(1241—1271.)

Alfonse frappe d'abord de la monnaie poitevine d'après le système tournois, mais à l'ancien type. — Monnaie de Riom. — Ancienne monnaie de Toulouse. — Alfonse introduit le système tournois à Toulouse et dans le reste de ses États. — Monnaie de Venaissin. — Unité de type et imitation du type tournois. — Saint Louis défend d'imiter les monnaies royales. — Nouveaux types employés par Alfonse. — Fabrication des monnaies. — Adjudications. — Organisation des ateliers monétaires à Montreuil-Bonnin, à Toulouse, à Pont de Sorgues. — Fraudes. — Monnaie d'Avignon. — Mines d'argent en Rouergue. — Monnaies baronales : des comtes de la Marche ; — de l'évêque d'Agen ; — de l'évêque de Cahors ; — de l'évêque d'Albi ; — du comte et de l'évêque de Rodez : — de l'évêque de Clermont ; — de l'archevêque de Vienne. — Monnaie melgorienne. — Monnaie au type arabe. — Change des monnaies. — Tarifs du change.

Avant de commencer l'exposé de l'administration financière d'Alfonse, des sources diverses de revenus et des impôts qui lui permettaient de subvenir à ses dépenses, il me semble utile de faire connaître les différentes monnaies qui avaient cours dans les provinces soumises à sa suzeraineté ou faisant partie de son domaine direct.

La fabrication des espèces monétaires tient une place importante dans l'administration de notre comte. Les documents que nous possédons sur ce sujet sont d'autant plus précieux qu'ils s'appliquent en partie à la monnaie de saint Louis, sur laquelle nous manquons de documents précis. Alfonse fit battre monnaie en Poitou, en Auvergne, en Languedoc et dans le comtat Venaissin ; nous allons passer successivement en revue l'histoire de chacun de ces ateliers.

Commençons par le Poitou.

Dès qu'il eut été investi de ce grand fief, le frère de saint Louis s'empressa d'augmenter ses revenus en frappant monnaie à Montreuil-Bonnin, ancien atelier de Richard Cœur-de-lion. Il fit au préalable procéder à une enquête sur le système monétaire qu'il lui serait le plus avantageux d'adopter. « Nous vous mandons, » écrivait-il à son sénéchal, « que vous nous puissiez rendre certain du pois [1] et de la loy de Poitevins, et du pois et de la loy d'Angevins, du pois et de la loy de Nantois à l'escu et du pois et de la loy de Mançois, et combien chascune monnoie devantdite vaut de loy et de pois à tournois, et quelle monnoie nous porrions faire en nostre terre de Poitou, à nostre preu et de la terre [2]. » Il adopta le système tournois, tout en conservant le type en usage du temps du roi Richard d'Angleterre. Le droit porte une croix cantonnée d'une fleur de lis, avec la légende ✝ ALFVNSVS COMES ; au revers, se lit le mot PICTAVIENSIS en trois lignes [3]. On possède à ce type des deniers et des oboles. Ces dernières, bien qu'ayant cours pour un demi-denier, sont loin d'avoir une valeur intrinsèque égale à leur valeur nominale. On conjecture, avec une grande ap-

---

[1] Du Cange porte *prix*, ce qui est une faute de lecture ou d'impression.
[2] Du Cange, *Glossaire*, édit. Henschel, t. V, p. 246, verbo *Pictavini*.
[3] Poey d'Avant, *Monnaies féodales de la France*, t. II, p. 31 et 32, pl. LV, n° 1. — Lecointre-Dupont, *Essai sur les monnaies du Poitou*, 1840, p. 116, 117.

parence de raison, que la monnaie poitevine au type que nous venons de décrire subsista jusqu'en 1249, époque où le Languedoc échut à Alfonse, ou plutôt jusqu'à l'année 1250, que ce prince revint de Terre sainte en France et prit possession de la succession de Raymond VII[1].

Que cette monnaie fût fabriquée d'après le système tournois, on en a plusieurs preuves, entre autres celle-ci, que, dans un compte d'espèces envoyées au mois de mai l'an 1250 en Terre sainte par le trésorier de Saint-Hilaire de Poitiers, les tournois et les poitevins sont additionnés ensemble, tandis que les parisis sont au préalable convertis en tournois[2]. Dans un bail de la monnaie poitevine passé au mois de mars 1270, alors que le système tournois était, ainsi que le constatent des textes nombreux, en vigueur à Montreuil-Bonnin, on lit que la monnaie sera faite « en tele manière et en tele condition come elle a esté fecte en notre tems puis que le contés de Poitou vint en nostre mein[3]. » Ce qui prouve que le système tournois a été en vigueur à Montreuil depuis l'avénement d'Alfonse jusqu'à sa mort.

Qu'Alfonse ait frappé monnaie en Auvergne, c'est incontestable : son atelier monétaire était à Riom; toutefois il est impossible d'affirmer que cet atelier ait été en activité avant 1250[4]. Mais cela est probable. Quoi qu'il en soit, nous avons des riomois d'Alfonse frappés d'après le système et au type tournois. A la face, un châtel; au revers, une croix. La représentation varie dans les détails,

---

[1] Lecointre-Dupont, p. 118.

[2] Aurum et argentum comparatum, Trésor des chartes, J. 317, n° 62. Conf. Lecointre-Dupont, Preuves, p. 156; et Vaissete, t. VI, p. 481.

[3] Reg. B, fol. 21.

[4] Compte du produit de la monnaie d'Auvergne en 1250 et 1254, J. 317, n° 61, fol. 4 r° et 9 r°.

mais l'ensemble est le même dans plusieurs exemplaires qui nous sont parvenus. Toutefois les uns portent le nom d'Alfonse en langue romane; sur les autres on lit ALFVN-SVS. Je suis porté à croire que les deniers à la légende ANFORS, ANFOVRS ou ANFVRS sont antérieurs à la prise de possession du comté de Toulouse, époque où Alfonse paraît avoir introduit une certaine uniformité dans les monnaies frappées dans les différentes provinces soumises à son autorité et adopté des légendes latines. En tout cas, ces deniers au type tournois ne sont pas postérieurs à l'année 1263, pour des motifs que nous exposons plus loin. Nous avons aussi des riomois à un autre type différent du type tournois: nous expliquerons tout à l'heure l'origine de ce changement, qui tient à un ensemble de mesures prises par Alfonse. Les anciens riomois, qui peut-être avaient été fabriqués pendant la minorité d'Alfonse, avaient une valeur inférieure à celle du tournois. Dans un compte de 1256, 200 livres de riomois sont évaluées 160 livres tournois; il en résulte que le riomois était au tournois comme 4 est à 5 [1].

Quand, en 1249, Alfonse devint maître d'une partie du Languedoc, il trouva des ateliers monétaires à Toulouse et à Pont de Sorgues en Venaissin. Les derniers comtes de Toulouse frappaient une monnaie toulousaine, dite septène, qui ne paraît pas avoir varié depuis le deuxième tiers du douzième siècle, à la suite d'une réformation faite par Raymond V avec promesse solennelle de n'introduire aucune modification, promesse qui fut renouvelée en 1205 par son fils Raymond VI [2]. Il résulte de plusieurs

---

[1] « Henricus de Poncellis (debet) II^c libras Ryomensium veterum valentes circa VIII. xx. l. Tur. » Compte de la Toussaint, 1256. J. 317, n° 61, fol. 46, et J. 190, n° 58.

[2] « Ego nec aliquis, nec aliqua in vita mea, illam monetam septenam To-

documents que l'on taillait 26 sous toulousains au marc d'argent fin [1].

Alfonse ne suivit pas les errements de Raymond ; il abandonna l'ancienne monnaie de Toulouse, et sous le nom de toulousains frappa des tournois. C'est ce que nous apprend le bail de la monnaie de Toulouse passé en 1251 entre le sénéchal Pierre de Voisins et Droi de la Moneda, Étienne de l'Oli et Hugue de Guissel ; la durée de ce bail était fixée à trois années, de l'Assomption 1251 à la même fête en 1254 [2]. On y régla, dans les plus minutieux détails, la fabrication des espèces, le gain des monnayers, le seigneuriage du comte. Ce traité prévenait des réclamations du genre de celles qui avaient été adressées précédemment par Pierre Fautrier au nom des monnayers de Toulouse. Ces derniers prétendaient que, du temps des comtes de la maison de Saint-Gilles, ils percevaient pour leur peine cinq deniers et une obole par chaque livre de deniers mâles, et six deniers et une obole par livre d'oboles ; plus huit deniers pour cent sous, et pareille somme pour la taille ; c'est assez dire que Raymond VII donnait en régie la fabrication de ses monnaies.

Alfonse trouva ces prétentions excessives et répondit

losanam, quam dominus pater meus Raimundus, qui fuit, constituit tunc temporis quando monetam Tholosanam mutavit illam quam Ildephonsus, pater ejus, qui fuit, constituerat, ut nunquam mutaret, nec minueret ejus legalitatem nec pondus ullo modo. » Juillet 1205. Du Mége, *Addition à D. Vaissete*, t. V, p. 21.

[1] Dans un prêt fait en 1243 par un juif, il est stipulé que ce prêt sera remboursé en bons toulousains ou melgoriens doubles, et au cas où la monnaie fût altérée, « argenti fini de toto... scilicet ad rationem de xxv. solidis marcha. » Trésor des chartes, J. 324, n° 15. — Conf. Teulet, t. II, p. 511.

[2] « Dono vobis fabricam monete tholosanorum fabricande in villa Tholosana... fabricam dicte monete faciendam ad legem, et pondus et numerum Turonensium. » Trésor des chartes, J. 459, n° 3. — Conf. Vaissete, t. VI, Preuves, p. 487.

qu'il était prêt à accorder ce que le Roi donnait à ses monnayers à Nîmes[1]; mais, tout bien considéré, il préféra concéder le monnayage à l'entreprise, et ce fut en vertu de cette décision que le sénéchal Pierre de Voisins passa le traité dont nous venons de parler.

Les conditions acceptées par les fermiers étaient onéreuses; aussi obtinrent-ils la résiliation de leur bail, car au mois d'avril 1253, les monnayers de Toulouse, dont les noms sont différents de ceux qui figurent dans la convention de 1251, réclamèrent au sénéchal la rupture de leurs engagements, sous prétexte d'inexécution, de la part du représentant du comte, des clauses de leur contrat. Le sénéchal opposa une demande reconventionnelle : il reprocha à l'entrepreneur Guillaume Fénasse d'avoir pris à ferme la monnaie royale de Carcassonne et d'avoir porté dans cette ville du billon qui appartenait à la monnaie de Toulouse. Il se plaignit aussi du retard apporté à l'émission des espèces, et réclamait une indemnité[2]. On nomma de part et d'autre des arbitres, qui, le 11 avril suivant, prononcèrent leur sentence[3], laquelle fut suivie, quelques

---

[1] « Alfonsus, dilectis suis monetariis Tholose... Petrus Feutrerii, concivis vester, suo et vestro nomine, nobis proposuit quod, cum ex antiqua consuetudine et concessione Tholosanorum comitum, ut dicebat, predecessores vestri et vos similiter in moneta vetera (*sic*) Tholosana percipiebatis, pro operagio, quinque denarios et obolum, de denariis masculis, et de obolis, sex denarios et obolum pro libra, et VIII. denarios pro centum solidis monetandis, et VIII. pro tallio, que in nostra moneta nova ut vobis, ut dicitur, ex integro non prestantur; quia vero per dictum ipsius vel instrumenta exhibita, de his nobis ad plenum liquere non potuit, volumus tantum pro operagio percipere vos in moneta quam apud Tholosam faciemus quantum datur monetariis domini Regis in civitate Nemausi. Actum apud Asnerias, anno M.CC.LI. » — Reg. C, fol. 1 v°.

[2] Trésor des chartes, Monnaies, J. 459, n° 4, acte daté du 9 avril 1253.

[3] *Ibid.*, n° 5.

jours après, d'un accord. Le bail fut annulé, et chacune des parties renonça à toute revendication [1].

Alfonse conclut, la même année, un traité avec Bernard Renald, bourgeois d'Albi, et Bernard de Croisses, de Rocamadour, qui s'engagèrent à frapper une certaine quantité de monnaie toulousaine, deniers simples et oboles, d'après le système tournois [2]. Dans ce traité, on stipula la fabrication de gros toulousains, de même poids et aloi que les mançois, c'est-à-dire à 6 deniers 1 obole d'aloi, et à 14 sous et demi de poids. Plus tard, les comptes de recettes nous montrent frappés à Toulouse des deniers égaux aux tournois et des toulousains valant chacun deux deniers tournois [3]. En 1256, le même Bernard Renald prit, seul cette fois, l'entreprise de la monnaie de Toulouse pour trois années, de la Saint-Jean 1255 à la Saint-Jean 1258, aux conditions des baux précédents [4]. L'effet de ce bail était rétroactif : nous donnerons plus loin l'explication de ce fait bizarre, qui se représente fréquemment.

Nous avons des monnaies d'Alfonse frappées à Toulouse qui se rapportent à trois types différents; un denier porte au droit le monogramme d'Erbert du Mans, avec la légende † A COMES FIL' REG FRAN, et au revers, une croix cantonnée 1 et 2 d'un besant, d'une fleur de lis au 3,

---

[1] J. 459, n° 6, acte daté du quinzième jour de la sortie du mois d'avril 1253 (16 avril).

[2] *Ibid.*, n° 7, acte daté du jeudi avant la Saint-Jacques et la Saint-Christophe, 24 juillet 1253. Cette pièce a été publiée très-incorrectement par D. Vaissete, t. VI, p. 487.

[3] « Computato I. tholosano pro II. turonensibus. » Compte de 1267. Arch. de l'Empire, J. 192, n° 19.

[4] Reg. C, fol. 2 r°, acte daté du jeudi après la translation de Saint-Nicolas 1256. Ce texte est malheureusement très-corrompu, et il y manque des mots importants. — Conf. Catel, *Comtes de Tholose*, p. 389.

et d'un chapel de perles au 4; pour légende : **TOLOSA CIVITAS** [1]. Nous croyons pouvoir attribuer ce denier à une émission voisine de 1250. D'autres deniers se rapportent au type tournois. Au droit, une croix avec la légende : † A CO FILIVS REG : au revers, le châtel, avec la légende : THOLOSA CIVI [2]. Remarquons que l'A du nom d'Alfonse affecte au premier abord la forme d'un R, ce qui a induit en erreur Duby, et lui a fait attribuer ces pièces à Raymond VII, fils de Jeanne d'Angleterre, désignée ordinairement sous le nom de Reine Jeanne.

Nous connaissons plusieurs deniers frappés dans le comtat Venaissin à Pont de Sorgues : ils se rattachent au type tournois. Au droit, le châtel avec la légende : A COMES TOLOSE ; au revers, une croix avec la légende : † MARCh' PVINCIE [3].

Nous avons dit qu'à partir de 1249 ou plutôt 1250, Alfonse changea le type des poitevins et substitua au type en usage dès le règne de Richard Cœur-de-lion le type tournois de la monnaie royale de France. Nous avons vu aussi que ce type tournois avait été adopté par lui sur les monnaies de Riom, de Toulouse et du marquisat de Provence; il en résulta qu'à un certain moment toutes les monnaies des différentes provinces soumises à son autorité furent à la fois d'après le système et au type tournois. C'était là une grande innovation et une excellente mesure. Elle avait, entre autres avantages, celui de simplifier la comptabilité et de faciliter les transactions, puisque toutes ces monnaies étaient au fond identiques bien qu'elles continuassent à porter des noms particuliers, poitevins, rio-

---

[1] Poey d'Avant, *Monnaies féodales*, t. II, p. 250, pl. LXXXI, n° 7.
[2] *Ibid.*, n° 10.
[3] *Ibid.*, p. 257, pl. LXXXI, n° 20.

mois, toulousains; mais elles constituaient une sorte de
con efaçon des monnaies royales dont elles reproduisaient
le type.

Cela déplut au Roi. Dès 1262 il avait rendu, étant à
Chartres, une ordonnance portant : « que nuls ne puisse
faire monnoie semblant à la monnoie le Roy, que il n'y ait
dissemblance aperte et devers croix et devers pilles, et que
elles cessent dès ores en avant. » Saint Louis ne pouvait
tolérer chez son frère ce qu'il défendait aux autres barons, aussi au commencement de l'année 1263, il lui envoya un de ses clercs, le doyen de l'église d'Orléans, lui
signifier l'ordre de cesser la fabrication des poitevins [1].
Alfonse s'excusa, alléguant qu'il ignorait que sa monnaie
fût frappée dans d'autres conditions qu'au commencement
de son règne. En même temps, il députa à saint Louis le
trésorier de Saint-Hilaire de Poitiers, Raoul de Gonesse et
Guillaume de Vaugrigneuse, ses clercs, pour donner des
explications.

Il paraît que ces explications ne furent pas jugées valables, car quelque temps après le Roi renouvela sa défense
et prescrivit à son frère de cesser immédiatement de battre
monnaie en Poitou. Le motif de cette interdiction est clairement énoncé; c'est que la monnaie du comte était semblable à celle du Roi; saint Louis défendit expressément à

---

[1] Lettre d'Alfonse au Roi, datée de l'Hôpital, près de Corbeil, le lundi après
Isti sunt dies, Bibl. imp., n° 10918, fol. 16 r°. « Super facto monete quod
nobis per venerabilem virum G. decanum Sancti Aniani mandastis, dominacionem vestram scire volumus quod nos super hoc, secundum quod nobis
mandavistis, vestram faciemus libentissime voluntatem; monetam eciam nostram Pictavensem quam de jure facere possumus et debemus, si vobis placeret, quantumcumque dampnum exinde haberemus, cudi minime faceremus.
Sciatis siquidem quod nos nesciebamus quod moneta nostra Pictavensis alio
modo cuderetur quam antiquitus in nostro tempore fieri consuevit, quando
hoc dominus decanus nobis dixit. Datum apud Hospitale juxta Corbolium,
die lune post Isti sunt dies, anno LXII. »

Alfonse de frapper désormais aucune monnaie pareille à la monnaie royale, soit du côté de la croix, soit du côté de la pile [1]. Alfonse comprit qu'il ne lui restait plus qu'à se soumettre ; il obéit, et ordonna à Aubert, maître de la monnaie de Montreuil-Bonnin, d'interrompre le monnayage [2]. Mais ce ne fut là qu'une suspension momentanée. Dès 1264, les ateliers de Montreuil reprirent leur activité, ainsi que l'atteste le compte des recettes du terme de la Chandeleur 1265, où figure une somme de 153 livres 4 sous 9 deniers versée par le nouveau maître Pierre Godel ; il est marqué que cette somme se composait de deniers de la nouvelle monnaie poitevine [3]. Cette fabrication dura sans interruption jusqu'en 1271.

Ce que saint Louis défendait à son frère d'imiter, ce n'était pas le système mais bien le type tournois ; il voulait que les poitevins et autres monnaies du comte de Toulouse ne pussent être confondus avec les monnaies

---

[1] Lettre de saint Louis à Alfonse, datée de Royaumont, le jeudi avant la Nativité de saint Jean-Baptiste, *ibid.*, fol. 16 r°. « Cum vobis alias mandaverimus quod a factione monete vestre de Mosteriolo, pro eo quod monete nostre Turonensi similis erat, omnino cessari faceretis, et adhuc [cudatur], sicut nobis datur intelligi, vobis iterato mandamus quatinus in presenti a factione dicte monete cessari faciatis, nec illam vel aliam que nostre monete sit similis, ex parte crucis vel pile, de cetero facere faciatis. Datum apud Regalum montem, die jovis ante Nativitatem B. Johannis Baptiste. »

[2] Lettre d'Alfonse au Roi en date du vendredi avant la Saint-Jean, et lettre du même à Aubert, *ibid.*, fol. 17. « Celsitudinis vestre litteras recepimus continentes quod a factione monete nostre Pictavensis cessare faciamus. Sane, quamquam mandatum hujusmodi non modice sit dampnosum, nichilominus tamen volentes vestris parere beneplacitis, vestram voluntatem adimplebimus, sicut vestra littera continebat. » Conf. de Wailly, *Recherches sur le système monétaire de saint Louis*, p. 25. — Cet ordre reçut une exécution immédiate. Voici ce que porte le compte de 1263 : « De moneta Pictavensium per J. Auberti a Candelosa anno LXII usque ad diem sabbati post Nativitatem B. Johannis Baptiste anno LXIII. » J. 192, n° 19.

[3] « De moneta Pictavensium per Petrum Godelli, CLIII l. IV s. IX d. Pictavensium novorum. » Orig. Trésor des chartes, J. 192, n° 19.

royales et avoir cours en dehors des fiefs où elles avaient été frappées. Aussi Alfonse se borna-t-il à modifier ses types ; il en adopta un différent pour chacune des grandes divisions territoriales de ses États. Nous proposons la classification suivante des espèces frappées entre 1263 et 1271.

La face présente uniformément une croix avec la légende ALFVNSVS COMES ; le revers change suivant chaque province. En Poitou, c'est une fleur de lis mi-partie d'un château [1], figure que l'on a prise à tort pour la lettre H, avec laquelle elle offre du reste quelque ressemblance [2]. A Toulouse c'est un château, mi-parti d'une fleur de lis ; la croix du droit cantonnée de quatre annelets [3]. En Auvergne, la croix est accompagnée d'un croissant et d'une étoile. Le revers représente un château accompagné de deux croissants [4]. Nous ne connaissons pas de monnaie frappée à Pont de Sorgues en dehors du type tournois ; mais il est évident qu'après 1263 on dut modifier ce type dans cet atelier comme dans les autres, pour obéir aux injonctions du Roi, si toutefois, ce qui est douteux, on y frappa des espèces.

Les monnaies toulousaines sont rares ; on a cru qu'on frappait à Toulouse des monnaies ayant le même type que celles qui étaient émises à Montreuil-Bonnin ; on s'est appuyé sur la légende ALFVNSVS COMES PICTAVIE : ET THOL, mais cette conjecture ne nous semble pas pouvoir être adoptée, car dans les baux qui nous sont parvenus,

---

[1] Poey d'Avant, *Monnaies féodales*, t. II, p. 31 et 32, pl. LV.

[2] Lecointre-Dupont, p. 120.

[3] Longpérier, *Rev. num.*, 1859, p. 461, pl. XXI, n° 8, reproduite par Poey d'Avant, t. II, p. 251, pl. L.

[4] *Idem.*, t. I, p. 348 et 349, pl. LXXXI.

il est spécifié que la monnaie frappée dans un atelier aura cours exclusivement dans la province [1].

J'ai dit qu'Alfonse avait adopté le système tournois, ici se présente une difficulté. Nous n'avons aucun document contemporain qui nous fasse connaître la taille de la monnaie de saint Louis : on en est réduit à adopter l'assertion de Louis X, qui, faisant droit aux réclamations soulevées par l'altération des monnaies sous Philippe le Bel, promit de fabriquer des espèces de même loi et de même poids que celles de saint Louis. Or il prétend que saint Louis taillait 220 deniers tournois au marc d'argent fin. Dans le bail de la monnaie de Toulouse de 1251, le sénéchal ordonne de fabriquer à Toulouse de la monnaie aux même titre, poids et taille que la monnaie tournois, c'est-à-dire au titre de 4 deniers 18 grains et à la taille de 217, au marc de Troyes. Comment concilier cette taille de 217 avec la taille de 220 attribuée par Louis le Hutin à saint Louis? Or Alfonse affirmait que sa monnaie était conforme aux tournois royaux. M. N. de Wailly, qui a cherché à résoudre cette difficulté, a, conformément à l'opinion de Le Blanc, et en invoquant un bail de la monnaie du comte de Nevers, cherché à établir que la taille de 217 pour les tournois était peu vraisemblable [2]. En effet, en taillant à 217 saint Louis aurait créé une monnaie de billon dont chaque pièce eût valu plus que la fraction correspondante du gros tournois d'argent, de sorte qu'une somme de cent sous payée en petits tournois aurait contenu au moins 20 centimes d'ar-

---

[1] Voy. Reg. B, fol. 23, le bail de la monnaie de Montreuil, et dans Vaissete, t. VI, p. 487, le bail de la monnaie de Toulouse.

[2] N. de Wailly, *Recherches sur le système monétaire de saint Louis*, dans le tome XXI, 2ᵉ partie des *Mémoires de l'Académie des inscriptions et belles-lettres*, p. 135, et extrait, p. 22.

gent de plus que la même somme payée en gros tournois.

Toutefois il est certain qu'Alfonse croyait en 1251 tailler comme le Roi, et notez que la différence était à son détriment. M. de Wailly a supposé que désireux de répandre sa monnaie et d'assurer sa concurrence avec celle du Roi, il l'avait fabriquée légèrement supérieure à celle de son frère pour la faire mieux accepter [1]. Mais cette concurrence ne pouvait se produire que dans les propres domaines d'Alfonse; et puis, la différence était tellement minime qu'elle n'était appréciable que lorsqu'on opérait sur de fortes sommes.

On peut objecter qu'Alfonse était persuadé, en 1251, tailler comme le Roi en taillant à 217, mais qu'il s'aperçut plus tard de son erreur; cette opinion ne saurait être soutenue, elle est contredite par les documents. La même taille de 217 est indiquée dans un bail de 1253 comme étant commune au Roi et au comte de Toulouse [2]. Il me paraît donc établi que 217 était la taille de saint Louis, et qu'en donnant 220 deniers comme la taille

---

[1] *Système monétaire de saint Louis*, Mémoires de l'Académie, p. 138, et Extrait, p. 26.

[2] « Alfonsus.... universis presentibus litteras inspecturis.... notum facimus quod.... nos monetam Tholose tradidimus Bernardo Renaldi, civi Albiensi, et Bertrando de Croisses, de Rupe Amatoris.... teneant tanquam magistri monete ac faciant dictam monetam.... videlicet mille et centum et viginti quinque libras.... Simplices autem Tholosani debent esse legis et ponderis Turonensium, hoc est sciendum ad quatuor, pougeisses minus, legem, sicut debet fieri moneta domini Regis apud Carcassonam et Nemausum. Dicti enim simplices Tholosani debent deliberari de pondere decem et octo solidorum unius denarii ad marcham Trecensem.... Actum apud Vicenas, anno Domini millesimo ducentesimo quinquagesimo tercio, die jovis ante festum beatorum Jacobi et Christofori. Predictam vero monetam sub dicta forma et conditionibus vobis, mediante justicia, defendemus. » — Trésor des Chartes, J. 459, n° 7. Conf. Vaissete, t. VI, p. 487, et Ducange, édit. Henschell t. III, p. 530.

en usage sous le saint roi, Louis le Hutin se trompait, ou plutôt il faisait connaître l'usage adopté par Philippe le Bel, usage justifiable par la commodité et qui ne constituait pas à proprement parler une altération des monnaies [1].

Pour mieux initier le lecteur aux procédés de fabrication des espèces, nous allons transcrire un bail de la monnaie de Poitou de l'an 1270, puis nous expliquerons ce que les termes de cet acte peuvent avoir d'obscur. Ce bail, ainsi qu'un grand nombre de documents relatifs aux finances, est rédigé en français.

« A touz ceus qui ces presentes leitres verront et orront, je Bernart de Guiserges, bourgois de La Rochele, faz asavoir que je ai pris de très noble segneur Aufonz, fuiz de roi de France, conte de Poitiers et de Toulose, à fère à Monterreul-Bonnin sa monoie de poitevins, de la Nativité seint Johen, qui fu en l'an Notre Segneur mil deus cenz et LXIX, juque à la feste de Pasques, qui sera l'an Nostre Segneur mil deus cenz sexante et douze, en telle mannière et en celle condicion comme elle a esté faite en som tens, puis que la contez de Poitou vint en sa main; et proumet à faire dedanz ledit terme sexante milliers gros. Et de chascun gros millier, li doi rendre trente livres de ladite monoie. Et fait li gros milliers onze cenz et vint cinc livres. Et se je fesaie plus de sexante milliers dedanz ledit terme, conté ce qu'il a esté fait dès la saint Jehan l'an Nostre Segneur M. CC. LX et nuef, juques au samedi après les Brandons en cel an meesmes, je suis tenuz, pour chascun gros millier que je ferai plus, randre XXX livres audit mon segneur le conte. Et, se je en fesoie moins, je sui

---

[1] Sur la modification du système tournois par Philippe le Bel dès 1292 avant l'altération officielle des monnaies, voyez *la France sous Philippe le Bel*, p. 308.

tenuz à rendre de sexante miliers selon ceu qui est dit desus.

» De rechef, j'ai proumis à faire, dedans le dit terme, douze miliers de mallies au gros millier; dont li miliers fait unze cenz et vint cinc livres de mailles doubles. Et doivent estre faites les malles à trois deniers de loi, ausinc comme li deniers sont à quatre deniers, poujaisse moins. Et se doivent delivrer les malles de dis et vint souz deus deniers à celui marc auquel li deniers sont délivré. Et ne se lessent pas les malles à delivrer se l'en troive en trois marcs deux malles plus. Et li devons randre douze cenz livres tournois pour ces douze miliers de mallies dedanz la première semainne de mai, à Egues Mortes. Et li devantdiz misires li coens ne poit faire en autre leu en Poitou ou en Xaintouge monaie de deniers, ne de malles, durant le terme devantdit.

» Et de chascun delivrement doivent estre pris de chascune c. livres delivrées, tant deniers que de mallies, vi. deniers et mis en unne boëte, et par moi et la garde de la monaie souz clef estre gardé; et doi aver unne clef et ladite garde de la monaie l'autre. Et par les deniers de celle boëte et par les mallies sera prouvé savoir mon se la monaie des deniers et des mallies est faite selonc les condicions devantdites. Et doi paier touz les deniers de monaiage de sexante miliers des deniers desus diz, conté ceu que je en ai paié, enterinement dedans la Touz sainz qui sera l'an Nostre Segneur m. cclx et unze. Ce est assavoir par trois termes par an; ce est assavoir le premier terme à l'Acenssion prouchainne à venir, et le secont à la Touz sainz anssuivant emprais, et le tiers terme à la Chandeleur enssuivant; et einssinc en l'an qui s'ansuit après, selonc ceu que je de la monaie ferai de l'un terme juques au l'autre.

» Et pour ces convenances tenir et acomplir et léaument garder j'ai obligé au devantdit monsegneur le conte moi et mes biens, par ma propre volenté et par mon serement, et la fourme du serement est contenue par un cirograffe divisé par l'a. be. ce, dont j'ai l'une partie et lidit mesires li coens l'autre. Et ai proumis et ostraié que je ne puisse tresbucher ne rescouvrer ladite monnaie après la delivrance ; et li devant diz misires li coens commande, veut et mande que, à la requeste de moi, ses seneschaus de Poitou et de Xaintonge facent crier et deffendre que aucun ne pregne en sa terre autre monaie que de la devant dite soue monaie et la monaie son tres cher segneur et frère le roy de France; et pour çou que ces convenances soient fermes et estables, j'ai mis mon seel en ces presentes letres. Ceste letre fut donnée en l'an Nostre Segneur M. CC. sexante et nuef, ou mois de marz [1]. »

On remarquera que l'entrepreneur de la monnaie de Montreuil s'engage à frapper des espèces au gros millier, c'est-à-dire à onze cent vingt cinq livres le gros millier. La même clause se rencontre dans les baux passés sous Alfonse pour les différentes monnaies frappées en son nom [2]. Il résulte de ces textes et d'autres déjà connus, que le gros millier se composait de 1,125 livres, et que l'entrepreneur, pour chaque millier, devait donner au comte une somme qui variait suivant les provinces. En Poitou, ce droit de seigneuriage était ordinairement de 30 livres [3],

---

[1] Reg. B, fol. 23 v°. — Il y a un double de cet acte émanant d'Alfonse, ibid., fol. 23 r°.

[2] Bail d'André de Guisergues de l'an 1269. Reg. A, fol. 18 v°. — Bail de la monnaie de Pont de Sorgue, novembre 1269. Reg. A, n° 5, fol. 87 r°. —Bail de la monnaie de Toulouse, 1251. Trésor des chartes, J. 459, n° 3.

[3] Compte de la Toussaint 1260. « Pro quolibet magno miliare xxv l. » Arch. de l'Emp., J. 192, n° 32. « Pro quolibet magno miliari xxx l. » Bibl. imp., n° 9019, fol. 9. Compte de 1254.

quelquefois de 25 : il était beaucoup moins élevé dans le Midi : nous le trouvons de 16 livres à Toulouse[1] et de 15 livres dans le comtat Venaissin[2]. Il y avait aussi le petit millier, qui était au gros millier comme 8 est à 9 ; c'est ce que l'on peut déduire de différents textes, entre autres d'un compte de recettes de la Chandeleur de l'an 1254 : « Recepta de ix miliaribus ad parvum miliare, que valent viii miliaria ad magnum miliare[3]. » M. N. de Wailly a émis l'opinion judicieuse que le gros millier exprimait le chiffre d'une fabrication qui se faisait aux risques et périls de l'entrepreneur, à charge par lui de payer un droit de monnayage fixé d'avance par les clauses du bail. L'expérience avait sans doute prouvé qu'après avoir prélevé le montant de cette redevance, les frais matériels, le salaire des ouvriers et les bénéfices légitimes de l'entrepreneur, une fabrication se trouvait réduite de 9 à 8. De là les expressions de gros et de petit millier pour désigner un millier augmenté ou diminué de la somme qui représentait le droit de monnayage, les frais de fabrication et les bénéfices du fermier[4].

Le gros millier, qui était toujours de 1,125 livres dans les États du comte Alfonse, n'était pas partout le même. On peut être certain, quand il est question de gros et de petits milliers, qu'il s'agit d'une monnaie donnée à l'entreprise. Alfonse fit rarement frapper pour son propre compte ; il mettait ordinairement en adjudication une cer-

---

[1] Bail de la monnaie de Toulouse en 1253. Trésor des chartes, J. 459, n° 7.

[2] Bail de la monnaie de Venaissin. Reg. A, fol. 87 r°, novembre 1267.

[3] Voyez aussi un compte de la Toussaint 1260. Arch. de l'Empire. J. 192, n° 32.

[4] N. de Wailly, *Recherches sur le système monétaire de saint Louis*, p. 143 et 145 ; extrait, p. 31 et 33.

taine quantité d'espèces à fabriquer, et les enchères étaient soumises aux mêmes règles que celles des prévôtés, c'est-à-dire que, pendant un certain laps de temps stipulé dans l'acte d'adjudication, un tiers pouvait surenchérir et se substituer au premier adjudicataire, même lorsque celui-ci avait commencé ses opérations, à condition de lui donner une indemnité. Cet usage explique pourquoi presque tous les baux que nous possédons sont d'une date postérieure à celle du commencement du monnayage : une année entière s'écoulait quelquefois entre l'entrée en jouissance du bail et la ratification solennelle de ce bail.

Le bail de Bernard de Guisergues que nous avons publié *in extenso* étant un bail définitif, ne renferme pas de mention de surenchère; mais voici ce que nous lisons dans un contrat antérieurement conclu par le même.

« C'est la forme des covenances esqueles Bernart de Guisergues, borjois de la Rochele, veut prendre la monoie monseigneur le conte de Poitiers à fère à Mosteruel Bonin, c'est asavoir ou point, et en la maniere et en la forme que Jehan de Pontlevoy et ses compaignons l'avoient en covenant à fère, et segont la convenance que messires li coens avoit à aus, tout einsinc com il est contenu en la lestre monseigneur le conte. Et est assavoir qu'il fera iiii" milliers au gros millier, à trois forz et trois foibles eu fiertõn, et commencera desjà et fenira de ceste saint Jehan prochienne en l'an Nostre Seigneur mil cc lxvii, en deus anz, c'est assavoir jusques à la feste de la saint Jehan qui sera l'an Nostre Seigneur mil cc lxix. Et doit rendre li diz Bernarz por chascun gros millier à monseigneur le conte, au Temple, à Paris, l livres à encherissement de cent solz le millier; et doit durer li diz encherissement jusques à la première paie, qui doit estre fete dedens l'uictave de la prochienne feste de Touz sainz. Et est assavoir que, se encherissemenz i estoit fez, que cil qui encheriroit rendroit au dit Bernart pour ses couz et pour sa poine c livres, avant que li diz Bernart lessat ladite monnoie à faire ; et a juré ledit Bernarz à tenir lesdites convenances si com il est contenu en la lestre desdites convenances et du serement fet par l'a. be. ce. Ce fu fet l'an de l'incarnacion Nostre Seigneur mil cc lxvi[1]. »

Les baux de monnaie nous donnent de précieux renseignements sur les règles suivies pour la fabrication des espèces. Outre les entrepreneurs ou fermiers, appelés aussi maîtres, il y avait dans chaque hôtel un garde nommé par le comte, avec mission de surveiller les maîtres[2]. Ces gardes abusaient quelquefois de leur autorité ; c'est ce qui ressort d'un curieux procès intenté en 1265 à Girard de Mananias, ancien garde de la monnaie de Pont de Sorgue : il fut accusé par le sénéchal, Jean d'Arsis, d'avoir, pendant les dix années qu'il avait exercé ses fonctions, reçu 250 livres en sus de son traitement. L'inculpé se défendit en prétendant qu'à Nîmes, à Carcassonne, à Toulouse, à Saint-Remy, à Apt, à Nice, à Tarascon, à Pont de Sorgue et à Mornas, où il y avait des hôtels de monnaie, l'usage était que le maître de la monnaie nourrît le garde et lui fournît un roncin et un trottier ou serviteur pour faire ses courses. Mais c'était là une exaction, et le garde infidèle fut condamné à la restitution des sommes qu'il avait indûment perçues[3].

---

[1] Reg. B, fol. 18 r°. — Sur les surenchères, voyez aussi le bail de la monnaie du comtat Venaissin, novembre 1267. Reg. A, fol. 87.

[2] Le garde de Montreuil-Bonnin touchait 3 sous par jour. Il y avait un portier aux gages de 6 deniers. Compte de l'Ascension 1263. Arch. de l'Empire, J. 1034, n° 2.

[3] « Dixit quod in terra domini regis Francie et fratrum suorum, scilicet

Les maîtres s'engageaient par serment à ne recevoir de leurs ouvriers que des pièces ayant le poids moyen. On tolérait pourtant 3 forts et 3 faibles au fierton, les forts devant être de 15 sous 5 deniers au marc de Troyes, et les faibles de 19 sous 6 deniers [1].

Sur chaque centaine de livres d'espèces fabriquées, les maîtres devaient mettre 6 deniers pris au hasard dans une boîte munie de deux clefs, dont ils gardaient l'une, tandis que l'autre était entre les mains du garde. Au bout d'un certain temps, ces deniers étaient extraits de la boîte et essayés par les soins du garde. Quand ils avaient été reconnus de bon aloi et fabriqués dans les conditions de poids voulues, ils étaient délivrés aux maîtres, et les deniers parmi lesquels ils avaient été pris mis en circulation [2].

Cette surveillance était nécessaire, et malgré le soin avec lequel elle était exercée, elle se trouvait quelquefois en défaut. C'est ce qui arriva en 1267 à Montreuil-Bonnin. Pendant de longues années cet atelier avait été sous les

---

dominorum comitum Tholose et Provincie, quod in omnibus illis locis ubi moneta fit, sicut apud Nemausum, Carcassonam, Tholosam, apud Sanctum Remigium, apud Apptam, apud Niciam, apud Tharasconem, apud Pontem Sorgie, apud Mornacium, ubi consueta est fieri, est usus longevus observatus quod quilibet magister monete debet facere et facit hodie expensas victualium custodi monete, cum roncino et troterio seu nuncio". » Trésor des chartes, J. 307, n° 25, 4 des ides de mars 1264 (**12 mars 1265**).

[1] Bail de **1266**. Reg. A, fol. 18.

[2] « Predicti siquidem magistri monete debent ponere in una pisside de quibuslibet c. libris vi. denarios. In qua pisside erunt due claves, quarum unam habebunt dicti magistri et aliam custos noster. Qui magistri debent respondere de lege denariorum per denarios in pisside predicta, et debent denarii probari ter in anno. Et quando illi denarii probati fuerint et deliberati fuerint sicut debent de lege, dicti magistri deliberabunt. » Bail de la monnaie de Toulouse de **1254**. Trésor des chartes, J. 459, n° 3. — Conf. le bail de la monnaie du comtat Venaissin. Reg. A, fol. 87, novembre **1267**. — Voyez plus haut, p. 195, le bail de la monnaie de Montreuil.

ordres de maître Aubert, qui monnaya jusqu'à l'année 1263, époque où sa fabrication fut interrompue par ordre de saint Louis, pour cause de contrefaçon du type des monnaies royales. Dès l'année suivante, nous trouvons à Montreuil de nouveaux entrepreneurs, les Godel, qui font bientôt place à une société à la tête de laquelle étaient placés les frères de Pontlevoy, de Tours. Des doutes s'élevèrent sur la probité de ces entrepreneurs; instruit de ces bruits, Alfonse écrivit le 7 mai à son sénéchal : « Nos vos mandons que vous requerez et amonestez, de par nous, les monaieurs de Monsteruel que ils facent si bien et si loiaument la monoie de Poitevins que il n'en puissent estre repris; et le dites et commandez de par nos au chastelein et au chapelein de Monsteruel que il les monoiers en requierent et amonestent sovent que il facent bien et loiaument, et que il soient curieu et ententis à garder ladite monoie[1]. » Les soupçons ayant acquis de la gravité, le sénéchal se rendit lui-même à Montreuil-Bonnin avec Jean Aubert, l'ancien maître de cette monnaie, et fit procéder en sa présence à l'ouverture des boîtes. Le résultat de l'essai des espèces ne fut pas à l'avantage des frères de Pontlevoy, qu'on crut devoir mettre en état d'arrestation. Le sénéchal et Jean Aubert s'empressèrent de rendre compte de ce grave événement à Alfonse par la lettre suivante :

« A très excellent et redoutable seigneur, Aufons, filz de roi de France, cuens de Poitiers et de Tholose, Symon de Coute, chevalier, son seneschal de Poitou, et Jehan Aubert, son serjant, bourjois de Tours, saluz, subjection et reverance.

---

[1] « Ce fu donné à Rampellon le lundi apres la feste de l'Invencion seinte Croiz en mai, l'an M. CC. LXVII. » Reg. A, fol. 1 r°.

« Sire, sachiez que nos, le jor de la feste saint Jasques et saint Christofle, l'an de l'incarnacion Nostre Seigneur mil cc lxvii, selonc vostre commandement, fusmes à Mosteruel por l'essai de la monaie, et fu trové, presenz Pierre de Pontlevoi, Nicholas de Pontlevoi, qui obligièrent eus et leurs biens pour eus et pour Jehan de Pontlevoi, leur frère, et Jean de Martiaus, pour soi, et Pierre Ferret, servant Pierre de Cahors, et Pierre Raymont pour eus, et nos presenz, et monseigneur Jehan, chapelain de Mosteruel, Thomas de Laigue, Jehan Bercil, et Bernard de Guisergues, en la boeste de vi^{xx} et viii milliers ou marc pesant, iii s. viii d. de forz qui sont de xv s. v. d. le marc, et c'est xi d. ou fierton, où il ne doit avoir que trois, et ou marc pesant v s. iiii d. de fuebles, qui sont de xix s. vi d. le marc; c'est ou fierton xvii d. et obole. Et fu trové par l'essaiement que celle boëte se passe tenduestement.

» De rechief, sire, il fut trové en la boeste Jean de Marteaus, Pierre Remon et Pierre de Chaors, de lx milliers, si com l'en dist ou marc pesant, iiii s. v. d. de forz, qui sont de xv s. v. d. ou marc; c'est ou fierton xiii d. et poujoise, et vi s. ii d. meins de foibles, qui sont de xix s. vi d. ou marc; c'est ou fierton xvii d. et obole. Et fu trové par l'essaeur que celle boeste se passe.

« De rechief, sire, fu trové en la boeste que firent Jehan de Pontlevoi et ses frères emprès leur taasche de xxi milliers, si com l'en dist, ou marc, iii s. i d. meinz, de forz, qui sunt de xv s. vi d. le marc; c'est ou fierton viii d. et iii poujoises, et vi s. i d. meins de fuebles ou marc de xix s. vi d. le marc; c'est ou fierton xviii d. de poujoise meins. E fu trové par l'essaieur qu'il en falloit de ceste boeste le tierz d'un grain, et cist defaut du tiers d'un grain monte bien sur chascun millier de xvi s. et plus; et selonc vostre commandement, sire, je, senechal devantdiz, les devantdiz Pierre et Nicholas de Pontlevoi ai arresté à Montereul, et les devant dis Jehan de Martiaus et Pierre de Chaors ai fest arrester par vostre seneschal de Xaintonge. Si en fetes et mandez vostre plesir, et de ce, sire, et des autres besoignes que vos nos avez enjoint, nos fesens et ferons vostre laial povoir. Et sachiez, sire, que li Poitevin sont ja correnblement partout à v d. la livre[1]. »

Cette missive ne satisfit pas Alfonse. Il trouva qu'elle ne s'exprimait pas assez clairement sur les fraudes des frères de Pontlevoy. Il demanda des informations plus précises et écrivit au sénéchal :

« Sur ce que vos no avez fet assavoir par voz lestres de l'essai de nostre monoie de poitevins si obscurément et si diversement que nos ne poons mie pleinement entendre, nos nos merveillons molt que plus clerement ne la nos senefiastes, quar com contenu soit ou serement que firent li monoier qu'il devoient fere la diste monoie de III forz et de III foibles ou fierton, vos nos deussiez ce semble avoir senefié quele defaute il i a en ce, c'est assavoir qu'il aient fete de IIII forz et IIII foibles ou v ou plus, selonc ce quelle est faite ; et vos deussiez ausinc avoir fet assavoir le domage que nos i avons eu et l'amende qu'il en doivent fere par desus, selonc ce qu'il vous est avis. Pour quoi, nos ne poons pas avoir plein conseil sur ce. Dont nos vos mandons que seur la diste monoie et seur le dist essai, o le conseil de Guichart, nostre amé et nostre feal clerc, qui est ou païs, et d'autres preudes homes, faciez ce que vos devroiz fere, nostre droit et l'autrui gardé en toutes choses, et en meffez, et en amendes et en domages. Et com li diz monnoiers soient tenu en prison, si com vos nos feistes assavoir par vos lestres, nos vos mandons que,

---

[1] Reg. A, fol. 5 r°.

se il requierent recreance, que vos par le conseil du dist Guichart et d'autres preudes homes en faciez ce que vos devroiz. Et vos devant dist senechal, le transcrit de ceste lestre envoiez à Jehan Aubert et à Guichart pour avoir conseil plus certainement seur ce[1]. »

Le bailli royal de Tours se plaignit de ce que l'on eût arrêté Pierre et Michel de Pontlevoy, qui étaient bourgeois du Roi[2]. Alfonse ordonna de les mettre en liberté sous caution[3]. On instruisit leur procès; ils furent cités à comparaître devant Alfonse au parlement de la Toussaint[4]. L'affaire se termina par une transaction l'année suivante. Le jeudi avant la Nativité de saint Jean-Baptiste, Pierre, Nicolas et Jean de Pontlevoy, frères, bourgeois de Tours, Jean de Martel, bourgeois de la Rochelle, et Pierre d'Iaus, de Cahors, bourgeois de Brioude, comparurent par-devant l'archidiacre de Paris et reconnurent s'être engagés la veille à payer au comte de Poitiers la somme de 1,250 livres tournois pour défaut de taille dans la monnaie frappée par eux à Montreuil-Bonnin.

Ils durent renoncer au monnayage; ils eurent pour successeur un bourgeois de la Rochelle, Bernard de Guisergues, qui commit aussi des irrégularités[5]; mais les défauts qu'on constata dans les espèces frappées par lui furent considérés plutôt comme le résultat de l'inexpérience que de la fraude. Il s'offrit à réparer, lors de la prochaine fabrication, les fautes qu'on lui reprochait. Alfonse de-

---

[1] « Ce fu donné le mardi apres feste Saint Pere en gole aoust. » Reg. A, fol. 5 v°.

[2] Lettre de Guiter de Villette, bailli de Tours. *Ibid.*, fol. 5 v°.

[3] Lettre d'Alfonse, dimanche après la Saint-Pierre aux liens 1267. *Ibid.*, fol. 6 r°.

[4] Lettre d'Alfonse au sénéchal de Poitiers, dimanche après la Saint-Michel 1267. *Ibid.*, fol. 8 v°. — Aubert cité comme témoin. *Ibidem.*

[5] Reg. A, fol. 98 r°.

manda des explications[1]. Nous receumes vostre lestre nouvellement, et entendimes par la teneur de cele lestre que vous la faute de la monaie qui est fete proposez à emender en icele monaie que est affere, laquele chose nous, ne autre qui en ce se cognoissent, ne pouns pas voier en quele menière vous puissiez emender icelui defaut de la taille par le remenant de la monaie qui est à fère. Quar, en ce qui à faire est vous estes tenux à garder les covenances que vous avez jurées quant au pois et à la loi et à la taille de la monaie; et einsinc ce ne seroit nulle emende de fère ce à quoi vous estes tenu. Et se vous fesiez plus fort taille que celle à quoi vous estes tenuz, ce ne seroit de riens nostre profit ne du quemum du pais, quar l'en recourroit la fort monoie, et fondroit, et einsinc revendroit à la menière de la foible monaie. Dont, nous vous mandons que vous en fère l'amende de la faute de la taille de la monaie de poitevins que vous avez ja feste vous aiez en tele manière, si cum vous avons ja autrefois escrit, que ingne coviegne pas que nous i metains la main plus aprement[2]. » Enfin Alfonse ordonna à Bernard de compenser par une amélioration dans le titre de la monnaie à frapper ce qui manquait dans les deniers déjà frappés.

L'office de graveur des coins monétaires était presque

---

[1] « Ce fu donné la veille de la sainte Croiz en l'an Nostre Segneur mil deux cent sexante et ouit. » Reg. A, fol. 101 r°.

[2] « Intelleximus quod vos in moneta nostra Pictavensium quam vos cudi facitis apud Monsterolium Bonini, juxta conventiones inter nos et vos initas, non processistis quantum ad talliam, ut deceret; unde vobis mandamus quatinus tantum summam dicte monete, adjecto uno grano quantum ad legem, faciatis in quantum ad talliam constiterit defecisse, exsolvendo pro quolibet miliari pro monetagio quantum solvere tenemini de summa inter nos et vos conventa pro quolibet milliari. » Lettre à Bernard de Guisergues, samedi après l'Ascension 1268. Reg. A, fol. 98.

toujours tenu en fief. Le graveur de Montreuil-Bonnin touchait une somme qui variait, sans doute, suivant la plus ou moins grande quantité de monnaie émise [1].

Alfonse frappait de la monnaie u type et d'après le système tournois; mais cela ne doit s'entendre que des deniers.

L'alliage de ces deniers était le même que celui des deniers royaux; il était composé de cinq parties d'argent le Roi contre 11 parties de métaux moins précieux; en termes du métier, à 3 deniers 18 grains de fin, ou à 4 deniers moins une pite; mais on frappait aussi des mailles ou oboles, dont l'alliage était différent de celui des deniers et de moindre valeur. A Toulouse, on émit des doubles deniers.

Dans le comtat Venaissin, la fabrication des espèces pour Alfonse était insignifiante; elle cessa même en 1260, et l'on ordonna aux fermiers des prévôtés d'acquitter avec des monnaies royales le prix de leurs baux [2]. En 1267, Charles d'Anjou, comte de Provence, qui possédait Avignon par indivis avec Alfonse, fit fabriquer en Provence une nouvelle monnaie, que son sénéchal fit proclamer devoir seule avoir cours à Avignon, à l'exclusion de toute autre monnaie, même des mançois et des provençaux [3].

---

[1] « Pro feodo illius qui facit cuncum monete, xxiiii l. Pict. » Compte de l'Ascension 1254. Arch. de l'Empire, J. 1030, n° 20. — A la Chandeleur 1254, il ne touche que 16 livres. Bibl. imp. n° 9019, fol. 9. — A la Toussaint 1260, 20 l. 16 s. Arch. de l'Empire, J. 192, n° 32.

[2] « Mandamus vobis quatinus ballivias nostras ad monetam Turonensem domini regis Francie, affirmetis, cum d. rex in plerisque locis faciat fieri monetam. » Lettre du lundi après l'Assomption 1267. Reg. A, fol. 86 v°.

[3] « Nobis scripsisti super moneta nova quam karissimus frater noster rex Sycilie fecit fabricari, et super eo quod senescallus Provencie fecit preconizari apud Avinionem, sine consensu nostro, quod Provinciales, Cenomannenses et moneta nostra ibidem non currerent. Habeatis consilium cum aliquibus monetariis... tractetis quantum nobis darent... et formam alicujus cunei vel duorum cuneorum fieri faciatis. » Mardi après la Nativité de la Vierge 1267. *Ibid.*, fol. 86 v°.

C'était une atteinte portée aux droits du comte de Toulouse, qui s'empressa d'ordonner au sénéchal de Venaissin de faire battre, avec un coin spécial, une monnaie qui pût avoir cours à Avignon concurremment avec celle du comte de Provence. Cet ordre ne fut pas suivi d'exécution : voici comment. Le sénéchal Jean de Prunay fit au mois de novembre un traité avec un bourgeois d'Avignon, Jean Amiel, lequel s'engagea à frapper 20 milliers de monnaie, dont 10 milliers de billon et 10 milliers de gros tournois, pareils à ceux du roi de France [1].

J'ignore si saint Louis mit opposition à cette fabrication ; mais, quelque temps après, Alfonse donna contre-ordre et prescrivit de ne frapper que de la monnaie de billon de même loi et de même poids que la monnaie tournois du roi de France [2]. Il paraît que ce bail ne fut pas exécuté ; il ne stipulait pas pour le comte les mêmes avantages que les baux de Poitou. Au lieu de 30 livres par gros millier, le fermier ne s'engageait à donner que 15 livres [3]. En 1269, le sénéchal de Venaissin conclut un autre traité. Alfonse en trouva les conditions

[1] Traité en date du mois de novembre 1267. *Ibid.*, fol. 87 r°.

[2] Mandement au sénéchal de Venaissin. « Vobis mandamus quatinus a cussione et factione predicte grosse monete argentee omnino desistatis, decem miliaria grossa supradicte parve monete loco grosse monete argentee cudi et fieri facientes... sub condicionibus aliis quas de cussione et factione sepedicte monete parve, de lege et pondere monete Turonensis karissimi domini et fratris nostri regis Francie illustris detulistis vobiscum, quando a curia recessistis. » Mardi avant la Saint-Thomas 1267. *Ibid.*, fol. 88 r°.

[3] Voici la preuve que le traité avec Amiel ne fut pas suivi d'exécution : on la trouve dans une lettre du samedi après les Brandons 1267, v. style. « Cum, sicut nobis extitit intimatum ex parte karissimi fratris nostri illustris regis Sicilie, in civitate Avenionensi, que sibi et nobis communis esse dinoscitur, preconizatum fuerit ne moneta aliqua nisi sua dumtaxat et nostra recipiatur ibidem, et nos ad presens in Venessino nullam monetam habeamus, vobis mandamus quatinus cum hiis qui monetam dicti fratris nostri cudunt et fabricant diligentem tractatum habeatis, seu aliis personis ydo-

peu profitables et ordonna de s'adresser à d'autres entrepreneurs [1].

On frappait à Toulouse des oboles d'argent doubles à un denier et une obole de loi [2].

Il y avait à Orzals, en Rouergue, des mines d'argent que la facilité d'exploiter rendait précieuses à Alfonse, dont les ateliers monétaires avaient une grande activité. Ces mines étaient situées en partie dans les terres d'un chevalier nommé Hugues de Saint-Romain, vassal du comte de Rodez. Alfonse, comme suzerain, voulut prélever des droits; de là procès avec le comte de Rodez. Dès 1262, le frère de saint Louis fit mettre la mine sous sa main [3]. Les procédures traînèrent en longueur [4]. Alfonse acheta à Hugues de Saint-Romain ses droits de propriété : une transaction vint, au mois de novembre 1265, terminer ce différend. Le domaine fut partagé en deux parties, dont l'une fut attribuée à Alfonse, l'autre au comte de Rodez; ce domaine consistait en un droit de trois sous sur chaque marc d'argent extrait [5]. En outre,

---

neis, sub illis condicionibus sub quibus monetarii dicti fratris nostri monetam suam fabricant, vel aliis melioribus quibus poteritis monetam nostram in Venessino cudendam tradatis. » Reg. A, fol. 90 r°.

[1] Mandement daté du lundi après la troisième semaine de la Pentecôte. Reg. A, fol. 169.

[2] Bail de 1256. Le seul texte que nous possédions est corrompu, le voici tel quel : « Dictus autem Bernardus debet quintam partem dicte monete facere de obolis albis duplicibus ad sex denarios et obolum de lege, ad bonum argentum de Montepessulano, et debent esse de pondere decem et (*sic*) solidorum ad marcham Tholose. » Reg. C, fol. 2 r°.

[3] Mandement au sénéchal de Rouergue. « Ut de sesina minerii quod super comitem Ruthinensem saisivit, die prefato comiti apud Amilhiavum assignata, cum audiat. » Trésor des chartes, J. 307, n° 55, fol. 1.

[4] D. Vaissete, *Histoire de Languedoc*, t. VI, p. 117.

[5] Reg. C, fol. 115 r°, novembre 1267. — Ratification par le comte de Rodez. Trésor des chartes, J. 312, n° 11. — Autre ratification par un intéressé, Bertrand Ferrier, de Millau. *Ibid.*, J. 312, n° 25.

Alfonse eut dans la propriété du fonds la part qu'il avait acquise de Hugues. Il la fit exploiter, et recommanda de ne rien négliger pour assurer des produits abondants. Le résultat ne répondant pas à son importance, il écrivit au sénéchal de Rouergue :

« Nos vos mandons derechief, si comme nos avons autrefoiz mandé, que, se vos ne l'avez fet, que vos porveiez de fere deux moulins, ou trois, ou plusieurs, se mestiers est, à eve ou à chevaus, ou à vent, ou neis à bras, pour ouvrer la mine trete dou miner d'Orzeals en nostre partie; et ladite mine diligenment, et isnelement, et en la gregneur quantité que vos porrez, facez ouvrer en tele maniere; en lendemain de la quinzeinne de la prochene Penthecoste à venir envoies à Paris au Temple l'argent qui lors aura été tret et ouvré, sans affiner. Et, se aucune chose seur ce est ja fet, et quecumque chose desore en avant auroiz fet, nos curez segnefier en escrit, en seur que tout et quanz mars d'argent, lendemain de la devantdite quinzeinne de la prochene Penthecoste à Paris au Temple vos auroiz envoié, à nos le jeudi après la quinzeinne de Penthecoste rescrivez par vostre clerc quant il vendra à nos. Des quiex mars d'argent ja tret de par nos la quantité doit estre grant, si com l'en dit. Et cest escrit veu vos retegniez que ces choses aiez mieuz à memoire [1]. »

Le sénéchal fit un envoi de 205 marcs d'argent en 24 pièces [2]; le comte ne se montra pas satisfait :

« Sachiez, écrivit-il, que nos nos merveillons molt coment vos nos avez enveié si petite soumme d'argent nuef

---

[1] « Ce fu donné à Rampellon le lundi après l'Invencion seinte Croiz, l'an mil deuz cenz sexante set. » Reg. A, fol. 9 r°.

[2] « ccv. marche argenti novi de prima recepta minerii de Orzeals in xxIIII. peciis. » Compte de l'Ascension 1267. Arch. de l'Empire, J. 192, n° 19.

de nostre partie du minier d'Orzals de si grant quantité com il i deust avoir; dont vos mandons que vos aveques les ovriers que vos i avez mis mestez enquore assez des autres; et se vos n'avez molins à iaue, si festes fere molins à chevaus et à braz, si comme autrefoiz vos avons mandé, si que vos en puissiez fere trere et envoiez au Temple à Paris environ IIII jors après la quinzaine de ceste prochienne Touz sainz au plus que vos porroiz au monde de l'argent nuef, sans affiner, de nostre partie du dist minier; et metez sur ce si grant peine et diligence que nos vos en sachens gré et que vos n'en puissiez estre repris de negligence, quar la chose a trop deloié à aporter [1]. »

La recette continua à être médiocre : elle fut à la Chandeleur 1268 de 135 marcs en seize lingots [2]; et au terme de l'année, de 400 marcs évalués 1,000 livres [3].

La mine d'Orzals fut une source de procès : les agents d'Alfonse prétendirent n'autoriser le comte de Rodez à lever son droit domanial, qui lui avait été reconnu par le traité de 1255, qu'à condition de participer aux frais d'extraction [4]. Le comte se plaignit, et Alfonse ordonna d'examiner ses griefs. La mine d'Orzals a cessé d'être exploitée dès le moyen âge.

En résumé, Alfonse fit fabriquer une monnaie uniforme avec des types un peu différents à Montreuil-Bonnin, à Riom, à Toulouse et à Pont de Sorgue. En dépouillant les

---

[1] Mardi après la Translation de saint Benoît 1267. Reg. A, fol. 9 v°. Semblable lettre en date du mardi avant la Nativité de Notre-Dame 1267. Reg. A, fol. 10 v°.

[2] « Recepta minerii d'Olzeaus VII^{xx}XVI marche argenti novi in sexdecim peciis. » Bibl. imp., n° 9019, n° 29.

[3] Trésor des chartes, J. 192, n° 19.

[4] Lettre d'Alfonse à Guillaume le Roux pour le charger de juger la plainte du comte de Rodez, vendredi avant la Saint-Arnoul 1267. Reg. A, fol. 10 r°.

comptes officiels de recette qui nous sont parvenus [1], j'ai constaté que tous ces hôtels n'avaient pas une égale activité dans la production. Montreuil-Bonnin était le véritable atelier monétaire du frère de saint Louis. On y frappait sans relâche et en quantités considérables. La monnaie de Toulouse était peu active. Elle émettait des deniers égaux en valeur aux tournois, et des toulousains proprement dits ou doubles tournois. En 1257 on émit seulement 250 livres; en 1266, 44 livres 8 sous 10 deniers; en 1267, 99 livres 16 sous de deniers toulousains. De 1254 à 1260, l'atelier de Pont de Sorgue se traîna péniblement, frappant par an tantôt 462 livres comme en 1255, tantôt 433 livres comme en 1256; de 1260 à 1267 on ne trouve pas trace de ses produits. A partir de cette époque, Alfonse fit des efforts infructueux pour rallumer ses fourneaux. La monnaie de Riom forgea des espèces de 1250 à 1254 [2]. Passé 1260, on ne la voit plus faire d'émissions.

La monnaie royale avait cours forcé dans les États d'Alfonse, ainsi que dans les fiefs des autres feudataires. On frappait de la monnaie tournois dans le Midi, sous saint Louis, à Nîmes, à Carcassonne, à Albi et à Saint-Antonin. Ce dernier atelier royal, inconnu jusqu'ici, nous est révélé par une lettre de saint Louis à son frère pour l'inviter à prendre sous sa protection et sauvegarde Arnaud Truel, de Cahors, et Pierre Vital, de Martel, auxquels le Roi avait confié la fabrication de sa monnaie à Saint-Antonin [3].

[1] Arch. de l'Emp., J. 307, n° 61 et J. 192, n° 19, Comptes généraux de 1250 à 1268.

[2] « De moneta Alvernie, cccxxxvi l. vii s. vi d. » Compte de l'Ascension 1250. Arch. de l'Emp., J. 317, n° 61, fol. 4 v°. — En 1254, elle produisit 400 livres « per dominum regem. » *Ibidem*, fol. 9 r°.

[3] Lettre sans date, mais de 1263. Bibl. imp., n° 10918, fol. 14 v°. « Ludovicus Alfonso. Cum nos Arnaudo Truel de Caturco et Petro Vitali de

14.

Plusieurs prélats et barons, vassaux d'Alfonse, avaient le droit de battre monnaie dans des conditions diverses. La monnaie de certains avait exclusivement cours dans leur baronnie, et Alfonse veillait à ce qu'on ne la reçût pas dans ses domaines. En 1268, il interdit formellement de recevoir les marcheois, ainsi qu'on le faisait dans sa terre de Saintonge, notamment à la Rochelle, et les fit décrier ainsi que toute monnaie, sauf les tournois, les parisis et les poitevins nouveaux [1]. D'autres barons frappaient une monnaie qui avait cours en dehors de leur seigneurie. L'évêque d'Agen, Guillaume, fit en 1263 reconnaître son droit par le sénéchal d'Agenais dans une assemblée composée des barons et des magistrats municipaux de la province [2]. Cette monnaie avait cours dans tout le diocèse :

Martello tradiderimus monetam nostram Turonensem cudendam apud Sanctum Antoninum, in senescallia Carcassone, mandamus vobis et vos requirimus quatinus ballivis, senescallis et ceteris gentibus vestris quibus videritis expedire, detis per vestras litteras, per latorem presentium, in mandatis ut cheminos in terris, jurisdictionibus et potestatibus vestris taliter faciant custodiri, ne predictis Arnaudo et Petro nec non et aliis mercatoribus qui ad dictum locum seu villam accedent ratione monete predicte, ab aliquibus malefactoribus, propter defectum custodie, dampnum aliquid inferatur. Si vero conductum dicti mercatores petant a gentibus vestris, eos per eas precipiatis conduci ad sumptus proprios mercatorum. Datum apud Meledunum, die lune post Ascensionem Domini. »

[1] Mercredi après Lætare, 1268. Reg. A, fol. 123 v°. « Fide dignorum assertione didicimus quod moneta marchesiorum et nonnulle alie, licet dudum prohibite, quasi indifferenter cursum habeant et recipiantur per terram nostram cotidie, precipue apud Rupellam... »

[2] Lettre de l'évêque Guillaume à Alfonse, en date du samedi avant la Sainte-Catherine 1263. Trésor des chartes, J. 320, n° 64. « Illustrissimo domino suo Alfonso, filio regis Francie, Dei gracia comiti Pictavie et Tholose, Guillelmus eadem gratia episcopus Agennensis, salutem et tam promptum quam debitum ad omnia famulatum. Litteras excusationis quas excellentie vestre direximus continentes quod, propter infirmitatem proprii corporis, ad vos ad presens venire personaliter non poteramus, vos procul dubio credimus recepisse; unde et in eis et in istis dominacionem vestram humiliter deprecamur

on l'appelait, dit-on, arnaudins, du nom d'Arnaud de Rovignan, évêque d'Agen, qui en 1217 déclara tenir de Simon de Montfort le droit de battre monnaie, droit qui lui fut reconnu en 1224 par Raymond VII. Je ferai obser-

quatinus in hac parte nostram habeatis absenciam excusatam, maxime cum nos in brevi vos et vestram curiam proponamus, concedente Domino, visitare. Verum, cum moneta dyocesis Agennensis ad nos et ecclesiam nostram immediate pertineat, et nostri antecessores in possessione cudendi et faciendi eam fuerint sine contradictione qualibet temporibus retroactis, et in novitate cujuslibet episcopi quilibet de prescriptis episcopis habuerit redemptionem universaliter a tota dyocesi Agennensi, ne dictam monetam destrueret et novam faceret, et hoc manifestum sit lipis et tonsoribus in dyocesi supradicta; nos, cum ad dictam dyocesim de novo venimus recursum habuimus ad dominum senescallum vestrum, supplicantes eidem quod ipse super predicto facto curiam suam convocaret apud Agennum; quod sui gratia libentissime fecit, et nos ibidem existentes jus quod habebamus in dicta moneta et usum quem habuerant in eadem antecessores nostri, baronibus et consiliis burgorum et villarum existentibus in dicta curia, diligenter proposuimus; et magna pars tocius curie in presentia domini senescalli recognoverunt quod ita erat sicut nos proponebamus, sicut de predictis omnibus plenius a dicto senescallo et a magistro Johanne Coferii clerico vestro ibidem existente scire poteritis veritatem. Verumptamen dicti barones, propter absentiam quorumdam nobilium qui venire non potuerant ad dictam curiam impedimento legitimo impediti a nobis ex gratia requisiverunt quod unam diem assignaremus eisdem, quod et fecimus, videlicet ad diem jovis post festum Circumcisionis Domini proximo venture apud Agennum; ad quem diem dominus senescallus debet personaliter interesse, et predicti barones et consules villarum et burgorum; et ibi deliberato consilio omnes predicti super requisitione nostra se promiserunt responsuros et facturos quicquid super premissis fuerit faciendum. Illustrem itaque dominationem vestram, ad quam pro nobis et pro ecclesia nostra immo vestra specialiter refugimus quanto carius possumus, humiliter deprecamur quod predicto domino senescallo, quem credimus in veritate zelum habere justicie et specialiter ad fovenda jura ecclesiarum esse propicium et benignum, per litteras vestras apertas, si placet, dare dignemini in mandatis quatinus et predictum jus monete et omnia alia jura ecclesie nostre, et omnia jura aliarum ecclesiarum nobis subditarum auctoritate vestra foveat, protegat et conservet, taliter in hac parte faciendo quod ille qui Dominus est celestium, terrestrium et inferorum, vobis septualiter retribuat, et vos sanum et incolumem conservet per longa tempora Ecclesie sue sancte. Datum apud portum Penne, die sabbato ante festum beate Katarine, anno Domini M° CC° LX° tercio. »

ver que dès 1208 on trouve mention d'arnaudins : c'est ainsi que, dans un acte daté de cette année, Raymond VI notifie à ses bayles, notamment à ceux de Marmande, qu'il a donné aux moines de Grandmont, de la maison de la Garrigue, une somme de 200 sous arnaudins à prélever sur les revenus de Marmande [1]. Chaque évêque d'Agen, lors de son avénement, levait un impôt dans tout le diocèse à condition de ne pas changer ni altérer la monnaie [2]. Les arnaudins avaient une valeur un peu inférieure aux tournois : dans un compte de 1269, 27 livres 9 sous arnaudins sont évalués 23 livres 10 sous tournois. Notez qu'il ne s'agit pas de change. Dans un autre compte, 70 livres 10 sous arnaudins sont pris au change pour 60 livres 8 sous 6 deniers tournois [3].

La monnaie des évêques de Cahors ou caorsine était célèbre : elle courait non-seulement dans tout le Quercy, mais encore dans une partie du Rouergue [4]. A Milhaud même elle avait seule cours; ce qui excita l'étonnement d'Alfonse [5]. Il ordonna que, conjointement à la monnaie de l'évêque de Cahors, on y reçût sa monnaie et celle du roi de France [6]. Dans les comptes d'Alfonse, la monnaie caorsine est évaluée à la moitié de la monnaie tournois [7].

La monnaie d'Albi appartenait par indivis à l'évêque, au comte de Toulouse et à Sicard d'Alaman; elle s'appe-

[1] Arch. de l'Emp., *Trésor des chartes*, Teulet, t. I, p. 329.

[2] Lettre de l'évêque Guillaume. Voyez la note 2 de la p. 212.

[3] xxvii l. ix s. Arnaldensium valent xxiii l. x s. turon. Compte de la Toussaint 1269. Bibl. imp., n° 9039, fol. 30.

[4] Voyez Teulet, *Trésor des chartes*, t. II, index, v° Caturcensis.

[5] Mandement au sénéchal de Rouergue, du vendredi après l'Octave de l'Invention de la Sainte-Croix 1267. Reg. A, fol. 55.

[6] Mandement daté du jour de la fête de Saint-Benoît d'été. *Ibid.*, fol. 61.

[7] « L libre Caturcensium valent xxv libras Turon., scilicet ii solidi Caturcensium pro xii denariis Turon. » Compte de la sénéchaussée de Rouergue en 1269. Bibl. imp., n° 9019, fol. 19. — Voy. aussi fol. 13 v°.

lait raymondine et se frappait au château de Bonafous. Elle devait, en vertu d'un accord passé en 1248, avoir cours dans les diocèses d'Albi, de Rodez et de Cahors [1]. Cet atelier de Bonafous resta inactif une partie du règne d'Alfonse; de la Toussaint 1255 à la Saint-Michel 1259, il produisit la somme minime de 39 livres [2]. Depuis lors il cessa de battre. En 1270, l'évêque se plaignit du préjudice que cet état de choses lui causait ainsi qu'au comte, d'autant plus que la monnaie du comte de Rodez avait cours dans le pays. Au fond, cela touchait peu Alfonse; puisque sa monnaie personnelle était reçue en Albigeois, il n'avait pas grand intérêt à frapper une monnaie dont il partagerait les bénéfices avec d'autres. Cependant il crut devoir écrire au sénéchal de Toulouse de rechercher si quelqu'un ne voudrait pas entreprendre la fabrication de cette monnaie et à quelles conditions [3]. Ce projet resta sans exécution jusqu'à l'année 1278, où un traité fut conclu entre le roi, l'évêque et le fils de Sicard d'Alaman, d'une part, et Navarre Cassefort, bourgeois de Martel, et Jean Dimier, bourgeois de Charroux, d'autre part, pour la fabrication des raymondins d'Albi [4].

---

[1] Accord du 22 juin 1248. Trésor des chartes, Toulouse, V, n° 62.—Cf. Vaissete, t. V, *Preuves*, p. 472.

[2] « De moneta Albiensi ab anno M.CCLV ad festum S. Michaeli anno LIX, xxxxix l. Tur. » Arch. de l'Emp., J. 317, n° 61, fol. 18 r°.

[3] Lettre d'Alfonse, en date du dimanche après la Purification 1269 (v. st.). « Ex parte reverendi patris episcopi Albiensis nobis extitit conquerendo monstratum quod ipse dampna non modica patitur, et nos similiter passi sumus, eo quod moneta nostra Albigensis non cuditur, cum alie monete nobilis et fidelis nostri comitis Ruthenensis et venerabilis patris episcopi Caturcensis cudantur cotidie et currant per Albigesium et alias terras nostras; mandamus vobis quatinus diligenter addiscatis a probis viris qui dictam monetam nostram cudendam vellent accipere, et sub quo cuneo, et de qua lege et de quo pondere eam facerent illi qui eam acciperent. » Reg. B, fol. 156 v°.

[4] Vaissete, t. VI, *Preuves*, p. 615.

En Rouergue, la monnaie des comtes de Rodez était reçue concurremment avec les monnaies d'Alfonse et des évêques de Rodez, de Cahors et d'Albi [1]. En Auvergne, on comptait par monnaie viennoise, qui était celle des archevêques de Vienne [2]; on se servait aussi de la monnaie des évêques du Puy. Les évêques de Clermont frappaient aussi des deniers. En 1269, un de ces derniers prélats altéra sa monnaie, et l'affaiblit tellement que 25 sous de la nouvelle monnaie avaient une valeur égale à 20 sous de l'ancienne. Ce n'était pas au milieu du treizième siècle, sous le règne de saint Louis, dont la monnaie fut célèbre par sa loyauté, qu'il était permis à un feudataire de recourir à l'un de ces moyens frauduleux de s'enrichir que la barbarie des siècles précédents excusait, et auxquels les rois de France, à partir de Philippe le Bel, ne recoururent que trop souvent, au grand détriment du commerce et de la richesse publique. Alfonse se plaignit au Roi, dont l'évêque de Clermont relevait directement; l'évêque, abusant de sa puissance spirituelle, avait mis l'excommunication au service de ses rapines seigneuriales, et anathématisait ceux qui refusaient de recevoir cette monnaie frelatée. Saint Louis donna raison à son frère et ordonna au prélat d'annuler les anathèmes qu'il avait prononcés [3]. Il prescrivit en même temps au bailli de Bourges de saisir le temporel de l'évêque s'il refusait

---

[1] Trésor des chartes, Cartulaire de Raymond VII, fol. 63.

[2] Revenus d'Auvergne, JJ. xi, fol. 28 et suiv.

[3] Lettre de saint Louis à l'évêque de Clermont, janvier 1270. Arch. de l'Emp., Reg. B, fol. 58 r°. « Ludovicus .... episcopo Claromontensi... Cum ex parte karissimi fratris et fidelis nostri Alfonsi, comitis Pictavensis et Tholose, nobis extiterit intimatum quod vos monetam antiquam in Alvernia currentem de novo mutari fecistis, ita quod viginti solidi antique monete faciunt viginti quinque vel circa, de nova; et sic *jus fratris nostris et aliorum baronum illius terre leditur per mutacionem predictam*, mandamus vobis qua-

d'obtempérer aux ordres du roi, et lui enjoignit de décrier la nouvelle monnaie et de défendre de la recevoir [1].

Dans le comtat Venaissin, outre la monnaie d'Alfonse, on admettait les melgoriens, monnaie de l'évêque de Maguelone. Dans cette province se frappait aussi une monnaie portant des caractères arabes. C'est ce que nous apprend une lettre de saint Louis à son frère où il l'invite à ne point permettre que l'on fabrique des monnaies dont la légende faisait mention du perfide Mahomet et lui donnait le titre de prophète, ce qui était un signe de mépris pour la foi chrétienne [2]. Évidemment ce n'était pas Alfonse qui émettait cette monnaie, destinée sans doute à faciliter le commerce avec l'Afrique et l'Orient. Une lettre du pape Clément IV donne à penser qu'elle était frappée, sans doute subrepticement, par ordre de l'évêque de Maguelone [3]. Le comte de Toulouse donna des ordres en conséquence à son sénéchal de Venaissin [4].

Je n'ai pas trouvé dans la correspondance d'Alfonse mention qu'il y ait eu de faux monnayeurs dans ses États;

tenus, si est ita, hoc, sine more dispendio, revocetur, et si quas excommunicationis sentencias promulgastis in gentes predicti fratris nostri, eo quod nolunt seu recusant recipere predictam novam monetam, predictas sentencias relaxetis, scientes quod, nisi hoc feceritis, nos baillivo nostro Bituricensi mandamus ut ad premissa facienda vos absque dilacione compellet et nichil ominus inhiberi publice faciat ne quis in Alvernia recipere audeat dictam monetam. Datum apud Sanctum Germanum in Laya, die veneris post Circumcisionem Domini 1269. »

[1] Lettre au bailli de Bourges, même date, *ibidem*. « Alia littera dirigitur senescallo Bituricensi pro eodem super eo quod si dictus episcopus hoc facere noluerit, quod, per captionem bonorum suorum ad hoc, si opus fuerit, compellat et inhiberi faciat ne aliquis in Alvernia recipere audeat dictam monetam. »

[2] Lettre de saint Louis, sans date d'année, mais du lendemain de la Saint-Arnould (1267). Original. J. 1035, n° 28. « Nobis datum est intelligi quod in senescallia vestra de Venessi cudatur moneta milliarensi in cujus superscriptione fit mencio de nomine perfidi Machumeti, et dicatur esse ibi propheta Dei ».

la fixité des monnaies rendait en effet les fraudes de ce genre plus difficiles. Cependant on découvrit dans une possession anglaise, dans l'île d'Oléron, un atelier de monnayeurs qui venaient acheter du billon à la Rochelle pour frapper de fausse monnaie sarrasine. Alfonse enjoignit à son sénéchal de mettre obstacle à ce commerce illicite [1].

On trouve dans les comptes d'Alfonse et dans les chartes de priviléges de villes, surtout dans le Midi, des mentions de redevances d'une maille d'or, ou d'un marabotin. Sur la valeur réelle des différentes monnaies d'or au treizième siècle, on peut consulter plus bas le tarif établi par Alfonse lui-même. Fréquemment la valeur de cette maille d'or était exprimée en monnaie courante. C'est ainsi qu'en 1262 le prieur de Frontenay s'engagea à payer à Alfonse, à titre de droit de garde ou de protection, deux pièces d'or ou leur valeur, c'est-à-dire 14 sous de monnaie poitevine [2]. Cette évaluation rentre dans celle qui fut donnée par Alfonse pour les alfonsins, les marabotins ou crosats, qui étaient une même chose.

Quand Alfonse devait faire des payements en dehors de ses domaines, il était obligé de convertir sa monnaie en tournois; les frais de change, qui étaient considérables, augmentèrent surtout quand, aux approches de la dernière croisade, le Roi et les barons qui avaient pris la croix voulurent se procurer des espèces ayant cours dans les pays étrangers. Le comte ordonna à ses sénéchaux de con-

---

[1] « Monetarii de insula de Lairon qui cudunt et fabricant falsam monetam Sarracenorum in dicta insula, levant, emunt et colligunt billonem in villa de Rupella. » Lettre datée du jour de la fête de Saint-Jean 1268. Arch. de l'Emp., Reg. A, fol. 111 r°.

[2] Original. Arch. de l'Emp., J. 192, n° 35. Acte daté du vendredi avant la Saint-Georges 1262.

vertir leurs recettes en monnaies qu'il leur désigna et pour le change desquelles il fixa un tarif. Voici celui qu'il adressa en 1267 au sénéchal de Saintonge :

« Nous vous mandons que touz les deniers que l'on nous doit ou seront deu en vostre senechaucie du terme de la Touz saint proichienne avenir, de poitevins changiez ou faciez changier à monnaies d'or qui ci desouz sont escrites et au feur qui est mis, c'est assavoir :

» Pour un denier alfonsin d'or, ou croisat ou marabotin d'or, qui est tout un, desqueux li LXIII et un tierz font le marc, au marc de Troies, por chacun denier VII s. et III d. poitevins, et n'i donez pas plus.

» Et por chacun denier florin d'or, VIII s. VIII deniers poitevins.

» Et pour chacun denier d'or augustaire, X s. VIII d. poitevins.

» Et pour chacun denier d'or double de mil[aret], X s. VIII d. poitevins.

» Et pour chacun denier d'or de Reusset, X s. II d. poitevins.

» Et ce que vous ne pourroiz changier an monaies d'or desusdites et au feur devantdit à poitevins, changiez à estellins, et donnez pour le marc d'estellins bons et loiaus de pois et de conte LV s. de poitevins et non plus.

» Après, vous mandons que ce que vous est deu en purs tournois, de finances ou d'autres choses, de religions et d'autres personnes, que vous changiez en monaies d'or desusdites, au feur qui est ci desouz escrit.

» C'est à savoir por un denier d'or alfonsin, ou croisat, ou marabotin d'or qui est tout un, des quiex li LXIII et un tierz font le marc au marc de Troies, pour chacun denier VIII s. I d. tournois, et n'i donez pas plus.

» Et pour chacun denier d'or florin, VIII s. VI d.

» Et pour chacun denier d'or augustaire, x s. vi d. t.

» Et pour chacun denier d'or double de mil[aret], x s. vi d. t.

» Et pour chacun denier d'or de Ruisset, x s. t.

» Et pour I denier gros d'argent des gros tournois le Roy de France doignez xii petits tournois. Et ce que vous ne pourrioiz changier des tournois qui nous sont deu an monaies desusdites et au feur desus mis, aportiez et metiez au Temple. Ce fu donné le jeudi après la Nativité de Notre-Dame M. CCLVIII.

» Et retenez et gardez par devers vous ceste letre, en tele maniere que quand vous viendroiz à nous vous nos puissiez respondre par bouche et par escrit de ces choses qui sont desus contenues [1]. »

Il adressait un tarif analogue au sénéchal de Toulouse [2] :

« Au seneschal de Tholose et Aubijois pour monseigneur le conte sur le change :

» Nous vos mandons que vos touz le deniers que l'en nos doit de noz baillies de vostre seneschauciée, et touz les deniers que vos nos devez et qui nos sunt deuz en vostre seneschauciée de viez et de novel leviez et faciez lever, et iceus faciez changer à monoies d'or, se vos les poez trouver, segon la forme qui est ci dessouz escrite.

» C'est à savoir :

» Pour chascun alfonsin d'or, ou marabotin ou crosat qui sunt une meisme chose, boens et loiaus, desquels LXIII et I tierz font le marc au marc de Troies, donez viii s. et I denier tornois.

» Por chascun florin d'or, viii s. vi d. tornois.

» Pour chascun denier d'or de Ruisset, x s. tornois.

---

[1] Reg. A, fol. 112 v°.

[2] *Ibid.*, fol. 138. — Autre tarif identique donné le samedi après la feste Saint Barthélemy l'apostre, 1268, fol. 139 r°.

» Por chascun denier d'or de mill[arets], x s. vi d. tornois.

» Derechief, pour chascun gros denier tornois d'argent le Roi de France, xii petiz tornois des tornois le Roi de France.

« Et tous iceux deniers lesquels au marchié devantdit vos pourroiz avoir ou por mein, se vos povez, en tele manière, que vos ni doigniez plus por chascun denier, envoiez au Temple à Paris... Ce fu doné le jeudi en la veille de feste saint Lorenz 1268. »

Mais les changeurs, qui ne prenaient ordinairement par livre que 2 deniers et 1 obole de change, ou 3 deniers au plus, profitant du besoin de numéraire auquel donnait naissance la future croisade, exigèrent 16 deniers. Alfonse s'en indigna. Il ne comprit pas que le prix du change devait suivre la progression des demandes, et il écrivit à ses sénéchaux de Saintonge et de Poitou pour les inviter à prendre des mesures énergiques pour réprimer ce qu'il considérait comme un abus intolérable.

« Come vos nos aiez fet à savoir par vos lestres que nostre monoie de poitevins ne poez changier à tournois, se vos ne donez xvi deniers, ou entour, pour la livre, sachiez que nos nos enmerveillons moult, com, si com avons entendu, la diste nostre monoie soloit estre changiée puis que la terre vint à nostre mein pour ii deniers et obole la livre, ou pour iii deniers ou environ; et come pour ce, nos et toute nostre terre puissions avoir trop grand domage, et par ce change la diste nostre monoie pourroit estre trop avilliee, ou neis du tout abattue, nos vos mandons que touz les changeeurs de la Rochele et de toute nostre terre, et de vostre senechauciée requerrez, de par nos, que la diste nostre monnoie de poitevins preignent au change qui a esté acostumé ça en arrieres, se il ne dient resons par quoi il ne le doivent mie fere; et se il ne le vuelent fere, ou se vos ne povez trover resonnable change, soufrez vos de changier quant à ores, et aportez avant les poitevins au Temple à Paris. Et tous ceus qui einsinc ont avillie nostre monoie requerrez de par nos que le domage que nous avons eu ou change que il nous ont fet es termes trespassez nos rendent et amendent, si comme il devront par droit, le meffet qu'il ont fet vers nos, come il soient noz jurés et noz deussent garder laiauté; et touz les nons de ceus que vos aureiz requis et amonestez seur ce me metez en escrit, et les nons d'iceus et la response qu'il vos feront nos aportez en escript quant vos vendrois à nos à ce prochien parlement [1]. »

L'unité des monnaies introduite par Alfonse dans ses vastes États, unité ayant pour base le système tournois, eut pour résultat de favoriser les transactions et de créer de nouveaux liens entre ses sujets et ceux du roi de France. La substitution brusque et générale de la monnaie tournois aux anciennes monnaies provinciales eût choqué des habitudes et des préjugés. Alfonse, en introduisant le système tournois, tout en conservant les anciennes dénominations qui flattaient le patriotisme provincial, facilita l'assimilation des provinces de l'Ouest et du Midi au reste de la monarchie. L'introduction par lui de l'unité des monnaies fut donc un véritable bienfait pour lequel on ne saurait trop le louer.

---

[1] « Ce fu fest à Loncpont, le diemenche après l'Ascension 1267. » Reg. A, fol. 24.

CHAPITRE II.

ADMINISTRATION FINANCIÈRE ET REVENUS ORDINAIRES.

La comptabilité d'Alfonse éclaire celle de saint Louis. — Les sénéchaux sont chargés de recueillir et de transmettre les recettes après avoir satisfait aux besoins de l'administration locale. — L'année financière était partagée en trois termes égaux. — Économie des comptes des sénéchaux. — Recettes. — Rachats. — Domaine. — Produits des prévôtés et des baylies. — Polyptiques des revenus de chaque province. — Énumération des revenus du Poitou, — de la Saintonge, — de l'Auvergne, — du Quercy et de l'Agenais, — du Rouergue, — du Toulousain, — du comtat Venaissin. — Mode de fermage des prévôtés; elles sont mises à l'enchère. — Surenchères. — Inconvénients de ce système. — Exploits ou produits des amendes judiciaires. — Les comptes des exploits sont curieux pour l'histoire des mœurs et de l'administration. — Extraits de ces comptes pour différentes provinces. — Recettes extraordinaires. — Dépenses. — Gages. — Fiefs et aumônes. — OEuvres. — Menues dépenses. — Évaluation des recettes ordinaires d'Alfonse.

Si l'administration d'Alfonse est conforme à celle de saint Louis, c'est principalement en matière financière. Notre comte adopta les errements qu'il trouva établis en Poitou, où les principes de la comptabilité royale avaient été introduits pendant sa minorité, et les appliqua au Languedoc. Comme nous avons sur son administration financière les détails les plus précis et les plus complets, il me semble que la lumière que les documents inédits portent sur la gestion des finances du comte de Poitiers pourra aussi servir à éclairer celle de saint Louis, qui lui servait de modèle.

Dans un mémoire, placé en tête du vingt-et-unième volume des historiens de France[1], M. de Wailly a fait connaître, à l'aide de documents officiels, la nature et le

---

[1] *Recueil des Historiens de France,* tome XXI, préface, p. LIII et suiv.

chiffre des dépenses de saint Louis à différentes époques de son règne. Le savant académicien a donné une solution définitive de toutes les questions dont il abordait l'examen; mais il ne s'est occupé que des dépenses faites par le roi pour son hôtel ou les besoins généraux du royaume, ainsi que des recettes effectuées par le *Trésor*, c'est-à-dire des recettes nettes, déduction faite de tous les frais d'administration locale. En effet, les documents qu'il avait à sa disposition étaient des états généraux de recettes du *Trésor*, états qui ne comprenaient que les *boni,* en d'autres termes, les sommes que le roi pouvait appliquer à ses dépenses personnelles ou aux besoins généraux de l'État. Les dépenses de l'administration provinciale étaient inscrites sur des rôles particuliers présentés par les baillis et les sénéchaux, rôles qui offraient aussi le détail des recettes brutes de chaque bailliage et de chaque sénéchaussée. Cette comptabilité, dont l'existence est surabondamment constatée sous Philippe le Bel, existait déjà sous saint Louis et même sous Philippe-Auguste; mais pour ces époques les documents royaux sont rares[1] : ils sont très-multipliés pour les États d'Alfonse. Pour plus de clarté, je vais suivre les revenus du comte dans leur marche, depuis la poche du contribuable jusqu'à leur versement au Trésor et leur emploi définitif.

Chaque sénéchal était receveur dans sa sénéchaussée : il était l'agent financier responsable. C'était entre ses mains que les prévôts versaient le prix de leur ferme; c'était lui qui prélevait sur les deniers de sa recette, d'après un tableau arrêté d'avance par le comte, les sommes nécessaires pour solder les frais de l'administra-

---

[1] Voy. les documents publiés dans le tome XXII des *Historiens de France,* p. 567 et suiv., Compte des prévôtés en 1234, et le Compte des bailliages de 1285, p. 622 et suiv.

tion de sa sénéchaussée; c'était lui qui rendait les comptes de sa gestion [1].

Examinons en quoi ces comptes consistaient et quelle était leur forme.

L'année financière se partageait en trois termes : celui de la Toussaint, celui de la Chandeleur et celui de l'Ascension, exactement comme dans le domaine royal, ainsi qu'on peut s'en convaincre en lisant le mémoire de M. de Wailly sur les finances de saint Louis [2]. Il faut pourtant signaler une légère différence, c'est que, dans les domaines royaux, les comptes devaient être rendus à l'octave des fêtes que nous venons de nommer, et dans les États d'Alfonse à la quinzaine des mêmes fêtes.

La comptabilité d'Alfonse est connue pour les premières années de son règne, grâce à un précieux registre où l'on a transcrit les comptes rendus par le bailli de Poitou, depuis la Toussaint 1243 jusqu'à la Toussaint de l'année 1248 [3].

Ce registre permet de suivre les progrès accomplis par la comptabilité financière. Jusqu'à l'année 1245, il règne

---

[1] Voyez les différents comptes originaux des sénéchaux du comte Alfonse. Bibl. imp., sup. fonds latin, n° 9019, et les comptes abrégés transcrits aux Archives de l'Emp. dans les registres KK. 376 et J. 317, n° 61, ainsi que le rouleau J. 192, n° 19.

[2] *Historiens de France*, t. XXI, préface, p. LXXV.

[3] Orig. Arch. de l'Emp., KK. 376. Petit registre in-4° en papier coton de 159 fol. écrits, entièrement consacrés aux comptes de recette et de dépense du bailliage de Poitou et de Saintonge de 1243 à 1248. Le compte le plus ancien est « Compotus Ade panetarii factus cum domino rege in festo O. Sanctorum 1243, ipso Ada existente ballivo pictavense » (fol. 26). C'est un compte de dépenses occasionnées par la guerre. Le plus ancien compte de recettes et de dépenses du bailliage proprement dit est de la Toussaint de la même année, fol. 29. Il est intitulé « Compotus primus » : cela commence par « Recepta de castellano Niortii, — Blada vendita, — Vina vendita, etc. »

peu de régularité dans la manière dont les recettes sont faites ; certaines d'entre elles s'effectuent à des termes très-éloignés et d'une façon irrégulière. Je n'insisterai pas sur ces premiers essais ; mais à partir de 1245 on trouve les comptes du bailli disposés uniformément et d'après des principes bien arrêtés.

Ils sont divisés en deux parties : *Recettes, dépenses.* Chacune de ces divisions renferme un certain nombre de paragraphes toujours rangés dans le même ordre :

RECETTES.

1º Rachats. *Racheta.*
2º Domaines. *Domanium.*
3º Exploits. *Expleta.*

DÉPENSES.

1º Délivrances de gages. *Liberationes.*
2º Fiefs et aumônes. *Feoda et elemosine.*
3º OEuvres, *Opera.* (*Bâtiments, ponts et chaussées.*)
4º Menues dépenses, ou plutôt dépenses diverses. *Minuta expensa.*
5º Gages des sénéchaux.

Les feudistes modernes ont inventé, pour les produits des domaines royaux et seigneuriaux du moyen âge, une classification tout à fait arbitraire, qu'il m'est impossible d'accepter. Ils ont distingué le domaine corporel, le domaine incorporel, le domaine muable, etc. Brussel a introduit une classification qui paraît préférable. Il divise les recettes ordinaires en plusieurs classes : domaine muable ou prévôtés, amendes et forfaitures, bâtardises, cens et redevances, produits des fiefs, monnayage, etc.; mais cette division est elle-même défectueuse en ce qu'elle est inexacte. Par exemple, les prévôtés renfermaient les cens, une partie des amendes, etc. Brussel a aussi attribué aux baillis certaines recettes, telles que le produit des bois ; c'est une erreur que d'ériger cet usage en règle générale. Le savant auteur du *Nouvel usage des fiefs* a consulté les comptes de recettes de l'ancien domaine royal ; or, dans ces comptes, il y a deux divisions principales : *Recettes et dépenses des prévôts, recettes et dépenses des baillis;* mais cette division est spéciale à la France, c'est-à-dire au domaine royal tel qu'il existait avant Philippe-Auguste [1]. Alors, en effet, il n'y avait pas de baillis : les prévôts rendaient leurs comptes directement au Trésor, et la réunion des comptes particuliers des prévôts constituait le rôle général des prévôtés de France. Mais quand les baillis eurent été créés, ils opérèrent à leur tour certaines recettes et firent certaines dépenses dont ils durent rendre compte. L'état des recettes et des dépenses des baillis fut inscrit à la suite de l'état des recettes et des dépenses des prévôts. Cet état de choses durait encore au quatorzième siècle, mais il était spécial à la France. Dans les provinces conquises par Philippe-Auguste et Louis VIII, ou acquises par saint Louis, on suivit un système plus rationnel, qui fut mis en vigueur dans les États d'Alfonse. Le sénéchal eut toutes les recettes non comprises dans les prévôtés ; or, les recettes des prévôtés étaient de nature diverse ; elles variaient suivant les pays, les circonstances, et souvent même suivant le caprice du sénéchal. En général, tous les revenus des vignes, bois et prés étaient affermés aux pré-

---

[1] Voyez le compte du temps de Philippe Auguste publié à la fin du tome II du *Nouvel usage des fiefs*, de Brussel. Ce n'est que sous Philippe le Bel que l'on possède des documents un peu complets sur la comptabilité générale. On trouve surtout de précieux renseignements sur les divisions financières de la France au treizième siècle dans un inventaire fait vers 1326 par un clerc de la chambre des comptes, nommé Robert Mignon. Cet inventaire a été publié dans le tome XXI du *Recueil des historiens de France*, p. 519 et suivantes.

vôts, à moins que ces revenus ne fussent considérables ; alors ils étaient affermés séparément par les sénéchaux.

Je vais donner l'explication des différentes sortes de recettes qui figurent dans les comptes des sénéchaux d'Alfonse, en suivant l'ordre des comptes eux-mêmes. Cette méthode aura l'avantage d'initier plus complétement aux idées qu'avaient les hommes du moyen âge en fait d'administration financière.

RACHATS.

On appelait ainsi les droits de mutation que payaient les feudataires. Ils montaient quelquefois à des sommes considérables ; le comte accordait des délais pour les acquitter. Le payement se faisait alors en plusieurs termes par fractions égales [1]. Dans le Midi ces droits étaient moins élevés que dans le Poitou, où pendant longtemps ils furent arbitraires. Je fournirai quelques notions sur ce sujet dans le chapitre que je consacrerai à la féodalité.

DOMAINE.

Nous avons dit que les revenus affermés aux prévôts étaient de diverse nature ; Alfonse ordonna de faire des relevés des différents produits de ses domaines, revenus, cens, droits, etc. Ce travail nous est parvenu en grande partie, et nous avons essayé de combler, à l'aide d'autres docu-

---

[1] « Racheta. De vicecomite Thoarcense, pro tercio viii^c lib. solvendarum per annuatas, pro secunda paga istius anni, ii^{c}lx lib. xiii s. iiii d. — Item ab eodem, pro racheto terre Johannis Beliardi in castellania Thoarcensi, vii^{xx} x lib... De vicecomite de Roam pro ultima medietate racheti cujusdam terre, ii^c lib., etc. » Compotus Th. de Noviaco sen. Pict. in termino O. Sanctorum 1260. Orig. Arch. de l'Emp., J. 192, n° 32. — Ceux qui payaient en plusieurs termes devaient donner caution. « Plegii sunt pro domino Mauricio de Bella-Villa pro racheto et arreragiis, ex quibus tenetur comiti, 1246. Archives de l'Emp., KK. 376, fol. 19.

ments authentiques, les lacunes dues au temps et à l'incurie des hommes. Les sénéchaux furent chargés de dresser le polyptique des revenus domaniaux de leur sénéchaussée; ils ne suivirent pas tous le même plan et ne procédèrent pas à la même époque [1]. Rien de plus curieux que l'énumération de ces droits variés, qui montre avec quelle ingénieuse avidité les seigneurs savaient multiplier les sources de leur revenu.

Il y avait les domaines proprement dits, dont le comte était propriétaire et qu'il faisait exploiter à son profit ou qu'il louait; il y avait les droits de seigneurie et les droits de suzeraineté, droits qu'il ne faut pas confondre en théorie, mais qui en fait rapportaient tous des rentes en argent, des redevances en nature et des services. Les propriétés proprement dites étaient en assez petit nombre; il n'en était pas de même des domaines fieffés, les uns inféodés à des nobles, à charge de service militaire ou de redevances honorables; les autres accensés à des vilains moyennant des redevances en argent, ou des prestations en nature, ou des services ignobles. Il arrivait souvent qu'un noble possédait des censives et était tenu d'acquitter ou de faire acquitter les services dont elles étaient chargées.

Une remarque importante à faire, c'est que dans beaucoup de cas le cens, le service ou la redevance ne représentaient pas le prix du loyer de la terre, mais étaient un signe de vasselage; c'est ce qui explique certaines redevances bizarres par la forme, insignifiantes par le fond, qui étaient plutôt un symbole de dépendance qu'une prestation utile. Il ne faut pas oublier les droits de mutation qui, sous des noms différents, étaient payés par les détenteurs de terres roturières.

[1] Reg. XI du Trésor des chartes, vol. in-folio en vélin de 210 fol., écriture du milieu du treizième siècle, à 2 colonnes.

J'ai dit que chaque sénéchal dressa le **polyptique de** sa sénéchaussée; tous ne suivirent pas la même méthode. Il est à remarquer aussi que les états des revenus des différentes provinces ne furent pas relevés à la même époque. Rappelons-nous qu'il s'agit ici de revenus dont la perception appartenait aux prévôts et qui entraient dans les baux de prévôtés.

Les redevances peuvent être classées par rapport à leur nature ou à leur objet; ces deux modes de classification ont été employés au moyen âge, souvent dans le même pays et dans le même document. Si nous envisageons les objets frappés de redevances ou de services, nous trouvons les maisons, fours, étaux, ateliers, moulins, **biens ruraux**, champs, prés, vignes, bois, rivières, étangs, etc. Les personnes étaient quelquefois soumises à acquitter une redevance ou à fournir une prestation pour prix de la protection qu'elles recevaient ou étaient censées recevoir, ou comme gage de servitude ou de dépendance. Les amendes pour crimes ou délits ne doivent pas non plus être passées sous silence. Il serait superflu d'entrer dans une énumération générale et méthodique de toutes les sources de revenus d'Alfonse, revenus dont la plupart se retrouvent dans les autres seigneuries et qui sont suffisamment connus. Il suffira de signaler les redevances particulières à chaque province et qui se recommandent à l'attention par leur nom ou par leur origine.

Domaine de Poitou[1].

Le relevé des revenus d'Alfonse en Poitou fut fait à une

---

[1] Les aveux féodaux du Poitou sont aussi transcrits dans un autre petit reg. in-8°. Reg. XIV du Trésor des chartes. *Feoda et redditus comitis Pictavensis.*

époque dont la date ne nous est point parvenue¹, mais postérieure à l'année 1259, dans laquelle Alfonse devint propriétaire de la seigneurie de la Roche-sur-Yon². Il figure dans un précieux registre où le comte de Poitou fit transcrire l'état de ses revenus et la liste de ses feudataires en Poitou, en Albigeois, en Auvergne, en Agenais, en Quercy, en Rouergue, et dans le comtat Venaissin; malheureusement aucune de ces provinces n'est complète.

Certains feudataires devaient une somme variable, s'élevant jusqu'à douze livres³ pour le plaid, *pro placito*. J'avais cru que cette somme était sans doute destinée à racheter du service de plaid ou de cour en vertu duquel les vassaux étaient tenus de venir assister le seigneur dans sa cour et l'aider à rendre la justice. Ce devoir était gênant, et l'on pouvait être tenté de s'en faire dispenser en payant, mais il s'agit ici évidemment d'un droit de mutation. On voit figurer le plaid de mainmorte⁴.

Quelques prévôtés étaient inféodées; Amobert, prévôt de Prahec, tenait sa prévôté à hommage lige, à quinze livres de plaid de mainmorte, à un bœuf et à six setiers de froment de rente annuelle⁵. La prévôté de Brulain

---

¹ Reg. XI du Trésor des chartes. Le Poitou occupe les folios 1 à 17 de ce registre.

² Compte de 1259 pour le Poitou, où paraît pour la première fois le compte de la Roche-sur-Yon, Bibl. imp., n° 9016. Au fol. 17, on lit la mention suivante : « Nuncio qui venit ad senescallum pro morte domine de Rocha significanda, vi s. »

³ « Hoc est feodum quod tenet a domino comite Hugo Jodoini ad homagium ligium apud Niortum, ad xii libras de placito, fol. 6 v°. — Hervieu Ratier, possesseur du château de Tyron, devait la somme considérable de 10 marcs 15 livres pour le plaid », fol. 9 v°.

⁴ « Hoc est feodum quod tenet P. Racole... cum pertinenciis ad homagium planum et ad iiii libras de placito de mortua manu », fol. 8 v°.

⁵ « Amobertus, prepositus de Prahec, tenet preposituram de Prahec a domino comite ad homagium ligium et ad xv libras de placito mortue manus,

était aussi tenue en fief [1], et le prévôt prêtait trois hommages liges. Il est aussi question de baillies tenues en fief moyennant l'hommage et une redevance annuelle [2].

Il est à noter que plus on descend dans la hiérarchie féodale, plus les conditions de l'inféodation sont onéreuses et fiscales. Il ne s'agit plus du service militaire, qui était dans le principe l'unique obligation imposée aux feudataires.

Après l'énumération des revenus féodaux (autres que les rachats et autres droits de mutation), vient celle des revenus ordinaires, en suivant l'ordre topographique par châtellenie ou prévôté, en commençant par la Roche-sur-Yon. En première ligne figurent les rentes de Noël, qui était l'époque principale où les redevances étaient acquittées. On trouve à la Roche-sur-Yon une redevance singulière de quatre bœufs tués, appelés bœufs royaux. Ces bœufs étaient dus, un par les prévôts du Plessis, un autre par le forgeron de la Sauvagère, à raison de la baillie de Péray, la moitié d'un par le viguier de Venancan, etc. [3].

Vient ensuite l'indication des rentes dues par les locataires censiers des maisons du comte [4], des boutiques,

et ad unam carnem bovinam et ad sex sextanos frumenti redditus annualis », fol. 8 r°.

[1] Fol. 8 v°.

[2] « Johannes Durandi tenet balliam de Bello-Visu apud Prahec ad homagium ligium et ad XL solidos de placito », fol. 8 v°. — « Filius Thome Coutan tenet balliam prope Prahec ad homagium et VI denarios de placito », fol. 8 v°. — « Filius Aimerici prepositi tenet quandam balliam apud Longam aquam ad homagium planum et ad XI solidos et dimidium de placito », fol. 9 r°.

[3] « Quatuor carnes boum, et vocantur boves regales... de quibus carnibus duo prepositi de Plesseiz reddunt meliorem carnem, et faber de la Sauvagere racione ballie quam habet in parrochia de Pereyo, secundam carnem, et vigerius de Venancan reddit medietatem tercie carnis », fol. 14 v°.

[4] « De domo Benedicti Morin. II s., item de la Fraudere II s. — Guillelmus barbitonsor pro domo suo de Rocha VI s. », fol. 13 v°.

halles¹, moulins² ; des redevances forestières, telles que bûchage³ ; des tailles, issues, etc.

Un article est consacré aux *gardes;* les nobles et quelques roturiers étaient tenus de faire chaque année le guet au château du seigneur pendant un temps plus ou moins long. Ils rachetaient ordinairement cette obligation à prix d'argent. Ce qu'il y a de particulier, c'est que les vassaux devaient venir faire la garde avec leurs femmes et leurs enfants⁴.

Le prix de rachat des gardes variait depuis trente sous jusqu'à huit livres⁵. Leur durée était en moyenne de douze jours. Le produit des gardes dans la seule châtellenie de la Roche-sur-Yon s'élevait à quarante livres dix sous par an⁶.

En général les roturiers devaient aussi venir tenir garnison au château seigneurial ; ce devoir s'appelait estage, et ceux qui y étaient soumis étaient désignés sous le nom d'estagers. L'estage était aussi rachetable. Les estagers de la terre du Poiré, au nombre de cinquante, devaient l'estage pendant quinze jours, au mois de mars ; ils étaient dispensés de cette obligation moyennant une redevance de quatre livres⁷. Ceux de la paroisse de Sainte-Flaive en

---

¹ « Cona cujus consistunt in locatione stallorum », fol. 15 r°.

² « D. comes habet apud Chervex suum stagnum et suum molendinum », fol. 11 r°.

³ « vi d. pro buchagio », fol. 13 v°.

⁴ « Dominus de la Vergne debet facere gardam se et quodam alio milite (*sic*) et familia sua. Et ipse veniet in garda sua in vigilia Natalis Domini, et miles suus, et uxor et familia sua venient in vigilia Circoncisionis Domini, et morabuntur in garda usque ad carniprivium. Et solet pacificare de garda predicta ad valorem viii librarum », fol. 13 v°.

⁵ Fol. 13 et 14.

⁶ Fol. 14 r°.

⁷ « Homines estagerii in terra de Pereyo debent quindenam in mense maii, de qua quindena solet pacificari ad valorem iiii librarum », fol. 14 r°.

étaient quittes chacun pour la prestation d'une **poule** chaque année [1].

Parmi les redevances de Noël figurent aussi les droits de pâturage, *pasquerium* [2]; en certaines localités le droit de pacage se percevait à Pâques [3].

Les termes de la Saint-Jean [4] et de l'Assomption étaient peu fructueux. A l'Assomption les habitants de la **Roche** payaient la taille dite de la chaussée, *de calceia,* sans doute pour l'entretien des routes, ou peut-être encore à titre de rachat d'un droit de péage [5]. Un revenu abondant était celui des péages [6].

La Saint-Michel était un terme auquel on payait un certain nombre de redevances [7], telles que l'épaulage, la collecte des bourgeois de la Roche, du Poiré et du Luc, celle des animaux; mais, ainsi que je l'ai dit, le principal terme était à Noël. Certaines exactions avaient été converties en droits. C'est ainsi que le bailli de la Roche pouvait demander de l'avoine aux habitants du ressort soumis à son gouvernement; mais il devait le faire sans employer la force ni les menaces. On n'était pas tenu de donner, mais il fallait donner; et cette *queste,* comme on l'appelait, produisait environ trente setiers d'avoine [8].

---

[1] « Homines estagerii in parrochia Sancte Flavie et in ballia de Chaoneis debent gallinas, scilicet quilibet estagerius gallinam », fol. 14 r°.

[2] « Hec sunt pasqueria apud valles : pro pasquerio et fressengachio, LXX s. », fol. 17 v°.

[3] « Item in tempore Pasche potest valere pasquerium circa octo solidos, aliquando plus aliquando minus, secundum quantitatem pecudum ».

[4] Fol. 12 r°.

[5] Fol. 14 r°.

[6] Fol. 6 v°.

[7] Fol. 14 r°.

[8] « In tempore messium solet ballivus de Rocha querere avenam per terram de Rocha ad opus domini et apud opus sui, sine vi et sine minis. Et quilibet cui placet dat ei avenam secundum magis et minus, ad voluntatem

Nous venons de voir quelle était la nature des revenus du comte Alfonse à la Roche-sur-Yon : suit dans la même forme l'énumération des revenus des autres prévôtés. Toujours des cens pour maisons, boutiques, moulins; cette monotonie n'est rompue de temps à autre que par la mention de quelque redevance bizarre ou spéciale au pays; nous aurons soin de les noter.

Les revenus de Fontenay consistaient en cens, ventes, péage, frumentage, avenage et prés; la cohue de cette ville produisait des cens, menues coutumes, *calcagium* et *estalagia* [1].

A Ardenne, la location des étaux de la cohue rapportait deux cents livres. Il y avait une coutume appelée *jalonagium*.

A Niort, les souliers de Pâques, *sotulares paschales*, rapportaient douze sous [2]. Quatre douzaines de fers à cheval sont estimées huit sous [3]. Trois paires d'éperons dorés, quinze sous [4]. Les halles, appelées cohues, produisaient un fort revenu [5].

A Prahec, charnage, comptant des vignes, cires des commandes [6]. Certaines vignes étaient soumises à un droit

---

donatoris. Ballivus tamen neminem potest cogere ad dandum, et solet valere hujusmodi questa triginta sextarios avene. » Trésor des chartes, JJ. xi, fol. 14 r°.

[1] *Ibid.*, fol. 14 r°.

[2] « Sotulares paschales xii sol. », fol. 15 r°.

[3] « Quatuor duodene ferri ad equos valentes viii sol. », *ibid.*

[4] « Tria paria calcarium deauratorum valet xv sol. », *ibid.*

[5] On trouve aussi un renseignement dans un cahier intitulé « Ceu sunt les maylles contans et les cens qui sunt deu à nostre seignor le conte de Poystiers à aporter à Niort chacuyn an à la meson au prévost de Niort en la feste de Nostre Dame de ahoust, sans querre, etc. » Cahier de 11 fol., Trésor des Chartes, J. 192, n° 61.

[6] « In censibus, costumis, vendis, charnagio, decimis, complantis vinearum, cera de commandis », fol. 15.

appelé complant; quant aux cires des commandes[1], j'avais cru un instant que c'était la cire provenant des ruches appartenant au seigneur et qui auraient été données à entretenir moyennant l'abandon d'une partie du produit; mais cette explication tombe devant plusieurs textes. En effet, on trouve des commandises de poivre. Les commandises étaient le droit que l'on payait au seigneur dont on avait acquis la protection en se recommandant à lui, en se mettant, comme on disait, dans sa commande[2].

L'aire coutumière où l'on battait le blé rapportait quatre-vingts setiers. Notons une redevance appelée *agricultura*. Il ne faut pas négliger de mentionner une source de revenus très-fructueuse et qui se retrouve partout, les moulins et les fours banaux.

A Saint-Maixent, le comte a seul le droit d'avoir des juifs, et par conséquent de leur faire payer un impôt pour la tolérance qu'on leur accordait. Le comte a dans la même localité un ferron qui seul peut vendre du fer, un sellier, un lormier, un fourbisseur d'épées, qui tous payent une redevance pour le monopole qu'ils exercent[3]. Il a le droit d'acheter le poisson de mer avec un tiers de rabais ou *abattement*. Il prélève une lamproie sur chaque marchand de poisson qui vient au marché; si le marchand a des aloses et des lamproies, le comte prendra une lamproie ou une alose à son gré. Défense de dépecer un es-

---

[1] « Item commendicia cere, vi l. ære valentes x sol. à Prahec », fol. 16 r°.
[2] « Terra domini comitis Pict. que fuit domini Guidonis de Ruppeforti valet... in commendisia piperis x solidos ad voluntatem reddentium », fol. 15 v°.
[3] « In villa Sancti Maxentii habet comes judeos, quos nullus potest habere in villa preter dominum comitem; et unum ferrarium, qui vendit ferrum, quod nullus potest habere preter d. comitem. Habet comes Pict. in dicta villa unum sellarium et unum lormerium et unum forbisor, qui forbit enses », fol. 15 v°.

turgeon apporté au marché sans la permission du comte, sous peine d'une amende de soixante sous; le « nerviz » de chaque esturgeon appartient de droit au comte [1]. C'était là un de ces vieux impôts féodaux en nature qui étaient si gênants et qui avaient en grande partie disparu au treizième siècle pour faire place à des redevances pécuniaires.

A Sanzay, le comte a une rente de onze fromages valant huit deniers; dans les domaines confisqués sur le comte de la Marche, la redevance pour la paisson des porcs est désignée par le vieux mot « fressengue [2] ».

Dans la prévôté de Montreuil, les revenus ont été l'objet d'une classification : ils sont divisés en certains et incertains. Par certains on entend ceux qui sont fixes, par incertains ceux qui sont susceptibles de diminution ou d'accroissement.

Une enquête de l'an 1258 nous apprend qu'à Montmorillon on exigeait un droit de péage ou *maletôte* sur les objets de consommation. Les nobles et les religieux en furent déclarés exempts, à condition que leurs serviteurs jurassent que les objets qu'ils achetaient étaient destinés à la consommation de leurs maîtres et non à être revendus [3].

[1] « Item super scamna abbatis Sancti Maxencii habet dominus comes in piscibus marinis emptis ad opus domini comitis, vel mandati sui, terciam partem d'*abatement* in precio dictorum piscium. — In lampreis apportatis habet dominus comes de quolibet mercatore unam lampream. Si ita est quod aliquis mercator afferat lampreas et alosas insimul, dominus comes, vel mandatum suum, non caperent nisi solummodo unum istorum piscium, scilicet alosam vel lampream. — Item, si ita est quod aliquis mercator afferat esturgon super dicta scamna, nullus sit ausus scindere nec dilacerare sine mandato domini comitis, et si ita sit quod dictus esturgon scindatur et le nerviz quod est in eschina rumpat, gagium est usque ad sexaginta solidos; de quolibet esturgon, le nerviz est de jure comitis Pictavensis », fol. 15 v°.

[2] « Abbatissa S. Crucis pro garda et fressengio x lib. », fol. 16 r°.

[3] « Ordinavimus apud Montem Maurilii, de consilio multorum peritorum et bonorum, quod religiosi, clerici vel milites et nobiles non cogantur reddere pedagium vel maletote de rebus emptis ad usum suum, dum tamen ipsi vel

A Cherveuz, le comte avait le ban du vin, *bannum seu stangium*, pendant trois semaines sans interruption chaque année, à l'époque qu'il préférait. La durée du ban fut illégalement prolongée par un sergent, mais en 1258 les enquêteurs y mirent bon ordre [1]. A Poitiers, les mêmes enquêteurs défendirent, par ordre d'Alfonse, de comprendre, ainsi qu'on le faisait, dans le bail de la prévôté de Poitiers, le produit d'une redevance payée par les filles publiques [2].

SAINTONGE.

Nous connaissons les revenus d'Alfonse en Saintonge au moyen des baux des prévôtés de cette sénéchaussée passés en 1243. A chacun de ces baux est joint un état sommaire des revenus de chaque prévôté [3]. Dans celle de Saintes figurent les moulins, la vente de l'obole, la petite coutume de la ville, l'étalage, le passage de l'eau hors de la Marche, les menus cens, les prés, une treille et un pressoir, le bois de Lagort, la garenne des lapins, la baillie des Archers, les exploits ou produits des amendes.

A Tonnay, droit de vente, péage, produits des étangs et des cours d'eau, cens de Noël, de Pâques, de la Saint-Jean, de la Saint-Pierre, de la quinzaine de mai, fours, etc.

---

viccarii eorum jurent quod sit ad usum proprium et non revendendum ». B. I. n° 10918, fol. 2 r°.

[1] « Cum dominus de Cherveus, a tempore a quo non est memoria, bannum teneat ad vina vendenda in villa de Cherveus, per tres septimanas continuas, et non plus, quolibet anno, quando voluerit, et a tempore Guillelmi Servet, domini comitis Pictaviensis servientis, invenimus dictum bannum, seu stangium, dilatatum et factum esse per totam parrochiam et ad voluntatem tenentis stangium »... Reg. des enquêteurs, Bibl. imp., n° 10918, fol. 3 r°.

[2] *Ibid.*, fol. 3 v°.

[3] Arch. de l'Emp., reg. KK. 376, fol. 2 v° et suiv.

A Saint-Jean d'Angély, cens de la ville, besant d'or [1], prés dits des Faucheurs, maisons des juifs, amendes.

A Benon, taille sur le blé, *ferrucagium,* vendange, etc.

AUVERGNE.

Laissons de côté les hommages, pour ne nous occuper que des revenus. Le relevé fut fait en l'année 1261 [2]; il est sur un plan différent que le polyptique du Poitou.

Il y a pour chaque prévôté une mention très-courte des revenus : avoines, — panage, — cens de Noël, — poules, — portages, — péages. Le tout est résumé en trois paragraphes répondant aux trois subdivisions auxquelles tous les revenus peuvent être ramenés : *blé,* — *argent,* — *poules.* Les redevances en nature, autres que celles en blé et en poules, sont estimées en argent [3].

---

[1] « Pozantum aureum. » *Ibid.,* fol. 5 v°.

[2] « Hic sunt redditus d. comitis in Alvernia, anno Domini M.CC.LXI », fol. 28.

[3] In primis apud Langiacum x sext. avene census, III sext. siliginis.

De parceriis (terres tenues en parage) II sext. frumenti, v sext. siliginis : quinque magis, quinque minus.

Census denariorum solvendorum in festo Nativitatis Domini XLII s.

Census gallinarum.

Portagium dicte ville XII^{lt}.

Pedagium XXIII^{lt}.

Summa bladi, LV sext.

Summa denariorum, XXXVIII^{lt}.

Summa gallinarum, XVIII galline, fol. 28 r°.

Census Sancti Romani. De domibus et pratis ejusdem loci XXX sol., fol. 28 r°.

De Albussonio. De furno de la Berculha. — Pedagium XV^{lt}. De pascuis, etc. *Ibidem.*

Apud villam Sancti Amancii. Tallia valet VII^{lt}. — De furno, XXX sol., fol. 29 r°.

Census vini, fol. 30. Minuta leyda denariorum XL^{lt}. — Leyda lignorum, VII^{xx} saumatas.

Castrum Guidonis : vigeria Alph. Vidals valet XIX s. — Vigeria Guillelmi

ALBIGEOIS.

D'abord les aveux et hommages des feudataires reproduits *in extenso*. Les aveux qui sont des années 1259, 1260 et 1261 furent reçus par les bayles devant un notaire [1]. — Une seconde section est consacrée aux revenus [2] (*redditus*) qui sont énumérés par baylie, mais sans aucun ordre. Je remarque la pezade, impôt particulier à certaines provinces du Midi, et dont l'origine offre un grand intérêt historique.

Au onzième siècle, les guerres privées et les violences féodales prirent de telles proportions que toutes les classes de la société, l'Église, le peuple et la noblesse, se réunirent pour établir la paix et la trêve de Dieu. Les perturbateurs de la paix publique furent désignés à la vindicte publique; dans le Midi, le maintien de l'ordre fut assuré d'une manière efficace par l'institution de *paissiers* ou *pacificateurs*, sorte de gendarmerie toujours prête à marcher, à la réquisition de l'évêque, contre les perturbateurs. Les paissiers étaient pris dans le sein de la noblesse; ils étaient payés avec le produit d'un impôt spécial nommé commun de paix ou pezade. Cet impôt frappait les nobles, les clercs et les bourgeois, les artisans et les paysans, tout le monde enfin sans distinction. La pezade fut établie dans le Querci, dans le Rouergue et dans l'Albigeois. Voici en quoi elle consistait dans le Rouergue. On payait pour une

---

Le Bo valet IV sextar. — Vigeria Bonafos Aforart et P. Usel. 1 eminam avene, fol. 30 r°.

Rupes Dagulphi. — Tallia servorum XXV s. — Tallia Francorum de Rupe-Dagulphi XV s. clarom., fol. 32.

[1] Fol. 34. Hec sunt recognitiones de Albigesio.

[2] Fol. 69. Redditus. Hii sunt census et redditus seu valor ex estimancia ac quantitate summarie ipsorum. — Voyez un rouleau où sont inscrits les revenus d'Alfonse en Albigeois, Trésor des chartes, J. 320, n° 34.

paire de bœufs ou d'animaux de labour, pour une bête de somme, cheval, jument, mule ou mulet, douze deniers; par bergerie de brebis, trois deniers; autant pour un bœuf seul ou pour un âne susceptible d'être loué. Tout artisan, tel que forgeron, etc., payait six, huit ou douze deniers, suivant la décision du curé; un journalier vivant de son travail, trois deniers. Les enfants demeurant avec leur père étaient exempts; la taxe se levait par paroisse [1].

Dans le Quercy, les sommes provenant de la pezade étaient gardées et placées dans la cathédrale de Cahors, dans un coffre fermant à trois clefs, dont l'une était dans les mains de l'évêque, l'autre entre celles des nobles; la dernière était confiée à une commission de bourgeois chargés de surveiller l'emploi des fonds [2].

Le commun de paix servait, ainsi que je l'ai dit, à solder les paissiers; il avait aussi une autre destination, qu'on est surpris de trouver à cette époque : la pezade était aussi une société d'assurance. On restituait les objets enlevés, pourvu que le propriétaire indiquât celui qui les lui avait pris ou le lieu dans lequel ils avaient été cachés.

En 1191, Raymond V, comte de Toulouse, fit, de l'aveu des barons et du clergé, de semblables statuts pour l'Albigeois [3]. Les gentilshommes paissiers subsistèrent jusqu'au treizième siècle; à cette époque, le roi dans ses domaines

---

[1] *Gallia christiana*, t. II, p. 51. Gaujal, *Histoire de Rouergue*, t. I, p. 224 et suiv.

[2] Enquête originale. Arch. de l'Emp., J. 896. « Commune (pezade) levabatur auctoritate episcopi cum voluntate baronum et magnarum villarum : et inde fiebant emende et dabantur stipendia militibus; residuum de communi episcopus inde retinebat et distribuebat inter barones et pacificatores sive paciarios : levabatur commune per presbiteros parrochiales et ponebatur in arca apud Caturcum, sub custodia bonorum virorum... Duodecim fuerant statuti pacificatores. »

[3] *Gallia christiana*, t. Ier, Appendice, p. 6.

et le comte de Toulouse dans les siens, se chargèrent de maintenir le bon ordre et s'appliquèrent le produit de la pezade. En vain les populations réclamèrent; on leur répondit que si le comte faisait régner la tranquillité, il était juste qu'on lui en fournît les moyens [1]. Les évêques furent moins faciles à contenter et se firent céder une partie de la pezade [2]. L'évêque d'Albi en eut la moitié. L'évêque de Rodez percevait six mille sous sur le produit de la pezade de son diocèse [3]. Le commun de paix du seul château de Peyrusse en Rouergue était évalué à neuf cent soixante-quinze livres de revenu [4].

Revenons à l'analyse rapide des revenus du comte en Albigeois. Je m'abstiendrai d'énumérer ceux dont nous avons déjà constaté l'existence dans d'autres provinces. A Gaillac se tenait une foire productive par suite de la levée de droits sur les marchandises; dans la même ville, on exigeait aux portes une *leude* de ceux qui exportaient des denrées [5].

Notons, dans la même localité, la redevance d'un marabotin d'or due par les bouchers [6] et d'un marabotin par chaque juif. A Puyceley, le fouage [7] (*fogagium*), impôt sur

---

[1] Lettre du sénéchal J. d'Arsis faisant connaître que les consuls de Millaud prétendent que le *pazagium* a été introduit par Raymond VII. Orig. Trésor des chartes, J. 302, n° 3.

[2] Vaissete (1re édition), t. III, p. 85.

[3] Reg. B, fol. 142. Lettre d'Alfonse au sénéchal de Rouergue, en 1269. Voyez aussi une transaction entre l'évêque d'Albi et les consuls de Gaillac, en 1252. Vaissete, t. III, Preuves, col. 495. Conf. une enquête sur le *pazagium* en Rouergue, Trésor des chartes, J. 320, n° 99.

[4] JJ. XI, fol. 148 r°.

[5] « Item debent leudam in dicta villa illi qui extrahunt aliquam mercaderiam in exitu januarum », fol. 69. La ville de Gaillac n'appartenait pas entièrement à Alfonse; l'abbé en avait sa part.

[6] « Marabotinum unum censualem pro macello », fol. 69. — Même redevance à l'Isle, fol. 69 v°.

[7] Fol. 70.

les habitations ou feux, et le charnelage (*carnalagium*), redevance due par les bouchers. A Penne, à Puyceley, à Cordes, les *parssos* des terres du comte, c'est-à-dire le produit des terres possédées en commun par le comte et par des particuliers; la qualité de copropriétaire était exprimée dans l'ancienne langue française par le mot parçonnier[1]. A Cordes, le *taulage* du marché (*taulagium fori*)[2], qui était le droit perçu sur ceux qui étalaient leurs marchandises, le droit d'étalage ou plutôt d'emplacement[3]. Dans la même localité, chaque femme faisant du pain pour vendre payait au bayle douze deniers par mois[4]. Les bouchers devaient abandonner au comte les pieds des moutons et des porcs qu'ils tuaient le samedi et la veille de l'Annonciation, de l'Ascension, de la Pentecôte et de la Toussaint[5].

AGENAIS ET QUERCY.

Les aveux furent reçus en 1259 par Bon Touzet, juge du sénéchal. Rien de particulier[6].

---

[1] JJ. XI, fol. 70 v°. « Los parssos terrarum domini comitis. »

[2] « Taulagium fori quod percipitur in foro », fol. 70 v°.

[3] Ce mot a été mal expliqué par Ducange : voyez la dissertation de M. L. Dessales. *Mémoires de la Société des antiquaires de France*, t. XIX.

[4] « Quælibet mulier faciens panem ad vendendum solvit bajulo dicti loci quolibet mense XII denarios », fol. 70.

[5] « Quilibet carnifex tenetur dare domino comiti tibias et pedes ovium et porcorum qui interficiuntur diebus sabbatinis et vigiliis Annonciationis Beate Marie virginis et Pasce, Ascensionis, Pentecostis et Omnium Sanctorum », fol. 70.

[6] Fol. 73. Les originaux des aveux de ces provinces sont au Trésor des chartes, J. 315, n° 94 et 111.

ROUERGUE [1].

Les aveux furent faits par les feudataires en 1260. — Les bayles procédèrent à une enquête pour constater les différents revenus du comte par ordre du sénéchal, en présence des consuls des communautés et des notables. On entendit des témoins et on consulta des registres et des rôles [2].

Une source particulière de revenus en Rouergue était le produit des mines d'argent, sur lequel nous avons donné quelques renseignements dans le chapitre consacré à l'histoire monétaire; il nous suffira de faire remarquer ici que les revenus qu'Alfonse tirait de ces mines étaient de deux sortes. Certaines exploitations lui appartenaient, et il en percevait les fruits à titre de propriétaire; en outre, il levait un droit seigneurial ou dîme sur les mines appartenant à ses vassaux [3]; c'est là une distinction importante [4].

---

[1] JJ. XI, fol. 147. Voyez aussi sur ce sujet un rouleau intitulé : « Hii sunt census et redditus, obventiones, usatica, pedagia et pazagia que habet dominus comes in villa Amiliavi et in ejus pertinentiis, et in bajulia ejusdem, et in castro de Competros, apud Rupem, in castro Petrucie, » etc. Trésor des chartes, J. 326, n° 10.

[2] « Anno M.CC.LX, videlicet mense januario, notum sit quod Beraudus Galteri, ballivus Ville-Franche, pro domino Petro de Landrevilla, milite, senescallo Ruthinensi, et Guillelmus de Portalta, bajulus Ville Nove, et Hugo Galteri, notarius publicus, de speciali mandato dicti domini senescalli inquisiverunt diligenter de redditibus et proventibus domini comitis, primo vocatis consulibus et bonis viris dicte ville, et visis et inspectis scriptis super hujusmodi editis », fol. 148 r°.

[3] « Item, decima argentorum novorum, valens XXX marchas argenti novi, secundum magis, minus. » JJ. XI, fol. 147 v°. Relevé des revenus de la baylie de Peyrusse.

[4] Voici un extrait d'une transaction importante entre Alfonse et le comte de Rouergue, en date de novembre 1265. « Alfonsus... Noverit universitas vestra quod, cum contentio seu controversia inter nos et Hugonem de Sancto Romano, militem, ex una parte, et dilectum ac fidelem nostrum comitem Ruthinensem, ex altera parte, verteretur, super possessione minerii d'Orzals et ipso minerio sito, ut dicitur, in terra dicti Hugonis, et mina inde extracta;

ADMINISTRATION FINANCIÈRE ET REVENUS ORDINAIRES. 245

Je signalerai aussi en Rouergue une redevance pour le *captieinh* (*captenium, capitonium*), due par les hommes qui étaient spécialement sous la protection du comte [1]. C'est l'avouerie ou la commande sous un autre nom. Nous possédons plusieurs actes dans lesquels des hommes libres se mettent sous le captieinh de Raymond VII [2]. En 1267, plusieurs seigneurs de la baylie de Peyrusse se plaignirent

tandem inter nos dictum comitem Tholose, pro nobis et dicto milite, qui in nos transtulit omne jus quod habebat, et habere poterat in minerio et terra predictis, et dictum comitem Ruthinensem, talis compositio intervenit; videlicet quod nos dictus comes Pictaviensis et Tholose, et successores nostri, habeamus et percipiamus de cetero et in perpetuum, pro parte nos et dictum militem contingente, terciam partem dicti minerii predicti quam petit Bertrandus Ferrerii, si in ea dictus Bertrandus inveniatur jus habere; item quod habeamus medietatem dominii dicti minerii, videlicet medietatem trium solidorum qui nomine dominii consueverunt levari de singulis marchis argenti extractis et extrahendis de dicto minerio, et aliorum jurium ad plenum dominium, ex quacumque causa, pertinentium; et aliam medietatem dicti pleni dominii, salvo jure nostro tanquam superioris domini, habeat comes Ruthinensis et successores sui in perpetuum, et residuum totius dicti minerii, excepta parte nostra predicta et excepta dicta quarta parte dicti Bertrandi, in qua tam nos quam dominus comes Ruthinensis, pro qualibet marcha argenti extracta et extrahenda, habebimus tres solidos, ratione pleni dominii; ita tamen quod omnes tres solidi integraliter tam predicte partis quam aliarum partium, videlicet totius minerii integraliter levabit et percipiet mandatum nostrum. De quibus levatis medietatem reddet comiti Ruthinensi vel mandato suo, ratione medietatis dominii quam tenebit a nobis in feudum, et aliam medietatem retinebit nobis assignandam et reddendam.

« Et actum fuit inter nos quod predicta, scilicet terciam partem minerii et medietatem pleni dominii, ut dictum est, percipiemus nos seu mandatum nostrum quamdiu erit ibi minerium et mina in eodem invenietur », etc. Reg. C., fol. 115 r°.

[1] « Item de captieinh totius ballivie de Petrucia habet dominus comes xxv libras cere et ii libras piperis. » JJ. XI, fol. 147 v°.

[2] Voy. l'acte par lequel P. de Magrennio se met, lui, son corps et sa maison, « in captenio et amporantia » de Raymond VII pour cinq ans. Il donnera au comte chaque année, à la Toussaint, un carton double d'avoine. Les viguiers le prennent en conséquence sous leur protection, 7 août 1224. Trésor des chartes, J. 317, n° 14.

de ce qu'Alfonse levait injustement le captieinh sur leurs hommes[1]. La redevance pour le captieinh consistait, suivant les localités, en cire, poivre, seigle, avoine et froment[2].

Au Mas-du-Puy, le comte avait la moitié de la poitrine de chaque vache tuée ; les chevaliers de cette localité avaient droit à une pareille redevance une fois la semaine[3].

Un impôt nommé *boada* produisait pour tout le diocèse de Rodez par an quarante-trois livres de monnaie du Puy[4]. La nature de la boada nous est révélée par une charte de l'abbé de Saint-Martial de Limoges de l'an 1236, portant donation à Raymond VII du village d'Asprières en Rouergue. Dans l'énumération des droits seigneuriaux figure la *boada seu bladada*. C'était donc une redevance en blé[5]. A Lescure, un nommé P. Trobat payait deux sous, une hémine de seigle et une poule pour la *queste,* et une carte de seigle pour le *sirventage*[6].

TOULOUSAIN.

L'état des revenus dans le Toulousain manque dans le registre XI du Trésor des chartes. Je suis porté à croire qu'il ne fut pas dressé, car un état du même genre fut rédigé peu de temps après la mort d'Alfonse, en 1273, par ordre du roi Philippe le Hardi. Ce dernier travail, qui ne nous est point parvenu complet, forme un énorme

---

[1] Reg. A, fol. 11 v°.

[2] « Captienh de Monte Arnaldi, XIII sextaria siliginis et tria sextaria avene. » JJ. XI, fol. 147 v°. Voyez aussi fol. 148 r°.

[3] JJ. XI, fol. 156 r°.

[4] « De Ruthinensi dyocesi, de boada exeunt XLIII libre Podiensis monete ». *Ibid.,* fol. 158.

[5] Cartul. de Raymond VII, JJ. XIX, n° 120 ; x des calendes de mars 1235.

[6] « De parrochia de Scura. P. Trobat II sol. et unam eminam siliginis, et unam gallinam pro questa, et pro sirventagio unam cartam siliginis ». *Ibid.,* fol. 155 r°.

volume in-folio coté registre XVII du Trésor des chartes [1]. Si un pareil relevé avait été fait sous Alfonse, il eût été inutile de le recommencer quelques années après ; mais ce qui prouve que le polyptique du Toulousain n'avait pas été dressé en même temps que ceux des autres provinces, c'est qu'en 1269 Alfonse ordonna au sénéchal de Toulouse de former une liste des fiefs et des feudataires de sa sénéchaussée, et de joindre à l'indication des fiefs les noms des feudataires. Or, pour les autres provinces, l'état des fiefs avait été dressé en même temps que celui des domaines [2].

Notons dans le Toulousain quelques particularités. A Portet, les fabricants de fouaces (sorte de gâteaux) devaient à Noël, à Pâques et à la Pentecôte, chacun deux fouaces [3]. Le caselage était une redevance due par l'habitant d'un casal ; l'homme de caselage répondait à peu près au *mansionarius* des provinces du nord de la France [4]. On

---

[1] Voici les localités qui figurent dans ce registre : — Fol. 1, Portet. — Fol. 65 v°, Montgiscard. — Fol. 67 v°, Montesquieu. — Fol. 68, Vallègne. — Fol. 79 r°, Avignonnet. — Fol. 97 v°, Varagne. — Fol. 101, *Viela-Vila*. — Fol. 103 v°, Montferrand. — Fol. 116 r°, Villefranche. — Fol. 125, *Varanhanum*. — Fol. 127, Castelnaudari. — Fol. 165, *Podium Bunanum*. — Fol. 170, *Becete*. — Fol. 174, Saint-Martin de la Lande. — Fol. 192, Le Mas Saintes-Puelles. — Fol. 197, *Quidenie*. — Fol. 198, Verdun. — Fol. 199, Calmont. — Fol. 231, Cincte-Gabelle. — Fol. 283, Puy-Laurens. — Fol. 307, Lavaur. — Fol. 340, Vilamur. — Fol. 354 v°, *Vercerie*. — Fol. 362, Montastruc. — Fol. 386, Avelanet. — Fol. 400, *Castrum Godii*. — Fol. 412, Cordes. — Fol. 438, Puyceley. — Fol. 451, Gaillac. — Fol. 462, l'Ile en Albigeois. — Fol. 482, Rabastens. — Fol. 491, Fanjaux. — Fol. 545, Vielmur. — Cette liste comprend, comme on voit, plusieurs localités de l'Albigeois.

[2] Reg. B, fol. 85. Mandement en date du 16 août 1269 par lequel Alfonse ordonne à son sénéchal de Toulousain de dresser une liste des fiefs et de ceux qui ont fait hommage dans chaque châtellenie.

[3] « Dos fogascas », fol. 2 v°.

[4] Sur le caselage, voyez plus bas le chapitre consacré au tiers état.

trouve quelquefois le caselage payé pour des terres sans habitations, mais ces terres étaient des démembrements d'un ancien casal, qui était, comme tous les casaux, composé d'une habitation et d'une certaine quantité de terre. Les caselages s'acquittaient en argent ou en nature. Les oublies (*oblie*) étaient des redevances qui pèsaient sur les maisons et les champs; ce sont des cens. La *queste* [1] était de nature indéterminée; c'était, à proprement parler, l'exaction, la perception d'un droit, aussi trouvons-nous des questes de caselage [2]. L'*agrer*, en langage du Nord *agrier*, consistait dans le quart du produit en nature d'une terre [3]. Les habitants de Villiers acquittaient chacun à la Saint-Michel douze deniers pour le *guidagium* [4].

COMTAT VENAISSIN.

Le relevé des revenus d'Alfonse dans le comtat Venaissin fut fait en 1253 par ordre du sénéchal. On procéda d'abord à une enquête générale qui nous a été conservée. Les résultats de cette enquête furent ensuite inscrits sur un registre spécial [5].

---

[1] Voyez une lettre en date du dimanche après la Saint-Nicolas d'hiver 1268, dans laquelle Alfonse confie à Picard d'Aleman et à Gille Camelin « mandatum exigendi et levandi, nomine nostro, questam, aliamve redevanciam, quocumque nomine censeatur, quam levare possumus ab hominibus nostris. » Reg. A, fol. 148 r°.

[2] « Pro quo casalagio faciunt de questa XII sol. Thol. », fol. 68.

[3] « Petrus Viguerii tenet v sextariatas terre, et de IV reddet quintam partem fructuum et de una agrarium », fol. 232 v°.

[4] Fol. 549.

[5] « Recepto dominacionis vestre mandato de proprietatibus vestris, feudis, juribus et reddithis in senescallia Vennaissini fideliter inquirendis, nos in hiis et in aliis parati pro viribus vestrum beneplacitum adimplere aliqua personaliter inquisivimus, alia vero per dilectum et fidelem nostrum notarium Guillelmum Bermundi, cui nichil committere vereremur, fecimus diligenter inquiri ; data tamen eidem forma cum consilio dilecti nostri Guidonis Ful-

Chaque localité a son article séparé, divisé en plusieurs paragraphes :

1° Juridictions et propriétés.

2° Services et cens en deniers.

3° Cens en blé. (Les redevances de ce genre sont évaluées en hémines.)

4° Possessions dont le comte touche annuellement une partie du produit.

5° Fiefs [1].

A la fin de l'état des revenus est un chapitre intitulé *Redevances douteuses*, c'est-à-dire qui n'étaient pas prouvées.

Quant à l'enquête, on entendit tous ceux qui pouvaient

chodii, per quam posset ad veritatis indaginem planius et plenius pervenire. Duos igitur codices magnitudini vestre transmittimus : unum videlicet in quo continentur distincte proprietates, feuda et redditus quas habetis et in pace percipitis in locis singulis senescallie predicte. Et si qua sunt que nec percipitis nec tenetis, ad jus tamen vestrum pertinere dicuntur, scorsum invenietis distincta. In alio vero codice inquisitio continetur facta super juribus vestris, et juramenta militum et aliorum et aliorum virorum bone opinionis et fame. Ad quam siquidem inquisitionem recurri poterit, si qua de predictis juribus dubitatio oriatur. Illud sane vestram decere credimus excellentiam ut, in hiis que nec percipitis nec tenetis, quamvis in dicta inquisicione ab aliquibus ad vos pertinere dicantur, ballivis vestris non detis licentiam occupandi, quia nec jura nec terre consuetudines patiuntur ». Reg. XI du Trésor des chartes, fol. 158 et suiv. — Le terrier original du Venaissin envoyé par le sénéchal existe J. 319, n° 3. C'est un registre en papier coton : il ne renferme pas les enquêtes, qui formaient un cahier séparé, aujourd'hui égaré. — Un autre mss. complet, sur vélin, format in-4° d'environ cent feuillets, est conservé à la bibliothèque de Carpentras. Il est connu sous le nom de *Livre rouge* : il provient des Archives de la Chambre apostolique. — Un autre exemplaire, ayant appartenu à un ancien officier de la Chambre apostolique, a été longtemps en la possession de M. Ch. Giraud, de l'Institut, qui devait le publier dans la collection des Documents inédits : il appartient maintenant à M. de Rozières.

[1] De juridictionibus et proprietatibus. — De serviciis, seu censibus denariorum. — De censibus bladi. — De possessionibus in quibus percipitur certa portio annuatim. — De feudis.

donner des renseignements. Les bayles déclarèrent ce qu'ils connaissaient. Les personnes que l'on supposait tenues à des redevances furent invitées à faire l'aveu des cens et rentes qu'elles devaient au comte. De tous les relevés de fiefs et de rentes, celui du comtat Venaissin est à la fois le plus complet et le mieux rédigé, puisqu'il offre une liste par localités des droits d'Alfonse, et en appendice les enquêtes elles-mêmes, qui servent de pièces justificatives [1].

Plusieurs redevances qui figurent dans d'autres provinces, mais dont la nature est peu connue, sont définies avec clarté dans le polyptique du Venaissin. Ainsi, à propos de la *lesde* ou *leude* levée à Cavaillon, on trouve la définition suivante : On appelle *lesde* le droit de péage levé sur les denrées qui sont vendues chaque jour au marché [2]. On appelait à Pernes *brécage* (*brecagium*) la prestation de vin due chaque année à la cour du seigneur; vingt-quatre cosses de vin faisaient la charge d'un cheval ou d'un mulet [3]. L'alberge était, ainsi que nous l'avons dit, dans le midi le droit de gîte, dû ordinairement à des

---

[1] Les enquêtes commencent au folio 179 v°. Voici la formule suivie : « Liber inquisitionis universalis. — Anno Domini 1253, scilicet vi kal. novembris, Raimundus Botinus, miles, et W^{us} Gauterii, et Rostanus Fornerius, bajulus, promiserunt, et super sancta Dei Evangilia corporaliter tacta juraverunt coram domino G. Carpentoratensi episcopo, quod ipsi dicent veritatem Guillelmo Bermundi, notario dicti domini episcopi, presenti et recipienti sacramentum pro d. Alfonso... de omnibus juribus, racionibus et juridictionibus, et de omnibus hiis que dictus comes Tholosanus habere debet in civitate Cavellicensi et in tenemento ejusdem civitatis. — Requisitus per sacramentum. dixit, etc. ». Fol. 179 v°, col. 1.

[2] « Item sextam partem lesde, et vocatur lesda pedagium, quod accipitur de rebus venalibus que cotidie in foro venduntur ». JJ. XI, fol. 158. — Mention de la *lesde* d'Avignon, dont le comte avait la sixième partie. *Ibid.*, ol. 177 v°.

[3] « Hec sunt brecagia Paternarum, et dicitur brecagium quedam prestatio vini qui debetur prestare singulis annis curie cartis de Paternis, et faciunt xxiiii cosse vini honus unius equi vel muli ». *Ibid.*, fol. 187 v°.

gens armés; l'alberge avait été, dans beaucoup d'endroits, convertie en un impôt annuel [1].

Il en était de même de la chevauchée ou service militaire.

Nous retrouvons dans le Comtat les redevances en nature dues par les bouchers. A Avignon, sur soixante langues de bœuf, le comte en avait une, ce qui lui rapportait environ trois sous tournois par an [2]. A l'Isle, chaque étal de boucher payait douze deniers à Noël, et chaque comptoir de boulanger neuf deniers [3].

Parmi les redevances bizarres, mais dont nous avons déjà cité des exemples, figure celle de deux fers de cheval avec les clous, qui incombait à un nommé Pons Braquier pour une terre sise près de Cavaillon [4]. En tous lieux régnait la corvée, mais avec d'innombrables diversités. Les hommes d'Oppède devaient chaque an un jour pour recueillir et apporter le bois à la maison du comte à Noël; ceux qui n'avaient pas de bête de somme n'étaient tenus que de travailler un jour à couper du bois. Ils donnaient une autre journée de travail en carême pour la façon des vignes, une autre journée pour récolter le foin, une autre au temps de la moisson, une autre enfin lors des semailles [5]. Au même lieu d'Oppède, le comte avait seul le droit d'avoir un four [6]. Partout, en Venaissin, en Toulousain, en Agenais, on trouve un impôt sur le sel, mais sous des

---

[1] Notamment à Cavaillon et à Vaucluse : « Habet d. comes in festo S. Michaelis xxx s. Melgoriensium pro alberga. *Ibid.*, fol. 158 v°.

[2] Fol. 177 v°.

[3] « Item habet d. comes in villa de Insula pro qualibet banca, seu tabula macellariorum, annuatim xii denarios Tur., in Natali Domini. Item de qualibet tabula in qua venditur panis ix denarios Tur. » *Ibid.*, fol. 161 v°.

[4] *Ibid.*, fol. 158.

[5] *Ibidem.*

[6] Fol. 155 r°.

formes diverses. A Avignon, on levait quatre sacs et **cinq** poignées sur les bateaux chargés de sel [1]. A Cavaillon, il y avait un grenier à sel dont le comte n'avait qu'une faible partie [2]. Agen et Toulouse possédaient aussi un grenier à sel.

Dans tout le Midi on rencontre à chaque instant l'acapt, qui était un droit de mutation sur les terres roturières.

Ferme des baylies et des prévôtés.

Nous venons de faire voir quels étaient les revenus domaniaux du comte; ces revenus étaient très-variés et d'une perception difficile. Ils étaient affermés aux prévôts, ainsi qu'une portion des amendes judiciaires. Les baux de prévôtés étaient d'une ou de plusieurs années; ils étaient faits par adjudication, aux enchères publiques. Nous avons un bail de la prévôté de Saintes de l'an 1245; c'est non-seulement le plus ancien acte de ce genre que je connaisse, mais encore, si je ne me trompe, le premier qui ait été signalé [3].

---

[1] Fol. 177, v°.

[2] « In salinaria ejusdem civitatis nonam partem et vicesimam septimam partem ». Reg. JJ. XI, fol. 158.

[3] « Adfirmata est prepositura Xanctonensis Helie de Coda et Guillelmo Johannis, civibus Xanctonensibus, ab die dominica post festum beatorum apostolorum Petri et Pauli, anno Domini m.cc.xliii., usque ad duos annos continue subsequentes, pro precio iii^c et iiii^{xx} ƚƚ currentis monete et c solidis in quolibet anno. Et debent pagare per tres terminos, scilicet ad hoc instans festum Omnium Sanctorum vi^{xx} et viii^{ƚƚ}, et vi sol. et viii den. et ad sequentem Candelosam totidem, et ad consequentem Ascensionem Domini totidem, et sic in anno subsequenti.

Hanc vero affirmamus preposituram Xanctonensem eisdem cum pertinenciis suis ad justiciam, sicut baillivia durat tantummodo, omnia prata domini comitis sita prope Xanctones, et omnes vineas, exceptis vineis judeorum : ita quod dictas vineas colent et laborabunt de omnibus factionibus, sicut vinee debent fieri, competenter; et capient merrenum ad dictas vineas

On y voit que deux bourgeois se réunirent pour affermer la prévôté de Saintes pendant deux années consécutives, moyennant le prix annuel de trois cent quarante livres, cent sous de monnaie courante, payable chaque année par fractions égales en trois termes, la Toussaint, la Chandeleur et l'Ascension. Suit l'énumération des revenus et autres droits attachés à la prévôté, qui avait la même étendue que l'ancienne baillie qu'elle avait remplacée. On remarquera parmi les produits de la baillie les ventes, cens, étalages, passages, produits des moulins, des prés et des vignes, qui devront être cultivées et tenues en état. N'oublions pas le produit de la justice. Le bail de la prévôté de Saintes n'entre dans aucun détail sur ce dernier article ; il est certain qu'une partie des amendes seu-

faciendum, si opus est in bosco de Lagort, more solito et sciente dicti bosci serviente.

Item, confirmavimus eisdem vendas, census, levagia et molendina tenenda et explectenda bono statu. Et quia molendina non sunt ad presens molentia et aptata, in optione domini comitis vel ballivi erit, utrum tanto tempore permittat tenere dictis prepositis post duas annatas, quanto cessaverunt a die qua affirmaverunt dictam preposituram, usque quod dicta molendina fuerint molentia, estimatis molendinis ad valorem vi^{xx} et x librarum, computata mora aptacionis molendinorum, septimana pro septimana, de dicta quantitate de vi^{xx} et x librarum debemus eisdem dimittere quantum cessationis tempus duraverit; nec potest ibidem fieri encheramenta pro minori precio centum librarum.

Debent etiam capere jura usque ad LX solidos.

Summa vii^c et LX et x libr., per duos annos.

De hoc sunt plegii : Johannes Borru, Thomas Cocius, Helias Cafran, Gaufridus Coriaut, Landricus et supradicti Helias de Coda, et G. Johannis.

Ballivia Xanctonensis sedet in talibus ; scilicet in molendinis, in venda oboli, quod obolum consistit in hiis videlicet : in minuta costuma ville, in stallagio, in passagio aque extra marcha, in minutis censibus quorum partes comitis sunt : in prato quod vocatur pratum regis, circa x lib., et in partibus pratorum : in treillia juxta pressorium et pressorium : item, nemus de Lagort, et prohibitiones cuniculorum : item in baillivia Archeriorum, circa IIII libr. Item, expleta ville Xanctonensis, circa L libr. » Arch. de l'Emp., KK 376, fol. 4.

lement revenait aux prévôts. Dans les baux de baylies la part afférente aux bayles est spécifiée. Les bayles percevaient à leur profit les amendes jusqu'à concurrence de vingt sous; ce qui dépassait cette somme appartenait au comte [1].

Dans les sénéchaussées de Beaucaire et de Carcassonne, les bayles avaient les amendes inférieures à trente sous [2].

En 1251, Alfonse afferma en bloc les différentes baylies de chacune des sénéchaussées du Midi [3]; les acquéreurs se chargèrent de toutes les dépenses et s'engagèrent

[1] Baux des baylies de Rouergue en 1251. Arch. de l'Emp., J. 1022, n° 4; — d'Albigeois; *ibid.*, J. 1022, 5; — de Querci, J. 1034. Je transcris le bail des baylies de Rodez. C'est un document très-important : il est entièrement inédit. « Alfonsus, etc. Noveritis quod bailliviam nostram Ruthinensem, cum padagio et pertinenciis, tradidimus ad firmam Petro Rossignelli, ab ipso tenendam ab hoc festo Nativitatis beati Johannis Baptiste nuper preterito, in annum, pro III millibus libris Malgoriensium reddendis nobis terminis inferius subnominatis; videlicet terciam partem in instanti festo Omnium Sanctorum, et aliam terciam partem in festo Purificationis Beate Marie virginis sequenti, et aliam terciam partem in Ascensione Domini subsequenti. Dictus vero P. omnes emendas quas in dicta baillivia evenire contigerit a viginti solidis citra percipiet, et nos omne illud quod ultra viginti solidos evenerit pro emenda, habebimus et percipiemus, ita tamen quod ipse aliquas emendas judicare non poterit nec levare sine senescallo nostro Ruthinense vel ejus speciali mandato. Debet insuper et tenetur dictus P. solvere omnes pensiones et firmas quas in dicta baillivia solvere tenemur, ita quod predicta summa III millium librarum nobis integraliter remanebit. Et est ita condictum inter nos quod dicta baillivia poterit incherari usque ad sex septimanas post Nativitatem beati Johannis supradictam nec poterit incherari pro minori precio ducentarum librarum monete predicte. De quo incheramento terciam partem habebit P. supradictus. Actum apud Gleolam, die sabbati post octabas apostolorum Petri et Pauli, anno Domini M.CC.LI. Orig. Suppl. du Trésor des chartes. J. 1022, n° 4.

[2] Expense causarum eorum bajulorum sunt et emenda quelibet usque ad XXX solidos. Si autem summam emenda XXX s. excesserit, domino regi quicquid ultra perceperint applicetur. — Lettre du sénéchal de Beaucaire en 1247. Vaissete, t. VI, preuves, année 1247.

[3] Voyez à la note 1 de cette page les indications des baux de différentes baylies.

à payer chaque année une somme qui entrait tout entière dans les coffres du comte ; mais de pareils marchés ne furent pas renouvelés. Alfonse préféra depuis affermer les baylies individuellement, dans l'espérance d'exciter la concurrence et d'obtenir des baux plus avantageux.

Les prévôtés et les baylies étaient donc mises aux enchères. Un fait particulier, c'est qu'après l'adjudication et la mise en possession de l'adjudicataire, les enchères étaient ouvertes pendant un temps plus ou moins long fixé d'avance. Les surenchères ne devaient pas être inférieures à une somme qui variait suivant l'importance du bail. Dans le Midi, le délai pendant lequel les surenchères étaient admises était de sept semaines dans les domaines méridionaux d'Alfonse, et d'un mois dans les deux sénéchaussées royales.

L'adjudicataire évincé, quand il avait été quelque temps en possession, recevait à titre d'indemnité une part de la surenchère : le quart, le tiers ou même la moitié [1].

Voici un document qui fera comprendre la marche suivie pour la ferme des prévôtés.

« Ceu sunt les baillies de Xaintonge affermées l'an de
« l'Incarnacion M. CC. LIX.

« La prévosté de Colons fu affermée à Jehan de Mor-
« lens por XXX livres, à enchère de C sols à faire dedans la
« première paie. En après, Rennou de Colons enchéri
« de C sols. Somme de la première vente et de l'enchéris-
« sement, XXXV livres ; des quiex XXXV livres li diz Jehan
« de Morlens ot XXV sols, par l'enchèrement ; et issi re-
« maint de la dite baillie à monsignor le conte XXXIII l.
« XV sols. »

---

[1] Vaissete, *Lettre du sénéchal de Beaucaire*, t. VI. Preuves, année 1247.

« La prévosté de Tonnei fust affermée au dit an à la feste
« saint Jehan por cc livres, à xx livres d'enchère à faire
« dans le premier paiement. Et en après, W. de Kahorz
« enchéri de xx livres. Joffreiz de Chinon ot d'enchère
« c sols, por la quarte partie, etc. [1]. »

Une liste des enchères des baylies d'Agenais, en 1259, fait voir qu'on suivait dans le Midi le même système que dans les domaines de l'apanage [2]. On comprend les inconvénients de ce système, qui jetait la perturbation dans l'administration.

Les sénéchaux donnaient donc à ferme les baylies et les prévôtés; ils ne devaient accepter que des fermiers de bonne vie et solvables, et qui en outre pouvaient fournir caution. Il leur était expressément interdit d'admettre leurs parents. On craignait avec raison que les liens du sang ne les portassent à se relâcher de la surveillance que leur imposaient leurs fonctions [3]. Alfonse invitait de temps à autre les sénéchaux à passer les baux les plus avantageux; il leur enjoignait surtout, ainsi que nous l'avons déjà dit, d'affermer les prévôtés aux enchères [4]. On ne les donnait en *garde,* c'est-à-dire qu'on ne nommait un prévôt recevant des gages fixes, que lorsque aucun acquéreur ne se présentait [5]. On comprend que le régime des fermes avait de grands avantages qui faisaient fermer les yeux sur les abus administratifs qui en étaient inséparables; le comte sa-

---

[1] Orig. Suppl. du Trésor des chartes, J. 1030, n° 10.

[2] Orig. Bibl. imp., suppl. latin 1481, n° 5. « La vente des baillies d'Agenois et de Caersi. »

[3] Règlement des enquêteurs en 1254, ordonnance d'Alfonse de 1256, et règlement du conseil de régence en 1270.

[4] Voyez plus haut le chapitre que nous avons consacré aux devoirs des baillis et des sénéchaux.

[5] Ce fait arrivait assez rarement, sauf dans l'Agenais et le Querci : on peut consulter le rôle que nous avons déjà cité; voyez la note 2.

vait d'avance le montant de ses revenus[1]. Il ne faut pas non plus oublier que les revenus des prévôtés ne consistaient pas en impôts établis sur des bases uniformes, mais en une foule de droits, de redevances en nature, dont la perception était très-difficile et demandait, pour être vraiment fructueuse, le zèle intéressé de fermiers.

Les prévôts pressuraient leurs administrés pour rendre leurs baux plus productifs : ils se conduisaient comme les traitants du dix-huitième siècle. Non contents des revenus légitimes qui leur étaient assignés, ils en inventaient. On ne croirait jamais qu'à Thouars les petits baillis levaient une aide extraordinaire destinée à payer le prix de leur ferme. Ils extorquaient aux habitants de l'avoine, du blé, de l'argent; à cet impôt on avait donné à juste titre le nom de maltôte[2]. Cet abus, paraît-il, était assez répandu, car

---

[1] Voici quelques documents qui confirment ce que nous avons dit du mode de fermage des prévôtés et des baylies. Alfonse adressa la circulaire suivante à ses sénéchaux : « Nos vos mandons que quand vos affermerez nos baillies, icelles affermez chacunne si bien et si sagement et si chèrement en la meilleur manière et plus loial que vos porroiz, selonc les condicions que vous avez piéça, que l'on voit bien qui ni ait point de chalandise, ne ne la affermez mie à gens soupeconneuses de herésie [ne d'usure], ne de autre grant crime, ne à juis, ne à vos paranz, ne à vos cosins, ne à vos affins, ne à autre de vostre mesnie, ne à d'autres qui soient à nos gages ne à nos. » — Le lundi après l'Invention de la sainte Croix 1267. Reg. A., fol. 40 r°. — Autre circulaire adressée aux sénéchaux, Ibid., fol. 50. — Le sénéchal d'Agenais ayant donné une baylie en garde, Alfonse lui prescrivit de la mettre aux enchères. « Datum est nobis intelligi quod balliviam quam Johannes de Espieriis tenet ad incherimentum secundum formam vobis traditam super hoc, non tradidistis nec vendidistis; quare vobis mandamus quatinus dictam balliviam affirmetis et tradatis ad incherimentum, secundum quod alias ballivias tradere vobis injunctum est et tradere consuevistis; et sciatis quod nolumus ut aliquis qui nostra gagia habeat balliviam habeat affirmatam vel sit particeps in eadem. » Lettre du mardi veille de la Saint-Luc 1262, J. 307, n° 55, fol. 9 r°.

[2] Extrait des jugements des enquêteurs en 1258 : « Inquisivimus apud Thoarcium quomodo tallcia que vocatur maltote debet queri et levari.....

saint Louis en abolit un semblable à Melun, où cet impôt s'appelait par euphémie *bontés*[1].

EXPLOITS OU PRODUITS DE JUSTICE.

Le troisième chapitre des recettes dans les comptes des baillis était intitulé *Expleta,* et renfermait l'énumération des amendes, dont une partie appartenait au comte par suite de l'élévation de leur taux. Le détail des amendes était inscrit au dos des rouleaux de comptes[2]; l'étude de ces documents offre un grand intérêt pour l'histoire. On y voit avec quelle vigilance le gouvernement d'Alfonse réprimait les atteintes portées à l'autorité du comte et à la paix publique. On y trouve aussi de piquants détails de mœurs.

Voici un extrait du rôle des amendes de la sénéchaussée de Poitou pour le terme de l'Ascension 1257, qui donnera un aperçu du taux des amendes[3] :

Solet queri et levari a IIII ballivis qui sunt in ballivia Thoarcii, ita quod quilibet ballivus in sua ballivia petit adjutorium ad solvendum firmam ballivie sue ab illis qui sunt in ballivia sua, et aliqui promittunt ei per voluntatem suam secundum facultates suas, alius plus, alius minus, alius avenam, alius bladum, sive denarios, et super illos qui promiserunt potest dictus ballivus vindicare se accipiendo gagia eorum et cogere eos ad solvendum promissa : illi autem qui non promiserunt non tenentur aliquid reddere... Si in alio anno venerit alius ballivus debet iterum petere ab hominibus adjutorium nec debet sequi rotulos alterius ballivi ; sed debet fieri nova promissio... » Bibl. impér., n° 10918, fol. 4 r°.

[1] « Prepositi nostri Meleduni in ingressu prepositurarum suarum quasdam exactiones quas vulgariter bonitates appellabant ab eis nomine servicii extorquebant. » Charte de saint Louis du mois d'avril 1235. Reg. JJ 2ª du Trésor des chartes, fol. 183 v°.

[2] Il est à remarquer que le détail des amendes ou exploits « expleta » est toujours dans les comptes des sénéchaux du comte Alfonse inscrit au dos des rouleaux, au verso de la feuille de parchemin qui porte la mention du produit total des amendes. La même particularité se retrouve dans les comptes royaux du temps de Philippe le Bel : il est probable qu'on la retrouverait dans les comptes des baillis de saint Louis, si quelques-uns de ces comptes nous étaient parvenus.

[3] Arch. de l'Emp., J. 192, n° 20.

« Jean Giraud, pour avoir, malgré les défenses du comte, cité en cour d'Église Guillaume de Londonnière, 12 livres.

Guillaume Garengier, pour avoir frappé un clerc, malgré l'asseurement du comte; premier payement, 100 sous.

Rainaud de la Forêt, pour avoir appelé en pleine assise un gentilhomme menteur, 60 sous.

Billaud, pour avoir frappé un gentilhomme en présence du représentant du comte, 25 sous.

Hélie la Folle, pour avoir déplacé la borne d'un champ, 15 sous.

Pierre de Tours, pour avoir fait une saisie de sa propre autorité, 10 sous.

Hugues de Bésu, pour avoir labouré le chemin du comte, 60 sous.

Bérard de la Faye, pour avoir cité en cour d'Église un laïque, et fait excommunier un sergent du comte.

L'abbé de Fontgombaud, pour la chevauchée faite par ses moines et par ses tenanciers; premier payement, 50 livres.

Un homme de Châtellerault, pour avoir frappé un sergent du comte, 30 sous. »

Recherchons dans d'autres comptes de la même province des notions qui nous permettent de compléter la liste des délits dont les auteurs étaient frappés de fortes amendes.

Compte de l'Ascension 1259.

« Etienne de Sainte-Gemme, pour force faite au prieur de Roche-Cervière, 60 sous.

Un moine qui avait frappé de nuit un de ses serviteurs, 25 sous.

Pierre Soarz, pour saisine rompue, 20 sous.

Aymeri Damard qui, après avoir condamné un homme

au gibet, avait banni le coupable outre mer, au mépris du jugement qu'il avait rendu, 100 sous.

L'Amoureux et Lefèvre, hospitaliers du Breuil, pour avoir donné asile à des meurtriers, 20 livres.

Jean Garin, qui avait fait aveu au comte de Bretagne de ce qu'il devait tenir du comte de Poitiers, 10 sous.

Messire Geoffroi de Caroil, qui s'était fait armer chevalier, quoique non noble, 20 livres [1]. »

Ce dernier article est curieux ; il prouve, fait qui sera confirmé plus loin par d'autres exemples, qu'avec de l'argent on acquérait la noblesse et la chevalerie.

Toussaint de la même année.

« Colle Aubroc, pour le soupçon d'avoir donné la mort à son père, 8 livres.

Vigeron, de Saint-Maurice, pour deux défauts (en justice), 10 sous.

Renaud de Mons (avocat), pour avoir, en plaidant, reçu de l'argent des deux parties, 20 livres [2]. »

« Un juif, pour avoir prêté de l'argent, en prenant pour gage un calice volé, 35 livres.

Guillaume de la Roche, pour avoir nié un jugement dont il reconnut ensuite l'existence, 30 sous. »

Toussaint 1261 :

« Vente des biens d'un homme qui avait tué sa femme, 39 sous.

---

[1] Compte de l'Ascension 1259, Bibl. imp., n° 9019, fol. 15 v°. « De Stephano de Sancta Gemma pro forcagio facto priori de Rocha-Cerveria, LX s. — De monacho Dun (sic) qui de nocte verberavit quemdam servientem suum, XXV s. — De Petro Soarz pro sesina quassata, XX s. — De domino Aymerico Damardi, quia cum judicasset quemdam hominem ad suspendendum, ipse eundo contra judicium, jussit eum ire ultra mare, non exequendo judicium, C s. — De domino Gaufrido de Caroil qui se fecit fieri militem, nec erat nobilis, pro toto, XX lib. »

[2] Ibid., fol. 18 v°. « De Reginaldo de Montibus, quia placitando receperat ab utraque parte, XX lib. »

Messire Hélie Davi, chevalier, pour avoir marié, malgré la défense du comte, une damoiselle placée sous sa garde, 200 sous. »

L'article suivant mérite de fixer l'attention.

« Pierre Malet, de Nantillé, pour avoir frelaté du vin vendu à des marchands, 25 livres[1]. »

Le compte de la sénéchaussée de Saintonge pour le terme de l'Ascension 1261 nous fournit des révélations sur la condition des juifs[2].

« Pierre Acquier, prévenu d'avoir voulu faire assassiner le juif Mosse, lequel fut grièvement blessé par deux mauvais sujets qui s'enfuirent. Ces malfaiteurs avaient une obligation de quatre-vingts livres scellée du sceau dudit Acquier, qui s'était porté caution pour cent sous d'un des individus soupçonnés de ce meurtre. Pierre finança pour 200 livres.

Haquin, juif, qui avait dérobé un livre de la loi, 10 sous.

Un juif qui avait nié avoir recélé certains joyaux dérobés et qui plus tard avait reconnu sa faute ; premier payement, 15 livres; second payement, 100 sous.

Aaron, juif, accusé d'avoir eu commerce avec une chrétienne, 30 sous.

Jean de Clervaux, pour avoir produit de faux témoins, 20 livres.

Pierre de « Nissor », pour avoir chassé dans la garenne du comte, 60 sous.

Jean Gerlin, pour avoir cité un laïque en cour d'Église, malgré la défense générale du comte, 25 sous.

---

[1] Bibl. imp., n° 9019, fol. 24. « De Petro Maleti, de Nentille, pro eo quod impejoraverat vina vendita mercatoribus, xxv lib. »

[2] Compte original, Bibl. imp., n° 9019, fol. 22 v°.

Girard de Mons, pour avoir succombé dans une cause d'appel, 20 sous.

Guillaume Charet, pour avoir, de son aveu, creusé la terre pendant la nuit, lui quatrième, pour chercher un trésor, 12 livres.

Soudan de la Souterraine, composition pour un meurtre dont il était accusé, 50 livres [1]. »

Quelques extraits du compte de la sénéchaussée d'Agenais pour l'année 1269 (terme de la Toussaint) achèveront de faire connaître en quoi consistait le chapitre intitulé *Expleta*.

« La communauté des habitants du Port-Sainte-Marie, pour port d'armes, 20 livres. » Ils avaient détruit une maison malgré la défense du bayle. On appelait port d'armes toute violence exercée à main armée publiquement, de manière à troubler la tranquillité des populations. Saint Louis avait fait sur cette matière une ordonnance dont le texte ne nous a pas été conservé[2], mais qui recevait de fréquentes applications. Les atteintes à la paix publique étaient punies avec une grande rigueur; elles donnaient occasion aux baillis royaux de franchir les limites des fiefs et d'intervenir dans les domaines des feudataires, sous le prétexte que le cas était royal. Mais la théorie des cas royaux n'était pas encore formulée sous saint Louis [3].

---

[1] Arch. de l'Emp., suppl. du Trésor des chartes, J. 1034. « Compotus Theobaldi de Noviaco. De quodam judeo qui mutuaverat denarios super calicem furatum, xxxv lt. — De Guillelmo de Roche, quia negavit quoddam judicium, quod postea confessus est, xxx s. — De Johanne de Claris-Vallibus, quia produxit falsos testes, x s. — De P. de Nissor, quia chassavit in garenna comitis. — De Johanne Gerlin, quia contra generalem defensionem trahebat quemdam laïcum in foro ecclesiastico, xxv s. — De Gerardo de Montibus, quia succubuit in causa appelacionis, xx s., etc. »

[2] *Olim*, I, note 72, p. 626.

[3] Sur les infractions à la paix publique, voyez la décision faite au nom de

Les violences à main armée n'étaient pas rares dans les pays voisins des possessions anglaises de la Guienne; aussi le compte de la sénéchaussée d'Agenais, déjà cité, renferme la mention de plusieurs amendes encourues pour des faits de ce genre.

« Les gens du Bazadais, pour avoir porté les armes dans les terres du comte, 10 livres.

L'abbé de Saint-Maurice, pour avoir porté les armes contre Gaubert de Thézac, 90 livres.

Vital de Caillau, pour adultère, 14 livres.

Gaubert Castanier, pour avoir menacé le bayle du comte, 100 sous.

Arnal Laporra et Guillaume de « Albusco », pour avoir fait changer un nom propre dans une citation judiciaire, 10 livres. »

Le duel judiciaire donnait aussi lieu à des amendes payées par ceux qui succombaient.

« A Lavardac, Pierre de Saint-Paul, pour gage de duel, 65 sous.

Gaillard de Castilhon, pour gage de duel, 65 sous. »

Je dois dès à présent faire remarquer que ces mentions de duel judiciaire mettent hors de doute ce fait qu'Alfonse ne fit pas exécuter dans ses domaines l'ordonnance de saint Louis qui défendait le duel judiciaire [1]; mais, ainsi que j'aurai l'occasion de le montrer plus loin, si ce prince n'osa pas suivre l'initiative généreuse de son frère en portant interdiction absolue des duels, il fit tout son possible pour les empêcher, et prescrivit dans plusieurs documents législatifs aux baillis et aux sénéchaux de ne

---

saint Louis par Gui Fouquet rapportée dans une ordonnance de Philippe le Bel.

[1] *Recueil des Ordonnances*, t. I, p. 92. Voyez *Olim*, t. Ier, p. 540.

tolérer de combat judiciaire que lorsqu'il aurait été accepté par les deux parties.

« Bidet de Tauriet et Pierre de Bero, pour avoir blessé un homme, 100 sous [1]. »

Dans les comptes de la sénéchaussée de Toulouse, on trouve assez fréquemment des amendes encourues pour fait d'adultère, soit de la part de l'homme marié, soit de la part de la femme en puissance de mari. La peine était assez minime : de huit à dix sous toulousains [2]. Il est pourtant à remarquer que la plupart des coutumes des villes et villages du Midi portent contre l'adultère une amende de soixante sous. Peut-être le délit n'avait-il pas été prouvé d'une manière suffisante dans les cas qui don-

---

[1] « Apud Portum Sancte Marie, pro portatione armorum, xx^{tt} de communi ville pro quadam domo quam ruerant super defensione bajuli. — De gentibus de Bazades, de terra regis Anglie, pro portatione armorum in terra d. comitis, xl^{tt}. — Apud Sanctum Mauricium, de abbate ejusdem loci et fratribus suis pro portatione armorum contra Gaubertum de Tesac, xc^{tt}. — Apud Castillionem, de Vitali de Callau, pro adulterio xiiii lib. Arnald. — Apud Grande Castrum, de Gauberto de Casteinier, quia venit iratus contra bajulum dicti loci, c s. — De Girardo Rafart, quia pignoravit auctoritate propria, iiii^{tt}. — Bidetus del Tauriet et P. de Bero, quia vulneraverunt quemdam hominem, c s. — Item P. del Matari, quia fregit bannum domini comitis, l sol. Arn. — Item apud Sanctam Liberatam, de Arnaldo Lapesa et Guillelmo de Albusco, quare mutari fecerant quoddam proprium nomen in citatione judicis, x^{tt}. — Apud Lavardac de P. de Sancto Paulo, pro gagio duelli, lxv s. — Item apud Castillo, de Gaillardo de Castellione, pro gagio duelli, lxv s. » — Compotus Johannis de Angervillari, militis, senescalli Agennensis et Caturcensis, de termino Omnium Sanctorum 1269. Bibl. imp., n° 9019, fol. 30.

[2] « Prima recepta explectamentorum et emendarum senescallie Tholose, anno 1258. » Orig. Arch. de l'Emp., J. 319, n° 6. — « A quadam muliere que inventa fuit in adulterio cum Guilloto corrario de Vauro, x sol. — A quodam cymentario de Fano Jovis, viii sol. et x den. Thol. per judicium, eo quod captus fuit in adulterio cum quadam muliere, sed non fuit probatum, etc. » Cependant dans un compte de 1256, on lit : « Guillelmus de Serano, cuidam mulieri uxoratus, propter quod ipse cum alia muliere fuit inventus habendo rem cum illa, iiii lib. Tur. » Bibl. imp., n° 9019, fol. 12.

nèrent lieu de lever les amendes mentionnées par les comptes de recette.

Dans le Toulousain, les rescousses contre des sergents sont nombreuses. On appelait rescousse l'acte d'arracher avec violence des mains d'un agent judiciaire soit un prisonnier, soit un objet saisi. Les viols y sont aussi fréquents[1]. Un boucher fut condamné à cent sous d'amende pour avoir vendu de la viande malsaine au sénéchal de Toulouse et à d'autres personnes[2]. Un faux témoin paye cent sous. L'acte de frauder des droits de péage est estimé quarante sous. On frappe d'amende ceux qui chassent des lapins dans la garenne du comte ou qui exportent du blé malgré les défenses. Voici un délit qui dut se reproduire plus d'une fois :

« Vital Cara, pour offense devant le juge envers la famille du seigneur comte, en disant que depuis que les Français étaient venus dans le pays il n'y avait plus de justice, 4 livres[3]. »

Terminons ici l'énumération déjà longue des crimes et délits qui entraînaient des amendes, dont le produit enrichissait le trésor du prince.

Le viguier de Toulouse était en dehors des règles que nous venons de tracer; il faisait des recettes et des dépenses et avait une comptabilité séparée. Il rendait aux trois époques ordinaires de l'année ses comptes, qui étaient insérés par le sénéchal dans le compte de sa séné-

---

[1] Compte de l'Ascension 1256. Bibl. imp., n° 9019, fol. 12. Pierre de la Garrigue paya pour un viol 8 livres.

[2] *Ibidem.* « Carnifex Balbuciens propter hoc quod vendidit carnes non sanas domino senescallo et aliis gentibus, c sol. »

[3] « Vitalis Cara, quia dixit blasphemiam coram judice contra familia domini comitis, et dixit quod postquam Gallici venerant in terram istam non fuerat justicia observata, iiii lib. » *Ibidem.*

chaussée. Parmi ses recettes figurent les émoluments du sceau qui servait à authentiquer les actes passés devant les notaires, le *pondérage*, les entrées; parmi les dépenses, les sommes employées à des messages, le salaire du bourreau pour fouetter les voleurs, les pendre ou leur couper un membre, les réparations aux prisons, les ceps destinés aux prisonniers, les frais de poursuite contre les malfaiteurs. C'était le viguier qui affermait la baylie de Toulouse et en touchait le produit [1].

RECETTES EXTRAORDINAIRES.

A la suite des *Expleta* étaient inscrites dans les comptes des sénéchaux les recettes extraordinaires ou éventuelles, telles que produit des hôtels des monnaies, confiscations prononcées contre les hérétiques, impôts extraordinaires. Nous examinerons ces sources de revenus quand nous traiterons des recettes extraordinaires. N'oublions pas de signaler la mention des produits de certains revenus domaniaux qui étaient trop considérables pour être compris dans des baux de prévôté. De ce nombre était le péage de Marmande, qui était affermé aux enchères [2]. En 1267, il

---

[1] « Compotus sen. Tholose a Candelosa anno 1255, usque ad Ascensionem anno 1256. » Bibl. imp., n° 9019 du fonds latin. « De vicaria Tholose a die lune ante Nativitatis B. Johannis... pro ponderagiis XIII^{lt} XI s. VIII d. — De introitibus, LXXVI^{lt} Thol. — Pro sigillo curie LIII s. Thol. 8 den. — Expensa vicarii Thol. Pro nunciis transmittendis. — Pro fustigandis latronibus. — Pro mutilandis membris. — Pro suspendendis latronibus. — Pro reparanda prisione. — Pro compedibus. — Pro expensis captorum nihil habentium. — Pro incheramento baillivie Tholose. »

[2] Lettre d'Alfonse au sénéchal d'Agenais, veille de la Sainte-Luce 1262. « Super eo quod pedagium nostrum de Mirmanda pro II. M. VI^c lib. Tur. vendidistis usque ad annum, scire vos volumus id nobis placere, dum tamen vendicio facta sit cum incheremento et vendicionis terminus ultra annum ullatenus se extendat, cautumque sit vobis de solucione dicte pecunie et incherimentorum facienda per fidejussores vel alios terminis consuetis. » Arch. de l'Emp., J. 307, n° 55, fol. 9 r°.

fut affermé mille livres tournois, et monta par suite d'enchères successives jusqu'à seize cents livres[1]. Certaines redevances fixes en vin et en blé étaient reçues directement par les sénéchaux, qui les inscrivaient sur leur compte parmi leurs recettes extraordinaires[2].

DÉPENSES, FIEFS ET AUMÔNES.

Passons maintenant aux dépenses ordinaires des sénéchaussées. Nous avons vu que chaque sénéchal prélevait sur ses recettes les sommes nécessaires à l'administration de la province placée sous ses ordres ; il devait donc justifier de ses dépenses.

Les dépenses étaient uniformément rangées sous les rubriques suivantes : *Liberationes, feoda* et *elemosinæ,* — *Opera,* — *Minuta expensa.*

Le chapitre intitulé *Liberationes* renfermait la mention des gages des sergents, des gardes forestiers, châtelains, chapelains, etc.; les appointements des sénéchaux formaient un article à part à la fin du compte, après le chapitre intitulé *Opera*[3].

---

[1] Lettre d'Alfonse au sénéchal d'Agenais. Reg. A, fol. 71.

[2] Voici un extrait du compte du bailliage d'Auvergne pour le terme de l'Ascension 1250 : « De piscibus molendinorum Alvernie, x^{lt}. — De coriis jumentorum Alvernie mortuorum ix^{lt} 12 s. — De gratiis postquam dominus comes recessit usque ad sabbatum in festo beati Barnabe. » Arch. de l'Emp., J. 318.

[3] Les éléments de ce chapitre ont été pris dans un très-grand nombre de documents originaux. En première ligne je citerai les comptes de recettes et de dépenses du comte Alfonse réunis à la Bibliothèque impériale sous le n° 9019 du fonds latin ; en second lieu, les comptes des bailliages de Poitou et de Saintonge conservés aux Archives de l'Emp., J. 190 et J. 1022 ; en troisième lieu, le précieux registre des recettes et dépenses de la grande sénéchaussée de Poitiers, qui comprenait encore la Saintonge, depuis 1243 jusqu'à 1249. Arch. de l'Emp., KK 376 ; enfin le registre J. 317, n° 61, qui est le compte rendu des recettes et dépenses du comte Alfonse de 1249

On appelait fiefs les rentes ou pensions accordées par le comte à d'anciens officiers et pour lesquelles les titulaires faisaient hommage [1]. Par aumônes on entendait les dons faits aux établissements religieux, mais dans ce chapitre ne figuraient que les aumônes perpétuelles. On appelait aussi aumônes les pensions viagères accordées à d'anciens serviteurs ou à leurs veuves, ou bien encore à leurs enfants. Sous ce rapport l'humanité d'Alfonse mérite les plus grands éloges; ses comptes de dépenses sont les témoins irrécusables qu'il n'oubliait pas les services rendus et que ses bienfaits s'étendaient aux familles de ceux qui lui avaient témoigné de l'attachement.

Le chapitre intitulé *Opera* était consacré à l'énumération des dépenses d'entretien des châteaux et autres édifices appartenant au comte [2]. Certains travaux étaient exécutés à l'entreprise et à forfait [3]. A Toulouse, Alfonse fit

à 1259; enfin, pour terminer, le rouleau que j'ai souvent eu occasion de citer intitulé *Compotus abreviatus* de 1263 à 1268. J. 192, n° 19. J'ai eu à ma disposition des comptes particuliers de toutes les sénéchaussées, sauf de celle du comtat Venaissin, mais la comptabilité de cette province était sans doute la même que celle qu'on suivait dans les autres domaines d'Alfonse.

[1] « Feoda et elemosine Pictav. : Abbati Cysterciensi, pro toto, 50$^\#$. — Filie castellani Turonensis, pro medietate, 8$^\#$. — Relicte Ade Panetarii, pro medietate, 15$^\#$. — Magistro Reginaldo, pro tercio, 10$^\#$. — Relicte Orgueillosi, pro toto, 60 s. — Leprosis Monsterioli, pro XXII ebdomad., 22 s. — Capellano Monsterioli, pro toto, anno 10$^\#$ 4 d. — Comitisse Marchie, pro medietate, 300$^\#$. — Vicecomiti de Ruppe Cavardi, 100$^\#$. — Domino Herveo de Caprosia, pro toto, 30$^\#$, etc. Summa 556$^\#$ 16 s. 4 d. » Compte du bailliage de Poitou de la Toussaint 1257. Trésor des chartes, J. 192, n° 20.

[2] Compte du bailliage de Poitou de 1257. Arch. de l'Emp., J. 192, n° 20. « Pro domibus de aula Niorti cooperiendis, emendandis et pro tegula empta, ibidem, LX s. — Item pro aqua chamere estanchanda, XIII$^\#$. — Pro XII quadrigis emptis ad deferendum merrenum. — Pro pontibus Monsterolii. — Pro minutis estallagiis factis in novis nundinis Pictav. »

[3] « Pro chaucela Monsterioli facienda, tradita ad precium factum. » Compte de la sénéchaussée de Poitou, 1257. J. 192, n° 20.

réparer le palais des anciens comtes, appelé château Narbonnais, et l'agrandit avec le cimetière des juifs : ces dépenses s'élevèrent à 3,000 livres tournois [1].

L'entretien des ponts, des routes, des marchés, des fossés, figure pour des sommes assez fortes.

Les halles ou cohues furent l'objet de travaux importants, justifiés par les gros revenus que procuraient ces édifices. A Fontenay, la cohue avait été établie dans le cimetière. Celle de Saintes fut réparée [2]. A la Rochelle, Alfonse fit construire de nouvelles halles, et nous possédons de curieux détails sur cette bâtisse où figurent des fenêtres *lucarnes,* des fenêtres *coulisses,* des privés [3], etc. Ces nouvelles halles, malgré leur grandeur et leur commodité, furent quelque temps sans produire les revenus que l'on en avait espérés. Alfonse se plaignit vivement à son sénéchal de Saintonge de ce fâcheux résultat, et lui enjoignit de chercher les moyens de tirer bon parti d'un édifice qui avait coûté de grosses sommes.

« A Moissi l'Evesque, le samedi après la Saint-Denis.

---

[1] Catel, *Mémoires du Languedoc,* p. 258.

[2] Bibl. imp., n° 9019, fol. 23, compte de la Toussaint 1261.

[3] *Ibidem.* « Pro cisterna halarum de Ruppella facienda, XL lib. — Pro magistro qui tegit dictas halas de adesia, XXX lib. — Pro clavis emptis ad dictas halas, XXIII lib. IV s. VI d. — Pavatori qui pavavit curiam, scilicet tesiam pro VI solidis, XXXVI lib. — Lathomo qui fecit muros halarum de Ruppella, de residuo, VI^{xx} VI l. V s. — Pro fossis faciendis sub columpnis dictarum halarum, pro lapidibus et lathomis, XXXVII s. II d. — Pro ferraturis duarum fenestrarum *lucannes,* XXX s. — Pro minutia operariis, et pro terra removenda et adequanda, CX s. IX d. — Pro terra remata de camera privatorum, et pro fondamento faciendo, XLV s. — Pro fossatis privatorum faciendorum, VII l. » — Voici quelques extraits du compte de la Toussaint 1261. *Ibid.,* fol. 24 : « Pro quadam duodena fenestrarum *colleises.* — Pro duobus giroetis, in domo ex parte maris, XVI s. » — Notons aussi dans le même compte : « Pro Turre de *Mau s'i frote* reparanda, IV l. — Pro quatuor mil. tegule, ad opus halarum Sancti Candidi, et pro ipsis tegendis, LX s. VI d. »

A son amé et son féal Jean de Sourz, chevalier, seneschal de Saintes, saluz et amor.

» Seur ce que nous avon entendu par vos lettres que vous ne poez affermer nos hales de la Rochelle, ce ne nous deites vous pas quant vous nous loastes que nous les feissiens, mes vous nous deites molt de foiz, si comme nous nous recordon, qu'elles nous vaudroient moult, se elles estoient fetes. Pour laquel chose nous nous merveillons moult que elles ne nous valent, comme lesdites hales soient feites, si comme nous avons entendu, granz et belles, et soient assises en bone ville et seur la mer, pourquoi li marcheant devroient mielz et plus seurement venir en icelles hales comme en un autre meson de la ville, ou ausinc bien, se en cestre besoigne estoit aucuns qui i fust curieuz, diligenz et ententiz. Pourquoi, nous vous mandons que vous querez toutes les bones voies que vous porrez, par quoi les devantdites hales, qui nous [ont] assez cousté, si comme vous savez, et que nous avons fet fere de vostre conseil, nous vaillent au plus que vous porrez en bone manière. Et sachiez que d'avoir conseil or endroit dou pois porter es dites hales, si comme vous nous avez senefié, doute seroit que ce ne fust barre qui enpeschast à baillier et à afermer les devantdites hales, et esloingnast et retardast la valeur d'icelles, comme li bourjois aient tenu iceli pois en leur mesons ça en arrière, si comme nous avons entendu ; et por ce, sambleroit que ce fust esloingnement à ce que les devantdites hales ne nous vaussissent riens. Car il n'est pas clere chose dou pois or endroit, mes des hales est clere chose, et resons est que elles nous doient assez valoir, s'il estoit aucuns qui i meist painne, et cure et diligence en bone manière. Pourquoi, nous volon que seur le devantdit pois avoir conseil au Parlement ; et por ce ne lessiez pas que vous ne metez painne, et cure et diligence, avant que vous vengniez au Parlement, que vous bailliez et affermez les devantdites hales, si qu'elles nous vaillent au plus que vos porrez en bone manière; car il samble que por le pois ne devroit pas demourer que les hales ne nous doient assez valoir, s'il estoit qui painne et cure et diligence i meist... Et ou boen gouvernement de nostre terre et en toutes nos autres besoingnes fere et avancier vous aiez si ententivement, si loiaument et si curieusement que nous vous en sachien gré et qu'il apere que vous aiez esté ententiz et curieus en icelles choses. Et ce que vous aurez fet de toutes ces choses, faciez mettre en escrit en tele maniere que, comme vous vendrez à nous lendemain de la quinzaine de la Touz Sainz, que vous nous puissiez rendre certain par escrit [1]. »

Les nouvelles halles ne prirent point faveur; les Rochelais en obtinrent la suppression moyennant six mille livres; Alfonse les leur céda en 1267, ainsi que la place sur laquelle elles étaient situées; ils s'engagèrent à ouvrir sur leur emplacement au moins trois rues, et à payer un cens annuel de douze deniers pour chaque brasse de terrain en bordure sur ces rues. La commune prenait en outre à sa charge les cens, rentes et autres devoirs dont étaient chargés les terrains concédés [2].

[1] Trésor des chartes, J. 307, n° 55, fol. 5 v°.
[2] « Universis presentes litteras inspecturis, major et jurati communie de Ruppella, salutem in Domino. Notum facimus quod nos reverentissimo et karissimo domino nostro Alfonso, filio regis Francie, comiti Pictavensi et Tholose, solempni stipulatione promisimus et promittimus ipsum, heredes successoresque suos liberare penitus et quictari facere erga quascumque personas tam religiosas quam seculares, de redditu, censu seu deverio, alio quocumque nomine censseatur, quiquidem redditus, censsus vel deverium aliud debebatur pro platea in qua hale seu cohua site fuerant in dicta villa de Ruppelle, et platea exteriori ad eandem cohuam pertinente. Item ordinatum extitit quod, tam in platea in qua site sunt dicte hale quam in platea foris sita, quas nobis ad censsum infrascriptum concessit idem dominus comes, fient ad minus tres

Par *minuta expensa,* on entendait ce que nous appellerions des dépenses diverses, telles que payement de messagers envoyés au comte, transport de deniers, change de monnaies [1].

COMPTABILITÉ ET ÉVALUATIONS.

Telle est l'économie des comptes des sénéchaux d'Alfonse; on ne saurait douter que cette comptabilité n'ait été imitée de celle du roi de France. Je ne connais pas de compte de bailliage du domaine de saint Louis, mais j'ai eu occasion d'en consulter un très-grand nombre du temps

vici, et pro qualibet brachiata ex parte vicorum tenemur et promittimus reddere dicto domino comiti, heredibus et successoribus ipsius duodecim denarios Pictavensis monete censsuales in festo sancti Michaelis annuatim, eo modo quo alii censsus ejusdem domini comitis in dicta villa Ruppelle solvuntur, quousque edificate fuerint platee supradicte. Postquam vero edificate fuerint in toto vel in parte, pro qualibet brachiata ex parte vicorum idem dominus comes heredes et successores sui percipient super domibus ibidem edificatis dictos duodecim denarios censsuales in termino prenotato et modo supradicto; et tam ad liberationem predictam in omnibus et erga omnes quam ad solutionem dicti annui censsus, ut dictum est, faciendum obligamus supradictas plateas et edificia que construentur ibidem ac bona in eisdem existentia specialiter et expresse. In cujus rei testimonium sigillo nostro communi quo utimur presentes litteras fecimus roborari. Datum apud Ruppellam, mense decembris, anno Domini millesimo cc. sexagesimo septimo. » J. 192, n° 47.

[1] Compte du bailliage de Poitou, 1260. J. 192, n° 32. « Theobaldo Jarrou pro equo servicii eidem reddito apud Montem Maurilii, xx s. — Pro blado molerie trahendo, viii s. — Johanni de Castello, xv^{lt}. — Pro saccis ad denarios ii sol. — Pro denariis adducendis, xiii^{lt} xiiii s. — Pro uno equo mortuo in adducendo denarios, x^{lt}. » Compte de 1257. J. 192, n° 20. — « Domino Petro Guntardi pro tercio dotis uxoris sue, quam habet Oblinco, c s. — Item merceriis, qui fuerunt prima die ad nundinas et ad marchetum, pro duobus bobus, c s. — Item pro quadam grangia locata apud Monsteriolum ad ponendum fenum domini comitis, Jacobo Leproso, a festo Penthecostes usque ad octabas O. Sanctorum. — Pro magistro J. de Vitriaco quando fuit in Franciam pro negocio regalium Pictav. — Item pro aliis nunciis alias n Francia missis pro regalibus et pro aliis nunciis. »

de Philippe le Bel, et on reconnaît au premier abord qu'ils sont disposés de la même manière que ceux d'Alfonse; on y rencontre le même ordre et les mêmes divisions. Brussel, qui avait à sa disposition les riches archives de la chambre des comptes, et était à même de consulter une série complète de documents financiers que l'incendie de 1737 nous a ravis, Brussel déclare qu'à partir des dernières années du règne de Philippe-Auguste la comptabilité des baillis fut réglée telle qu'on la retrouve au quatorzième siècle.

Les observations que M. de Wailly a faites sur la manière dont les baillis royaux répartissaient les recettes et les dépenses s'appliquent aux sénéchaux d'Alfonse[1]. Les recettes étaient divisées en trois parties égales répondant chacune à l'une des trois périodes comprises entre les exercices financiers qui partageaient l'année, et qui avaient pour termes la Toussaint, la Chandeleur et l'Ascension. M. de Wailly a parfaitement établi qu'il n'y avait aucun rapport entre les recettes effectives et les recettes attribuées à chacun de ces différents exercices. On cherchait bien, il est vrai, autant que possible à calculer les échéances des divers revenus de telle sorte qu'elles coïncidassent avec les termes financiers; par exemple, le prix de fermage des prévôtés était payable en trois termes par fractions égales; mais ce qui pouvait être effectué pour des revenus fixes était impossible pour les recettes éventuelles, telles que le produit des amendes. Il en résultait que les recettes de chacun des différents exercices n'atteignaient pas un taux uniforme.

On avait appliqué le même système aux dépenses; on les avait partagées en trois parts égales ou, ainsi que s'expri-

---

[1] Voyez la savante préface du tome XXI des *Historiens de France*, p. LXIX.

ment les comptes originaux, en trois *tiers*, correspondant aux exercices financiers. Mais ici se présentait une difficulté. La Toussaint et la Chandeleur étaient des époques fixes; il n'en était pas de même de la fête mobile de l'Ascension. Dans la pratique, les dépenses des bailliages et des prévôtés, au lieu d'être closes à l'Ascension, étaient arrêtées à la Saint-Jean (24 juin).

Les détails dans lesquels je viens d'entrer prouvent que les comptes, tels qu'ils étaient rendus par les sénéchaux, étaient tant soit peu fictifs. Ces officiers y inscrivaient des recettes qu'ils n'avaient pu opérer; aussi avaient-ils toujours un reliquat assez considérable. Tous les comptes débutent par la mention de ce reliquat, ainsi formulée :

De compoto precedenti debet dictus senescallus...

A ce reliquat des comptes précédents, venait se joindre l'arriéré du compte actuel. Cet arriéré était indiqué à la fin du compte et joint à ce qui n'avait pas été payé de l'arriéré précédent.

Restat quod debet dictus de presenti compoto... Item de arreragio...Summa totalis debiti... De quibus solvit... Et sic restat quod debet dictus... per totum...

Souvent le sénéchal, au lieu de transmettre sa recette trois fois par an, l'envoyait seulement une fois. C'est ainsi que la recette de la sénéchaussée de Toulouse fut adressée au comte Alfonse en 1252 à l'Ascension, pour les termes écoulés depuis la précédente fête de l'Ascension. Quelquefois on versait le produit de deux termes réunis (Chandeleur, Ascension 1254). Dans les dernières années du règne d'Alfonse, on remarque une plus grande régularité.

Les comptes de la sénéchaussée de Venaissin embrassaient toujours une année et s'étendaient d'une Saint-Michel à l'autre.

Voici le tableau des recettes et des dépenses des sénéchaussées d'après des documents officiels, pour une année, l'année 1258. Ce tableau ne comprend que les recettes et les dépenses fixes[1].

SÉNÉCHAUSSÉE DE POITOU.
année 1258.

RECETTES.

Prévôtés. . . . . 2,717# 12s

DÉPENSES.

Fiefs et aumônes. . . . . 1,611# 7s
Gages . . . . 792# 5s

SÉNÉCHAUSSÉE DE SAINTONGE.

RECETTES.

Prévôtés, foires, péages, fief d'Aunis, etc. . . . . 7,992#

DÉPENSES.

Fiefs et aumônes. . . . . 1,420# 14s
Gages . . . . 1,572# 10s

AUVERGNE.

RECETTES.

Baylies et péages. . . . . 6,948# 6s 8d

DÉPENSES.

Fiefs et aumônes. . . . . 200# 100s
Gages. . . . . 916# 12s

Total des recettes des sénéchaussées de Poitou, de Saintonge et de l'Auvergne, sans les amendes ni le produit du monnayage. . . . . 17,656# 18s 8d

SÉNÉCHAUSSÉE DE TOULOUSE.

RECETTES.

Baylies. . . . . 4,725#

---

[1] D'après le registre original. Arch. de l'Emp., J. 317, n° 64.

18.

DÉPENSES.

Fiefs et aumônes.	210# 40s
Gages et salaires.	1,422# 8s

ALBIGEOIS.

RECETTES.

Baylies. . . . . 1,658# 3s 4d

DÉPENSES.

Gages et salaires. 323# 5s

SÉNÉCHAUSSÉE DE ROUERGUE.

RECETTES.

Baylies. . . . . 5,920# 6s 8d

DÉPENSES.

Fiefs et aumônes.	290#
Gages et salaires.	715#

SÉNÉCHAUSSÉE D'AGENAIS.

RECETTES.

Baylies. . . . . 17,000# 100s

DÉPENSES.

Aumônes.	72#
Gages et salaires.	831# 16s

PÉAGE DE MARMANDE.

RECETTES.

Ferme du péage. . . . . 3,154# 21s 14d

DÉPENSES.

Fiefs et aumônes. 958# 12s

SÉNÉCHAUSSÉE DE QUERCI.

RECETTES.

Baylies. . . . . 2,906# 13s 4d

Pas de dépenses, cette sénéchaussée étant unie à celle d'Agenais.

SÉNÉCHAUSSÉE DE VENAISSIN.

RECETTES.

Baylies.	2,230ᵗ

DÉPENSES.

Fiefs et aumônes.	27ᵗ 3ˢ
Gages et salaires.	543ᵗ 10ˢ

Valeur des baylies du Midi, non compris le péage de Marmande, les vigueries de Toulouse et d'Avignon et les baylies non affermées. 22,570ᵗ 3ˢ 8ᵈ

Total des recettes ordinaires des sénéchaussées.	40,227ᵗ 2ˢ 4ᵈ
Total des dépenses ordinaires des sénéchaussées.	11,914ᵗ 2ˢ
Excédant des recettes	28,313ᵗ 0ˢ 4ᵈ
Péage de Marmande.	3,154ᵗ 21ˢ 14ᵈ
Total des recettes, compris le péage de Marmande. . .	31,468ᵗ 2ˢ 6ᵈ

Mais cette dernière somme ne fait pas connaître le produit net et complet des recettes des sénéchaussées; il faut y ajouter les recettes variables : telles que droits de mutation, amendes, confiscations, monnayage. On trouvera plus loin le tableau des recettes réelles effectuées par le trésor d'Alfonse pendant plusieurs années. Il faut en outre ne pas oublier que les recettes allèrent toujours en s'accroissant.

Tâchons d'évaluer en monnaie moderne le produit que nous avons obtenu, en adoptant les données de la préface du tome XXI des *Historiens de France*[1]. La livre tournois valait, valeur intrinsèque, 17ᶠ,9735...; le sou, 0ᶠ,8986...; le denier, 0ᶠ,7488... Donc, 31,468ᵗ 2ˢ 6ᵈ tournois valent 565,592ᶠ, 33. Le pouvoir de l'argent étant actuellement au moins cinq fois moins grand qu'au XIIIᵉ siècle, il suffit

---

[1] Préface, p. LXXIX.

de multiplier par cinq cette somme pour avoir la **valeur actuelle** *approximative* des revenus ordinaires *fixes* du comte Alfonse : soit 2,827,961ᶠ, 67. Un compte officiel complet prouve que la même année, où pourtant il n'y eut pas de levée d'impôt extraordinaire, Alfonse reçut net 43637ᵗᵗ 11ˢ 7ᵈ tournois[1], soit 3,921,000ᶠ. Mais dans cette somme sont comprises les recettes variables.

CHAPITRE III.

IMPÔTS EXTRAORDINAIRES.

Cas où les seigneurs pouvaient lever des aides. — Aide pour la chevalerie en 1241. — Première aide pour la croisade, 1249. — Fouage en Querci, en Agenais, en Rouergue et en Albigeois, en 1263. — Aide levée en Poitou et en Saintonge, de 1268 à 1270. — Doublement du cens. — Les roturiers seuls soumis à l'impôt. — Distinction entre les roturiers, sujets immédiats d'Alfonse, et les tenanciers des seigneurs. — Les seigneurs ont le droit de promettre l'impôt pour leurs hommes. — Demande amiable de subside aux villes. — Peu de générosité du tiers état. — Parcimonie des habitants de l'Auvergne. — Alfonse ne veut pas exercer rigoureusement son droit. — Demi-violences employées pour amener les villes à composition. — Définition et levée du fouage dans le Midi. — Qu'entendait-on par feu? — Curieuse instruction d'Alfonse sur la levée du fouage. — Il est prouvé que saint Louis leva des impôts, mais avec le consentement de ses sujets. — Manière dont ce consentement était donné. — Pas d'États généraux ni provinciaux. — Évaluation des différents impôts extraordinaires levés par Alfonse.

D'après le droit féodal, les seigneurs avaient la faculté de lever des impôts extraordinaires sur leurs tenanciers, en certaines circonstances, qui variaient suivant les provinces. Les cas où il était permis d'établir ces impôts, qui avaient reçu le nom d'aides loyaux, se réduisaient ordinairement à quatre : quand le seigneur armait son fils

---

[1] Arch. de l'Emp., J. 317, n° 61.

aîné chevalier; qu'il mariait sa fille aînée; qu'il était fait prisonnier, pour payer sa rançon; enfin lorsqu'il partait pour la croisade. Alfonse eut plusieurs fois l'occasion de demander à ses sujets des sacrifices pécuniaires. En 1241, il fut armé chevalier; les villes de son domaine lui firent des dons. La Rochelle octroya mille livres; Niort, Poitiers et Saint-Jean d'Angely, chacune cinq cents livres [1]. Ces dons remplaçaient probablement un impôt extraordinaire; je ne sais comment cette taxe fut levée dans les localités qui ne s'abonnèrent pas.

Quand Alfonse prit part à la première croisade de saint Louis, il leva une aide en Poitou, en Saintonge et en Auvergne. On ignore sur quelles bases cet impôt fut établi; mais il est certain qu'un subside fut accordé par les villes d'Auvergne, et qu'il fut recueilli par un des clercs du comte nommé Thibaud de Neuvy. En 1268, Alfonse ayant demandé à Thibaud des renseignements sur le produit de ce subside, celui-ci lui répondit : « Sire, cum vous m'avez mandé que l'aide que les villes d'Auverne vous firent, quant vous alates en la sainte terre d'outremer, que je vous en faisse certain de chacune ville par soi,... je n'en retins nul escrit, mès il me soviant bien que la ville de Paluiau vous donna LX livres de tournois, et la ville de Riom IIII mille livres de tournois, et Chetiauguion LXX livres, et Mont-Boissier, dont vous tenoiz l'er en vostre bail, LX livres, et la Nonete LX livres..... La some de l'aide que la terre d'Auverne vous fit monta VII mille livres et V cens, au plus [2]. »

---

[1] Compte original de 1241. Arch. de l'Emp., J. 1054, n° 17. — De dono Rupelle, 1,000ᵗ. — De dono Nyorti, 500ᵗ. — De dono Sancti Johannis Angeliacensis, 500ᵗ. — De dono Pictav., 500ᵗ.

[2] Lettre sans date, Reg. A, fol. 121 r°, parmi les lettres de la terre d'Auvergne de l'année 1268.

En 1268, Alfonse déclarait que les villes de Poitou et de Saintonge lui avaient fait une aide quinze ou seize ans auparavant, ce qui nous reporte à la première croisade, en supposant, ce qui est vraisemblable, que l'aide n'était pas levée entièrement au moment du départ du comte pour l'Orient [1].

Alfonse ne fit à cette occasion aucune imposition sur ses domaines du Midi, qui venaient de payer à Raymond VII une aide pour la croisade, dont le comte de Poitiers toucha même l'arriéré [2].

Saint Louis ayant repris son projet favori de reconquérir le Saint-Sépulcre, son frère promit de l'accompagner. Il travailla de bonne heure à réunir les sommes nécessaires à cette expédition. Un fouage fut levé en Querci, en Agenais et en Albigeois, qui ne fut complétement acquitté qu'en 1266 [3]. La croisade ayant été ajournée, Alfonse défendit de lever cet impôt dans les provinces où il n'avait pas encore été assis ; mais en 1267, une expédition ayant été définitivement résolue, le comte fit tous ses préparatifs pour être à même de s'embarquer à Brindisi au mois de mai 1270 [4].

---

[1] Lettre d'Alfonse au sénéchal de Saintonge, en date du mercredi après Pâques 1268, au sujet d'une offre insuffisante de subvention que lui avaient faite les habitants de Niort. Reg. A, fol. 110 r°.

[2] « De promissis pro passagio transmarino, 3180 l. Arnald. per senescallum Agenensem. Compte de l'Ascension 1252, J. 317, n° 61, fol. 5 v°. — « De promissionibus factis quondam comiti Tholose pro subsidio terre sancte, 80 l. 41 s. 7 d. Tol., et 68 l. Turon. » Compte de la Toussaint 1260. *Idem*, fol. 18 r°.

[3] « Focagium Caturcense, Chandeleur 1264, 15,472 13 s. 4 d. » — Chandeleur 1265, même chiffre. — Ascension 1265, 18,159# 13 s. 4 d. — « De focagio Agenensi, 7,939# 16 s. — Totalis summa focagii Agenensis et Caturcensis, 26,188# 14 s. 8 d. — De focagio Abiensi, 5,820# 16 s. » Trésor des chartes, J. 192, n° 19.

[4] « Cum nos sumus crucis caractere insigniti, et in subsidium Terre Sancte

On leva un fouage dans le Toulousain et le Rouergue, et une aide en Poitou, en Saintonge et en Auvergne.

Je vais exposer, à l'aide de documents entièrement inédits, la nature de ces divers impôts et leur mode de perception.

Je commencerai par le Poitou, la Saintonge et l'Auvergne, pays qui obéissaient, en matière administrative comme en législation, à d'autres principes que les sénéchaussées du Midi, pays de droit écrit.

Alfonse doubla les cens en Poitou et en Saintonge.

On sait que le cens était une redevance en argent ou en nature qui participait à la fois de l'impôt et du prix de fermage. Doubler le cens était donc augmenter l'impôt (ce qui peut être permis au gouvernement en certaines circonstances), mais aussi porter atteinte à la fortune privée, en aggravant, au profit d'une des parties, sans le consentement de l'autre, ce que l'on peut considérer comme les conditions d'un contrat synallagmatique [1].

Un pareil acte semble devoir être le résultat d'un consentement mutuel : Alfonse doubla le cens de ses tenanciers de son autorité privée, sans consulter les populations. La perception du double cens excita des tumultes populaires. La dureté des exacteurs, qui saisissaient les meubles les plus précieux des habitants, mit le comble à l'irritation. Alfonse ordonna de réprimer le zèle des collecteurs et d'employer la douceur [2].

---

per terram eundo proponamus personaliter proficisci, et a prima ebdomade instantis maii in annum, ad portum de Brandiz pro transfretando interesse debeamus. » Lendemain de la Saint-Denis 1269. Reg. A, fol. 122 v°.

[1] Sur le doublement du cens, voy. Arch. de l'Emp., J. 341, n° 45.

[2] « Pro hominibus popularibus Niorti. Senescallo Pict. Ex serie litterarum inquisitorum intelleximus, quod inter populares presertim in villa nostra de Niorto, murmur non modicum et tumultuosa querimonia invaluit occasione duplicati census, qui exigitur ab eisdem, non tam ob ipsam census

Ce prince n'était pas sans éprouver des scrupules sur la légitimité de la duplication du cens; il finit par se rassurer quand une longue enquête lui eut prouvé qu'il tenait ce droit de ses prédécesseurs [1], et qu'il le partageait avec les barons du pays, qui étaient dans l'usage de doubler les cens quand ils prenaient la croix.

Alfonse ne s'était décidé à cette mesure qu'après avoir cherché en vain à obtenir gracieusement l'octroi d'un subside. Dès 1267, il avait envoyé en Poitou, en Saintonge et en Auvergne des commissaires chargés de solliciter une aide volontaire. Cette mission ne fut pas heureuse [2], sauf quelques exceptions.

duplicationem quam propter gravem et austerum modum in colligendo adhibitum, nec non injuriosum, si, ut fertur, pignora nonnisi aurea et argentea hii qui dictum censum colligunt velint aliquatinus acceptare. Quocirca vobis mandamus quatinus in collectione census hujusmodi, tales curetis preponere, qui modum servent debitum nec in colligendo aliqua inferant gravamina hiis a quibus census fuerit exigendus. » — Lundi après la Saint-Luc 1269. Reg. B, 14 r°.

[1] « Terre sancte attento necessitatis articulo, fulti insuper pretextu consuetudinis approbate ususque, cujus non est vilis auctoritas, mandavisse meminimus censum colligi duplicatum, prius facta nobis sepius relacione quod, secundum usum patrie tanquam crucesignati id facere poteremus, sicut alii barones crucesignati super homines suos hoc utuntur, et nemini credimus facere injuriam dum utimur jure nostro. Et si judicium super hiis pecierint, illud per senescallum nostrum mandavimus sibi reddi. » Lettre aux enquêteurs en Poitou et en Saintonge, de Gien et Dreu d'Apponay. Lundi après Saint-Luc 1269. Reg. B, 14 v°. Dans la même lettre Alfonse charge les enquêteurs de calmer les esprits.

[2] « Alfonsus, etc., dilectis et fidelibus suis Johanni de Nantholio, militi, domino de Tours, Johanni de Villeta, militi, senescallo Xanctonensi, Eustachio de Bello Marchesio, militi, senescallo Pictavensi, salutem et dilectionem sinceram. Urgentis negocii qualitas et temporis brevitas nos inducunt ut quanta possimus instantia ea que nobis necessaria sunt pro subsidio Terre Sancte, celeriter perquiramus. Hinc est ac quod vobis mandamus et precipimus quatinus dilectos et fideles nostros barones, milites et alios nobiles comitatus nostri Pictavensis, in senescalliis vestris, ex parte nostra, requiratis ut in tanto necessitatis articulo gratam subventionem et oportunum auxilium,

Les nobles étaient exempts de tout impôt personnel; ce n'était donc qu'aux roturiers que les commissaires du comte devaient s'adresser; mais il faut distinguer les roturiers sujets immédiats du comte de ceux qui avaient un seigneur. Aux premiers Alfonse pouvait demander directement de lui faire aide; quant aux seconds, il était indispensable d'obtenir d'abord l'autorisation des seigneurs.

Les commissaires convoquèrent à Poitiers les barons et les prièrent d'accorder un subside; le résultat de cette conférence nous est connu par une curieuse lettre du comte Alfonse écrite aux commissaires, en réponse à une missive dans laquelle ceux-ci lui avaient communiqué la décision des barons.

« Aufonz, fiuz de roi de France, coens de Poitiers et de Thoulouse, à ses amez et à ses féauls Jehan de Nanteul, chevalier, sire de Tourz, Jeham de Villete, chevalier, sénéchal de Xaintes, et Eustaces de Biaumarchès, chevalier, séneschal de Poito, saluz et amour.

» Nous entendismes, par la teneur de la lestre que vous nous envoiates darréement, coumant vous fûtes à Poitiers, le dimanche après la feste Sient Mati l'apostre, darrièrement passée, et coumant vous requeistes les barons de Poito, qui illeuc estoient ajournez, seur l'aide de nostre croiz, et entandimeus la response que il vous firent; c'est assaveir, que il vendroient par devant nous, et nous donroient ce que il cuideraint bien fere. Laquele res-

secundum facultates suas, singuli eorum nobis velint liberaliter impertiri, eorumque responsiones quas gratas speramus debere fieri, nobis per vestras litteras rescribatis. Nos vero ad requisitionem predictam faciendam et responsionem audiendam loco nostri vos duximus deputandos, aut duos vestrum, si omnes insimul nequeritis interesse; et hoc omnibus quibus significandum est tenore presentium intimamus. Datum Parisius die sabbati post Assumptionem beate Virginis, anno Domini M. CC. LXVIII. » Reg. A, fol. 98 v°. Voy. une lettre particulière à Jean de Nanteuil, *ibidem*.

ponse ne nous samble pas soufisant, et, nequetant, nous ne véons pas à ore en bone menière d'aler avant en ce fet, duquetant que nous aiens pallé à vous.

» Mesmement, cum vous aiez mandé en vostre lestre que l'en ne pourroit jà trover par nulle coustume par quoi il nous soient tenus arriens donner; mais l'en troveroit bien que aucuns, qui sont alez outremer avant que nous, qui ont levé et eu aide. Et de ce nous semble que il seroit boen que vous apraissoiz qui il sont ou furent, qui cele aide ont eu, ne de qui et quele aide, et savoir mon se il l'orent par la volenté de leurs homes et de leur gré, ou par aucune manière de coustume ou d'usage, ou par menière de couaction.

» Quant au roturiers, nous vous fesons assavoir qu'il ne fu onques de nostre entencion que vous lessessiez à aler avant, quant à lever le cens double, selonc la coutume du païs; quar jasoi ce que en la letre, que nous vous envoiamens dernèrement, fut contenu que vous nous faissiez assavoir à ce priuchiem parlement la response de ces roturiers, pour ce n'estoit mie à entendre que vous cessissiez de tems que vous aviez encomencé quant à eus, quar vous ne nous aviez pas mandé en l'autre lestre que vous nous envoiastes avant ceste nulle riens des roturiers, dont nous ne poons pas deviner savoir mon se vous aviez commencié à ouvrer vers eus, ou non : dont nous vous mandons que vous en cestui cas ailliez avant, segon ce que vous verroiz que il pourra estre fet en bone manière, à nostre proufit, sanz tort fere, et sans escandre du païs. Et ce que sera fet de cez choses, nous raportez par boiche et par escrit, quant vous vendroiz à nous.

» Donné le mecredi après la feste Saint-Michiel, en l'an Nostre-Seigneur M. CCLX et VIII [1]. »

[1] Reg. A, fol. 113 r°. 3 octobre 1268.

Les barons de Poitou s'empressèrent peu de tenir leur promesse de donner une réponse à la demande d'Alfonse, car un an après ils n'avaient encore rien accordé. Alfonse écrivit à son fidèle Jean de Nanteuil de les presser, et de leur faire connaître que le moment du départ pour la croisade approchait, et que déjà le roi avait envoyé un chevalier en Aragon pour régler plusieurs points relatifs à l'expédition prochaine [1]. Il perdit enfin patience et ordonna à Jean de Nanteuil et aux sénéchaux de Saintonge et de Poitou de requérir les nobles de lui faire une aide suffisante, et de leur assigner un terme passé lequel il lèverait lui-même cette subvention [2].

Quant aux tenanciers roturiers du comte, la levée d'un double cens était, ainsi que nous l'avons vu, autorisée par la coutume. Alfonse envoya des commissaires dans les villes qui jouissaient de priviléges municipaux, avec mission de demander aux citoyens le vote libre de subsides [3], en compensation du double cens.

---

[1] Lettre à Jean de Nanteuil, octave de la Nativité de la sainte Vierge, 1269. Reg. B, fol. 39.

[2] Lettre du samedi après la Saint-Luc [19 octobre] 1269. Reg. B, fol. 14. « Tam per ea que nobis scripsistis alios, quam ex sere littere vestre nuperrime nobis misse, perpendimus usitatum esse in Pictavia quod nobiles comitatus Pict. debeant prestare auxilium pro subsidio Terre Sancte. Cujusmodi usu supposito, vobis mandamus quatinus una cum senescallis nostris Xantonie et Pictavie, nobiles senescallie sue... ex parte nostra cum instancia requiratis ut pro dicte terre subsidio prestent nobis auxilium oportunum, prefigentes nichilominus eisdem terminum competentem, infra quem de predicto auxilio satisfaciant, prout decet; intimantes eisdem quod nisi hoc fecerint, nos, elapso termino, auxilium hujusmodi levare ulterius nullatenus differemus. »

[3] Lettre aux maire et jurés de Poitiers pour les inviter à donner créance à Jean de Nanteuil, au sénéchal de Saintonge et à maître Guichard, chargés de leur soumettre de la part du comte quelques requêtes. Dimanche avant la Madeleine, 18 juillet 1267. Reg. A, fol. 3 v°. Lettre semblable aux maire et jurés de Niort. *Ibid.*, fol. 3 v°.

La plupart des villes se montrèrent peu généreuses et excitèrent par leurs offres parcimonieuses l'indignation d'Alfonse, qui écrivit au sénéchal de Saintonge, à propos d'une offre insuffisante faite par la ville de Saint-Jean d'Angely, cette lettre énergique :

« Aufons, fiuz de roi de France, coens de Poitiers et de Tholose, à son amé et son féel, au seneschal de Santonge, saluz et amour. Seur ce que vos nos avez fet assavoir par voz letres d'endroit l'offre de m. livres tournois que vous ont fete por nous li borjois de Saint-Jehan d'Angelis, nos nos merveillons mout comment il ont fete si petite offre, com il ait passé XVI. ans ou plus qui ne nos firent ne aide, ne secours, ne taille, si comme preudome qui sont tenu et doivent amer et servir leur seigneur, meemement en tel cas et en tele besoigne com est la besoigne de la Sainte Terre, et nous ne voulons mie qu'il nous pessent einsi de paroles; dont nos vos mandons que nos n'avons pas cel offre agraable, comme nos i porrions avoir grant domage en ce que nos autres bones villes i penroient essample, et il leur deussent donné essample de bien fere et largement donner à leur seigneur en si grant besoigne et si grant emprise, com est la besoigne de la Sainte Terre, et où nos biens meemement à abandonner et cors et avoir, et com meemement il i soient tenus, et il ne senble pas que il nos monstrent en ce grant amour. Et por ce il ne covient pas que il se travaillent à venir à nous au Parlement de la Penthecoste qui vient, car nos les orrions de riens sens ce, meemement com il puissent bien savoir que nostre chier seigneur et nostre frere li rois de France, puis qu'il vint d'outremer, et li rois de Navarre, li rois de Secile, li coens de Bretagne, la contesse de Flandres ont puis eu maint don en deners, mainte taille et maintes aides de leur villes, pluseurs foiz; et ce semble bien signe d'amor et qu'il aiment lor seigneur et son preu et s'onneur quant aident cortoisement au besoing, n'en plus grant besoigne ne plus profitable ne nos poent il jamès aidier. Et toutes ces choses leur montrez bien et diligenmant; et se il ne vuelent fere tel offre dont nos nos deiens tenir apaiez, en l'aide qui nos doivent faire, por la voie d'outremer, gardez nostre droit vers ceus de Saint-Jehan et en ce et en autres choses que il ont forfet vers nous et vers autres. Et en toutes ces choses et es voies que vos avez pieça en escrit, et en autres que vos verrez qui seront profitables à porchacier deniers en bone manière et loial soiez curieus, diligent a ententis, et meesmement comme li termes du passage qui est mis et jurez s'aproche. Et seur toute ces choses de ce que vos en aurez fet nos rendez certain par escrit à lendemain de la quinzaine de la Penthecoste quant vos vendrez à nous. Car en tel cas com en la voie d'outremer nos convient grande porvéance de gent et d'avoir avant le passage. Et nos fetes aporter tous les deniers que vos nos devez de viez et de novel de noz baillie et de autres voies que vos avez trovées et des finances au Temple à Paris lendemain de la quinzaine que vos vos rendrez à nous. Et en toutes ces choses et en vos autres besoignes, et ou boin et ou loial gouvernement de vostre terre vos aiez curieusement, diligemment et loiaument. Ce fu fet le mercredi après Pasques, en lan Nostre-Seigneur mil CC° LXVIII [1]. »

Les commissaires reçurent l'ordre de s'enquérir secrètement auprès des principaux citoyens de la somme que chaque ville était en état d'accorder. Dans la demande qu'ils adressaient à chaque cité [2], ils invoquaient la cou-

---

[1] Reg. A, fol. 110 r°.
[2] Voyez une curieuse lettre en date du jeudi après la Nativité de la Vierge 1268 (v. style), datée de Maisons-sur-Seine, adressée au connétable

tume générale du royaume qui ordonnait aux sujets d'aider le seigneur partant pour la croisade.

Plusieurs villes offrirent un don gratuit. Les bourgeois de Poitiers promirent verbalement cinq cents livres [1]; la Rochelle octroya six mille livres, à condition que l'on supprimerait la cohue ou halle où l'on contraignait les marchands d'apporter leurs denrées [2]; au mois de novembre 1267, les *finances* (on appelait ainsi les concessions volontaires de subsides) s'élevaient à la somme de dix mille quatre cent dix livres tournois [3]. Plusieurs villes se firent donner par le comte des lettres patentes portant que l'octroi d'une aide était de leur part un acte gracieux [4]; d'autres stipulèrent purement et simplement le payement d'une somme fixée à l'amiable à titre d'exemption du double cens; d'autres enfin, qui ne voulurent pas transiger, payèrent le double cens, notamment Niort, où la levée de cet impôt fut accompagnée de vexations de toutes sortes, qui firent regretter aux habitants de ne s'être pas abonnés [5].

d'Auvergne et à G. de la Roche, sur les subsides qu'ils doivent demander aux villes et autres communautés de l'Auvergne. Reg. A, fol. 120 v°. Voyez aussi les lettres écrites à Jean de Nanteuil, *ibidem*, fol. 98 v°.

[1] Compte de la Toussaint 1268. Bibl. imp., n° 9019, fol. 33.

[2] Samedi avant la Saint-Clément 1267. Minute orig. Reg. A, fol. 27. Au sujet de la contribution de la Rochelle, Alfonse écrivait au sénéchal de Saintonge : « Nos vous mandons que vos requerez de par nos le mere et le commun de la Rochele que le remanant de la deite en que il nos sont tenu facent tant que il nos soit aporté au Temple à Paris ou la moitié au moins en tornois ou en estellins au meilleur marchié que vos porroiz; et, se ce ne feroient que vous i mectez peinne à ce que il le facent, ou il nos desplera moult, car la chose a trop delaié. » Lundi après l'Invention de la sainte Croix 1267. Reg. A, fol. 23 r°.

[3] Compotus abreviatus de termino Omnium Sanctorum 1267. J. 192, n° 19.

[4] *Ibid.* De termino Candelose, 1269. — « De finacionibus sine licteris, 1,112# 15 s. — Item de quibus littere tradite sunt in recessu parlamenti. »

[5] Lettre d'Alfonse au sénéchal de Poitiers, « pro popularibus de Niorto »; lundi après la fête de saint Luc Évangéliste, Reg. B, fol. 14 r°.

IMPOTS EXTRAORDINAIRES. 289

En outre, Alfonse s'adressa à de riches communes pour en obtenir des prêts d'argent. En 1269, le sénéchal Jean de Villette vint prier les habitants de la Rochelle de lui prêter deux mille livres [1].

En Auvergne, le cens ne paraît pas avoir été doublé. Des commissaires sollicitèrent, comme en Poitou et en Saintonge, la générosité du tiers état; ils lui représentèrent que, suivant la coutume générale du royaume, les hommes devaient aide à leur seigneur, quand il se croise, qu'il a été fait prisonnier pour sa rançon, lorsqu'il marie sa fille ou arme son fils chevalier, et même, en certains lieux, quand il achète un fief dans les limites de sa baronnie. A laquelle coutume, au dire d'Alfonse, on ne pouvait se soustraire qu'en montrant une exemption formelle [2]. Les Auvergnats firent la sourde oreille. Alfonse les fit sommer plusieurs fois de lui faire aide; on leur représenta de sa part que le devoir de ses sujets de lui accorder un subside était d'autant plus rigoureux qu'il allait personnellement à la croisade. Les instances les plus vives furent faites par les commissaires, maître Guillaume de la Roche et Eustache de Mézy; mais ils rencontrèrent un grand mauvais vouloir [3]. Alfonse fut obligé de faire savoir aux habitants de Riom qu'il s'étonnait qu'eux, qui n'avaient jamais été foulés par lui et qui s'étaient enrichis sous son

---

[1] Samedi jour de Saint-Clément 1269. Reg. B, fol. 41 v°.

[2] « Cum generalis consuetudo et notoria quod subditi tenentur suis dominis auxilium impendere : pro cruce ; pro redemptione sua, si captus fuerit; pro maritanda filia vel filio accingendo cingulo militari, et in plerisque locis, si dominus feudum emerit infra districtum sue baronie, vel si commutetur. Qua consuetudine homines Alvernie exemptos non credimus, nisi privilegium, quo hactenus usi fuerint pacifice ostenderint in hac parte. » Jeudi après l'Assomption de la sainte Vierge 1268. Reg. A, fol. 120 r°.

[3] Guillaume de la Roche et Eustache de Mezy furent chargés de la levée de l'aide en Auvergne. Reg. A, fol. 117 r°.

19

gouvernement, osassent lui refuser un subside. Ils avaient dans le temps promis quatre mille livres, et ils ne voulaient pas les payer, sous prétexte que l'expédition de Terre Sainte était ajournée. Qu'ils fassent attention à leur conduite, car ils usent de coutumes qui n'ont pas été confirmées par le comte, et dont plusieurs même lui sont préjudiciables. Qu'ils y renoncent, s'ils ne veulent être l'objet de justes rigueurs, ou qu'ils obtiennent l'autorisation de les conserver [1]. Ce moyen était excellemment trouvé;

[1] « Alfonsus... Cum, sicut nobis relatum extitit, super requisitionibus quas dilecti et fideles clerici nostri magistri Guillelmus de Ruppe et Eustachius de Mesiaco, ex parte nostra, fecisse dicuntur, super impendendo nobis auxilio pro subsidio Terre Sancte, ab hominibus villarum nostrarum que in Alvernia sub nostro consistunt dominio, iidem homines, licet pluries requisiti, ut decuit, nullam aut modicam subventionem nobis spoponderint se facturos; super quo nimirum plurimum admiramur, quia versum sit in usum et consuetudinem approbatam quod subditi dominis suis temporalibus qui crucis transmarine sunt caractere insigniti grata impendunt subsidia, non solum in pecunia, sed nonnunquam etiam in personis; vobis mandamus quod homines dictarum villarum nostrarum de villis singulis sigillatim iterum requiratis ut talem nobis studeant subventionis gratiam impertiri quo de ipsis nos debeamus tenere merito pro pacatis. Eorum vero jam facta responsio minime nobis grata est vel accepta, presertim quantum ad homines nostros de Riomo, qui, cum longo tempore quiete et pacifice vixerint sub nostro regimine, nec per nos extorta sit pecunia ab eisdem, amplis ditati facultatibus non attendunt quantum a fidelibus subditis non exactori principi debeatur. Illud etiam eisdem ex parte nostra ostendere vos obmissuros nolumus qualiter dudum de quatuor milibus libris Turonensium nobis dandis promissionem fecerent vel aliis, nostro nomine, pro subsidio Terre Sancte; ad quod si ex causa transfretare distulimus, cum nunc instet transfretandi terminus prefixus et juratus a nobis et ab aliis crucesignatis baronibus ut plerisque solutio dicte pecunie nundum facta fuerit, tamen propter dilationem hujusmodi dicta promissio minime expiravit. Ceterum, cum sicut nobis subjectum est, in villa Riomi habitantes utuntur quibusdam privatis legibus, consuetudinibus et statutis a nobis vel a nostris predecessoribus minime confirmatis, nec etiam approbatis, quorum quedam in nostrum et nostri dominii prejudicium non mediocriter redundarent, si postquam ad nostram notitiam pervenerit de eisdem talibus consuetudinibus sed verius corrutelis uti in posterum sub quadam convenientia contigerit tolerari, requiratis attentius eosdem homines

les Riomois, qui ne voulurent pas perdre leurs coutumes, payèrent pour se les faire confirmer; leurs droits furent reconnus, et Alfonse eut ce qu'il souhaitait, de l'argent.

Les habitants de Montferrand, ville alors distincte de Clermont, se montrèrent aussi peu disposés à accorder une aide; ils s'en trouvèrent mal. Leur ville avait été précédemment condamnée à une amende dont le taux n'avait pas été fixé. Le connétable d'Auvergne fit mettre en prison les consuls et les notables et placer des garnisaires chez un certain nombre d'habitants. Ces sévérités avaient pour but de les amener à payer une grosse amende et à fournir un subside important. Alfonse désapprouva cette conduite et fit mettre en liberté sous caution les prisonniers [1].

dicte ville Riomi, sub eisdem quibus nobis tenentur juramento et fidelitate, ne ulterius consuetudinibus seu usibus predictis minus legitimis uti attemptent, nisi demum de nostra speciali proces[s]erit voluntate, super hiis et aliis consimilibus gravaminibus et injuriis, pro quibus vel eorum aliquibus emenda nobis dignoscitur facienda, tam erga predictos homines quam circa alios qui pari modo sunt nobis obnoxii, taliter vos habentes quod jus nostrum in nullo valeat deperire, ut quas preces non emolliunt saltem sollicitet rigor judiciarie potestatis, quia non est de facili ingratis gratia confferenda. Datum apud Rampillum, die mercurii post festum beatorum apostolorum Philippi et Jacobi, anno Domini M. CC. LXVIII. » Reg. A, fol. 117 r°.

[1] « Alfonsus.... Ex parte hominum de Monte Ferrando delata est ad nos querimonia super eo videlicet quod vos ejusdem ville consules et quosdam alios de melioribus detinetis carceri mancipatos, sine causa racionabili, sicut dicunt. Insuper servientes innumerosa multitudine, non sine magno eorum incommodo et gravamine, ut asserunt, in eorum domibus posuistis. Hinc est quod vobis mandamus quatinus circa factum eorumdem hominum juxta consilium in nuper preterito parlamento Candelose Parisius habitum ac in scriptis redactum vobis traditum, procedatis, cum ex qua decet maturitate et cautela providentes, ne de obmissione, seu negligentia ac etiam de injusticia possitis merito reprehendi. Si enim aliud factum de novo non evenerit, detentio, si opus fuerit, illis dumtaxat hominibus qui alias se obligasse dicuntur et fidejussores constituisse pro summa quatuor milium librarum Turonensium quam dicuntur applegiasse pro emenda, retenta voluntate nostra quantum ad diminucionem vel augmentum dicte summe; alios si quos captos tenetis recredere poteritis usque ad quindenam instantis festi Penthecostis sub ydonea

Quant à l'aide, le connétable reçut ordre de la solliciter de nouveau, sauf à la lever d'office si on la refusait. Il reçut les instructions suivantes :

« Remambrance que du fet de Montferrant a esté ordené et commandé au conestable que li homes qui estoient pris pour le feit de l'amende de Montferrant soient recreuz dequ'à un jor certein, si brief et si covenable, toutes voies, que ils puissent avoir en deliberation et conseil d'offre par voie de composition tel somme de pecune que li conestables puisse et doie recevoir pour monsegneur le conte; en tel menière toutevoies que li conestables ne recevemeneur somme an quantité de la dite amande que de deus mille livres tournois et les meite au plus tost que il pourra en bone menière.

« De rechief, quant aus aides que misires a fet demander aus homes de Montferrant pour mout de reisons, c'est asavoir prumièrement pour sa chevalerie, après pour sa guerre que il out general en Poito, de rechief pour la voie d'outremer où il passa à l'autre foiz, de rechief pour sa prise d'outremer, de rechief pour le secours de la terre d'outremer où il propose à aler personaument, Dieu donnant, est einsinc ordené : que comme li procurateur à la dite vile de Montferrant se soient parti sanz feire nule fein et sanz reipit ne soufrance de la court mensegneur le conte, que li conestables, si tost comme il sera au païs les re-

cautione; excessum etiam servientum minuatis usque ad numerum competentem, cum in hiis que devorat vel consumunt nulla nobis proveniat utilitas et aliis pariatur grave dampnum. Vos vero tam super isto quam super aliis vobis injunctis negotiis curam et diligentiam taliter adhibeatis quod exinde debeatis merito commendari, refferentes vobiscum in scriptis, cum ad nos veneritis in crastinum dicte quindene Penthecostis, universa et singula que super eisdem negociis fuerint expedita. Datum apud Fontem Bleaudi, die lune ante festum beati Marci euvangeliste, anno Domini M. CC. LXIX. » Reg. B, fol. 49 v°.

IMPOTS EXTRAORDINAIRES. 293

quiere des dites aides; et se il ne se veulent convenir à lui que il lieve les dites aides, et chacune par soy seron la coustume d'Auvergne, laquele fu enquise par lui mesmes et par meitre Guillaume de la Roche en ce cas. Et se il veulent entendre à composicion et donner IIII mille livres tournois au moins, tant pour les dites aides que pour l'amande, li conestable receuvra cest offre, retenue la volanté mensegneur dou plus; ou se il veulent finer des aides par soi et de l'amande par soi, pour chacune fin pourra aceter pour monsegneur II mille livres tournois, en tele menière que il ait bone seurté de paier l'offre qui sera feite au termes que misires ordenera. Et se il ne veulent entendre à nule composition, ne quant aus aides ne quant à l'amande, alle avant li connestables quant aus aides, seron la coustume dou pais, si comme dit est; et quant à l'amande enguagent les pleiges que il a de la dite amande dequ'à la somme dont il sont pleige [1]. »

Les habitants de Montferrand finirent par offrir, tant pour l'amende que pour la subvention, une somme de deux mille livres, qui fut acceptée.

Nous avons vu qu'Alfonse leva un fouage en 1263 dans le Quercy, l'Agenais et l'Albigeois; en 1268, il en exigea un des autres provinces méridionales. Je vais exposer les procédés suivis pour lever cette taxe, qui offre un caractère tout particulier. Le fouage était un impôt connu dans le Languedoc avant Alfonse. En 1247, Raymond VII en avait perçu un dans ses domaines [2]. Ce mode d'imposition a duré jusqu'au dix-huitième siècle; mais, par suite de transformations successives, il était de-

---

[1] Cette instruction est renfermée dans une lettre du vendredi après Noël 1269. Reg. B, fol. 57 r°.

[2] Voyez les fréquentes allusions au fouage levé par Raimond VII, Reg. A et B, passim, notamment Reg. A, fol. 11. Lettre au sénéchal de Rouergue.

venu tellement bizarre, qu'on avait fini par ignorer les bases sur lesquelles il reposait dans l'origine.

Dans les derniers temps, le feu était quelque chose de fictif, une base purement conventionnelle et arbitraire, qui servait à fixer la quotité de l'impôt. Ce n'était pas une certaine étendue de terre, ce n'était pas une maison, ce n'était pas une famille. Chaque province était divisée en un certain nombre de feux, non d'après son étendue ni d'après sa population, mais en vertu de vieux errements financiers dont la trace était perdue depuis longtemps. Chaque feu devait une part égale des impôts; mais le feu n'étant qu'un être de raison, l'impôt était réparti entre les habitants suivant leur fortune personnelle.

Dans le principe, au treizième siècle, le feu était une habitation ou plutôt une famille; mais dès lors le fouage était un impôt mixte, à la fois réel et personnel.

Il était réel, car il avait pour base le feu; il était personnel en ce que sa quotité variait suivant la fortune du contribuable. L'établissement et la levée du fouage présentaient de nombreuses difficultés.

D'abord, n'étaient considérés comme faisant feu que les individus ayant une existence indépendante. Les gens qui ne possédaient pas de biens-fonds et les ouvriers qui n'avaient qu'un établissement temporaire n'étaient pas regardés comme imposables [1].

Alfonse fit rédiger un état général non-seulement des feux de ses domaines immédiats, mais encore de ceux de

---

[1] Voyez la réclamation des habitants de Bollene. « In computatione legitima de focis ejusdem ville fuerunt inventi plus numero XL : etenim XL homines foranei inhibi aliquandiu habitaverunt, nec debent dicti loci incole reputari, cum ibidem larem non foveant, nec immobilia possideant in villa predicta seu mandamento. » Lettre d'Alfonse au sénéchal de Venaissin, du lundi après l'Octave de Pâques 1269. Reg. B, fol. 167 v°.

ses barons ¹. Cet état, qui donnerait les plus précieuses notions pour une statistique de la population d'une partie de la France, ne nous est malheureusement point parvenu.

Ce cadastre primitif était modifié de temps à autre, suivant le mouvement de la population; mais les agents du fisc avaient soin de marquer les augmentations, tandis qu'ils négligeaient d'indiquer les diminutions dans le nombre des feux. Il en résultait que les habitants étaient tenus de payer plus que leur part, puisqu'ils devaient verser une somme égale à celle du produit des feux indiqués, bien que le nombre des feux fût réellement inférieur au chiffre officiel. Ils réclamaient; mais les plaintes de ce genre étaient difficilement admises. La révision des feux n'avait lieu qu'à de longs intervalles; aussi au quatorzième siècle, par suite des malheurs de la guerre de cent ans et de la diminution de la population qui en était la conséquence, on vit des villages ruinés par les impôts, puisque la communauté était responsable du recouvrement total de l'impôt qui avait été établi à une époque où la population était plus nombreuse ².

C'était là une situation analogue à celle des cités romaines dans les derniers temps de l'empire, où la part d'impôt due par les contribuables morts ou hors d'état de payer accroissait aux autres contribuables.

Un des actes réparateurs du règne de Charles V fut de reviser les feux du Languedoc et d'établir une équitable répartition de l'impôt. Il fit plus, il supprima le fouage en mourant ³ ; mais son successeur le rétablit.

¹ « Cum nos fecerimus computari focos totius terre nostre comitatus Tholosani, quorum summam penes habemus et vos similiter penes vos. »
² Registres du Trésor des chartes du temps de Charles V, et *Ordonnances du Louvre*, t. V, *passim*.
³ Cet acte a été publié par M. Chéruel dans le *Bulletin du comité des travaux historiques*, année 1856, p. 236.

Chaque feu était imposé à une somme qui paraît avoir varié suivant les lieux, mais qui était la même pour les feux d'une même localité. Le défaut d'uniformité dans l'imposition des feux vient de ce que chaque village débattait avec acharnement le chiffre du fouage que les commissaires du comte étaient chargés de lever; à force de disputer on obtenait souvent une légère diminution [1].

La moyenne de la somme imposée par feu était de dix sous; cependant on exigea de certains villages des sommes beaucoup plus considérables. Aucune règle fixe; j'ai trouvé que les habitants de Cadillac offrirent, au lieu de fouage, douze livres pour vingt-neuf feux, soit un peu moins de neuf sous par feu; leur offre fut acceptée [2]. Ceux de la Cassaigne donnèrent dix sous quatre deniers par feu; on demanda aux habitants de Bollene en Venaissin la somme énorme de vingt-quatre sous par chaque feu [3].

Le nombre des feux d'une localité étant déterminé, ainsi que la quotité de l'impôt auquel chaque feu était soumis, le produit total du fouage était facilement connu; mais la levée était moins aisée, car il fallait répartir l'imposition entre les habitants au marc la livre, proportionnellement à la fortune de chacun. Cette opération délicate était abandonnée aux magistrats municipaux et aux notables.

Une instruction inédite, que n'a pas connue D. Vaissete, adressée par Alfonse au sénéchal d'Agenais en 1263, fournit les renseignements les plus précis et les plus nouveaux sur la manière d'asseoir et de lever le fouage. Je

---

[1] Voy. Reg. A, fol. 27, 35 et Reg. B, fol. 64, 15, 101.
[2] Reg. A, fol. 155 r°.
[3] Samedi après l'octave de Pâques, 1269. Lettre au sénéchal de Venaissin. Reg. B, fol. 167.

transcris ce document, qui est rédigé en français et présente une très-grande clarté :

« Li seneschal, chaucun en sa séneschaussée, et ceus que mesires li cuens i envoiera, iront en tele manière avant :

» Premierement, il vendront en une des villes monseigneur le conte et meesmement en celle que il cuideront que plus volentiers face la volenté monseigneur le conte. Et quant il seront en la vile, li seneschaus fera venir devant lui XII des hommes de la ville, ou plus, ou moins, selonc ce que la ville sera, et leur dira de par monseigneur le conte que, puis que mesires li cuens fut sires de la terre, il les a tenuz empès et gardez, et que il ne n'a eu ne questes, ne dons, ne bontez, fors ses rentes qui li sont deue, et a toujours commandé à ses seneschaus que les gardassent et traitassent débonairement, et faissent traitier, et rendissent droit à chaucun loiaument. Et leur dira li seneschal que li rois de France, puis que il vint d'outre-mer a eu aides granz en deniers de ses villes, de leur volenté et de grace, et la faite lever par II foiz ou par III, par homes jurez de chaucune vile, si comme de Paris et de ses autres villes; et li roi de Navare, et li cuens d'Anjou, et la contesse de Flandre, et li dus de Borgoigne, et li cuens de Nevers aussin de leurs terres ont eu aides granz en deniers.

» Et por ce, il est avis à monseigneur le comte et à bones gens que li homme de sa terre li deivent rendre debonairement ce que il li ont promis. Si lor prie et requiert que ceste chose accomplissent si bien et si cortoisement que il lor en sache gré.

» Et lors après, lor dira li seneschaus que il regardent et eslisent X ou XII des homes de la ville, ou plus ou moins, selonc ce que il verront que bien sera, et qui miauz sachent et connoissent la povreté et la richesce de chascun des hommes de la vile en moebles et non moebles. Et lor feront jurer seur sainz que il asserront bien et loiaument à leur escient seur chaucune persone, selonc ce que elle sera, une some certaine de deniers; et feront metre en escrit ce que chaucuns en devra por sa persone. Et puis feront une some de tout ensemble de la vile, en tele manière que il en aient un escrit et li seneschaus un autres, et cil que mesires li cuens i invoiera, un autre semblables : et la feront lever quand elle sera escrite, si que toute la somme des deniers soit bailliée au seneschal ou à son commandement, selonc que elle sera bailliée aux homes de la ville en escrit.

» Et se ils ont mestier d'eide por lever, li séneschal lor assénera certain home, qui lor aidera toutes fois que il en sera requis.

» Et en ceste manière le fait faire li rois de France en ses villes, quant elles font aide.

» Et ainsin, quant il auront achevé en une ville et en son bailliage, si aillent en chaucune des autres villes de monseigneur le conte, et en leur bailliage, tant que tote la besoigne soit achevée en ceste manière.

» Et ès villes des barons, des chevaliers, et des prelaz, et des yglises et des religieus en ceste manière mesmes aillent, avant apelez les seigneurs de chaucune des villes. Et se il voient que au tens le conte Raymon fut alé avant en autre manière et qui miauz pleust au genz du païs por tel chose lever, si alassent avant en cele manière, en tèle manière toutes voies que mesires li coens eust les somes de chaucune vile, selonc ce qu'il est contenu en ses escriz, qui ont esté faict por ceste chose, ou selonc ce que il verront que raisons seroit.

» Et de toutes ces choses qui seront faites rendent li séneschal certain monseigneur le conte au plus tôt que il porront par leur letres.

» Et se les bones villes monseigneur le conte vouloient donner une somme de deniers en leu de foage, qui ne fust pas mout meneur du foage, et que li commun des villes, et li baron, et li prélat, et li autre seigneur en leur villes s'y accordassent, il pleroit bien à monseigneur le conte qui fust fet ès villes qui à ce s'acorderoient ; et en celles qui à ce ne s'acorderoient fust levez li foages, si com il a été promis [1]. »

Il résulte de ce document que la répartition du fouage était faite par douze habitants qui graduaient l'impôt suivant la fortune de chacun, fortune que les contribuables devaient déclarer sous serment, et qui comprenait les meubles et les immeubles. Ce système avait l'avantage de sauvegarder les intérêts des habitants. Alfonse avait soin de faire remarquer que ce mode était adopté par le Roi. Il y a un fait important à noter et que la lettre d'Alfonse nous fait connaître, c'est que saint Louis avait, depuis sa première croisade, obtenu plusieurs fois des subsides de ses bonnes villes, subsides qui avaient été volontairement octroyés.

Quant aux tenanciers des seigneurs, les sénéchaux devaient demander, ainsi que nous l'avons déjà constaté, le consentement, non des tenanciers, mais de leurs seigneurs. Ce fait bizarre que l'acquiescement des seigneurs suffisait pour engager leurs hommes est mis hors de doute par une foule de textes [2]. Les barons, les chevaliers, les pré-

---

[1] Bibl. imp., n° 10918, fol. 14 v°.

[2] « Alfonsus... Cum homines terre nostre, ac prelati, capitula, religiosi, barones, milites et alii pro hominibus suis dare promiserunt nobis focagium in subsidium Terre Sancte, etc. Lettre au sénéchal. Bibl. imp., 10918, fol. 14. — *Idem*, à l'évêque d'Agen, fol. 14. — *Idem*, au vicomte de

lats, les chapitres de l'Agenais, accordèrent libéralement à Alfonse l'autorisation de tailler leurs hommes. La plupart des barons du Languedoc imitèrent cet exemple, qui leur coûtait peu, puisque leurs tenanciers payaient seuls les frais de leur générosité. En outre, le clergé aidait la levée du fouage.

Un grand nombre de villes et de barons s'abonnèrent; c'est-à-dire qu'ils donnèrent une somme fixée à l'amiable [1]. Alfonse avait soin de recommander à ses agents de n'accepter de transactions de ce genre qu'autant que la somme promise serait égale au produit du fouage, et surtout de savoir quelles sommes avaient été accordées à Raymond VII pour la croisade [2].

Certaines communautés d'habitants qui, en vertu de

Lomagne, fol. 14. — Des lettres semblables furent adressées aux barons qui avaient promis le fouage, notamment aux évêques d'Agen, de Toulouse, de Rodez, de Carpentras, de Cavaillon, de Vaison, aux comtes de Comminges et de Rodez, à Gaston de Gontaut, à Amenjeu d'Albret, à Odon de Lomagne, à Jourdain de l'Ile, à Gui de Severac, au sire de Caumont, et à plusieurs autres seigneurs. *Ibid.*, fol. 14 v°. — Le fouage se levait de la même manière dans la province du Dauphiné, au commencement du quatorzième siècle. Valbonnais, *Mémoires sur le Dauphiné*, p. 271.

[1] « Alfonsus... Cum dilecti et fideles nostri consules et tota universitas ville nostre Amilliavi, Ruthinensis dyocesis, ex mera liberalitate et dono gratuito, subventionem gratiosam nobis fecerint usque ad summam duodecies centum librarum Turonensium, de quibus tenemus nos pro pagatis, nos subventionem hujusmodi profitemur ab eisdem gratis et liberaliter nobis factam, nec intendimus nec volumus nomine focagii vel cujuscumque alterius servitutis, nunc vel in posterum, occasione dicte subventionis spontanee ab eisdem facte, ipsis vel suis successoribus prejudicium generari. Datum anno Domini M. CC. LXIX., mense junii. » Reg. C, fol. 117 v°.

[2] Lettre du dimanche après la Saint-Michel 1267, au sénéchal de Rouergue, pour lui enjoindre d'enquérir si les hommes de Bertrand de Balaguier ont promis le fouage, s'ils l'ont payé à Raymond VII, ou s'ils lui ont fait une subvention ou grâce de deniers ou autrement. Il traitera avec eux à quelque titre que ce soit, en ayant soin de faire connaître au comte les sommes qu'ils offriront. Reg. A, fol. 11 v°.

leurs anciens priviléges, étaient exemptes d'impôts, firent des dons gratuits : Alfonse reconnut dans des lettres patentes que ces concessions étaient purement volontaires et ne tireraient pas à conséquence[1]. L'octroi de ces lettres était de la part des contribuables une condition de l'aide qu'ils accordaient[2] ; mais ce qu'il y a de piquant, c'est qu'Alfonse, dont l'âme était timorée, et qui avait souvent à se reprocher les moyens rigoureux employés par ses

[1] Voici les formules de ces lettres : « Cum dilecti et fideles nostri consules et communitas tali, locis talis dyocesis, ex mera liberalitate et dono gratuito subventionem grossam nobis fecerent usque ad summam talem, de quo tenemur nos pro pacatis, nos subventionem hujusmodi profitemur ab eisdem gratis et liberaliter nobis factam, nec intendimus, nec volumus nomine focagii nunc vel in posterum occasione dicte subvencionis spontanee ab eis facte, ipsis vel suis successoribus prejudicium generari. »

[2] Voici la lettre d'octroi de la ville de Millaud : « Illustri et excellentissimo suo et peramabili plurimum honorando domino A. filio regis Francie Dei gra'ia comiti Picthavie et Tholose, sui consules et consiliarii ville Amiliavi salutem et prosperos ad vota successus. Cum nos vestre juste postulationis grato concurrentes assensu, gratum et voluntarium usque ad duodecies c libras Turonensium donum fecerim in subsidium futuri vestri itineris Terre Sancte, et nobis de die in diem crescat animus complacendi, si quid in dicto subsidio, quod non credimus, posset esse quod mentem et vestram bonam conscientiam obscuraret, illud delere et anullare volentes et mentem, conscientiam et maculam, si qua est, tergere et lavare, illud vobis dimittimus et animo gratuito condonamus. Verumtamen, quia per vestros, tempore promissionis, nobis promissum extitit et conventum quod, impletis promissis, littere patentes nobis a vestra munificentia donarentur super nostris libertatibus immutilatis servandis et de non prejudiciando nobis et nostris successoribus in futurum, vestre solite benignitatis constanciam precibus quibus et quantis possumus humiliter imploramus, quanto carius possumus deprecantes quatinus litteras tales patentes nobis concedere dignemini, ut dicte nostre libertates firme deinceps et inlibate persistant, et nobis ex nostra liberalitate nullum prejudicium valeat generari, et anima vestra a peccato sit libera et immunis. Quas patentes litteras, si vobis placuerit, nobis per latorem presentium dignemini delegare. Datum apud Amiliavum die mercurii post festum Pentecostes, anno Domini m° cc° lx° nono ; et nos dicti consules ad majorem istius facti firmitatem habendam sigillum pendens consulatus nostri presentibus duximus apponendum. » Orig., J. 329, n° 10.

agents pour amener les villes à composition, ne leur délivrait ces lettres qu'à condition qu'elles-mêmes commenceraient par lui donner quittance des vexations auxquelles elles pouvaient avoir été soumises à ce propos. Sa chancellerie fabriqua un formulaire qui fut envoyé à chaque ville et qui, copié et scellé, était retourné au comte, placé dans ses archives et pour plus de sûreté transcrit dans un registre [1].

Des particuliers jouissaient aussi d'exemptions individuelles. C'est ainsi qu'en 1269 Alfonse défendit au sénéchal de Venaissin d'exiger le fouage de P. Renaud et de son frère, qui avaient reçu du comte Raymond une charte portant exemption de tout service pour eux et leurs descendants, et la jouissance des priviléges des chevaliers [2].

[1] Memoria quod dominus comes Pictavie et Tholose fecit tradi consulibus Montis Albani formam infrascriptam, quam ipsi debent dare domino comiti sigillatam sigillo suo; que forma talis est :

Universis presentes litteras inspecturis, consules et universitas Montis Albani salutem. Optantes illustrem virum, karissimum dominum nostrum Alfonsum, filium regis Francie, comitem Pictavie et Tholose, quibus commode possumus munificentia et honore nobis reddere favorabilem et benignum, non coacti, sed spontanea voluntate, gratis et liberaliter, eidem subventionem fecimus pecuniariam et donum gratuitum, usque ad talem summam; et si, occasione dicte subventionis seu focagii a nobis prædicto comite petiti dampna aliqua passi sumus, vel expensas fecimus, nos ipsum dominum comitem et successores suos super dictis dampnis vel expensis quittamus penitus et expresse.

Similis littera fiat a consulibus Moissiaci et a qualibet villa Agenensi et Caturcensi que solvit foagium, que voluerit habere litteras domini comitis, et ponantur transcripta litterarum in quodam quaterno et remaneat penes senescallum et alia penes dominum comitem.

Similis littera petatur ab aliis villis Agenensibus et Caturcensibus per senescallum Agenensem et Caturcensem, et mandetur ei per litteras.

Similis littera petatur ab hominibus villarum Tholosanarum et Albiensium per senescallum et per Guillelmum et Salomonem, et mandetur eis per litteras; et remittant domino comiti litteras quas super hoc habuerunt et remaneant transcripta. Bibl. imp., n° 10918, fol. 36 r° et v°.

[2] Arch. de l'Emp., J. 190, n° 64.

Les roturiers étaient seuls susceptibles d'être imposés; les chevaliers et les autres nobles étaient exempts du fouage et de toute autre contribution en argent. En 1268, un damoiseau, nommé Bertrand Carbonnel, ayant été porté par les collecteurs du fouage à Gaillac sur le rôle de la taille, réclama auprès d'Alfonse, prétendant que jamais aucun noble n'avait été soumis au fouage ni à aucune autre taille; ce qui fut reconnu exact [1]. Les clercs jouissaient d'une semblable immunité [2]. Les nouvelles bastides fondées par Alfonse furent aussi exemptées des aides extraordinaires [3].

La levée du fouage présentait des difficultés et des lenteurs qui mécontentaient Alfonse : voici ce qu'il écrivait en 1263 au sénéchal d'Agenais :

« Com nos aions entendu par voz letres que cil d'Agiens nos veulent donner M et V^e livres turnois en leu de foage, et cil du Port Sainte Marie v^e autresi, en lieu de foage, nos vos fesonz asavoir que il nos pleist bien; mes que ce faciez par le conseil l'esvesque d'Agiens et de mestre Huede de la Montonnière et d'autres prodes-homes.

» Et sachiez que com nos vos aions pluseurs foies envoié nos letres et certaine forme de lever le foage, nos nos merveilons mout de ce que vos n'avez pas fet ce que nos vos avons mandé pluseurz foiz par nos letres, et selonc la

---

[1] « Nunquam extitit nobiles talliari pro focagio vel alia quacumque causa. » Reg. B, fol. 41 v°.

[2] « De petitione Stephani Gonelli, clerici, super eo quod Bernardus Porterii extorsit ab eodem focagium, cum clerici de patria commorantes in castro de Penna in Agenesi focagium non solverunt : unde petit quod denarii sic recepti restituantur eidem : eat ad senescallum. » Arrêt du parlement de Toulouse de 1270, J. 1031, n° 11.

[3] Lettre au sénéchal d'Agenais. « Mandamus quatinus ab hominibus de bastida nova de Monte Flanquino, nec de aliis novis bastidis focagium non levetis ad presens, nec etiam exigatis donec a nobis aliud receperitis in mandatis. » J. 307, n° 55, fol. 11 v°.

forme devant dite. Et sachiez que nos le portons grief ; car il nos semble que ce soit par grant négligence que la chose est tant porlonguiée. Et por ce nos vos mandons et commandons estroitement que vos faciez que cil foages soit levez, si com il fut promis, ou se ce non, nos ne nos tendrons pas bien apaié de vos.

» Et se li baron et les villes contredient que vos aiez les nons de chaucune persone et combien elle donra, soffrez vos du savoir les nons, et combien chaucune persone donrra quand à ores, et aiez par devers vos les somes en escrit conbien chaucune vile et chaucune parroche donrra du dit foage ; et li prodome des villes les aient autresi en escrit, et Guillaume et Salemon [1] les aient ausin en escrit.

» Et soit li diz foage levez par les prodes homes des villes et des parroches, et vos soit bailliez ou à vostre commandement. Et ne lessiez pas que vos ne recevez par la main des prodes homes des villes la somme que il reconnoistront, et par bon tesmoig et par escrit : et du rémanant qui faudra après ce auront conseil.

» Et se il avoit descort par aventure entre les homes d'aucune des villes et des parroches de lever le foage, si com ils ont promis, vos, selonc le conseil de l'évesque d'Agien et de mestre Huede de la Montonnière et de mestre Estiene de Bédier, et d'autres prodes homes, facez que soit levé ou par souz, ou par livre, ou en autre meillor manière, selonc ce que il sera plus profitablement et plus loiaument levé [2]. »

Le mode de lever au sou la livre, c'est-à-dire propor-

---

[1] Guillaume et Salomon étaient des clercs du comte chargés de lever le fouage.

[2] Lettre du comte au sénéchal d'Agenais en 1263. Bibl. imp., 10918, fol. 20 v°.

tionnellement à la fortune de chacun, qui était le seul équitable, fut l'objet de nombreuses recommandations d'Alfonse à ses sénéchaux. Les riches bourgeois s'y opposaient de toutes leurs forces, mais le populaire réclamait énergiquement et s'adressait au comte, qui lui donnait raison [1]. Ceux qui participaient aux tailles municipales ordinaires devaient payer le fouage [2].

Les habitants des villes préféraient transiger avec Alfonse : ils accordaient même volontiers des sommes plus fortes que celles qu'aurait produites le fouage [3]; voici pour quelle raison. Ce qu'ils voulaient avant tout, c'était empêcher le comte de pénétrer dans certains détails, de connaître exactement le nombre des feux de chaque ville et les ressources de chaque habitant, de peur qu'il n'en profitât pour accroître ses exigences [4]. C'est dans ce but que les collecteurs municipaux du fouage refusèrent en un grand nombre de localités de livrer aux sénéchaux les rôles des impositions. En 1269, toutes les communautés du Venaissin composèrent.

En résumé, Alfonse leva en 1241 un impôt pour subvenir aux frais de sa *chevalerie*. En 1249, il se fit donner un subside pour la croisade par les habitants des domaines de l'apanage. En 1263, il leva un fouage pour le même

---

[1] Lettre au sénéchal de Toulouse au sujet des habitants de Verdun, vendredi après la Saint-Martin d'été 1268. Reg. A, fol. 133 r°.

[2] Lettre au sénéchal de Venaissin relativement aux habitants de Carpentras qui se plaignaient. Mardi avant la Saint-Thomas 1269. Reg. B, fol. 183 r°.

[3] Lettre au sénéchal d'Agenais. « Nobis datum est intelligi a pluribus fide dignis quod homines de terra nostra plus nobis darent in summa qualibet villa ex dono quam haberemus levando. »

[4] Ce qui, malgré les protestations et les déclarations formelles d'Alfonse, constituait un précédent qu'on leur rappelait en temps et lieu. Alfonse recommandait à ses sénéchaux de s'informer des dons que les villes du Languedoc avaient pu faire à Raymond VII.

motif en Agenais, en Quercy et en Albigeois, et en 1267, 1268 et 1269 dans le reste du Languedoc. A la même époque, il doubla les cens en Poitou et en Saintonge, et frappa l'Auvergne d'une contribution sous le titre d'aide pour la croisade.

Ces divers impôts (uniquement ceux qu'on leva en vue de la croisade) furent assis et recueillis par les habitants eux-mêmes, d'après la forme établie ou du moins confirmée vers 1256 par saint Louis dans ses bonnes villes[2], forme tout à l'avantage du tiers état. En cette circonstance, l'influence de saint Louis franchit une fois de plus encore les limites du domaine royal; et ce qui n'était dans le principe qu'un règlement d'administration destiné au domaine du Roi devint une loi générale. Il faut signaler aussi une autre imitation de saint Louis par Alfonse. Le Roi leva de nombreux impôts extraordinaires pour la croisade « de ses villes, de leur volonté et de grâce »; c'est-à-dire qu'il fit voter des subsides par le tiers état. Il aima mieux se les faire octroyer que de les imposer de son autorité privée, ainsi que la rigueur du droit féodal le lui permettait.

Ce fait est très-important, car il détruit une opinion reçue, savoir, que saint Louis n'établit pas d'impôts extraordinaires. Cette opinion, contredite du reste par des comptes récemment publiés et par plusieurs arrêts du parlement, repose sur une mauvaise interprétation d'un passage de Joinville qui, après avoir raconté la guerre de 1242 contre le comte de la Marche, s'exprime ainsi : « Ne pour dons, ne pour despens que l'en feist en cel host, ne autres de ça mer ne de delà, le Roy ne requist ne ne prist

---

[1] *Recueil des ordonnances*, t. Ier, p. 291. Cette ordonnance est sans date, mais on peut la rapporter à l'an 1256, date d'une ordonnance sur l'administration communale.

onques aides des siens barons, n'à ses chevaliers, n'à ses hommes, ne à ses bones villes, *dont en se plainst.* » Joinville ne dit pas que saint Louis ne leva pas d'impôts, mais bien que le peuple ne se plaignit pas. Et pourquoi le peuple n'éleva-t-il pas de plaintes, c'est Alfonse qui nous l'apprend, en nous montrant que le tiers fut consulté et accorda volontairement des subsides en plusieurs occasions.

Alfonse tint la même conduite. Il sollicita les votes des communes, n'exerçant son droit que lorsque toute espérance d'entente était perdue. Toutefois, il ne consulta pas le tiers état dans des assemblées provinciales, mais individuellement. Des commissaires se transportaient dans chaque localité.

Les tailles extraordinaires ne pouvaient être imposées que sur les tenanciers immédiats du comte; mais Alfonse demanda à ses barons le droit de les lever sur leurs hommes. Il réunit ceux du Poitou et de la Saintonge à Poitiers à cet effet. Les barons du Languedoc paraissent avoir été consultés individuellement. Le consentement du seigneur suffisait pour engager ses hommes. Saint Louis fit la même chose [1], et certains seigneurs en profitèrent pour opérer un gain illicite. Ils s'engagèrent envers leurs tenanciers à refuser l'aide au Roi, à condition qu'ils leur donneraient à eux seigneurs une somme à titre de gratification [2]. Certains

---

[1] Les habitants d'Albi accordèrent au Roi un don gratuit de 100 marcs sterling en 1269. Vaissete, t. III, Preuves, col. 588. — Le Roi donna des lettres de non-préjudice à la ville de Narbonne, qui lui avait octroyé 1000 livres tournois. *Ibid.*, col. 589. — « Cum dominus rex petivisset auxilium sibi fieri a villa Stampensi, sicut et ab aliis villis pro milicia domini Philippi, filii sui, et pro facto negocii transmarini... Cum burgenses d. regi concessissent pro dicto subsidio, certam pecunie quantitatem. » *Olim*, t. Ier, p. 805. Conf. p. 824, etc.

[2] C'est ce que fit le vicomte de Lautrec. Il fit défense aux syndics du

seigneurs **vassaux** d'Alfonse tinrent une conduite encore plus honteuse : ils levèrent sur leurs hommes une aide pour la croisade, et restèrent chez eux. Mais le pape Alexandre IV instruit de cette fraude leur ordonna de participer en personne à la croisade ou de verser entre les mains d'Alfonse les sommes qu'ils avaient reçues pour cet objet.

J'ai cherché à réunir quelques renseignements sur le produit des différents impôts extraordinaires levés par Alfonse : les indications que j'ai trouvées sont insuffisantes pour obtenir un résultat complet, mais elles permettront de fixer des chiffres approximatifs qui ne seront pas, je crois, trop éloignés de la réalité.

Les habitants de l'Auvergne payèrent en 1249 une somme de 7500 livres tournois.

En 1263, 1264 et 1265, le fouage du Quercy et de l'Agenais produisit, d'après un document officiel, 26088 livres[1], et celui de l'Albigeois 5807 livres 9 sous[2]. Un autre document officiel évalue ce dernier fouage à 5820 livres 16 sous; différence insignifiante[3].

Lautrecois de rien accorder au Roi pour le passage d'outre-mer. Vaissete, t. III, Pr. col. 588. — Les habitants déclarèrent qu'il s'était fait donner 500 sous Melgoriens, moyennant quoi ils ne payeraient rien au Roi. *Ibid.*

[1] Arch. de l'Emp. « Compotus abreviatus Candelose 1265. De focagio Agenensi et Caturcensi xxvi^m iiii^{xx} viii l. xiiii s. viii d. Turon. » J. 192, n° 19.

[2] « De focagio Albiensi, v^{in} viii^c xx lib. xvi s. Tur. » J. 192, n° 19. Les frais de perception étaient considérables, puisque cette somme fut réduite à 4727 livres 19 sous par suite des frais de recouvrement et des *grâces*, « pro expensis et graciis ejusdem focagii ». Les grâces étaient sans doute des remises.

[3] « Compotus focagii de Albigensio levatus et levandus per Petrum de Landrevilla, militem, senescallum Tholosanum et Albiensem, anno Domini M. CC. LXV.

De ballivia de Rabastenx, 1040 l. 8 s. t.
De ballivia de Insula, 568 l. 16 s.
De ballivia de Castro Novo, 412 l. 8 s.
De ballivia Galliaci, 1188 l.

Les villes qui financèrent, c'est-à-dire offrirent des dons gratuits au lieu de fouage, payèrent des sommes considérables : Toulouse 6000 livres [1]; la Rochelle 6000 livres; Riom 4000 livres; Montferrand 2000 livres; Millaud 1200 livres [2]; Agen 2000 livres; le Port-Sainte-Marie 1500 livres.

Certaines communautés du Venaissin composèrent pour la somme énorme de 4844 livres tournois [3].

Au terme de l'Ascension 1266, le total du fouage levé

De ballivia de Causaco, 528 l. 8 s.
De ballivia de Cordua, 1275 l. 4 s.
De ballivia d'Aigo, 437 l. 12 s.
De ballivia de Penna, 214 l. 8 s.
De ballivia de Podio Celsi, 40 l. 8 s.
De ballivia de Mirandol, 115 l. 4 s.
Summa 5,820 l. 16 s. t., de quibus est solutum apud Templum 1050 l. t. Restant 4770 l. 16 s. t. ad solvendum.
Restat ad computandum de expensis et de graciis de quibus computabitur et solvetur residuum in proximis compotis Candelose. » Orig., Bibl. imp. 9019, fol. 25.

[1] Compotus abreviatus. J. 192, n° 19. — « Universis presentes litteras inspecturis consules et communitas urbis et suburbii Tholose salutem. Optantes illustrem virum karissimum dominum nostrum quibus commode possimus munificentia et honore nobis reddere favorabilem et benignum, non coacti sed spontanea voluntate, gratis et liberaliter, eidem subventionem fecimus pecuniariam et donum usque ad summam sex milium librarum Turonensium, quam promittimus reddere et solvere senescallo Tholose seu alii si quem idem dominus comes ad receptionem hujus pecunie duxerit deputandum, his terminis videlicet, duo milia librarum infra octabas instantes Pasche, et duo milia librarum infra octabas Nativitatis Johannis Baptiste immediate sequentes et duo milia librarum infra octabas Omnium Sanctorum proximo subsequentes; et ad hoc firmiter ostendenda et adimplenda, nos et bona nostra mobilia et inmobilia, et se moventia ubicumque existentia expresse et specialiter obligavimus. Actum anno Domini M.CC.LXVI. » Bibl. imp., n° 10918, fol. 36; voyez aussi Reg. A, fol. 58 r°.

[2] Compte officiel. Bibl. imp., n° 9019, fol. 38.

[3] Sur la composition de villes du Venaissin, voyez les documents transcrits Reg. B, fol. 177 r°.

dans les seules sénéchaussées d'Agenais, de Quercy et d'Albigeois s'élevait à la somme de 30816 livres 3 sous 8 deniers; il est vrai que c'était un compte définitif.

A la Chandeleur 1267, le fouage du Toulousain avait déjà produit 9444 livres 15 sous et quatre cents marcs d'estelins : les finances des villes du Poitou s'élevaient, à la Toussaint de la même année, à 1811 livres, celles de la Saintonge à 10410 livres. Le fouage du Rouergue montait déjà, à la même époque, à 4900 livres. A la Toussaint les *finances* du Poitou produisirent une somme de 2050 livres 10 sous; celles d'Auvergne 1190 livres. Le Quercy fit de nouveaux payements : au terme de la Toussaint figure une somme de 600 livres pour la *finance* du Quercy. Le fouage du Rouergue atteignit 22000 livres [1]. Alfonse évaluait de huit à dix mille livres l'impôt payé par le Comtat-Venaissin. Cet impôt avait déjà produit au mois de juillet 1269, 4844 livres [2].

---

[1] Arch. de l'Emp., J. 192, n° 19.
[2] Bibl. imp., Compte original, n° 9019, fol. 38.

« Hec sunt composiciones gratis facte per G. de Valle-Grignosa, militem, senescallum Venessini, cum villis et locis super facto subvencionis facte domino comiti pro subsidio Terre Sancte usque in hunc diem, scilicet anno Domini 1269, 5 idus julii.

De terra baronum seu feudatariorum.

De Vaqueracio, pro 60 focis, 45 l.; fuit eis remissum 60 sol.
De Auriolo, pro 93 focis, 70 l.; fuit eis remissum 4 l. 8 s.
De Sarriano, pro 233 focis, 380 l. 100 s.; fuerunt eis remissi 28 s.
De Interranquis, pro 88 focis, 65 l.; rem. 108 s.
De Bello Monte, pro 45 focis, 39 l.; nichil fuit eis remissum.
De Rubione, pro 71 focis, 52 lib.; rem. 4 l. 16 s.
De Villa Dei, de Sancto Romano, de Mala Garda et de Brantulo, hominum Hospitalis S. Johannis Jerosol. pro 80 focis, 60 l.; rem. 4 l.
De Podio Almeraci, pro 118 focis, 93 l. 8 s.; nichil rem.
De Montilliis, pro 479 focis, 380 l. et 64 s.; nichil rem.
De Cavis Montibus, pro 57 focis, 44 l.; rem. 32 s.

Je le répète, ces chiffres sont incomplets, car je n'ai pu trouver de comptes postérieurs à l'année 1268, et le fouage continua d'être levé pendant toute l'année suivante. A l'As-

De Arboribus, pro 36 focis, 37 l.; rem. 36 s.
De Garda Pariol, pro 37 focis, 28 l.; rem. 32 s.
De Sancto Romano, pro 87 focis, 70 l.
De Darbous, pro 18 focis, 14 l. 8 s.; nichil rem.
De Bouson, pro 10 focis, 8 l.; nichil rem.
De Balmis Cabreriis, pro 11 focis, 60 l.; nichil rem.
De Sancto Pontalio, pro 78 facis, 60 l.; rem. 48 s.
De Camereto, de Trevelliano, de Sitigano, pro 83 focis, 65 l. 8 s.; nichil rem.
De Carubero, pro 265 focis, 200 l.; rem. 12 l.
De Bedoino, pro 366 focis, 80 L.; rem. 12 l. 16 s. ad preces B. domini Baucii.
De Carpentorate, pro 672 focis, 500 l.; que composicio facta est cum domino comite.
Summa finacionum de terris baronum, 1797 l. 4 s. Tur. sine Carpentras.
Summa Carpentracensis, 2297 l. 4 s.

De terra propria domini comitis.

De Bolena, pro 380 focis, 450 l.; fuerunt remisse 6 l., et predicti de Abolena fecerant composicionem de 410 l. cum d. comite; et senescallus habuit gratis postmodum XL. libras magis.
De Podio Leno, pro 100 focis, 120 l.; rem. nichil.
De Mornacio, pro 318 focis, 380 l. 32 s.
De Insula, pro 600 focis, 500 l. [1].
Et in numero focorum superius contemptorum foci militum et multarum personarum minime continentur.
Composiciones facte per inquisitores tempore quo erant in terra Venessini, ut dictus G. de Pruneto et alii officiales curie dicebant, pro terra propria d. comitis; et per scripta ab eis nobis missis constat quales ville inferius scripte gratis eis obtulerunt.
De Opeda, pro 168 focis, 380 l.; rem. 21 l. 12 s.
De Cabreriis, pro 86 focis, 100 l.; rem. 64 s.

---

[1] De Insula pro 600 focis, 500 l. a probis hominibus; que composicio facta fuit ad illam quantitatem quia dicti homines Insulani pretendebant se habere libertates et franquesias de aliquo non prestando in causa prestandi, ostendentes inde quoddam instrumentum a comite quondam Remondo, et super hoc petebant audiri de jure; et quia domino senescallo oblationem predictam gratis fecerunt... dictus senescallus retinet et retinuit salva in hoc d. comitis voluntate, et dictus senescallus timebat de jure in hoc eos non posse compelli.

cension d'une année qu'il ne m'est pas possible de préciser, les finances du Toulousain s'élevaient à 20500 livres, l'Auvergne devait 3190 livres, et le comte pour ce terme seul allait recevoir au moins 13000 livres de subsides extraordinaires [1]. Toutefois, les chiffres que j'ai transcrits donneront une idée de l'importance des ressources que les princes du moyen âge avaient à leur disposition. Dans un autre chapitre, j'essayerai d'évaluer en monnaie moderne les différents revenus d'Alfonse.

De Piliis, pro 80 focis, 80 l. 100 s.; rem. 11 l.
De Pallude, pro 103 focis, 100 l.; rem. 23 l. 12 s.
De Summana, pro 142 focis, 100 l.; rem. 20 l. 8 s.
De Ponte Sorgie, pro 150 focis, 120 l.; rem. 57 l. 12 s.
Summa finacionum de dominio domini comitis, 1276 l.
Summa totalis, 4073 l. 16 s.
Summa omnium finacionum totius rotuli, 4844 l. 12 d., usque ad diem lune post festum Sancti Petri ad vincula.

[1] « Summa omnium financiarum Tholosani tam veterum quam novarum xx^m v^c lib., iii s. vi d., de quibus ad Ascensionem Domini proximo preteritam vii^m ix^c iiii^{xx} xv l. xix s. iii d.

Summa omnium financiarum Albigesii tam veterum quam novarum viii^c xxv l., de quibus ad Ascensionem preteritam circa viii^m l.

Summa totalis Tholosani et Albigesii solvenda ad Ascensionem preteritam circa viii^m lib.

Summa omnium financiarum Agenesii, tam veterum quam novarum, vii^m v^c xxxviii lib. xiii s. iiii d., de quibus ad dictum terminum ii^m iii^c xvi l. xiii s. iiii d.

Summa omnium financiarum Caturcensium ii^m vii^c l. lxx s., de quibus ad dictum terminum iii^c l.

Summa totalis Agenesii et Caturcinii dicto termino, ii^m vi^c xvi l. xiii s. iiii d.

Summa omnium financiarum Ruthenesii, ii^m ii^c xii l. x s., de quibus dicto termino viii^c iiii^{xx} ix l. xvi s. viii d.

Debita Arvernie, iii^m ix^{xx} ix l. x s. t., de quibus dicto termino m. v^c l. vi s. vi d.

Summa omnium financiarum que debent deferri ad dominum comitem de dicto termino, circa xiii^m l. »

CHAPITRE IV.

GRACES APOSTOLIQUES.

Les papes attribuent des subsides à Alfonse. — Ils lui concèdent le produit des rachats du vœu d'aller à la croisade et des legs pieux sans affectation spéciale. — Saint Louis refuse de laisser Alfonse percevoir le décime des revenus ecclésiastiques dans ses États. — Abus dont le rachat des vœux était l'occasion.

Le zèle dont Alfonse fit toujours preuve pour les intérêts des expéditions en Terre Sainte ne put manquer de lui attirer les faveurs du Saint-Siége. En 1248, Innocent IV donna au chapelain du comte Philippe, trésorier de Saint-Hilaire de Poitiers, le pouvoir d'octroyer des dispenses aux personnes qui, ayant fait vœu d'aller à la croisade, aimaient mieux rester dans leurs foyers : ces dispenses étaient accordées moyennant le payement de sommes qui étaient versées dans les coffres du frère de saint Louis et appliquées par lui à l'œuvre d'outre-mer [1]. Alfonse reçut aussi de la munificence apostolique le droit de percevoir à son profit tous les legs pieux faits en France sans affectation spéciale de la part des testateurs [2], même en dehors de ses domaines [3].

---

[1] Bulle datée du II des calendes de mai, l'an V du pontificat. Arch. de l'Emp., Bullaire, L. 246, n° 160.

[2] Bulle adressée au trésorier de Saint-Hilaire, 12 des calendes d'avril, 10e année (1253). Copie du temps. Trésor des chartes, J. 190, n° 70.

[3] Lettre du doyen de la chrétienté d'Étampes : « Hec sunt nomina eorum a quibus recepimus legata indistincte in decanatu Stampensi. » Trésor des chartes, J. 456, n° 28. — Ordre du trésorier de Saint-Hilaire à Jean de Pithiviers, chapelain de l'église de Noyon, de citer les exécuteurs testamentaires de Gille le Comte, bourgeois de Saint-Quentin, « domino comiti Pictavensi de ejus juribus in hereditate prefati Egidii, secundum gracias eidem comiti a Sede apostolica in civitate et diocesi Noviomensi concessas, indilate satisfacturos. » Orig. Trésor des chartes, J. 192, n° 8.

Nous possédons un compte des recettes provenant de cette indulgence. Les sommes léguées étaient en général minimes ; elles variaient de 40 à 100 sous, mais les legs étaient nombreux [1].

En 1253, Alfonse annonça qu'il retournerait en Orient. A cette nouvelle, le pape Innocent IV, voulant lui donner les moyens de mettre ce projet à exécution, lui accorda : 1° trois mille marcs d'argent sur les restitutions des usures et des biens mal acquis qui seraient faites dans le royaume de France, les comtés de Poitou, de Provence, de Toulouse et la Bretagne ; 2° les sommes que donneraient pour se racheter ceux qui, ayant pris la croix, ne pourraient accomplir leur dessein ; 3° les legs en général faits pour la Terre Sainte dans l'étendue de ses domaines [2].

En 1256, Alexandre IV renouvela l'octroi fait par Innocent IV aux mêmes conditions, c'est-à-dire qu'Alfonse irait en personne à la croisade. Cela n'eut pas de suite [3] ; mais il se passa un fait remarquable. Alfonse demanda au roi la permission de percevoir dans ses domaines les legs faits pour la Terre Sainte et les rachats de vœux : cette autorisation lui parut nécessaire.

En 1264, Alfonse annonça de nouveau sa résolution de prendre part à la croisade : le pape Urbain IV le loua

---

[1] Rôle original, Supplément du Trésor des chartes, J. 748, n° 19.

[2] Bulle d'Innocent IV adressée au trésorier de Saint-Hilaire, 21 mars 1253. Trésor des chartes, J. 312, n° 34.

[3] Le registre du Trésor des chartes, J. 317, n° 61, prouve qu'Alfonse perçut des grâces apostoliques jusqu'en 1256, mais évidemment à partir de 1250, date de son retour ; il s'agit de sommes arriérées. — Depuis son départ de Terre Sainte jusqu'à la Saint-Barnabé, il reçut la somme énorme de 6,649 livres tournois ; à la Chandeleur 1250 (1251), la recette tomba à 993 livres ; au même terme de l'année suivante à 300 livres ; à la Toussaint 1253, elle monta à 1153 livres ; à l'Ascension 1256, à 245 livres.

beaucoup, lui confirma les grâces[1] que lui avaient accordées à cette intention les papes ses prédécesseurs[2].

Le 25 mars 1267, saint Louis prit la croix; Alfonse suivit son exemple et demanda au Saint-Siége des subsides. Clément IV, qui occupait alors la chaire de saint Pierre et qui n'était autre que ce Gui Fouquet que nous avons vu l'un des principaux conseillers du comte de Poitiers, lui fit espérer le tiers des revenus ecclésiastiques qu'il se proposait de lever. Il ajoutait qu'il avait accordé au Roi le décime des revenus des églises de tout le royaume de France, même des domaines de lui Alphonse, quoiqu'il eût d'abord résolu de réserver au comte cette portion des subsides; mais il avait dû changer de sentiment pour accéder à la demande de saint Louis[3]. Alfonse, ne voyant pas se réaliser les promesses du pape, lui envoya en ambassade un Franciscain, frère Philippe, qui ne rapporta que de bonnes paroles, mais aucun engagement formel.

Cependant Clément IV ne tarda pas à lui accorder ou plutôt à lui confirmer les legs pieux et les rachats de vœux dans ses domaines[4]. Le trésorier de Saint-Hilaire de Poitiers fut nommé exécuteur des indulgences du Saint-Siége pour le Poitou et le Toulousain[5]. En Saintonge, Pierre Sorin et le gardien des Frères Mineurs mirent peu d'empressement à faire rentrer les sommes destinées à la croisade. Ils

---

[1] Trésor des chartes, J. 313, n° 72.

[2] Rainaldi. *Annales ecclesiastici*, anno 1264, n° 4.

[3] *Ibid.*, sub anno 1267, n° 50. — Clementis papæ IV. Epistol. 485 et 536. Martène, *Thesaurus*, t. II, p. 495, 10 juin 1267. — De 1247 à 1250 on avait levé le décime des revenus ecclésiastiques de France au profit du Roi. Rouleau original, Arch. de l'Emp., J. 1037, n° 14.

[4] Martène, t. II, p. 589.

[5] « Stephanus, thesaurarius B. Hilarii Pictavensis, executor graciarum comiti Pict. et Thol. a Sede apostolica concessarum. » Samedi après la Saint-Grégoire 1269. Reg. B, fol. 101 v°.

eurent des doutes et des scrupules qu'ils proposèrent à la cour de Rome, et restèrent inactifs[1]. Cette conduite irrita le comte, qui se plaignit à l'évêque d'Albano, légat en France pendant la vacance du Saint-Siége[2]. Il paraît qu'il eut satisfaction. On considéra comme legs faits pour la croisade tous les legs pieux sans destination spéciale[3]. La confiscation des bénéfices usuraires, quand la partie lésée ne put être découverte, vint augmenter le subside que reçut Alfonse pour la Terre-Sainte[4].

Certains prêtres, abusant de leurs pouvoirs, accordaient facilement des dispenses du vœu d'aller à la croisade et imposaient à titre de pénitence et de rachat le payement de sommes relativement minimes. Le comte ordonna de veiller à ce qu'on exigeât des sommes équivalentes à celles qu'aurait coûté la participation réelle à la croisade. Il importait, aux yeux d'Alfonse, de faire cesser un scandale qui avilissait

---

[1] Lettre d'Alfonse à P. Sorin. Reg. B, fol. 33 v°.

[2] Lettre d'Alfonse au légat : « Cum in regno Francie et terris ac comitatibus suis legata indistincte relicta, ac extorta per usurariam pravitatem, vel alias illicite acquisita, de quibus non apparet quibus facienda sit restitutio, et eciam quedam que in litteris apostolicis super hiis sibi concessis plenius continentur, colligitur et assignatur eidem, etc. » *Ibid.*, fol. 36 r°.

[3] Lettre du trésorier de Poitiers, le samedi après la Saint-Grégoire 1269 : « Philippus, executor gratiarum comiti Pict. et Thol. a Sede apostolica concessarum, discreto viro B. de Insula preposito ecclesie Tholosane, ejusdem domini comitis clerico... curetis addiscere quid, quo tempore, quantum et a quibus legatum fuerit, et postmodo, cum casus se obtulerit oportunum, legabitur in subsidium Terre Sancte, seu occasione redempcionis votorum, nec non de indistincte legatis et relictis ad pios usus, ac de extortis per usurariam pravitatem et aliis illicite acquisitis, de quibus non apparet quibus sit restitutio facienda, etc. » Reg. B, fol. 101 v°.

[4] Voici le compte des grâces reçues au terme de la Toussaint 1268 :
De graciis, 3,234ᴸ 17 s. 5 d. Par.
Item, 100ᴸ 28 s. Poitevins et Angevins.
Item, 37ᴸ 6 d. Manceaux.
Item, 6ᴸ 17 s. 2 d. d'estelins neufs. — Trésor des chartes, J. 192, n° 19.

le vœu de croisé en le faisant considérer comme une petite exaction pécuniaire. Désormais on exigea pour le rachat une somme en rapport avec la fortune des particuliers[1].

On fit exactement la recherche de tous ceux qui à une époque quelconque, même du temps de Raymond VII, avaient promis de se rendre à la croisade et n'avaient ni ni rempli ni racheté leur vœu [2].

[1] Lettre à P. Sorin : « Propter quod plurimi devocionem crucis in peccunie affectionem converti credentes, negotium ipsum vili pendant, cum non ex zelo caritatis, fidei et devocionis initium habere videatur, sed in extorsionem peccunie et elusionem dicti negocii comprobat exitus redundare. » Mardi avant la Saint-Pierre ès liens 1269. Reg. B, fol. 7 v°.

[2] « Alfonsus, etc. Cum in alio dudum preterito passagio transmarino nonnulli prelati, ecclesiastice persone, barones, nobiles et innobiles, tempore bone memorie nobilis viri Raimundi quondam comitis Tholose, predecessoris nostri, et postea crucesignati fuerint in subsidium Terre Sancte, in senescallia vestra Tholosana et Albiensi, nec postmodum transfretaverunt in ejusdem Terre Sancte subsidium, et quod votum suum redemerint nobis sit incertum, vobis mandamus quatinus... diligenter addiscatis que persone fuerint tunc crucis caractere insignite et que votum suum redemerunt... Datum Parisius ante festum Purificationis beate Marie Virginis, anno M.CC.LXIX. » Reg. B, fol. 100 v°.

CHAPITRE V.

CONFISCATIONS SUR LES JUIFS ET LES HÉRÉTIQUES.

Les juifs considérés comme une source de revenus. — En 1249 Alfonse promet à ses sujets, moyennant une somme importante, d'expulser les juifs du Poitou et de la Saintonge; mais les juifs ayant offert une somme plus forte, restent. — Les juifs soumis à des vexations. — En 1268, Alfonse fait arrêter tous les juifs de ses États. — Réclamations fondées des seigneurs : on leur rend leurs juifs. — On ne garde plus en prison que les plus riches. — Ils composent et donnent des sommes énormes. — Juifs révélateurs. — Règlement sur ou plutôt contre les juifs. — Confiscation des biens des hérétiques.

Je n'envisagerai dans ce chapitre les juifs que comme source de revenus : c'était là en effet le seul motif qui les fit tolérer au moyen âge. De temps à autre les princes les mettaient à rançon. Le vertueux saint Louis lui-même ne put se soustraire aux préjugés de son temps, et sa conscience ordinairement si délicate ne se sentit pas alarmée en ordonnant la spoliation de ces malheureux[1].

Alfonse fut encore moins scrupuleux que son frère ; mais il poursuivit un autre but. Saint Louis voulait chasser du royaume les Israélites et bannir avec eux l'usure et les trafics illicites ; Alfonse ne désirait pas leur suppression. Les persécutions qu'il dirigea contre eux n'étaient dictées ni par les exagérations du zèle religieux ni par de fausses vues en économie politique, mais par l'espoir de s'enrichir. Les princes étaient encouragés dans cette voie par le peuple, qui ne pouvait voir sans haine et sans envie les richesses immenses acquises par cette race odieuse. En

---

[1] Sur le traitement que saint Louis fit éprouver aux juifs, voyez Beugnot, *Institutions de saint Louis*, p. 270 et 271; Lenain de Tillemont, *Vie de Saint Louis*, t. V, p. 291 et suiv.

1249, Alfonse accorda aux habitants de la Rochelle de n'avoir plus de juifs dans leur ville. Il s'engagea même à expulser les Israélites de Poitiers, de la Rochelle, de Saint-Jean-d'Angely, de Niort, de Saintes et de Saint-Maixent, à condition que les habitants de ces villes lui payeraient une fois pour toutes quatre sous par feu [1]. Il paraît que ces conditions ne furent pas acceptées, ou plutôt les juifs offrirent pour rester des sommes encore plus considérables. En

---

[1] « Alfonsus... Noveritis quod nos promittimus, annuimus et concedimus dilectis et fidelibus nostris majori et communie de Rupella, majori et communie Pictavis, majori et communie Sancti Jobannis Angeliacensis, majori et communie de Nyorti, et civibus nostris Xanctonensibus, et hominibus nostris de Sancto Maxencio, removere et expellere perpetuo, infra octabas instantis Assumptionis beate Marie, omnes judeos et judeas de toto domanio nostro tocius comitatus Pictavensis et Xanctonie, tam civitatibus quam dyocesibus, ita videlicet quod judei et judee qui modo sunt vel alii qui pro tempore fuerint in dictis civitatibus, villis et diocesibus, de cetero nullatenus habitabunt; nec eos nos vel successores nostri in dictis locis poterimus habere mansionarios, vel eciam retinere presenti tempore vel futuro. Si autem contigerit nos vel successores nostros aliquid acquirere vel dominio nostro subicere infra comitatum Pictavensem, judeos et judeas, si ibi fuerint, perpetuo expellemus vel expelli faciemus, juxta formam superius annotatam. Item promittimus et concedimus quod si judei vel judee post dictum terminum in dictis locis inventi fuerint, eos quicumque invenerit poterit auctoritate propria capere et arrestare, et res eorum, sine accusacione, ballivo terre reddere vel ejus allocato, et res ipsorum erunt deperdite et corpora redimentur; et iterum expellentur de dicto dominio comitatus Pictavensis. Et sciendum est quod omnia debita et chatalla dictorum judeorum et judearum que sibi debentur a septem annis citra, que eciam debita et chatalla probari potuerint per legitima testimonia christianorum juratorum, nobis sine usuris reddentur. Nulla autem alia debita, seu chatalla aut usure quoquo modo debeantur judeis a septem annis ultra non poterimus petere vel eciam vendicare. De summa autem debitorum pro quibus judei habent gagia a christianis, juramento ipsorum christianorum credetur. Si tamen christianus, suspectus fuerit, ejus juramento cum juramento alterius de dicta summa credetur. Quod ut ratum sit et firmum presentes litteras sigilli nostri munimine duximus roborandis. Actum Lugduni, anno Domini M.CC.XLIX, mense julii. » Orig. scellé, Trésor des chartes, J. 191, n° 112. — Voyez une autre lettre analogue pour le fond, J. 190, n° 36.

effet, un compte de l'Ascension 1250 fait mention d'un payement de mille livres fait par les juifs de Poitou à titre de premier versement [1].

Il est certain que les juifs obtinrent de rester, mais ils furent soumis aux plus humiliantes vexations. Il leur fut enjoint de porter sur leur vêtement une rouelle de feutre ou d'étoffe jaune de quatre doigts de circonférence, sous peine de dix livres d'amende [2]. Le produit des amendes payées par ceux qui ne portaient pas les signes distinctifs qui leur étaient imposés devait être affecté à des usages pieux. Toutefois certains juifs étaient, moyennant finance, exemptés de porter cette roue [3].

Les méfaits des Israélites étaient sévèrement punis; cependant ils étaient protégés contre les vexations des agents [4].

En 1268, le besoin d'argent amena une nouvelle persécution des juifs dans les États d'Alfonse : ils furent tous arrêtés, et leurs biens mis sous séquestre. Cette mesure fut étendue aux domaines des barons. Il se produisit un fait bizarre, c'est que plusieurs seigneurs réclamèrent contre cet ordre et exhibèrent des traités par lesquels ils

---

[1] « De judeis Pictavensibus, pro prima paga M^{tt}. » Compte de l'Ascension 1251. J. 317, n° 61, fol. 3 r°.

[2] « Volumus quod judei a christianis discerni valeant et cognosci... imponatis omnibus et singulis judeis utriusque sexus signa, videlicet unam rotam de fultro seu panno croceo, in superiore veste consutam ante pectus et retro, cujus rote latitudo sit in circonferencia quatuor digitorum, concavitas autem contineat unam palmam. » Circulaire du lundi avant la Saint-Arnoul 1269. Reg. B, fol. 6 v°.

[3] « Sen. Pict... Mandamus vobis quatinus Mossetum de Sancto Johanne Angeliacensi judeum et duos ejus filios ad defferendum signum aliis judeis impositum usque ad instans festum O. S. minime compellatis. » Mardi avant la Saint-Pierre aux liens 1269. Reg. B, fol. 7 v°.

[4] 2 juillet 1267. Mandement au sénéchal de Poitou d'écouter ce que le juif Benoît lui dira contre le prévôt de Poitiers, qui l'avait dépouillé. Reg. A, fol. 2 v°.

avaient autorisé des Israélites à demeurer dans leurs fiefs tant qu'il leur plairait, moyennant une forte redevance. C'est ainsi que le comte de la Marche s'était engagé envers un nommé Bonin et envers Mosse son frère, à leur permettre d'habiter dans son domaine de Lusignan autant de temps qu'ils voudraient, à condition de payer 10 livres tournois de ferme chaque année, à Noël[1].

Le comte Alfonse fit droit aux plaintes des seigneurs, plaintes fondées en droit, puisque, les juifs étant considérés comme la propriété de ceux sur les terres desquels ils vivaient, le comte ne pouvait confisquer sans juste cause la propriété de ses vassaux en leur prenant leurs juifs; aussi ordonna-t-il de les leur rendre[2]. La dame de Bourbon

---

[1] « Hugo de Lezigniaco, comes Marchie et Engolismensis, omnibus presentes litteras visuris salutem in Domino. Noveritis quod nos Boninum, generum Ysaac de Paris, et Mousse fratrem suum, et familiam eorum commorantes in civitate Pictavis, judeos domini regis, recepimus in bona custodia nostra ad manendum et ad habitandum apud Lezigniacum, vel alibi in terra nostra, quocumque voluerint et quamdiu voluerint, reddendo nobis vel nostris decem libras Turonensium de firma annuatim ad Nativitatem Domini ; et plus ab eis non possumus extorquere, et tenemur eis facere haberi debita que legitime probare poterunt. Et si in aliquo tempore de terra nostra recedere voluerint reddendo nobis firmam illius anni, tenemur ipsos conducere salvo ductu usque in terram domini regis, cujus sunt judei. In cujus rei testimonium dedimus eisdem judeis presentes litteras sigillo nostro sigillatas. Datum die martis post festum Penthecostis, anno Domini M.CC.XXXII. »

En 1244, Hugues X confirma le traité conclu avec son père.

« Ego etiam volo et concedo et precipio ut omnes conventiones eis teneantur; et ego concessi tenere predictas conventiones sicut et pater meus, ut prehabitum est. Et ne conventiones quas habeo erga dictos judeos tradantur oblivioni, dedi eisdem judeis presentes litteras sigillo meo sigillatas. Datum die Jovis post festum Omnium Sanctorum anno Domini M.CC.XLIV. » — Reg. A, fol. 106 r°.

[2] « Alfonsus... Si vos aliquos judeos baronum terre nostre senescallie vestre, occasione mandati nostri nuper vobis per litteras nostras facti, cepistis et bona ipsorum, vosque si bona corumdem judeorum capta detineatis, et dicti barones super hoc conquerantur, mandamus vobis quatinus bona judeorum ipsorum quos barones suos proprios esse probaverint, vocatis ad hoc probis

exigea surtout impérieusement les siens [1]. Le roi d'**Aragon** se plaignit aussi de ce qu'on eût fait arrêter un de ses juifs établi sur la terre du comte de Toulouse. Mais il se présenta un cas épineux : ce juif avait épousé une femme sujette d'Alfonse. On trancha la difficulté en faisant contribuer la femme pour sa fortune personnelle et en autorisant le mari à se retirer [2].

Dans le Midi, les Israélites avaient joui sous les Raymond d'une certaine faveur : ils avaient le droit de posséder des propriétés foncières [3] et exerçaient des fonctions administratives ; on les voit même figurer dans des actes en qualité de témoins. En devenant les sujets d'Alfonse, ils rentrèrent dans le droit commun des juifs des autres provinces de France ; toutefois les mœurs continuèrent à les protéger. C'est ainsi qu'en 1269 l'évêque de Toulouse pria Alfonse de dispenser un juif de la taille imposée aux autres juifs ; requête qui ne fut pas admise [4].

L'arrestation en masse de tous les juifs était tellement odieuse que le comte ne tarda pas à se relâcher de sa rigueur ; les pauvres, les malades et les enfants âgés de

viris, sigillo vestro et sigillis dominorum quorum dicti judei fuerint sigillata de quolibet consignetis; et eadem bona predictis dominis usque ad tres septimanas post instantem Candelosam recredatis. Quid vero super premissis feceritis, que et quanta bona taliter consignata fuerint, et quibus ea recredenda duxeritis nobis circa tres septimanas post instans festum Omnium Sanctorum rescribatis per vestrum clericum, cum ad nos venerit pro vestris compotis faciendis. Datum die lune in vigilia beati Dyonisii, anno Domini M.CC.LXVIII. » — Reg. A, fol. 143 r°.

[1] Lettre au connétable d'Auvergne, du samedi après la mi-carême 1268 (v. style). *Ibid.*, fol. 124 r°.

[2] Lettre du lundi avant la Madeleine 1269. Reg. B, fol. 83.

[3] Ce fait a été démontré par M. G. Saige dans un travail intitulé ; *De l'honor, principalement de l'honor des Juifs*, ouvrage couronné par l'Académie des Inscriptions, dont l'auteur a bien voulu me communiquer le manuscrit.

[4] Lettre du jeudi avant la Madeleine 1269. Reg. B, fol. 80 v°.

moins de quatorze ans furent mis en liberté, ainsi que tous ceux qui consentirent à déclarer le montant de leur fortune [1].

Les sénéchaux eurent ordre de promettre à ceux qui étaient prisonniers de faire cesser leur captivité moyennant finance. On leur enjoignit d'envoyer à Alfonse deux des plus riches d'entre eux, avec lesquels le comte traiterait directement[2]. En même temps les livres de la loi furent confisqués et portés à Paris.

Un certain nombre de juifs ayant dissimulé leurs trésors, furent gardés en étroite prison. Plusieurs, las d'être séquestrés, finirent par faire des révélations. L'un d'eux découvrit au sénéchal du Poitou, Eustache de Beaumarchais, que des trésors étaient enfouis dans des caves. Ces indications furent vérifiées et reconnues exactes : on fit des fouilles dans deux maisons, et on trouva, renfermés dans des pots, plus de quatre cents livres en espèces

---

[1] Reg. A, fol. 101. Circulaire aux sénéchaux. « Pauperes vero judeos et maxime debiles et infirmos, mulieres et eciam pueros eorum etatis XIV annorum a prisione liberetis : divites autem judeos et uxores captos teneatis. » Lundi, veille de la Saint-Denis 1268.

[2] « Alfonsus... Mandamus vobis quatenus ad nos mittatis circa tres septimanas post instans festum Omnium Sanctorum per vestrum clericum, cum ad nos venerit pro vestris compotis faciendis, pro omnibus judeis vestre senescallie duos judeos captos de dicioribus judeis ipsius senescallie finem facturos nobiscum pro omnibus judeis de vestra senescallia super jura sua et de bonis eorum mobilibus que habere volumus et intendimus. Mandamus etiam vobis quatinus omnes libros judeorum ipsorum mittatis ad dictum terminum Parisius in fardellis distincte vestro sigillo signatis, concergio domorum nostrorum Parisius tradendos; et ad hec facienda expensas capiatis et faciatis de bonis judeorum ipsorum. Volumus insuper quod de bonis eorum capiendis, querendis et domibus eorum investigandis et bonis eorum nobis conservandis sitis solliciti et intenti, ita quod de hiis quantum poteritis utilitatem nostram faciatis. Ad deliberationem eciam judeorum caute procedatis secundum formam alias vobis datam excutientes ab ipsis quicquid penes eos vel alios de bonis ipsorum invenire. Mulieres vero et pueros a prisione deliberetis. Datum die martis in octabis beati Dyonisii, anno Domini M.CC.LXVIII. » Reg. A, fol. 143 v°.

monnayées, des coupes d'argent et des joyaux. L'heureux succès de ces recherches les fit étendre aux autres sénéchaussées[1].

Un de ces révélateurs devint tellement odieux à la fois aux juifs et aux chrétiens qu'il n'osait plus demeurer dans les terres du comte : Alfonse ordonna à l'un de ses clercs, Gille de la Cour, chanoine de Liége, de l'indemniser des pertes qu'il avait subies et de le protéger contre ses ennemis.

Les juifs obtinrent leur liberté moyennant de fortes sommes que les Israélites de chaque sénéchaussée s'engagèrent solidairement à payer.

« Il est ordené », dit un document officiel, « de la finance des juis de Poitou qu'il ont finé en tel maniere que il doivent doner VIII^m livres de tornois à monsegneur le conte de Poitiers et de Tholose soens quites ; et cil de la seneschausié de Saintonge ont finé par VI^m livres de tornois quites à monseigneur le conte devant dit. Et est à savoir que se par le Roi ou par autre aucuns d'ices juis o tout son avoir estoit soutrais à monseigneur le conte devant dit, nequedent li devant dit juif sont tenu à paier les devant dites somes enterinement ; c'est à savoir li devant dit juif de Poitou VIII^m livres de tornois et li juif de Xaintonge VI^m livres de tornois. Emprès, il est assavoir que li denier monnoié et l'or et l'argent qui ne

---

[1] Lettre au sénéchal de Saintonge et aux autres sénéchaux. Samedi après la Saint-Luc 1269. Reg. B, fol. 114. « Eustachius de Bello-Marchesio, senescallus Pictavensis, quemdam judeum separatum ab aliis sub fida tenebat custodia..., qui revelavit eidem modum et formam qualiter inveniret et habere posset thesaurum omnium judeorum. Et quia dubitabat ut verum diceret, temptavit secreto et temptari fecit per quosdam fide dignos, qui per documentum dicti judei fecerunt fodi in duabus domibus judeorum, et ibi invenerunt in potis absconditis in terra usque ad valorem IIII^c librarum, tam in stellingis quam cifis argenteis et aliis jocalibus. »

sunt mie gagié serunt retenu en la main monseigneur le conte en paiement de chaucune some, selonc ce que il enna en la main des seneschaus en chauscune seneschacié, et ausinc li denier qui sont eu de la reençon des gages demourant desja en poiement par devers les seneschaus por monseigneur le conte, et ençois que les persones des dis juis ne de lor gages qui ne sont pas encore reeus soient delivré, il, fete lor assise de la taillie seur chaucun juif, chaucun juif por soi donra pleige soufisant de crestien estant en la juridicion monseigneur le conte de la somme qui seur soi sera assise; en tele maniere que pleige souffisant crestien, si com dit est, soient donné jusqu'à toute la some qui demoura après ce que li seneschal ont par devers eus, qui sera priz en poiement. Et li gage qui leur seront délivrés doivent estre rendu au crestiens par le chatel poiant. Et sera crié que il soient reeus dedenz avenant terme.

De rechief, des heritages aus juis qui seront vendu à crestiens li seneschal chaucun en sa seneschacié porront donner leur leitre de l'otroi en la forme que il verront qu'il sera à fere. Après est assavoir que se des deniers ou de l'avoir qui demeurent en poiement par devers monseigneur le conte, aucune quantité grant ou petite estoit soustrete par Roi ou par autre, li juif de quelque seneschacié que ce fust, il seroient tenu de souffisament asseurer pour icelle somme qui soustraite seroit. Et est assavoir que leur livre rendable leur seront rendu par ceste finance des somes qui demouront, dont li pleige crestien seront donné pour l'asseurance de la poie en li terme devisez en ceiste manière; c'est assavoir que la moitié de toute la some deue sera paiée à la Chandeleur qui sera en l'an Nostre-Seigneur M. CC. LXIX, et l'autre moitiés c'est assavoir la remanant de toute la some sera poiée à l'autre Chandeleur qui sera en l'an Nostre-Seigneur M. CC. LXX. Et est assavoir que li juis poieront touz les despens en quelque manière que il aient esté fet en porsuiant ceste besoigne, et nus autres n'i est tenuz.

Ce fut fest à Paris eu mois de decembre en l'an Nostre-Segneur M. CC. LXVIII[1]. »

Nous venons de voir que les juifs de Poitou donnèrent 8,000 livres et ceux de Saintonge 6,000 livres. Ceux de Rouergue offrirent 1,000 livres, payables en deux termes, moitié à la Toussaint de l'année 1269, moitié à la Chande leur suivante[2]. Alfonse en exigea 1200. Les juifs d'Auvergne coopérèrent moyennant 2000 livres[3]. Ceux de Toulouse promirent 3,500 livres, somme qui dépassa les espérances du comte, car leurs biens n'avaient été évalués que 1,300 livres. On profita de cela pour se montrer plus exigeant : les juifs du Toulousain, taxés d'abord à 2,335 livres, furent contraints de payer 5,000 livres tournois[4].

---

[1] Reg. A, fol. 104.

[2] Reg. B, fol. 143. « Judei vestre senescallie... mille libras volebant dare, que oblacio videtur insufficiens... cum eis pro xii^c libris quas nobis apud Feritatem Alesie obtulerunt componatis. »

[3] Compte de la Toussaint 1269. Judei, ii^m lib. Trésor des chartes, J. 192, n° 19.

[4] « Alfonsus... Dilectis et fidelibus suis Sycardo Alemanni, militi, et Egidio Camelino, clerico, salutem et dilectionem. Scriptum quod vos, predicte Sycarde, nobis misistis super valore bonorum judeorum dyocesium Tholose et Albiensis, sine civitate Tholose, intelleximus diligenter, cum ita in fine ipsius scripti contineatur quod summa valoris dictorum bonorum est ii^m iii^c xxxv lib. Tur., computatis Tholosanis dupplicibus et Caturcensibus dupplicibus, in qua summa non computantur judei Alte Rippe et Wasconie, vobis mandamus quatinus super bonis dictorum judeorum Alte Rippe et Wasconie, necnon etiam de bonis aliorum judeorum dictarum dyocesum, si que ipsi judei absconderint, diligenter et caute addiscatis, et quecumque inveneritis ad manum nostram capiatis, tractantes cum eisdem super finacione nobiscum facienda secundum formam quam vobis predicto Egidio tradi fecimus in scripto; et valorem omnium bonorum dictorum judeorum tam Alte Rippe et Wasconie

CONFISCATIONS SUR LES JUIFS ET LES HÉRÉTIQUES.

Les juifs se procuraient ces sommes au moyen de tailles levées par des commissaires de leur nation désignés par eux sous la surveillance des agents de l'autorité. Ceux de Saintonge élurent six d'entre eux, avec pouvoir d'en choisir cinq autres pour répartir la taille : les six élus n'ayant pu s'entendre sur le choix de leurs collègues, le sénéchal reçut ordre de les contraindre à s'accorder[1].

Alfonse retint et porta en déduction des sommes qui lui furent accordées tout l'or et l'argent monnayé qu'on avait saisis sur les juifs. En même temps il ordonna aux sénéchaux de faire justice à de malheureux chrétiens qui avaient des gages entre les mains des juifs, et qui ne pouvaient les

quam aliorum jam inventorum, et absconsorum et oblationem vobis ab eis factam circa tres septimanas post instantem Candelosam per Thomam clericum vestrum, cum venerit pro vestris compotis faciendis, nobis in scripto mittere nullatenus omittatis. Et videtur aliquibus quod deberent nobis dare ad minus secundum formam predictam quatuor millia librarum Turonensium, respectu judeorum civitatis Tholose, quorum bona non ascendebant nisi ad summam mille trecenta librarum Tholosanorum vel circa; et ad tria millia et quingentas libras Turonensium nobiscum finaverunt. Datum die martis post Epiphaniam Domini, anno Domini M.CC.LVIII. » Reg. B, fol. 152 r°. — Les juifs d'Agenais composèrent aussi : le mardi après Pâques 1269, Alfonse écrivit au sénéchal d'Agenais : « Necdum ad noticiam nostram pervenit utrum cum judeis vestre senescallie finalem composicionem feceritis, sub forma que vobis per Johannem Coifferii, clericum, missa fuit; unde vobis mandamus quatinus, juxta formam eandem que vobis dudum missa fuit, ut dictum est, componatis cum eisdem pro majori pecunie quantitate quam poteritis, bono modo : et ad dictam pecunie summam vobis integre persolvendam compellantur dicti judei per capcionem et distractionem bonorum suorum omnium, et eciam per detentionem corporum..... ita tamen quod medietas dicte summe solvatur in instanti festo Candelose et alia medietas in subsequenti festo Candelose 1269 (v. style). » *Ibid.*, fol. 104 r°.

[1] Reg. B, fol. 35. Samedi après Saint-Barnabé 1269. Lettre au sénéchal de Saintonge : « Ex parte judeorum senescallie vestre nobis datum est intelligi quod sex de ipsis dederunt unanimiter potestatem eligendi alios quinque, qui talliam in qua nobis predicti judei ex finacione quam nobis fecerunt, inter ipsos pro modo facultatum suarum distribuerent; qui sex tres elegerunt, etc. »

retirer bien qu'ils fussent prêts à payer leurs dettes[1]. Il invita en même temps les enquêteurs à surveiller les Israélites et à les empêcher de se livrer à l'usure.

Cette œuvre de spoliation ne fut pas aussi profitable qu'on l'avait espéré. Plusieurs des agents chargés de saisir les biens des juifs en détournèrent une partie à leur profit. On envoya des commissaires avec ordre de faire des enquêtes à cet égard, et de provoquer de la part des juifs la déclaration des objets composant leur fortune lors de leur arrestation. On comparait ces déclarations avec les comptes des prévôts et des sénéchaux, et les fraudes étaient découvertes[2]. Les juifs furent admis à déposer, après avoir prêté serment conformément à leur loi. Quand il s'agissait de trouver de l'argent, on jugeait bon d'ajouter foi à leur parole[3].

En 1270, Alfonse dirigea de nouvelles poursuites contre les juifs et ordonna de leur faire restituer leurs usures. Il

---

[1] Au sénéchal de Saintonge, lundi, lendemain de la Nativité de la sainte Vierge. « Insinuatum est nobis quod nonnulle miserabiles persone que gagia sua dicuntur penes judeas pignore obligata non possunt eadem retrahere, licet sortem solvere sint parati et eisdem de judeis conquerentibus exhibere justiciam denegastis. Facite justiciam. » Reg. B, fol. 11 r°.

[2] Samedi après Lætare 1868 (v. style). Instruction à Jean Atzon, archiprêtre d'Issoudun, et à Aymeri Incard, commissaires sur le fait des juifs en Poitou et en Saintonge. Reg. A, fol. 108 r°.

[3] « Articuli, quorum primus est quod testes laïci de jurisdictione nostra existentes compellantur per senescallum, si opus fuerit, perhibere testimonium veritati ad requisitionem vestram. — Secundus articulus est quod quicquid de bonis judeorum, ubicumque, substractum fuerit, habitum vel receptum a quibuscumque ballivis, prepositis seu aliis quibuscumque personis, de que nundum rationabilem compotum reddiderint vel plenam satisfactionem fecerint, vos ab hujusmodi substractionibus et detentionibus requiratis et recuperetis, et in manum fidejussorum servari faciatis et tenere. Item tertium articulum est quod judei vocentur et jurent juxta ritum legis sue quod fideliter reddant vobis in scriptis valorem bonorum suorum que habebant tempore captionis sue, et in quibus rebus consistebant. » Reg. B, fol. 108.

avait à cette opération un intérêt direct, le produit des amendes prononcées contre les usuriers lui ayant été accordé par le Saint-Siége pour l'aider à subvenir aux dépenses de la croisade[1]. Dans chaque diocèse fut établie

[1] « Forma inquisicionis super usuris per judeos extortis.

Alfonsus... Priori Fratrum predicatorum Pictavensium, salutem et sinceram dilectionem. Optantes ut ea que a judeis in terris nostris existentibus extorta sunt per usurariam pravitatem restituantur hiis a quibus illicite habuerunt, vobis mandamus rogantes quatinus una cum aliquo clerico seculari quem consiliarii nostri vel eorum aliqui vobis associandum duxerint ad restitutiones hujusmodi faciendas in senescallia Pictavensi juxta formam que sequitur procedatis.

In primis fiat edictum per singulares dyoceses in suis locis per presbiteros parrochiales et per ballivas in balliviis suis, et in illo edicto publice proclametur quod omnes qui voluerint usuras petere a judeis certis locis et terminis statutis, se coram inquisitoribus nostris cum testibus, si quos habeant, representent. Cum vero petitores venerint, recipiatur ab eis primitus juramentum quod non petent aliquid nisi sibi competat jus petendi. Subsequenter queratur de nominibus petitoris et judei quem dicet idem petitor usuras ab ipso recepisse. Preter hec, queratur ab eisdem super omnibus tam principale negocium tangentibus quam circonstanciis de quibus dicti inquisitores ipsos viderint requirendos, ita quod, nisi dubitent de falsitate testium, non multum circa circonstancias immorentur. Caute quidem et proinde circa difficultatem probacionum adhibeantur remedia que sequuntur. Primo videlicet quod credatur portitori bone fame et unico testi fide digno, juratis, si alias de usuris extortis ab eo liquere non potuerit, usque ad centum solidorum currentis monete, si tamen fama vel vicinia teneat quod portitor cum judeo contraxerit seu contrahere sit consuetus, et in presenti negocio judei penitus a testimonio appellantur.

Item si portitori fama laudabilis attestetur, ita quod persona fide digna possit merito reputari et inquisitoribus per famam et aspectum videatur quod nullo modo proprie salutis immemor dejeraret, injustam peticionem faciendo, stetur ipsius juramento super solucione usurarum propria manu facta usque ad summam quinquaginta solidorum currentis monete, si alias probaciones non habeat, vel in eo casu in quo per interpositam personam fit solucio, asserat sub ejusdem religione juramenti se dictas usuras tradidisse illi ad solvendum quem credebat fide dignum et credebat ipsum cui crediderat solvisse judeo. Adhuc si aliqua persona que ipsis inquisitoribus legitima videatur se representaverit coram, eis de cujus fide tanta et tam bona presumpcio non insurgit, et, prout dictum est proximo superius, juret et affirmet, stetur similiter juramento istius usque ad summam proximo supradic-

une commission composée d'un dominicain et d'un membre du clergé séculier, avec mission de réprimer les usures des Israélites. Les sénéchaux, les bayles et les prévôts firent annoncer en tous lieux que ceux qui avaient à se

tam ad testimonium duorum vicinorum bone fame juratorum de credulitate deponencium ipsum petitorem jurasse veritatem. Petitori eciam bone fame, cum juramento de veritate credatur usque ad summam decem solidorum currentis monete, vel additis conjuratoribus de credulitate secundum arbitrium inquisitorum et pensatis meritis personarum. Quia eciam hujusmodi contractus fiunt frequencius in occulto et rarissime per alios quam per domesticos seu familiares, adhibeatur istud remedium scilicet quod recipiantur in testimonium domestici seu familiares jurati usque ad summam quinquaginta solidorum currentis monete; et eadem forma servetur in peticionibus pignorum, hoc adjecto quod jurent illorum petitores quod pignora que tradita fuisse probaverunt ad ipsos nullatenus devenerunt, nec eis super hiis extitit in aliquo satisfactum, nec alias detentores pignorum fuisse liberatos, veluti pro amissione ipsorum casu fortuito, sine culpa creditorum, vel dicta pignora auctoritate competentis judicis, sive de illorum licencia distrahendo, vel alio modo ad liberacionem competenti. Et est intelligendum restitucionem fieri debere in hoc casu ita quod sors primitus deducatur.

Item permissum est inquisitoribus ut testes compelli faciant per judicem secularem, si requisiti noluerint perhibere testimonium veritati. Nec est aliquatenus omittendum quin inquisitores diligenter inquirant et attendant, ac eciam scribant nomina judeorum a quibus petentur usure, ut liquido appareat quanta sit de bonis cujuslibet judei restitucio facienda. Non enim est intencionis nostre usuras per unum judeum extortas restituere de bonis alterius judei, sed solum in quantum bona illius a quo peteretur usure sufficient ad restitucionem faciendam.

Poterunt autem inquisitores inquestas judicare que summam centum solidorum currentis monete non excedant, quas ad curiam remittere minime tenebuntur, sed tantum litteras eorum summas ab eis adjudicatas continentes, et de cujus judei bonis et quibus personis sit restitucio facienda. Alias autem inquestas predictam summam excedentes, peracto negocio, sub sigillis suis clausas ad curiam remittent adjudicandas, nullam tamen inquestam remittent si liquide appareat petitores in suorum probacione peticionum penitus defecisse.

Datum apud Armazanicas prope Aquas mortuas, anno Domini, ducentesimo septuagesimo, mense junii. » Orig., sceau détruit, Trésor des chartes, J. 191, n° 103. Il est à remarquer que ce document est daté d'Aymargues, près d'Aigues-Mortes, juin 1270, peu de jours avant l'embarquement d'Alfonse pour Tunis.

plaindre des juifs se présentassent devant les commissaires du seigneur comte, accompagnés de témoins. Chaque plaignant attestait sous serment la légitimité de sa réclamation, et fournissait ses preuves; mais il était souvent très-difficile de constater d'une manière certaine l'existence des prêts usuraires, attendu qu'ils étaient habilement dissimulés. Alfonse fit un règlement pour guider les commissaires dans l'appréciation des faits qui leur étaient soumis.

On devait ajouter foi aux déclarations faites par des personnes connues par leur honorabilité, même quand elles n'étaient confirmées que par un seul témoin, pourvu qu'il ne fût pas question d'une somme supérieure à cent sous de monnaie courante.

Au-dessous de cinquante sous, le serment du plaignant était considéré comme preuve suffisante, lorsqu'il jouissait d'une bonne renommée et passait pour incapable de compromettre le salut de son âme par une injuste réclamation.

Si le demandeur n'avait pas une bonne renommée parfaitement établie, il était pourtant cru sur son serment, à condition que deux de ses voisins jurassent qu'il était digne de foi.

Tout homme connu pour honnête était cru sur son serment pour les sommes qui n'excédaient pas dix sous.

Contrairement aux règles suivies dans les procédures ordinaires, le témoignage des domestiques et des personnes de la famille était admis : la nature des contrats usuraires, faits le plus souvent en secret, rendant très-difficile la constatation de ces actes punissables.

Les commissaires avaient le pouvoir de contraindre par le bras séculier les témoins à venir déposer de ce qu'ils savaient. Les usures étaient restituées sur les biens des juifs; mais les juifs ne furent pas regardés comme solidaires, et chacun ne devait indemniser avec ses biens que les chrétiens qui avaient été les victimes de sa cupidité. Remarquons que la tâche des commissaires se bornait à recueillir les plaintes, à entendre les témoins et à constater les délits. Au parlement du comte était réservé le soin de punir les coupables et d'ordonner la restitution des usurs.

En 1270, le parlement de Toulouse ordonna aux sénéchaux de veiller attentivement à ce que les juifs ne s'affranchissent pas de porter la rouelle jaune sur leurs vêtements[1].

On peut se faire une idée, par le tableau que je viens de tracer de la conduite d'Alfonse envers les juifs, de ce que ces Israélites devaient souffrir dans d'autres contrées, puisqu'un homme aussi équitable que l'était en général le frère de saint Louis ne se faisait aucun scrupule de les dépouiller. Saint Louis lui-même, après les avoir rançonnés plusieurs fois[2], finit en 1253 par les bannir de ses domaines et confisqua leurs biens. Toutefois cette ordonnance ne fut pas exécutée à la rigueur, et les Israélites furent tolérés à condition de s'abstenir de l'usure et de faire le commerce ou d'exercer une profession mécanique[3].

Parmi les ressources extraordinaires, je ne dois pas oublier le produit de l'inquisition. Je traiterai dans un prochain chapitre, en parlant de l'organisation ecclésiastique,

---

[1] Trésor des chartes, J. 1131, fol. 11. « Senescallus Agennensis et Caturcensis, ex parte domini comitis compellat judeos in sua terra commorantes portare signa prout in litteris d. comitis, sibi alias super hoc directas continetur. » — Même arrêt adressé au viguier de Toulouse. *Ibid.*

[2] Mathieu Paris, p. 861. — Lenain de Tillemont, t. V, p. 292. — *Recueil des Ordonnances*, t. I, p. 85.

[3] Ordonnance de 1254. *Ibid.*, t. I, p. 75.

de la manière dont procédait l'inquisition; pour l'instant, je ne dois envisager cette institution qu'au point de vue fiscal, et à ce point de vue elle était très-lucrative, car les biens des hérétiques condamnés au bûcher étaient confisqués au profit du seigneur. Je dirai seulement actuellement que les biens confisqués étaient vendus aux enchères publiques par les soins du sénéchal, qui tenait registre des différents objets provenant des confiscations[1]. Les ventes de domaines confisqués n'étaient valables qu'après avoir été approuvées et ratifiées par Alfonse[2].

CHAPITRE VI.

DÉPENSES, COMPTABILITÉ, TRÉSOR.

Dépenses de l'hôtel. — Métiers. — Luxe. — *Dona, itinera, harnesia.* — Tableau des recettes d'Alfonse.

Les dépenses se divisaient en dépenses ordinaires et en dépenses extraordinaires.

Les dépenses ordinaires se partageaient elles-mêmes en deux sections : 1° Dépenses de l'hôtel; 2° Dépenses diverses.

Il y avait deux hôtels : l'hôtel du comte et celui de la comtesse; chacun avait sa comptabilité séparée.

[1] Bibl. Imp., n° 10918, fol. 1. Instruction sur les confiscations pour cause d'hérésie : « Voulons que chaucun sénéchal ait de moebles et de rentes chaucun autel escrit comme Jaques aura; et que li seneschaus dou leu ou son commandemen soit à toutes les ventes faire : et de ce seront faites lettres à aucun seneschal, etc. »

[2] Voici différents comptes de recettes : « De heresibus Tholose, per Jacobum de Bosco, 488# 14 s. 2 d., Ascension 1268. — Terre hereticorum Venessini, 63# 11 s. 8 d. Tur., Toussaint, 1267. — De heresibus Tholose, 255# 4 s. 4 d. Tur. » J. 192, n° 19. Voyez plusieurs confirmations de ventes de biens confisqués dans le Cartulaire d'Alfonse, Reg. C.

Les dépenses de l'hôtel se subdivisaient en plusieurs chapitres : *Itinera*, *dona* et *harnesia*.

On appelait *Itinera* les comptes de dépense des métiers, c'est-à-dire des principales branches de service : on leur donnait le nom d'*Itinera*, voyages, parce qu'Alfonse était presque toujours en voyage. Voici quelle est la disposition de ces comptes.

Pain ;

Vin ;

Cuisine ;

Cire, avoine, forge ;

Chambre.

Les dépenses de chacun des métiers étaient additionnées à la fin de chaque journée.

Pour mieux faire connaître au lecteur la façon dont étaient disposés les comptes des métiers de l'hôtel, je vais mettre sous ses yeux un extrait d'un compte renfermant les dépenses de huit jours, du vendredi avant la mi-août au vendredi suivant inclus. Alfonse partit d'Asnières-sur-Oise et se rendait probablement à Corbeil. Il allait à petites journées, sans se presser ; voici son itinéraire. Vendredi, Asnières ; samedi, Beaumont ; dimanche et lundi, Pontoise ; mardi et mercredi, Argenteuil ; jeudi, Suresnes ; vendredi, Clamart. Cet itinéraire s'explique quand on se rappelle qu'Alfonse voyageait à cheval avec une nombreuse suite de cavaliers. Les ponts étaient rares, et il fallait faire de grands détours pour trouver soit un pont, soit un bac, ou pour éviter le passage d'une rivière. Je prends la dépense d'une journée [1] : cela donnera une idée de la consommation d'un prince en voyage au treizième siècle.

---

[1] Compte original en parchemin. Arch. de l'Emp., K. 501. C'est un rouleau marqué au dos d'une feuille et du chiffre ix. Les anciens archivistes aimaient à coter les pièces par des dessins, un trèfle, une croix, une bannière, etc.

PAIN.

Le lundi à Pontaise :

Por la demorance (logis), 38 sols, 4 deniers;

De Guillaume le Comte, de Pontaise, 40 sols;

De Pierre le Comte, 20 sols;

De Renaut de Rus, 22 sols;

Somme de la jornée, 4 livres, 3 sols, 1 denier parisis, valent 103 sols, 6 deniers tornois;

Voiture, nihil.

VIN.

Por 4 setiers à 48 sols, de Daniel le Breton, 8 sols.

Por 16 sextiers et demi à 40 sols, d'iceli Daniel, 27 sols, 6 deniers.

Por 18 setiers à 22 sols, de Robert le Panetier, 16 sols, 6 deniers.

Por 2 muis et 3 setiers et demi, à 15 sols, d'icelui, 32 sols, 6 deniers.

Somme : 4 livres, 14 sols, 2 deniers, dont il chiet 16 sols, valent 4 livres, 17 sols, 2 deniers tornois.

COISINE.

Le lundi, à Pontaise.

60 sols por deux bues.

39 sols por 3 pors.

16 sols por 4 moutons.

12 sols 6 deniers por lart à mangier, de Matiu Marescot.

6 sols por lar à larder, d'iceli.

5 sols por sain, d'iceli.

3 sols 6 deniers por poisson.

10 sols por façon de patez.

6 sols por 2 chapons.

4 sols por 6 gelines.

47 sols 6 deniers por 9 dousaines et demie de pocins.

2 sols 8 deniers por 4 pertriz.

12 sols por cinq cents et demi d'ues, et 3 fromages.

6 sols por potage.

12 deniers por le potage le conte.

12 deniers por espois et por torneeur.

2 sols 6 deniers por les droiz au hateeurs.

2 sols por amandes.

18 deniers por pain et por vin.

22 sols 8 deniers por buche, por iaue, por aides.

2 sols por queux.

12 deniers por 2 ardeeurs.

9 sols pour sauce et por escueles.

Somme, 14 livres 10 deniers parisis, valent 17 livres, 11 sols tornois.

(A la fin du compte de la cuisine :)
Item 5 sols por voiture de char.
3 sols 9 deniers por gelines et oisiaus.
18 sols 9 deniers por voiture de venoison.

CERE.

Por 31 livres de cire, 58 sols 1 denier.
Fruit, 7 sols 6 deniers tornois.
(A la fin du compte de la cire :)
Cire au séel, 2 livres, 3 sols, 9 deniers.
Chandele de bogie, 3 sols, 9 deniers.
Por 14 livres de cire au cierges du mostier, 26 sols, 10 deniers.
Por 3 livres de cire lessiées au trésorier à Pontaise, 5 sous, 7 deniers.

AVEINE.

Por chevaux, 57 sols 6 deniers parisis, qui valent 72 sols de tornois.
(Ce qui suit est à la fin du compte de l'avoine :)
Hostel, 20 sols. — Litière, 70 sols. — Voiture de chambre, 17 sols, 8 deniers. — Voiture de napes, 17 sols, 6 deniers. — Voiture de avaine, 6 sols, 3 deniers. — Au pontenier d'Argentuel, 15 sols tornois.

FABRICA.

(Pour la semaine.)
Somme, 66 sols, 3 deniers tornois.

CAMBRE.

Fuerre, d'iceli Raoul d'Aneri, cotes et dras, 11 sols.
Herbe, 5 sols.
Aides, 8 deniers.
Chambre, 12 deniers. »

Pendant ces huit jours :
La paneterie coûta 34 livres, 13 sols, 7 deniers tornois.
L'échansonnerie, 29 livres, 8 sols, 4 deniers
La cuisine, 120 livres, 9 sols, 4 deniers.
La cave, 22 livres, 4 sols, 6 deniers.
L'avoine, 38 livres, 5 sols, 5 deniers.
La forge, 66 sols, 4 deniers.
La chambre, 43 sols, 4 deniers.
Somme totale : 245 livres, 10 sols, 8 deniers[1].

---

[1] Le compte original donne un total faux, ou plutôt mal transcrit par le copiste.

Au bout d'un certain laps de temps, qui ne dépassait pas une vingtaine de jours, on faisait la récapitulation des dépenses de chacun des métiers et on y joignait le montant des gages des gens de service échus pendant cet intervalle, plus l'indication des menues dépenses.

Les *Itinera* renfermaient donc les dépenses journalières des métiers; là ne se bornaient pas les dépenses de l'hôtel. Il y avait les dons et aumônes et les harnais, *Dona et Harnesia*[1], les vêtements du comte et de la comtesse, les robes des serviteurs, les joyaux, les restors de chevaux.

Le comte en effet donnait des pensions à ses clercs, aux veuves de ses serviteurs et à leurs enfants. Ces pensions étaient payables en plusieurs termes qui variaient suivant le titre de concession[2]. Les pensions des personnes d'un rang distingué étaient assignées par quartier; les anciens domestiques recevaient tant par jour[3]. Alfonse faisait de

---

[1] Voyez le rouleau original intitulé « Itinera, dona et hernesia, inter Candelosam, anno Domini M.CC.XLIV. et Ascensionem Domini, anno M.CC.XLV. Bibl. imp., fonds latin, n° 9019, fol. 1 et suiv.

[2] « Pensiones percepte annuatim in coffris domini comitis, tam ad vitam quam quousque contemplacioni domini comitis provisum fuerit ibi... Magister Bartholomeus de Regio, 50# Tur. annue pensionis, in coffris domini comitis, percipiende duobus terminis, videlicet in octaba Ascensionis Domini 25#; et in octaba Omnium Sanctorum, 25#... Mauricius, physicus, 50# in coffris, in tribus terminis : primum tercium in octaba Ascensionis Domini : secundum tercium in octaba Omnium Sanctorum; ultimum tercium in octaba Candelose. » Original, suppl. du Trésor des chartes, J. 1022, n° 21. Ces documents sont excessivement précieux pour faire connaître la composition de l'hôtel, et surtout les anciens serviteurs, qui avaient reçu ce qu'en style moderne nous appelons leur retraite. — Pareille chose du reste se remarque dans les comptes royaux qui nous sont parvenus.

Les pensions faites par Alfonse sur ses coffres furent acceptées et payées après sa mort par le Roi.

[3] J. 1022, n° 21. Quelquefois, mais rarement, les pensions, au lieu d'être assignées sur les coffres du comte, étaient assises sur les revenus d'une prévôté.

très-larges aumônes aux couvents, surtout aux **Mineurs et Dominicains** : les monastères inscrits sur la liste de ses libéralités recevaient chaque année une somme fixe.

Les comptes de l'hôtel renferment la mention détaillée des achats de vêtements pour le comte et la comtesse, ainsi que des sommes consacrées à l'habillement des gens de service [1]. Nous avons un état des serviteurs d'Alfonse pour le terme de l'Ascension 1245 ; la somme des *robes* monta pour ce terme à 86 livres. Il est bon de dire que l'on ne donnait pas de vêtements, mais une somme qui variait suivant l'importance des fonctions, laquelle somme était destinée à l'achat de robes.

Le chapitre des robes ou vêtements du comte est instructif pour connaître le luxe des princes au treizième siècle. Ces vêtements étaient achetés par divers agents, Jean Sarrasin, qui figure aussi dans les comptes de l'hôtel de saint Louis, Jean de Pacy, Pierre le Breton et Jean de Beaumont [2].

---

[1] « Robbe familie domini comitis :
Henricus de Casulio, 40 s.; Herveus de Castellano, *idem*.; Meingui; G. de Lorris; Motetus; Matheus clericus; Hescelinus; P. de Chalençon; Johannes Vicecomes, 50 s.; Symon de Bac; Guillelmus, 50 s.; Colinus quadrigarius; Petrus Brito, 40 s.; Quarterus, 40 s.; J. de Sancto Dyonisio; Robertus de Mappis, 20 s.; duo saltatores, 40 s.; Berthaudus, 40 s.; Gaufredus de Meleduno, 40 s.; summularius marescalli, 20 s.; Henriotus et Philipotus, 20 s.; J. de Warti, 40 s.; Johannes Prepositi, 40 s.; quatuor servientes camere, iv$^{\#}$; Guiotus, 40 s.; Johannes Gueta, 40 s.; Hoschetus et Gaufridus de scancionaria, 40 s.; Symon Corde, 10 s.; III summulatores camere, 100 s.; summulator capelle, 20 s.; Renaudus de Porta, 50 s.; Chaperon et Chazillan, venatores, 100 s.; Johannes de Hala, 40 s. — Summa, 86$^{\#}$. »

[2] Bibl. imp., n° 9019, fol. 2. « Robbe pro corpore domini comitis. Compotus Johannis Sarraceni, pro iiii alnis escallate violete pro d. comitissa, 28 s. 4 d. per Petrum Britonem. — Pro iv alnis de persio tinto in viride, pro tunica d. comitisse per ipsum Petrum, 4$^{\#}$. — Compotus P. de Bellomonte, etc. » — Sur les achats de vêtements pour le comte on peut consulter

Voici la rapide énumération des étoffes qui figurent dans le compte de l'hôtel de 1255[1]:

Écarlatte violette, 28 sous l'aune. — Écarlatte vermeille, idem. — Camelin pour surcot et chappe, 18 sous. — Camelin pour le comte de Toulouse, 17 sous. — Écarlatte rayée, 18 sous. — Brunette, idem. — Verd., 13 sous. — Rayé, 10 sous. — 11 aunes et 1 quart de verd pour deux robes de la comtesse. — Écarlatte vermeille pour nouveaux chevaliers. — 26 aunes d'estoffe de camelin à 7 sous l'aune. — 2 aunes 1 quart de camelin *pro caligis*, 18 sous. — 1 garde-corps de cendal fourré de menuvair, 50 sous.

Pour fourrer une chappe de la comtesse en écarlate violette et la border de genette, 9 livres[2].

Trois paires de gants de crin pour les fauconniers, 12 sous. — Deux paires de gants pour le comte.

Les bijoux et l'argenterie étaient pour les princes un luxe nécessaire, mais coûteux.

Un chapeau d'or pour Monseigneur le comte, 16 livres 18 sous. — Une ceinture d'or, 9 livres. — Un collier d'or, 4 livres[3]. — Une once et demie de perles blanches, 6 livres. — Trois anneaux doubles, 30 sous. — 2 aumônières, 12 sous. — Un hanap d'or pour madame la comtesse, pesant 2 marcs et demi et 7 estelins, 44 livres 12 sous. — Une coupe d'or pesant 4 marcs et 40 estelins, 80 livres 57 sous 6 deniers. — Cette vaisselle précieuse était con-

---

le compte de la chevalerie d'Alfonse, publié d'après l'original dans le tome IV de la 3e série de la *Bibliothèque de l'École des chartes*, p. 38.

[1] Compte de 1251, n° 9019, fol. 2. « Compotus Johannis Sarraceni. Robbe pro corpore de comitis. »

[2] Aliter pro quodam gardecorsio de cendato fourato de minimo vario, L s. Pro capa d. comitisse de escarlatta violeta fouranda et orla genetarum, ix l. — *Ibid.*, Compotus J. de Paceyo.

[3] *Ibid.*, fol. 2.

servée dans des étuis appelés hanapiers. — 12 hanapiers de cuir, 37 sous. — 3 autres hanapiers de cuir bouilli (de corio bulito) pour l'usage de madame la comtesse, 12 sous. — Pour rebrunir 10 hanaps (pro decem cifis reburnandis), 5 sous.

Quand on commandait une pièce de vaisselle on tenait compte : 1° du poids; 2° du déchet; 3° de la façon.

Au luxe de la matière, on substituait quelquefois l'élégance et la fragilité. — Pour de grands verres et pour leurs étuis, 12 sous.

Mentionnons aussi les achats de chevaux de selle, de chevaux de charge, de roncins, etc[1]. — Les chevaux atteignaient quelquefois un prix très-élevé :

Deux palefrois achetés à Lagny, l'un bai, l'autre ferrand, 50 livres, 8 sous parisis; — Un chasseur liard, 16 livres, 16 sous; — Un sommier pour porter les écritures, 20 livres; — Un chasseur brun baucend pour monsieur le comte, 22 livres.

Le chapitre intitulé *Dona et Hernesia* a un titre trompeur : il renferme des dépenses de toute nature. Y figurent des joyaux achetés pour le comte; — les frais de séjour à Paris du trésorier de Saint-Hilaire de Poitiers et de maître Renaud, — des présents faits au cardinal légat, au comte de la Marche et au comte de Toulouse; — une juste ou pot à eau en argent pesant 3 marcs et dix estelins, la façon coûta 20 sous, la dorure 9 sous; — 6 tonneaux de vin de Saint-Pourçain; — 12 lamproies en galantine; — 1 gros poisson, plusieurs autres lamproies offertes en cadeau à de grands personnages, tels que Bouchard de Marly et

---

[1] Bibl. imp., n° 9019, fol. 1. « Equi et roncini. Pro duobus palefridis emptis apud Latigniacum, uno bayo, alio ferando... Pro uno chaçatore bruno baucendo pro d. comite, xxii^{lt}. » Les chevaux se subdivisent en chevaux de selle, palefrois, sommiers, roncins, chevaux de chasse.

Ferry Pastè[1], ce dernier maréchal de France. Après ces différents achats viennent ceux qui justifient en partie le titre de ce paragraphe, les harnais du comte. Puis sont inscrites des dépenses tout à fait étrangères à cet objet. Le coût d'une étable pour les faucons à Vincennes; — un chapeau d'or; — le prix d'un souper au Louvre; — une ceinture d'or; — un collier d'or; — des robes longues; — des guimpes pour la comtesse; — quatre coupes d'argent doré; — des chaussures; — le compte de Louis l'apothicaire pour des épices; — 26 nappes; — 3 douzaines de serviettes. — Total des harnais 574 livres, 18 sous, 3 deniers.

Parmi les dons, notons 60 sous donnés à Berthelot qui joue aux échecs, et 20 sous à Syret, fou du comte de Dreux.

Le compte de 1245 ne donne que 145 livres pour les aumônes : cette somme s'accrut considérablement pendant les dernières années du règne d'Alfonse.

A la suite des aumônes, le train de chasse; — les veneurs; — les oiseleurs; — leurs gages, — leurs robes; — la nourriture et l'achat des faucons et des chiens[2], — Dépenses diverses : parchemin; — encre; — transport de meutes; — voyages; — missions; — pour la reliure d'un roman et de l'histoire de Roncevaux (Chronique de Turpin)[3]; — pour le jeu du comte.

---

[1] « Pro jocalibus emptis ad opus d. comitis per J. Vicecomitem. — Expense facte Parisius per thesaurarium et per mag. Renaudum. — Presentia facta cardinali et comiti Marchie. — De quadam justa ad aquam. — Pro doliis vini de Sancto Porcyano. — Pro 12 lampridis positis in galatina. — Pro stabulo falconis d. comitis apud Vicenas. — Pro supperio d. comitis apud Lupparam. — Pro capello aureo, etc. » Bibl. imp., n° 9019, fol. 2.

[2] « Tabellio venatorum et aviculariorum. »

[3] « Pro quibusdam tabulariis, pro romano religando et pro historio (*sic*) de Rencevaux. — Pro ludo domini comitis. »

On a dû remarquer qu'il y avait dans ce compte un certain désordre, que des articles de même nature étaient répartis entre différents chapitres. Il a déjà été plusieurs fois question des vêtements du comte et des joyaux : voici, à la fin du rôle des dépenses de l'hôtel de l'Ascension 1245, plusieurs comptes particuliers qui constatent l'achat de divers objets dont nous avons vu figurer précédemment les analogues :

Compte de Jean le Vicomte : gants, — coffres, — sièges, — corsets, — émeraudes, etc.

Compte du bouteiller : bouts, — bouteilles, etc.

Compte du matériel de la cuisine : chaudières, — plats.

Somme totale, 480 livres, 15 sous, 5 deniers.

Le compte de 1245 offre une ressemblance frappante avec les comptes de Philippe le Bel inscrits sur des tablettes de cire, sauf que ces derniers offrent plus d'ordre et de régularité; mais la disposition générale est identique [1].

Des fragments de comptes publiés par Ludwig au siècle dernier nous permettront de compléter les notions que nous possédons sur l'hôtel d'Alfonse. L'imitation de la comptabilité royale par ce prince est évidente, surtout quand on examine le premier compte qui lui ait été rendu, celui des dépenses de sa chevalerie en 1241. Outre des dépenses tout à fait spéciales, ce document renferme les mêmes chapitres que le compte de l'hôtel de 1245 dont nous avons analysé les principales parties. Il présente : 1° la liste des sommes données pour robes aux gens de la maison; 2° les gages des nouveaux chevaliers; 3° les dépenses de

---

[1] Voyez les tablettes de Genève publiées par Sennebier. *Catalogue des mss. de la Bibl. de Genève*, p. 146 à 178. — Cocchi, sur les Tablettes de cire de Florence. « Lettera critica sopra uno manoscritto de cera. » Florence, 1746, in-4°.

transport des objets nécessaires pour la fête donnée à Saumur; 4° le pain et le service de la paneterie; 5° le vin et le service de l'échansonnerie; 6° la cuisine; 7° la cire; — le fruit et l'avoine; 8° les dépenses de la chambre; 9° les dons; 10° différents comptes d'achats de vêtements pour le comte, la comtesse et les nouveaux chevaliers; 11° les harnais; dans ce dernier chapitre, l'énumération des articles est d'accord avec le titre : selles, brides, épées, heaumes, cottes d'armes, brassards, gambesons; 12° chaussures [1].

Un compte de l'Ascension 1258 fait connaître la composition du conseil d'Alfonse en donnant la liste des chevaliers et des clercs qui reçurent des manteaux [2].

Après la réunion du comté de Toulouse, la comtesse eut son hôtel et un budget spécial, même lorsque le comte et la comtesse étaient ensemble [3]. C'était là encore une imitation de ce qui se passait à la cour de France.

En moyenne, le chiffre annuel des dépenses de l'hôtel de la comtesse Jeanne était les quatre dixièmes de la dépense de l'hôtel de son mari. Dans les comptes de l'hôtel de Madame étaient compris les achats de robes, de joyaux et les dépenses de la vie ordinaire, quand Jeanne séjournait dans un autre lieu qu'Alfonse, ce qui arrivait assez rarement [4].

---

[1] *Bibl. de l'École des chartes*, 3ᵉ série, t. IV, p. 22 et suiv.

[2] Ludwig, *Reliquiæ manuscriptorum*, t. XII, p. 5. « Mantelli militum et clericorum Alfonsi comitis Pictaviensis ad terminum O. Sanctorum 1258. »

[3] Je prends au hasard un compte abrégé de l'hôtel :

« Expensa hospicii d. comitis ab octaba Candelose, anno 1267, ad octabas Ascens. 1268, vii^m vi^c iiii^{xx} iiii^{tt} vi s. xi d. Tur.

» Expensa hospicii domine comitisse cum joellis, donis et operibus in eodem termino, iii^m viii^c xlix^{tt} viii s. »

[4] Compte particulier de la dépense de l'hôtel de Jeanne, sans date. Arch. de l'Emp., J. 1034, n° 21. — Pro panetario et hernesio, xxx s. — Pro passagio Secane Parisius, xiii s. — Pro ii repositoriis vessalamentorum argenti

Dans les dernières années, l'intendant général de l'**hôtel** était le trésorier de Saint-Hilaire de Poitiers : c'était lui qui présentait au conseil les comptes de l'hôtel et justifiait les dépenses. La comtesse avait un intendant particulier qui était, en 1267, frère Jean de Bucy[1].

Les dépenses, comme les recettes, se divisaient en trois exercices : celui de la Toussaint, celui de la Chandeleur et celui de l'Ascension[2].

J'ai dit plus haut que les sommes provenant des bailliages étaient versées au Temple, lieu où était déposé le trésor royal et celui du comte de Poitiers, sous la garde des Templiers[3]. C'était donc au Temple que les officiers d'Alfonse venaient chercher l'argent nécessaire à l'ali-

---

XLV s. — Pro quodam forulo ad tabulas, XII den. — Pro II equis locatis apud Corbolium, 2 s. — Pro hanapiis et auro, emallo et vitris et uno sacco ad claretum, 8 s. 4 d. — Pro vessalamentis de coquina domine comitisse per Lucam coquum. »

[1] « Compotus abreviatus expense hospitii d. comitisse per fratrem J. de Bucci. — Expensa hospicii d. comitis per Ph. de Saucleiis, thesaurarium B. Hylarii. » J. 192, n° 19.

[2] Voyez le registre J. 317, n° 61, et le rouleau J. 192, n° 19.

[3] « Compotus de Templo in termino Candelose, anno 1249.
Restat quod debet Templum.
De fine compoti...
Summa... Debet Templum...
Les sommes que le comte recevait du Temple étaient intitulés : Recepta de Templo. Exemple :
« Recepta de Templo post compotum Omnium Sanctorum 1251.
Dominica post festum Sancti Martini hiemalis, 400# Par.
Sabbato post festum Sancti Andree apostoli, 500# Par. » Reg. J. 317, n° 61, fol. 24 et suiv.
Les recettes extraordinaires étaient versées par les sénéchaux au Temple, mais ceux-ci continuaient à être responsables. « Licet Templum ista omnia de focagio receperit in deposito, tenentur respondere d. comiti. » C'est que le Temple recevait les sommes qui lui étaient confiées à deux titres différents : tantôt à titre de versement, tantôt à titre de dépôt. *Compotus abreviatus*, J. 192, n° 19.

mentation des dépenses de l'hôtel et des dépenses extraordinaires : de là l'établissement d'une comptabilité spéciale. A chacun des termes financiers, le Temple dressait l'état des sommes qu'il avait en caisse lors de la clôture du dernier exercice, et celui des deniers qu'il avait remis aux agents du comte en vertu de bons, puis de l'argent qu'il avait reçu : il établissait enfin la balance.

Cette comptabilité était celle de saint Louis; Alphonse ne fit donc en cette matière que se conformer à ce qui se pratiquait à la cour du Roi. Je n'ai pas besoin de faire ressortir la simplicité et en même temps la sûreté de ces procédés, qui permettaient de connaître à n'importe quelle époque la situation pécuniaire et les sommes disponibles.

On n'a qu'à jeter un coup d'œil sur le registre où ont été inscrites les différentes opérations financières d'Alfonse depuis 1249 jusqu'à l'année 1260, pour être convaincu de l'excellente comptabilité qui présidait à l'administration des revenus de ce prince.

On trouve d'abord un état de caisse fait à Aymargues, le vendredi avant l'Assomption 1249; il y avait dans les coffres du comte, 120,396 livres 18 sous 3 deniers : les dépenses de la croisade ne devaient pas tarder à épuiser cette opulente réserve.

Suivent les dépenses et les recettes pour chacun des trois termes financiers des années 1250 à 1260. Quand Alfonse fut revenu de la croisade, il *entendait* lui-même les comptes de chaque exercice, c'est-à-dire qu'on lui soumettait les recettes, les dépenses et l'excédant des recettes. Ces comptes-rendus étaient sommaires [1].

Viennent ensuite les différents comptes que les officiers d'Alfonse avaient avec le Temple ou bien encore avec

[1] Voyez les extraits de différents comptes originaux conservés au Trésor des chartes, publiés par D. Vaissete, III, col. 482 et suiv.

l'Hôpital, car le comte faisait aussi des dépôts chez les chevaliers de Saint-Jean de Jérusalem. Les comptes s'établissaient, ainsi que je l'ai dit, pour chaque exercice financier. On marquait le jour où le Temple avait fait des payements pour les besoins de l'hôtel, en indiquant la personne qui avait touché. Le trésorier de l'hôtel s'appelait Gaillard, aussi les sommes qui lui étaient remises étaient-elles inscrites à son nom, *Per Gallardum*. Il est à remarquer que les sommes ainsi payées par le Temple formaient un chapitre intitulé *Recepta de Templo :* ce qui ne signifiait pas recette faite par le Temple, mais recette faite par l'hôtel de deniers déposés au Temple. La même particularité s'observe dans les comptes de l'hôtel de saint Louis.

Je donne ci-après, d'après des documents officiels, l'état des revenus et des dépenses d'Alfonse, de 1249 à 1268. Cet état présente de nombreuses lacunes, faute de documents. On ne doit pas oublier que les recettes portées dans ce tableau sont les recettes nettes, déduction faite des dépenses d'administration provinciale.

[1] Voici des extraits du registre J. 317, n° 61.
Fol. 24 : « Compotus de Templo, in termino Candelose, anno Domini M° CC° XL nono.
» Debebat Templum d. comiti, pro magistro Philippo Falconarii XIX^{xx} XII l. Par.
» Pro decano Christianitatis Rothomagensis, IIII^{xx} l. 3 s. 10 d. Tur.
» Expensa de Templo post compotum Candelose supradictum.
» Pro Odardo de Villaribus, senescallo Belliquadri, CL l. Tur.
» Item pro malis de sacro ad denarios ponendos XXXVII s. per Templum.
» Facto compoto apud Templum, sabbato in vigilia Sanctorum Gervasii et Prothasii, debuit Templum domino comiti Pictaviensi, VI^{u} l. 62 s. 6 d. Tur. »

[2] Nous avons emprunté les chiffres de ce tableau au registre J. 317, n° 62, et au rouleau J. 192, n° 19. Pour plus de détails, voir à la fin du volume la note relative aux sources de l'histoire administrative d'Alfonse, que nous avons mise à contribution.

RÉSUMÉ

RECETTES ET DES DÉPENSES FAITES PAR LE COMTE ALFONSE.

(Les recettes sont les recettes nettes, déduction faite des frais d'administration des sénéchaussées.)

	EXERCICE.	RECETTES.	DÉPENSES DE L'HÔTEL.	RESTANT EN CAISSE.	OBSERVATIONS.
9	Août........	»	»	120,396#18ˢ 4ᵈ	Lacune.
1	Toussaint....	13,371# 0ˢ 0ᵈ	29,964# 18ˢ 0ᵈ	37,421 2 6	
2	Chandeleur...	9,010 12 3	10,716 10 8	35,515 4 »	*Nota.* La différence
	Ascension....	27,626 15 2	15,946 13 10	47,195 5 5	entre les sommes res-
	Toussaint....	6,914 11 »	15,320 5 »	38,712 16 »	tant en caisse et l'ex-
3	Chandeleur...	7,092 19 6	10,362 6 2	35,542 14 8	cédant des recettes
	Ascension....	24,580 25 11	25,680 32 »	34,442 8 7	vient des dépenses
	Toussaint....	16,777 5 7	15,914 » 14	25,300 11 »	autres que celles de
4	Chandeleur...	8,275 4 10	11,768 16 4	31,812 » 18	l'hôtel, dépenses que
	Ascension....	26,108 » 14	17,651 9 5	40,268 14 4	nous ne connaissons
	Toussaint....	7,828 7 1	26,298 2 2	22,736 8 2	pas par le détail.
5	Chandeleur...	6,623 10 8	11,180 24 »	18,018 14 10	
	Ascension....	22,494 14 9	10,761 19 3	29,911 10 4	
	Toussaint....	9,525 18 6	14,178 » 16	25,611 7 6	
6	Chandeleur...	41,287 15 6	8,680 25 5	32,606 10 »	
	Ascension....	9,693 4 »	12,171 14 »	30,128 12 11	
	Toussaint....	40,987 11 9	14,527 55 »	26,460 6 9	
7	Chandeleur...	45,274 2 2	8,816 40 16	36,457 13 8	
	Ascension....	41,792 6 4	11,614 4 3	30,178 12 1	
	Toussaint....	50,747 12 8	14,322 18 »	36,425 11 2	
8	Chandeleur...	41,797 16 2	11,421 5 »	30,755 11 20	
	Ascension....	5,660 11 10	9,209 2 6	27,207 » 6	
	Toussaint....	24,420 17 5	16,530 14 9	34,115 5 9	
9	Chandeleur...	13,556 2 2	8,974 14 8	3,854 » 1	
	Ascension....	14,499 2 8	10,850 0 20	4,176 1 1	
	Toussaint....	12,266 16 9	13,430 6 6	45,391 11 4	
0	Chandeleur...	15,631 9 »	10,818 14 3	45,442 6 5	
	Ascension....	18,896 14 8	12,857 16 »	51,480 39 6	
	Toussaint....	18,352 19 10	17,959 7 5	51,775 12 11	
	»	»	»	»	Lacune.
3	Toussaint....	14,536 10 »	16,370 17 5	73,265 9 3	Reliquat, 67,627 l. t.,
4	Chandeleur...	11,158 19 1	9,779 18 4	74,644 10 »	fouage compris.
	Ascension....	12,855 14 6	13,391 14 7	82,108 6 7	
	Toussaint....	12,020 17 1	17,243 1 »	76,886 3 5	
5	Chandeleur...	21,580 19 11	11,637 6 2	89,521 17 4	Amende de 10,000 l.
	Ascension....	16,014 5 9	14,307 4 »	91,228 19 1	à la Rochelle.
	Toussaint....	22,041 5 2	22,686 16 3	104,566 15 9	
6	Chandeleur...	14,835 18 »	11,098 17 11	108,400 75 10	1,000 l. pour les
	Ascension....	15,177 8 2	14,907 18 »	107,247 15 7	rachats de vœux.
	Toussaint....	15,740 19 8	22,151 » »	100,837 15 3	
7	Chandeleur...	14,567 4 5	13,667 3 3	101,737 16 5	
	Ascension....	25,604 11 3	19,588 9 3	109,353 18 5	
	Toussaint....	34,598 7 10	18,174 7 2	128,880 72 1	Finances.
8	Chandeleur...	29,825 7 6	12,442 19 6	143,924 2 1	Id.
	Ascension....	32,130 13 7	29,645 3 5	163,338 16 5	Id.
	Toussaint....	40,774 17 »	17,641 8 1	385,592 4 3	Change de monnaies.

Alfonse possédait donc à la Toussaint 1268 une **réserve** de 385,592 livres tournois; soit, valeur intrinsèque, 6,920,145 francs, qui représentent 34,500,725 francs, et pendant les deux derniers mois de 1268, toute l'année 1269 et la moitié de 1270, il reçut des sommes considérables provenant des aides, fouages et autres ressources extraordinaires; mais ces sommes, si péniblement acquises, fruit de l'économie du prince, des labeurs du peuple, et quelquefois de l'exaction et de l'injustice, devaient s'engloutir dans cette désastreuse croisade qui enleva saint Louis à la France. Il fallait de l'argent, beaucoup d'argent, encore plus d'argent; ce fut le dernier cri d'Alfonse, qui ne cessait de recommander à ses sénéchaux de lui en procurer le plus possible et les accablait de circulaires pressantes pour stimuler leur zèle [1]. En voici un échantillon:

« La grant neccesseté de la Terre Seinte et le prochein terme du passage qui aproche de jor en jor, et qui est assené, c'est assavoir la première semeinne de ce prochein mai, à Egues-Mortes et à Marseille, nos semonnent et esmoivent que souvent vos escrisions que o la gregneur curiousseté et deligence que vos porrez, selonc les voies qui vos furent balliées piéça en escrit et autres que vos avez trovées et pourez trouver, metez peine et estuide en porchacier et assembler deniers por nos en la greigneur quantité que vos pourez en boenne manière et loial, et esplaiz de vostre seneschaucie, dont petit profit nos vient pourchacier ausinc et lever et toz les deniers ausinc que Bernart de Guisergues et autres nous doivent en vostre seneschauciée de viez et de nouvel, tant par la reson de noz ballies que des finances fetes par reson des voies dessusdites, et des aides que nous ont fetes la vile de Poitiers et Niort, Fontenai et nos autres viles de vostre seneschaucie,

---

[1] Lettre du lundi avant la Saint-Denis 1269. Reg. B, fol. 12 v°.

et double de cens aussinc pourchaciez et asenblés en tele manière que les diz deniers touz enterinement nos fetes aporter au Tenple à Paris lendemein de la quinzeinne de la Touz Seinz qui vient prochenement, ce qui à celui terme en sera deu; et la monnaie des Poitevins nous changiez an tornois toute o la greigneur quantité que vous pouroiz en bone manière. Et ceu que vos ne pouroiez changier à tornois, changiez à monnoies d'or ou d'argent, selonc l'ordenance qui vos fu pieça ballié en escrit, ou melleur marchié, se vos povez, en bone manière. Et ce que vos ne porrois changier à monnoies d'or ou d'argent changiez à tornois et les portés au Tenple, à Paris, au terme dessusdit.

» De rechief nos vos mandons que les despens outrageus, et qui ne sunt mie profitables abatez et ostez de tout en tout. De rechief encore vos mandons car quant vos affermereiz noz ballies de vostre seneschauciée, iceles afermez o anchierissement, chac une par soi, segom les condicions qui en ont asses pieca bailliées en escrit, et nous raportez en escrit commant elles seront afermées et à qui et combien chacune par soi, audit jor de landemein de la quinzaine de la Tousseinz qui vient procheinement. Et toutes les choses dessusdites et o boen et o loial gouvernement de nostre terre et autres choses qui vos apartiennent de vostre office et de vostre porvoience vos aviennent, en tele manière vous aiez que nous cognoissienz bien par le fet de l'uevre que les besoignes vos aient esté et soient à cuer et que vostre diligence puissions por ce louer à droiz. Et vous nos raportez en escrit ce qui sera fet de totes les choses dessusdites, si que, faite collation de l'escrit que nous avons retenu par devers nous et de celui que vos nos raportereiz, nous puissions bien voier que vos l'avez bien fait, et si comme il vos a esté commandé et mandé. »

LIVRE QUATRIÈME.

ORGANISATION JUDICIAIRE.

CHAPITRE PREMIER.

JURIDICTIONS DE PREMIER DEGRÉ.

Dans les domaines de l'apanage, les prévôts sont juges en première instance. — Dans le Midi, les bayles perdent l'exercice de la juridiction, qui passe à des juges placés à la tête d'un arrondissement appelé jugerie. — Alfonse n'a pas créé mais seulement perfectionné l'institution des jugeries. — Le viguier de Toulouse est assisté d'un juge. — Juridictions municipales. — Elles n'ont pas une origine romaine. — Compétence civile et criminelle des magistrats municipaux. — Droit d'option et de prévention. — Jurys. — Règlements et procédure. — Greffiers et notaires.

Au moyen âge, toutes les branches de l'administration étant réunies dans les mêmes mains, on ne s'étonnera pas de voir les fonctions judiciaires exercées par les officiers que nous avons montrés préposés, à des titres divers, au gouvernement des provinces. Cependant, dans le Languedoc, on constate, dès le règne d'Alfonse, une tentative sérieuse d'organisation judiciaire séparée.

Il y avait au treizième siècle trois degrés de juridiction, chacun de ces degrés formera l'objet d'un chapitre.

---

[1] Nous préférons adopter en exposant l'organisation judiciaire un ordre différent de celui que nous avons suivi en traitant des principes généraux de l'administration : il nous a semblé plus rationnel de commencer par les tribunaux de première instance pour remonter avec le justiciable de juridiction en juridiction jusqu'au parlement d'Alfonse. Cet ordre est celui qui s'est produit historiquement.

Dans le Poitou et la Saintonge, la première connaissance des procès appartenait aux prévôts, dont la compétence était peu étendue ; les causes criminelles importantes étaient réservées aux sénéchaux. Les prévôts connaissaient principalement des contraventions en matière de simple police ; les nobles échappaient en matière personnelle à leur juridiction.

D. Vaissete nous représente les bayles comme rendant la justice ; il en pouvait être ainsi dans les fiefs des seigneurs, mais non dans les domaines directs du comte de Toulouse. Le savant Bénédictin a été induit en erreur par la grande ordonnance d'Alfonse de 1255, où il est question de la juridiction des bayles ; mais au moyen âge, ainsi que nous l'avons déjà dit, le mot juridiction n'a pas toujours le sens que nous lui donnons. On appelait juridiction non-seulement le droit de prononcer des jugements, mais encore la mise à exécution des sentences judiciaires et les mesures de police ; et c'est dans ce dernier sens que le mot juridiction doit être pris dans cet acte, que D. Vaissete n'a pas exactement interprété. Sous Alfonse, la juridiction telle que nous l'entendons n'appartenait plus aux bayles.

En effet, dans les provinces méridionales, où la science administrative avait fait plus de progrès, les attributions judiciaires des bayles furent restreintes de bonne heure. Raymond VII établit des jurisconsultes qui leur servaient d'assesseurs [1]. Vers le milieu du treizième siècle, cette dé-

---

[1] « Possit idem vicarius, seu bajulus, habere secum aliquem jurisperitum ad omnia dirimenda, et examinanda, seu diffinienda. » Chartes de Castelsarrasin en 1245. Trésor des chartes, J. 320, n° 54, et de Moissac, même année, J. 305, n° 40. Cet usage de faire assister les bayles par des jurisconsultes était ancien, ainsi que le prouve l'extrait suivant d'une enquête faite par un bayle et son juge. « Publicavit infrascriptos testes P. Hubertus de Caslario, in curia domini Raimondi comitis Tholosani, coram P. de Cerve-

fiance contre les bayles s'accrut. Alfonse leur interdit de taxer les amendes, droit qui fut réservé aux sénéchaux, et finit même par leur enlever la juridiction [1].

Dom Vaissete assure que ce prince divisa la partie du Languedoc qui lui appartenait en *judicatures* ou *jugeries*, comprenant chacune dans son ressort plusieurs baylies : à la tête de chaque jugerie était un magistrat nommé juge (*judex*). Quels étaient ces juges? Quelle était leur compétence? Dès 1250 nous voyons que le sénéchal taxait les amendes; mais cet officier ne put rendre lui-même la justice dans toute l'étendue de sa sénéchaussée : il se fit remplacer par un magistrat, nommé juge, qui se transportait dans les principales localités de la sénéchaussée pour y juger les parties en présence des bayles; ce qui n'empêcha pas le sénéchal de tenir lui-même, mais à des intervalles éloignés, des assises où se décidaient les causes importantes [2].

Ce juge devint permanent et forma le premier degré de juridiction.

Faut-il attribuer à Alfonse la création des juges? je ne le crois pas; mais il développa cette institution utile, en multipliant les juges suivant les besoins des populations. J'ai donné dans un chapitre précédent la liste des juge-

---

ria, ejusdem domini comitis bajulo in castro de Castlari, assistente ei Petro Fulcidio, judice ». Original, Trésor des chartes, J. 223, n° 62, année 1203.

[1] Bail de la baylie de Rodez par Alfonse en 1251. Arch. de l'Emp., J. 1022, n° 4.

« Bailliviam nostram Ruthenensem cum pedajio tradidimus ad firmam Petro Rossignelli. Dictus P. omnes emendas quas in dicta baillivia evenire contigeret a 20 solidis citra percipiet, ita tamen quod ipse aliquas emendas judicare non poterit sine senescallo vel ejus speciali mandato. Conf. Bail de la bailie de Cahors, 1251, J. 1023, n° 5; *idem*, de la baylie d'Albi, même date, J. 1031.

[2] Voyez plus haut, p. 160. Notons un jugement criminel rendu en 1263

ries[1]. Le viguier de Toulouse avait depuis des siècles une juridiction en matière civile et criminelle; comme c'était un officier révocable, on la lui laissa, mais on lui adjoignit un juge dont la présence fut indispensable pour rendre valables les sentences prononcées par le viguier.

Alfonse ne peut avoir tout l'honneur des perfectionnements que reçut l'organisation du premier degré de la hiérarchie judiciaire en Languedoc; il ne fit que sanctionner les mesures qui étaient réclamées par les Méridionaux et qui furent mises aussi à exécution par saint Louis dans les sénéchaussées royales de Beaucaire et de Carcassonne. Dans ces deux provinces, on institua auprès des viguiers des juges qui eurent l'exercice de la juridiction.

En Auvergne, les bayles rendaient la justice de la même manière que les prévôts de Poitou[2].

Je viens de montrer quels étaient les officiers chargés de rendre la justice en première instance; mais à eux seuls n'appartenait pas exclusivement le droit de connaître des causes civiles et criminelles. Ce droit fut aussi le partage des magistrats municipaux, et c'est la mesure dans laquelle ces magistrats exerçaient une juridiction qu'il convient de déterminer d'une manière précise. Commençons par les provinces du Midi.

Il n'y avait pas d'agglomération d'habitants de quelque

---

par « Raimondus Bosflygonus, judex Venaisini ». Orig. Arch. de l'Emp., J. 308, n° 72. Il y avait même dès 1200 un juge dans le comtat Venaissin.

[1] A Montpellier, Giraud, *Essai sur l'histoire du droit français*, t. II, p. 361. — A Carcassonne, *ibid.*, t. II, p. 351. — De Grefeuille, *Histoire de Montpellier*, t. Ier, p. 560. Dès 1203, on trouve dans le Toulousain des juges assistant les bayles. Arch. de l'Emp., J. 223, n° 62. — Sur l'institution de la viguerie de Béziers et sur la composition de sa cour, *Ordonnances*, t. III, p. 168, ordonnance de Philippe de Valois de 1338, confirmative des priviléges de la ville de Béziers.

[2] De Lalo, *Institutions judiciaires de la haute Auvergne*, p. 38 et suiv.

importance qui n'eût une municipalité; mais ces communautés (c'était ainsi qu'on les appelait) n'étaient pas toutes soumises au même régime[1]. C'étaient pour la plupart des bastides ou villages ouverts, fondés au douzième siècle, où l'on avait attiré des habitants par l'appât de quelques avantages, tels qu'exemptions de péages, impôts modérés, concessions de terrains, tous priviléges matériels contribuant au bien-être des individus, sauvegardant les personnes et les propriétés, mais ayant peu de rapport avec la liberté politique. Aussi les magistrats municipaux de ces bourgades, nommés consuls, ne reçurent-ils, lors de la fondation de leur bastide, que l'exercice de la police et une juridiction civile insignifiante[2].

Mais à côté de ces communautés rurales s'élevaient de riches et puissantes cités, dont les habitants avaient acquis, au prix de luttes opiniâtres, une indépendance qu'ils savaient faire respecter. Quelques-unes avaient un long passé et remontaient à la période gallo-romaine. Plusieurs historiens ont cru pouvoir rattacher l'origine de la juridiction des consuls du treizième siècle à celle des magistrats municipaux romains. Aucun texte ne permet d'établir la perpétuité de cette juridiction, qui devint inutile par suite de l'adoption dans toute la Gaule des mâls mérovingiens, où chacun était jugé par des hommes professant la même loi que lui. En outre, les magistrats municipaux romains, appelés ordinairement duumvirs, ne possédaient qu'une juridiction civile très-peu étendue, tandis que les consuls du treizième siècle connaissaient au contraire des crimes capitaux, bien qu'ils n'eussent en

---

[1] Voyez le *Saisimentum comitatus Tholose* en 1271 dans les preuves des *Annales de Toulouse* de la Faille, et dans celles du tome Ier des *Annales de Toulouse* de du Rozoy.

[2] Voyez plus bas le chapitre consacré aux institutions municipales.

matière civile qu'une compétence fort restreinte. Tout porte donc à croire que la juridiction des consuls ne tire pas son origine de celle des duumvirs : on doit lui en assigner une beaucoup plus récente [1]. C'est au douzième siècle seulement qu'il est possible de voir fonctionner des juridictions communales.

Un grand nombre de textes prouvent à cette époque l'existence simultanée de la juridiction seigneuriale et de la juridiction municipale. A Toulouse, on trouve des jugements rendus en matière civile par la cour des consuls et par celle du viguier [2]. Cette simultanéité s'explique par ce fait qui n'a pas encore été signalé, savoir : que par suite de la révolution communale chaque citoyen eut le choix de se plaindre à ses magistrats ou au tribunal du seigneur. Les chartes de Nîmes [3], de Montpellier [4], de Carcas-

---

[1] M. de Savigny (*Histoire du droit romain au moyen âge*) a prétendu que les villes des Gaules n'avaient pas de magistrats électifs, ou que si elles en avaient, ceux-ci étaient dépourvus de juridiction. M. Giraud a démontré que l'organisation municipale romaine était la même en France et en Italie, et que ce que l'on sait de la juridiction des duumvirs latins s'applique aux duumvirs de la Gaule. *Essai sur l'histoire du droit*, t. I, p. 125.

[2] Voyez un jugement des consuls de Toulouse en 1173. Reg. XXI du Trésor des chartes, fol. 61, — et un jugement du viguier en 1188. *Ibidem*.

[3] Coutumes données en 1209 par Raymond VI, confirmées en 1217 par Simon de Montfort : « Concedimus, postquam inter quaslibet personas in manu consulum litigare volentes, lis cepta et contestata fuerit, ita quod unum placitum habuerint, non liceat eis vel alicui personarum illarum a manu consulum exire, donec causa ista in manu consulum terminata fuerit. Ante litem vero contestatam, et antequam unum placitum in manu consulum habuerint, licebit eis personis et cuilibet earumdem ad nostram curiam accedere et placitare. » Ménard, *Histoire de Nismes*, t. Ier, Preuves, p. 54.

[4] Coutumes de Montpellier rédigées en 1204, mais consacrant un état de choses plus ancien. « Tamen causæ et lites possunt venire in posse consulum et proborum hominum aliorum antequam clamor fiat coram curia ; sed consules debent decidere illud sine sumptibus. » Giraud, *Essai sur l'histoire du droit*. Preuves, t. Ier, p. 55.

sonne [1], consacrent cette faculté des bourgeois. A Toulouse, nul texte législatif ne fixa ce droit d'option, mais il est constaté du temps d'Alfonse par une déclaration du viguier [2]. Il paraît que cette bonne volonté du viguier ne dura pas et que la juridiction des consuls fut de nouveau entravée. Ils abusaient du reste et outre-passaient leurs droits. Ils forçaient les parties à se soumettre à des arbitres qu'elles n'avaient pas désignés et dont les décisions avaient force de jugement [3].

Le droit de choisir entre le tribunal des consuls et celui des seigneurs est l'origine de la juridiction municipale en matière civile, du moins dans le Midi. Ce fut une conquête de la démocratie, conquête que les seigneurs furent contraints d'inscrire dans les chartes communales; mais, pour que la juridiction municipale pût s'exercer, il fallait que l'une des parties fût un bourgeois. La règle *actor sequitur forum rei* recevait aussi son application. Quand un procès s'élevait entre un bourgeois et un étranger, ce dernier pouvait décliner la compétence des consuls. Quelquefois cependant le *forum contractus* était admis.

Ces règles salutaires étaient souvent violées par les magistrats municipaux, et je dois à ce propos signaler dans le Languedoc un contraste frappant entre l'administration d'Alfonse et l'administration municipale. La première était juste et équitable, pleine de sollicitude pour le peuple; la seconde à vues étroites et exclusives, envahissante et tracassière. Voici des exemples significatifs.

Les consuls de Toulouse firent un règlement qui inter-

---

[1] Même texte qu'à Montpellier. Arch. de l'Emp., J. 329.

[2] Le viguier finit par déclarer « quod in voluntate conquerentium sit conqueri vicario vel consulibus Tholosanis ». Catel, *Comtes de Tholose*, p. 382.

[3] Catel, p. 388, et Trésor des chartes, J. 318, n° 85, lettre d'Alfonse aux Toulousains, en 1254.

disait aux avocats de plaider pour un étranger contre un bourgeois. Si quelque seigneur avait contracté une dette envers un habitant de Toulouse et s'il ne remplissait pas ses obligations, les consuls faisaient saisir les biens des tenanciers de ce seigneur. Ils allaient plus loin : ils faisaient ravager ses domaines. Un Toulousain avait-il à se plaindre d'un bayle du comte? Ils le citaient à leur cour; et si le bayle ne comparaissait pas, ses justiciables payaient pour lui, et se voyaient enlever leurs meubles et leurs récoltes [1].

Alfonse mit un terme à ces abus, et fit plusieurs règlements pour la bonne administration de la justice. En 1255, il défendit aux bayles de faire des saisies dans les domaines des barons, sans un mandement exprès du sénéchal, ni de citer les justiciables hors du ressort judiciaire dans lequel serait situé leur domicile [2]. Une autre ordonnance fixa le nombre des sergents ou huissiers (*nuntii*) : il devait y en avoir trois ou quatre au plus par baylie, dont le sénéchal avait la liste. Je trouve dans un règlement une disposition bien honorable pour Alfonse : il ordonna de faire les citations gratuitement pour les pauvres et de leur donner des avocats [3]. Voilà donc l'assistance judi-

---

[1] Lettre d'Alfonse aux Toulousains. Trésor des chartes, en 1254. J. 318, n° 85. « Vobis districte precipimus ne vicarios, bajulos vel officiales nostros pro facto quolibet ad suum officium pertinente citetis vel coram vobis respondere cogatis, nec pro delicto quocumque terras baronum nostrorum auctoritate vestra invadere et vastare, sine licentia nostra presumatis. Interdicta fecisse dicimini ne advocati Tolose in curia vicarii ferant alicui patrocinium nec patrocinetur extraneo contra civem... eadem indilate relaxari jubemus. » Conf. Catel, *Comtes de Tholose*, p. 388.

[2] Vaissete, 1re édit., t. III, Preuves, p. 414.

[3] « Citaciones et pignorationes gratis facient pro pauperibus hominibus Tholose non habentibus unde solvant eis ad cognicionem curie... Item quod curia det advocatum non habenti. » Règlement sur la cour du viguier. *Ibid.*, p. 418.

ciaire, dont nous tirons vanité comme d'une institution d'hier, établie au milieu du treizième siècle!

En résumé, on peut dire qu'en matière civile le premier degré de juridiction appartenait presque exclusivement aux juges dans le Midi, aux bayles en Auvergne, et aux prévôts en Poitou et en Saintonge. Quelques villes importantes avaient bien une juridiction municipale en matière civile; mais c'étaient là des exceptions peu nombreuses. Les consuls de la grande majorité des communautés du Languedoc n'avaient qu'une simple juridiction de police. Dans le Poitou et la Saintonge, les maires et échevins de quelques grandes communes, telles que la Rochelle, Niort, Poitiers [1], possédaient une juridiction qui s'exerçait surtout en matière volontaire, c'est-à-dire que l'on passait les contrats en présence des magistrats municipaux, qui apposaient le sceau de la commune [2].

Alfonse respecta ces juridictions tant qu'elles se renfermèrent dans de justes limites.

Autant la compétence des tribunaux municipaux était restreinte en matière civile, autant elle était étendue en matière criminelle. Au milieu du quatorzième siècle, la plupart des communautés du Languedoc avaient la plénitude de cette dernière juridiction. Sous la première race de nos rois, chacun était jugé par ses concitoyens, réunis sous la présidence du comte et portant dans l'exercice de leurs fonctions judiciaires le nom de rachimbourgs. Sous les Carlovingiens, aux rachimbourgs furent substitués les scabins ou échevins, juges permanents, choisis par les envoyés de l'Empereur.

[1] Voyez les priviléges de Poitiers en 1222. Teulet, t. Ier, p. 553.
[2] Sur la multiplicité des actes passés devant les magistrats municipaux des provinces de l'Ouest, consultez Marcheguy, Chartes de Fontevrault, concernant l'Aunis et la Rochelle. *Bibl. de l'École des Chartes*, 4e série, t. Ier, p. 132 et 321.

Cependant, on voit dans un grand nombre de procès importants des rachimbourgs siéger à côté des scabins. Les mâls, composés de scabins et de rachimbourgs professant la loi des parties, ont subsisté en Languedoc jusqu'au milieu du dixième siècle[1]. Sous le régime féodal on en revint au système mérovingien, qui n'avait jamais entièrement disparu. Seulement, le jury ne fut plus comme autrefois formé de personnes professant la même loi que les parties, mais des pairs, c'est-à-dire d'hommes ayant la même condition sociale que ceux qui comparaissaient en justice. C'est ainsi qu'on peut expliquer comment au treizième siècle, dans la grande majorité des villes et même des bourgs, les bourgeois ou prud'hommes formaient un jury sous la présidence du seigneur ou de son délégué. Telle était la situation dans les anciens domaines de Raymond VII : le jury était établi en matière criminelle dès le douzième siècle à Saint-Antonin[2], à Millaud[3] ; et au treizième siècle à Toulouse[4], à Montauban[5], à Moissac[6] et à Castelsarrazin[7].

[1] Voyez un plaid « coram Ardemaldo Tholosæ episcopo », anno 818. (*Gallia Christiana*, t. X, instrum., p. 2). — « Judices tam salicos quam gothos, » Plaid de 898. (Ménard, *Histoire de Nismes*, t. Ier, pr., p. 17.) — On lit même dans un jugement de l'an 933 : « Judices qui jussi sunt causas dirimere et legibus diffinire gothos, romanos et salicos. » Plaid tenu à Narbonne (Vaissete, t. II, p. 69). Passé cette époque, les rachimbourgs sont remplacés par les « boni homines, providi homines ». Voyez un jugement de l'année 992, tenu à Narbonne devant l'abbé de Saint-Paul. (Coll. Doat., t. LVII, fol. 41).

[2] Arch. de l'Emp., J. 308, n° 88. — Traduction en langue vulgaire ; documents inédits. Mélanges, t. II, p. 13.

[3] *Ibid.*, p. 321. (Charte publiée par M. de Gaujal.)

[4] Charte de Raymond VI en 1188. « Faciam justiciam quam consules Tolose judicaverint vel alii probi homines Tolose, si consules ibi non fuerint. » Catel, *Comtes de Tholose*, p. 216. — Voyez J. 320, n° 54.

[5] Trésor des chartes, J. 304, n° 95, transaction entre les habitants de Montauban et Raymond VII, en 1245.

[6] *Ibid.*, J. 320, n° 5.

[7] *Ibid.*, J. 305, n° 40.

Il y avait entre les jurés du treizième siècle et ceux de nos jours une différence capitale : c'est que les premiers appliquaient la loi et prononçaient les sentences, tandis que ceux de nos jours doivent se borner à apprécier les questions de fait [1].

Dans nombre de localités les consuls se substituèrent aux bourgeois en qualité de jurés, et ce fut pour eux un moyen de s'ériger en juges criminels. En 1188, les bourgeois de Toulouse n'étaient appelés à prendre part aux jugements qu'au défaut des consuls, qui servaient d'assesseurs aux viguiers [2]. Les magistrats de cette puissante cité usurpèrent la juridiction criminelle pendant la guerre des Albigeois; mais ils n'en jouirent pas longtemps. Alfonse la leur contesta : il finit pourtant par leur permettre de l'exercer par prévention avec le viguier; c'est-à-dire qu'ils eurent le droit de juger les crimes qui leur étaient dénoncés, ou dont les auteurs avaient été arrêtés par les sergents de la commune [3]. Mais, je le répète, très-peu de communes avaient une juridiction municipale criminelle,

---

[1] Voyez les curieux règlements sur le jury d'Alby en 1268. Dans cette ville, quand un crime avait été commis, on faisait une enquête à laquelle plusieurs consuls étaient tenus d'assister. Les consuls qui avaient été témoins de l'information choisissaient des prud'hommes, dont le nombre, y compris les consuls, ne devait pas dépasser vingt-cinq. Le tribunal ainsi composé jugeait l'accusé et appliquait la peine. — Conférez *Libertés et coutumes de Limoux*, par M. Buzairies, t. Ier, p. 49, ch. XIII.

[2] Catel, *Comtes de Tholose*, p. 216.

[3] « Si tamen prius querimonia super his veniret ad eos, vel si per servientes ipsorum (consulum), in presenti delicto deprehensi fuerint, quamvis tamen vicarius noster Tholose, de consimilibus criminibus perpetratis in civitate Tholose et locis superius nominatis similiter judicium et cognitionem habeat pro nobis, si primo ad eum venerit querimonia vel si per servientes ejusdem vicarii caperentur. » Cet état de choses, constaté par Philippe le Bel, fut changé, et les consuls reçurent la plénitude de la juridiction, à titre d'officiers royaux. *Recueil des ordonnances*, t. II, p. 109.

quoique toutes jouissent du bienfait du jury; et cette dernière garantie semble avoir été suffisante à leurs yeux. Ce ne fut qu'à la fin du treizième siècle, après la réunion de tout le Languedoc à la couronne, que la royauté donna aux consuls méridionaux l'exercice de la juridiction criminelle, à condition de juger en présence d'un officier royal; bientôt la présence de cet officier, qui n'avait pas voix délibérative, devint une simple formalité. Ce fut ainsi qu'il y eut des tribunaux criminels exclusivement composés de magistrats municipaux[1].

Il paraît que les lumières du jury n'étaient pas à la hauteur de sa tâche, ou du moins elles avaient quelquefois besoin d'être dirigées; c'est ce qu'on pourrait conclure d'une ordonnance de l'an 1270 qui prescrivit l'établissement de juges criminels dans les jugeries. Peut-être aussi cette prescription concerne-t-elle des juges chargés de connaître des crimes et des délits dans les localités où le jury n'était pas en vigueur[2].

Le tableau des juridictions de premier degré serait incomplet si je passais sous silence les règlements que fit Alfonse pour assurer la bonne administration de la justice, surtout de la part des juges de première instance.

En 1255, des commissaires envoyés en Languedoc ordonnèrent aux bayles de n'intenter aucune poursuite criminelle sans le conseil de prud'hommes, c'est-à-dire du jury, et de procéder aux enquêtes avec leur secours. Si le crime était prouvé, ils devaient se conformer à ce qui était

---

[1] Voyez les lettres de Philippe le Hardi en faveur des consuls de Toulouse. *Recueil des ordonnances*, t. II, p. 109.

[2] « Si possint inveniri judices in jure ydonei, qui possent et debeant cognoscere de criminibus, et eciam judicare de eisdem, creentur in judicaturis, cum fieri poterit ullo modo; et idem fiat de notariis. » Règlement du conseil de régence de l'an 1270. *Revue de droit français et étranger*, juillet-août 1860, p. 343, n° 7.

prescrit par la coutume du pays ; s'il était douteux, l'accusé pouvait être admis, mais seulement avec le consentement du sénéchal, à composer, c'est-à-dire à payer une somme d'argent, moyennant quoi il était délivré de toute poursuite [1]. Il était interdit aux agents du comte d'obtenir ces compositions à force de menaces [1]. La grande ordonnance de 1255 défendit d'accepter de composition sans l'avis du comte lui-même. La même ordonnance interdit de convertir les peines corporelles en amendes [2]. Il n'était pas permis à l'accusateur d'abandonner la poursuite en s'accordant avec l'accusé [3], sans le congé de la justice [4].

Une autre ordonnance de la même année relative à la cour du viguier de Toulouse donne de précieux détails sur la juridiction volontaire des tribunaux [5] : on sait que généralement les contrats, après avoir été passés devant un notaire, devaient être revêtus d'un sceau de juridiction. A partir du quatorzième siècle, chaque tribunal eut deux sceaux, l'un le scel aux contrats, pour la juridiction gracieuse, et l'autre, pour la juridiction contentieuse, appelé scel aux causes. Mais au milieu du treizième siècle, les cours n'avaient qu'un seul sceau qui servait à ces deux fins. Alfonse fixa la forme du sceau de la viguerie de Tou-

---

[1] « De Soudano de Subterranea quia imponebatur sibi homicidium : pacificavit, pro toto, L lib. » Arch. de l'Emp., J. 192, n° 33.

[2] Vaissete, t. III, preuves, col. 502 et suiv.

[3] *Ibid.*, preuves, col. 512 et suiv. « Preter consensum d. comitis non facile procedatur ad viam composicionis cum curia faciende, quia tunc imminet periculum et domino comiti et condemnandis. Si fiat compositio, fiat cum testimonio jurisperitorum. Item ut moderate condempnationes fiant », etc.

[4] Le consentement était indispensable. Voici ce qu'on lit dans un compte de recettes du Poitou pour 1243 : « Valerianus, Johannes de Mora, miles, et Hugo ....., VII l. X s, quia concordaverant sine licentia justicie. » Arch. de l'Emp., KK, 376, fol. 43.

[5] Vaissete, t. III, col. 518. Cette ordonnance fut faite par Guillaume Rolland, Étienne de Bagnaux et Philippe d'Eau-Bonne.

louse. La face représentait les armes du comte et le contre-sceau la croix de Toulouse[1]. Les nonces ou huissiers durent jurer de ne pas boire dans les tavernes, de ne pas jouer aux dés, de ne pas prendre part aux repas de noces sans être invités, etc.

Les consuls de Toulouse avaient un beau privilége : quand la coutume était incertaine, il leur appartenait de la fixer[2]. On conserve encore un recueil de leurs décisions, qui servit à la fin du treizième siècle à la rédaction officielle des coutumes de Toulouse[3].

L'ordonnance de 1270 réglementa les greffes. Il y eut dans chaque châtellenie deux notaires ou greffiers permanents chargés de rédiger les jugements et d'en conserver les minutes[4]. Le salaire de ces greffiers fut fixé à douze deniers tournois pour chaque minute : le prix des expéditions devait être déterminé par le juge. Il en était de même pour l'écriture des enquêtes. Le salaire des notaires, pour les contrats passés en leur présence, fut aussi laissé à l'appréciation du juge.

[1] « Vicarius habebit sigillum pro curia, et erit forma sigilli principalis : Signum d. comitis, et infra circulum habebit supersigillum in quo erit signum crucis D. Raymundi (la croix de Toulouse, vidée, cléchée et pommetée) quondam comitis Tholosæ. Subscriptio sigilli erit : « Sigillum curie vicarii Tolose », nullo nomine expresso. Vaissete, t. III, col. 518. Nous ne connaissons aucune empreinte de ce sceau. Nous avons vu une bulle du comte Alfonse pour le comtat Venaissin, appendue à un jugement criminel rendu par le juge de cette sénéchaussée.

[2] Arch. de l'Emp., J. 896, lettre des consuls de Toulouse, et ce droit fut reconnu. « Si consuetudo allegetur inter civitatenses, stetur dicto consulum vel majori parti ipsorum. » Règlement de 1255.

[3] Reg. XXI du Trésor des chartes. Voyez un jugement des consuls en matière de succession, 1247. Giraud, *Hist. du droit*, t. II, p. 110.

[4] « Ordinamus quod in qualibet castellania ubi tenentur assisie duo notarii publici ordinentur, ex parte d. comitis, vel de jam creatis assumantur qui ibi maneant et processus habitos coram judicibus in scriptis redigant in papiro, et papirum ibidem dimittant et asservent. Quod faciant cartas de rebus venditis quarum vende et laudes spectant ad d. comitem, » etc.

Défense aux consuls d'instituer des greffiers, à moins qu'ils ne prouvent leur droit; même décision à l'égard des seigneurs, même de ceux qui avaient la haute justice. Les greffiers devaient subir un examen, justifier de connaissances suffisantes et de bonnes vie et mœurs; ils étaient institués devant le parlement du comte[1]. Mentionnons aussi les notaires chargés de recevoir les contrats, fonctions qui étaient quelquefois remplies par les greffiers. Dès la fin du douzième siècle le notariat était savamment organisé dans le Midi[2], et Alfonse n'eut qu'à confirmer les règles qu'il trouva établies à ce sujet.

L'emprisonnement préventif était rare : souvent, même dans les cas graves, on accordait aux personnes la liberté sous caution[3]. Cependant, en matière civile, l'emprisonnement pour dettes était de règle dans le Midi[4].

Les jugements sur enquête devenaient de plus en plus communs[5], mais il fallait que les parties acceptassent cette forme de procédure. Il s'éleva en 1269 un procès en la

---

[1] « Item quod fiat inquesta contra notarios, et si inventi fuerint infames, seu etiam infideles ab officio arceantur. Aliqui novi de cetero non creentur nisi necessitate urgente vel evidenti utilitate. » Règlement de 1270.

[2] Voyez Pons, Actes inédits de la juridiction civile des consuls de Toulouse au treizième siècle, Mémoires de l'Académie de législation de Toulouse, t. XII, p. 81 et suiv.

[3] 27 juillet 1267 (mardi après la Madeleine), mandement au sénéchal de Poitou de mettre en liberté sous caution Ythier de Maignac, Bernard de la Broce, G. « de Droë », arrêtés sous prévention de rapt d'une demoiselle. Reg. A, fol. 3. — Jeudi de l'Ascension 1269. Ordre de mettre en liberté, sous caution, G. de Vernou, prisonnier, à moins que son cas n'exclue la caution. *Idem.*, fol. 3, r°.

[4] Voyez *Acad. de législ.*, t. IX, p. 400. — Coutumes de Montpellier 1224, Teulet, *Trésor des chartes*, t. Ier, p. 519.

[5] Voyez une enquête entre A. et le vicomte de Châtellerault au sujet de droits d'usage que le vicomte réclamait dans la forêt de Molières. Bibl. imp., n° 9019, fol. 47. — Autre entre les mêmes au sujet du château de Saint-Rémy. *Ibid.*, fol. 40.

cour d'Alfonse entre le vicomte de Rochechouart et la vicomtesse de Limoges, au sujet de mutuelles attaques et d'entreprises réciproques. Le vicomte déclara se soumettre à une enquête, mais à condition que la vicomtesse de Limoges en ferait autant[1].

Les juges devaient se contenter de leur salaire; ils ne pouvaient rien exiger des parties, sauf lorsque, par suite des commissions dont ils avaient été chargés, ils avaient fait des dépenses plus fortes que celles qu'on avait prévues, ou bien dans certains cas permis. Il leur était aussi défendu de rien accepter des plaideurs : les épices n'étaient pas encore inventées !

CHAPITRE II.

JURIDICTIONS DE SECOND DEGRÉ ET APPEL.

Compétence des sénéchaux en première instance : cas privilégiés ; records de cour. — Origine de l'appel : jugements faussés. — Appel dans le Midi. — Juges d'appeaux des sénéchaux.

Autant les juridictions de première instance étaient diverses et multipliées, autant les juridictions de second degré étaient uniformes et peu nombreuses. Il n'y avait par sénéchaussée qu'une seule cour d'appel, celle du sénéchal, qui jugeait aussi directement certaines causes. Nous allons exposer d'abord quelle était la compétence de ce tribunal en première instance.

On attribue communément aux sénéchaux la connais-

---

[1] Lettre d'Alfonse en date du dimanche de la Pentecôte 1269. Reg. B, fol. 3 r°. — En 1251, F., abbé du Moutier-Neuf de Poitiers, se soumit à une enquête au sujet de l'eau d'un fossé situé devant la première porte du château de Poitiers. Trésor des chartes, J. 192, n° 27.

sance des causes des nobles; cela pouvait être vrai dans des temps plus récents, mais il en était autrement au treizième siècle dans les États d'Alfonse.

En matière civile, toutes les causes entre particuliers, nobles ou non nobles, étaient jugées par les juges inférieurs[1], même par les magistrats municipaux, à moins qu'il ne s'agît de la possession d'un fief ou de droits féodaux, auquel cas l'affaire était portée devant le sénéchal, qui présidait les assises composées de nobles, pairs des parties[2].

Les juges des jugeries dans le Midi, et les prévôts dans les provinces de l'Ouest, partageaient avec les magistrats municipaux la juridiction criminelle de premier degré[3]; cependant les sénéchaux eurent aussi une compétence criminelle : ils connaissaient des crimes commis contre la sûreté publique, surtout dans le ressort des juridictions seigneuriales et de certains délits qui répondaient à ce que l'on appela plus tard cas royaux, car il ne faut jamais oublier qu'Alfonse exerçait en fait les droits régaliens dans les provinces soumises à son autorité, et qu'il fit surtout une guerre sans relâche aux abus de la féodalité. Les cas réservés dans les États d'Alfonse étaient tous

---

[1] Voici un procès intenté par une dame noble devant le juge d'Albigeois : « Noverint universi quod domina Barrava, uxor Guillelmi de Monjoire, conquesta fuit de detentoribus bonorum dicti Guillelmi curie domini comitis apud Insulam, et proposuit petitionem suam in hunc modum : Coram vobis R. Johannis, judice in Albigesio pro domino comite... propono, etc. » Orig. Arch. de l'Emp., J. 329, n° 41.

[2] Trésor des chartes, J. 320, n° 64. Jugement du sénéchal d'Agenais prononcé avec le concours des députés de la noblesse et du tiers état, le samedi avant la Sainte-Catherine 1263.

[3] Le feu ayant été mis à une abbaye par un chevalier, le sénéchal de Toulouse en informa le comte. J. 1022, n° 15. — Voyez aussi une lettre du sénéchal d'Agenais au sujet d'une rixe sanglante (sans date). Suppl. du Trésor des chartes, J. 1024, n° 18.

les crimes qui compromettaient la paix publique, toutes les infractions aux trêves et asseurements, les violences commises au mépris de la sauvegarde accordée par le comte aux particuliers, les guerres privées. Du reste sur ce point il n'y avait pas de règle absolue, car certains grands feudataires obtenaient d'être jugés par le parlement d'Alfonse. Il en était de même de certains désordres qui, en raison de leur importance, étaient directement portés à la cour suprême du comte. Très-souvent aussi Alfonse renvoyait à ses sénéchaux le jugement de plaintes qui lui avaient été adressées et que les parties ou une des parties auraient désiré voir juger par le comte lui-même dans sa cour.

Les sénéchaux devaient informer immédiatement le prince des infractions d'une certaine gravité à la paix publique. Ils étaient aussi chargés de faire exécuter les arrêts du parlement.

Très-souvent aussi les juges de première instance connaissaient des violences publiques, mais qui n'étaient pas de nature à apporter un grand trouble [1].

Les sénéchaux devaient faire exécuter les jugements rendus par les tribunaux inférieurs : ceci demande explication. Les sentences n'étaient pas toujours écrites; c'était même l'exception. Or il arrivait quelquefois que l'une des parties donnait au jugement prononcé une interprétation que son adversaire contestait, et l'on n'avait d'autre moyen de sortir d'embarras que de recourir à un record de cour, c'est-à-dire de convoquer ceux qui avaient rendu la sentence et de leur faire expliquer leur intention. C'était au

---

[1] Voyez une sentence rendue par « C. Remundi, judice in Ruthenesio », contre un bayle et ses complices « ob delationem armorum, 1269, Reg. B, n° 143 ; et un jugement criminel prononcé en 1251 par le juge d'Albigeois contre des bourgeois de Gaillac qui s'étaient battus sur la place publique. Orig. Trésor des chartes, J. 328, n° 27.

sénéchal qu'il appartenait de provoquer ces records de cour pour s'éclairer et faire sortir son effet au jugement tel qu'il avait été prononcé. Quelquefois un autre officier était chargé de ce soin : c'est ce qui arriva en 1269 au châtelain de Talmond, au sujet d'un jugement de l'assise de la Roche-sur-Yon [1].

La juridiction des sénéchaux s'exerçait surtout en matière d'appel. Tant que le régime féodal subsista dans sa pureté, c'est-à-dire du neuvième au treizième siècle, on ne reconnut qu'un seul degré de juridiction ; les sentences une fois prononcées étaient irrévocables. A Rome, quand un jugement paraissait injuste, la partie qui se croyait lésée appelait au tribunal supérieur, et le priait de réformer la décision du premier juge, dont elle n'attaquait pas la bonne foi, mais auquel elle se contentait d'imputer une erreur.

Pendant la période féodale, l'homme libre, qui ne pouvait se résoudre à se voir condamné, prenait son juge à partie et l'accusait d'avoir sciemment rendu un jugement inique et menti à sa conscience ; il le provoquait en duel. Si le juge était vaincu, sa sentence était annulée et la cause portée devant le tribunal du seigneur immédiatement supérieur. C'était ce qu'on appelait fausser jugement. Mais cette voie pour obtenir le redressement des torts dont on se plaignait n'était pas à la disposition de

---

[1] Mandement au châtelain de Talmond : « Veniens ad nos Radulfus de La Vergne, petiit ut quoddam judicium super bonis cujusdam nepotis sui sibi adjudicatis pro se latum, ut asserit, sibi faceremus integrari. Quocirca vobis mandamus quatinus, nominatis vobis ab ipso Radulfo a quibus prolatum fuit idem judicium, et adstantibus ad assisias de Rocha sur Oyon quibus, ut dicitur, prolatum fuerit dictum judicium, nec non vocata coram vobis parte adversa et aliis qui fuerint evocandi, probationem prefati judicii per recordacionem judicantium audiatis. » Jeudi après la quinzaine de la Pentecôte 1269. Reg. B, fol. 4 r°.

tout le monde. Le noble qui était condamné par ses pairs pouvait bien provoquer en duel un de ses juges, car il était son égal; mais le bourgeois et le paysan étaient privés de ce recours à la force, la justice leur étant rendue par leur seigneur ou ses agents, qu'ils ne pouvaient accuser de mensonge.

Il en fut autrement au treizième siècle, alors les mœurs s'adoucirent. Saint Louis défendit le combat judiciaire : on continua de fausser jugement comme par le passé ; mais le juge, au lieu d'être obligé de se battre, fut cité devant un tribunal supérieur. C'est ainsi que naquit l'appel dans les pays de droit coutumier. On en trouve des traces dès le règne de Philippe Auguste, mais ce fut surtout sous saint Louis qu'il fut généralisé et facilité par l'établissement d'une hiérarchie de tribunaux au sommet de laquelle était la cour du roi. Les baillis reçurent l'appel des prévôts royaux et des juges seigneuriaux. Cependant les appels conservèrent dans leur forme quelque vestige du faussement de droit ; le juge dont on appelait dut comparaître en personne devant le tribunal d'appel pour donner les motifs de son jugement, et quand il succombait, il était condamné à l'amende. Comme un grand nombre de jugements étaient rendus par des jurys, tous les jurés étaient tenus de venir se disculper ; il en résultait de graves inconvénients. Les appels en droit coutumier étaient donc entravés par des formalités gênantes et par conséquent peu fréquents au treizième siècle.

Dans le Midi, la civilisation romaine avait jeté de trop profondes racines pour que les invasions germaniques eussent le pouvoir de faire oublier dans ces contrées les principes salutaires du droit romain. Les barbares apportèrent leurs lois, mais ils ne les imposèrent pas aux vaincus[1], qui conservèrent les leurs[2]. Le droit romain fut même perpétué dans le Languedoc par l'abrégé du code Théodosien que fit rédiger Alaric II, roi des Wisigoths, pour l'usage de ses sujets gallo-romains[3]. Toutefois si la législation romaine persista au milieu des bouleversements qui agitèrent la Gaule méridionale, il n'en fut pas de même de l'ordre judiciaire établi par eux. Les vainqueurs constituèrent dans toute la France les mâls où chacun était jugé suivant sa loi, mais où l'appel n'était pas admis. L'avénement du régime féodal mit fin aux assises tenues au nom du Roi. Enfin le renouvellement des études juridiques en Italie et à Montpellier[4], au douzième siècle, fit revivre le droit romain, et l'appel fut remis en vigueur[5].

Dès 1247 les sénéchaux royaux du Midi recevaient l'appel des sentences des viguiers et autres juges infé-

---

[1] Voyez les plaids rapportés dans les Preuves du tome II de l'*Histoire générale de Languedoc*, et dans les Preuves du tome I*er* de l'*Histoire de Nismes* de Ménard.

[2] Cela durait encore au neuvième siècle. Voyez la notice de plaids de 898 et même de 933, dans Ménard, *Histoire de Nismes*, Preuves, t. I*er*, p. 17, et Vaissete, t. I*er*, p. 69.

[3] Savigny, *Histoire du droit romain*, t. II, p. 30. (Traduction Guenoux, édition de 1830.)

[4] Sur les appels à Montpellier, voyez un curieux règlement de l'an 1221. Teulet, *Trésor des chartes*, t. I*er*, p. 519.

[5] « A sententia lata infra legitimum tempus appellari potest ad dominum, vel ad eum quem dominus ad hoc constituerit, et ipse dominus, vel ille qui ad hoc erit constitutus diligenter debet inquirere, si in posse suo sit aliquis jurisconsultus, qui nulli partium dederit consilium, vel interfuerit judicio, et cum illo jurisperito debet audire et determinare causam. » Coutumes de Montpellier et de Carcassonne, fin du douzième siècle, art. 43, Giraud, *Essai sur l'histoire du droit français*, t. II, p. 59. — En 1189, Philippe Auguste accorda que les sentences rendues par l'abbé de Figeac seraient directement portées par voie d'appel à la cour du Roi. — Sur l'appel dans le Midi, voy. *Mémoires de l'Académie de législation de Toulouse*, t. VIII, p. 135.

rieurs[1]. Alfonse régularisa les appels et les réglementa. Il statua qu'on appellerait au viguier de Toulouse des sentences des consuls de Toulouse, et au sénéchal des jugements rendus par les juges inférieurs. Quand je dis que le sénéchal recevait les appels, cela ne veut pas dire qu'il les jugeât lui-même : il n'en avait pas le droit. La connaissance de ces appels appartenait à un juge nommé juge des appeaux (*judex appellationum*)[2]. Un fait bien digne de remarque, c'est que dès leur origine les sénéchaux du Midi furent en partie dépouillés de l'exercice de la justice; cette observation ne s'applique pas à ceux de Poitou et de Saintonge ni aux baillis royaux du Nord.

Les juges des sénéchaux eurent donc dès cette époque le droit exclusif de juger les appels, et cessèrent d'être des suppléants pour devenir des magistrats[3]. Sous Alfonse, le juge d'appel de Rouergue touchait quatre-vingts livres de gages par an; celui d'Agenais et de Querci, cent; celui de Toulouse, quatre-vingts[4].

---

[1] « Causæ litigantium sub eis (vicariis), frequenter per appellationem ad nostram audientiam (senescallorum) deferuntur. » Lettre du sénéchal de Beaucaire. Vaissete, t. III, Preuves, année 1247.

[2] « Item, quod a sententiis domini vicarii appelletur ad senescallum, et quod judex, qui continue est cum senescallo Tholose cognoscat de illis appellationibus auctoritate senescalli. — Item quod a sententiis latis a singulis judicibus qui speciales habent judicaturas, appelletur ad senescallum, in cujus senescallia sunt constituti, et de illis appellationibus cognoscat judex auctoritate senescalli. » Règlement de 1255. Bibl. imp., Doat., t. LXXIV, fol. 381, et Vaissete, Preuves, année 1254.

[1] Compte de la sénéchaussée de Rouergue : « Salaria judicum : magistro Petro Raymundi Folcaudi, judici senescalli, per annum IIII^{xx}# Tur. » Bibl. imp., latin, n° 9019. — « Magistro Vincentio, judici in causis appellationum, pro primo tercio de c lib. Tur. per annum XXXIII lib. VI s. VIII d. » Compte de la sénéchaussée de Cahors pour le terme de la Toussaint 1269. *Ibidem*. — « Magistro de Vauro, judici senescalli, XXVI lib. XIII s. IIII d. Tur. Recepta Tholosæ, anno 1256. *Ibidem*. — On constate donc dès lors l'existence de deux juges différents, lieutenants et représentants des sénéchaux, l'un jugeant les procès de première instance, l'autre connaissant des appels.

Les sénéchaux tenaient en personne des assises ambulatoires dans leur sénéchaussée plusieurs fois par an. Ils y rendaient la justice assistés des juges locaux, de jurisconsultes, de nobles et d'ecclésiastiques. Dans le Poitou et la Saintonge, ils présidaient les assises féodales où les jugements étaient rendus par les chevaliers, et publiaient les ordonnances du comte. Il leur était interdit de tenir leurs assises dans les fiefs des seigneurs et dans les domaines des abbayes. Ces tournées avaient moins pour but de rendre la justice que de surveiller les agents inférieurs et surtout la noblesse. Les particuliers venaient aux assises exposer leurs plaintes contre les bayles et les prévôts. Le sénéchal prononçait sommairement et séance tenante sur ces plaintes.

Si l'on compare les attributions judiciaires des sénéchaux du comte Alfonse et celles des sénéchaux royaux, on n'aperçoit aucune différence. Les sénéchaux royaux de Beaucaire et de Carcassonne ne pouvaient, pas plus que ceux de Toulouse, de Rouergue et de Querci, connaître en personne des appels portés à leur tribunal; ils avaient aussi des juges d'appeaux. Ils tenaient pareillement des assises ambulatoires. Quant aux sénéchaux de Poitou et de Saintonge, leurs attributions étaient exactement les mêmes que celles des baillis royaux du Nord : ils rendaient la justice eux-mêmes. On ne saurait trop faire ressortir ce fait, qui prouve que la séparation des pouvoirs, c'est-à-dire la science administrative, était bien plus avancée dans le Midi que dans le Nord. En maintenant et en consacrant ces différences entre les différentes provinces de ses États, Alfonse montra une fois de plus qu'il ne tenait pas à établir une administration uniforme, besoin qui ne se fit pas sentir au moyen âge, et dont la réalisation aurait offert des difficultés insurmontables. Saint Louis agit de même; il laissa à chaque province ses usages particuliers, ses anciennes coutumes, son organisation administrative; il se garda surtout de changer les anciens noms de fonctionnaires pour en substituer de nouveaux; mais il combattit sans relâche les abus, quels que fussent leur nom et leur ancienneté.

CHAPITRE III.

JURIDICTION SUPÉRIEURE.[1]

Parlement d'Alfonse. — Origine de ce conseil. — Réfutation de la Chronique de G. Bardin. — Le conseil était ambulatoire. — Limites du droit d'appel. — Les appels interjetés à la personne du comte n'étaient point jugés par le parlement mais par des commissaires nommés pour chaque cause et choisis sur les lieux où la sentence avait été rendue. — Le parlement connaissait au civil de certaines causes de grands seigneurs et de corps religieux, au criminel de graves atteintes portées à l'ordre public. — Enquêteurs réformateurs institués par saint Louis pour réparer les torts commis par le Roi et punir les officiers royaux. — Alfonse établit des enquêteurs, mais ne leur laisse pas le soin de décider au sujet des réclamations portées contre lui : ce droit réservé au parlement. — Procédures des enquêteurs d'Alfonse. — Ils répriment les excès des agents dans les provinces, et font corps avec le parlement. — Parallèle du parlement d'Alfonse avec le parlement royal. — Établissement et séance inconnue du parlement de Toulouse en 1270.

Alfonse recevait les appels des jugements rendus en première instance ou en appel par ses sénéchaux [1]; il connaissait aussi directement de certaines causes. Comme il n'aurait pas suffi à rendre la justice en personne, il confiait ce soin à son conseil ou parlement. Quel était ce parlement? c'est ce que nous allons examiner.

[1] « A sententiis latis per senescallum, tam in principalibus causis quam in causis appellationum ad dominum comitem appelletur. » Règlement de 1255.

Les textes publiés jusqu'ici ne peuvent éclaircir cette importante question, mais des documents inédits permettent de connaître cette institution importante et surtout de la comparer au parlement de Paris.

Aux principales fêtes de l'année, Alfonse tenait cour plénière, à l'imitation des rois de France. Il donnait de somptueux festins, armait de nouveaux chevaliers et distribuait aux officiers de sa maison et à ses invités des vêtements de prix. Aux mêmes époques, les sénéchaux venaient rendre compte de leur gestion, apporter l'argent qu'ils avaient reçu[1], et s'entretenir avec le comte ou ses ministres de l'état des provinces confiées à leur direction ; ces assemblées portaient le nom de parlement. Alfonse rassemblait alors son conseil, qui examinait la comptabilité des sénéchaux et de l'hôtel du prince et rendait la justice en dernier ressort, tout comme la cour du Roi, qui réunissait encore sous saint Louis des attributions financières et judiciaires.

Le conseil d'Alfonse s'appelait aussi parlement. On doit rejeter ce que dit un chroniqueur du quinzième siècle, nommé Guillaume Bardin, de la composition de cette cour. Cet ancien historien du parlement de Toulouse prétend qu'en 1266 Alfonse nomma présidents de son parlement le connétable d'Auvergne et Jean de Montmorillon, prêtre et chevalier. Cette particularité d'un homme entré dans les ordres continuant de prendre le titre de chevalier est trop invraisemblable et contraire aux règles de la discipline

---

[1] Les sénéchaux envoyaient leur clerc au parlement quand ils ne pouvaient s'y rendre. « Memoria quod Johannes clericus senescalli debet assistere ad instans parlamentum Candelose 1267. » Reg. A, fol. 77. — Alfonse écrit au sénéchal de Rouergue de lui transmettre un renseignement « per clericum vestrum, ad diem lune post quindenam Penthecostis (1267), ad parlamentum nostrum, cum ad nos venerit, pro vestris compotis faciendis. » 1267. Reg. A, fol. 9.

ecclésiastique pour ne pas faire suspecter tout d'abord la vérité de cette assertion [1]. L'auteur ajoute que le comte donna à ces deux personnages le droit de choisir les conseillers. Pour qui connaît les mœurs du treizième siècle, et surtout le caractère d'Alfonse, prince jaloux de gouverner par lui-même, cet abandon du choix des membres d'une cour souveraine est inadmissible : les faits viennent d'ailleurs le démentir.

Guillaume Bardin, membre du parlement de Toulouse au quinzième siècle, a composé une chronique de ce parlement, dans laquelle il le fait remonter au onzième siècle. Bardin a été induit en erreur par le mot *parlamentum,* qui, avant le quatorzième siècle, était employé pour désigner toute assemblée délibérante, et prit le sens restreint de cour de justice souveraine, que nous sommes habitués à lui donner, seulement lorsque la cour du roi fut devenue permanente. Sans doute le parlement d'Alfonse peut être regardé en quelque sorte comme l'origine du parlement de Toulouse, et c'est avec raison que dom Vaissete a réclamé pour le second parlement du royaume une origine qui le rend presque contemporain de celui de Paris; mais il ne faut pas perdre de vue que le parlement d'Alfonse n'était pas spécial au Languedoc et qu'il étendait son autorité sur tous les domaines du frère de saint Louis.

Ce parlement tenait toujours ses séances là où résidait

---

[1] Cette chronique est imprimée intégralement dans les preuves du tome IV (1re édit.) de l'*Histoire générale de Languedoc,* col. 1 et suiv. Dom Vaissete a parfaitement démontré la mauvaise foi de ce chroniqueur (t. IV, notes), mais il a eu le tort de le citer quelquefois. Comment discerner dans cette compilation mensongère le vrai d'avec le faux? On voit avec peine que des savants distingués, ne tenant pas compte de la démonstration convaincante de Vaissete, se plaisent encore à donner au parlement de Toulouse les origines fabuleuses attribuées par Bardin. Voyez les *Mémoires de l'Académie de législation de Toulouse,* t. VII, p. 22 et suiv.

Alfonse : c'est-à-dire qu'il était ambulatoire. En 1261, il se réunit à Nogent-l'Érembert [1]; à la Pentecôte 1262, à Longpont [2]; en 1263 [3] et en 1265 [4], à Paris, ainsi qu'en 1266 [5], en 1267 [6] et en 1269 [7]. Il y en avait ordinairement deux par an : l'un à la Pentecôte, l'autre à la Toussaint. Le parlement de la Toussaint siégeait ordinairement à Paris, où Alfonse avait généralement sa résidence à cette époque de l'année.

Le comte de Poitiers et de Toulouse recevait les appels des jugements des sénéchaux, mais, chose singulière, ces appels n'étaient pas déférés au parlement, et c'est là un point sur lequel le parlement d'Alfonse différait de celui du Roi, dont les principales attributions étaient, ainsi que l'attestent les Olim, de connaître des appels des juridictions inférieures.

Avant de dire par qui étaient jugés les appels des sentences des sénéchaux, qu'on me permette de faire quelques remarques sur l'appel interjeté d'un officier judiciaire au seigneur qu'il représentait. On s'est étonné de voir appeler des sentences des sénéchaux : on a expliqué avec

---

[1] Bibl. imp., n° 10918.

[2] « Que secuntur determinata fuerunt et liberata in parlamento Penthecostes, apud Longum-Pontem. » Registre du parlement d'Alfonse. Arch. de l'Emp., J. 190, n° 63, fol. 26.

[3] « Nos... in Pictavia et Santonia deputati restituimus mandato comitis et consilio ejusdem habito Parisius, que secuntur, auditis inquestis et etiam terminatis Parisius. » *Ibid.*, fol. 9.

[4] Anno 1265. « Super hoc didicimus veritatem et retulimus consilio Parisius. » *Ibid.*, fol. 65. — « In parlamento O. Sanctorum conquestus fuit dominus de Borbonio. » *Ibid.*, fol. 66.

[5] Anno 1266. « Inqueste... et distinctiones earumdem facte Parisius per consilium domini comitis. »

[6] Anno 1267. « Terminationes facte et determinate per consilium Parisius. »

[7] Parlement de la Chandeleur, 1268. Reg. B, fol. 49 v°.

raison ces appels, en constatant que ces magistrats n'avaient qu'une *jurisdictio mandata;* mais on n'est pas fondé à prétendre que dans le droit commun, du temps de saint Louis, ces officiers devaient avoir une juridiction souveraine, et que le recours au parlement ne pouvait s'exercer que pour déni de justice, *pro defectu juris.* Il n'entrait pas dans les idées des hommes du treizième siècle que le délégué représentât parfaitement le mandant : c'était là une maxime de droit romain qui n'avait pas survécu aux invasions barbares [1]. Loin de là, le principe en vigueur paraît avoir été celui-ci : qu'on avait le droit d'être jugé par le seigneur lui-même. En voici un exemple :

L'évêque d'Agen possédait en commun avec Alfonse la haute et basse justice dans la ville d'Agen : il prétendait avoir le droit de recevoir l'appel des jugements rendus en première instance. Le sénéchal ne pouvait contester le droit de l'évêque, qui était évident, mais il invoquait de graves inconvénients dans la pratique et s'y opposait de toutes ses forces. « L'évêque, disait-il, déléguera la connaissance des appels qui lui seront portés, et l'on appellera de nouveau de ce délégué à l'évêque lui-même : *Nam dictus episcopus semper delegabit causas appellationum ad se interpositarum, et sic ab ejus delegato ad eumdem episcopum appellabitur iterato.* » Il devait résulter de là que les appellations n'arriveraient jamais au comte, puisque le droit d'appel était épuisé dans les pays de droit écrit après avoir été exercé deux fois de suite [2].

---

[1] Bonjean, *Procédure chez les Romains*, t. Ier, p. 171.

[2] « Item secundus articulus, quod cum dominus comes mandaverit senescallo processum habitum ex parte illorum de Cassanea contra illos de Marchia, in causa appellationis ad ipsum episcopum, et dixerit senescallus communiter et ad solum senescallum vel ad d. comitem tantummodo, quod dominus comes super hoc jus suum, cum ipse cumulum fori apud Agennum habeat in causis appellationum, cum ad ipsum solum vel ad suos sine adjectione

Je pourrais multiplier les exemples de cette nature, je me bornerai à ajouter qu'au treizième siècle on appelait au roi des arrêts du parlement de Paris, et l'une des conditions mises en 1303 par Philippe le Bel à l'établissement d'un parlement permanent à Toulouse fut qu'on n'appellerait pas des sentences prononcées par les juges qui composeraient cette cour.

Les recours à la justice personnelle d'Alfonse étaient si fréquents qu'ils le fatiguaient. Pour arriver jusqu'à lui on omettait les différents degrés de la hiérarchie judiciaire. Il voulut mettre un terme à un état de choses si contraire à l'administration régulière de la justice. En 1270, il fit une ordonnance ou établissement pour défendre de s'adresser à lui autrement que pour défaut de droit ou par voie d'appel légitime. Cet établissement, dont le style est empreint d'une grande emphase [1], prouve la bonne réputation qu'Alfonse avait comme justicier.

Faut-il conclure de ce que je viens de dire qu'on avait

---

episcopi contingit appellari... Preterea in dicta littera continetur quod in dicta causa una cum dicto episcopo vel ejus mandato procedatur : quod si fiat, nunquam in solidum devolvetur appellatio ad dominum comitem, nam semper dictus episcopus delegabit, etc. » Réponses du conseil d'Alfonse à plusieurs questions qui lui avaient été soumises par le sénéchal d'Agenais. Reg. B, fol. 123 et 124.

[1] Reg. B, n° 5, fol. 7 r°. « Statutum d. comitis ne aliquis adeat ipsum pro justicia obtinenda, nisi defectu justicie vel per appellationem. » Dimanche avant la Madeleine 1269. « Laudabilium jussionum causas plerumque prebet excessus alienus et miro modo momenta justicie de injusticia generantur. Silet enim equitas ubi culpa non vociferatur admissa, et ferratum quiescit presidentis ingenium, quod non fuerit aliqua querela prenotatum... Quieti nostre et honori ordinariorum predictorum consulentes, et predicta stipendia evitantes, proinde duximus statuendum, ut nullus deinceps subditorum nostrorum, obmissis ordine debito locorum ordinariis, ad nos pro justicia impetranda recurrat, nisi in defectum patentem illorum quos pro servanda justicia inibi per nos aut per alios duximus aut duxerimus deputandos, aut per appellationem ad nos legitime interjectam. »

toujours le droit de se faire juger par son seigneur en personne, et que tous les magistrats, si haut placés qu'ils fussent dans la hiérarchie judiciaire, n'étaient jamais à l'abri de voir leurs sentences frappées d'appel[1]? Il paraît qu'il n'en était ainsi que lorsque la délégation était générale. C'est ce principe que suivit Alfonse en confiant le jugement des appels des sentences des sénéchaux à des personnes souvent étrangères à l'ordre judiciaire, mais toujours en vertu d'une commission ou délégation spéciale pour chaque cause. Alfonse chargeait principalement des ecclésiastiques de ces fonctions délicates[1]. Cependant, en 1269, nous le voyons donner mission à un chevalier, Sabran-Chabot, de juger un procès entre Guillaume de Picquigny, chevalier, et les héritiers de Gui de Chausseroie. Il est bon de dire qu'il s'agissait d'une succession féodale[2].

Juger en dernier ressort s'appelait « *causam terminare fine debito*[3]. »

On assimilait aux appels les recours adressés à Alfonse contre les abus de pouvoir et les actes blâmables de ses sénéchaux, bien qu'il n'y eût pas eu de jugement; car il

---

[1] Mandement à R., doyen de Poitiers, de juger l'appel porté par Simon de Verno d'une sentence du sénéchal Eustache de Beaumarchais, en faveur de G. de Picquigny. — Jeudi de l'Ascension 1269. Reg. B, fol. 2 v°.

[2] Lundi après la troisième semaine de la Pentecôte 1269. Reg. B, fol. 4 v°.

[3] Voici la formule de nomination d'un juge pour connaître d'un appel porté au comte : « Alfonsus, etc... Causam appellacionis ad nos interposite a Manfredo de Rabastenx, domicello, a sentencia lata per magistrum Guillelmum de Furno, judicem senescalli Tholose, in causa appellacionis que inter dictum Manfredum, ex una parte, et Bertrandum de Rabastenx, militem, coram ipso vertebatur, vobis committimus audiendam et fine debito terminandam (1267). » Reg. A, fol. 111. — Dans une ordonnance (je ne me rappelle plus dans quel volume de la collection au Louvre), les éditeurs n'ayant pas compris la formule « fine debito », ont corrigé ainsi « sine debito » ce qu'ils ont traduit par « sans frais ».

n'y avait pas alors deux juridictions, l'une judiciaire, l'autre administrative. Un délit, peu importe qu'il eût été commis par un fonctionnaire, était un délit et punissable comme tel par les tribunaux [1]. Et bien qu'il y eût des magistrats spéciaux pour réprimer les méfaits des agents du comte, on admettait les poursuites en justice contre ces mêmes agents pour des actes contraires aux droits d'autrui.

Les appels devaient être jugés dans le pays même où la sentence avait été prononcée en première instance ou en premier appel [2]; mais cette règle fut mal observée, et il en résultait des déplacements et des dépenses considérables pour les plaideurs et de grands retards dans l'expédition des procès. En 1268, les Toulousains supplièrent Alfonse d'instituer un magistrat chargé de juger en Languedoc les appels portés dans cette province. Cette demande fut accordée, mais resta sans effet [3].

Le conseil d'Alfonse ne connaissait donc pas des appels : sa juridiction s'exerçait dans des causes qui étaient portées directement devant lui. Ces causes doivent se diviser en deux classes : les causes entre particuliers et les causes entre le comte et des particuliers. A chacune de ces deux

---

[1] « Priori secularis ecclesie beate Marie de Portu, Agenensis diocesis... Causam appelacionis ad nos interposite ex parte hominum bastide nostre de Castro Seignori, Agenensis, diocesis super quibusdam gravaminibus eisdem illatis, ut asserunt, per senescallum nostrum Agenensem... vobis committimus audiendam et fine debito terminandam. Datum die mercurii in vigilia S. Petri ad vincula, 1269. » Reg. B, fol. 121 v°.

[2] « De appellationibus quæ ad curiam domini comitis deferuntur fiat commissio in illa terra in qua lata est sententia. » Règlement de 1255.

[3] « [Petunt consules Tholosani] quod in partibus Tholosanis constitueretur aliqua bona persona, que audiret et fine debito terminaret omnes causas appellationum interpositarum ad dominum comitem, quia, pretextu dictarum appellationum, jura domini comitis et litigantium retardantur. » Cette demande, qui avait été transmise à Alfonse par Sicard Alaman, fut accordée le lundi avant la Madeleine, 1268. Arch. de l'Emp., Reg. A, fol. 134.

classes était attachée une procédure spéciale. Commençons par les procès entre particuliers.

Les requêtes adressées au parlement d'Alfonse ou au comte lui-même pour obtenir justice étaient nombreuses; mais toutes n'étaient pas admises. Alfonse les renvoyait pour la plupart aux sénéchaux avec ordre de les examiner et d'y faire droit [1].

On n'admettait que les causes des grands feudataires [2], des prélats [3] et des communes, ou celles qui se recommandaient par leur importance. Voici quelle était la procédure suivie devant le parlement.

Le plaignant adressait sa requête au comte, qui ordonnait au sénéchal du lieu de citer la partie adverse devant son parlement [4]. Le parlement d'Alfonse jugeait exacte-

[1] Voyez les Reg. A et B; ils sont remplis de lettres d'Alfonse à ses sénéchaux pour les charger d'examiner des requêtes qui lui avaient été adressées.

[2] Mandement au sénéchal de Poitiers d'exécuter un arrêt du parlement sur la saisine des fiefs du comte de la Marche et de Geoffroi de Lusignan. Lendemain de la Saint-Pierre ès liens, 1267. Reg. A, fol. 5 r°.

[3] Voici un arrêt du parlement de la Toussaint 1266 : « Cum super peticione ven. patris, episcopi Pictavensis, super justicia de Bauters in pallamento O. Sanctorum proxime preterito, ordinatum fuit in hunc modum : super justicia de B. non apparet, » etc. Reg. A, fol. 4.

[4] « Senescallo Pictavensi pro magistro G. de Malo-Monte... mandamus vobis quatinus citetis seu adjornetis coram nobis, ad terciam diem post instantem quindenam Omnium Sanctorum, quatuor quos lator presencium vobis mandaverit de jurisdictione nostra et vestra senescallia existentes, super querelis magistri Geraudi de Malo-Monte et generis sui, quas vobis exponent responsuri ; ita tamen quod nulli dictorum quatuor, quos citaveritis seu adjornaveritis contineantur in cedula presentibus interclusa. » Mardi après la Madeleine 1266. Reg. A, fol. 4. Voyez aussi une lettre d'Alfonse ordonnant au sénéchal de Poitiers d'ajourner devant le comte, au 5e jour après la quinzaine de la Toussaint 1269, Maurice de Belleville, pour répondre à ce que le comte de Périgord proposerait contre lui. Mardi avant la Nativité de la Vierge 1269. Reg. B, fol. 10 v°. — Voici un ordre de citer où le parlement est nommé : « Citetis coram nobis, nobilem virum vicecomitem Thoarcensem ad tercium diem instantis quindenc Omnium Sanctorum ad pallamentum nostrum. » Mercredi octave des Saints Pierre et Paul 1267. Reg. A, fol. 13.

ment comme le parlement de Paris, il faisait faire des enquêtes pour s'éclairer [1]. Ses décisions se nommaient aussi arrêts : elles étaient mises à exécution par les sénéchaux.

Je le répète, le parlement d'Alfonse ne jugeait jamais les appels. Les dénis de justice étaient assimilés aux appels et soumis à la même procédure. En 1267, Guillaume de Vernou se plaignit d'un défaut de droit du sénéchal de Poitiers ; sa requête nous a été conservée : elle s'adressait au comte et à son conseil.

« Guillaume de Vernou, chevalier, dit et requert monseigneur le conte et son conseil que il li face amender les griés et les torz que li baillif de Poito fet à icelui Guillaume. C'est asavoir tout ce que, comme le dit Guillaume, feust ajournez à l'asise de Poitiers, pour la querelle Hémeri de Bocai, chevalier, proposa li devant dit Aymeri contre li devant dit Guillaume que il avoit prisses ses choses dedanz l'asseurement le conte..... et de ce li ballis ne li vost pas fere jugement..... li dit Guillaume appela à monseigneur le conte. Et quand il ot appelé li diz baillis prit toutes ses choses et mist garde en ses mésons, etc. [2]. »

Alfonse ne donna pas cet appel à juger à son conseil, mais bien à Guichard, chanoine de Cambrai [3].

Quelle était la nature des causes entre particuliers dont connaissait le parlement d'Alfonse ? quelques exemples le

---

[1] Mandement au sénéchal de Rouergue de mettre en liberté certains habitants de Peyrusse, et de faire une enquête pour le prochain parlement. Samedi avant la Saint-Marc, 1269. Reg. B, fol. 1 v°.

[2] Reg. A, fol. 7.

[3] *Ibid.* « Dilecto et fideli clerico suo Guichardo canonico Cameracensi... causam appellationis ad nos a Guillelmo de Vernoto, milite, interposite, a gravaminibus a senescallo Pictavense illatis vobis committimus audiendam et fine debito terminandam. »

feront connaître. Occupons-nous d'abord des causes civiles.

En 1266, le vicomte de Thouars fut ajourné pour répondre à Dieu de Mello, seigneur de Saint-Brice, au parlement de la Toussaint [1].

Le mardi après la Nativité de la Vierge 1269, Alfonse prescrivit au sénéchal de Poitou de citer Maurice de Belleville à comparaître devant lui le troisième jour après la quinzaine de la Toussaint pour répondre au comte de Périgord [2]. Les motifs de ces deux procès ne sont pas indiqués. En 1269, Guillaume de Sainte-Maure ayant fait une transaction avec Hugues l'Archevêque, seigneur de Parthenay, ce dernier refusa d'exécuter les promesses qu'il avait faites sous la foi du serment. Les deux parties furent citées au parlement de la Toussaint. Une transaction nouvelle mit fin à ce différend et reçut la confirmation d'Alfonse [3].

En résumé, on trouve un très-petit nombre d'affaires civiles entre particuliers jugées par le parlement; ce fait est mis hors de doute par le rôle complet du parlement de 1270, qui renferme de très-nombreuses mentions de

[1] « Senescallo Pictavensi... Mandamus vobis quatinus citetis coram nobis nobilem virum et fidelem nostrum vicecomitem Thoarcensem, ad tercium diem instantis quindene Omnium Sanctorum, ad pallamentum nostrum, fideli nostro Droconi de Mello, militi, domino de Sancto Bricio responsurum. » — Donné à Longpont, le mercredi de l'octave des Saints Pierre et Paul. Reg. A, n° 4, fol. 2 v°.

[2] Reg. B, fol. 10 v°.

[3] Reg. B, fol. 9. Au sénéchal de Poitou : « Ad aures nostras prolatum est quod fidelis noster Hugo Archiepiscopus, dominus Partiniaci, observare et attendere contradicit convenciones, pacta seu ordinacionem facta inter ipsum ex una parte et Guillelmum de Sancta Maura, militem, ex altera... Quocirca vobis mandamus quatinus ordinacionem eandem cujus transcriptum vobis mittimus faciatis observari, nisi ex parte dicti H. aliquid rationabile in contrarium pretendatur. Quod si pretenderit, assignetis eidem H. et domino G. diem terciam post instantem quindenam Omnium Sanctorum, ut tunc coram nobis compareant audituri et recepturi in hac parte quod dictaverit ordo juris. Datum Parisius in festo B. Laurencii, 1269. »

causes de ce genre qui avaient été portées devant le parlement; mais cette cour les renvoya presque toutes aux sénéchaux compétents, avec ordre de faire droit aux parties [1].

En matière criminelle, le conseil connaissait de faits graves qui intéressaient au plus haut degré le comte ou l'ordre public.

En 1267, Alfonse ordonna au sénéchal de Poitou d'ajourner au parlement de la Toussaint Jean et Nicolas de Pontlevoie, frères, entrepreneurs de la monnaie de Montreuil-Bonin, accusés, ainsi que nous l'avons vu, de malversations dans leur office [2]. Deux marchands, Durand Audebaut et Raimond Fabre, ayant été dépouillés de leurs marchandises en Rouergue, le parlement ordonna au sénéchal de contraindre les seigneurs sur les fiefs desquels le vol avait été commis à indemniser les plaignants [3].

Les habitants d'un village appelé le Petit-Jaulnai ayant frappé et maltraité gravement le prévôt de Poitiers, le parlement les condamna à une amende dont la répartition fut confiée au sénéchal de Poitou [4]; mais le plus souvent le

---

[1] Reg. B, fol. 9. La confirmation est du vendredi, jour de la Sainte-Luce, 1269, sans doute pendant la tenue du parlement de la Toussaint.

[2] « Senescallo Pict... Mandamus vobis quatinus Petro, Johanni et Nicolao de Ponte Leveio, fratribus, assignetis coram nobis diem quartam post instantem quindenam O. Sanctorum super facto monete nostre quam fecerunt apud Monsteriolum responsuris. » Le dimanche après la Saint-Michel 1267. Reg. A, fol. 8.

[3] « Arrestum factum super hoc in pallamento : De peticione Ramundi Fabri et Durandi Audebaut super quod pannis suis spoliati fuerant in strata publica prope Ruthenas, et de hoc senescallus inquisivit; — Ordinacio, quantum ad dampna dictorum mercatorum, senescallus faciat requiri dominos sub cujus jurisdictione existunt ut faciant dicta dampna dictis mercatoribus restitui. » Mardi veille de Saint-Barthélemy 1267. Reg. A, fol. 10 v°.

[4] Reg. B, fol. 20. « Forma arresti. De peticione hominum de Clam seu in villa dicta le Petit Jaunoy, super eo quod petitur emenda ab eisdem

parlement, après avoir pris connaissance des faits, donnait l'ordre aux sénéchaux de rechercher les coupables et de les punir. L'évêque de Saintes s'étant plaint de violences dont son église était l'objet de la part de laïques, le parlement de la Chandeleur 1269 prescrivit au sénéchal de Saintonge de faire droit au prélat et de châtier ceux qui avaient méfait[1]. Une pareille décision fut prise à l'égard de Guillaume Cap-de-fer, clerc, qui avait été violemment expulsé de son église de Brenac par Robert de Lajardel, châtelain de Montignac, en Périgord, pour messire Renaud de Pons[2].

Souvent même, quand le fait était très-grave, le comte envoyait quelques membres de son conseil juger sur les lieux. C'est ce qui arriva en 1259 à propos d'une guerre privée qui éclata entre l'évêque de Rodez et l'abbé de Conques[3], et peu de temps après entre l'évêque d'Albi et l'abbé de Gaillac[4].

Le parlement connaissait surtout et spécialement des procès entre le comte et les particuliers. Les causes de ce genre étaient transmises, soit directement[5], soit par

ratione prepositi Pictavensis verberati apud le Grant Jaunoy. §. Senescallus Pictavensis faciat jus de taxationibus emendarum. »

[1] Reg. B, fol. 33 r°. « Senescallo Xanctonensi pro venerabili patre episcopo Xanctonense... in nuper preterito pallamento Candelose vobis datum extitit in mandatis, ut super quibusdam excessibus contra episcopum Xanct. in suum et ecclesie sue prejudicium, etc. » Jeudi après Pâques 1269.

[2] Reg. B, fol. 34 r°. Lettre au sénéchal de Saintonge. Mercredi après le dimanche où l'on chante Jubilate, 1269.

[3] Vaissete, t. III, col. 510.

[4] Commission au trésorier de Saint-Hilaire, Sicard Alaman et Raoul de Figeac, pour connaître de cette infraction : ils condamnèrent un des coupables, Th. de Lescure, à 500ℓ d'amende. Doat., t. LXXIV, fol. 104.

[5] « Hec sunt requeste quas comes Marchie facit domino suo illustrissimo Pictavensi ad parlamentum B. Martini Hyemalis. » Reg. B, fol. 15 v°. — En 1265, au parlement de Toussaint, le sire de Bourbon se plaignit lui-même en présence d'Alfonse. J. 190, n° 63.

l'intermédiaire d'enquêteurs qui étaient désignés par le comte et chargés de parcourir les provinces et de recevoir les plaintes du peuple, soit contre le comte lui-même, soit contre ses agents. Ces commissaires avaient aussi pour mission de faire des enquêtes sur les réclamations adressées au parlement. Je dirai tout de suite qu'ils décidaient eux-mêmes dans leurs tournées sur les griefs qui étaient articulés contre les officiers du comte, mais qu'ils se bornaient à recueillir les plaintes ou les revendications qui étaient portées contre Alfonse lui-même et à faire des enquêtes pour en connaître la valeur; au conseil seul appartenait de statuer sur les demandes de cette nature.

Ces enquêteurs étaient donc d'un puissant secours pour la bonne administration de la justice; c'était une heureuse institution, toutefois l'honneur de les avoir créés ne revient pas à Alfonse, mais à saint Louis.

Désireux de se préparer dignement à la croisade, le saint roi ne crut pouvoir mieux faire que de réparer toutes les injustices qu'il avait pu commettre, lui, ses prédécesseurs et ses officiers. Sa conscience délicate était troublée surtout par les nombreuses confiscations par lesquelles Philippe Auguste avait enrichi le domaine royal en Normandie et dans les autres provinces conquises sur les Anglais, ainsi que par les spoliations dont une innombrable quantité de personnes avaient été victimes dans le Midi à la suite de la guerre des Albigeois, sous le prétexte plus ou moins fondé d'hérésie.

Les biens injustement acquis, saint Louis résolut de les restituer. Une autre crainte le préoccupait. Les agents du pouvoir royal avaient, de leur côté, commis, pendant la régence de la reine Blanche, bien des abus de pouvoir, bien des extorsions. Le devoir du roi était de les punir et de leur faire rendre ce qu'ils avaient pris injustement.

Pour atteindre ce double but, il résolut d'envoyer dans les provinces des commissaires enquêteurs chargés de provoquer les plaintes du peuple et d'y faire droit[1] : il ne crut pas trouver en dehors du clergé des agents capables d'exécuter ses ordres.

Muni de l'autorisation du souverain pontife, le roi obtint des chefs d'ordre des sujets qui fussent en état de remplir ses vues : les moines ainsi désignés, en exécutant les ordres du roi, remplissaient un devoir religieux.

Des commissions composées de plusieurs membres, depuis deux jusqu'à quatre, furent chargées d'inspecter un ou plusieurs diocèses[2]. Ce fut à la fin de 1247 qu'ils commencèrent leurs opérations.

Les pouvoirs des enquêteurs, aux termes des lettres patentes qui leur furent données, consistaient à entendre et rédiger par écrit les plaintes que l'on pourrait porter contre le roi, pour quelque cause raisonnable, tant pour son propre fait que pour celui de ses prédécesseurs, et à faire des enquêtes suivant certaines formes, à entendre, écrire et enquérir simplement et *de plano* sur les torts et exactions, services indûment exigés et autres vexations commises par les baillis, prévôts, forestiers, sergents et leur suite, depuis le commencement du règne actuel, et d'ordonner aux coupables ou à leurs héritiers de restituer ce qu'ils seraient convaincus d'avoir pris injustement, soit par leur aveu, soit par témoins[3].

[1] Mathieu Paris, p. 735. Sur les enquêteurs réformateurs de saint Louis on peut consulter les rares renseignements donnés par Lenain de Tillemont, *Vie de saint Louis*, t. III, 152, t. IV, 71, 96, 97, 135, 224, 261, 262; t. IV, p. 210, etc.

[2] Lenain de Tillemont a trouvé dans des comptes de dépenses qui ne sont point parvenus jusqu'à nous des mentions de dépenses faites par les enquêteurs du Roi à Paris, Orléans, Amiens, Tours, Issoudun, Sens, Moret, Beaumont, Saint-Germain, Laon, Mâcon. *Vie de saint Louis*, t. III, p. 153.

[3] Conciles, t. XI, p. 79.

Les évêques furent invités à les aider dans l'accomplissement de leur mission, et les baillis reçurent l'ordre de leur obéir et de fournir à leurs dépenses.

J'ai eu l'heureuse fortune de trouver épars aux Archives de l'Empire une partie des procédures des enquêteurs. C'est un spectacle admirable que de voir le soin avec lequel ils allaient au-devant des plaintes du peuple et avec quelle justice ils prononçaient, soit contre le roi, soit contre ses officiers. Un fait qu'il ne faut point perdre de vue, c'est qu'ils ne recevaient pas l'appel de sentences régulièrement rendues : ils ne connaissaient que des abus de pouvoir et des extorsions qui n'avaient pas été l'objet d'un jugement. Au retour de la croisade, saint Louis envoya de nouveaux enquêteurs réprimer les excès qui avaient pu se commettre pendant son absence. Enfin, en 1268, prêt à retourner en Orient, il prescrivit une nouvelle enquête générale. Ces enquêtes sont un des plus curieux monuments historiques qui existent : elles font pénétrer dans la société du treizième siècle; mais je n'insiste pas sur ce sujet intéressant, que j'ai développé dans un mémoire lu à l'Académie des inscriptions [1].

Outre l'intérêt immense qu'offre tout ce qui concerne les enquêteurs de saint Louis, cette institution a d'autres droits à notre attention. J'ai souvent dit qu'Alfonse prit tout ce qui était bon dans l'administration royale : toutes les mesures utiles de son frère, il se les appropria. Saint Louis avait eu des enquêteurs, Alfonse eut les siens : il fit plus, il améliora cette institution, la rendit permanente et l'unit étroitement à l'administration de la justice [2].

Dès 1254, le Toulousain vit des enquêteurs : c'étaient

---

[1] Voyez Mémoires présentés par divers savants, t. XXII, 1re partie.
[2] Lenain, t. V, p. 70, 71 et 239. Toujours d'après des documents qui ne nous sont point parvenus.

des hommes illustres par leur naissance ou leur mérite : Jean de Maisons, chevalier; Gui Fouquet, depuis pape sous le nom de Clément IV; Pierre Bernard, frère Jean de Casencuve et frère Philippe [1]. Nous avons peu de détails sur leur mission, qui avait un but politique élevé : celui d'étudier les réformes que réclamait l'administration des provinces méridionales appartenant au comte de Poitiers, et de proposer celles qui paraîtraient désirables. Ils firent des règlements sur la justice et sur la punition des hérétiques, règlements que le comte avait le droit de rejeter ou de modifier à son gré. Ils reçurent en outre les plaintes du peuple.

En 1255, d'autres commissaires vinrent principalement pour apaiser à Toulouse le mécontentement réciproque qui existait entre le comte et les consuls de cette ville, dont les priviléges étaient méconnus et violés [2].

Ce n'est qu'à partir de 1258 que l'on a des renseignements précis sur la manière dont les enquêteurs du comte Alfonse procédaient [3]. Ils étaient nommés par lettres patentes [4] : la durée de leurs fonctions était limitée d'avance;

---

[1] Vaissete, t. III, col. 502. Avant l'institution des enquêteurs, les restitutions de biens indûment détenus par le comte étaient faites directement par l'ordre du comte sur la réclamation de la partie lésée. En 1250, Sicard d'Alaman, vice-gérant d'Alfonse dans le comté de Toulouse, fit des restitutions, mais d'après l'ordre exprès (de voluntate et assensu expresso) de la reine Blanche. Trésor des chartes, J. 318, n° 45.

[2] Vaissete, t. III, col. 517, et Reg. C, fol. 51 r°.

[3] On conserve aux Archives de l'Empire, J. 190, n° 61, des fragments de registres contenant des résultats d'enquêtes de 1258 à 1269; mais tout cela est fort incomplet et n'est pas rédigé sur le même plan. Le cartulaire 10918 de la Bibliothèque impériale renferme aussi des enquêtes de 1258 à 1263.

[4] « Senescallo Tholosano. Significamus vobis quod nos ad partes nostras Tholosanas mittimus dilectum et fidelem clericum nostrum magistrum Odonem de Montonneria, latorem presencium, pro forefactis nostris et bone memorie Raimundi, quondam comitis Tholose, una cum dilecto et fideli nostro Poncio Astoaldi, emendandis, nec non pro forefactis ballivorum et servientum

si des circonstances imprévues rendaient insuffisant le temps qui leur avait été assigné, le comte prolongeait leurs pouvoirs. Les sénéchaux étaient prévenus de leur arrivée et requis de leur prêter aide et appui [1].

Alfonse choisissait les enquêteurs, à peu d'exceptions près, dans le sein du clergé régulier, et, parmi ces derniers exclusivement, les Dominicains et les Franciscains, qui lui offraient des hommes capables et dévoués. Il mettait en jeu, avec une grande habileté, le ressort puissant de l'obédience religieuse. A sa prière, les chefs d'ordre choisissaient parmi leurs subordonnés ceux qu'ils jugeaient le plus aptes à remplir les fonctions délicates d'enquêteurs [2], et leur enjoignaient, au nom de l'obéissance monas-

---

nostrorum similiter corrigendis. Unde vobis mandamus quod super hiis et aliis negociis nostris vestrum impendatis eidem consilium et juvamen. In hiis et in aliis negociis nostris fideliter promovendis sitis taliter curiosus et intentus quod exinde vobis debeamus scire gratum. » 1262. — Item alia senescallo Agenensi et Caturcensi. Trésor des chartes, J. 307, n° 55, fol. 2.

[1] « Significamus vobis quod nos dilectos et fideles nostros Poncium Astoaudi et Odonem Monstoneria commisimus et injunximus ut ipsi audiant, addiscant, inquirant diligenter de forefactis judicum, bajulorum, servientum et scriptorum, qui in nostris existunt seu extiterunt obsequiis in senescallia Tholosana et Albiensi, et eadem forefacta, prout justum fuerit, faciant emendari. Quare vobis mandamus quatinus eisdem vestrum consilium et auxilium ad predicta forefacta facere emendari impendatis. Durent littere iste usque ad instans festum Purificationis. Datum in crastino Resurrectionis, anno 1267. » Reg. A, fol. 39.

[2] « Viro religioso ac in Christo sibi karissimo fratri Imberto, magistro ordinis Fratrum Predicatorum, salutem et sinceram in Domino caritatem. Vos rogamus quatinus fratri Henrico de Champigniaco, priori Senonensi, per obedienciam velitis injungere vestris patentibus litteris ut ipse possit, per se et per alios, forefacta nostra in terris nostris emendare et alia que ibidem sunt expedienda, secundum Deum, quando et quocienscumque, ex parte nostra, fuerit requisitus; dantes eidem speciale mandatum ut per obedienciam possit compellere ex parte vestra illos quos ad premissa exequenda ydoneos viderit et honestos. Datum post festum sancte Lucie, anno LXII. » Trésor des chartes, J. 307, n° 55, fo. 9 r°.

tique, de faire des enquêtes pour le comte de Poitiers[1].

On choisissait des moines éclairés et scrupuleux : la lourdeur du fardeau qu'on leur imposait les alarmait souvent, et ce n'était pas sans une certaine terreur qu'ils acceptaient des fonctions qui faisaient d'eux les dispensateurs de la justice.

Il y avait des enquêteurs spéciaux pour la Saintonge et le Poitou[2]; d'autres pour l'Auvergne; d'autres pour le Toulousain, le Rouergue et le Querci; d'autres enfin pour le comtat Venaissin. Tous les enquêteurs étaient pris dans le clergé, sauf Pons d'Astoaud, chevalier, ancien chancelier de Raymond VII, qui avec Eudes de la Montonnière, membre du clergé séculier, était chargé de faire des enquêtes dans les provinces méridionales. Il est probable qu'Alfonse ne voulait pas confier l'inspection d'un pays aussi éprouvé par les dissensions religieuses que le Languedoc à des moines qui exerçaient les redoutables fonc-

---

[1] « Viro religioso... fratri Henrico de Champigniaco, priori Fratrum Predicatorum Senonensium salutem... Dilectionem vestram rogamus quatinus duos fratres in Pictavie et Xantonie partibus, et aliis terris nostris, si opus fuerit, propter forefacta nostra emendanda, quanto cicius poteritis, transmittatis, et quid super hoc feceritis et de nominibus ipsorum fratrum nos per latorem presencium certificetis. Significetis eciam nobis utrum possint esse Pictavi ad proximam quindenam Pasche : nos enim si ibidem intersint, quemdam clericum ibidem mitteremus contra eos. » Reg. B, fol. 12. Même date que la lettre précédente. — Lettre d'Alfonse au prieur provincial des Prêcheurs de France de lui envoyer Jacques de Gien pour faire des enquêtes, et un autre frère à son choix, 1269, jour de Saint-Pierre aux liens. *Ibidem*, fol. 8 r°. — Réponse du provincial. *Ibidem*.

[2] Mandement à l'archiprêtre de Romorantin pour lui enjoindre de faire des enquêtes avec deux pères prêcheurs en Poitou, au parlement le jour de l'Ascension : « Significantes nobis infra festum Assumptionis predicte quot equi pro dictis fratribus vobis fuerint necessarii, ut eos vobis tempestive mittere valeamus. Mittimus eciam vobis articulos quos Parisius dimisistis, adjectis responsionibus ad singulos articulos, prout visum fuerit nostro consilio expedire, sub contrasigilli nostri karactere interclusos. » Jeudi fête de Saint-Pierre aux liens. Reg. B, fol. 8 r°.

tions d'inquisiteurs de la foi. Le comte mettait des chevaux et une somme d'argent modique à la disposition des enquêteurs [1].

Quelles étaient les fonctions des enquêteurs? Les lettres patentes qui les instituaient nous les font connaître : ils avaient mission d'amender les *forfaits* « forefacta » du comte et de Raymond, de bonne mémoire [2], et de corriger les excès des baillis et des sergents [3]. Il ne faudrait pas se tenir à la lettre de leur commission et croire qu'ils eussent le droit de décider des réclamations qui leur étaient adressées contre le comte. Alfonse n'était pas homme à laisser autrui juge des restitutions que sa conscience pouvait l'engager à opérer. Les enquêteurs furent uniquement chargés de recevoir les réclamations de ce genre, d'en vérifier le fondement au moyen d'enquêtes, et de rapporter le résultat de leurs recherches au parlement et au comte lui-même, qui se réservait de décider en dernier ressort.

Cependant dans le principe les enquêteurs décidaient eux-mêmes des plaintes, dont l'objet était peu important, qui leur étaient portées contre le comte. C'est ce que prouve le registre tenu en 1258 et en 1259 par les enquêteurs de Poitou et de Saintonge. Ce registre commence ainsi :

---

[1] Mandement à l'archiprêtre de Romorantin : « Vobis mittimus tres equos pro Fratribus qui vobiscum in Pictaviam et Xanctoniam sunt ituri, et decem libras Turonensium pro expensis vestris in itinere faciendo. » Jour de l'Assomption 1269. Reg. B, fol. 9 v°.

[2] « Nos ad partes Tholosanas mittimus dilectum... pro forefactis nostre et bone memorie Raimundi comitis Tholose, una cum dilecto... emendandis, nec non pro forefactis ballivorum et servientum nostrorum similiter corrigendis. » Trésor des chartes, J. 307, n° 55, fol. 2.

[3] « Poncium Astoaudi et Odonem de Montoneria commisimus et injunximus ut ipsi audiant, addiscant et inquirant diligenter de forefactis judicum, bajulorum, servientum et scriptorum, qui in nostris existunt seu extiterunt obsequiis. » 1267. Reg. A, fol. 39.

« L'an 1258, nous frères Henri des Champs, Jean du Châtel, et Thomas, maître des écoles de l'église de Poitiers, enquêteurs institués en Poitou et en Saintonge par le seigneur comte de Poitiers, nous avons décidé ce qui est inscrit dans ce cahier, après avoir fait avec soin des enquêtes au moyen de témoins jurés et avec le conseil d'hommes de loi et de personnes dignes de confiance, comme mieux nous l'avons pu, soit en rendant des jugements, soit en transigeant, ainsi qu'il a paru plus avantageux pour les deux parties. Il est bon de savoir que tous ceux à qui nous avons rendu un héritage ou une somme d'argent, ou toute autre chose, ont quitté le seigneur comte de tous les arrérages, avec la paix du cœur, ainsi que nous le croyons; sauf et réservé le droit du seigneur comte sur tout ce que nous avons rendu, si ce droit peut être constaté. Nous avons aussi fait des enquêtes au nom du seigneur comte auprès de ses sergents, après leur avoir fait prêter serment. » Suit une longue liste de restitutions faites dans différentes prévôtés [1].

Ils rendirent au sire Charles de Rochefort et à ses hommes du lieu appelé le Fief le pacage dans les plaines et les bois communs du comte, attendu qu'une enquête avait

---

[1] Bibl. imp., n° 10918, fol. 1. « Anno Domini m.cc.lviii, nos Fratres Henricus de Campis et Johannes de Castello et Johannes, magister scolarum ecclesie Pictaviensis, inquisitores in Pictavia et Xanctonia a domino comite Pictaviensi constituti, determinavimus ea que secuntur in quaterno isto contenta, cum diligenti inquisicione per testes juratos et habito consilio peritorum et fide dignorum, prout melius potuimus, sive reddendo judicium, sive componendo, prout utilitati utriusque partis vidimus expedire; et sciendum quod omnes illi quibus reddidimus hereditatem, sive pecuniam aut aliquid aliud quittaverunt arreragia et levata domino comiti cum pace cordis, sicut credimus, salvo tamen et retento jure domini comitis in omnibus redditis, si aliquando valeat inveniri. Inquisivimus eciam pro domino comite a servientibus ejus juratis. Actum usque ad principium anni lx circa Pascha. »

établi une ancienne possession de la part des plaignants [1]. Les restitutions de droits d'usage furent nombreuses [2]. Ils supprimèrent une foule de redevances illégales. A Sanzai, ils abolirent une mauvaise coutume introduite seulement depuis trois années, qui consistait à faire payer une obole pour chaque peau qu'on vendait ayant appartenu à une brebis morte de mort naturelle [3].

Une des plus lourdes servitudes du régime féodal consistait dans le droit de garenne que possédaient certains seigneurs, droit qui avait pour effet non-seulement de donner à celui qui en était revêtu le privilége exclusif de chasser dans certains bois, mais encore la faculté de se livrer au plaisir de la chasse sur les terres de ses tenanciers ou de ses voisins [4]. Les enquêteurs du Poitou rendirent en 1259 une ordonnance utile à l'agriculture, en supprimant toutes les garennes établies depuis l'avénement

---

[1] « Nos reddidimus domino Karolo de Rocha-Forti et hominibus suis de villa sive loco qui dicitur Feodus pasquerium, pro animalibus suis, in planis sive communibus nemoribus domini comitis, quia inventum est per inquestam quod, etc. » *Ibid.*, fol. 1.

[2] « Nos diligenti inquisitione prius facta, reddidimus domino Gaufrido de Sylars, militi, et Gaufredo Valleto et hominibus ejus, paccagium animalibus eorum in foresta comitis, secundum quod solebant habere. » *Ibid.*, fol. 1 r°. — « Item reddidimus Johanni Sivant explectamentum in nemore de Cormerier, sicut solebat habere. » *Ibid.*, fol. 1 r°. — « Item hominibus de Monte Maurilii, qui dicuntur vigerii, restituimus possessionem explectandi in chavenia, sicut ab antiquo consueverunt usque ad tempus Th. de Noviaco, sen. Pict., etc. » *Ibid.*, fol. 2 r°.

[3] « Item revocavimus quandam malam consuetudinem introductam apud Sanceium a tribus annis citra, videlicet quod levabatur unus obolus pro vendita pelle ovis mortue propria morte, et hoc invenimus per multos testes juratos. » *Ibid.*, fol. 1 r°.

[4] Sur les garennes ouvertes : voyez Bouthors, *Coutumes locales du bailliage d'Amiens*, t. Ier, notes. — Consultez aussi une curieuse charte du sire de Mauléon en 1199, constatant les tristes résultats d'une garenne dans l'île de Ré. *Bibl. de l'École des chartes*, 4e série, t. IV, p. 369.

d'Alfonse, et en défendant d'étendre celles qui avaient une existence ancienne[1].

Ils reconnurent que les nobles de la châtellenie de Montreuil pouvaient vendre leurs bois sans payer au comte, sous le nom de *vente*, un de ces droits onéreux qui existaient en Normandie sous le nom de *tiers et danger*, et sous celui de *gruerie* dans d'autres provinces[2]. A Poitiers, ils interdirent, d'après l'ordre formel du comte, aux prévôts de lever aucun impôt sur les folles femmes ou filles publiques, pour les défendre et les protéger. Les baux des prévôtés ne feront plus à l'avenir mention de cette redevance[3].

A Saint-Jean d'Angély, ils remirent Guillaume-Robert de Tonnay en possession de la chambellanie de Tonnay, à condition de remplir les devoirs attachés à cet office féodal : voici en quoi consistait le service du chambellan. Il devait joncher de paille ou de jonc la cour du seigneur, préparer le bain pour les nouveaux chevaliers, tenir en état la cotte de mailles du seigneur et la couverture maillée de son cheval. En récompense de quoi il touchait, quand le comte était dans la châtellenie, deux pains, un broc de vin, un plat de viande ou de poisson, et prenait après le repas les chandelles de la table seigneuriale. Il

---

[1] « Item nos de consilio bonorum et peritorum amovimus omnes garennas de novo factas a tempore domini comitis, tam omnium animalium quam avium. Amovimus etiam dilataciones et infortiationes veterum garennarum. » *Ibid.*, fol. 2 r°.

[2] « Reddidimus nobilibus de castellania Mosterolii quod possint vendere nemora sua non obstantibus vendis nemorum domini comitis, quia invenimus per inquestam quod hoc poterant facere et fecerunt temporibus comitis Marchie et aliorum dominorum Mosterolii. » *Ibid.*, fol. 4 r°.

[3] « Nos de speciali verbo et mandato d. comitis, ordinavimus quod prepositus Pictavensis nullam redempcionem de cetero accipiat a stultis mulieribus, seu meretricibus, sicut consuetum erat ab antiquo, ut eas deffenderet et garriret. »

recevait en outre les vêtements de dessus de ceux qui prêtaient hommage au comte, ainsi que les vêtements que portaient les nouveaux chevaliers avant d'entrer dans le bain préparé par le chambellan [1]. C'étaient là de ces vieilles coutumes féodales qui tendaient de plus en plus à disparaître et dont il est curieux de conserver le souvenir.

Le registre renferme la mention d'une foule de restitutions de domaines, cens, rentes, et autres droits qui étaient entre les mains du comte [2], et de la suppression de plusieurs abus.

Bien que les enquêteurs eussent le pouvoir de statuer sur les demandes qui leur étaient soumises, quelques-unes de ces requêtes étaient renvoyées au comte pour qu'il décidât lui-même. C'est ainsi qu'on peut expliquer les restitutions inscrites sous la rubrique : *Hec reddidit dominus comes* [3].

---

[1] « Apud Sanctum Johannem Angeliacensem, die martis in vigilia beati Laurencii, reddidimus Guillelmo Roberti de Talneio cambellaniam de Talneio et de castellania de Talneio, dum tamen faciat deverium debitum... et servicia cambellanie consueta, scilicet straminare vel sternere junco aulam domini comitis, preparare balnea novis militibus, rolare loricam domini comitis et cooperturam equi ipsius loricatam et alia ad dictam cambellaniam pertinencia ; propter que servicia debet percipere et habere qualibet die qua dictus comes presens est in dicta castellania duos panes, unum brodium vini et unum ferculum carnium vel piscium et candelas residuas de propria mensa domini comitis : item superficialem vestem facientis homagium domino comiti : item vestes quas habent indutas novi milites qui intrant balnea preparata a dicto cambellano. » Fol. 8 r°.

[2] « Item nos reddidimus Sebile, uxori Auberti de Poilevoisin et heredibus, dicte uxoris quandam terram in feodo de Bernegoe. » *Ibidem*, fol. 2 v°. — « Item nos reddidimus Reginaldo de Faya, militi, sex denarios annui redditus. » *Ibid*. — « Item... domino Reginaldo Guiencu, militi, piscacionem in Vendcia. » *Ibid.*, fol. 3 r°. — « Item non cogantur rustici vel alii circa Moleriam ad eundum in forestam cum venatoribus domini comitis, nisi voluerint, quia hoc invenimus hoc de novo introductum per venatores. » Fol. 3 v°.

[3] Fol. 4. « Domino Philippo de Bello-Monte, militi, reddidit dominus comes explectamentum in foresta Moleric, etc. »

A la suite des restitutions d'héritages ou de droits est un chapitre renfermant l'indication des revendications qui ne furent pas trouvées admissibles : *De hereditatibus de quibus comes liberatur* [1]. Un chapitre spécial est consacré aux restitutions de biens meubles et de sommes d'argent.

Parent, maréchal, reçut trois sous pour avoir soigné trois palefrois de la comtesse ; La Rotaude, feutrière, huit sous à titre d'indemnité, sa maison ayant été écrasée par la chute de l'hôtel du comte à Saint-Maixent ; Michel Godard, quinze sous pour trois cents carreaux à arbalète qui ne lui avaient pas été payés. Un paragraphe est consacré aux demandes de meubles ou de sommes d'argent que les enquêteurs repoussèrent [2].

Certaines requêtes furent accordées, sauf l'approbation d'Alfonse, *retenta domini comitis voluntate et laudatione* [3].

Je suis porté à croire que cette tournée des enquêteurs en Poitou et en Saintonge pendant la fin de l'année 1258, l'année suivante et le commencement de l'année 1260, fut la première de ce genre : ce qui semble le prouver, c'est la nature des plaintes qui leur furent adressées, et dont plusieurs s'appliquent à des faits remontant aux premières années du règne d'Alfonse.

En 1261, de nouveaux enquêteurs parcoururent le Poitou et la Saintonge : ils n'étaient plus que deux, Jean du Châtel, prieur des Dominicains de Poitiers, et maître Raoul de Gonesse, chanoine de Chartres [4]. Ils firent des

---

[1] « Heredes defuncti Challeteau nichil habebunt de hereditate dicti Andree nec de vendemia levata quam petebant, quia invenimus per inquestam quod dictus Andreas fuit in guerra contra regem et comitem et occisus. » *Ibidem*, fol. 4 r°.

[2] *Ibid.*, fol. 5 r°.

[3] « De homagiis domini Mingoti sibi redditis non tamen sibi liberatis, nisi domini comitis voluntate, etc. » Fol. 6 r°.

[4] « Anno Domini M.CC.LXI, nos Frater Johannes de Castello, prior Fratrum

enquêtes et rendirent des jugements; ils transigèrent aussi au nom du comte sur certaines réclamations qui paraissaient fondées, mais dont les auteurs n'avaient pu suffisamment prouver leur dire; car il ne faut pas perdre de vue ce fait que les enquêteurs ne devaient pas montrer la sévérité des juges : il leur était ordonné de **décider conformément à l'équité, sans exiger la rigueur du droit.**

Le registre qui fournit ces renseignements ne renferme qu'un résumé. A plusieurs articles qui ne contiennent qu'une mention très-sommaire de l'objet de la plainte ou de la restitution, est jointe une indication de ce genre : *In primo, in secundo, in tercio quaterno.* Les cahiers auxquels il est ainsi renvoyé sont en partie conservés aux Archives de l'Empire : ils nous permettront de poursuivre l'étude de la procédure des enquêteurs pendant les années suivantes, et nous les montreront remplissant leur mission dans les différentes provinces soumises à Alfonse [1].

En 1261 les enquêteurs rendent encore des jugements, mais certaines questions sont réservées à la décision d'Alfonse [2], que l'on voit en effet prononcer en dernier ressort dans son parlement [3].

Predicatorum Pictaviensium, et magister Radulfus de Gonnessa, canonicus Carnotensis, inquisitores in Pictavia et Xanctonia a domino comite Pictavensi missi, determinavimus ea que sequuntur. In ballivia Pictaviensi : apud Pictavim — versus Fontigniacum — versus Sanctum Maxencium — apud Sanceium — apud Niortum — apud Cherveus — item apud Niortum et tamen est de castellania Frontigniaci — item apud Sanceium — item apud Pictavim. » Fol. 6 v° à 7 v°. — « In ballivia Xanctonensi — apud Frontigniacum — apud Banaon — apud Sanctum Johannem Angeliacensem — apud Xanctones — apud Campaniam — apud Sales — apud Ruppellam — apud Laviam. » *Ibid.*, fol. 8 r° à 9 r°, et J. 190, n° 61, fol. 25 et suiv.

[1] Trésor des chartes, J. 190, n° 61, fol. 6.

[2] « Ista sunt facienda per comitem. » N° 10918, fol. 11 r°.

[3] « Actum apud Nogentum Heremberti, anno M.CC.LXI, in quindenæ O. Sanctorum. » Fol. 9 et 10. — « Item ordinatum est coram domino comite et voluntate ipsius interveniente. » *Ibid.*, fol. 10 r°.

A partir de 1263 s'opère un changement important : les enquêteurs se bornent à recevoir les plaintes, à faire des enquêtes, à punir les agents qu'ils trouvent coupables ; mais le jugement de toutes les demandes en restitution formulées contre le comte est exclusivement réservé au Conseil ou Parlement. La même année, Frère Raoul de Gien, Geoffroi de Parthenay et maître Jean de Sens font des restitutions par l'ordre du comte et de son conseil, qui avait tenu ses séances à Paris et avait jugé les enquêtes [1].

La même année, Gui d'Étampes, Eudes de Paris et maître E. de Mésy firent des enquêtes en Auvergne : ils ne jugeaient pas [2]. L'année suivante, dans la même province, les mêmes, continuant leur tournée, firent des enquêtes qui furent jugées à Paris par le Conseil [3] : il en fut de même en 1265 [4]. En 1266, nous trouvons Jean de Méry, Eudes de Paris, Mineurs, et maître Eustache de Mésy, clerc [5].

Comme je l'ai dit, Pons d'Astoaud et Eudes de la Montonnière inspectèrent le Languedoc, où on constata leur présence en 1266, 1267, 1268 et 1269 [6].

[1] « Anno Domini millesimo sexagesimo tercio, nos Frater de Gyemo, Frater Gaufridus de Pertiniaco et magister Johannes de Senonis, inquisitores in Pictavia et Xantonia deputati, restituimus mandato domini comitis et consilio ejusdem habito Parisius ea que secuntur, auditis et etiam terminatis Parisius. » Trésor des chartes, J. 190, n° 61, fol. 9 r°.

[2] « Hec sunt restitutiones facte in Alvernia, anno 1263... Anno predicto nos frater Guido de Stampis et frater Odo de Parisius, de ordine Fratrum Minorum, et magister Eustachius de Meziaco, etc. » J. 190, n° 61, fol. 46 r°. Cet article ne renferme que des restitutions.

[3] Fol. 58 r°.

[4] « ... Fecimus inquestas in terra Alvernie quas fecimus Parisius per consilium d. comitis terminari, quarum inquestarum terminationem secundum consilium quod Parisius habuimus, hic inferius duximus apponendum. » Fol. 61 r°.

[5] Reg. A, fol. 117 r°.

[6] Lettres patentes à P. d'Astoaud et à Eudes, mercredi après Pâques 1269. Reg. B, fol. 68.

En 1268, G. de Trenières, Thomas *de Lata Rosa* et Adam de Melun remplissent les fonctions d'enquêteurs en Venaissin [1]; en 1269, Eudes de Paris, Thomas *de Lata Rosa* et Jean de Puiseux, clerc, enquérirent dans l'Auvergne, le Rouergue et le Comtat [2]. La même année, l'archiprêtre de Romorantin et deux Prêcheurs, Jacques de Gien et son compagnon [3], parcourent le Poitou et la Saintonge.

On trouve les détails les plus précis et les plus curieux sur la manière dont procédaient le Conseil et les enquêteurs, dans le registre des enquêteurs dans les sénéchaussées de Toulouse et de Cahors pour les années 1266 et 1267. Ce registre est divisé en trois parties : Restitutions, Absolutions, Compositions.

Les enquêteurs apportaient au parlement les demandes qu'ils avaient reçues et les enquêtes qu'ils avaient faites. Le conseil donnait son avis sur chacune de ces demandes, mais la décision appartenait au comte lui-même. Un exemple fera comprendre cette procédure.

L'abbé de Gaillac réclama le quart des marabotins d'or que les juifs de Gaillac étaient tenus de payer chaque année au comte. Il est bon de savoir que l'abbé de Gaillac était seigneur indivis de Gaillac pour un quart. Voici la réponse du Parlement :

[1] J. 190, n° 61, fol. 41.
[2] Reg. A, fol. 154 r° et B, fol. 51.
[3] A l'archiprêtre de Romorantin : « Mandamus vobis quod ex parte nostra significetis dilectis et fidelibus nostris religiosis viris Fratri Jacobo de Giemo et ejus socio, de ordine Predicatorum, quod nos rogamus ipsos et requirimus ut in octabis instantis festi beate Marie Magdalene ad vos intersint apud Romorentinum prompti et parati ex tunc iter arripere vobiscum ad partes Pictavenses et Xanctonenses, pro inquestis ballivorum nostrorum et aliorum servientum nostrorum et aliis negociis nostris ibidem faciendis et expediendis, et forefactis nostris et bajulorum et aliorum servientum nostrorum. » Vendredi après la Saint-Jean, 1269. Reg. B, fol. 5 v°.

« Il ne paraît pas au conseil que cette demande soit valable, à moins que l'abbé ne prouve que le seigneur comte perçoit ces marabotins à raison de la haute justice ou de tout autre droit commun aux seigneurs de la ville. »

Voici maintenant la décision d'Alfonse :

« Le seigneur comte veut que le sénéchal mette les dits marabotins sous séquestre tant qu'il plaira au comte, et messire Pons et maître Eudes (les enquêteurs) chercheront à savoir depuis quelle époque on lève ces marabotins[1]. »

Souvent Alfonse ne faisait qu'approuver les propositions de son conseil; cette approbation était exprimée par ces mots : *Placet domino comiti.* Quelquefois il modifiait les conclusions de sa cour, mais jamais à son avantage. Il indiquait aussi des moyens d'exécution.

L'abbé de Candeil réclama deux cents marcs d'argent qui lui avaient été légués par Raymond VII. Les enquêteurs avaient fait un traité par lequel le comte devait payer cette somme en plusieurs termes. La ratification de ce traité fut soumise au conseil, qui fut d'avis de tout payer à la fois. Alfonse ordonna de donner cent livres tournois chaque année jusqu'à parfait payement[2]. Quelquefois le

---

[1] « Super peticione quam facit abbas Galliaci de quarta parte marabotinorum, quos dominus comes recipit a judeis in villa Galliaci : Non videtur consilio quod sua petitio procedat, nisi abbas doceat quod dominus comes percipiat marabotinos racione jurisdictionis a judeis vel aliorum jurium communium inter dominos dicte ville. — Dominus comes vult quod senescallus ponat ipsos marabotinos in sufferencia quandiu placuerit. Et sciant dominus Poncius et magister Odo a quo tempore levati fuerint dicti marabotini. »

[2] « Super petitione abbatis et conventus Candelii de cc marchis argenti quas petunt ratione, etc. — Tractatum est de composicione ut debitum de cc marchis petitum solvatur per certos terminos, prout continetur in tractatu composicionis, quam composicionem poterit recipere d. comes, si voluerit, cum abbas et conventus consenciant. Equum tamen videtur consilio quod solveretur eis debitum statim ex quo clarum est cum pauperes sint.

conseil trouvait les enquêtes insuffisantes et prescrivait de les refaire avec plus de soin[1].

Après les séances du parlement, les enquêteurs se rendaient dans les provinces pour mettre à exécution les arrêts qu'il avait rendus[2]. Ils proclamaient les restitutions avec solennité et se faisaient remettre quittance par les intéressés[3]. Ils donnaient aussi une forme authentique et définitive aux transactions qui avaient été approuvées par le parlement[4].

Ainsi que nous l'avons dit à propos des enquêteurs de saint Louis, les plaintes ont un caractère spécial dans le Midi par suite des confiscations pour cause d'hérésie. Les agents d'Alfonse poursuivaient avec une impitoyable dureté le recouvrement des dettes dues aux hérétiques condamnés dont les biens avaient été confisqués au profit du prince. Les églises furent quelquefois les victimes de ces rigueurs. Le prieur de Gorde avait emprunté à un taux usuraire ; le créancier fut condamné comme hérétique : ses biens furent adjugés au comte, et dans le nombre la

— Placet domino comiti quod assignentur eis quolibet anno centum libre Turon. » Fol. 65 v°.

[1] J. 190, n° 61, fol. 14, 25, etc.

[2] Voyez le procès-verbal d'une restitution faite par Pons d'Astoaud et Eudes de la Montonnière aux consuls de Saint-Julien, diocèse de Toulouse. Samedi après l'octave de la Saint-André 1266. Reg. A, fol. 135. — Voyez aussi une quittance originale, Trésor des chartes, J. 303, n° 20.

[3] On lit dans une lettre adressée par Alfonse à l'archidiacre de Romorantin, enquêteur en Poitou : « Memorialia que fratres inquisitores nostro consilio ostenderunt, una cum responsionibus per nostrum consilium ibi factis vobis mittimus. Vobis mandamus quatinus memorialia ipsa executioni demandari faciatis. » Trésor des chartes, J. 317, n° 7.

[4] Voyez des quittances données pour des objets restitués par ordre du conseil, Vaissete, III, col. 581. Les quittances scellées du sceau de l'impétrant étaient retournées au conseil, qui constatait si elles étaient conformes à la formule qu'il avait approuvée, et étaient ensuite déposées dans les archives du comte.

créance sur le moine. Sommé par les officiers du comte de remplir ses engagements et de payer sa dette, le prieur crie à l'usure et demande une réduction de l'intérêt convenu, qui s'élevait à plus de cent pour cent [1].

Voici pour plus de précision le tableau des plaintes adressées en 1266 dans le comtat Venaissin et qui furent jugées par le parlement. Elles sont au nombre de quarante-neuf et se décomposent ainsi qu'il suit :

Vingt-sept réclamations de biens injustement compris dans des confiscations pour crime d'hérésie.

Cinq réclamations de droits féodaux (droits de justice).

Deux demandes d'indemnité de la part de bayles que la guerre avait empêchés de percevoir des droits de péage sur le Rhône qu'ils avaient affermés.

Une demande de serment faite par une église aux meuniers du comte.

Deux demandes de restitutions de biens ruraux. (Le motif de la confiscation n'est pas indiqué.)

Six réclamations faites par des communes contre l'établissement illégal d'impôts.

Six autres plaintes de communes demandant qu'on leur rendît leurs priviléges dont on les avait dépouillées [2].

---

[1] « Dicit Fulco prior de Gorda contra curiam quod cum Gibertus predecessor suus indigeret pecunia, recepit a Petro Bremundi XLII^{lb}, tali condicione quod eidem P. solveret octoginta et IIII^{or} somatas annone in augusto proximo. Dicit quod quia non potuit solvere in augusto sequenti dictus G. dictum bladum promisit solvere pro qualibet somata XX sol., etc. » J. 190, n° 61, fol. 39 v°.

[2] J. 190, n° 61, fol. 37 et suiv. Voici la formule des plaintes dans le Venaissin : « Anno 1266, coram religiosis viris G. de Treneriis, et Thoma de Lata Rosa, de ordine Fratrum Minorum, et venerabili viro magistro Al. de Mellento, inquisitoribus venerabilibus, ex parte illustrissimi viri domini Alfonsi... deputatis, comparentibus Restado, Furnerio et Guillelmo Giroudi, sindicis militum et proborum hominum civitatis Cavallicensis, suo et predictorum nomine, quod d. R. ultimo defunctus concessit eis, donacionis titulo,

Les enquêtes et les restitutions du comtat Venaissin ont cela de remarquable qu'elles contiennent la requête dans sa forme originale, la mention de la délibération du parlement et de l'approbation du comte, enfin la teneur de l'acte de restitution. Les restitutions opérées en vertu d'arrêts du parlement sont faites « *secundum formam traditam* ». Les plaintes portées en 1266 ne furent examinées qu'en 1268 : les décisions rendues à leur sujet furent portées la même année à la connaissance des parties [1].

Les tournées des enquêteurs n'avaient rien de fixe ni de régulier, les registres que nous avons sont d'ailleurs incomplets ; cependant ils paraissent avoir été envoyés à peu près tous les deux ans dans chaque province.

Certaines réclamations étaient directement portées soit au comte, soit au parlement lui-même : les grands feudataires suivaient l'une de ces deux voies [2]. Le parlement ordonnait des enquêtes qui étaient faites soit par les enquêteurs ordinaires, soit par d'autres fonctionnaires [3].

Le parlement d'Alfonse avait donc une double compétence : il connaissait de certains procès entre particuliers,

---

quod ipsi possint percipere integre partem medietatis salnerie Cavallicensis... Consideracione prehabita de bonorum virorum consilio et assistencium d. comitis peritorum nos... juxta traditam nobis formam ipsos restitui decrevimus a d. comite. Anno 1268, mense octobris. » *Ibidem*, fol. 40 v°.

[1] J. 190, n° 63, fol. 37.

[2] « Hec sunt requeste quas comes Marchie facit domino suo illustrissimo comiti Pict. ad parlamentum beati Martini Hyemalis. — Requirit quod inquiratur de hoc quod homines de Bellaguarda (tenanciers directs d'Alfonse) usurpant et excolunt proprias terras et nemora contra voluntatem suam, etc. » Reg. B, fol. 15 v° (an 1269). — « Anno 1265, in parlamento O. Sanctorum conquestus fuit dominus de Borbonio coram domino comite Pictavie. » Trésor des chartes, J. 190, n° 63.

[3] « De premissis (requêtes du comte de la Marche) in quibus debet fieri inquisitio inquiratur, vocatis qui fuerint evocandi. » Lettre au sénéchal de Poitiers, 1269. Reg. B, fol. 15 v°.

jamais sur appel; mais c'était là une exception. Sa principale occupation était de juger les causes entre le comte et des particuliers, causes dont la connaissance était expressément interdite aux sénéchaux [1]. On voit donc que ce parlement différait de celui du Roi, qui avait pour mission de recevoir les appels des justices inférieures et surtout des juridictions seigneuriales. Cependant le parlement d'Alfonse était évidemment une imitation de la cour du Roi; toutefois le comte de Poitiers combina deux institutions qui étaient restées distinctes dans les domaines de la couronne, la cour de justice et les enquêteurs. Il n'attira pas à sa cour le jugement des appels; loin de là, il les faisait juger sur les lieux mêmes où la sentence frappée d'appel avait été rendue. Ce système était plus favorable à la bonne administration de la justice que celui que les rois de France adoptèrent de faire du parlement de Paris le centre où tout venait aboutir; mais, en agissant ainsi, ils suivirent plutôt leur intérêt politique que celui des plaideurs. Il ne faut pas oublier du reste que le parlement de Paris n'admettait pas tous les appels et qu'il en renvoyait le plus grand nombre devant des commissaires choisis sur les lieux et délégués spécialement pour chaque cause.

Nous avons montré jusqu'ici les enquêteurs jugeant d'abord, puis faisant des enquêtes sur les réclamations des particuliers contre le comte; ils avaient une autre mission, celle de punir les méfaits des prévôts et des sergents. Les registres des enquêteurs d'Alfonse ne nous ont pas conservé les procédures contre les fonctionnaires cou-

---

[1] Le sénéchal de Rouergue refusa de juger une réclamation du comte de Rodez contre Alfonse, au sujet des mines d'Orzals. « Addidistis etiam quod sine speciali mandato nostro non auderetis procedere in hac parte. » Lettre d'Alfonse au sénéchal de Rouergue. J. 307, n° 53, fol. 1.

pables, sauf quelques exceptions. Une enquête qu'ils firent en 1263 contre le connétable et autres officiers de la terre d'Auvergne montre à quels excès pouvaient se livrer loin de toute surveillance des agents qui abusaient de l'autorité dont ils étaient investis pour commettre toutes sortes d'iniquités [1].

Les plaintes du peuple révélèrent différents faits qui jettent une vive lumière sur les vices de l'administration telle qu'elle était alors constituée. C'est l'ombre du brillant tableau que nous avons tracé. Voici quelques exemples.

Étienne, clerc du châtelain de Nonnette, avait acheté une maison qu'il ne voulut pas payer, bien que le prix eût été fixé à sept livres et demie de monnaie viennoise : on l'y contraignit [2]. Un bayle de Nonnette s'était avisé de vendanger la vigne d'un de ses administrés et s'en était appliqué la récolte, sans motif valable : ce délit fut estimé six sous.

Les héritiers étaient responsables des méfaits de leurs auteurs : c'était là de bonne justice. Tel fut le cas des hoirs de du Pont, qui promirent de rendre à Étienne Lerond dix sols que du Pont lui avait extorqués [3].

Le connétable d'Auvergne fut convaincu d'avoir tenu une conduite très-répréhensible à tous les points de vue. Il se faisait héberger dans les maisons religieuses ; il prélevait chaque année sur la ferme des baylies, au détriment des

---

[1] Trésor des chartes, J. 190, n° 61, fol. 46 et suiv.

[2] *Ibid.*, fol. 47 r°. Eustache du Breuil, bailli de Nonnette, avait injustement pris l'âne d'une orpheline ; son gendre fut condamné à donner 12 sous.

[3] *Ibid.*, fol. 43. Les sergents se montraient surtout prompts à opérer des saisies : les enquêteurs les forçaient de restituer les objets qu'ils avaient saisis illégalement, une robe, un landier, un manteau, une jument, des poulets, un porc, un couvre-pied, une hache, etc.

bayles, vingt ou trente livres tournois, sous prétexte des avances de fonds qu'il était obligé de faire quand il rendait ses comptes, par suite du retard que certains bayles apportaient dans le payement du prix de leur ferme. Il affermait des baylies à des hommes de la domesticité de l'évêque de Clermont, dont il tolérait les envahissements. Il était lui-même suspect aux gens sages, parce qu'il était le familier de l'évêque. Il affermait les baylies à des hommes ignorants, indignes et pauvres, hors d'état, quand ils étaient sortis de charge, de réparer les torts qu'ils avaient faits ; ce qui scandalisait le peuple et détruisait la terre du comte.

Voici une accusation plus grave et qui a rapport à un usage que l'on savait avoir existé à la fin de la seconde race, puisqu'il donna naissance à un grand nombre de fiefs, mais que l'on ne croyait pas avoir persisté jusqu'au treizième siècle. Je veux parler de la recommandation ou de la commande, comme on disait. Par la faute du connétable, beaucoup de commandes anciennes et nouvelles s'étaient perdues. Il en résultait pour le comte une perte annuelle de plus de mille livres. « C'est pour ce motif, affirment les enquêteurs, que Bertrand de la Tour, seigneur de la Tour, nous a requis de dispenser ses hommes du payement des commandes qu'ils devaient au comte de toute ancienneté. Nous n'avons pas voulu obtempérer à cette demande, qui se fondait sur ce que lesdits hommes manquaient de protection et de défense; ce qui ne pouvait être imputé qu'au connétable. »

Il avait laissé amoindrir les commandes de Nonnette, dont le produit était réduit de cent quarante setiers d'avoine à quarante-cinq setiers, et de deux cent quarante-cinq livres de cire à trente livres. — Il avait reçu cent livres de cire du seigneur Géraud de Roquefort pour le dispenser pendant un an du payement de ses dettes et le mettre à l'abri des poursuites de ses créanciers. — Le doyen de Mauriac, qui était en procès avec le prieur d'Orcet, lui avait fait don d'un faucon : sa femme avait accepté de nombreux présents.

Ces faits attirèrent l'attention du comte : les enquêteurs eurent ordre de procéder à une information approfondie sur la conduite du connétable[1]. Ils arrivèrent à Riom le lundi après l'Exaltation de la sainte Croix. Ils déclarèrent dans leur procès-verbal que la voix publique, les religieux, les nobles, accusaient les officiers du comte[2]. Bien qu'ils eussent fait publier dans les églises qu'ils étaient prêts à recevoir les plaintes qu'on leur adresserait contre eux, personne n'osa se présenter, à cause de la crainte que leur inspiraient le connétable et ses suppôts : ils firent une enquête d'office.

On adressa aux témoins une série de questions :

1. Le connétable a-t-il conservé les droits, les fiefs du comte et les autres choses qui lui appartiennent?

2. A-t-il fait prêter aux bayles et aux sergents entrant en fonction le serment ordonné par le comte?

3. Choisit-il de fidèles et discrètes personnes pour le remplacer dans l'exercice de la justice?

4. Le bayle de Riom s'est-il conduit convenablement?

5. Le même a-t-il reçu des dons?

---

[1] J. 190, n° 61, fol. 46.

[2] *Ibid.*, fol. 52. « Die lune post Exaltationem S. Crucis, audita fama populi, militum et religiosorum virorum in Alvernia, cum nullus ausus esset querimoniam suam proponere coram nobis ob timorem conestabuli, balliviorum et servientum, quamvis denunciatum fuisset eisdem per ecclesias apud Ryomum vel circa publice, si quis vellet conqueri de aliquibus coram nobis, quod nos ex parte d. comitis ad hoc specialiter destinati, parati eramus unicuique facere justicie complementum... ex officio nostro generalem inquisitionem fecimus in villa de Ryomo per fide dignos juratos super quibusdam articulis inferius annotatis. »

6. Les coutumes bonnes et approuvées ont-elles été observées?

7. Le connétable rend-il exactement la justice?

Je n'entrerai pas dans le détail des accusations portées contre le connétable; le résultat de l'enquête est celui-ci : « On dit dans toute l'Auvergne que, par suite de la faiblesse du connétable, toute la terre du seigneur comte est en péril; les hommes de la terre du comte se retirent de ses domaines parce qu'ils manquent de protection et de défense, et vont se placer sous la protection d'autres chevaliers ou de monastères. »

En général, la procédure des enquêteurs en Auvergne offre un caractère de répression contre les fonctionnaires.

Les dépositions furent défavorables. A la question : Le connétable rend-il volontiers la justice? un témoin répondit : Il punit et fait pendre volontiers les malfaiteurs, mais il n'aime pas à donner audience aux petits et aux pauvres qui ont à se plaindre. Souvent il les chasse de sa présence en les accablant d'injures et de menaces, de sorte qu'on n'ose plus lui demander justice [1]. En revanche, il recevait, et ses assesseurs ainsi que ses clercs acceptaient de l'argent des plaideurs qui avaient à leur disposition cet argument invincible pour gagner un procès. Il serait trop long d'énumérer les palefrois et les oiseaux de chasse que les chevaliers lui envoyaient pour capter sa bienveillance [2].

Les enquêteurs destituèrent le bailli de Brioude, qui donnait l'exemple des mauvaises mœurs en entretenant, quoique marié, une concubine [3].

---

[1] Fol. 53 r°.

[2] Fol. 53 v° et 54 r°.

[3] « Privavimus eumdem militem (G. Moliere) de ballivia Brivatense, et ne de cetero possit tenere balliviam in terra domini comitis, nisi de ipsius speciali mandato. » J. 190, n° 65, fol. 59 r°. — Les plaintes contre les séné-

L'Auvergne offrait sans doute un spectacle affligeant qu'on ne rencontrait pas dans les autres provinces soumises à Alfonse; mais il ne faut pas se dissimuler que les abus que nous venons de signaler étaient le résultat moins de vices personnels que des principes eux-mêmes qui présidaient à l'administration. La vénalité des offices était un mal, source de tous les autres maux. Les bayles cherchaient à augmenter par tous les moyens les revenus de leur baylie; le connétable pressurait les bayles, qui rançonnaient les justiciables. J'ai exposé dans un chapitre précédent les mesures que prit le comte Alfonse pour atténuer ces abus; mais il laissa subsister le principe du mal.

Les prévôts et les sergents étaient tenus de comparaître devant les enquêteurs : ceux qui refusaient, Alfonse ordonnait de les y contraindre par la saisie de leurs biens, et même par la prison [1]. Souvent aussi les sénéchaux couvraient de leur protection les officiers infidèles qui avaient été l'objet des rigueurs des enquêteurs, et ne se pressaient pas de mettre à exécution les sentences prononcées contre eux; mais les enquêteurs veillaient, et, sur leur avis, le comte rappelait au devoir ses agents négligents. Ces abus se pratiquaient surtout en Auvergne [2].

chaux sont rares : on remarquera que dans les commissions données par Alfonse à ses enquêteurs, il n'est pas question des sénéchaux. On comprend qu'ils apportassent une grande discrétion en recevant les plaintes portées contre ces magistrats, qui représentaient le comte, et avaient besoin d'être entourés d'un certain prestige.

[1] Plusieurs prévôts de Poitou ayant refusé de comparaître devant les enquêteurs, Alfonse ordonna à l'archiprêtre de Romorantin, l'un des enquêteurs, de les contraindre à restituer les sommes qu'ils avaient été condamnés à rendre « per captionem rerum et corporum, si necesse fuerit ». Reg. B, fol. 18.

[2] « Connestabulo Alvernie... Sicut per religiosos viros... inquisitores in terra nostra Alvernie datum sit nobis intelligi quod condempnationes in scrip-

Je dois signaler un fait qui semble contredire ce que nous avons dit des fonctions des enquêteurs. En 1266, les enquêteurs reçurent des promesses sous caution de payer une amende au comte pour des délits commis par des particuliers. Ils ne jugent pas, ils ne prononcent pas d'amendes; ils se bornent à faire reconnaître qu'une amende, dont le taux n'est pas fixé, a été encourue, et le coupable s'engage à l'acquitter et donne des garanties. Voici l'explication que je propose : remarquons qu'il ne s'agit que de nobles qui ont commis des actions violentes. Ainsi Hugue d'Allègre a défié le bayle du comte; Dalmas de Vinsac a défendu à ses hommes de répondre à la citation du bayle de Brioude; Bompar d'Auzon a fait un barrage dans l'Allier et a refusé de le détruire [1]. Évidemment ces délits étaient de la compétence du connétable d'Au-

---

tis a dictis inquisitoribus... contra quosdam ballivos et servientes nundum sint plene executioni demandate, vobis mandamus quod predictas condempnationes sine dilacione executioni demandare curetis. Die jovis post festum B. Nicholai hiemalis 1269. » Reg. B, fol. 56 v°.

[1] « Hec sunt emende nobis inquisitoribus in Alvernia scilicet fratribus Johanni de Meriaco, Odoni de Parisius, ordinis Fratrum Minorum, et magistro Eustachio de Mesiaco clerico gagiate, anno Domini M° CC° LXVI°.

« Die martis post Oculi mei apud Ausonium gagiant nobis emendam domini comitis Pictaviensis, Bomparius de Ausonio domicellus, propterea hoc quod non fuit nec sufficianter misit ad fundendum et destruendum exclusam factam de novo in aqua domini comitis d'Alyer, et tamen fuit requisitus per mandatum bajuli de Ausonio et dedit fidejussores.......

« Item die sabbati sequenti apud Erlancum gagiavit nobis emendam domini comitis Hugo d'Alegre domicellus, propter hoc quod defiaverat Johannem de Fores, bajulum domini comitis, apud Ausonium.

« Item eo die Martis post Letare Jerusalem gagiavit nobis emendam domini comitis apud Langiacum, Dalmatius de Vinçac, domicellus, propter hoc quod ipse in sua presentia et in presentia bajuli domini comitis Brivatensis, sedente pro tribunali et in plena assisia inhibuit hominibus suis ne venirent ad citationem dicti bajuli et quod non responderent coram ipso bajulo, prout recognoscitum fuit coram nobis, et dedit fidejussores pro dicta emenda Petrum Jordanum, Hugonem de Vellon, domicellos. » Reg. A, fol. 117 r°.

vergne et du parlement. Pour justifier l'intervention des enquêteurs, il faut croire que le connétable était alors empêché, ou que les nobles auvergnats étaient tellement redoutables que la justice ordinaire était impuissante à réprimer leurs excès. Ce qui semble justifier cette dernière opinion, c'est qu'au dix-septième siècle on fut obligé pour les punir d'envoyer, sous le nom de *grands jours d'Auvergne,* des commissions extraordinaires du parlement [1]. Quoi qu'il en soit, c'est seulement en Auvergne que nous voyons les enquêteurs sortir des attributions que nous leur avons généralement reconnues.

En somme on ne peut donc comparer le parlement d'Alfonse et l'assimiler au parlement de saint Louis, ainsi que l'a fait Dom Vaissete, qui n'avait pas à sa disposition des documents suffisants pour lui permettre d'apprécier cette institution. C'était moins, à proprement parler, une cour de justice qu'une sorte de conseil d'État; tel qu'il était, il était entièrement contraire aux principes de la féodalité, puisqu'il tendait à substituer l'action d'un corps judiciaire à celle du seigneur lui-même. Il est vrai de dire que le conseil n'avait pas une existence officielle; que le comte était censé décider et le plus souvent décidait lui-même les questions qui étaient soumises à son parlement. C'est là un point de ressemblance avec le parlement de Paris, qui pendant toute la durée du treizième siècle fut entièrement dans la dépendance du Roi.

Le parlement d'Alfonse n'avait donc rien de commun avec une cour féodale : il tenait ordinairement ses séances hors des domaines du comte, à Paris, à Longpont, à Corbeil, etc.

Régulièrement, les feudataires et les autres sujets d'Al-

---

[1] Voyez le curieux journal des Grands jours d'Auvergne de Massillon : les originaux des arrêts sont aux Archives de l'Empire.

fonse auraient pu refuser de comparaître hors des limites de la province qu'ils habitaient. C'est ce que firent les barons du Poitou, qui ne consentirent à plaider devant le parlement en dehors du Poitou, qu'à condition qu'Alfonse leur donnerait des lettres où il déclarerait que cette complaisance de leur part ne pourrait leur porter aucun préjudice[1].

Au reste, les différentes provinces soumises à Alfonse désiraient avoir chacune une cour suprême, où les jugements seraient portés et jugés en dernier ressort. En 1269 les habitants de Toulouse demandèrent la création d'une cour semblable dans le Toulousain[2]. En 1270, les barons d'Agenais prièrent le comte d'ordonner la tenue de quatre cours chaque année, qui se réuniraient de plein droit, sans convocation, pour juger les appels des tribunaux inférieurs de la province[3].

La première de ces demandes fut accordée; la seconde

---

[1] « Cupientes indemnitati fidelium nostrorum providere, notum facimus quod cum barones, milites et alii nobiles, ceterique qui in nostro comitatu Pictavense sub nostro existunt dominio, interdum adjornati ad nos venerunt in Franciam tempore retroacto, non volumus quod propter adventum hujusmodi sibi vel suis posteris aliquod in futurum prejudicium generetur, nec ad hoc occasione predicta futuris temporibus teneantur. » Mars 1269, v. s. Orig. Trésor des chartes, J. 190, n° 55.

[2] « Petunt consules Tholosani quod in partibus Tholosanis constitueretur aliqua bona persona que audiret et fine debito terminaret omnes causas appellationum interpositarum ad dominum comitem, quia pretextu dictarum appellationum, jura domini comitis et litigantium retardantur. » Cette demande, qui avait été transmise par Sicard Alaman, fut accordée le lundi avant la Madeleine, 1269. Reg. B, fol. 134.

[3] « Super peticione baronum de Agenesio, super quatuor curiis generalibus habendis in Agenesio certis temporibus, sine mandato cujuscumque, et appellationibus interponendis per curiam decidendis; — videtur consilio d. comitis quod curia ista non competat eis de consuetudine nec de jure. » Arrêt du parlement en 1270. Trésor des chartes, J. 1031, n° 11.

n'obtint qu'un refus, motivé sur ce qu'elle n'était fondée ni sur la coutume ni sur le droit.

Les barons d'Agenais demandaient trop. Il est vrai qu'Alfonse, au mois de mai 1270, à la veille de s'embarquer à Aigues-Mortes, leur avait accordé des priviléges d'une importance singulière. Ces priviléges sont contenus dans deux chartes, l'une détaillée, l'autre fort brève, qui est le résumé de la première. Le comte, au moment de quitter ses États, peut-être pour toujours, comprit qu'il fallait assurer la tranquillité publique en son absence, en se relâchant de ce qu'il considérait comme son droit, et en faisant des concessions. Il reconnut que dans les procès on suivrait non le droit romain, mais la coutume du pays. Les nobles seront jugés par une cour composée de gentilshommes et présidée par le sénéchal ; les jugements seront rendus à la pluralité des voix. Les roturiers, tenanciers des seigneurs, ne seront cités devant les juges du comte que pour chose jugée ou avouée dans la cour du comte, ou pour dette due au comte, ou pour crimes commis dans les domaines immédiats du comte, ou pour injures envers le comte, ses agents et ses serviteurs, ou encore par suite de la négligence du seigneur justicier à punir les coupables, enfin par voie d'appel. Les appels seront jugés par le sénéchal dans une cour composée de nobles. Si la coutume se tait, on suivra le droit écrit. La comtesse Jeanne approuva et ratifia ces concessions [1].

[1] Le texte développé se trouve dans le reg. C, fol. 67 r°, le texte abrégé, au folio 68 r°. Voici ce dernier : « Alfonsus, etc..... Cum, ad instanciam ac petitionem baronum, militum ac nobilium dyocesis Agenensis, super examinatione et decisione causarum, questionum et negociorum ipsos hominesque et subditos eorumdem tangentium, sit, per nostras litteras, ordinatum, et in ordinatione ipsa contentum, inter cetera, quod habitatores locorum et terrarum dictarum nobilium dumtaxat justiciam habentium eorumque subditi non trahentur in jus vel in judicium coram nostro ballivo, vel coram

En 1270, Alfonse envoya plusieurs membres de son conseil tenir un parlement à Poitiers au mois d'août. Les sénéchaux de Poitou et de Saintonge firent proclamer dans leurs assises que ceux qui avaient une affaire quelconque à la cour du comte ne vinssent pas *en France,* mais se rendissent à Poitiers, où ils trouveraient, le lundi après l'Assomption, des juges pour leur rendre justice [1].

judice nostro vel senescalli nostri, nisi pro re judicata aut confessata in curia nostra, seu pro censu vel canone nobis debito nec soluto, aut pro crimine in terra que nostro domino immediate subjecta est perpetrato, vel pro injuriis et dampnis illatis ac datis nobis aut hiis qui nostro existunt servicio aut nostrorum de nostra familia existentium, vel de familia servitorum aut officialium nostrorum, nec non in casu negligentie et ratione resorti ac per appellationem, prout hec in confectis nostris litteris continentur, notum facimus quod nostre intentionis voluntas non extitit, nec existit, ut in casibus et causis resorti, appellationum et negligencie excessuum, neque plenaria cause cognitionem desiderantibus, coram judicibus nostris vel senescalli nostri delegatis ad universitates causarum in dyocesi Agenensi, vel coram bajulis nostris inferioribus, supradicti barones, milites ac nobiles, ac subditi ipsorum trahentur nec respondere ullatenus teneantur. Si vero circa ista bajuli et alii inferiores culpabiles reperti fuerint, per senescallum nostrum rationabiliter puniantur. In cujus rei testimonium presentibus litteris sigillum nostrum apponi fecimus, salvo in aliis jure nostro et salvo in omnibus jure quolibet alieno. Nos etiam Johanna Tholose ac Pictavie comitissa premissa grata et rata habentes, ac pro nobis, heredibus et successoribus nostris spontanea voluntate approbantes, volumus et laudamus per appositionem sigilli nostri una cum sigillo karissimi domini nostri comitis supradicti viri nostri, approbamus, volumus et laudamus. Datum apud Armazanicas anno Domini M. CC. LXX. mense maii. »

[1] « Cum aliquos de nostro consilio proponamus destinare apud Pictavim, ita quod personaliter sint ibidem die lune proxima post Ascensionem beate Marie, ut causas et negocia que occurrerint audiant et decidant, vobis mandamus quatinus dicto loco et die nullatenus adesse obmittatis, publicantes in assisiis vestris, et publicari facietis et in castellaniis, ubi videritis expedire, ne quis de vestra senescallia, occasione cujuscumque cause seu negocii ad nos in Franciam veniat, cum illic mittere debeamus qui conquerentibus justiciam exhibebunt. » Mardi avant la Purification 1269-70. Reg. B, fol. 21 v⁰. Cette missive fut envoyée aux sénéchaux de Saintonge et de Poitou.

Je n'ai trouvé aucun détail sur cette séance du conseil à Poitiers; mais, en revanche, j'ai eu le bonheur de découvrir le rouleau original d'un parlement tenu la même année à Toulouse, probablement après le départ d'Alfonse.

Ce rouleau, qui a plus de vingt mètres de long, contient l'indication des différentes causes portées devant le conseil, avec la décision du parlement pour chacune d'elles. L'analyser serait trop long et même superflu : je me contenterai d'en extraire les notions nouvelles sur la procédure et la compétence de cette cour dont l'illustre historien du Languedoc n'a pas eu connaissance. Quant aux faits curieux ou intéressants qui s'y trouvent relatés, j'en ai fait usage dans les différentes parties de ce travail, car ils donnent de précieuses lumières sur l'administration et surtout sur la situation des communes et du tiers état[1].

En lisant ce rouleau on remarque tout d'abord que le conseil rend peu de jugements sur le fond : les dix-neuf vingtièmes des causes sont renvoyées au sénéchal compétent. Les articles sur lesquels intervient une décision définitive sont tous des requêtes extrajudiciaires adressées au comte. En général, le conseil ne juge que les affaires qui n'exigent pas une instruction préalable[2].

---

[1] J. 1131, n° 11. La nature de ce précieux document a été méconnue; dans les inventaires des Archives rédigés, au commencement de ce siècle, par un ancien Bénédictin, dom Joubert, il est considéré comme incomplet et de peu d'importance. Au dos se lit, d'une écriture du temps, la mention suivante, qui fait connaître ce dont il s'agit : « Arresta facta Tholose anno Domini M. CC. LXX. » Il fait partie du Supplément du Trésor des chartes.

[2] Les abbés de l'ordre de Cîteaux demandent que la tranquillité du pays surtout au delà de la Garonne soit assurée. Réponse : « Comes antequam transfrettet providebit ad honorem Dei et securitatem patrie, paci et tranquillitati terre. » Voici différentes formules de décision du conseil tirées du rouleau J. 1131, n° 11.

— « Non est eorum petitio admittenda nec oportet quod propter hoc laborent. »

Examinons la nature des affaires soumises au conseil.

On trouve :

1° Des plaintes entre particuliers; mais c'est là un cas très-rare ;

2° Des demandes de restitution de biens [1];

3° Des demandes de redressement de torts, soit de la part de communes, soit de monastères, soit de particuliers [2];

4° Des demandes extrajudiciaires, telles que concessions de priviléges, de chartes de communes, etc.

On ne rencontre ni appels ni plaintes contre des fonctionnaires.

Les causes entre particuliers étaient, ainsi que je l'ai dit, renvoyées aux sénéchaux : il en était de même des demandes en restitution de biens ou de priviléges [3]. Pour cette dernière sorte de causes, le conseil prescrivait au

---

— « Adeant senescallum. » Cette réponse est faite à la plus grande partie des requêtes.

— « Excessus ballivi compescat senescallus. »

— « Super eo quod gentes regis Anglie et episcopi Caturcensis invadunt cotidie terram suam, et gentes suas et homines suos, — injungatur senescallo Agenensi quod non impediat ipsum militem quominus possit terram suam defendere. »

[1] « De petitione abbatis de Obasima super eo quod d. R. comes Tholose debebat abbati 1,500 marchas argenti de quibus restat solvere 100 marche, quas supplicat quod reddatur. — Constat domino comiti dictum debitum fuisse plenarie persolutum abbati Cisterciensi. »

[2] « De peticione priorisse monialium de Bratazaco... super eo quod exigitur passagium ad portum Garonne ab illis qui veniunt causa visitandi et elemosinam faciendi. Unde petit ut libere possint transire sine aliquo passagio. — Ista petitio non est admittenda. »

[3] « De petitione hominum de Sausses, super eo quod dominus Bernardus de Andusia de die in die, juris ordine pretermisso, spoliet bonis suis et ad mandatum senescalli non vult ei restituere bona predicta..... Senescallus vocato dicto Bernardo et aliis qui fuerint evocandi, audiat dictos homines et faciat quod debebit. »

sénéchal de rendre son jugement après avoir pris l'avis de bonnes personnes, quelquefois des inquisiteurs, quand il s'agissait de faits ayant un rapport quelconque avec l'hérésie, et toujours après avoir fait défendre les droits du comte par un procureur spécial, car les procureurs permanents du prince n'étaient pas encore institués [1].

Le conseil, et souvent le comte lui-même, donnait une solution immédiate sur les causes de la quatrième classe, c'est-à-dire sur les demandes de priviléges : toutefois, cette solution n'était pas toujours définitive, c'est-à-dire que le fond de la requête était admis, mais que les moyens d'exécution étaient renvoyés à un des agents spéciaux d'Alfonse. Exemple : le village de Saint-Pierre près de Montauban demanda une charte de privilége ; cette requête fut adoptée en principe, mais il fallait déterminer les articles dont la charte se composerait, et surtout (point important) fixer la somme que donneraient les impétrants. Renvoi à Gilles Camelin, chargé de la haute direction des finances [2].

Les décisions du conseil les plus catégoriques sont celles qui contiennent un refus ; mais, on doit le reconnaître, les refus sont rares et paraissent justifiés.

Telle fut la première séance du parlement de Toulouse.

Alfonse avait certes bien mérité de ses sujets : il n'avait voulu partir pour la croisade qu'après avoir mis sa conscience en repos, noble imitation de saint Louis ; il assura une exacte justice même pendant son absence,

---

[1] « De peticione Petri Arvem, domicelli, super eo quod dominus Raimundus quondam comes Tholose spoliavit ipsum allodio mansi de Flaoronnes. Unde petit sibi restitui possessionem dicti loci. — Eat ad senescallum, et constituto legitimo defensore pro domino comite et vocatis qui fuerint vocandi, senescallus faciat bonum jus. » J. 1031, n° 11.

[2] *Ibidem.*

et ordonna que son parlement continuerait de siéger.

Le parlement eut une session à Paris à la Toussaint 1270; on ne peut le confondre avec le parlement de Paris, puisque nous avons une ordonnance faite dans cette assemblée par les commissaires chargés par Alfonse de le représenter, et scellée du sceau de la régence. La mort du comte vint mettre fin à la tenue de cette cour suprême, qui n'était connue que par quelques mentions sommaires, et que nous sommes heureux d'avoir pu faire revivre à l'aide de documents inédits [1].

Avant de terminer ce chapitre consacré à l'organisation judiciaire des États du comte Alfonse, je dois examiner une question qui n'est pas sans importance, celle de l'action du parlement de Paris dans ces mêmes provinces. Le parlement royal était le premier tribunal de France : sa juridiction s'étendait sur tout le royaume. Par conséquent les sujets d'Alfonse pouvaient appeler au Roi des jugements rendus par le comte ou par ses délégués. Cependant on ne trouve pas dans les Olim un seul appel de ce genre, mais bien plusieurs arrêts concernant les intérêts d'Alfonse. Du reste, saint Louis évitait autant que possible de faire intervenir son parlement dans les affaires de son frère, il tentait d'abord les voies amiables.

La plus ancienne mention qu'on ait du parlement d'Alfonse se trouve dans les preuves de l'*Histoire de la maison de Châtillon*, de Du Chesne, p. 4; elle est de 1266. La seconde mention, d'après Du Chesne, et relative au même fait, est dans l'*Histoire de saint Louis*, par Fillau de la Chaise, 2 vol. in-4°, qui n'est qu'un abrégé de l'*Histoire* de Lenain de Tillemont. Dom Vaissete a fait plusieurs citations nouvelles relatives à ce parlement : la plus importante se rapporte à un procès entre Alfonse et le comte de Rouergue concernant les mines d'argent d'Orzals (t. III, p. 497). L'illustre Bénédictin n'a pas eu à sa disposition les documents nécessaires pour éclaircir cette importante question du parlement d'Alfonse : il n'a connu ni le registre J. 190, ni le cartulaire 10918, ni le rouleau J. 1031, n° 11.

En 1267, le sénéchal d'Agenais entra en armes sur le territoire anglais de Guienne et y exerça des ravages. Le roi d'Angleterre se plaignit à saint Louis, son suzerain, d'avoir été illégalement troublé dans la possession d'un fief qu'il tenait de la couronne de France, et demanda réparation. Saint Louis n'évoqua pas ce grief devant sa cour, mais il chargea le sénéchal de Carcassonne et l'évêque d'Agen, et à défaut de l'évêque, le prévôt de l'église cathédrale de Toulouse, d'assoupir ce différend à l'amiable, avec ordre de ne citer les parties devant lui, c'est-à-dire au parlement, qu'autant que tout accommodement serait reconnu impossible [1].

Pour faire voir combien saint Louis montra de modération dans cette occasion, où il s'agissait pourtant de la violation de la paix publique, crime qu'il punissait ordinairement avec rigueur [2], il suffit de citer le fait suivant qui se passa dans le Querci. Les évêques de Cahors avaient profité de la guerre des Albigeois pour secouer l'autorité des comtes de Toulouse et devenir les vassaux immédiats du Roi. Saint Louis ayant ordonné la levée d'un subside destiné à subvenir aux dépenses de la croisade qu'il projetait, un des collecteurs périt dans une émeute à laquelle donna lieu à Cahors la perception de cet impôt. L'évêque fut négligent ou simplement lent à punir les coupables : le

[1] Reg. A, fol. 78. « Ludovicus....... dilecto et fideli suo senescallo Carcassone....... Intelleximus gravem discordiam esse motam inter senescallum....... A. comitis Pict. et senescallum H. regis Anglie, quod nobis displicet; unde vobis mandamus quod, ad dictas partes personaliter accedentes, si potestis, dictam discordiam amicabiliter sopiatis. Super interpresuris vero hinc inde factis que per vos sopiri non poterunt, diligenter inquiratis.... et inquestam super hoc factam clausam nobis afferatis vel mittatis ad crastinum octabarum instantis Penthecostes, adjornantes partes predictas coram nobis ad dictam diem. »

[2] Il avait fait sur le port d'armes une ordonnance qui est perdue. *Olim*, I, p. 626.

parlement le priva de sa juridiction, qu'il ne recouvra que quelques années après [1].

Quelques années auparavant, le même prélat, faisant une tournée épiscopale, fut attaqué et maltraité par des nobles. Deux archidiacres qui l'accompagnaient furent même retenus prisonniers. C'était là une grave atteinte portée à la dignité du Roi, sous la protection duquel était le prélat : un cas royal s'il en fût. Saint Louis se contenta de faire rédiger une enquête et de l'envoyer à son frère, avec ordre de punir les coupables [2].

Quoi qu'il en soit, il est certain que le parlement de Paris était en principe au-dessus du parlement d'Alfonse, et les sujets de ce prince avaient le droit de porter leurs griefs par voie d'appel devant la cour du Roi; mais de pareils recours durent être rares, car les Poitevins et les Toulousains trouvaient sans s'adresser au Roi de France une hiérarchie de tribunaux capable de lasser le plaideur le plus obstiné.

---

[1] *Olim,* t. I, p. 835 et 836, année 1268.

[2] « Ex parte episcopi Caturcensis nobis extitit conquerendo monstratum quod, cum idem episcopus ad villam de Moyssiaco veniret ibidem visitaturus et predicaturus verbum Dei, quidam monachi abbacie ejusdem ville et Armandus de Montelanart et Sicarius, fratres abbatis de Moyssiaco, ex parte abbatis, ut dicitur cum armis et multi alii armati similiter eidem episcopo et familie sue multas injurias et dampna non modica et eciam cuidam servienti regis contra justiciam intulerunt. » J. 307, n° 55, fol. 5. — Saint Louis invita son frère à faire dégrader Armand de Montdenard de l'ordre de chevalerie, si toutefois la coutume du pays le permettait : « dictum Armandum abjurari armis suis ». Bibl. imp., n° 10918.

LIVRE CINQUIÈME.

RAPPORTS D'ALFONSE AVEC LES TROIS ORDRES.

CHAPITRE PREMIER.

RAPPORTS AVEC LE CLERGÉ.

Conflits entre la juridiction laïque et la juridiction ecclésiastique. — Plaintes de l'évêque de Poitiers. — De l'excommunication ; le bras séculier se fait juge de la légitimité des excommunications. — Doctrine de saint Louis à cet égard. — Interdit ecclésiastique ; concile de Bordeaux. — Les légats excommunient les prêtres qui leur refusent les procurations. — Droit de régale dans les États d'Alfonse. — De l'amortissement des biens ecclésiastiques. — Doctrines hérétiques. — Constitution de l'inquisition. — **Abus épouvantables.** — L'inquisition regardée par Alfonse comme une source de revenus. — Alfonse veille à la liberté des élections. — Piété et bienfaisance d'Alfonse envers les couvents. — Listes de ses aumônes. — Fondations pieuses. — Mœurs violentes du clergé dans le Midi. — Vivien, évêque de Rodez. — L'évêque de Rodez et l'abbé de Conques. — L'évêque de Cahors et l'abbé de Moissac. — L'évêque d'Albi et l'abbé de Gaillac. — L'archevêque de Narbonne et l'évêque de Toulouse. — Aventures de ce dernier. — Violences dont le clergé est l'objet. — **Universités.** — Collége de Saint-Bernard à Paris.

Les rapports d'Alfonse avec le clergé n'offrent pas l'importance de ceux que la royauté entretenait avec l'Église ; cependant ils ne furent pas sans gravité. La piété éprouvée du frère de saint Louis, les sacrifices qu'il fit pour la croisade et la bienveillance méritée des papes le mirent personnellement à l'abri des sévérités ecclésiastiques, mais n'empêchèrent pas son gouvernement de se trouver quelquefois dans une situation délicate en face de la puissance spirituelle; toutefois ce furent là des nuages passagers, on peut ajouter inévitables. On se fait de nos jours une fausse idée du pouvoir de l'Église au moyen âge; on se l'exagère. Ce pouvoir était immense, mais mal défini; il s'étendait sur les choses du ciel et sur les choses de la terre, non avec une égale autorité. L'Église était à la fois Église et seigneur : elle invoquait souvent les armes spirituelles pour défendre ses droits temporels, mais non sans soulever des protestations et exciter des résistances. La politique des rois de France et d'Alfonse fut de l'empêcher de tout soumettre à ses décisions; il n'y eut dans cette conduite aucun esprit d'hostilité : ce fut une réaction moins contre l'exercice d'un droit légitime que contre les excès et les abus de ce droit. Un principe admis par tous était qu'en matière personnelle les clercs ne reconnaissaient que le tribunal de l'Église; mais à raison de la matière, la compétence ecclésiastique n'était pas fixée; ce fut sur ce terrain que le combat s'engagea.

Pendant la première moitié du treizième siècle, la noblesse lutta énergiquement contre les prétentions de l'Église, qui voulait étendre de plus en plus sa juridiction [1] : les seigneurs de Poitou se distinguèrent par la fermeté de leur résistance. En 1246, la noblesse fit mieux encore : elle nomma une commission de quatre hauts barons, à l'effet « de pourchacier, requerre et deffendre nos drois et les leurs, en bonne foy, envers le clergié [2] ».

Alfonse rendit une ordonnance qui interdisait à tout

---

[1] Plainte de Hugues de Lusignan et d'une foule d'autres barons contre ce qu'ils appelaient les empiétements du clergé. Trésor des chartes, J. 320, n° 3. — Teulet, t. II, p. 298. Septembre 1235. La requête au Pape se terminait ainsi : « Scientes quod talia gravamina dominus Rex et nos non possemus ulterius tolerare. »

[2] Trésor des chartes, J. 198 B, novembre 1246.

laïque de traîner un autre laïque devant une officialité, pour tout ce qui n'était pas du ressort des tribunaux ecclésiastiques : les infractions à cette ordonnance, dont le texte ne nous est point parvenu, mais qu'on ne saurait révoquer en doute, étaient punies par de fortes amendes [1]. Il établit auprès des officialités des avocats chargés de veiller à ses intérêts [2]. Ce n'est pas tout; on a beaucoup remarqué une ordonnance de Philippe le Bel qui déclarait les clercs incapables d'exercer des fonctions administratives ou judiciaires [3] : le fait n'était pas nouveau. Alfonse avait, quarante ans auparavant, défendu d'admettre les gens d'Église aux fonctions de prévôts ou de bayles, et enjoignit de destituer ceux qui avaient été pourvus d'une de ces charges; il donna pour raison que les clercs ne pouvant être traduits en matière personnelle devant un tribunal laïque, échappaient au châtiment que leurs méfaits ou leurs malversations mériteraient [4].

Une sourde hostilité régnait entre le clergé et les officiers du comte, hostilité qui parfois éclatait. Une curieuse plainte portée au mois d'avril 1261 par le vicaire général de l'évêque de Poitiers contre le sénéchal de Poitou nous permet de préciser les griefs de l'Église [5]. Cette plainte

---

[1] « De Mauricio Girardi, quia, contra inhibitionem, traxit in foro Ecclesie quemdam hominem, ix sol. » Compte de la sénéchaussée de Poitou, **1259**, Bibl. imp., n° 9019, fol. 15. Voy. plus haut les listes d'amendes, p. 259 et suiv.

[2] « Magistro Yterio de Nabinaus, causidico, qui fovet causas d. comitis coram judicibus ecclesiasticis, c sol. » Compte de la sénéchaussée de Saintonge, **1261**, Bibl. imp., n° 9019, fol. 23.

[3] *Recueil des Ordonnances*, t. Ier, p. 316, année 1287.

[4] « Clericos bajulos non faciat senescallus, ne si delinquent in officio, sub obtentu privilegii sui debitam animadversionem eludant. » Règlement de **1255**.

[5] Plainte de Guillaume « de Tuscha, archipresbiter sedis Pictavensis, gerens vices reverendi patris et domini Hugonis, Dei gratia episcopi Pictavensis. » Dimanche jour des Rameaux 1260, Bibl. imp., n° 9019.

renfermait un grand nombre d'articles. Ils furent examinés en conseil et ramenés à douze chefs principaux[1].

[1] « Hii sunt articuli pro episcopo Pictavensi contra seneschallum. Primus articulus quod, ballivo sciente et favente, barones fecerunt quasdam emprisias, confederaciones et statuta contra ecclesiasticam libertatem.

« Secundus articulus quod inhibuit publice in assisia ne laïci contractus vel convenciones suas fide vel juramento firmarent.

« Tercius articulus quod propter minas et terrores quos ipse et allocati sui incutiunt venientibus ad forum ecclesie, venire non audeant.

« Quartus articulus quod idem ballivus inhibuit vel inhiberi publice fecit in assisiis ne aliqua persona laïca super actionibus personalibus, nisi de fide vel de matrimonio, contra adversarios suos, in foro ecclesiastico audeat agitare; et si contra fuerit, per suos complices capiatur et capta sub arcta custodia teneatur, et satisfactionem faciat super hoc domino comiti Pictavensi.

« Quintus articulus quod omnes causas suas agitantes in foro ecclesiastico extra custodiam et deffensionem posuit domini comitis Pictavensis, et quod publice fecit edici quod ipsarum personarum adversarii melius quam poterunt per se vel per quoscumque quos ad hoc habere poterunt traductores de ipsis actoribus melius quam poterunt se deffendere; et quod ipsis actoribus nullum super hiis remedium adhibebit.

« Sextus articulus quod ipse per allocatos suos aliquos clericos dyocesis Pictavensis agitantes causas suas et causas dominorum suorum coram judicibus suis in foro ecclesiastico, cepit seu capi fecit; et antequam captiones et detentiones evaderent compulit omnino dimittere causas suas.

« Septimus quod ipse aliquorum [bona] occupari fecit seu occupavit, et occupata detinuit seu occupata detineri fecit, occasione causarum predictarum in foro ecclesiastico agitatarum, et propter occupationes hujusmodi ipsos compulit causas suas dimittere indiscussas, et transmisit ipsos ad curiam suam seu domini comitis Pictavensis.

« Octavus quod per aliquos de suis allocatis aliqui per proprii corporis captionem compulsi sunt jurare ne de cetero in balliis ipsorum contra aliquos litteras de foro ecclesiastico deportarent.

« Nonus quod crudeliter auriculam fecit amputari. In omnibus antedictis articulis, excepto articulo de amputatione auricule dicti clerici, ordinatum est quod idem ballivus dicet publice in assisiis specialiter et sigillatim post quemlibet articulum de predictis : negamus quod in dicto articulo continetur et prohibemus auctoritate domini comitis Pictavensis ne fiat, et per quemcumque factum fuerit per nos vel per alium, revocamus. Et si super predictis articulis vel aliquos de predictis apparuerint conquerentes, parati sumus et erimus conquerentibus respondere et juste satisfacere. Et preterea injun-

1° Les barons, au su et avec les encouragements du bailli, ont fait des entreprises, des ligues et des règlements contre la liberté ecclésiastique, ce qui les rend passibles *ipso facto,* eux et leurs fauteurs, de l'excommunication;

2° Le sénéchal ou bailli a défendu publiquement, en pleine assise, aux laïques de confirmer par le serment les contrats ou les conventions;

3° Par suite de la terreur que lui et ses suppôts inspirent, personne n'ose plus venir devant la juridiction de l'Église;

4° Le bailli a défendu ou fait défendre publiquement, dans les assises, aux laïques de citer d'autres laïques devant la cour d'Église en matière personnelle, sauf s'il s'agit de foi prêtée et de mariage, sous peine d'être arrêtés, tenus en étroite prison et condamnés à faire satisfaction au comte;

5° Il a mis hors de la garde et de la protection du comte tous ceux qui intentent des procès en cour d'Église, et a fait proclamer que leurs adversaires pourront leur résister comme ils le jugeront utile, soit par eux-mêmes, soit par d'autres, sans que lui bailli protége les plaignants;

6° Il a pris ou fait prendre par ses suppôts des clercs du diocèse de Poitiers qui revendiquaient leurs droits ou

---

gendum est ei ex parte domini comitis quod a talibus et consimilibus in perpetuum ex nunc abstineat. Neget publice in assisiis et satisfaciat conquerenti si apparuerit et nobis.

« Decimus quod dictus senescallus dixit aliquibus secularibus justiciis, nisi compellatis istos cleriaudes desistere a causis suis ecclesiasticis, ego veniam per vos et in vos graviter animadvertam.

« Undecimus quod idem senescallus retinuit aliquas litteras ordinariorum de monendo malefactores et exequtores eorum fecit gagiare emendam.

« Duodecimus quod maleficia allocatorum suorum et injurias personis ecclesiasticis irrogatas non facit emendari, immo dat eis auctoritatem et potestatem et macteriam ulterius malignandi. » Biblioth. imp., n° 10918, fol. 11 v°.

ceux de leurs seigneurs devant le tribunal ecclésiastique, et ne les a mis en liberté qu'après les avoir fait renoncer à leur procès ;

7° Il a saisi ou fait saisir les biens de ceux qui plaidaient en cour d'Église, les a ainsi forcés d'abandonner leur cause avant le jugement, et s'en est attribué la connaissance à lui-même ou à la cour du comte ;

8° Il a forcé par l'entremise de ses suppôts, en employant la contrainte corporelle, certaines personnes à jurer de ne point porter désormais de lettres de cour d'Église.

9° Il a fait cruellement couper une oreille à un clerc ;

10° Il a dit à des juges séculiers : Si vous ne forcez ces *cleriaudes* à renoncer à leurs procès en cour d'Église, je tomberai sur vous, et il vous en cuira ;

11° Il a retenu des lettres des évêques portant mention de poursuivre des criminels, et a puni ceux qui les voulaient mettre à exécution.

12° Il ne réprime pas les méfaits de ses suppôts contre des ecclésiastiques ; loin de là, il leur donne l'occasion et le pouvoir de renouveler leurs méchancetés.

Le sénéchal reçut ordre de lire chacun de ces articles en public et de dire après la lecture de chacun d'eux : « Nous nions le contenu de ces articles ; défendons au nom du comte de faire ce dont il se plaint, et révoquons ce qui aurait été fait à cet égard par nous ou par d'autres. » C'était déclarer les griefs bien fondés ; mais la décision du conseil gardait le silence sur certains articles, notamment sur celui qui avait trait à l'amortissement des biens ecclésiastiques : c'est que, ainsi que nous le verrons, Alfonse n'admettait pas la légitimité de certaines réclamations, et le sénéchal reçut ordre de ne désavouer que ce qui était de sa part des entreprises indues et illégales contre les priviléges de l'Église.

La grande arme dont se servait l'Église était l'excommunication; le droit public du temps ordonnait au juge séculier de faire exécuter les sentences ecclésiastiques. Alfonse se conforma volontiers à ces principes, et enjoignit à plusieurs reprises aux juges séculiers de contraindre par des voies de rigueur ceux qui avaient été excommuniés de faire satisfaction et de se réconcilier avec l'Eglise dans l'année qui suivrait le prononcé de l'anathème; mais il établit une sage restriction en exceptant les excommunications motivées sur le refus d'acquitter la dîme ou une obligation pécuniaire [1]. Dès lors le pouvoir civil se fit juge de la validité de l'excommunication et refusa de prêter l'appui du bras séculier aux anathèmes lancés pour des motifs purement temporels. Il alla plus loin ; non-seulement il n'exécuta pas les jugements qu'il regardait comme injustes, mais encore il contraignit leurs auteurs à les révoquer. On a cru que de pareils actes étaient le fait de despotes comme Philippe le Bel, mais il faut les faire remonter plus haut, à saint Louis lui-même. Nous en avons une preuve authentique, indubitable. Nous avons vu que l'évêque de Clermont s'était avisé d'altérer sa monnaie : ceux qui ne voulaient pas prendre ces deniers au cours purement fictif qu'on leur avait assigné, étaient frappés d'anathème. Alfonse dénonça cet abus à saint Louis, qui écrivit au prélat une lettre dont nous possédons le texte, transcrit dans un des registres originaux de la chancellerie d'Alfonse, où il lui intimait l'ordre de lever les excommunications qu'il avait prononcées, sous peine de voir son temporel saisi. En même temps le Roi mandait au bailli de Bourges de mettre cette menace à exécution si le prélat n'obéissait pas [2]. Peut-on accuser saint

---

[1] Règlement de 1255.
[2] Voy. plus haut le texte de ce mandement, p. 216, note 3.

Louis d'avoir empiété sur les droits de l'Église? Non certes; mais il ne pouvait agir autrement. La sainteté même du Roi, son respect inviolable de tous les droits, lui faisaient un devoir sacré d'empêcher certains ecclésiastiques de mettre au service de leurs intérêts et même de leurs passions les armes spirituelles que l'Église plaçait entre leurs mains pour le salut des âmes et l'édification de tous. L'abus devait amener la répression; elle l'amena.

En vertu d'un privilége souvent renouvelé, les rois de France étaient à l'abri de l'excommunication, à moins qu'elle n'eût été prononcée par le Saint-Père lui-même : Alfonse demanda et obtint de Clément IV le privilége de n'être pas compris dans les sentences d'excommunication portées contre ses agents [1]. L'abbé de Moissac, dans le Midi, et Pierre Sorin, dans les provinces de l'Ouest, étaient, sous l'autorité supérieure du trésorier de Saint-Hilaire, conservateurs des priviléges apostoliques accordés à Alfonse : ces conservateurs veillaient à ce que les intérêts du comte ne fussent pas lésés par les ecclésiastiques. C'est ainsi qu'en 1270, un noble, nommé Pierre Arvem, se plaignit de ce qu'un clerc l'avait excommunié à raison d'un fief qu'il tenait du comte. Le parlement le renvoya à l'abbé de Moissac, qui fera ce qu'il conviendra [2]. Alfonse avait en outre d'immenses priviléges comme croisé; il les fit

---

[1] « Sanctitatem vestram rogandam duximus ex affectu supplicantes quatinus nobis indulgere dignemini, ut si quando senescallos, ballivos, servientes aut ministeriales nostros quoscumque excommunicari contigerit, propter hoc majoris vel minoris excommunicationis laqueo non ligemur. » Noël 1265. — Bibl. imp., n° 10918, fol. 28 v°.

[2] « De Petro Arvem domicello, super eo quod Petrus Dam, clericus, tenet ipsum excommunicatum ratione feodi quod tenet a d. comite. — Eat ad abbatem Moissiacensem conservatorem privilegiorum d. comitis, et ostendat ei libellum, et abbas faciet quod viderit faciendum juxta tenorem dictorum privilegiorum. » Arrêt du parlement de Toulouse en 1270, Trésor des chartes, J. 1031, n° 11.

respecter et en tira grand parti, bien que ces priviléges eussent été diminués par le pape Alexandre IV, qui déclara en 1258 que les croisés ne seraient pas soustraits à la juridiction laïque [1].

En 1269, il obtint du légat, évêque d'Albano, des lettres pour la défense de ses droits contre les atteintes de la juridiction ecclésiastique, qui vexait ses agents, et il invita Pierre Sorin, maître Gille de La Cour, Jean de La Grange, archidiacre de Blésois, et Gille de Bonneval, grangier de Tours, à prêter leur appui à ceux de ses sénéchaux et autres officiers qui le réclameraient contre ce qu'il appelait « les fourberies et les improbités des juges d'Église [2] ».

L'excommunication prononcée contre un officier du comte ne paraissait pas toujours une peine suffisante : le clergé lançait parfois l'interdit sur toute une province. On sait en quoi consistait l'interdit, qui privait de l'administration des sacrements les habitants du territoire dont le seigneur ou le bailli avait encouru les sévérités ecclésiastiques.

A la fin de l'an 1263, Hugue de Châteauroux, évêque de Poitiers, mit l'interdit sur la ville de Poitiers sans en avertir Alfonse [3]. Le motif de ces rigueurs ne nous est pas connu ; mais le prétexte, ce furent sans doute les différends

---

[1] Bulle du 6 août 1258, reg. XXXI du Trésor des chartes, fol. 69.

[2] « Magistro P. Sorini..... quia nonnunquam tam judices ordinarii, quam eciam delegati, jura nostra et jurisdictiones impetunt et usurpant, ballivosque et alios officiales nostros vexant trahendo in causam et multipliciter molestando, nos litteram R. episcopi Albanensis, que ad vos dirigitur, pro tuitione et defensione jurium nostrorum, vobis mittimus, rogantes quatinus cum per gentes nostras recursus ad vos habitus fuerit contra *versutias et improbitates* dictorum judicum, opportune deffensionis presidio assistatis, quantum de jure poteritis et fore noveritis oportunum. » Dimanche après l'Octave de saint Pierre, juillet 1269, reg. B, fol. 6 r°.

[3] *Preuves des libertés de l'Église gallicane*, chap. IV, art. 5, édit. de 1651, t. Ier, p. 24.

qu'avait eus le sénéchal Thibaud de Neuvy avec l'Église de Poitiers pendant la vacance du siége épiscopal. Quoi qu'il en soit, saint Louis pria l'évêque de lever la sentence. Le sénéchal traita avec l'évêque, qui stipula le payement d'une somme de trente livres pour dédommager les églises de Poitiers de ce qu'elles avaient perdu durant l'interdit. Quand Alfonse fut instruit de cette transaction, il protesta, car jamais jusqu'alors on n'avait donné de ces sortes de dédommagements, alléguant que s'il en était dû, c'était l'évêque qui les devait, pour avoir porté un interdit sans sujet et sans raison et sans avoir observé les formes nécessaires. Saint Louis écrivit le 13 janvier suivant au prélat pour le prier itérativement de lever l'interdit sans amende. Alfonse envoya cette lettre au gardien des Cordeliers de Poitiers et à un chanoine de Sainte-Radegonde, avec ordre de la remettre à l'évêque en présence de témoins. Dans une missive datée du 17 janvier 1264, il déclarait ne pas accepter l'accord aux conditions proposées, et le mois suivant il protesta de nouveau. C'est tout ce que nous savons de ce différend, qui se termina sans doute à l'avantage du comte[1]. Mais la paix ne fut pas de longue durée; en 1268, l'évêque ayant à se plaindre du sénéchal, l'excommunia et jeta l'interdit sur le lieu de sa résidence. Alfonse obtint que ces deux sentences seraient révoquées au préalable, et que des commissaires nommés de part et d'autre feraient une enquête sur les griefs invoqués par le prélat[2], qui fut supplié par le comte de ne plus employer désormais les censures ecclésiastiques contre son sénéchal, attendu qu'il était tout disposé à punir lui-même cet officier quand il le mériterait[3].

[1] Voy. Tillemont, t. IV, p. 333 et 334.
[2] Reg. A, fol. 100 r°. Mardi après la Nativité de la Vierge 1268.
[3] *Ibid.*, fol. 94 v°. Jeudi avant la Pentecôte 1268.

En 1264, Gui de La Tour, évêque de Clermont, mit l'Auvergne en interdit, sous prétexte qu'on l'avait injustement dépouillé du château de Beauregard. Le légat Simon, cardinal du titre de Sainte-Cécile, intervint, suspendit par décision du mois de juillet de la même année l'effet de cette sentence jusqu'à la Nativité, et commit Étienne de Mâcon, chanoine de Beauvais, pour faire une enquête à ce sujet [1]. Nous ignorons la suite de cette affaire.

Il y avait dans l'emploi immodéré de l'excommunication et de l'interdit un abus contre lequel Alfonse essaya en vain de lutter. Un concile de la province de Bordeaux fit un statut qui prononçait l'interdit sur les lieux où le pouvoir civil aurait saisi des biens d'Église. Alfonse jugea ses droits lésés par ce décret; il envoya en 1264 au Saint-Siége deux ambassadeurs, Guillaume de Doué, chevalier, et Guichard, l'un de ses clercs, et sollicita les cardinaux [2].

[1] Original, Trésor des chartes, J. 320, n° 66; 6 des nones de juillet. Tillemont, *Vie de saint Louis*, t. IV, p. 396; voir aussi Trésor des chartes, J. 307, n° 27.

[2] « Domino Pape super statuto. — Sanctissimo patri ac domino Urbano, Dei gratia summo pontifici, Alfonsus, filius regis Francie, comes Pictavensis et Tholose salutem, et, cum debita reverentia, devota pedum oscula beatorum. Nuper ad vestre sanctitatis nuntios nostros misisse recolimus, pro quibusdam nostris petitionibus exhibendis; quos, sicut iidem nobis retulerunt, honorifice recepistis, et eisdem petitionibus, pro magna parte, gratum prebuistis assensum. Unde vestre majestati ad eas quas possumus gratiarum assurgimus actiones, sane quia, dictis referentibus nuntiis, intelleximus vos dixisse quod, si quid deesset in concessis a vobis gratiis libenti animo suppleretis. Speramus etiam favorem apostolicum nobis liberaliter exibendum, sicut tenore nobis misse littere vestre clause mellita verborum dulcedine redundantis imminebat; quam leti recepimus et intelleximus diligenter. Hinc est quod sanctitati vestre supplicandum duximus, ex affectu quo possumus ampliori, quatinus duas petitiones nostras vobis per latorem presentium exhibendas, presertim super statuto edicto in provinciali Burdegalensi concilio, quod nobis et terre nostre non mediocriter prejudiciale fore dignoscitur, et de censuris, pariter, dignemini ad exauditionis gratiam admittere. Non enim satis sufficienter videtur aliquibus nobis cautum vel promissum

Il n'obtint rien; mais plusieurs années après des circonstances se présentèrent qui engagèrent la cour de Rome à tenir peu de compte des décisions du concile de la province de Bordeaux.

Le pape Clément IV étant mort en 1268, les membres du sacré collége ne purent s'accorder sur le choix de son successeur : il y eut un interrègne de deux ans et demi. Il paraît que le clergé de France eut à souffrir des demandes d'argent qui lui furent faites par les légats : c'est ce que nous apprennent plusieurs lettres adressées par Alfonse à ses sénéchaux pour leur ordonner de saisir, à la requête de l'évêque d'Albano, le temporel des ecclésiastiques qui refusaient de payer les droits de procuration qu'on exigeait d'eux[1]. Alfonse, tout en ordonnant d'exécuter les ordres du légat, recommanda à ses agents la plus grande modération[2]. C'est un fait bizarre que de voir le bras séculier employé

fore per privilegium super hoc jam obtentum. Unde suppliciter petimus ut statutum ipsum velitis, si placet, totaliter revocare, vel saltem taliter moderare, quod nobis, aut nostris, vel terre nostre, non possit, pretextu ipsius statuti, aliquid prejudicium in posterum generari; tantum super hoc nostri gratia facientes quod per hoc et alia grata beneficia que nobis duxeritis indulgenda de devotis efficiamur devotiores et promptiores ad quecumque vestra beneplacita et mandata. Datum die lune post festum sancti Luce Evangeliste [1264]. » Cette date 1264 est donnée par une lettre inscrite sur le registre après la requête au Pape, et qui est adressée, sur le même objet, au cardinal J. Cajetan. Bibl. imp., n° 10918, fol. 26 v°.

[1] Mandement aux sénéchaux de Poitou, de Saintonge, d'Agenais et de Toulouse. Dimanche de la Pentecôte 1269. Reg. B, fol. 3 v°.

[2] Mandement du dimanche veille de la Saint-Jean. *Ibidem*, fol. 51 r°. —
« Alfonsus...., ad instanciam reverendi in Christo patris R., Dei gracia Albanensis episcopi, Apostolice Sedis legati, vobis mandamus quatinus, ad requisicionem ejusdem aut collectorum procuracionum reverendo in Christo patri S. Dei gracia tituli Sancte Cecilie presbitero cardinali, Apostolice Sedis quondam legato, a personis ecclesiasticis in terra nostra Pictavensi et vestra senescallia existentibus debitarum volencium bona prelatorum et aliarum personarum ecclesiasticarum predictas procuraciones non solvencium occupare, eisdem, si opus fuerit, presidio auxilii et adjutorio assistatis, cum ab ipsis

par l'Église contre certains de ses membres ; mais, en définitive, la force était le seul moyen de vaincre les résistances qui s'appuyaient sur une extension exagérée des immunités ecclésiastiques.

A l'interdit des évêques, le légat opposa l'excommunication. Il déclara excommuniés tous les prêtres qui ne payeraient pas les procurations qu'il exigeait d'eux, et enjoignit aux agents du comte de braver un interdit illégal.

Alfonse eut le soin de recommander à ses agents de garder par devers eux l'expédition authentique de la lettre du légat « ad cautelam futurorum ». La précaution était sage [1]. Il voulut se mettre personnellement à l'abri de toute inquiétude ; à sa demande, le légat écrivit à maître Pierre Sorin, archidiacre de Saintes, de faire jouir Alfonse de tous ses priviléges de croisé, et de punir des censures ecclésiastiques les clercs qui attenteraient aux immunités dont il était pourvu [2].

Au moyen âge, le Roi et certains grands feudataires jouis-

---

collectoribus vel eorum altero super hoc fueritis requisiti, illo tam adhibito moderamine ne de excessu seu injusticia possitis merito reprehendi aut de negligencia increpari. » Autre. Mercredi avant la Madeleine, fol. 6 v°.

[1] Lettre du lundi de la Pentecôte. Reg. B, fol. 3 v°.

[2] Lettre du légat, datée de Rouen le 2 des calendes de juillet (30 juin) 1269. Reg. B, fol. 5 v°. Voici cette lettre importante :

« Radulfus, miseracione divina episcopus Albanensis, Apostolice Sedis legatus, magistro Petro Sorini, canonico ecclesie Xanctonensis ..... Quietem crucesignatorum regni Francie filius recordacionis dominus Clemenspapa IV, qui sollicitudini vestre negocium crucis in regno predicto commisit, affectans omnes crucesignatos et crucesignandos post crucem assumptam, pro Terre sancte subsidio, illo privilegio illaque immunitate gaudere voluit, quodque in generali crucesignatorum indulgencia continentur, et alias indulsit eisdem ut, per litteras Sedis Apostolice, vel legatorum ejus impetratas, quarum non esset auctoritate processum vel eciam impetrandas, nisi dicte Sedis littere impetrande, plenam et expressam fecerint de indulto hujusmodi mencionem extra dyoceses in quibus ipsi et bona ipsorum consistunt, in causam trahi vel ad judicium evocari non possint, dummodo parati sint, coram suis ordinariis, de

saient du droit de régale sur les églises de leurs domaines, c'est-à-dire qu'ils percevaient les fruits des évêchés et des abbayes pendant la vacance du siége épiscopal ou de la dignité abbatiale, et ne rendaient l'administration du temporel aux nouveaux élus qu'après que leur élection avait été confirmée et qu'ils avaient été consacrés. Mais en cette matière il n'y avait pas de règle uniforme : certains évêchés étaient exempts de la régale. Il s'agit de savoir quelle fut la situation d'Alfonse en cette matière. Dans le Midi, je n'ai rencontré aucun texte qui permette de croire qu'il ait exercé la régale. En 1238, le pape Grégoire IX avait défendu, sous peine d'excommunication, aux officiers du Roi de s'emparer, sous prétexte de régale, des biens des églises de la province de Narbonne, affirmant que pareille entreprise n'avait jamais eu lieu de la part des comtes de Toulouse [1]. Ce qui est certain, c'est qu'en 1267 le viguier de Toulouse ayant mis la main sur le temporel de l'évêque de Toulouse, dont la mort avait été faussement annoncée, le prélat se plaignit à Alfonse, qui s'em-

---

se conquerentibus respondere. Cum igitur, dum crucesignati et crucesignandi, cum bonis suis sint, ex ipsius indulgencie beneficio, sub beati Petri protectione suscepti, ita ut, donec de ipsorum obitu certissime cognoscatur, ea integra omnia maneant et quieta, prout hec omnia in litteris apostolicis ipse apud nos sunt, non est dubium contineri, discretioni tue, qua fungimur auctoritate, mandamus quatinus nobili viro Alfonso Pictavensi et Tholose comiti, qui, ut asserit, signo unifice crucis assumpto, proponit in dicte terre subsidium probabiliter proficisci presidio defensionis assistentes non permittatis eum [contra] hujusmodi indulti et protectionis tenores ab aliquibus indebite molestari, molestatores per censuram eciam compescendo, attencius provisurus ne de hiis que cause cognicionem exigunt et que personam et bona non contingunt ipsius te aliquatenus intromittas : nos enim, si secus presumpseris tam presentes litteras quam et processum quem pro te, illarum auctoritate haberi contigerit, omnino carere viribus et nullius fore decernimus firmitatis. — Datum Rothomagi, ii kal. julii 1269. »

[1] Épître 543 de Clément IV.

pressa de lui faire rendre ses biens [1] ; ce qui n'empêcha pas l'évêque d'excommunier le viguier. Mais ce n'est pas là un fait probant : la saisie avait été faite à tort, parce que l'évêque était encore vivant ; nous ne savons pas si Alfonse eût maintenu la saisie au cas où le siége eût été réellement vacant. Je suis porté à croire que le droit de régale n'était pas légalement établi en Languedoc au treizième siècle ; en effet, le Parlement ayant, en 1255, déclaré l'évêché du Puy soumis à ce droit, saint Louis cassa la sentence de sa cour, attendu que la régale s'exerçait seulement depuis peu d'années. Historiquement donc, et en droit, le chapitre de Pamiers était fondé à réclamer sous Louis XIV contre la régale. On sait que les prétentions du chapitre, soutenues par la cour de Rome, amenèrent la célèbre déclaration du clergé de 1682 [2].

Je n'ai pas trouvé qu'Alfonse ait exercé la régale en Saintonge ; quant au Poitou, il y a doute. Un acte qui nous a été conservé par Dom Fonteneau a été considéré comme une renonciation d'Alfonse à la régale ; mais c'est là une fausse interprétation. Dans cet acte, Alfonse ordonne à son sénéchal de donner mainlevée des biens de l'évêché au nouvel élu, Hugues de Châteauroux [3].

Parmi les griefs que l'évêque de Poitiers articula en 1261 contre le sénéchal, il en est un ainsi conçu : « Il a donné l'ordre aux barons, en pleine assise, de saisir les biens acquis dans leurs domaines par les ecclésiastiques depuis trente ans, faute de quoi le comte les saisirait lui-

---

[1] Vaissete, t. III, p. 510. « Guillelmo de Nantolio, vicario de Tholose, S. de Sacleiis, thesaurarius B. Hilarii : Consilium d. comitis judicavit quod sit expediens et rationabile quod absolutionem petatis, et, si non possitis obtinere, juretis. » Reg. A, fol. 54. Vendredi après la Saint-Martin d'hiver 1267.

[2] *Gallia Christiana*, t. Ier, p. 234.

[3] Voy. l'analyse de M. Redet, dans la table de la collection Fonteneau, de l'acte renfermé dans cette collection, t. III, p. 369.

même, et ils perdraient tous droits sur ses biens. » On ne donna aucune suite à cette réclamation ; il s'agissait en effet des amortissements, qui étaient de la part d'Alfonse l'objet de la plus rigoureuse vigilance. On appelait amortissement un droit que payaient les églises pour être autorisées à conserver les immeubles qu'elles avaient acquis par don ou par achat. Ce droit était exigible au profit du seigneur direct dans le fief duquel l'immeuble était situé, et par le seigneur suzerain. Alfonse ordonna à plusieurs reprises à ses sénéchaux de saisir tous les nouveaux acquêts faits depuis trente ans [1]. Les églises composaient et rentraient en possession de leurs acquisitions en payant une somme arbitraire [2] qui s'élevait quelquefois au double de la valeur de l'acquêt [3]. Le droit d'amortissement était exigé des établissements religieux de différente nature : abbayes bénédictines, cisterciennes, Dominicains, Mineurs [4], chapitres, et même des hôpitaux [5]. Dans le Midi, où la capacité d'acquérir de l'Église était encore plus pro-

[1] « Mandamus quatinus a vobis omnium excussa negligentia acquisita in feudis et retrofeudis nostris maxime a xxx annis citra a capitulo ecclesie Xanctonensis saisiatis et saisita retineatis, quousque aliud a nobis reciperetis in mandatis, aut si vobis aliquid protulerit quod merito debeat acceptari. » Lettre au sénéchal de Saintonge, dimanche octave de la Nativité de la Vierge 1369. Reg. B, fol. 39 v°.

[2] L'abbé de l'île de Ré donna deux cents livres d'amortissement. J. 190, n° 98. — Le prieur de Grandmont donna cent livres, mai 1268. Orig. J. 190, n° 100; Conf. Reg. B, fol. 8 v°.

[3] En 1269, le chapitre d'Herment amortit pour cinquante livres vingt-cinq livres d'argent. Compte d'Auvergne, Bibl. imp., n° 9019, fol. 31.

[4] Confirmation de la vente d'une maison faite par Pierre Embrun aux Mineurs de Toulouse, mars 1261. JJ. 26 B, fol. 6 r°.

[5] Mandement au sénéchal de Poitou de remettre provisoirement l'Hôtel-Dieu de « Lavauceau » en possession des biens que lui avait légués Jean Rigaud, écuyer, et que le sénéchal avait saisis, bien que le maître de l'Hôtel-Dieu prétendît avoir le droit d'acquérir en vertu d'un privilége du roi Richard. Mercredi veille de Saint-Pierre et de Saint-Paul 1267. Reg. A, fol. 2 v°.

noncée que dans le Nord, dès le treizième siècle, outre le droit d'amortissement, elle devait fournir pour chaque acquisition un homme vivant et mourant, chargé de remplir les devoirs féodaux, et à la mort duquel les droits de relief étaient payés par l'Église [1].

Quelquefois, quand il s'agissait d'une donation pieuse, l'amortissement était accordé gratuitement [2]; certains monastères soutenaient que leurs priviléges les autorisaient à acquérir librement; mais Alfonse n'accepta pas ces prétentions quand elles reposaient sur une interprétation large d'un texte, et faisait toujours procéder au préalable à une enquête sur la valeur des biens acquis [3], sauf à les confirmer ensuite à titre de grâce [4]. Ces précautions étaient nécessaires, car les richesses territoriales du clergé prenaient un développement excessif. Les Templiers seuls du Poitou avaient, disait-on, acquis depuis l'avénement d'Alfonse des biens d'une valeur de 2000 livres de rente [5]. Les Tem-

---

[1] Laferrière, *Mémoires de l'Académie de législation de Toulouse*, t. IV, p. 120.

[2] Confirmation des acquêts du monastère de Prouillan, ordre de Saint-Augustin, pour le repos des âmes de ses prédécesseurs. Juin 1269. Reg. A, fol. 11 r°.

[3] L'abbaye de Belleperche et plusieurs autres abbayes du Midi prétendaient avoir ce privilége; voici ce que contient à cet égard le rouleau du parlement de Toulouse de 1270 : « Quantum ad primum articulum abbatis et conventus Belle Pertice, quod possint acquirere in feudis et retrofeudis domini comitis. — Quoniam probabiliter dubitatur de viribus concessionum et privilegiorum quorum copiam nobis exhibuerunt abbas Belle Pertice et alii, expedit quod ipsi specifient acquisita, exprimant tempora quibus facte fuerunt acquisitiones hujusmodi, et usus et consuetudines. Et dominus comes deliberabit tempore oportuno. — Eadem fiat responsio omnibus abbatibus se privilegia habere a bone memorie Raimundo, quondam comite Tholosano, super consimilibus donationibus et concessionibus. » J. 1033, n° 11.

[4] La décision précédente était équitable, car, en 1254, Alfonse avait accordé des lettres d'amortissement, pour l'amour de Dieu et de Notre-Dame, à cette même abbaye de Belleperche. Reg. C, fol. 5 v° et 10 v°.

[5] « Nobis extitit intimatum quod iidem Templarii, temporibus nostris

pliers disputèrent longuement sur la valeur réelle de leurs acquêts. Alfonse ordonna de les leur rendre, à condition de donner caution de payer 1500 livres d'amortissement pour 200 livres de rente[1]. Il finit par ne plus exiger que 1250 livres, qui lui furent payées à la suite d'une transaction passée entre le sénéchal et Jean de Lezay, précepteur de la maison de la Rochelle[2]. Ce fut un grand progrès que l'ordonnance de Philippe le Hardi qui fixa un tarif pour les amortissements, et mit fin à ces marchandages scandaleux auxquels donnait lieu le droit de nouveaux acquêts[3].

Si la juridiction ecclésiastique et la juridiction laïque étaient souvent en lutte, il y avait un terrain sur lequel elles se trouvaient d'accord : je veux parler de l'hérésie. Après les récents travaux sur l'hérésie ou plutôt sur les hérésies qui se manifestèrent dans le midi de la France au treizième siècle, il n'y a plus à espérer de faire de grandes

---

acquisierunt in dicto comitatu Pictavensi usque ad valorem duarum millium librarum annui redditus. » Lettre au sénéchal de Poitou, octave de la Nativité de la Vierge 1269. Reg. B, fol. 11 v°.

[1] Jeudi avant la Nativité de la Vierge 1269. Reg. B, fol. 1 r°.

[2] Samedi fête de la Saint-André 1269. Orig., J. 192, n° 55. — Voyez aussi les lettres d'amortissement pour les terres du Temple dans le comté de Poitou. J. 190, n° 73.

[3] Voici quelques renseignements sur les amortissements sous Alfonse :
L'Ile-Dieu, 1267. Reg. A, fol. 36, n° 6.
Prieur de Montferrand, 1265. J. 273, n° 4.
Sainte-Radegonde de Poitiers, 1252. J. 192, n° 56.
Hôpital de Notre-Dame d'Aubrac, rôle du Parlement de 1270. J. 1033, n° 11.
Abbaye de Grandselve, octobre 1256. Reg. C, fol. 5 v°.
La Valette, 1269. Reg. A, fol. 7 v°.
Notre-Dame de Gourdon, 1267. Reg. A, fol. 10 v°.
Abbayes de Saint-Léonard, 1267. J. 190, n° 53 ; — Sainte-Croix de Poitiers, J. 192, n° 9 ; — Obazime, 1270. Reg. C, fol. 316.

découvertes[1]. Les doctrines religieuses qui s'écartaient de la foi catholique sont suffisamment connues ; peut-être a-t-on attribué à l'Église albigeoise des doctrines arrêtées qu'elle n'avait pas. Toutefois il est aujourd'hui hors de doute que les hérétiques du Languedoc n'avaient pas unité de croyance.

Les conciles, les synodes, les bulles des papes offrent sur les différentes hérésies des renseignements très-précieux qu'on n'a pas assez soigneusement relevés, et qui sont non moins instructifs que ceux que l'on a recueillis dans les interrogatoires que les hérétiques subirent devant l'inquisition. Ce qui frappe au premier abord, c'est une incroyable diversité de doctrines, dont les unes rentrent dans le christianisme, tandis que certaines autres s'en éloignent tellement, qu'elles forment une religion entièrement différente. Un registre de l'inquisition de Carcassonne nous a conservé une curieuse liste des principales erreurs qui avaient cours dans le Midi sous saint Louis[2].

1° Le sacrement de l'autel n'existe pas : ce n'est qu'un peu de pain ;

2° Un prêtre en état de péché mortel ne peut consacrer le corps de Jésus-Christ ;

3° L'âme humaine n'est que du sang ;

4° La fornication n'est pas un péché ;

5° Tous les hommes seront sauvés ;

6° Nulle âme n'entrera dans le paradis avant le jugement dernier ;

7° Prêter de l'argent à intérêt n'est pas un péché ;

8° Les excommunications ne sont pas à redouter : elles n'ont aucune valeur.

---

[1] Schmidt, *Histoire de la doctrine de la secte des Cathares ou Albigeois*, 1849 ; 2 vol. in-8°.

[2] Vaissete, édit. Du Mége, t. VI, Preuves, p. 404.

9° Il est aussi bon de se confesser à un laïque qu'à un prêtre ;

10° La loi des Juifs est meilleure que celle des chrétiens ;

11° Dieu n'a rien créé sur la terre, mais la *Nature*.

12° Le Fils de Dieu ne s'est pas incarné réellement dans la Vierge, mais seulement en apparence ;

13° La communion, la confession et la pénitence sont des inventions de l'Église pour soutirer de l'argent aux laïques ;

14° Un prêtre en état de péché mortel ne saurait ni lier ni absoudre ;

15° Nul prélat ne peut accorder d'indulgences ;

16° Toute personne née en légitime mariage peut être sauvée sans baptême.

C'est à se perdre dans ce dédale d'opinions, qu'Innocent IV comparait à un monstre à plusieurs têtes sortant d'un tronc commun [1]. Cependant l'Église reconnaissait deux grandes catégories d'hérésie : les Cathares ou Albigeois, qui croyaient au dualisme et se rattachaient à la secte des manichéens, et les Vaudois, qui altéraient moins gravement la doctrine catholique [2]. Chacune de ces sectes avait sa hiérarchie, ses prêtres, ses cérémonies, ses mystères ; on vit même des prédicateurs cathares disputer publiquement contre des vaudois. Mais le plus souvent chacun prenait ce qui lui convenait dans ces différentes opinions, et se faisait une croyance personnelle quelque-

---

[1] Je suis obligé en traduisant de modifier un peu l'image employée par Innocent, qui dit en parlant des Cathares, des Patarins, des Albigeois et autres sectes : « Facies quidem habentes diversas, sed caudas ad invicem alligatas. » Bulle du 12 juillet 1254, Arch. de l'Emp., Bullaire, L, 248, n° 259.

[2] Sur cette distinction capitale, voyez Vaissete, t. V, p. 80 et 81.

fois peu raisonnée, témoin cette femme, manichéenne sans le savoir, qui tenait ce propos : « Le diable fit l'homme d'argile et dit à Dieu : Mets-y une âme. Et Dieu dit au diable : Si tu le fais d'argile, il sera plus fort que toi et moi; fais-le du limon de la mer. Et le diable fit l'homme du limon de la mer, et Dieu dit : C'est bien, il ne sera ni trop fort ni trop faible; et il y mit l'âme. » — Quelqu'un qui entendit cette singulière théorie demanda à cette femme si elle croyait ce qu'elle venait de dire : « Sans doute, répondit-elle, de plus savants que vous et moi l'ont cru [1]. »

Certains Vaudois, prenant le titre de parfaits, s'engageaient à ne manger ni chair, ni œufs, ni fromage; ils promettaient de ne se nourrir que d'huile et de poisson, de ne pas mentir, de ne pas jurer, de ne pas se reproduire [2].

La punition des hérétiques appartenait à la sainte inquisition, qui était exclusivement entre les mains de l'Église. En principe, c'étaient les évêques qui avaient dans leurs attributions de veiller dans leur diocèse au maintien de la foi; mais les grands progrès que firent au commencement du treizième siècle dans le Midi les doctrines hétérodoxes engagèrent le Saint-Siége à donner aux évêques des auxiliaires qui furent pris dans les ordres religieux nouvellement institués par saint François d'Assise et par saint Dominique. Je n'ai pas à faire l'histoire de l'inquisition. Je me bornerai à montrer ce qu'elle fut sous Alfonse, et quelle part ce prince prit à la répression de l'hérésie. Une ordonnance de saint Louis, ou plutôt de la reine Blanche, de l'an 1229, avait fixé la participation du pouvoir séculier à la punition des hérétiques et édicté des

---

[1] Archives de l'inquisition de Carcassonne, déposition, en 1244, de R. Centolh. Vaissete, t. VI, Preuves, p. 448.
[2] Vaissete, *idem*, Preuves, p. 449 et 450, et t. V, p. 80, 82.

peines contre tous ceux que le soupçon d'hérésie atteignait à des degrés divers. En 1233, Raymond VII introduisit l'inquisition dans ses domaines[1]. Cependant l'Église, voyant le danger diminuer, se relâcha de ses rigueurs. Le 21 avril 1245, Innocent IV, étant à Lyon, invita les inquisiteurs à modérer les peines contre ceux que leur endurcissement ne rendrait pas dignes du dernier supplice[2]. Le même pape confia exclusivement aux Dominicains l'exercice de l'inquisition dans les États d'Alfonse[3]. Les évêques de Toulouse, d'Agen, d'Albi et de Carpentras, réunis en juin 1252 auprès du comte, à Riom, confirmèrent à ces religieux le droit de juger les hérétiques dans leur diocèse[4]. Il fut décidé dans cette assemblée que les hérétiques condamnés à la pénitence ne pourraient se racheter moyennant finances[5]. L'année suivante, les évêques du Midi signalèrent l'abus qui s'était répandu de laisser la famille des hérétiques racheter les biens confisqués sur leurs parents[6].

Enfin, Urbain IV dressa pour les inquisiteurs dans les États d'Alfonse un véritable code qui mérite de fixer l'attention, parce qu'il détermine les modes de procéder de l'inquisition au milieu du treizième siècle, et permet d'apprécier les adoucissements apportés[7]. Le Pape inter-

---

[1] 20 avril 1233. Trésor des chartes, J. 306, n° 66.
[2] Trésor des chartes, J. 431, n° 21. — Teulet, t. II, p. 566.
[3] Bulle en date du 5 des ides de mai, année 9ᵉ du pontificat. Trésor des chartes, J. 431, n° 26.
[4] Vaissete, t. II, p. 491.
[5] Lettre du sire de Severac à Alfonse.
[6] Acte du 7 juin 1253.
[7] « Urbanus, episcopus, servus servorum Dei, dilectis filiis fratribus ordinis Predicatorum, inquisitoribus heretice pravitatis in comitatibus Pictavie et Tholose, et quibuscumque locis sive terris dominio dilecti filii Alfonsi Pictavensis et Tholosani comitis, mediate vel immediate subjectis, ubique intra vel extra regnum Francie constitutis, civitate Avenionensi dumtaxat excepta,

dit aux Dominicains de procéder sans les évêques ou leurs délégués. Les hérétiques qui avoueront leur faute et demanderont pardon, recevront l'absolution ; quant à ceux qui nieront et demeureront opiniâtres dans leur péché, voici

deputatis auctoritate apostolica, et in posterum deputandis, salutem et apostolicam benedictionem.

» Pre cunctis nostre mentis desiderabilibus catholice incrementum fidei affectantes, nimio utique dolore replemur, cum audimus aliquos vel sentimus ad illius depressionem qualicumque malignitate satagere, vel dampnabilibus ipsam depravando reprehensionibus aut detractionibus ei derogabilibus derogando, seu vomentis eandem mendacibus pervertendo, ad quorum iniqua consternenda molimina eo animosius aspiramus, quo in animarum stragem pernitiosius eos agnoscimus conspirare. Sane licet ubilibet Sedis Apostolice diligentia contra talium dolosam astutiam, ne diffusius hujusmodi serpat morbus, remedium libenter adhibeat oportunum, in comitatibus tamen Pictavie et Tholose, et quibuscumque locis, sive terris, dominio dilecti filii A. Pictavensis et Tholosani comitis mediate vel immediate subjectis, ubique, intra vel extra regnum Francie constitutis, cupientes anxie, ut ejusdem fidei negotium jugi profectu elisis omnino quibuslibet erroribus, fortius convalescat, vigilare ad hoc, per nos et alios, eo studemus attentius, quo dictum comitem ferventissimum utique ipsius fidei celatorem promptiorem sentimus ad id negotium efficaciter promovendum.

» Providimus igitur ibidem ad presens personas aliquas circumspectas pro tanto negotio deputari quarum honesta conversatio exemplum tribuat puritatis et doctrinam fundant erudita labra salutarem, ut sacro ipsorum ministerio comitatus et loca seu terre prefata immunia prorsus ab hujusmodi contagiis preserventur. Ut autem inquisitionis officium contra hereticos in prefatis comitatibus et locis seu terris possit efficacius adimpleri, discretioni vestre per apostolica scripta mandamus in remissionem vobis peccaminum injungentes, quatinus in caritate Dei, hominum timore postposito, virtutem Spiritus induentes ex alto, predictum officium in prefatis comitatibus, et locis, seu terris, civitate Avinionensi dumtaxat excepta, simul, vel separatim aut singulariter, prout negotii utilitas suadebit, ad extirpandam de ipsis partibus hereticam pravitatem, sub spe mercedis eterne, sic efficaciter prosequi et exequi studeatis, ut per sollicitudinis vestre prudentiam de comitatibus et locis, seu terris ipsis, radix iniquitatis heretice succidatur, et vinea Domini exterminata vulpeculis que perversis morsibus demoliuntur eandem fructus afferat catholice puritatis. Si quos autem de pravitate predicta culpabiles inveneritis, vel infectos, seu etiam infamantes, contra ipsos, nisi examinati velint absolute mandatis Ecclesie obedire, necnon et contra receptatores,

comment on agira à leur égard. On fera une enquête : deux personnes religieuses et discrètes seront commises pour entendre les témoins, dont les dépositions seront reçues, autant que faire se pourra, par un notaire public, et à

defensores et fautores eorum juxta sanciones canonicas, auctoritate apostolica, hominum metu divino timori postposita, procedatis, non obstantibus aliquibus litteris ad quoscumque alios de comitatibus, locis et terris ipsis exceptis locorum diocesanis et inquisitoribus pravitatis ejusdem in civitate predicta a Sede deputatis eodem super hujusmodi negotio ab ipsa sede directis, quarum deinceps ad inquisitiones hujusmodi faciendas nolumus auctoritate procedi, quin immo ne procedatur per illas districtius inhibemus; nec presentis commissionis specialiter eisdem diocesanis super hoc facte vestros processus in eorumdem diocesanorum civitatibus et diocesibus volumus impediri, nec per hoc quod fidei negotium generaliter in ipsis comitatibus et locis, seu terris vobis commisimus commissiones a prefata sede diocesanis eisdem factas, si forsan illarum seu etiam ordinaria velint auctoritate procedere, intendimus revocare. Verum tamen, sive auctoritate ordinaria, sive ex delegatione predicte sedis iidem diocesani in hujusmodi processerunt, nequaquam volumus vel per concursum processuum vel alias quomodolibet vestros impediri processus, quin diocesanorum ipsorum processibus non obstantibus in eodem negotio procedere libere valeatis. Si vero aliqui ex predictis heretica labe penitus abjurata redire voluerint ad ecclesiasticam unitatem, eis juxta formam Ecclesie absolutionis beneficium impendatis, et injungatis eisdem quod injungi talibus consuevit, proviso sollerter ne simulata conversione redeant fraudulenter et vos, immo potius seipsos, fallentes sub agni specie gerant lupum.

» Quod si aliqui fuerint judicandi heretici vel incarcerationis pena perpetue alicui pro hujusmodi crimine fuerit infligenda per vos, ad id, de diocesanorum vel vicariorum suorum, si diocesanis ipsis absentibus presentes fuerint, consilio procedatur ut in tante animadversionis judicio non postponenda pontificum auctoritas intercedat. Verum quia in tam gravi crimine cum multa oportet cautela procedere, ut in reos sine ullo proferatur errore dure ac digne severitas ultionis, volumus et mandamus ut vos vel illi quos ad hoc duxeritis deputandos in examinatione talium quos recipi super crimine predicto ipsumque contingentibus oportuerit, adhibeatis duas religiosas et discretas personas in quarum presentia per publicam, si comode poterit haberi, personam aut per duos viros idoneos fideliter eorumdem depositiones testium conscribantur. Quod si testibus quos a vobis recipi vel alio, vice vestra, super eodem crimine examinari contigerit ex publicatione nominum eorumdem videatis periculum imminere, ipsorum nomina non publice sed secrete coram aliquibus personis providis et honestis, religiosis et aliis ad hoc vocatis, de quorum consilio

son défaut par deux personnes à ce idoines. S'il y a des inconvénients à révéler les noms des déposants, on les célera; mais on les fera connaître aux personnes prudentes, honnêtes et religieuses, qu'on devra consulter

ad sententiam vel condempnationem procedi volumus, exprimantur. Et sic, non obstante quod illis contra quos hujusmodi testes deposuerint eorum nomina non fuerint publicata, ad cognitionem judicis instruendam adhibeatur plena fides testium depositionibus eorumdem. Ut ergo vobis commissi officii debitum utilius et liberius exequamini, committendi citationes testium, examinationes, cum de hujusmodi crimine ac ipsius circumstantiis duxeritis inquirendum, et denuntiationes sententiarum quas in quolibet hac de causa tuleritis, accersiscendi quoque, prout expedierit, peritos quoslibet ut vobis inferendis hujusmodi sententiis prebeant consilium oportunum ac vobis assistant; convocandi etiam clerum et populum civitatum, castrorum aliorumque locorum, prout dicto negotio fidei videritis expedire, insuper in dicto negotio de plano et absque judiciorum et advocatorum ac contra illos quos in predictis comitatibus et locis seu terris in hereseos crimine commisisse constiterit, licet ad alias partes se transferendos duxerint, procedendi nec non faciendi vobis libros seu quaternos et alia scripta in quibus inquisitiones facte et processus per quoscumque auctoritate Sedis Apostolice vel legatorum ejus habiti contra hereticos continentur a quibuslibet assignari, et observari omnia statuta provide edita tam in conciliis legatorum dicte sedis quam etiam in forma pacis olim inite inter Romanam Ecclesiam et carissimum in Christo filium regem Francie illustrem, ex una parte, et quondam R. comitem Tholosanum, ex altera, que negotium fidei tempore dinoscuntur, sicut promotioni negotii et augmentationi fidei fuerit oportunum, privandi preterea, de diocesanorum, vel eis absentibus, vicariorum, suorum consilio, hereticos, eosdem credentes, receptatores, fautores et defensores, eorumque filios et nepotes personalibus dignitatibus, ac beneficiis ecclesiasticis, et officiis publicis ac honoribus quibuscumque, necnon et largiendi viginti vel quadraginta dierum indulgentiam, quotiens oportunum videritis, omnibus vere penitentibus et confessis qui ad vestram convocationem propter hoc faciendum accesserint plena sit vobis et singulis vestrum presentium tenore facultas. Vobis autem pro hujusmodi negotio laborantibus illam peccatorum veniam indulgemus que succurrentibus Terre Sancte in generali concilio est concessa. Sociis vero fratribus vestri ordinis et notariis vestris, qui una vobiscum in prosecutione hujusmodi negotii laborabunt et omnibus qui personaliter vobis astiterint in eodem negotio et qui ad impugnandum hereticos fautores receptatores et defensores eorum vobis ex animo prestiterint consilium, auxilium vel favorem, de omnipotentis Dei misericordia et beatorum Petri et Pauli apostolorum ejus auctoritate

avant de prononcer la sentence. Notez ce point important :
une sorte de jury qui assiste les inquisiteurs. On accordera aux déposititions secrètes la même foi qu'aux dépositions publiques.

confisi, tres annos de injunctis sibi penitentiis relaxamus. Et si qui ex hiis in prosecutione hujusmodi negotii forte decesserint, eis peccatorum omnium de quibus corde contriti ac ore confessi fuerint plenam veniam indulgemus. Componendi preterea monitione premissa per censuram ecclesiasticam appellatione postposita predicatores, questuarios a predicationis officio quod ad ipsos nullatenus pertinet quorum interest tantum caritativa subsidia simpliciter petere ac indulgentiam si quam forte habent exponere liberam vobis et singulis vestrum concedimus auctoritate presentium facultatem. Ceterum, si forte quod non credimus, aliqui cujuscumque conditionis huic negotio vobis commisso se opponere seu illud presumpserit aliquatenus impedire, ut non possit procedi libere in eodem, immo nisi requisiti illud foverint et juxta officium et posse suum singuli juverint studiose, contra eos tanquam contra hereticorum fautores et defensores secundum sanctiones canonicas freti eadem auctoritate intrepide procedatis. Denique, ut circa premissa plene vobis et singulis vestrum cohertionis expedita et inviolabilis assit auctoritas, volumus ut ea omnia viriliter exequamini, invocato, si opus fuerit auxilio brachii secularis, contradictores per censuram ecclesiasticam, appellatione postposita compescendo, non obstantibus aliquibus privilegiis, indulgentiis quibuscumque personis cujusvis conditionis, dignitatis vel gradus religionis vel ordinis, et presertim Cisterciensium, Predicatorum, Minorum seu Heremitarum sive communitatibus vel universitatibus civitatum et locorum specialiter vel generaliter sub quacumque verborum expressione vel forma a memorata Sede concessis, vel in posterum concedendis, etiam si dicatur in illis quod eis per aliquas litteras totum de verbo ad verbum tenorem non continentes privilegiorum vel indulgentiarum ipsarum nequeat derogari, et illis maxime privilegiis et indulgentiis quibus ab ipsa Sede concessum est aliquibus seu concedetur deinceps quod excommunicari vel ipsorum terre supponi non possint ecclesiastico interdicto, aut quod predictorum vel aliorum quorumlibet ordinum fratres ad executiones negotiorum aut ad citationes quorumlibet sive denuntiationis sententiarum, excommunicationis, suspensionis vel interdicti, auctoritate litterarum apostolicarum minime cogi possint, nisi de ipsorum ordinibus et privilegiis vel indulgentiis eis super hoc a Sede Apostolica concessis eadem habeatur in eisdem litteris mentio specialis, cum ex hujusmodi vel aliis privilegiis et indulgentiis nullum vobis in tante pietatis negotio velimus obstaculum interponi et constitutione de duabus dietis edita in concilio generali. Datum apud Urbem veterem, IIII nonas augusti, pontificatus nostri anno tertio. » Orig. scellé. J. 431, n° 35. (Trois exemplaires.)

Pour arrêter les progrès de l'hérésie, les inquisiteurs auront le droit de priver des bénéfices ecclésiastiques et des emplois civils les hérétiques, leurs fauteurs, leurs fils et petits-fils ; mais ils consulteront au préalable l'ordinaire, c'est-à-dire l'évêque diocésain, ou son vicaire. Indulgence de vingt ou trente jours à ceux qui, confès et pénitents, se rendront à la convocation de l'inquisition ; les priviléges et immunités de croisés seront applicables aux inquisiteurs eux-mêmes et à ceux qui leur porteront aide.

Les enquêtes administratives ordonnées par saint Louis en Languedoc firent connaître les tristes résultats pour les familles des condamnations prononcées contre les hérétiques, condamnations qui atteignaient des innocents en s'étendant aux parents du coupable. Les mêmes résultats furent aussi constatés dans les États d'Alfonse : les enquêteurs se trouvaient à chaque instant dans une situation difficile ; d'un côté, l'enquête que le Roi leur avait prescrite comme règle de conduite, de l'autre, des lois sévères dont l'exécution semblait indispensable au maintien de l'autorité de l'Église, notamment l'ordonnance de 1229. Saint Louis, après avoir mûrement réfléchi, rendit, en 1260, une nouvelle ordonnance qui tempérait la rigueur de celle de 1229. Il enjoignit aux enquêteurs de rendre les biens confisqués pour hérésie, sauf aux hérétiques dûment condamnés, ou qui avaient pris la fuite par crainte de l'inquisition, ou donné asile à des hérétiques convaincus ; mais la femme ne dut pas être privée de ses biens pour le fait de son mari ; on attribua même aux héritiers les biens de l'hérétique qui embrasserait la vie religieuse [1].

---

[1] *Recueil des ordonnances*, t. I, p. 62, avec une fausse date. Voyez Vaissete, 1re édit., t. III, Preuves, col. 494.

L'Église instruisait les procès et prononçait les sentences, mais l'exécution était remise au bras séculier, c'est-à-dire au pouvoir laïque, qui se payait de ses peines en confisquant les biens des condamnés. Reconnaissons tout d'abord que plus on s'éloigne de la guerre des Albigeois, moins les sévérités de l'inquisition sont multipliées. Le supplice du feu ne laisse pas que d'être appliqué, mais assez rarement. Une peine plus fréquente est celle de la détention, l'emmurement : les prisons de l'inquisition s'appelaient murs et étaient distinctes des lieux ordinaires de détention destinés à recevoir les prévenus avant leur jugement, car l'emprisonnement, sauf quelques exceptions, n'était pas encore admis parmi les peines afflictives.

Je dois ici parler sans ménagement et révéler des faits odieux. Les biens des hérétiques condamnés au feu étaient confisqués au profit tantôt d'un simple seigneur ou d'un évêque[1], tantôt, et c'était l'ordinaire, au profit du comte de Toulouse, qui se montrait jaloux d'exercer ce droit lucratif[2]. Ces confiscations s'appelaient incours, *incursus*. Le viguier de Toulouse était spécialement

---

[1] L'évêque d'Alby percevait les incours, *Recueil des Ordonnances*, t. XVI, p. 9; — il en était de même du sire de Mirepoix, *Olim*, t. I, p. 317. — Le 3 des nones de juin, l'évêque de Rodez se fit adjuger par le sénéchal les incours à Monestier et à Montirat. Trésor des Chartes, J. 325, n° 62. — Dans tous les contrats de vente passés en son nom, Alfonse se réservait les confiscations pour hérésie. Reg. C, fol. 25.

[2] Raymond VII, qui était tiède à saisir les biens des hérétiques, y fut contraint sous peine des censures ecclésiastiques. Voyez une lettre de G., archidiacre-mage de Carcassonne, et de frère Wilhelm Arnal, de l'ordre de Saint-Dominique, délégués par S., archidiacre de Vienne et légat du Pape, sur le fait de l'hérésie, pour ordonner au comte de saisir les biens de B. Othon, de G. Bernard et de Gérard « de Aniorto », frères, condamnés pour hérésie. Lundi avant les Cendres 1236 (v. style). Arch. de l'Emp., Cartul. de Raymond VII, JJ. XIX, fol. 93.

chargé de veiller à ce que les condamnations pour crime d'hérésie fussent exécutées dans le Toulousain[1]. Dans les autres sénéchaussées, ce soin regardait les sénéchaux; en outre, il y avait auprès d'Alfonse un surintendant général des incours, qui centralisait les différentes condamnations, en tenait registre, percevait le produit des confiscations, vendait les meubles des condamnés[2], administrait en un mot cette importante branche de revenus; il s'appelait Jacques du Bois[3]. Voici une instruction qui lui fut adressée en 1263, où étaient tracées les règles qu'il devait suivre.

« Memoire soit à Jaque du Bois que toutes les foiz que il vendra conter à la Cort des heresies, que cil Jaques ait avant conté qu'il viegne à chaucun seneschal ou païs, de ce qui est en sa séneschauciée, et que nules ventes ne face que li séneschaus du leu, ou ses commandemenz, n'i soit, et que chaucuns séneschaus ait auteles parties, comme cil Jaques aura en escrit de ce qui est en sa séneschauciée; et que il soient certain que les rentes de

---

[1] Lettres par lesquelles Alfonse charge le viguier de Toulouse, Oudard de Pomponne, de saisir les biens meubles et immeubles des hérétiques dans le diocèse de Toulouse. Mercredi, octave de la Saint-Martin d'hiver 1254. Reg. C, fol. 2 r°. — Voyez aussi (J. 307, n° 55, fol. 3 v°) un ordre d'Alfonse au viguier de Toulouse de faire transférer du Venaissin à Toulouse Pierre Bermond, condamné comme hérétique, « pro habendo de eodem Petro de singulis bonis suis plenius veritatem (1262).

[2] Voyez Trésor des Chartes, J. 306, n° 85, l'inventaire des biens saisis dans la maison de P. Bermond à l'Isle et d'autres hérétiques : on en vendit pour 4,413 livres tournois. 18 des calendes de juin (15 mai 1261). Voyez aussi d'autres inventaires analogues, Supplément du Trésor des chartes, J. 1040, n° 22, et J. 1041, n° 7.

[3] « De heresibus per Jacobum de Bosco, in dioc. Tholosano, Albiensi et Ruthinensi, a festo S. Johannis 1263 usque ad idem festum 1264, 216 l. 9 s. 8 d. thol.; item c. lib. tur.; item XVIIe sextarios omnium bladorum; item XXIII. modios vini. » Comptes de 1264. Trésor des Chartes, J. 192, n° 19.

blé, et de vin et de deniers qu'il conte soient bien et loiaument conté, et que autel conte, comme Jaques aura, que li seneschal ou leur clerc aportent, et que il en content. Et voulons que chaucun sénéschal ait de moebles et de rentes chaucun an autel escrit comme Jacques aura, et que li séneschaus dou leu, ou son commandement, soit à toutes les ventes faire; et de ce seront faites letres à chaucun sénéschal et à Jaque, et un tel escrit envoié et un autel en sera retenuz à la Court; et li frere inquisiteur et Gile en auront un autel, si que il en puissent porter leur tesmoing par escrit. »

Il y avait donc toute une comptabilité pour les produits des confiscations sur les hérétiques[1]. Alfonse fit quelquefois des largesses avec les biens ainsi acquis[2], notamment à maître Gille, clerc de l'inquisition, qui reçut en récompense de ses bons services une rente annuelle de cent sous à prendre sur les revenus d'une terre confisquée sur un chevalier[3].

Croira-t-on qu'il s'est trouvé des hommes assez pervers pour se montrer encore plus sévères que l'inquisition et pour faire périr sur le bûcher ceux que les juges compétents avaient seulement condamnés à une prison perpétuelle? Et cela pour augmenter les revenus du comte Alfonse en obtenant par un supplice illégal une confiscation que la sentence régulière ne comportait pas? Ces faits révoltants, qu'on voudrait ne pas croire, sont mal-

---

[1] Bibl. imp., n° 10918, fol. 12 r°. Sur le rôle de du Bois qui recherchait avec soin les hérétiques, voyez un arrêt du parlement de Toulouse de 1270 relatif à la requête du chevalier Aimeri de Villèle. Trésor des Chartes, J. 1031, n° 11.

[2] Don à Guillaume « de Chogesio » de l'héritage d'Amaury « de Montibus », confisqué pour cause d'hérésie. Mai 1261. Reg. C, fol. 6 v°.

[3] Mercredi avant la Saint-Jean 1263. Reg. C, fol. 7 v°.

heureusement attestés par des documents officiels, authentiques, conservés depuis le treizième siècle au Trésor des chartes, et qui défient toute critique, tout examen. Un Dominicain, Renaud de Chartres, nouvellement investi des fonctions d'inquisiteur à Toulouse, constata, non sans un profond trouble, l'horrible abus que nous venons de signaler et sur lequel ses prédécesseurs avaient fermé les yeux. Il crut sa conscience engagée à révéler au comte de Poitiers cet oubli de toutes les lois de l'humanité et de la justice; il lui soumit ses scrupules dans une lettre dont j'ai l'original sous les yeux. Je traduis :

« A homme illustre et cher en Notre-Seigneur Jésus-Christ, Alfonse, fils du roi de France, comte de Poitiers et de Toulouse, frère Renaud de Chartres, de l'ordre des Frères Prêcheurs, salut, et que la vertu du Saint-Esprit lui inspire tant qu'il vivra une volonté infatigable de combattre la peste de l'hérésie. Que Votre Sublimité sache que frère Jean de Saint-Père et moi avons trouvé que lorsque les inquisiteurs qui ont procédé immédiatement avant nous dans le comté de Toulouse condamnaient seulement à la peine perpétuelle les hérétiques relaps, le juge séculier, au mépris de cette sentence, les livrait aux flammes; les inquisiteurs se taisaient et ne s'y opposaient pas. Nos consciences se sont demandé si nous pouvions garder le silence sur de pareils faits sans péril pour nos âmes ou sans irrégularité, et même si notre devoir ne nous imposait pas d'empêcher, au moyen de la censure ecclésiastique, le juge séculier de livrer à la mort des hommes au mépris de notre sentence. Certaines personnes prétendent que si l'on ne suit la voie de nos prédécesseurs, notre labeur sera vain, et que cette terre ne pourra être purgée de l'ignominie hérétique qui fermente et bouillonne de nouveau avec une force qu'elle n'avait pas eue depuis longtemps. Les zélateurs de la foi diront peut-être que nous détruisons l'inquisition en agissant avec plus de douceur que les inquisiteurs dont nous venons de parler. Après nous être diligemment entretenus de nos doutes avec maître Étienne de Bagneux et maître Étienne de Béziers, vos clercs fidèles, et avec plusieurs hommes de bon conseil, nous nous sommes arrêtés à la résolution suivante : Le souverain Pontife sera consulté, et nos doutes lui seront transmis en votre nom, dans le plus bref délai, par vénérable père monseigneur l'évêque d'Agen, avant que ce prélat quitte la cour de Rome, ce qu'il doit faire, croyons-nous, vers Pâques. En attendant, nous ferons des enquêtes et recevrons des témoignages. Ceux qui seront reconnus relaps seront détenus sous bonne et sûre garde jusqu'à ce que nous ayons reçu une réponse certaine du Siége apostolique. Veuillez nous faire savoir votre bon plaisir et votre volonté sur ce sujet et sur ce que nous vous avons écrit naguère. Que le Seigneur vous donne la grâce dans le présent, la gloire dans l'avenir.

Donné à Toulouse, le mercredi après la Conversion de saint Paul [1]. »

---

[1] « Illustri viro et dilecto in Domino Jhesu Christo, A. filio regis Francie, comiti Pictavensi et Tholose, frater Reginaldus de Carnoto, ordinis Predicatorum, salutem et contra pestem hereticam in virtute sancti Spiritus animum habere quamdiu vixerit indefessum. Noverit vestra sublimitas quod cum frater Johannes de Sancto Petro et ego invenerimus in dyocesi Tholosana quod inquisitores qui ante nos ibidem proximo processerunt, quando pronunciabant aliquos esse relapsos in heresim abjuratam, licet tales perpetuo carceri per sentenciam manciparent, judex secularis, non obstante dicta sentencia, dictos relapsos tradebat flammis ignium pugniendos, ipsis inquisitoribus hoc dissimulantibus nec se opponentibus ipsi judici seculari. Circa hoc, quedam dubitacio consciencias nostras tangit utrum in casu tali dissimulare sic possumus, sine animarum nostrarum vel aliquo irregularitatis periculo, vel pocius ex debito teneamur ipsum arcere judicem secularem censura

La rapacité des officiers d'Alfonse ne fut pas toujours aussi cruelle; mais, pour être moins affreuse, elle n'en était pas moins cynique. C'est quelque chose d'intéressant que ce conflit entre l'inquisition et le pouvoir laïque au sujet de la punition des hérétiques; certes, le beau rôle n'est pas du côté des agents du comte. Voici un extrait d'une lettre adressée vers 1253 à Alfonse par le sénéchal de Rouergue, Jean d'Arsis, qui se plaignait vivement de l'évêque de Rodez. On y trouve sur l'inquisition un paragraphe important :

« Quant à ce qui touche la terre de l'évêché de Rodez, je vous veux faire savoir la vérité, et d'abord sur le fait des hérétiques. Monseigneur l'évêque a fait procéder et procède encore à l'inquisition dans son diocèse, notamment à Najac, et par sentence m'a livré comme hérétique Hugues Paraire, que j'ai brûlé incontinent, après avoir saisi

ecclesiastica, ne talibus mortis penam inferat, contra processum nostrum taliter veniendo. Verum sunt aliqui qui dicunt quod nisi secundum viam illorum inquisitorum procedatur, cassus erit labor noster nec purgari poterit aliter terra heretica feditate, que scaturit et ebullit de novo plus quam soleat a lungis temporibus retroactis. Dicent eciam forte zelatores fidei quod nos destruxerimus negocium inquisiciones agendo remissius quam egerint inquisitores alii memorati. Habito igitur super dubitacione hujusmodi diligenti tractatu cum magistro Stephano de Balneolis et magistro Stephano Biterrensi clericis vestris et fidelibus et aliis bonis viris in hoc ad presens commune resedit consilium ut super hoc summus Pontifex quam cicius consulatur, et mittatur ex parte vestra ista consultatio ipsi domino apostolico per venerabilem patrem dominum episcopum Agenensem antequam ipse recedat a curia, porrigenda. Credimus enim quod recedere debeat circa Pascha. Interim autem inquiremus et probaciones recipiemus, ita quod eos quos relapsos invenerimus detinebuntur sub securi et diligenti custodia donec super hoc certa responsio a Sede Apostolica habeatur. Super hiis autem et aliis que nuperrime vobis scripsimus nobis rescribere dignemini vestre beneplacitum voluntatis. Det vobis Dominus graciam in presenti, gloriam in futuro. Datum Tholose die mercurii post Conversionem Sancti Pauli. » Orig. Supplément du Trésor des Chartes, J. 1024, n° 7. — Cette pièce n'est point datée, mais on peut la rapporter vers l'année 1255.

ses biens, s'élevant, tant en meubles qu'en immeubles, d'après ses papiers et ses registres, à la somme de mille livres tournois. Après cette condamnation, monseigneur l'évêque, à la suite d'enquêtes, cita à Rodez à son tribunal six habitants de Najac, Guillaume de Muret, Richard Barrau, Hugues Méalle, Bernard Raimond et B. Gasc. Comme le bruit public désignait ces six hommes comme hérétiques, je me transportai à Rodez pour assister au jugement et veiller à ce que vous ne fussiez victime d'aucune fraude. Alors monseigneur l'évêque me dit que tous ces hommes étaient hérétiques et qu'il vous ferait gagner cent mille sous sur leurs biens : cependant le prélat et ses assesseurs me prièrent de laisser, une fois la sentence rendue, une partie de ces biens à ces hommes ou à leurs enfants, ce que je refusai. Le lendemain, l'évêque, suivant, à ce que je crois, de mauvais conseils, condamna ces six hommes à la pénitence, en fraude de vos droits, ce qui ne m'a pas empêché de saisir et de faire inventorier tous leurs biens en leur laissant une provision pour eux et leurs enfants.... Et comme l'évêque ne cesse de poursuivre les hérétiques, il serait bon, pour empêcher les fraudes à votre préjudice, que quelqu'un assistât pour vous aux procédures de l'inquisition [1]. »

---

[1] « .... Super facto vero terre episcopatus Ruthenensis vos volo certificare et primo super facto hereticorum, nam dominus episcopus fecit et adhuc facit fieri inquisitionem in suo episcopatu, et principaliter in castro de Najaco, et per sententiam reddidit mihi Hugonem Paraire, pro heretico, quem incontinenti combuxi, accipiendo bona sua que inter mobile et immobile, secundum quod in scriptis et cartulariis suis scriptum invenitur, tam in debitis quam aliis valent M. libras Turonensium. Item post dictam sententiam, facta inquisitione, vocavit dominus episcopus apud Ruthenas coram se sex homines de Najaco infrascriptos, Guillelmum de Mureto, Richardum Barravum, Hugonem Mealle, Bernardum Raimondi et B. Gasconem; et cum diceretur publice quod dicti sex homines erant heretici, ego veni apud Ruthenas pro sententiis audiendis ne aliqua fraus contra vos posset adhiberi; et dictus dominus epi-

Le comte de Toulouse, qui tirait de gros revenus de l'inquisition, devait fournir aux dépenses des inquisiteurs, et ces dépenses lui parurent trop grandes. J'ai sous les yeux une lettre dans laquelle il écrit à son confident Jacques du Bois que les inquisiteurs dépensaient beaucoup à Toulouse : il lui ordonne de les engager à transporter le siége de leur juridiction dans quelque ville voisine où ils coûteront moins[1]. Ce qu'il y a de piquant, c'est qu'à la suite de cette missive on trouve dans le registre de

scopus tunc dixit mihi quod omnes erant heretici et ipse vos faceret lucrari centum milia solidorum de bonis eorumdem. Tamen tam ipse dictus dominus episcopus quam assessores sui rogaverunt me quod facerem eis aliquod pactum de bonis sex predictorum ut, lata sententia, redderem eis aliquam partem bonorum suorum, vel saltem liberis eorumdem, quod facere recusavi; et dictus dominus episcopus in crastino, habito, ut credo, pravo consilio, predictis sex hominibus injunxit penitentias in fraudem vestram, quas vobis diligenter in scriptis transmitto sine diminutione aliqua et augmento, ... tamen nichilominus ego omnia bona eorum banniri feci et recognoscere, excepto quod ipsis et familie sue provideo in expensis, et sunt bona eorum sex, secundum quod credo et estimo, valentia m. libras Turonenses, inter mobile et immobile. Et cum dictus dominus episcopus non cesset inquirere, esset bonum et consilium, si vobis placeret, ne in bonis hereticorum possit vobis aliqua fraus adhiberi, quod aliquis pro vobis in inquisitione inquisitori adjungeretur. » — Original, Trésor des chartes, J. 326, n° 40. Conf. Huillard-Bréholles, *Historia diplomatica Frederici secundi*, Introduction, p. DCXI.

[1] « Alfonsus .... dilecto et fideli clerico suo Jacobo de Bosco, salutem et dilectionem. Ex vestrarum serie litterarum quas nuper recepimus intelleximus Fratres inquisitores heretice pravitatis apud Tholosam in negociis inquisitionis procedere, ibidemque pro eodem negocio facere sumptus magnos. Unde, si viderent expedire, apud Vaurum, vel alibi, pro facto inquisitionis possint se transferre, si hoc bono modo eisdem duxeritis suggerendum, et tunc possent sumptus fieri minus graves. De castro autem de Vauro, seu de alio competenti, pro incarcerendis personis quas capi contigerit, si castrum Tholose non suffecerit providebimus competenter..... Datum apud Gornaium super Marnam, dominica in octaba Epiphanie Domini, anno Domini MCCLXVIII. » — Reg. A, fol. 153. — Les deux inquisiteurs en fonction s'appelaient Pons *de Pojeto* et Étienne *de Vastino*, tous deux de l'ordre de Saint-Dominique.

chancellerie la minute d'une lettre qu'Alfonse adressa aux inquisiteurs, où il expose que, désireux de donner aux opérations de l'inquisition toute l'extension qu'elles méritent, il met à leur disposition un vaste château[1].

Bien que l'hérésie fût principalement répandue dans le Midi, elle eut pourtant quelque écho dans d'autres provinces. C'est ainsi qu'un compte de dépenses nous fait connaître que trois hérétiques étaient renfermés en 1261 dans le château de Saintes[2].

En résumé, la part qu'Alfonse ou ses agents prirent à l'inquisition est loin d'être louable : c'est une ombre sur le brillant tableau de son administration. Certes, l'inquisition était bien assez sévère sans que le pouvoir civil vînt ajouter de frauduleuses et illégales rigueurs; mais de tout temps le désir de s'enrichir a fait fouler aux pieds les lois de la justice.

Alfonse veillait avec sollicitude à ce que les élections des évêques fussent faites canoniquement. En 1269, il donna des instructions au sénéchal de Saintonge à propos de l'élection d'un évêque à Saintes. La précédente élection avait été troublée, et il était à craindre que le scandale ne se renouvelât de la part de certains clercs qui, se sentant appuyés par des laïques, étaient disposés à porter atteinte à la liberté des votes. Le comte ordonna au sénéchal de se faire représenter par quelque personnage ayant assez d'autorité pour réprimer tout tumulte, et requit l'aide d'un chevalier en renom du pays, Foulque de Matha[3].

---

[1] Reg. A, fol. 153.

[2] « Tribus hereticis in castro Xanctonensi, cuilibet VI. den. per diem, pro VI^{xx} et XV diebus, XIII. l. x. s. » — Bibl. imp., n° 9019, fol. 23.

[3] « Senescallo Xanctonensi.... Alfonsus..... Cum, sicut ad nostram pervenit noticiam in ecclesia Xanctonensi nuper pastoris solacio destituta satis de prope immineat electio facienda, cum ad tres septimanas nuper preteriti festi Penthecostis dies electionis sit, ut dicitur, assignata, et ab eis que in electione

Un prince de la piété d'Alfonse devait attacher un grand prix à ces affiliations par lesquelles les ordres religieux et les monastères admettaient des laïques méritants à participer aux priviléges spirituels dont jouissaient les membres de leur communauté. Les églises accordaient cette grâce à leurs bienfaiteurs, et nul à ce titre n'en était plus digne qu'Alfonse, dont les abondantes aumônes s'étendaient avec une inépuisable libéralité sur les moines de la France entière; aussi fut-il comblé. Le chapitre général de l'ordre de Cluny décida que l'on réciterait chaque jour une prière dans toutes les maisons de l'ordre pour le comte, son épouse et ses parents [1]. Celui de Cîteaux ordonna la célébration de son anniversaire dans tous les couvents cisterciens [2]. Le prieur général des Ermites de Saint-Jean-Baptiste promit de faire dire chaque jour trois messes pour le comte et la comtesse de Toulouse [3]. Le chapitre de l'ordre du Mont-Carmel, tenu à Toulouse en 1266, confirma la concession précédemment faite d'une messe quotidienne à l'intention d'Alfonse, et, en outre, lui accorda la participation aux suffrages, c'est-à-dire aux grâces spirituelles des membres de l'ordre, et la célébra-

---

ibidem nuperrime celebrata contigerunt, timeatur ne denuo in ecclesia eadem oriri contingat discordiam seu scandalum, presertim ab eis qui, suo ducti spiritu, laïcorum suffragio nituntur, et vota eligencium libera esse debeant non coacta; vobis mandamus quatinus aliquem ad id ydoneum loco vestri, qui sollicite, diligenter et mature provideat ne, tempore electionis predicte, tumultum seu violenciam contingat fieri in electione predicta per potentiam laïcalem, eam, si qua fieret, prout condecet, repellendo, scituri nos scripsisse dilecto et fideli nostro Fulconi de Mastacio, militi, ut ei quem substituendum duxeritis, quantum expediens fuerit et honestum assistat presidio oportuno. Datum in crastino Penthecostis, anno 1269. » — Reg. B, fol. 34 v°.

[1] Lettre de l'abbé Ives, Bibl. imp., n° 10918, fol. 13 v°, année 1265.
[2] Lettre de B., abbé de Cîteaux, *Ibidem*, fol. 13 r°, année 1257.
[3] Lettre sans date, Trésor des chartes, J. 307, n° 49.

tion d'un service pour le repos de son âme dans tous les couvents du Carmel[1].

Il serait trop long et fastidieux d'énumérer toutes les maisons religieuses qui accordèrent leurs prières à Alfonse ; il suffira de citer un petit nombre de chartes de concession qui offrent quelque curiosité. L'abbé de Saint-Savin en Poitou, en fondant l'anniversaire du comte, exprime la plus vive reconnaissance pour celui qu'il appelle son seigneur, son père et son patron : il le remercie d'avoir eu pitié de leur petitesse et de leur pauvreté, et d'avoir plusieurs fois refréné la rage insolente des sergents, d'avoir été pour les moines un mur inexpugnable et un bouclier infaillible contre les morsures et les embûches de leurs oppresseurs, ce qui leur permet de manger leur pain, sinon en sainteté, du moins en sécurité[2]. Le monastère de Sauve-Majeure, diocèse de Bordeaux, s'engagea à faire pour le comte les mêmes prières que pour un de ses abbés[3]. L'abbaye de Saint-Cyprien de Poitiers promit pour le salut de l'âme d'Alfonse de nourrir chaque année, le jour de la Cène, cent pauvres, de leur donner du pain, du vin, des fèves et du poisson, et de leur laver les pieds[4].

Alfonse était, pour me servir d'une ancienne expres-

[1] Lettre de Nicolas, prieur général du Mont-Carmel. Bibl. imp., n° 10918, fol. 13 v°.

[2] « Illustrissimo domino, patri pariter et patrono, domino Alfonso..... Nobilitati vestre discreta providentia parvitati ac paupertati nostre compatiens, rabiem servientium contra nos pluries refrenavit truculentam, et nobis murus inexpugnabilis clipeusque infaillibilis contra morsus et insidias opprimentium extitit, adeo quod si non in sanctitate tamen in securitate, pane vesci libere poterimus. » — Lettre de l'abbé de Saint-Savin, janvier 1267, v. style. Original, Trésor des chartes, J. 190, n° 97.

[3] IV des nones d'août 1264. Original, Trésor des chartes, J. 192, n° 42.

[4] Jeudi jour de la Cène 1259, v. style. Original, Trésor des chartes, J. 310, n° 37. Charte émanée de l'abbé du monastère.

sion, large aumônier envers l'Église; il employait chaque année des sommes considérables pour distribuer aux monastères, aux hôpitaux et aux léproseries. Ces largesses étaient de deux sortes; les unes, perpétuelles, faites en vertu d'une charte solennelle, étaient inscrites sur les comptes au chapitre des fiefs et aumônes, parmi les dépenses des sénéchaussées, et constituaient pour Alfonse une charge à laquelle il ne pouvait se soustraire, charge dont il avait hérité en partie de ses prédécesseurs et qu'il transmettait à ses successeurs; les autres étaient purement gracieuses, temporaires, révocables à volonté, mais en fait, elles se reproduisaient tous les ans avec régularité. Elles étaient distribuées par les soins des enquêteurs : on les appelait aumônes sans lettres. Nous croyons utile de donner la liste des établissements religieux ou hospitaliers qui recevaient chaque année des marques de la libéralité du comte. Cette liste aura l'avantage de faire connaître un grand nombre de couvents d'ordres mendiants, d'hôpitaux et de maladreries sur lesquels on a peu de renseignements, ou même dont l'existence à cette époque était incertaine.

AUMÔNES EN DEHORS DE L'APANAGE ET DU COMTÉ DE TOULOUSE [1].

Saint-Antoine de Paris, 10 l.; — le Lys Notre-Dame, près de Melun, 10 l.; — abbaye de Pontoise, 10 l.; — Saint-Bernard de Paris, 10 l.; — Bonshommes de Vincennes, 25 s.; — le Parc Notre-Dame, 10 l.; — léproserie de Poissy, 140 s.; — hôpital de Saint-Gervais de Paris, 20 s.; — hôpital de Sainte-Catherine de Paris, 20 s.; — frères de Vauvert, ordre de la Chartreuse, 30 s.; — Frères

[1] « Elemosine facte per fratrem Petrum et Ansoldum die jovis post (sic) 1265, J. 191, n° 134, rouleau orig. — Voyez aussi pour la même année J. 191, n° 133; pour 1264, J. 320, n° 65, et pour 1266, J. 191, n° 131.

de la Trinité de Pont-la-Reine, 10 s.; — Frères Prêcheurs de Paris, 30 l.; — Frères Mineurs de Paris, 30 l.; Frères de la Trinité de Paris, 100 s.; — abbaye de Port-Royal, 100 s.; — Frères du Val-des-Écoliers de Paris, 100 s.; — Béguines de Paris, 50 s.; — Sœurs de la Saussaye, 30 s.; — banlieue de Paris, 20 s.; — Frères Mineurs de Meaux, 50 s.; — Frères Sachets de Paris, 30 s.; — Frères du Carmel de Paris, 30 s.; — nonnes fondées par la sœur du seigneur comte (abbaye de Longchamp, 10 l.; — Hôtel-Dieu de Paris, 20 l.; — Bons-Enfants de Paris, 50 s.; — léproserie de Fontenay, près de Vincennes, 30 s.; — abbaye de Haute-Bruyère, 100 s.; — abbaye de la Roche, 30 s.; — abbaye de Saint-Cyr, 50 s.; — Frères du Val-des-Écoliers de Longjumeau, 50 s.; — écoliers de Saint-Thomas du Louvre, à Paris, 30 s.; — Filles-Dieu de Paris, 50 s.; — léproserie du Roule, à Paris, 20 s.; — écoliers de Saint-Honoré, à Paris, 30 s.; — Saint-Lazare de Paris, 50 s.; — Hôtel-Dieu de Charenton, 10 s.; — léproserie de Chalevenne [1], 10 s.; — abbaye de Nemours, 50 s.; — abbaye de Foutel, 50 s.; — abbaye de Gyf, 50 s.; — abbaye de Villiers, 100 s.; — Frères de la Trinité de Fontainebleau, 50 s.; — abbaye de Voisines, 50 s.; — Frères Mineurs de Tours, 100 s.; — Frères Prêcheurs de Tours, 100 s.; — Frères Mineurs de Mantes, 50 s.; — Frères Mineurs de Pontoise, 50 s.; — abbaye du Val-Profond, 50 s.; — Frères Mineurs de Chartres, 10 l.; — Frères Prêcheurs de Chartres, 10 l.; — Frères-Mineurs d'Orléans, 100 s.; — Frères Prêcheurs d'Orléans, 100 s.; — Frères Sachets d'Orléans, 30 s.; — Frères Mineurs d'Étampes, 10 l.; — ermites demeurant à la porte de Montmartre, 20 s.; — Frères de Saint-Guil-

---

[1] En latin *Caroli Venna*, près de Rueil.

laume de Montrouge, 20 s.; — Frères de Sainte-Croix de Paris, 20 s.; — abbaye royale de Fontevrault, 10 l.; — hospice des religieuses d'Orléans, 100 s.; — abbaye *de Carmine*, 50 s.; — Hôtel-Dieu de Corbeil, 20 s.; — léproserie de Corbeil, 30 s.; — Frères Prêcheurs de Sens, 100 s.; — Frères Mineurs de Sens, 100 s.; — Hôtel-Dieu de Longpont, 30 s.; — léproserie des Fossés, 20 s.; — hôpital Saint-André de Chartres, 20 s.; — Aveugles de Paris, 60 s.; — Frères de la Trinité, près de l'Échelle (juxta Scalam), 30 s.; — Frères Mineurs de Senlis, 50 s.; — lépreux de Beaulieu, près de Chartres, 20 s.; — Frères Mineurs de Bourges, 10 s.; — fabrique de l'église Notre-Dame de Longpont, 100 s.; — Frères de la Trinité d'Étampes, 20 s.; — œuvre de l'église Notre-Dame d'Achères, 20 s.; — lépreux de Sainville, 20 s.; — abbaye du Pont Notre-Dame, 50 s.; — Frères Mineurs de Beauvais, 50 s.; — Frères Prêcheurs de Beauvais, 50 s.; — sœurs et frères de Sainville, 50 s.; — Frères Prêcheurs d'Auxerre, 50 s.; — Frères Mineurs d'Auxerre, 50 s.; — Frères Mineurs d'Amiens, 50 s.; — Frères Prêcheurs d'Amiens, 50 s.; — léproserie de Montlhéry, 30 s.; — Hôtel-Dieu de Montlhéry, 20 s.; — abbaye d'Yerres, 100 s.; — abbaye du Jard, 30 s.; — abbaye de la Cour Notre-Dame, 100 s.; — frères de la Mère de Dieu, 10 l.; — abbaye de Saint-Loup d'Orléans, 40 s.; — le fils de dame Tiphaine, moine de Saint-Maur, 30 s.; — Hôtel-Dieu d'Orléans, pour les malades, 30 s.; — chaussée de Longpont, 60 s.; — sœurs de Montargis, 60 s.; — Frères Prêcheurs de Compiègne, 100 s.; — Frères Mineurs de Compiègne, 100 s.; — Hôtel-Dieu de Compiègne, 100 s.; — Hôtel-Dieu de Pontoise, 100 s.; — Frères Mineurs de Noyon, 60 s.; — Hôtel-Dieu de Vernon, 100 s.; — la nièce de feu Pierre le Trésorier, religieuse à Paris, 30 s.; — Frères de la Trinité, de Pontarmé, 20 s.; — Frères Mineurs de Saint-Quentin, 60 s.; — la nièce de frère Jean, religieuse à Port-Royal, 30 s.; — une autre nièce de frère Jean, 30 s.; Frères de la Trinité de Mitry, 30 s.; — une nièce de maître Étienne le Héraut, religieuse à Port-Royal, 50 s., — autre nièce dudit Étienne, religieuse à la Cour Notre-Dame, 50 s.; — léproserie de Longjumeau, 30 s.; Hôtel-Dieu de Longjumeau, 30 s.; — une parente de frère P., sous-prieur de Saint-Bernard, 30 s.; — Filles-Dieu de Chartres, 20 s.; — Maison-Dieu du Rencontre, près la porte Saint-Denis, 20 s.; — la recluse de Saint-Innocent, à Paris, 10 s.; — abbaye de Saint-Victor, de Paris, 100 s.; — œuvre de Notre-Dame de Paris, 100 s.; — Frères de la Trinité de Clermont, 30 s.; — abbaye de Sainte-Geneviève de Paris, 110 s.; — léproserie de Clermont, 10 s.; — léproserie de Chartres, 20 s.; — hôpital de Lieusaint, 20 s.; — Hôtel-Dieu de Châtres, 20 s.; — le neveu d'Arnould le Clerc, 30 s.; — chaussée d'Essonne, 60 s.; — Hôtel-Dieu de Marly (de Malliaco), 20 s.; — Hôtel-Dieu de Saint-Marcel, près Paris, 20 s.; — la sœur de frère Philippe, religieuse à Villiers, 40 s. — Total, 459 livres, 15 sous tournois.

Chapitre provincial des Frères Mineurs de France, 30 l.; — d'Aquitaine, 10 l.; — de Touraine, 10 l.; — de Bourgogne, 10 l.; — de Provence, 10 l. — Total, 70 l.

Chapitre provincial des Frères Prêcheurs de France, 30 l.; — de Provence, 10 l.; — de Gascogne, 10 l. — Total, 50 livres.

Somme, 579 livres[1], 15 sous.

---

[1] Le texte porte par erreur 569 livres.

AUMÔNES DANS L'APANAGE.

POITOU [1].

Frères Prêcheurs et Mineurs de Poitiers, chacun 20 l.;
— lépreux, Hôtels-Dieu de Saint-Pierre, de Sainte-Radegonde, de Saint-Hilaire, de Notre-Dame-la-Grande, chacun 100 s.; — Hôtel-Dieu fondé par Pierre de la Charité, 60 s.; — Frères Mineurs de Saint-Maixent, 100 s.; — pour la construction de leur église, 10 l.; — Hôtel-Dieu de Saint-Maixent, 60 s.; — Frères Mineurs de Châtellerault, 100 s.; — Mineurs de Niort, 10 l.; — Hôtel-Dieu de Niort, 100 s.; — maladrerie de Niort, 60 s.; — Hôtel-Dieu de Lusignan, 100 s.; — Hôtel-Dieu de Charzais, 60 s.; — maladrerie de Montreuil, 40 s.; — maladrerie de Fontenay, 40 s.; — Hôtel-Dieu de Fontenay, 40 s.; — deux maladreries de Saint-Maixent, 4 l.; — abbaye de Valence, 100 s.; — abbayes de la Trinité et de Sainte-Croix de Poitiers, chacune 100 s.; — abbaye de la Merci-Dieu, 40 s.; — Frères Sachets de Poitiers, 100 s.; — abbaye du Pin, 10 l.; — Hôtel-Dieu de Montmorillon, 100 s.; — abbaye de Fontaine-le-Comte, 60 s.; — abbaye de Bonneval, 60 s.; — religieuses de Villesalem, 50 s.; — Mineurs de Parthenay, 100 s.; — Mineurs de Mirebeau, 60 s.; — fabrique de Saint-Léger, 60 s.; — religieuses *de Podia,* 100 s.; — Sainte-Radegonde, pour les vitraux, 100 s.

SAINTONGE [2].

Saintes, Mineurs, 12 l.; — Hôtel-Dieu, 10 l.; — maladrerie, 100 s.; — Saint-Jean d'Angély, Mineurs, 12 l.;

---

[1] En 1269, Reg. B, fol. 10 r°.
[2] *Ibidem.*

— Hôtel-Dieu, 6 l.; — la Rochelle, Mineurs, 10 l.; — Hôtel-Dieu, 10 l.; — Sachets, 10 l.; — Cognac, Mineurs, 100 s.; — *Portei,* Hôtel-Dieu, 60 s.; — *Raigni,* hôpital, 100 s.; — Taillebourg, Frères de la Trinité, 100 s.; — la Gascognière, religieuses, 100 s.; — Benon, maladrerie, 60 s.; — Pons, Frères Mineurs, 10 s.; — Mineurs, 10 l.; — Argenton, Saint-Vivien, 60 s.; — Fondouce, abbaye, 10 l.; — *Breain,* Hôtel-Dieu, 10 l.

AGENAIS ET QUERCI [1].

Prêcheurs et Mineurs d'Agen, chaque, 20 l.; — léproserie et Hôtel-Dieu d'Agen, chaque, 100 s.; — Frères Mineurs de Montauban, 20 l.; — Frères Prêcheurs de Montauban, 20 l.; — léproserie de Montauban, 60 s.; — Hôtel-Dieu de Montauban, 100 s.; — Frères Prêcheurs de Condom, 20 l.; — léproserie de Condom, 60 s.; — Hôtel-Dieu de Condom, 60 s.; — Hôtel-Dieu de Lauserte, 60 s.; — léproserie de Lauserte, 60 s.; — léproserie de Moissac, 40 s.; — Hôtel-Dieu de Moissac, 60 s.; — Frères du Carmel d'Agen, 100 s.; — Frères Mineurs du Mas, 100 s.; — Frères Mineurs de Marmande, 10 l.; — Frères Mineurs de Nérac, 60 s.; — Frères Mineurs de Condom, 10 l.; — Sœurs Mineures de Condom, 60 s.; — hôpital de *Mont-Levrat,* 20 s.; — hôpital de Sauveterre, 20 s.; — hôpital de Montcuq, 40 s.; — léproserie de Montcuq, 40 s.

SÉNÉCHAUSSÉE DE TOULOUSE [2].

Frères Mineurs de Toulouse, 20 l.; — pour la construction de leur église, 10 l.; — Frères Prêcheurs de Toulouse, 20 l.;

---

[1] 1269. Reg. B, fol. 84 v°.
[2] *Ibidem.*

— pour la construction de leur église, 10 l.; — Frères Sachets de Toulouse, 60 s.; — pour la construction de leur église, 10 l.; — Frères de la Trinité de Toulouse, 60 s.; — Frères du Carmel de Toulouse, 100 s.; — pour la construction de leur église, 10 l.; — Sœurs Mineures de Toulouse, 100 s.; — Frères de Saint-Augustin de Toulouse, 60 s.; — Hôtel-Dieu de Toulouse, 100 s.; — léproserie de Toulouse, 60 s.; — léproserie de Castel-Sarrasin, 40 s.; — Hôtel-Dieu de Castel-Sarrasin, 60 s.; — léproserie de Verdun, 40 s.; — Hôtel-Dieu de Verdun, 40 s.; — léproserie de Lavaur, 40 s.; — Hôtel-Dieu de Lavaur, 60 s.; — léproserie de Laurac, 20 s.; — Hôtel-Dieu de Laurac, 20 s.; — léproserie de Fanjaux, 20 s.; — Hôtel-Dieu de Fanjaux, 20 s.; — léproserie de Castelnaudary, 20 s.; — Hôtel-Dieu de Castelnaudary, 30 s.; — léproserie d'Avignonnet, 20 s.; — Hôtel-Dieu d'Avignonnet, 20 s.; — léproserie de Calmont, 20 s.; — Hôtel-Dieu de Calmont, 20 s.; — léproserie de Portet, 20 s.; — léproserie de Saint-Félix, 20 s.; — Hôtel-Dieu de Saint-Félix, 20 s.; — léproserie de Buset, 20 s.; — Hôtel-Dieu de Buset, 30 s.; — léproserie de Villemur, 20 s.; — léproserie de Blagnac, 20 s.; — léproserie de Bonac, 20 s.; — léproserie de Cintegabelle, 20 s.; — léproserie de Mont-Astruc, 20 s.; — léproserie de Rions, en Gascogne, 20 s.; — léproserie de Montesquieu, 20 s.; — léproserie de Fousseret, 20 s.; — léproserie de Carbonne, 20 s.; — léproserie de Sainte-Foi, 20 s.; — léproserie de Saint-Sulpice, 20 s.; — léproserie de Vallègue, 20 s.; — Hôtel-Dieu de Vallègue, 20 s.; — Sœurs de Montdieu en Gascogne, 30 s.; — religieuses de *Beignières* en Lauraguais, 10 s.; — religieuses de *Genestei*, près de Castelnaudary, 20 s.; — religieuses de Lespinasse, près de Toulouse, 20 s.; — léproserie de Saint-Martin, en Lauraguais, 20 s.; — Maison-Dieu de

Saint-Martin, 20 s.; — léproserie de Cepet, 20 s.; — léproserie de Pollac, 20 s.; — léproserie de Bonlieu, 20 s.; — léproserie de Roquecézière, 20 s.; — léproserie de Puy-Laurens, 30 s.; — Hôtel-Dieu de Puy-Laurens, 30 s.; — léproserie de Castanet, 20 s.; — léproserie de Castanet, 20 s.; — Sœurs Jacobines de Prouille, qui sont cent quarante, 10 l.; — Frères de l'ordre de Sainte-Marie, mère de Jésus-Christ, 50 s.

ALBIGEOIS.

Frères Mineurs d'Alby, 100 s. t.; — léproserie de Gaillac, 60 s.; — Hôtel-Dieu de Gaillac, 100 s.; — léproserie de Cordes, 60 s.; — Hôtel-Dieu de Cordes, 100 s.; — Frères Prêcheurs de Castres, 100 s.; — léproserie de Rabasteins, 60 s.; — Hôtel-Dieu de Rabasteins, 100 s.; — léproserie d'Isle, 40 s.; — léproserie de Cahusac, 20 s.; — léproserie de Castelnau, 20 s.; — léproserie de Puyceley, 20 s.; — léproserie de Penne, 20 s.; — religieuses de Gaillac, 40 s.

ROUERGUE [1].

Frères Mineurs de Milhaud, 10 l.; — Hôtel-Dieu de Milhaud, 100 s.; — léproserie de Milhaud, 60 s.; — Frères Mineurs de Rodez, 100 s.; — léproserie de Rodez, 40 s.; — Hôtel-Dieu de Rodez, 60 s.; — Hôtel-Dieu de Peyrusse, 40 s.; — léproserie de Peyrusse, 40 s.; — Hôtel-Dieu de Villefranche, 40 s.; — léproserie de Villefranche, 40 s.; — église de Villefranche, 100 s.; — Hôtel-Dieu de Villeneuve, 40 s.; — léproserie de Villeneuve, 40 s.; — Hôtel-Dieu de Najac, 60 s.; — Frères

[1] 1269. Reg. B, fol. 84 v°.

Prêcheurs de Figeac, 100 s.; — Frères Mineurs de Figeac, 100 s.; — Frères Mineurs de Saint-Antonin, 100 s.

VENAISSIN [1].

Frères Mineurs de l'Isle, 100 s.; — Frères ermites de Saint-Jean-Baptiste d'Avignon, 60 s.; — Frères Mineurs d'Avignon, 15 l.; — Frères Prêcheurs d'Avignon, 10 l.

Ces listes prouvent qu'Alfonse encourageait beaucoup les mendiants et autres ordres établis au treizième siècle : il aida à fonder un grand nombre de maisons religieuses et se plaisait à leur conférer ses bienfaits. C'est ainsi qu'en 1251 il donna aux Frères Mineurs de Montauban un jardin contigu à leur maison, qu'il acheta à l'abbé de la ville [2]. En 1261, il donna aux Franciscains de Toulouse une rente annuelle de 10 livres toulousaines [3], et pareille rente aux Dominicaines du monastère de Prouille [4]. En 1267, il distribua 60 livres tournois aux Filles-Dieu de la Rochelle pour les aider à construire leur maison [5]; il assista les frères du Mont-Carmel qui voulaient s'établir dans cette même ville [6]. En 1268, il aumôna 100 sous de rente aux frères de la Trinité de Toulouse [7]. L'année suivante, il fit don aux frères de la Pénitence de Jésus-Christ à Poitiers d'un arpent de bois dans la forêt de Montreuil pour leur faciliter l'édification d'un oratoire et de leur logis [8].

---

[1] 1269. Reg. B, fol. 51 v°.

[2] Reg. C, fol. 4 r°. Lettre du jeudi après l'octave de la Pentecôte 1251.

[3] Mars 1260, Paris. *Ibidem*, fol. 6 r°.

[4] Juin 1261. Nogent-l'Érembert. *Ibid.*, fol. 7 v°.

[5] Jeudi avant les Rogations 1267, Moissac. Reg. A, fol. 23.

[6] Mardi après la Pentecôte 1267. Ordre de rechercher s'il n'y a pas à la Rochelle un emplacement que le comte puisse donner pour bâtir une maison aux Frères du Mont-Carmel. Reg. A, fol. 24.

[7] Décembre 1268. Reg. C, fol. 10 r°.

[8] Mardi avant la Saint-Jean 1269. Reg. B, fol. 5 r°.

Il fit plus, il fit construire et dota richement, de concert avec Jeanne de Toulouse, une abbaye près de Corbeil, à Jarcy, pour y recevoir quarante religieuses. Un ancien inventaire nous apprend qu'il fonda cinq cents chapelles [1].

Malgré sa piété, il ne permettait pas que l'on couvrît du manteau de la religion des intrigues politiques. C'est ainsi qu'il fit dissoudre des confréries soi-disant religieuses, qui étaient de vraies sociétés secrètes où les Méridionaux mécontents se donnaient rendez-vous, s'encourageaient dans leur sourde résistance, et se préparaient à profiter des événements pour secouer le joug français. Ces confréries avaient des ramifications dans l'Aragon [2] : il les fit défendre par le légat, et en 1270 le conseil de régence ordonna de dissoudre celles qui existaient et défendit d'en établir de nouvelles [3].

Les mœurs violentes du clergé donnaient de temps à autre au pouvoir laïque le droit d'intervenir, principalement dans le Midi, où les évêques et les abbés, appartenant la plupart à des familles nobles, étaient turbulents et causèrent plus d'un scandale. C'étaient surtout des prélats belliqueux qui aimaient à se faire justice et ne reculaient pas devant une expédition militaire pour exercer leur vengeance ; mais ils eurent affaire à forte partie. Ils

---

[1] « Littere v^c capellaniarum institutarum a domino comite ». Trésor des Chartes, J. 190, n° 166.

[2] Lettre d'Alfonse au sénéchal de Toulouse, pour surveiller le roi d'Aragon qui venait faire un pèlerinage au Carmel de Toulouse. 1265. Champollion, *Extraits des manuscrits*, t. Ier, p. 650.

[3] « Item collegia illicita que non sunt a juris principe concessa reprobantur, et precipue confratrie in partibus Tolosanis a legato Sedis Apostolice prohibite. Volumus et mandamus quod jam facte confratrie sint solvende et prohibende, ne de cetero nove fiant, presertim cum in jam factis dicantur illicita pacta apposita fuisse, que vergunt et vergere possunt in magnum prejudicium domini comitis et subditorum suorum. » — *Recueil de l'Académie de législation de Toulouse*, t. IX, p. 324.

se couvrirent en vain des immunités de l'Église; Alfonse était assez connu par son catholicisme pour être autorisé à frapper en eux, non le prêtre, mais le perturbateur de la paix publique, et les ramener sous l'empire du droit commun.

L'évêque de Rodez Vivien, ancien Dominicain, attira plus d'une fois par sa conduite l'attention du comte; une requête adressée vers 1260 par le chef d'une des plus nobles familles de Rouergue, Gui de Séverac, fera connaître les nombreux griefs que l'on croyait avoir contre Vivien. Ces griefs sont de deux sortes; les uns sont imputables au seigneur féodal, les autres au prélat. La liste en est longue. Il donne asile à des malfaiteurs; il se crée de beaux revenus en frappant avant de les absoudre, d'un impôt de 12 deniers, tous ceux qu'il a excommuniés, et le nombre en est grand, car il excommunie à tort et à travers. Il commet des exactions sur les prêtres en leur faisant payer en argent les procurations qu'ils doivent en nature; et quand les prêtres refusent, il jette l'interdit sur leurs paroissiens, interdit qu'il ne lève que dans des cas spéciaux et moyennant finance. Au mépris des règlements, il dispense, pour de l'argent, les hérétiques des peines qu'ils ont encourues. Il a poursuivi de maison en maison, jusque dans une église, jusque dans la maison du requérant, un bourgeois qui n'était pas son justiciable; et ce n'est pas le seul homme du comte sur lequel il a porté des mains violentes : il a emprisonné des vassaux d'Alfonse. Il rapine avec sa chancellerie : pour les lettres que ses prédécesseurs faisaient payer 3 deniers, il exige 6 deniers. Il excommunie les paysans qui, suivant un ancien usage, déposent leurs récoltes et leurs hardes dans les églises en temps de trouble. Il a jeté l'anathème sur ceux qui vont se fixer dans la bastide de Villefranche, nouvellement fondée par le comte. Il interdit à de pauvres chapelains qui n'ont pas de bénéfices, de chanter messe pour les trépassés, sans acheter une permission qui doit être renouvelée deux fois l'an. Mais il convient de mettre ce curieux tableau de mœurs sous les yeux du lecteur dans sa forme originale [1].

« Je Guiz, sires de Seveirac, faz saver à vos, sire coms de Poitou et de Tolose, que Veviains, eveques de Rodeis, greve vos chavaliers e vos homes de l'avechié de Rodeis, emout de maneires.

Premieirament, je vos faz saver que il, e si ome, ount receutz e recetiez en sas viles et en ses chateus, c'et à saver à Sales de Curain, à la vila de Capel e en la cité de Rodeis, larrons, murtriers e meteors de fuous, c'et à saver Pierre de Vissosas, e Guilleume d'Anglars e son fiuz, e G. de Sarget, e D. de Sarget, e Mathes, liquiel ount arsa e roubée la terre que je tieing de vos. E quan li davant dit larron avoent ce fet, repairoent en las viles e es chasteus de l'avesque de Rodeis, e estoient receu, e pau et couchié et levé, et ce ont confessié e reconsu li davant dit larron, et est prové par l'enqueste que vos baillis en ount fete ; et tot ce a etié fet en tems de peis.

Après, sire, je vos faz saver que quant li uns des davant diz meteors de fuou, qui estet excomeniez fu morz desconfés, e la pouvre gens cui avet robié e lors maisons arses, defendoient, segon la coutume de la terre, que il ne fut enfoiz en terra sacreie, ne que l'en ne li feit nule dreiture de sainte Église, tant que il fuissent seur que l'en lor feit droit por lo mort; li evesques manda au chapellai de la Panose, en cui parroihe il estoit, sur poine

---

[1] Cette pièce a été publiée par Dom Vaissete, mais avec beaucoup de fautes. Notre texte est établi sur l'original conservé au Trésor des Chartes. J. 314, n° 69.

des ordres et de son benefice, que il l'enſoit, et li chapellais l'enſoi par lo mandament l'avesque, en grant escandre de mout de gens, quar onquas mays no ſo feit.

Après, sire, je vos faz saver que, puis trois ans o quatre enza, il a mise e establi une novelle coutume, que unques meis ne fu en Roergue, que totz hom que chiet en escomeniament de li o de son official, paie XII. sols de torneis, avant qui set asous. Et sachietz, sire, que il li vaut assez, quar il en escominie mai, o à tort o à dreit; e sire, de ce est grans escandres entre nos lais, quar nos ne l'avions pas acoustumé.

Après, sire, je vos faz saver, que come il contra la coutume des autres avesques de Rodeis que ount estié davant lui, qui ausi prodome, com il est, tot non fuissent-il de religion, prent et lieve sas procurations en deniers; e quant li preveire ne li volent sa procuration payer en deniers e à sa volenté, o il ne poent, que ave souvent, il entredit les lous; e quant avent que auqus des parrochiais mort, o vout prendre fame, o auqune fame relève d'enfant e vout oïr messe, il les coveint alier à Rodeis demandier congié à lui o à so official; e avant que il puisse avor cogié, il les covient reembre. E lors il mande au chapellai dou lou, o à auqu de ses vezis que enfoisse le cors, o que fasse las sposailles, e quant ce es fet il torne l'aglise entredit et autiel cove feire lendemai à un autre, e eisi si roube vos homs et voutre terra.

Après, sire, je voz fas saver que cum vos à Riom, aveque les prelaz et les baros de la comté de Tolose, ordenasez e establites que des hereges l'en ne preit reemson, mas que l'en lor feit fere le pénéence que'l en devret, selon dreit, li avesque de Rodeis a prises et levées reenzons des hereges qui estoient voutre home, et de voutre terre, plus de L. milia sols; dont, sire, sachiez que cil hereges que il a fez einsi reembre, son peor que d'avant n'estoient, e prisent moins Dieu et sainta Église et nostre foi que davant. Et maint qui n'estoient pas mescreent en sont endevenu mescreant par la desléauté que ont veue.

Après, sire, je vos faz saver, sens cause reinable, et contra les establisemens de la pais de Roergue li aveques en sa propra persona asailli en voutre terra, c'et à saver el borc de Rodeis, que li coms de Rodeis tien de vos, o clers et o lais de sa mainée et d'autres que il amena avecque soi, un borgeis de Ameillau, vaillant home e sage de treit qui a nom Durant de Valleilas, et le chace il e sa compaingnie à armes, de maison en maison doc en la glise del borc de Rodeis; et li aveques de sa mai propra feri et depesa les las portes et les uis dou moutier, quar il ne li sofizet pas que li autre le feisent, se il n'ou feit de sa mai, et covint que li borjois s'en foit dou moutier quan li huis dou moutier furent brisié; et se gueri en la maison du voutre chavalier, où li ditz avesques le cuda prendre e l'aut pris, se voutre home ne l'ausent defendu; e quan ne pot avor ledit borjois, il le rouba en voutre vile de son chaval e de ses chouses.

Après, sire, je vos faz saver que li davanditz avesques feri de sa mai propra un voutre home de la Gleiola du batto en la teste, e l'ensenglenta e le atorna malament, porceque li hom li demandet ses deniers que li ditz avesques li devet.

Après, sire, je vos faz saver que li dit aveques prit un gentilhome qui tien fieu de vos, c'et à saver Rostainh de Antraigues, e le tient en sa prison tant con il li plut, ne à la requete de voutre baille il nou vout rendre.

Après, sire, un autre damoisel d'en Bernard d'Arpajon, por ce que il por son droit apellet, il le prit e mis en sa prison tan cum il li plut; ne unques au davant dit

Rostain ne à cetui qui tenoient vostre clam et se clamoien por vos votre clains ne lor tient.

Après, sire, je vos faz saver que cil de son ostiel et de sa propra maineie asaillirent les homes de Laisac qui sont voutre e notre homs e en navrerent auquns.

Après, sire, li escorchamens et la roubarie de sa cort es si grans que ne pareil, quar las letras que l'en sout aver de ces ancessors por tres deniers costent vi. deniers, xii., et celas que l'en sout aver por vi. deniers et por xii. costent v. sols, x. sols.

Après, sire, sachiez que li aveques de Rodes a fete une exaction novelle à vos homes por tote l'avesché de Rodeis, quar cum en la dite avechè soient mout de viles et de chasteus o il n'a fortalisces for que las eglises, et la bona gens ou tems de guerra ausent lor arches où il metoient lor blié et lor roube en les dites eglises; li avesques a comandé que l'en giète fors des eglises les arches et escomenia ceus qui les arches sont, si nes en gitent; et la bone gens qui ount pouvres maisons e petites nes ount o mettre, e vount à l'aveque e rement soi por ce que il lor leit demorer les arches es esglises, et de ceus que sont por ce escomenié, dom il i a moult, lev xii. sols de torneis; et de ce, sire, leve chascu an grant avor.

Après, sire, je vos faz saver que cum vos gens feisent une vile novelle que a num Vile-Franche, e voutre terra domine prez de Najac, e mout de se eberjacent e preissent places por feire maisons, li aveques escomenia les habitans de celui lou, e maudit le lou e les habitans, don mout gens se trairent areires, e s'en alerent; nins de ceus qui avoient lor mesons fetes, don vos avez mout grant damage.

Après, sire, je vos faz saver que, cum en l'avechié

de Rodes soient mout de pouvres chapellais qui n'ount point de rende, qui solient chantier messas e feire lo servise Noutre Seingnor por nos peires et por nos meires, li avesques a comandé en son sene que nuls chapellais, se n'a benefice, ne puisse chantier sens ses lettres; las qui les coveint renouvelier II foiz l'an, e lor si les covient achatier x sols, xx sols, xxx sols, xl sols, l sols; et eisinc mout de chapellais pouvre, qui n'ont de quoi reembre las letres, laissent à chantier e feire lor servise; don nos et nostre ami qui sunt trespasié de cet siecle avoum mout grant damage. »

En 1259, l'abbé de la riche abbaye de Conques eut des démêlés avec son évêque, et les choses en vinrent à ce point que des deux côtés on enrôla des chevaliers et des sergents, et l'on se livra à une guerre ouverte : il y eut bataille. Le sénéchal intervint, les coupables furent cités en justice; ils reconnurent leur tort et payèrent une grosse amende [1].

En 1262, l'abbé de Moissac fit attaquer par une bande d'hommes armés l'évêque de Cahors, alors en tournée épiscopale; l'évêque fut maltraité, ainsi que deux de ses archidiacres, qui furent même retenus prisonniers. Ce qui aggravait le fait, c'est que le prélat était placé sous la sauvegarde du Roi et accompagné d'un sergent royal, dont la

---

[1] Lettre d'Alfonse au sénéchal de Rouergue : « Cum illi qui ex parte abbatis de Conchis, qui fuerunt in calvacata seu conflictu armorum habito inter ipsum abbatem, ex una parte, et venerabilem patrem Ruthenensem, ex altera, per composicionem super hoc factam, que quidem composicio nobis placet, racione dicte calvacate seu conflictus, teneantur nobis in ducentis libris Turonensibus solvendis nobis in hunc modum, videlicet ad festum Omnium Sanctorum anno Domini m° cc° lx^{mo} secundo proximo preteritum centum libras, ad Candelosam proximo venturam quinquaginta libras, et ad Ascensionem Domini proximo sequentem dictam Candelosam quinquaginta libras, vobis mandamus, etc. » Trésor des Chartes, J. 307, n° 55, fol. 11 r°.

personne ne fut pas respectée. A la tête des assaillants se trouvaient les deux frères de l'abbé de Moissac, de la noble famille de Montdenard[1]. Cet attentat couronnait une série de méfaits dont l'évêque de Cahors et ses vassaux étaient victimes : des prêtres avaient été tués, des villages brûlés, des campagnes ravagées[2]. L'évêque se plaignit à saint Louis, qui ordonna une enquête. Alfonse, de son côté,

---

[1] « Ex parte venerabilis patris episcopi Caturcensis nobis exstitit conquerendo monstratum quod, cum idem episcopus nuper ad villam nostram de Moyssiaco veniret ibidem visitaturus et predicaturus verbum Dei, sicut per suas litteras intelleximus, quidam monachi abbacie ejusdem ville et Armandus de Montelanart et Sycardus fratres abbatis de Moyssiaco, ex parte ipsius abbatis, ut dicitur, cum armis, et multi alii laici armati similiter eidem episcopo et familie sue multas injurias et dampna non modica, et etiam cuidam servienti karissimi domini et fratris nostri Regis, contra justitiam intulerunt, prefatum episcopum, prout asseritur, et ipsius familiam necnon et servientem Regis atrociter verberando, ac corumdem aliquos multrando. Bona etiam dicti episcopi et servientis dicti domini Regis, ut dicitur, rapuerunt, ac predicti servientis somarium occiderunt. Quare vobis mandamus quatinus de omnibus laïcis qui presentes fuerunt in istis maleficiis perpetrandis de nostra juridictione existentibus diligenter inquiratis, et ab illis quos culpabiles inveneritis faciatis dicto episcopo et servienti dicti domini Regis taliter emendari, de consilio dilectorum et fidelium nostrorum magistri Radulfi de Gonessia, thesaurarii Pictavensis, magistri Odonis de Moutonneria et Poncii Astoaldi et aliorum fide dignorum, quod dicti episcopus et serviens domini Regis inde se tenere debeant pro pagatis; et ab eisdem, secundum quantitatem delicti, emendas nostras similiter sine dilatione judicari et levari faciatis, et hoc nullatenus dimittatis. Ceterum vobis mandamus ut quedam alia gravamina que prefato episcopo illata fuerunt per subditos nostros, postquam a nobis recessit, sicut intelleximus, faciatis eidem episcopo similiter plenarie emendari, ita quod super predictis ulterius non oporteat querimoniam nos audire, et erga dictum episcopum et suos vos curialiter habeatis, nec eumdem ab aliquibus de nostra juridictione et vestra senescalcia existentibus permittatis indebite molestari. Quod si facere nolueritis, sciatis quod nobis displicebit. Quod autem super premissis factum fuerit per dictum thesaurarium in scriptis nos reddatis certiores. Gravamina autem dicto episcopo illata, vobis transmittimus presentibus interclusa. » — Trésor des Chartes; J. 307, n° 55. Lettre 28ᵉ, au sénéchal d'Agenais.

[2] Lettre d'Alfonse au même, datée de la veille de Noël 1262. *Ibidem.*

tout en promettant justice, croyait avoir à se plaindre de l'évêque [1]. Le Roi ne laissa pas languir l'affaire. Dès le 1ᵉʳ janvier 1263 il ordonnait à son frère d'enjoindre à son sénéchal d'Agenais de faire comparaître les témoins, qui seraient désignés par Robert de Briqueville et Nicolas de Verneuil, désignés pour faire une enquête sur les violences commises contre l'évêque de Cahors [2]. Alfonse s'empressa d'exécuter cet ordre [3].

L'enquête terminée, le Roi fit à son frère la gracieuseté de ne pas la faire juger par le Parlement, il le chargea de faire arrêter les individus que l'instruction avait fait connaître coupables ou suspects [4]. Il finit par lui envoyer la liste des prévenus, avec ordre de les punir [5]. Il insista surtout pour qu'on châtiât Armand de Montdenard, chef de l'entreprise; il désirait même qu'on le bannît et qu'on le dégradât de la chevalerie, si toutefois la coutume du pays le permettait, car il respectait avant tout les coutumes, même lorsqu'elles lui semblaient défectueuses [6]. Tout se termina par de l'argent, ainsi que cela était alors la coutume pour les puissants. Armand de Montdenard composa, donna une forte somme, et

---

[1] Lettre d'Alfonse à l'évêque de Cahors : « Paternitatem vestram rogantes quatinus si vos, seu officiales vestri, aliqua gravamina seu aliquas novitates senescallo seu hominibus nostris irrogaveritis, faciatis, si placet, gentibus nostris, ut condecet, emendari, ita quod nos non habeamus de vobis justam materiam conquerendi et erga gentes nostras et homines nostros vos benigne et curialiter habeatis. » — *Ibid.*, fol. 5 v°.

[2] Lettre de saint Louis à Alfonse, jour de l'Épiphanie 1262. Bibl. imp. n° 10918, fol. 16 r°.

[3] Lettre d'Alfonse à saint Louis, mardi après l'Épiphanie. *Ibid.*

[4] Lettre de saint Louis à Alfonse. Paris, vendredi après la Saint-Barnabé 1264, Bibl. imp., n° 10918, fol. 17 r°.

[5] Lettre de saint Louis à Alfonse. Mercredi après le deuxième dimanche de Carême. *Ibid.*, fol. 24 v°.

[6] Lettre de saint Louis à Alfonse. Mercredi après *Reminiscere* 1263-1264. *Ibid.*, fol. 24 v°.

en 1266 saint Louis ordonna de lui rendre ses biens qui avaient été mis sous séquestre[1].

L'évêque d'Albi et l'abbé de Gaillac demandèrent aussi au sort des armes la décision de leurs différends : ils requirent l'aide de leurs vassaux et de leurs amis, et firent l'un contre l'autre une chevauchée; en d'autres termes, ils se donnèrent le plaisir d'une guerre privée, mais ils furent poursuivis, cités à comparaître eux et leurs complices devant des commissaires nommés par Alfonse, et durent financer pour obtenir leur pardon[2].

L'évêque d'Albi et celui de Rodez suivirent cet exemple et se firent la guerre.

L'archevêque de Narbonne tint une conduite encore moins chrétienne; il convoqua en 1263 son suffragant l'évêque de Toulouse à un concile provincial à Béziers; l'évêque se rendait à cette invitation lorsqu'il fut attaqué sur la route par le bayle, le juge et les hommes de l'archevêque, arrêté et maltraité[3].

[1] Lettre du samedi après la Madeleine 1266, n° 10918, fol. 22 r°.
[2] Trésor des Chartes, J. 318, n°s 77 et 80.
[3] « Excellentissimo et karissimo domino ac fratri suo, Ludovico Dei gratia Francorum Regi illustri, Alfonsus filius Regis Francie comes Pictavie et Tholose, salutem et cum fraterna dilectione paratam ad beneplacita voluntatem. Veniens ad nos venerabilis in Christo pater R. Dei gratia episcopus Tholosanus nobis dedit intelligi quod, cum nuper a venerabile patre archiepiscopo Narbonensi esset ad provinciale concilium apud Bitterim personaliter evocatus, et in itinere processisset, bajulus et judex ac homines dicti archiepiscopi in strata publica in dictum episcopum cum armis hostiliter irruerunt, personam ipsius arrestando, res et bona sua violenter capiendo et multas alias injurias sibi, ut asserit idem episcopus, inferendo. Cum vero personam dicti episcopi affectione diligamus speciali, et tam enorme factum contra eumdem perpetratum nobis debeat displicere. Excellentiam vestram attencius duximus exorandam quatinus dictas injurias dicto episcopo illatas vobis placeat taliter facere emendari quod ad honorem Dei et vestrum cedere debeat et episcopi memorati. Datum apud Longum Pontem die veneris post festum beati Martini hyemalis. » — Lettre sans date d'année, mais transcrite après une lettre du jeudi avant la Toussaint 1263. — Bibl. imp., n° 10918, fol. 17 v°.

Cet évêque de Toulouse était Raymond de Falgar, d'une ancienne famille toulousaine; il appartenait à l'ordre de Saint-Dominique et eut une vie agitée. Peu avant son aventure avec l'archevêque de Narbonne, il avait eu des démêlés avec le prévôt de l'église de Toulouse, Bernard de l'Ile-Jourdain, qui lui succéda à l'épiscopat. Il paraît que la querelle entre l'évêque et le prévôt prit des proportions inquiétantes et menaça de dégénérer en guerre ouverte, car Alfonse ordonna au sénéchal de Toulouse de veiller à ce qu'on n'eût pas recours à la force et de punir ceux qui avaient déjà fait appel aux armes [1].

C'était un rude homme que Raymond de Falgar, qui ne transigeait pas avec ce qu'il regardait comme son droit ou son devoir, et ne se contentait pas des armes spirituelles pour frapper ses ennemis. L'abbé du Mas-Grenier lui déplut, peut-être avec raison; on l'ignore. Le prélat l'avertit; l'abbé ne tint pas compte de ces avertissements; l'évêque n'hésita pas : il demanda l'aide du sénéchal et de plusieurs nobles, mit le siége devant l'abbaye, la prit de force et déposa l'abbé pour en mettre un autre de sa main. Le procédé était vif, d'autant plus que les vainqueurs avaient pillé. L'abbé se plaignit; Alfonse nomma des commissaires qui condamnèrent le sénéchal à restituer les dom-

---

[1] « Alfonsus dilecto et fideli suo senescallo Tholosano salutem et dilectionem. Cum, sicut intelligi nobis datur, inter venerabilem patrem episcopum Tholosanum et dilectum nostrum B. propositum Tholosanum orta sit dissensio, quod nobis displicet, cum multa dampna hominibus terre nostre possint exinde provenire, mandamus vobis quatinus per potenciam laïcalem non permittatis ab alterutro inferri molestiam vel gravamen. Et si qui laïci nostri subditi contra statuta pacis per terram nostram arma tulerunt, faciatis emendas judicari et judicatas ab eisdem exigi et levari. Curam adhibentes et operam efficacem, vocatis vobiscum magistro Odone de Montonneria et domino Poncio Astoaldi ad hoc ut pax reformari valeat inter episcopum et prepositum supradictos. » — Trésor des Chartes, J. 307, n° 55, pièce 41.

mages, évalués à mille livres toulousaines, et réservèrent au comte de le punir personnellement [1].

Raymond de Falgar finit par s'attirer de si puissantes inimitiés qu'il fut dénoncé au pape. On l'accusait de négligence dans l'exercice de ses saintes fonctions, de débauche et de meurtre. Urbain IV trouva l'accusation assez sérieuse pour charger l'archevêque de Narbonne, l'évêque de Maguelone et le prieur des Bénédictins de Nérac de faire une enquête. Les commissaires se rendirent à Toulouse et citèrent l'évêque, qui refusa de comparaître, appela au pape et partit pour Rome. Ils entamèrent leur procédure en son absence et prétendirent lever sur les biens de l'évêché les sommes nécessaires à leur entretien. Le sénéchal et le viguier refusèrent de laisser à leur disposition les biens de l'absent. Les commissaires écrivirent au pape, qui pria Alfonse de satisfaire à leur vœu; mais Alfonse, à qui tout cela déplaisait, ordonna au sénéchal de consulter sur ce point des personnes compétentes et au courant de l'affaire. Le sénéchal réunit Bernard Saisset, chancelier de l'évêque de Toulouse, le vicaire général, l'official et le promoteur, qui furent d'avis de refuser aux commissaires toute provision pécuniaire, attendu que le prélat avait récusé leur compétence et appelé au Saint-Siége. Le sénéchal se conforma à cet avis, et, pour se mettre à l'abri de l'excommunication, interjeta appel en cour de Rome [2]. Il était encouragé dans cette résistance par l'opinion publique, qui s'était prononcée en faveur de Raymond de Falgar; les commissaires furent même souvent exposés à des dangers. Un jour une troupe d'hommes armés, conduite par Béraud d'Anduse, cousin

---

[1] Archives de l'abbaye du Mas-Grenier, dans Vaissete, t. VI, p. 120.
[2] Procès original, Trésor des chartes, J. 313, n° 72.

de la comtesse Jeanne, envahit le cloître de Saint-Étienne où ils logeaient et voulurent forcer les portes, mais ils furent repoussés. Un malheureux palefrenier de l'archevêque de Narbonne qu'ils rencontrèrent revenant d'abreuver des chevaux, devint l'objet de leur fureur et fut assommé [1]. Le sénéchal, le viguier, les consuls de Toulouse étaient tous favorables à l'évêque, qui obtint de Clément IV la levée de l'excommunication lancée contre lui (1265).

Peu de temps après, Raymond fut excommunié de nouveau par l'archevêque de Narbonne. Il retourna chercher une seconde absolution à Rome, mais la procédure continua contre lui : elle durait encore à la fin de l'année 1266, se traînant dans d'interminables longueurs. Les commissaires montraient une grande malveillance, et l'accusé obtint comme une grâce du pape de pouvoir faire entendre autant de témoins à décharge qu'on en avait produit contre lui. Il paraît que tout finit bien pour Raymond de Falgar, car, au mois d'octobre 1267, on le trouve en possession de l'autorité épiscopale, dont il jouit paisiblement jusqu'à sa mort, arrivée le 19 octobre 1270.

On pourrait citer bien d'autres exemples d'actes de violence commis par des membres du clergé, surtout des religieux [2]. Mais si les ecclésiastiques, au milieu d'une société grossière et brutale, n'échappaient pas toujours à la contagion de l'exemple, souvent à des traditions de famille,

---

[1] Lettre en date du 24 avril [1264]. J. 329, n° 15.

[2] Mandement itératif d'A. au prieur de Grandmont de faire cesser les violences dont le correcteur de la maison de Vaillole se rendait coupable envers Geoffroi de Lusignan. 23 juin 1267. Reg. A, fol. 2 r°. — Lettre d'Alfonse à l'évêque de Poitiers au sujet des violences commises par l'abbé de Quinçay contre des officiers du comte qui avaient arrêté des gens qui ne voulaient pas acquitter des droits de péage. Jeudi après la translation de saint Benoit. *Ibid.*, fol. 3 v°.

et cherchaient à se faire justice eux-mêmes, il est juste de reconnaître que c'était l'exception et qu'ils étaient fréquemment les victimes de violences : il serait trop long de rapporter tous les faits de ce genre que nous avons rencontrés. En 1254, Alfonse fut obligé d'ordonner au sénéchal de Toulouse de protéger l'évêque et le chapitre de Conserans [1]. En 1262, le comte de la Marche expulsa violemment Thomas, archidiacre d'Angoulême, et ses agents de ses habitations, maltraita ses amis et les tint en prison. Il fallut pour obtenir réparation l'intervention du pape et du comte de Poitiers [2]. En 1269, l'abbé de Marmoutier fut attaqué à la Roche-sur-Yon par des sergents du comte de Poitiers et jeté à bas de son palefroi, qui lui fut enlevé [3]. La même année, l'abbé de Saint-Severin se plaignit de ce que des fils d'iniquité, oublieux de leur salut, armés et en grand nombre, avaient envahi le cloître, le dortoir, la chambre de l'abbé et d'autres pièces, blessé le prieur claustral, le célerier et plusieurs frères, brisé un grand coffre et une armoire, et enlevé des prisons de l'abbaye Geoffroi de Garraude, qui y était détenu pour ses démérites. Ils n'avaient pas borné là leurs méfaits, ils

---

[1] Lettre du mois de mai 1254. Reg. C, fol. 5 r°.

[2] Lettre d'A. au comte de la Marche : « Cum vos magistrum Thomam, archidiaconum Engolismensem, et nuncios suos, de domibus archidiaconatus sui, per vos et vestros expuleritis violenter, sicut per litteram domini pape quam super hoc nobis misit intelleximus, ac amicis ipsius et coadjutoribus suis occasione hujusmodi multiplices injurias irrogaveritis, ipsos in carcere contra justiciam, ut dicitur, detinendo, quod nobis displicet, si sit verum, vobis mandamus et vos rogamus, quatinus, si ita est, dictum negocium faciatis taliter emendari quod propter defectum vestrum super dicto negocio aliud consilium apponere non cogamur, vel nobis rescribatis causam quare hoc facere non debetis. Quod nisi feceritis, nobis displicebit. » — J. 307, n° 52, pièce 68.

[3] Lettre d'A. au sén. de Poitou. Dimanche veille de la Saint-Jean 1269. Ordre de punir les coupables. Reg. B, fol. 5 r°.

avaient emmené le chariot de l'abbé et un cheval, détruit pendant la nuit les fossés qui servaient de clôture aux champs et aux vignes du couvent, pénétré deux fois, également pendant la nuit, dans un prieuré dépendant de l'abbaye, tué le palefroi du prieur, blessé un autre cheval et enlevé des gerbes de blé [1]. Nous citerons les habitants de la bastide des Dunes envahissant une grange de l'abbaye de Belleperche, battant les moines et enlevant des bestiaux [2].

Un évêque de Rodez, autre que Vivien, obtint d'Alfonse l'autorisation de porter des armes lui et sa suite pour leur sûreté personnelle [3].

En 1251, l'abbé de Thiers en Auvergne avait tellement à se plaindre des seigneurs de Thiers qui l'opprimaient, qu'il abandonna la moitié des droits de son abbaye à Alfonse à titre de pariage, afin de trouver une protection efficace [4].

---

[1] Lettre d'A. au sén. de Poitou. Samedi après *Lætare Jerusalem* 1268-1269. Reg. A, fol. 107 v°.

[2] Lettre d'A. au sén. d'Agenais. Jeudi avant la Saint-Jean 1269, J. 319, n° 5, fol. 111. — Voyez aussi une lettre du mardi veille de la Saint-Barthélemy 1267 au sén. de Poitou, au sujet de l'abbé de l'Ile-Dieu, exposé aux violences d'un feudataire non nommé. Reg. A, fol. 6 r°.

[3] Mandement au sén. de Rouergue : « Mandamus vobis quatinus venerabili patri episcopo Ruthenensi et suis per terram suam arma defferre, ad tuicionem et deffensionem proprii corporis et suorum, permittatis, nec ad emendam ipsum vel suos propter hoc compellatis, dum tamen vobis constet quod in elusionem statuti arma non defferant vel in fraudem. Datum apud Longum Pontem die dominica in festo Resurrectionis Domini, anno Domini M. CC. LXVIII. » Reg. B, fol. 142.

[4] Acte de juillet 1251. Original, Trésor des chartes, J. 311, n° 67 : « Nos frater Bertrandus, humilis abbas Tyernensis, totusque ejusdem loci conventus, considerata et diligenter inspecta utilitate monasterii nostri... pro bono pacis et observancie regularis que fere penitus deperibat, propter vexationes, rapinas, incendia, homicidia et alias malctractationes que diutissime passi sumus tam a domino Tyernensi, quam ab aliis pravis hominibus immiseri-

Le clergé séculier était aussi mais plus rarement en butte aux violences des laïques; le payement de la dîme était quelquefois la source de troubles. C'est ainsi qu'en 1269, le curé de Montcuq en Querci, son chapelain et ses domestiques furent battus jusqu'au sang par ses paroissiens. Ceux-ci refusaient de payer la dîme et les offrandes accoutumées : ils avaient rompu la porte de l'église et assistaient aux offices quoique excommuniés [1].

L'instruction était au moyen âge entre les mains du clergé; les rois et les princes se plaisaient à fonder ou à doter les universités. Voyons ce que fit Alfonse à cet égard. Il y avait dans ses États deux universités célèbres, celles de Poitiers et de Toulouse. La première était ancienne, je n'ai pas trouvé que notre comte lui ait conféré de bienfaits. Quant à celle de Toulouse, elle fut établie par suite du traité de 1229 qui imposa à Raymond VII l'obligation d'entretenir à Toulouse deux maîtres de théologie, deux professeurs de décrets et six professeurs de belles-lettres. Les maîtres de théologie recevaient cinquante marcs, les décrétistes trente, les autres vingt [2].

On croit trouver la trace la plus ancienne de la chaire de droit, qui jeta plus tard tant d'éclat sur l'université toulousaine, dans le procès-verbal officiel de prise de possession du comté de Toulouse en 1271, où figure *Dominus Albanus, doctor legum* [3]. Dans un compte de la sénéchaussée de Toulouse de 1253, on rencontre la mention de trois

---

corditer et intolerabiliter persequentibus nos et res nostras in Tyernisio consistentes, fere humano penitus et destituti consilio et auxilio, etc. »

[1] Lettre d'A. au sénéchal d'Agenais. Reg. B, fol. 107.

[2] Confirmation de l'université de Toulouse par Grégoire IX en 1233 et par Innocent IV en 1245. Vaissete, t. III, p. 352.

[3] Rodière, *Recherches sur l'université de Toulouse*, Mémoires de l'Académie de législation, t. IX, p. 244 et suiv.

maîtres ès arts lisants à Toulouse, et l'octroi d'une somme de cent livres donnée à un étudiant pour lui permettre de suivre les cours de l'université[1]. Alfonse favorisa le collége de Saint-Bernard à Paris, qui n'était autre chose qu'un séminaire de Cisterciens : il lui donna une rente annuelle de cent quatre livres assise sur la prévôté de la Rochelle. L'abbé de Clairvaux, en récompense, le reconnut pour patron et s'engagea à entretenir au collége de Saint-Bernard vingt moines profès pour y étudier la théologie[2].

CHAPITRE II.

RAPPORTS AVEC LA NOBLESSE.

Nombre des vassaux d'Alfonse. — Sujétion de la noblesse en Poitou et en Saintonge. — Châteaux rendables. — Droits de rachat à merci. — Charte qui fixe les rachats à une année de revenu. — Alfonse exige l'hommage des prieurés. — Bizarre mode de succession des vicomtes de Thouars. — Influence de la guerre des Albigeois sur la féodalité dans le Languedoc. — Relâchement des liens féodaux dans le Midi. — Alleux, *honneurs*. — Avec de l'argent on devient noble et chevalier. — Aptitude des bourgeois du Midi à la noblesse. — Noblesse maternelle. — Lutte d'Alfonse contre la féodalité. — Apparition des légistes. — Le droit romain opposé à la coutume et pris pour règle. — Forte répression des violences féodales. — Interdiction du port d'armes. — Restrictions apportées aux duels.

C'était un puissant prince qu'Alfonse, il avait de nombreux vassaux, dont il tenait à posséder le dénombrement complet. Il en fit rédiger la liste à plusieurs reprises[3], et peu de temps avant sa dernière croisade il donna l'ordre de dresser de nouveaux états de ses feudataires, province par province et châtellenie par châtellenie, avec l'indica-

---

[1] B. I., n° 9019, fol. 13 et 3 v°.
[2] Trésor des chartes, J. 310, n°s 31 et 32.
[3] Voyez les différentes listes renfermées dans le Registre XI du Trésor des chartes. Conf. plus haut, p. 230 et suiv.

tion exacte de chaque fief et la nature des services auxquels chacun d'eux était assujetti [1].

Le but de cet ouvrage étant de rechercher les principes administratifs suivis par Alfonse et d'étudier son influence personnelle, il serait superflu de donner ici une liste complète des vassaux du frère de saint Louis; mais pour être agréable aux lecteurs curieux de ces sortes de recherches, dont nous ne méconnaissons point l'importance à certains points de vue, nous indiquerons en note les documents qui leur permettront de dresser une sorte de statistique féodale d'une partie de la France au milieu du treizième siècle [2]. Un fait que nous signalerons et qui mé-

---

[1] Mandement au sénéchal de Saintonge : « Ut de feudis que a nobis tenentur, et feudatariis qui nobis fecerunt homagium aut facere debent de dyocesi Xanctonensi pleniorem noticiam habeamus, vobis mandamus quatinus, cum ea qua poteritis diligentia et sollicitudine, faciatis in scriptis redigi, in singulis castellaniis dicte dyocesis separatim ac distincte feoda, que a nobis teneri debent, et feudatar[ior]um nomina, premittendo rubricam ad singulas castellanias sigillatim pertinentem, ita quod de diversis castellaniis feuda seu ipsorum feudatariorum nomina minime sint permixta, sed clare liquere possit quis feudatarius, quas possessiones et sub quibus serviciis, seu redevenciis et in qua castellania teneant a nobis, aut tenere debeant; et scripturam quam inde feceritis in quaterno redactam, sub sigillo vestro consignatam nobis quam citius commode poteritis transmittatis. Datum apud Hospitale prope Corbolium, in crastino Assumpcionis B. Virginis, M. CC. LXIX. » Reg. B, fol. 38 r°. — Autre mandement au sénéchal de Toulouse, même date, *Ibid.*, fol. 85.

[2] Poitou. Reg. XI du Trésor des chartes, fol. 1 et suiv., et JJ. XIV. — Rôle de 1271. La Roque, *Traité du ban et de l'arrière-ban*, p. 65.

Saintonge. Rôle de 1271. La Roque, p. 67.

Auvergne. JJ, XI, fol. 19, aveux de 1261, et J. 314, n° 58.

Agenais. JJ, XI, fol. 73, et J. 314, n° 57.

Quercy. JJ, XI, fol. 85, aveux de 1259, et J. 315, n° 94.

Rouergue. JJ, XI, fol. 96, aveux de 1260. J. 325, n°s 96 et 111, et J. 316, n° 113.

Toulousain. J. 315, n° 112, aveux de 1260-1269.

Albigeois. JJ, XI, fol. 34, aveux de 1258-1261, et J. 316, n° 112. — Rôle de 1271. La Roque, p. 68.

Venaissin. JJ, XI, fol. 158, J. 314, n° 52, mai 1251, et J. 319, n° 3.

rite une sérieuse attention, c'est qu'un grand nombre de seigneurs poitevins furent dépouillés de la totalité ou d'une partie de leurs fiefs à la suite de la révolte de 1242. On peut même affirmer que les nobles du Poitou et de la Saintonge eurent plus à souffrir de cette désastreuse levée de boucliers que ceux du Midi de la guerre des Albigeois. Mais, dans l'un et l'autre cas, Alfonse est à l'abri de tout reproche, car les sévérités exercées contre les Poitevins furent non son fait, mais celui de la royauté.

Ajoutons que c'étaient là de justes rigueurs, ayant leur raison d'être dans la nécessité de punir exemplairement des hommes qui se regardaient à peine comme Français et qui n'avaient pas craint d'appeler à leur secours un prince étranger [1].

Dans les diverses provinces soumises à l'autorité d'Alfonse, la féodalité n'avait pas les mêmes allures. Dans le Poitou et la Saintonge, les liens qui unissaient le comte à ses vassaux étaient très-étroits, et ces derniers avaient envers leur seigneur des devoirs fort onéreux ; c'est ainsi que la plupart des châteaux forts de ces deux provinces étaient rendables, c'est-à-dire que le comte avait droit de les faire occuper quand il le jugeait à propos, et les seigneurs devaient lui livrer leur château à la première réquisition, ou, comme on disait, *à grande et à petite force*.

Telle était la condition des châteaux de Surgères [2], Talmond, Curzon, Olone, Saint-Michel en l'Herm, Chatel-Aillon, Ré [3], etc.

---

[1] Sur les confiscations faites sur les Poitevins, consultez le Registre KK. 376, et les procédures des enquêteurs. Bibl. imp., n° 10918.

[2] Promesse de G. Maingot, 15 septembre 1246. Trésor des chartes, J. 190, n° 24.

[3] Engagement de Raoul de Mauléon. Trésor des chartes, J. 190, n° 23. Teulet, t. II, p. 606.

La dame de Rochefort promettait en ces termes de remettre son château à Alfonse :

« Ge Marguarite dame de Rochefort, femme jadis fahu Joffrei, sire de Rochefort, fois assavoir à toz ceaus qui cestes presentes lettres verront et orront que ge ai graé et otreié à monseignor le comte de Peiters que ge à lui ou à son comandement qui ses lettres pendanz m'aportera rendrai et livrerai le chastel de Rochefort sanz contredit et sans délaiement, à toz termes que ge en serai requise de monseignor le comte ou de son especiau comandement, qui ses lettres pendanz m'aportera, à grant force et à petite. Et ai pramis et otreié à monseignor le comte que ge le devantdit chastel n'enforcerai ne enforcer ne ferai par negune manere sanz la volunté de monseignor le comte [1]. »

Les rois d'Angleterre avaient profité de leur puissance pour tenir leurs vassaux du continent dans une stricte dépendance. Les fiefs y étaient soumis à de forts droits de mutation ; ils payaient des droits de rachat, qui donnaient lieu à de nombreux abus, car ces droits n'étaient pas déterminés d'une manière uniforme. En Poitou même, les rachats étaient à merci, c'est-à-dire que le seigneur levait des sommes arbitraires et se montrait exigeant. Nous voyons Jean de Châtellerault financer en 1245 pour 1,200 livres ; en 1246, la comtesse d'Eu paya 2,000 livres pour le rachat du bail de la terre de son défunt mari [2]. A la même époque, Maurice de Belleville promit 2,000 livres pour le rachat du château de Luçon dont il héritait de feu Aimeri, vicomte de Thouars, du chef de sa femme, et promit en outre d'abandonner le château de

---

[1] Original. Trésor des chartes, J. 192, n° 9, octobre 1243.
[2] Arch. de l'Emp., comptes, KK, 376, fol. 17 v°.

la Roche-sur-Yon au cas où il lui serait adjugé[1]. En 1269, le vicomte de Thouars fut obligé de souscrire l'obligation suivante : « Savari, vicons de Thoarz... je doi à très noble seigneur monseigneur Aufonz, fiuz de roi de France, conte de Poitiers et de Tholose, sept mile sept cenz cinquante livres de la monoie courant de poitevins, pour la finance que je e faite o le dit monseigneur le conte seur le rachat de la viconté de Thoarz, que il m'a rendue à tenir et à espletier par reson de la succession de feu Renaut, mon frère, jadis viconte de Thoarz, selon la coutume dou païs[2]. »

Dès 1256 les vicomtes de Thouars fixèrent les droits de relief dans l'étendue de leur seigneurie au revenu d'une année[3]. Cet exemple fut suivi, mais longtemps après, par le comte de Poitiers.

[1] Trésor des chartes, J. 190, n° 89, novembre 1246; Conf. Teulet, t. II, p. 642.

[2] Original, J. 192, n° 50 : « Ceu fu fait à Lonc Pont, le samedi après la quinzeinne de Penthecouste et l'an Nostre Seigneur mil deus cenz sexante nuef, ou mois de juing. »

[3] « Illustrissimo viro karissimo domino suo, Alfonso, filio regis Francie, comiti Pictavie et Tholose, et omnibus ad quos presentes littere pervenerint, Aymericus, vicecomes Thoarcii, dominus Thalemondensis, salutem, cum omni reverentia et honore. Noveritis quod nos omnia placita seu racheta mortue manus de vicecomitatu Thoarcii et terra Thalemondensi et corum feodis, ad annetum cujuslibet feodi tantummodo explectandam, quantum ad domanium feodi, sine nemoribus et garenis dicti feodi vendendis, et sine stangnis piscandis et excurrendis, et sine domibus et mobilibus in dicto feodo consistentibus sasiendis, et non computata agricultura domanii in anneta feodi, salvo terragio dicte agriculture et retento domino feudali omnibus hominibus nostris ligiis atque planis in dictis vicecomitatu et terra Thalemondensi et suis pertinenciis consistentibus, presentibus et futuris heredibus successoribusque nostris, perpetuis temporibus, remittimus penitus et quitamus; et supplicamus vobis, domine comes, quod ex parte vestra similiter faciatis, prout in presentia vestra aliquociens extitit proloculum, nobis heredibus successoribusque nostris vestras litteras super hoc amore Dei et pietatis conferentes, et quod hujusmodi factum perpetue robur obtineat firmitatis presentes lit-

Les droits de rachat furent fixés en 1269 dans une assemblée de barons tenue sous la présidence d'Alfonse, qui savait faire à propos de sages concessions et dont la conduite fut généralement empreinte d'un grand esprit de justice. Le commun accord du suzerain et de la majorité des feudataires était, d'après le droit public de l'époque, nécessaire pour modifier une ancienne coutume [1].

Voici le texte de l'acte important qui changea à cet égard la législation en vigueur dans le Poitou :

« A touz ceus qui ces presentes lettres verront, Savaris, vicoenz de Thoarz, valez, Guionnet, fiuz Aymeri jadis viconte de Thoarz, Hugues l'Arcevesque, sires de Partenay et de Vovent, Morise de Belle-Vile, sires de la Garnache et de Montagu, Geffroi de Lezegnen, sires de Jarnac et de Chatel-Achart, Sabran Chabot, sires de Roche-Cerviere, Guillaume de Puiquegni, por Gui de Chemilli, seigneur de Mortaigne, à ce atorné de par li, Geffroi, sires de Chatiau-Briant, Guillaume, sires de Sainte-More, Thiebaut, sires de la Chasteigneroie, Morise de la Haie, Charles de Rochefort, sires de Villers, Geffroi de Chauceroie, Thiebaut de Biaumont, sires de Bercoere, saluz en Nostre Seigneur. Sachent tuit cil qui sont et qui à venir sont, que très haut et nostre très chiers sires Aufons, fiuz de roi de France, coens de Poitiers et de Tholose, esgardé et consiurré nostre porfit et le commun porfit de sa conté de Poitiers, et espéciaument du viconté de Thoarz et de la terre de moi Hugue l'Arcevesque devantdit et des autres terres

teras nostras sigillo nostro sigillatas vobis duximus transmittendas in testimonium veritatis. Datum in festo beati Nicholai hyemalis anno gratie M. CC. quinquagesimo sexto. — Original, Trésor des chartes, J. 190, n° 45.

[1] C'étaient aussi les seigneurs qui constataient la coutume. Voyez la déclaration faite en mai 1246 à Orléans, devant saint Louis, au sujet du bail et du droit de rachat dans l'Anjou et le Maine. Orig. Trésor des chartes, J. 178, n° 20; Conf. Teulet, t. II, p. 617.

qui sont en ladite conté en sa seignorie et en son destroit, es queles estoient li rachat à merci, voillanz et desirranz porveoir à la pes et à l'alegement de ses féaus, en meur conseil et deliberacion, à nostre requeste et de nostre volenté, otroi et de plusors autres qui à cest acort furent s'ostroierent desdiz rachaz à merci, a ordené en cette manière, c'est assavoir que, quant cil mourra qui du conte de Poitiers, ou des barons, ou des vavassours tendra son fié, que nostre sires li coens ou cil de qui cil tendra porra tenir le fié en sa main par an et par jour; tout aussinc com cil qui morz sera le peust tenir et esploitier, c'est assavoir issues de bles, de vins, de deniers, de rachaz, de cens doubles, einsinc com li heritiers le peust lever, et de fours, de moulins, de feins, de chevaus de servise et de toutes autres issues qui à l'eritier devrient avenir. Et se einsin estoit que en celui fié dont li rachaz seroit eschuz avoit gariment ou douaire, ice courroit aussinc ou paiement de l'ennée com feroit li demoines, excetez les viez douaires dont li rachaz auroit esté faiz autrefoiz, en telle maniere que, l'année passée, li heritiers du fié seroit tenuz à rendre la vaillance du noviau doayre à cele qui li auroit. En ceste chose la seignorie qui tendroit ne porroit bois vendre, ne estans peeschier ne vivers, ne eue, ne garenne chacier. De rechief, li sires du fié ne porroit refuser le fil de celui qui mors seroit ou le neveu, ou celui qui heritiers devroit estre ou successeur enpres le mort qu'il ne le receust en sa foi et en son homage, en tele maniere qu'il ne le porroit refuser par meneur aage, ne son tuteur que li peres ou la mere, ou li lignages, ou li ami li auroient baillié leiaument, mes li sires du fié qui esploiteroit porroit metre son commandement en un des meneirs, ou en une des mesons, ou en une des granges pour recevoir la rente et les issues de s'année; et l'année passée la meson retorneroit arrieres à l'eritier, non empirée par son fet ou par son defaut. De rechief la dame ou la fame qui son doaire atendreit ne li heritier ne seroient pas remués des mesons de l'année que li sires tendroit por son rachat; toute voies est assavoir que s'il i avoit forteresce ou fié, cil qui la forteresce seroit, ne la porroit néer à son pardesus por le besoing de la terre, mes le besoing passé il la li doit rendre non impirée par son fet ou par son defaut.

Encores est assavoir que se il n'avoit en ce fié point de vaillance de domoine fors que bois, la value des bois seroit esmée par quatre prodes homes, deus de la partie à celi qui le rachat devroit recevoir et deus de la partie à celi qui le devroit faire. La tierce partie de l'estimacion prendroit li sires por son rachat; et encores porroit noutre sires li coens devantdiz prendre les chastiaus et les forteresces et retenir à soi es cas où il le puest faire par droit, ou par costume ou par covenance.

De rechief il est assavoir que se aucuns i avoit qui tenist de seigneur et ne tenist de domoine se pou non, il poieroit autant come vaudroit la levée du meilleur riere fié qui seroit en celes tenues.

Encores est assavoir que se en celui fié n'avoit que gaaigneries, li sires prendroit autele partie come la terre porroit estre bailhée; et se il avenoit que il i eust deus cueilletes en cele année, li sires n'en porroit lever que l'une.

Et cist establissemenz est entenduz des rachaz qui estoient à merci, car cil qui sont aboni demorent en leur estat; et li home qui devoient tailliées par raison de rachat ou de morte main n'en rendront desoremais nulle tailliée.

Et est assavoir que il est dit et ordené par la volenté notre seigneur le conte devantdit et de nostre acort et de nostre otroi, et à nostre requeste que se il i a aucun des sougiez au devantdit nostre seigneur le conte sans méen qui ne se sont acordé ou ne voudront acorder à ceste ordenance desusdite, que il demorent et remaignent en la première condicion et costume des rachaz à merci ; si com il i estoient ainz le tens de ceste ordenance.

Et toutes ces choses, si com elles sont desus escrites et devisées, nous avons otroié et promis por nous por nos hairs, por nos successeurs et por noz sougiez à tenir et à garder pardurablement sanz venir encontre par nous ne par autres es tens qui à venir sont.

En tesmoing de laquele chose nos avons ces presentes letres confermées par la mise de nos seaus, sauf en autres choses le droit nostre seigneur le conte devant nommé et le nostre, et sauf tout autrui droit. Ce fu fet et donné en l'an Nostre Seigneur mil deus cenz sessante et noef, ou mois de moi [1]. »

Ce que cet acte ne dit pas, c'est que les barons financèrent pour obtenir ce règlement [2]. Un compte de recette renferme en effet la mention suivante : « Dou commun des barons de Thoartois, 16,500 livres de poitevins par la mesurement des rachats [2]. »

Le frère de saint Louis était jaloux de ses droits et veillait à leur maintien ; il tint la main à ce qu'en Poitou, lorsqu'une baronnie était partagée entre plusieurs enfants,

---

[1] Orig. scellé jadis de quatorze sceaux : il n'en reste que treize. J. 192, n° 49. Voir la minute raturée et corrigée des articles de cette ordonnance dans la pièce intitulée : « C'est li establissement de rachaz qu'il est avis à monseigneur le conte de Poitiers et à son conseil des barons et des vavasseurs. » — Cette pièce se termine ainsi : « Li coms dera sa lettre de ceu au barons e aus vavassors, e li baron au vavassors et à monseigneur le conte. » J. 191, n° 136.

[2] Bibl. imp., n° 9919, fol. 32.

les héritiers lui prêtassent serment chacun pour sa part d'héritage[1], mettant ainsi en vigueur l'ordonnance rendue par Philippe Auguste et ses barons sur les frérages qui abolissait la coutume ancienne, en vertu de laquelle le principal héritier se faisait rendre hommage par ses cohéritiers.

Il convient de signaler un mode bizarre de succession usité dans la vicomté de Thouars et dans le pays situé entre la Sèvre et la Dive. Les successions en ligne directe passaient successivement à tous les fils du défunt pour revenir après le décès de chacun des frères au fils aîné de l'aîné et ainsi de suite. C'était quelque chose d'analogue à ce qui se passe en Turquie. Ce fait curieux est hors de doute; ce singulier mode de succession reçut plusieurs fois son application sous Alfonse à propos de la vicomté de Thouars, ce qui ne laissait pas que d'être lucratif pour le comte, par suite du fréquent payement des droits de rachat[1].

La conquête de Simon de Montfort eut peu d'influence sur la féodalité dans le Languedoc; Simon avait bien introduit par la fameuse constitution de Pamiers la coutume de l'Ile-de-France comme devant régir les fiefs pris sur les

---

[1] « Nobis innotuit quod, cum inter coheredes porciones hereditate dividuntur, presertim per baronias seu castellanias, non ei qui primogenitus est aut qui primogeniti locum tenet, sed nobis tanquam superiori domino a singulis coheredibus, pro porcione sua hereditaria, secundum consuetudinem Pictavensem, prestandum est fidelitatis juramentum et homagium faciendum, sane cum dilectus et fidelis noster Hugo Archiepiscopi, dominus Partiniaci, nitatur habere et recipere homagia a suis coheredibus quantum ad succesionem hereditatis que fuit defuncti G. de Rancon[io] junioris. De consuetudine patrie in casu predicto inquiratis. » — Mandement au sénéchal de Poitou, mardi avant l'Assomption 1269. Reg. B, fol. 9 v°.

[2] Sur ce mode de succession, voyez un excellent mémoire de M. Imbert, dans les Mémoires de la Société des antiquaires de l'Ouest, année 1864, p. 321 et suiv., travail fait sur les actes authentiques.

vaincus[1], mais le traité de 1229 révoqua toutes les concessions de ce genre faites dans le comté de Toulouse. Le droit féodal français ne fut appliqué que dans le comté de Castres, qui devint la propriété de la famille de Montfort et dans quelques fiefs de la sénéchaussée de Carcassonne. Ces fiefs, régis par la coutume de Paris, étaient en très-petit nombre[2]. On voit par là que l'influence de la conquête fut nulle au point de vue des rapports entre les seigneurs et les vassaux, et ne modifia pas sensiblement les anciens usages.

Dans le Midi, les liens féodaux étaient assez relâchés; une foule de chevaliers ne devaient pas le service militaire[3]; en outre, il y avait un grand nombre de terres libres, autrement dit des alleux, dont les propriétaires ne reconnaissaient pas le seigneur. On a cru que ces terres libres s'appelaient *honneurs*[4]; mais c'est là une opinion que je ne saurais accepter, car des textes prouvent que si les alleux s'appelaient *honores*, on donnait aussi ce nom à des fiefs; en un mot, l'honneur est la propriété territoriale, soit allodiale, soit féodale, opposée à la propriété mobilière : l'honneur, c'est la terre. Ajoutons que ce n'était pas seulement en Languedoc qu'il y avait des alleux; on en trouve aussi en Poitou; mais le comte Alfonse cherchait à les convertir

---

[1] Voyez l'original de cette fameuse charte, Trésor des chartes, supplément, J. 890, n° 6.

[2] *Olim,* édit. Beugnot, t. I, p. 469, n° vi; t. II, p. 188, n° xliv, p. 361, n° xxxiv, p. 453, n° vii; t. III, p. 10, n° xvi, et p. 1506.

[3] Voyez les déclarations de seigneurs méridionaux faites en 1272 lors de la convocation faite par Philippe le Hardi pour l'ost de Foix. Reg. 1¹ du Trésor des chartes.

[4] Cette opinion sur l'*honneur* a été soutenue par M. Saige dans un savant travail que j'ai eu occasion de citer à propos des Juifs (voyez plus haut, p. 322), mais à mes yeux cette opinion est trop absolue.

en fiefs en donnant à leur possesseur une indemnité. C'est ainsi qu'en 1246 Pierre Maurice, chevalier, fit hommage pour une terre qu'il ne tenait auparavant de personne [1].

Dans la première moitié du treizième siècle, les conditions voulues pour être armé chevalier ne paraissent pas avoir été aussi rigoureusement fixées qu'elles le furent plus tard. Bien des gens d'une noblesse douteuse recherchaient les honneurs de la chevalerie et suppléaient par le payement d'une somme d'argent à ce qui pouvait leur manquer du côté de la race. Les comptes de recettes sont instructifs à cet égard. Dans le compte de la sénéchaussée de Poitou de l'an 1243 figure un Jean Chamais, chevalier, qui paye trente livres pour obtenir sa liberté : il doit prouver que son père était chevalier [2]. Dans la même province, en 1259, messire Geoffroi de Caroil s'engage à donner vingt livres pour s'être fait armer chevalier sans être noble [3]. Un autre usurpateur fut plus heureux : j'ai déjà cité ce fait curieux : « Monsegneur Sevestre, novel chevalier, por esparnier à prouver sa noblesse, deux cents libres [4]. » C'est la preuve la plus convaincante que dès le treizième siècle, avec de l'argent, on devenait noble et chevalier. Je ne parlerai pas de certains usages du Midi, où la classe bourgeoise était tellement rapprochée de la classe noble que souvent les lignes de démarcation se trouvaient effacées. A la fin du treizième siècle les bourgeois du Languedoc prétendaient avoir le droit de porter le ceinturon de chevalier, et la justice de cette prétention

---

[1] Orig. Trésor des chartes, J. 190 B, n° 90; Conf. Teulet, t. II, p. 643.

[2] « Johannes Chamaisi, miles, xxx. l., pro relaxatione prisionie sue, et debet probare quod pater ejus fuerat miles. » Arch. de l'Emp., KK, 376, fol. 46 v°.

[3] « De domino Gaufrido de Caroil, qui se fecit fieri militem, nec erat nobilis, xx. lib. » Comptes de Poitou, 1259. Bibl. imp., n° 9019, fol. 15.

[4] Compte de 1268. Ibid., fol. 34.

était officiellement attestée par des prélats et par des barons[1].

On a résolu par la négative, dans ces derniers temps, la question de savoir si les fils d'une noble et d'un roturier étaient nobles, et l'on a repoussé, du moins pour la Champagne, l'existence de la noblesse maternelle[2]. Je n'entreprendrai pas de traiter cette question à fond; je me bornerai à rapporter un texte qui prouve qu'Alfonse admettait parfaitement la possibilité d'être noble par sa mère, mais qu'il s'agissait de savoir si la coutume du pays l'autorisait. En 1269, deux frères se plaignirent de ce qu'on eût saisi des fiefs nobles qu'ils avaient achetés, attendu, disaient-ils, qu'étant personnes généreuses, ils pouvaient devenir chevaliers quand ils voudraient. Alfonse ordonna de les leur rendre, à condition que, s'ils n'étaient nobles que de mère, la saisie fût maintenue jusqu'à ce qu'on sût si, dans la coutume du pays, les nobles du côté maternel pouvaient acquérir des fiefs chevaleresques[3].

La forte organisation que reçurent les tribunaux du comte, la savante hiérarchie qui les unissait et avait pour couronnement le Parlement, unique pour tous les domaines du prince, furent dans les mains d'Alfonse une arme puissante contre la féodalité, arme qui frappa souvent plus vigoureusement que le comte n'aurait peut-être voulu. Les sénéchaux, les baillis, les prévôts, les juges, les sergents, tout ce peuple de fonctionnaires, avaient contre la noblesse une haine qu'ils cherchaient à satisfaire par tous les moyens. Tous s'estimaient heureux de faire

---

[1] Acte de l'an 1298. Trésor des chartes, J. 468, n° 4.
[2] Barthélemy, *Bibliothèque de l'École des chartes*, 3ᵉ série, t. II, p. 123.
[3] Mandement au sénéchal de Toulouse, samedi avant la Madeleine 1269. Reg. B, fol. 81, etc.

preuve de zèle en envahissant les juridictions seigneuriales[1], entraînant les nobles devant les tribunaux du comte, en profitant de la brutalité des mœurs féodales pour poursuivre les nobles, les condamner à l'amende et leur faire sentir un pouvoir supérieur. La race des légistes, qui sous Philippe le Bel gouverna ouvertement, existait déjà sous saint Louis et sous Alfonse, plus cachée, j'allais dire plus modeste (le mot ne sied pas), mais tout aussi active et non moins acharnée contre les deux grandes puissances rivales de la royauté de saint Louis et de la quasi-royauté d'Alfonse, la noblesse et l'Église. C'est surtout dans les tribunaux, qu'armés de textes de lois et de chicane, les baillis et leurs agents attaquèrent la noblesse dans ses priviléges et dans ses droits. Aussi la noblesse protesta. Celle du Poitou déclara qu'elle ne comparaîtrait pas devant la cour du comte hors de la province. Alfonse lui donna satisfaction en s'engageant à ne tirer aucune conséquence, aucun avantage de ce que des barons poitevins avaient consenti ou consentiraient à ester devant sa cour hors du Poitou[2].

Mais ce n'était là qu'une simple affaire de forme; les barons avaient d'autres griefs. Ils remirent une protestation qui débutait ainsi :

« Ce sunt les choses que li baron de Peitau requerent au comte de Peïtiers et li vavassor que les usages qui sont

---

[1] Voyez un document curieux renfermant les plaintes du comte de La Marche contre les agents d'Alfonse, en 1269. Reg. B, fol. 15 v° : « Hec sunt requeste quas comes Marchie facit d. suo illustrissimo comiti Pictavensi ad parlamentum Beati Martini hyemalis. » Entre autres griefs, le comte allègue que le sénéchal de Poitiers reçoit les avoueries des hommes du plaignant. Les officiers d'Alfonse empêchent le comte de la Marche d'exercer sa justice, etc.

[2] Orig., Arch. de l'Emp., J. 190, n° 55.

venu en Peitau de novea soient amand et torné à la costume aus anciens. »

Il leur déplaisait que la cour du comte dessaisît le défendeur, ce qui était contraire aux anciens usages, où il plaidait toujours saisi. Ils se plaignaient surtout de ce que les sergents du comte pénétraient dans leurs fiefs pour exercer leurs fonctions [1].

J'ignore ce que répondit Alfonse; mais on peut conjecturer qu'il leur dit ceci : « Toutes les anciennes coutumes bonnes et approuvées seront conservées : les innovations arbitraires seront supprimées »; et tout recommença comme par le passé. Telle fut du moins la réponse qu'il fit aux barons de l'Agenais, qui, eux aussi, avaient demandé qu'on suivît les anciens usages. — « On les suivra, répondit le Parlement, quand ils seront manifestes et notoires, ou qu'ils auront été prouvés par bonnes, idoines et suffisantes personnes. » Ces barons d'Agenais eurent l'audace de demander la tenue d'un parlement qui se réunirait quatre fois par an, à époques fixes, sans qu'il y eût besoin de convocation [2]. — Il y avait là une réminiscence par trop évidente de ce qui venait de se passer en Angleterre. Le conseil d'Alfonse repoussa cette prétention par cet argument doublement décisif, qu'une telle cour n'était autorisée ni par le droit ni par la coutume.

La coutume et le droit! c'est-à-dire les deux éléments qui furent en lutte au moyen âge. La coutume, c'est la féodalité, c'est ce qui est, le fait accompli, la force brutale. — Le droit, c'est ce qui doit être, ce qui est bon,

---

[1] Orig., Suppl. du Trésor des chartes, J. 748, n° 20. Les barons réclamèrent surtout contre la procédure par enquête.

[2] Arch. de l'Emp., J. 1131, n° 11. Décision du parlement de Toulouse en 1270. — Voyez plus haut le chapitre des Institutions judiciaires, p. 413.

juste : il a pour champion la royauté. Aussi la noblesse invoque toujours la coutume, et cette coutume, il fallut pendant bien longtemps l'accepter. Ce fut l'œuvre du parlement de Paris d'amener le triomphe du droit, et c'est là une grande gloire. Une part de cette gloire doit revenir au parlement d'Alfonse, qui, en 1270, osa proclamer ce principe, à propos, il est vrai, des pays de droit écrit : « Le droit doit être observé, parce qu'il est écrit, certain et défini, tandis que les coutumes sont douteuses et incertaines. » C'était là proclamer bien haut la supériorité du droit romain, c'est-à-dire du droit par excellence, du droit, car au moyen âge *jus* signifiait le droit romain : il y avait loin de cette noble déclaration à cette charte où saint Louis autorisait le droit romain dans les sénéchaussées royales, non pas à titre de loi, mais de coutume [1].

Pour maintenir la noblesse dans les bornes du devoir, Alfonse avait fort à faire, mais il intervenait vigoureusement quand cela était nécessaire. En 1264, par son ordre, le sénéchal de Toulouse, Pierre de Landreville, leva une armée pour mettre le puissant Géraud d'Armagnac à la raison, et lui fit payer quatre cents livres pour frais de la guerre [2]. En 1267, le sénéchal de Poitou procéda à une enquête sur les violences commises par les gens de Girard Chabot contre Maurice de Belleville, chevalier [3]. La même année, plu-

---

[1] Ordonnance de 1254 confirmant les habitants de Beaucaire dans l'usage du droit écrit, « non pas que l'autorité de ce droit nous oblige, mais parce que nous ne voulons pas, pour le présent, changer leurs usages et leurs coutumes. » Vaissete, t. III, p. 480.

[2] Accord entre le sénéchal et Géraud : « Nomine expensarum quas d. senescallus dicebat se fecisse veniendo et intrando terram domini Geraldi de Armanhaco, cum armis, convocando etiam exercitum et barones d. comitis ob culpam, rebellionem et contumaciam ipsius d. Geraldi .... xv. die exitus septembris 1264. » Orig. Trésor des chartes, J. 312, n° 10.

[3] Mandement d'Alfonse du vendredi avant la Saint-Arnoul 1267. Reg. A, fol. 3 v°.

sieurs nobles de Rouergue furent cités devant le connétable d'Auvergne pour avoir fait des chevauchées dans la terre du comte [1]. Le sénéchal de Poitou traîna en prison et refusa de mettre en liberté sous caution des chevaliers du sire de Parthenay qui avaient enlevé la nièce de Guillaume de Saint-Aubin, chevalier [2]. En 1269, Gui de Lusignan, sire de Cognac, s'engagea à payer une forte amende pour avoir fait une chevauchée dans les fiefs de Pons de Mirebeau [3]. Peu de temps après, ce fut le tour du sire de Châtellerault d'envahir les terres de Pons, mais il fut contraint de donner caution d'ester en justice devant le comte et de payer l'amende à laquelle il serait condamné [4]. Je n'en finirais pas s'il fallait citer tous les exemples de violences que j'ai rencontrées de la part des nobles et qu'Alfonse réprima ou punit.

Les justices seigneuriales furent sévèrement surveillées : la conduite des nobles fixa constamment l'attention des sénéchaux, qui ne laissaient passer impunie aucune infraction à la paix publique. Les guerres privées furent prohibées, et ceux qui se permettaient ce jeu de prince, poursuivis et frappés, quel que fût leur rang. Ce ne fut pas tout : une ordonnance de saint Louis que nous n'avons pas, mais dont l'existence est attestée par les Olim, interdit le port des armes dans les domaines de la couronne [5] : Alfonse rendit une pareille ordonnance. Le comte de Rodez s'étant plaint de ce que le sénéchal défendait à lui comte et aux autres nobles de porter des

---

[1] Mandement du jeudi après la Translation de Saint-Benoît 1267. Reg. A, fol. 10.
[2] Mandement du lendemain de la Toussaint 1267. Reg. A, fol. 6 v°.
[3] Mandement du mercredi après *Reminiscere* 1268. Reg. A, fol. 106 v°.
[4] Mandement du jeudi avant la Saint-Luc 1268. Reg. B, fol. 13 v°.
[5] Olim, t. I, p. 626. Voyez note 72, p. 1044.

armes dans ses propres fiefs, et punissait ceux qui ne se conformaient pas à cet ordre, Alfonse ordonna au sénéchal de permettre au comte et à sa suite de porter des armes dans ses propres domaines, nonobstant la défense générale, à moins que le sénéchal ne reconnût à cette tolérance des inconvénients, auquel cas Alfonse voulait que le comte obéît à la règle générale [1].

Si le frère de saint Louis tenait cette conduite vis-à-vis du comte de Rodez, on doit penser qu'il n'était pas moins sévère à l'égard des simples nobles. Les sénéchaux frappaient de fortes amendes ceux qui commettaient quelque abus de force [2].

Alfonse cherchait à déraciner les habitudes de brutalité qui avaient jusqu'alors caractérisé les mœurs de la noblesse. Non-seulement dans les chartes de coutume qu'il donna, il défendit de forcer un accusé ou un plaignant

---

[1] Lettre au sénéchal de Rouergue. Reg. B, fol. 73.

[2] « Raymundus de Lescure et Guillelmus de Monestier, milites, salutem in Domino. Notum facimus quod nos, nomine nostro et nomine aliorum qui fuimus condampnati pro deportatione armorum, et quia interfuimus conflictui habito apud Albiam in terra sub dominio illustris viri Alfonsi, filii regis Francie, comitis Pictavie et Tholose, constituta; in quo conflictu homicidia fuerunt commissa et multi alii excessus commissi, exceptis civibus Albiensibus, nos super dicto facto et predictos supposuimus voluntati et ordinacioni dicti domini comitis et venerabilis viri magistri Radulfi de Gonnessia, thesaurarii ecclesie Beati Hylarii Pictaviensis, appellacioni a nobis et predictis interposite renuntiantes expresse nomine nostro et predictorum, spontanei non coacti; dictus vero thesaurarius pro predicta ordinacione facienda viros venerabiles et discretos dominum Sycardum Alemanni et magistrum Bartholomeum de Fijac ad consilium suum advocans, de consilio vero predictorum domini Sycardi et magistri Bartholomei, propter devotionem quam habemus erga dominum comitem, nobis volentibus et consentientibus, voluntate tamen domini comitis reservata, [pronuntiavit] quod nos et predicti qui predictos excessus dicuntur fecisse, exceptis dictis civibus, ratione dictorum excessuum, dicto domino comiti quingentas libras Turonensium hiis terminis persolvamus. Datum apud Montem Albani, die jovis post festum beati Dyonisii, anno M.CC.LXII. » Orig. scellé, J. 307, n° 23.

à recourir au combat judiciaire : il alla plus loin, il empêcha le plus qu'il put les duels. En 1269, le sénéchal de Toulouse enjoignit au comte de Comminges de ne pas tolérer un duel[1]. Cependant il n'osa pas imiter entièrement saint Louis et porter une interdiction absolue des combats singuliers.

Les barons durent plier sous cette main ferme et habile, mais ce n'étaient pas sans regret que ceux de Poitou se rappelaient ce bon temps où, sous les rois d'Angleterre, leurs pères étaient les rois du pays[2]. Alfonse laissa un meilleur souvenir auprès des nobles languedociens, qui n'avaient jamais joui de la même liberté que ceux du Nord, comprimés qu'ils étaient à la fois par les comtes de Toulouse, les communes puissantes, et les vivaces traditions du droit romain.

En somme, la politique d'Alfonse envers la noblesse fut celle que suivaient les rois de France. Plein de déférence et de courtoisie pour les personnes[3], le frère de saint Louis

---

[1] Lettre au sénéchal de Toulouse. *Ibid.*, fol. 49.

[2] Arch. de l'Emp., J. 191, n° 138.

[3] Voici une lettre adressée à Alfonse, curieuse en ce qu'elle fait connaître l'obséquiosité que certains seigneurs mettaient dans leurs rapports avec lui; il s'agit d'une demande de transmission de droit d'usage :

« A son bon tres chyer segnor, trè noble home, frère mon bon segnor le roy de France, à mon segnor le comte de Poytyers, je Amenons de la Roche, syens chevaliers, salut et amor, et soy apparellé a fayre sa volonté et son playsoyr sor totes chose, et o tote bene volonté de cuer. Bon cher sire, je pric et supple à vostre noblece, tant com je puys, cum li vostres chevalers, par toz leus, qu'a si vos vient à playsir et à vostre debenayreté qu'à cel usage que vos m'avet doné à une moye mayson près de Saynt-George en vostre forest de la Molere, qu'à si vos playst, quar vos le me tremuet à ma mayson de Thofo et le donget, si vos playst, à un vostre chevaler, mon filz, monser Gui Oger; et li dit chevaler vos en fera tel servige con il vos vendra à playsir por le dit usage de boys. Et sires, por Deu, ne me tyenget mie à mal se je ne vos ay veu puys que vinc de Pulle, quar sachet certenement ce est por le dehayt de mon cors et por ma maladie que je avoye et que je ay

obéit peut-être, sans s'en rendre bien compte, aux sentiments d'hostilité qui portaient la couronne et les autres grands feudataires à affaiblir ceux qui se trouvaient au-dessous d'eux et dont la puissance aurait pu leur porter ombrage.

CHAPITRE III.

RAPPORTS AVEC LE TIERS ÉTAT.

Alfonse confirme les anciens priviléges, mais n'accorde aucune nouvelle charte de commune. — Coutume de Saint-Pierre-le-Moutier octroyée à l'Auvergne. — Alfonsine de Riom étendue aux autres villes de cette province. — Étude de l'Alfonsine. — Esprit municipal du Midi. — Lutte contre Toulouse. — Abandon sous Raymond VII par plusieurs villes d'une partie de leurs priviléges. — Bastides fondées par Alfonse. — Étude des coutumes et des priviléges qu'il leur accorda. — Contrôle de la comptabilité municipale. — Persistance du droit romain dans le Midi. — Servitude, affranchissements. — Permission aux non-nobles d'acquérir des fiefs. — États provinciaux.

J'ai montré quels furent les rapports d'Alfonse avec le clergé et la féodalité, je vais examiner maintenant quelle fut sa conduite envers le tiers état. En Poitou, Philippe Auguste et Louis VIII avaient confirmé les libertés et priviléges accordés au douzième siècle par les rois d'Angleterre. Saint Louis, pendant la minorité de son frère, eut la même politique [1]. Alfonse, en prenant possession de

tot avent que je me partisse de mon bon segnor vostre frere monsegnor le roye de Secille. Et por De, sire, je vos pri de cestes choses, et Des soy garde de vos, et au plus tost que je porray je iray a vos. Ce fu doné le dyomeyne avant la feste de Saynt Luc, apostre et evangeliste, l'an de Nostre Segnor M. et CC. LX et sept anz. » Orig. scellé en cire jaune, sur simple queue, Trésor des chartes, J. 190, no 52.

[1] Confirmation des priviléges de Saint-Jean d'Angély en 1228. J. 190, no 80; — Niort en 1230. J. 190, no 8.

son apanage, renouvela toutes les chartes anciennes des villes qui venaient d'être placées sous son autorité [1]. On peut se faire une idée des priviléges du tiers état dans les provinces de l'ouest en lisant la charte accordée en 1222 par Philippe-Auguste aux habitants de Poitiers [2]. Les coutumes de la Rochelle étaient celles qui avaient été successivement reconnues par Éléonore, Richard, Jean, et données par Henri II [3]. La ville de Saint-Jean d'Angély jouissait des priviléges de Rouen [4].

En Auvergne, les institutions municipales étaient peu développées. En 1249, plusieurs villes accordèrent au comte un subside pour la croisade, à condition de recevoir des priviléges. Alfonse suivit l'exemple des rois de France, qui ne se donnaient pas la peine de rédiger une charte pour chaque localité : ils avaient plusieurs chartes toutes faites contenant des priviléges plus ou moins étendus, qu'ils concédaient aux populations qui leur demandaient des priviléges. Telle fut la célèbre coutume de Lorris en Gâtinais, dont la jouissance fut accordée à plus de cent villages [5]. Alfonse répondit aux désirs des habitants de l'Auvergne en concédant à certaines villes les coutumes de Saint-Pierre-le-Moutier. Riom et Pont-du-Château furent gratifiées de ces coutumes en 1249 [6]. Les chartes accor-

---

[1] Confirmation par Alfonse des priviléges de Saint-Jean d'Angély, en 1243, J. 190, n° 5; — de la Rochelle en 1241, J. 190, n° 11; — de Niort en 1241, J. 192, n° 1; — de Poitiers, juin 1241, J. 192, n° 3.

[2] Teulet, t. I, p. 552.

[3] Trésor des chartes, J. 190, n° 11.

[4] Trésor des chartes, J. 190, n° 80.

[5] Les coutumes de Lorris furent étendues à Bois-Commun, 1186, *Recueil des Ordonnances*, t. IV, p. 73; — à Voisines, 1187, *Recueil des Ordonnances*, t. VII, p. 455, etc. Voyez Delisle, *Catalogue des Actes de Philippe Auguste*, n°s 683, 733 et 2025.

[6] « Alfonsus... nos burgensibus nostris de villa Ryomi dedimus et concessimus franchisias ad usus et consuetudines franchisie de Sancto Petro Mo-

dées par Alfonse renvoyaient à ces coutumes sans les reproduire. On sentit qu'il y avait quelque inconvénient à donner à une province des lois faites pour une province voisine, soumise à un autre maître. Aussi Alfonse, à la prière des habitants de Riom, fit rédiger une nouvelle charte de priviléges. Cette charte, qu'il octroya en 1270, est célèbre sous le nom d'Alfonsine. Elle fut étendue aux autres communautés de l'Auvergne, qui payèrent pour l'obtenir, et devint comme le code du droit public de cette province pendant tout le moyen âge.

L'étude de ce document offre un grand intérêt : nous allons essayer de démêler les institutions qu'Alfonse ne fit que consacrer de celles qui lui doivent leur existence.

1° On ne pourra imposer de taille dans la ville, ni forcer les habitants à aucun prêt.

2° Les habitants pourront disposer de leurs biens meubles et immeubles ainsi qu'ils l'entendront, sans toutefois porter préjudice à autrui en les vendant à des églises ou à des nobles.

3° On ne pourra saisir la personne ou les biens d'un habitant à la requête d'autrui, lorsqu'il aura des biens suffisants pour servir de caution, sauf en matière criminelle, lorsqu'il sera l'objet d'une accusation grave.

4° Le connétable d'Auvergne ne pourra contraindre les Riomois à comparaître en justice en dehors de leur ville, à moins que le connétable ne soit dans l'impossibilité de se rendre à Riom : dans ce cas, il les citera dans le lieu le plus proche où il tiendra ses assises.

---

nasterii tenendas ab ipsis in perpetuum et habendas, excepto hoc quod non tenebuntur solvere censam quam burgenses de Sancto Petro solvunt... tenebuntur tamen ad solutionem censuum, reddituum, vendarum et aliorumque hactenus solvere consueverunt. » Orig. Trésor des chartes, J. 190, n° 93. — Charte semblable pour Pont-du-Château. *Ibid.*, n° 91.

5° Les biens des intestats seront gardés sous inventaire par deux prudhommes de la ville, durant un an et jour, pour les rendre avec les fruits à l'héritier. S'il ne se présente pas, lesdits biens seront remis au comte, sauf les droits d'autrui et après le payement des dettes.

7° Les testaments faits en présence de témoins seront valables, pourvu que les enfants et le seigneur n'y soient pas frustrés de leurs droits.

6° Lesdits habitants ne seront pas tenus de se purger par le duel des crimes dont ils seront accusés : les accusateurs devront fournir leurs preuves par des voies de droit.

8° Tout individu domicilié à Riom est exempt de tout droit de rachat et de vente.

9° Le bayle, avant d'entrer en fonctions, jurera de maintenir les priviléges de la ville.

10° Les nouveaux consuls seront élus tous les ans à la Saint-Jean-Baptiste par les consuls qui sortiront de charge et seront contraints d'accepter.

11° Ils feront serment de se comporter loyalement, et auront seize conseillers.

Le reste de la charte donne le tarif des amendes qui étaient prononcées par le bayle assisté des consuls. Les crimes capitaux étaient jugés par le connétable.

Pour les coups non suivis d'effusion de sang, l'amende sera de 60 sous.

Les biens des homicides seront confisqués.

Celui qui aura insulté un de ses concitoyens payera 3 sous au comte, plus des dommages à l'insulté.

Les adultères convaincus payeront 60 sous d'amende, ou courront nus par la ville, à leur choix.

Celui qui pénétrera dans le jardin d'autrui pour y voler des fruits, payera de 3 à 7 sous d'amende, selon l'importance du vol, et 60 sous s'il a commis ce délit pendant la nuit.

Amende de 7 sous contre qui vendra à faux poids.

Celui qui perdra un procès payera 3 sous, etc.

Les cas non exprimés dans la charte seront décidés par le bayle et par les consuls assistés de prud'hommes, de la façon la plus conforme aux coutumes de la ville, dont les anciens usages seront respectés.

Le comte se réserve le pouvoir de faire aux articles précédents les changements que les circonstances exigeraient[1].

Ces priviléges furent, ainsi que je l'ai dit, étendus plus tard aux autres villes d'Auvergne[2].

Quant au Poitou et à la Saintonge, je n'ai pu constater qu'Alfonse ait accordé aucune charte municipale : il se borna, comme je l'ai dit, à confirmer les priviléges anciens.

Dans le Midi, le tiers état était puissant et ombrageux. Alfonse eut à lutter une partie de son règne contre l'esprit d'indépendance de Toulouse; mais, heureusement pour lui, les principales communes de la province étaient situées dans les domaines de ses feudataires, et n'avaient pas avec le comte des rapports directs. Telles étaient les puissantes cités de Cahors, d'Agen, d'Alby. Les autres villes n'avaient que des priviléges assez restreints au point de vue politique; mais il y régnait un esprit municipal singulièrement vivace, et qui, pour être moins tur-

---

[1] *Recueil des Ordonnances*, t. XII, p. 495. Ces priviléges furent donnés en 1270 à Aymargues, près d'Aigues-Mortes, peu de jours avant le départ d'Alfonse pour Tunis. Le texte du Recueil des ordonnances est très-défectueux.

[2] Voyez le tome XIII des *Ordonnances du Louvre*, à la table, les mots Riom, Pont-du-Château, etc. Il serait important de publier un texte pur et correct de la charte des priviléges de Riom.

bulent que l'esprit communal du Nord, n'en avait que plus de force et de profondeur. Cet esprit, Alfonse le combattit. Dès 1249 les habitants de Toulouse ne voulurent lui prêter serment de fidélité qu'avec cette restriction, qui fut admise par la reine Blanche : « Je dis, proteste et entends que par ce serment nous ne perdrons, ni moi ni les autres citoyens et bourgeois de Toulouse, rien de nos coutumes et libertés. » Le gouverneur institué au nom d'Alfonse dut leur jurer de conserver toutes leurs libertés légitimes.

Cet engagement était téméraire, car les habitants de Toulouse formaient une petite république dont l'existence était incompatible avec un pouvoir fortement constitué. En effet, l'établissement du régime municipal dans le Languedoc ne fut pas aussi pacifique qu'on le croit communément. Ce fut tout autre chose que la suite des traditions romaines. Il y eut des insurrections violentes, et la force présida à la naissance des consulats[1]. Les comtes de Toulouse furent humiliés par les habitants de leur capitale et contraints de céder[2]. Depuis le milieu du douzième siècle jusqu'à la mort de Raymond VII, Toulouse eut un gouvernement vraiment républicain, dont l'histoire est encore à faire, qui levait des armées, faisait la guerre aux seigneurs voisins, jouissait de la plénitude de la juridiction, réformait les coutumes, exerçait le pouvoir législatif[3].

Alfonse entra en lutte avec les Toulousains : il voulut leur enlever le droit d'élire les consuls; mais il rencontra

---

[1] A Montpellier, la commune fut conquise par la violence. De Grefeuille, *Histoire de Montpellier;* Germain, *Histoire de la commune de Montpellier,* t. I. Il en fut de même à Béziers. Julia, *Histoire de Béziers,* p. 60.

[2] Catel, *Comtes de Tholose,* passim, notamment pages 216 et 217.

[3] Voyez le Reg. XXI du Trésor des chartes qui renferme les règlements faits par les consuls de Toulouse au douzième et au commencement du treizième siècle. Le droit d'interprétation de la coutume fut reconnu par Alfonse. Vaissete, t. III. Preuves, année 1265.

une si ferme résistance qu'il dut respecter dans une certaine limite ces priviléges antiques. Cependant, en général, il trouva une grande soumission dans le tiers état. Il paraît qu'à la suite de la guerre des Albigeois un certain nombre de villes s'étaient lassées du régime municipal. J'ai sous les yeux une charte de l'année 1245, dans laquelle les consuls de Castel-Sarrasin et la majorité des habitants abandonnent à Raymond VII et à ses officiers le droit de nommer les consuls en tel nombre qu'ils voudront, de les destituer, changer et remplacer à leur gré. Ils renoncent à leur juridiction municipale et réduisent le rôle des consuls à celui de jurés, tout en exigeant des garanties pour la bonne administration de la justice. Ils stipulèrent que les consuls ne seront pas exempts des impôts [1]. Cet acte fut fait spontanément, *spontanea voluntate*, en assemblée publique. Les habitants de Moissac firent un semblable abandon de leurs droits en termes identiques [2]. Ces actes paraissent se rattacher à une sorte de révolution communale qui est restée ignorée, mais dont on trouve des traces authentiques.

En 1270, les consuls de Marmande se plaignirent au parlement de Toulouse de ce que le bayle s'arrogeait le droit de nommer lui-même les consuls, dont l'élection devait appartenir au peuple. Voici l'arrêt qui fut rendu :

---

[1] « Consules Castri Sarraceni, et maxima pars tocius universitatis oppidi et ville Castri Sarraceni, omnes isti, spontanea voluntate, pro se ipsis et pro universitate Castri Sarraceni, donaverunt et concesserunt domino Raimundo, Dei gracia comiti Tholose, et heredibus et successoribus suis, quod ipse et heredes sui, vel bajulus suus, possint... facere et instituere consules... quot numero aut quoscumque voluerint..., et destituere et mutare eosdem pro suo et suorum beneplacito voluntatis... Retinuerunt insuper quod consules pro tempore constituti non sint immunes a collacione, etc. » Orig., Trésor des chartes, J. 320, n° 54.

[2] Orig., Arch. de l'Emp., J. 312, n° 1.

« La cause est réservée au seigneur comte : toutefois
» on répondra que le comte a retenu, par le conseil de
» bonnes gens, le droit de choisir les consuls. On dit
» même que toutes les universités et villes ont accordé au
» comte Raymond le pouvoir de choisir les consuls. On
» dit même qu'il existe de cela des actes authentiques. Et
» parce que cela intéresse l'ordre public et la tranquil-
» lité des villes, et que la justice est mieux sauvegardée
» ainsi que si l'élection restait libre entre les mains des
» communautés, la requête ne paraît pas devoir être
» admise [1]. »

Les actes publics mentionnés dans cet arrêt ne nous sont pas tous parvenus ; nous avons toutefois ceux de Moissac et de Castel-Sarrasin, qui suffisent à rendre incontestable l'abandon par un certain nombre de communes de leurs principales libertés politiques.

Dans le Midi, la constitution consulaire paraît avoir été plus aristocratique que la constitution communale du Nord. Il était très-rare que les consuls ne fussent pas le produit d'une élection à deux degrés. Les citoyens désignaient les électeurs qui choisissaient les magistrats mu-

[1] Trésor des chartes, J. 1031, n° 11 : « De peticione consulum et communitatis ville de Marmanda, super eo quod, cum consules dicte ville singulis annis debeant, ut asserunt, per homines dicte ville renovari, usque ad tempus Johannis de Marsin, condam bajuli de Marmanda, qui primus elegit et constituit consules in villa antedicta ; et ex tunc alii bajuli, qui pro tempore fuerunt, similiter hoc fecerunt : quod petunt per d. comitem ad statum pristinum revocari.

» Reservetur d. comiti. Tamen dicatur, quod, de consilio bonorum, d. comes retinuit sibi potestatem consules eligendi. Et dicitur eciam universitates cujuslibet ville concessise d. comiti Raimundo potestatem consules eligendi. Et super hoc dicitur existere publica instrumenta. Et quia istud expedit paci et tranquillitati villarum, et justicia melius servatur quam si libera electio consulum universitatibus remaneret, non videtur super isto articulo peticio admittenda. »

nicipaux. C'était là ce qui se pratiquait à Toulouse. Alfonse fit tous ses efforts pour enlever aux citoyens l'élection de leurs magistrats et les réduire à présenter une liste de candidats.

Mais s'il était peu sympathique aux libertés communales, on doit reconnaître qu'il tint une conduite généreuse envers le tiers état. Le Languedoc lui doit la fondation d'un certain nombre de villages et de bourgs, dont les habitants furent dotés de privilèges réels. Je suis heureux de donner, d'après un document officiel inédit, la liste des villages qu'il fonda dans le Midi.

Diocèse de Toulouse : Villefranche, près Saint-Rome, Calmont, Salles, Fousseret, Saint-Sulpice, Gimont, Carbonne, Palaménit, Avellanet, Espert, Cordes, Nangerville, Lérac, Veyrac, Saint-Pierre.

Rouergue : Villefranche, Verfeil, Najac, Villeneuve, « aliam quamdam bastidam juxta Malam Villam. »

Quercy : Septfonts, Castel-Sagrat, Mirabel, Montjoie, Villefranche-de-Périgord, Montalsac.

Agenais : Sainte-Foi, Aymet, Castilhon, Villeneuve, Clermont, Castel-Seigneuret, une bastide entre la grange de Belle-Perche et Auvillars[1].

Un grand nombre de ces nouvelles bastides furent créées en commun par Alfonse et par des seigneurs au moyen de pariages. Ces seigneurs demandèrent au comte la permission de fonder des villages, et, pour obtenir plus facilement cette autorisation, concédèrent gratuitement le terrain et associèrent Alfonse à la moitié de la propriété et des revenus des nouvelles bastides : cela s'appelait un pariage. On trouve ce procédé en usage dans le Midi sous

---

[1] Arch. de Rodez. Bibl. imp., *mss. Doat.*, t LXXIV.

les Raymond. Le comte se réservait ordinairement le produit des hérésies [1].

Le Villeneuve du diocèse d'Agen est aujourd'hui Villeneuve-sur-Lot.

Dans les comptes d'Alfonse, cette ville est souvent appelée Villeneuve-de-Poujol. Ce dernier nom lui vient de l'emplacement sur lequel elle fut bâtie. Voici dans quelle curieuse circonstance eut lieu la fondation de cette ville : une lettre de Philippe de Ville-Favereuse, sénéchal d'Agenais au comte Alfonse, en date de juin 1267, nous fait connaître que l'abbé d'Eysses, accompagné de ses moines et d'une foule nombreuse, était venu le trouver et le prier de permettre de bâtir un village dans un lieu appelé l'Aubépin, sur les bords du Lot, non loin du château de Poujol, qui avait été détruit pendant la guerre des Albigeois. Les malheureux habitants erraient autour des ruines de leur ancien village, et ce serait pour eux le paradis si le comte les autorisait à s'établir en cet endroit. Ils offraient de lui abandonner la propriété de ce terrain qui leur appartenait, ainsi que les droits de justice, de péage, de boucherie et de four dans le nouveau village [2].

---

[1] 1226, 26 janvier, pariage pour la construction de la bastide Fousseret et de Senaret. J. 327. 2. J. 328. 8. Mai 1256. — Lettre d'Alfonse, datée de Vincennes, au sujet de la fondation d'une nouvelle bastide dans le territoire de la grange de Carbonne, appartenant à Bonnefont. Reg. C, fol. 4 r°. Août 1263. — Guillaume de Roche d'Agout associe Alfonse à une ville franche dans le lieu *de Chantal*. J. 192, n° 34.

[2] Trésor des chartes, J. 308, n° 73, orig. « Abbas Exiensis et conventus ejusdem loci, unanimes et concordes, cum pluribus aliis bonis viris, ad nos accesserunt dicentes et rogantes quod in quemdam locum vocatum a l'Albespi, in diocesi Agennensi, qui est juxta flumen Olti et prope Pojolium, in utilitatem vestram bastidam sive villam auctoritate vestra fieri mandaremus... Concedentes vobis in nova villa clamores, justicias, pedagia, leidas, macellum, furnos. » Le mardi après la Nativité de saint Jean-Baptiste 1263. Cette pièce montre combien est peu fondée l'opinion de ceux qui préten-

Alfonse s'empressa d'accorder ce qu'ils lui demandaient La nouvelle ville s'éleva comme par enchantement : les ruines du Poujol furent mises à contribution ; de tous côtés arrivèrent des habitants. On vit des familles quitter leur village et transporter sur des charrettes les matériaux de leurs maisons qu'elles avaient démolies, et s'établir à Villeneuve [1].

Telle est l'histoire d'une fondation de ville au treizième siècle ; le même tableau s'offre dans les autres bastides élevées sous le règne d'Alfonse, notamment à Villefranche en Rouergue. Les habitants des villages voisins désertèrent leurs localités pour s'établir dans la nouvelle bastide. L'évêque de Rodez excommunia ceux qui abandonnaient ses domaines [2].

Quelle était donc la cause de cet empressement ? La justice et le bon gouvernement du comte Alfonse. Ce fut ainsi qu'il répara en partie les maux causés par la guerre des Albigeois, qu'il releva les ruines des villes, rappela les habitants dispersés. Mais il ne se borna pas à fonder des villages, il les dota de bonnes institutions municipales. Il leur donna à toutes des coutumes rédigées sur un plan uniforme, imitant en cela la royauté, qui accordait à un certain nombre de villes ou de villages les coutumes accordées précédemment à une localité voisine, et dont l'excellence avait été démontrée par la pratique [3]. Les

dent que les moines d'Eysses s'opposèrent de toutes leurs forces à l'érection de la bastide de Villeneuve-sur-Lot.

[1] J. 1031, n° 11. Rouleau du parlement de 1270.

[2] De Gaujal, *Histoire de Rouergue*. Annales, année 1247. Voyez la plainte du sire de Séverac, plus haut, p. 474.

[3] Voyez plus haut, sur l'extension donnée aux coutumes de Lorris, la note 5 de la page 505. Cela était général dans toute la France. Par exemple, les coutumes de Montpellier étaient les mêmes que celles de Carcassonne, sauf quelques légères modifications. Voyez ces coutumes dans les Preuves du tome Ier de l'*Histoire du droit* de M. Giraud.

mêmes coutumes n'étaient pas indistinctement concédées à des communautés de différentes provinces, car, en les rédigeant, on avait moins en vue d'exercer le pouvoir législatif que de constater et de consacrer des usages anciens. Au moyen âge on avait avant tout le respect de ce qui existait; la coutume était la loi suprême devant laquelle tout devait céder. Il résultait de là que, lorsqu'on fondait un village ou un bourg, on lui donnait des priviléges conformes à ceux des localités voisines. Nous avons vu qu'Alfonse octroya aux différentes communautés d'Auvergne la coutume de Riom, laquelle coutume il avait lui-même fait rédiger conforme aux anciens usages du pays; il tint la même conduite pour le Midi; il fabriqua pour chaque province une charte de coutumes qu'il donnait aux bastides qu'il avait fondées [1].

On peut considérer comme un des types des priviléges concédés aux bastides languedociennes par Alfonse, la charte accordée au mois de mai 1270 à Castel-Sagrat.

L'ordre suivi dans ce document étant très-confus, je vais grouper les articles suivant leur nature.

Lorsque Alfonse fondait une bastide, il faisait des concessions de terrain aux nouveaux habitants, moyennant un cens annuel qui variait suivant les localités, mais qui

---

[1] Le registre C renferme les chartes de Najac, août 1255 (fol. 111 r°), et de Villefranche en Rouergue, mai 1256 (fol. 112 v°), qui sont de même teneur; — celles de Castel-Sagrat et d'Aymet, en 1270 (fol. 70 et 98), qui sont identiques; — celles de Monjoire, 1268 (fol. 91 v°), et de Sainte-Foi, 1256 (fol. 54 r°). On peut comparer les chartes de priviléges accordées par Alfonse avec celles que Raymond VII et d'autres seigneurs méridionaux accordèrent à leurs hommes; charte de priviléges octroyés en 1242 par Sicard d'Alaman. Trésor des chartes, J. 323, n° 31; Teulet, t. II, p. 461; — la charte de Montcuq, donnée en 1245 par Raymond VII. Trésor des chartes, JJ. XIX, n° 118; — la charte de Buzet par le même, en 1241. Trésor des chartes, J. 322, n° 62.

était ordinairement de 6 deniers par sesterée de terre, plus des droits de mutation.

Liberté civile.

Les habitants pourront marier leurs filles où et comme ils voudront, et faire entrer leurs fils dans les ordres religieux.

Les testaments rédigés dans les formes légales seront exécutés, sauf pour les clauses qui blesseraient les droits des enfants et du seigneur.

Si quelqu'un meurt intestat, ou sans avoir fait un testament valable, et qu'il soit sans enfants et sans héritiers apparents, le bayle et les consuls feront un inventaire des biens du défunt et les feront garder par des prud'hommes, etc. (Mêmes dispositions qu'à Riom.)

Permission d'aliéner les meubles et les immeubles : les clercs et les non nobles pourront être contraints à vider dans l'année leurs mains des biens et des fiefs nouvellement acquis par eux (amortissement).

Nul habitant ne sera emprisonné et ses biens ne seront pas saisis, pourvu qu'il donne caution suffisante d'ester en justice, à moins qu'il ne soit accusé d'un assassinat ou de tout autre crime entraînant, suivant la coutume du pays, perte de biens et d'avoir, ou bien d'un délit contre le comte, le sénéchal, le bayle ou les sergents du comte.

Liberté politique.

Chaque année, le jour de la Saint-Jacques, le bayle, après avoir consulté de bonnes personnes, choisira et instituera les consuls au nombre de huit : il les prendra parmi les bons catholiques qui lui paraîtront le plus propres à rendre des services au comte et à leurs concitoyens. Ils jureront en présence du bayle et du peuple de se conduire loyalement et fidèlement, de conserver les droits du comte et de bien gouverner la communauté. Les habitants leur prêteront serment de leur donner bon et fidèle conseil, quand ils en seront requis. Les attributions des consuls consistaient à veiller à l'entretien des rues et des voies publiques, des ponts et des fontaines. Ici nous trouvons inscrites et généralisées les dispositions d'une ordonnance de saint Louis de 1256, relative à la levée des impôts dans les villes de commune. Le Roi avait prescrit que les tailles seraient perçues par six ou douze prud'hommes élus par le peuple [1].

Les coutumes données par Alfonse ordonnent aux consuls de lever les impôts indispensables pour l'entretien de la ville au sou la livre, c'est-à-dire en raison de la fortune de chacun et avec l'assistance et le conseil de douze habitants choisis par le peuple. La répartition de l'impôt devait être faite par ces douze élus. Cette disposition, éminemment favorable à la bonne administration des finances, fut étendue par lui à un très-grand nombre d'anciennes communes qui étaient en proie aux plus grands désordres financiers.

Saint Louis avait, comme sanction de son ordonnance, enjoint aux magistrats municipaux de soumettre chaque année leur comptabilité à une section de son conseil. Cette mesure utile fut exécutée. On conserve encore au Trésor des chartes les comptes originaux de plusieurs communes pour l'année 1259 [2]. Les registres de la Chambre

---

[1] *Recueil des Ordonnances*, t. 1, p. 84.
[2] Les originaux de ces précieux documents pour le règne de saint Louis sont conservés aux Archives de l'Empire, J. 385 (Trésor des chartes, Dettes des villes). Plusieurs de ces comptes, concernant les villes de Picardie, ont été publiés par M. Dufour : « Finances des villes de Picardie au treizième siècle. » Amiens, 1859.

des comptes reproduisent en les abrégeant ces pièces de l'ancienne comptabilité communale¹, qui font voir combien était opportune l'ordonnance de saint Louis, car les finances des villes dont les comptes nous ont été conservés étaient dans un déplorable état. Elles étaient accablées de dettes contractées imprudemment. Ces comptes forment les pièces justificatives d'un curieux chapitre où le jurisconsulte Beaumanoir trace le tableau le plus énergique de la mauvaise administration des communs, livrée à quelques familles formant une sorte d'aristocratie bourgeoise qui se partageaient les magistratures et les exerçaient à l'abri de tout contrôle, en ne consultant que leur intérêt personnel². Mais la mesure de saint Louis était peut-être marquée au coin d'une centralisation trop forte, eu égard au temps, pour pouvoir être longtemps observée. Toutefois l'idée d'assurer la bonne gestion des deniers des communes, qui avait dicté l'ordonnance royale, fut recueillie par Alfonse, qui prescrivit que les impôts municipaux ne pourraient être établis qu'avec l'autorisation du sénéchal, et que les comptes lui en seraient rendus.

Aux tailles levées pour subvenir aux besoins des communes, devaient contribuer tous ceux qui possédaient des immeubles dans les limites du territoire. Le comte s'engageait à ne pas lever de quête et à n'exiger aucun prêt.

Police et administration.

Les denrées destinées à la consommation ne pourront être vendues qu'après avoir été portées au marché.

Le marché se tiendra le mercredi. Les vendeurs étran-

---

1 Entre autres dans le registre : « Qui es in cœlis », dont l'original a échappé à l'incendie de 1737. Bibl. imp. Ancien fonds de Saint-Germain des Prés. Manuscrits latins, n° 842, fol. 42 v° et suiv.

2 Édition de M. le comte Beugnot, t. II, p. 264 et suiv.

gers payeront pour chaque âne, jument, cheval ou mulet, deux deniers de leude ou octroi; un denier pour chaque vache, bœuf ou porc; une obole pour chaque mouton, bélier, brebis ou chèvre; un denier par somme ou charge de blé. Une charge d'homme de verreries payera un denier, ou l'on donnera un verre de cette valeur; deux deniers par charge d'instruments aratoires, d'épices, de poissons ou d'autres denrées; deux deniers par charge d'aunes ou de cannes (roseaux).

Il y aura une foire de quatre jours chaque année avant la fête de sainte Cécile et quatre jours après. Cette foire était presque franche, car les étrangers ne payaient pour droit d'entrée, de sortie, d'étalage et de leude, que quatre deniers, quel que fût le nombre de leurs colis; tout homme portant lui-même ses marchandises dans une balle était quitte pour un denier.

Les revenus de la boucherie appartiennent au comte; chaque boucher payera deux deniers par bœuf ou vache, un denier par porc, une obole par mouton.

De même pour les fours. Le comte aura un pain sur vingt. Tous les habitants sont tenus de cuire au four seigneurial. Ils pourront faire dans leur propre four le pain nécessaire à leur consommation.

Punition des délits et amendes.

Les coutumes méridionales offrent sur ce sujet de grands points de ressemblance avec l'Alfonsine de Riom.

Les coups et blessures sans effusion de sang seront punis de cinq sous d'amende, pourvu que la partie lésée porte plainte.

Si le sang coule, l'amende sera de soixante sous. S'il y a mutilation, l'amende sera plus forte. Elle sera prononcée par le sénéchal, mais en aucun cas elle ne dépassera vingt livres.

Les coups et blessures portés en présence du sénéchal seront plus fortement punis, en réparation de l'outrage fait à la justice :

Les simples coups étaient passibles d'une amende de vingt livres; les blessures avec effusion de sang, d'une amende de trente livres.

La condamnation pour assassinat entraînait la perte de la vie et des biens.

Les injures étaient punies d'une amende de deux sous et demi, et le plaignant avait en outre droit à des dommages et intérêts.

Qui rompra le ban du comte mis sur ses biens ou sur ceux d'autrui payera cinq sous. Celui qui enlèvera un gage pris par le bayle ou son sergent sera passible d'une amende qui variera suivant l'importance du délit.

Les adultères surpris sur le fait ou convaincus par le témoignage de personnes dignes de foi, à la suite de poursuites exercées par particulier, courront nus par la ville ou payeront chacun cent sous.

Défense d'entrer dans les jardins, vignes ou prés d'autrui, et d'y rien prendre sans la permission du propriétaire, sous peine de deux sous et demi d'amende. Les deux tiers des amendes pour infraction à cette dernière prohibition seront remis aux consuls, qui emploieront les sommes ayant cette origine pour le profit de la ville, notamment pour la réparation des routes, des ponts et des fontaines. Ils auront aussi le tiers des amendes imposées aux propriétaires des troupeaux qui seront surpris paissant dans le champ d'autrui.

Chaque année le bayle et les consuls éliront un habitant de la ville pour percevoir ces amendes.

Les poids et mesures sont délivrés par le sénéchal et les consuls. Soixante sous d'amende contre qui se servira de faux poids, de mauvaises mesures ou d'une aune trop courte. En cas de récidive, l'exercice du même commerce pourra être interdit au délinquant.

On pouvait refuser le combat judiciaire.

Il ne faut pas perdre de vue que la rédaction des coutumes ne faisait que constater un état de choses plus ou moins ancien. C'est ainsi que la charte de Castel-Sagrat est de 1270, et elle fut accordée à la requête des consuls et de la communauté.

En fondant une bastide, Alfonse accordait aux habitants l'honneur ou détroit, c'est-à-dire la propriété d'une certaine étendue de sol, fait important au point de vue de la propriété communale [1]. Il leur concédait aussi des droits d'usages dans ses forêts et dans ses carrières.

En somme, dans les chartes octroyées par Alfonse, les priviléges politiques sont très-restreints. Les consuls ne sont pas le produit de l'élection populaire; ils sont choisis par le bayle, qui consulte les notables; mais tout ce qui touche à la liberté civile est clair, précis et satisfaisant.

Un très-grand nombre de localités demandèrent qu'on leur octroyât des coutumes ou qu'on rédigeât celles dont elles usaient depuis longtemps [2]. Le rôle du parlement de

---

[1] « Habitantibus in bastida nostra Montis Clari, Agenensis diocesis, et habitaturis in posterum honorem seu districtum eisdem concessum et etiam assignatum per G. de Balneolis, militem, senescallum Agennensem, sicut actenus tenuerunt et adhuc obtinent... concedimus. 1270. Collection Doat, t. LXXIV, p. 297. — Même charte en faveur de Montflanquin. *Ibid.*, p. 215.

[2] Les coutumes non rédigées donnaient naissance à bien des contestations; en voici un exemple dans la lettre suivante :

« Illustrissimo viro et nobili domino suo karissimo, Alfunso... Henricus de Poncellis, ballivus Arvernie, salutem et paratam ad ejus obsequia voluptatem. Cum vos mihi per vestras litteras mandaveritis quod ego burgenses de

1270 est rempli de demandes de ce genre, auxquelles Alfonse s'empressa de faire droit, d'autant plus qu'une semblable concession ne se faisait jamais sans finance de la part des impétrants [1]. Le même rôle fournit de précieux détails sur l'administration communale et sur la part excessive que les officiers du comte s'y attribuaient. Alors la tutelle administrative s'exerçait avec rigueur, et il fallait un acte de l'autorité supérieure pour établir une foire ou un marché. Il est vrai que ces actes étaient précédés d'une enquête *de commodo et incommodo*, et qu'on n'accordait l'établissement d'une nouvelle foire qu'après qu'il avait été bien constaté que cet établissement ne pourrait porter préjudice à des droits acquis [2]. Le changement de jour dans la tenue d'un marché ne pouvait non plus s'opérer sans les formalités que je viens d'indiquer et sans un arrêt du conseil [3].

Termes ad usus et consuetudines retroactas custodirem et tenerem, vel vobis intimarem racionem quare facere non debeam, excellencie vestre innotescat quod ego accesi ad villam predictam de Termes et mecum duxi Guillelmum de Rupe Dagulphi, Guillelmum de Roise... et coram ipsis feci dictos burgenses de Termes venire et comparere, dicens eis quod ego paratus eram tenere eos ad usus et consuetudines quibus alii conestabuli Arvernie, tempore preterito, tenere consueverunt, requirens a dictis burgensibus quod mihi usus et consuetudines dicte ville de Termes scire facerent : quod facere noluerunt, dicentes usus et consuetudines se nescire. Ego eciam dictis burgensibus amplius presentavi quod si ego vel aliquis meorum in usagiis vel consuetudinibus aliquid fregerit, paratus eram coram dictis militibus et aliis presentibus in continenti emendare. » — Orig., Trésor des chartes, J. 192, n° 14. Vers 1247.

[1] Arch. de l'Emp., J. 1031. « Memoria quod de petitione hominum de Moissiaco super eo quod petunt quod d. comes velit concedere eisdem consuetudines sigillatas sibi dari. — Potest respondi sicut alias qui petunt confirmari. »

[2] Institution d'un marché le samedi de chaque semaine à Avignonnet, diocèse de Toulouse. Décembre 1268, reg. C, fol. 10 r°.

[3] « Universis presentes litteras inspecturis. Quia per varietatem temporum statuta nonnunquam variantur humana, eapropter notum facimus quod nos,

Plusieurs villes demandèrent qu'on réformât leurs coutumes. Ceci demande explication. Le droit romain était la loi dans le midi de la France ; mais au moyen âge l'empire du fait accompli était souverain. Un fait qui se reproduisait plusieurs fois devenait loi par prescription. Beaucoup d'abus s'établirent de cette sorte et devinrent légaux. Dans le Nord ces abus étaient difficiles à déraciner ; il n'en était pas de même dans le Midi, où le droit romain existait à titre de loi et auquel on pouvait revenir comme à la règle. Alfonse s'en servit pour combattre les mauvaises coutumes qu'il trouva établies. Le parlement de 1270 prit à cet égard une décision importante pour l'histoire du droit. Les barons d'Agenais demandèrent à être jugés à l'avenir d'après les coutumes du pays, et non suivant le droit romain et canonique. Voici quelle fut la réponse des parlements :

« Il semble au conseil du seigneur comte que l'observation du droit écrit est d'utilité publique, attendu que ce droit est certain, défini, tandis que les coutumes sont douteuses et incertaines. Déjà depuis longtemps l'usage est dans le comté de Toulouse de connaître et de décider les causes en suivant le droit écrit. Le droit écrit a été observé, et il n'y a pas lieu de cesser à le suivre. Toutefois, on respectera les coutumes du pays justes et notoires, et dont l'existence aura été constatée par des enquêtes, d'après le témoignage d'hommes honorables et suffisants [1].

pensata utilitate tam nostra quam nostrorum Castri Novi de Arrio, Tholosane dyocesis, virorum prudencium et jurisperitorum freti consilio, pro nobis et nostris successoribus, concessimus hominibus supradictis in dicto castro habitantibus, et in posterum habitatoris, ut mercatum quod qualibet hebdomada in die jovis ibidem consueverat exerceri, ad diem lune transferatur et exerceatur ipsa die in dicto castro. Datum apud Longum Pontem, anno Domini M.CC.LXVIII mense junii. — Reg. C, fol. 8 v°.

[1] « Videtur consilio d. comitis quod cum publice utilitatis intersit jura ser-

Quand il s'agissait de réformer des coutumes, on procédait par voie d'enquête, et celles qui paraissaient onéreuses et abusives étaient supprimées[1].

Alfonse ne se contenta pas de fonder des bastides et de leur donner des priviléges, il étendit ses bienfaits sur les individus, il fit un grand nombre d'affranchissements, suivant en cela l'exemple de saint Louis. Dans le Midi un homme libre pouvait aliéner sa liberté et se vendre, et se mettre avec ses biens au pouvoir d'un maître. Nous possédons plusieurs documents qui nous ont transmis le souvenir de ces contrats qui avaient pour mobile le besoin de trouver un protecteur[2]. Ce droit se trouve inscrit dans l'ancienne coutume de Toulouse, mais il en fut retranché en 1283 par Philippe le Hardi[3].

Les préambules des actes de manumission émanés de ce prince sont dignes d'attention. Ils expriment la même idée que la fameuse ordonnance de Louis X, relative à l'affranchissement des serfs du domaine royal[4].

« Dans la nature, tous les hommes sont libres ; mais le

vari, ac presertim cum jus scriptum sit finitum ac certum, et consuetudines dubie et incerte; et jam per multa tempora in comitatu Tholosano secundum jus scriptum in causarum cognicionibus, examinacionibus et decisionibus processum fuerit et jus scriptum observatum, quod non sit ab ista observatione recedendum. »

[1] Décision du parlement sur la demande en réformation de coutume des habitants de Penne d'Agen. « Si que sint honerose consuetudines vel statuta indebita, seu aliqua gravamina, exprimentur in scriptis et d. comes remedium adhibebit cum fuerit oportunum.

[2] 1224. Durand se donne lui et sa postérité à un seigneur et promet de le servir à son bon plaisir et à sa volonté. J. 323, n° 64. Autre en 1224. J. 323, n° 69. Autre en 1204. J. 322, n° 95. En 1186. J. 326, n° 17. 1240, 10 décembre. J. 314, n° 77. En janvier 1225, J. 323, n° 67. Bernard Belise met soi et ses biens sous la puissance de R. de Dornha.

[3] *Mémoires de l'Académie de législation*, t. VI, p. 168.

[4] Voyez de nombreux affranchissements faits en 1265 par saint Louis. Reg. XXX du Trésor des chartes, fol. 165.

droit des gens en a réduit plusieurs en servitude. Attendu que toute chose tend à reprendre sa nature, nous affranchissons N..., notre homme de corps et de caselage, de tout joug de servitude, etc. »[1].

Il y avait en Languedoc deux sortes de servitudes : la servitude corporelle et la servitude de caselage, servitude qui attachait l'homme au sol ou plutôt à la maison qu'il habitait. Ces deux genres de servitude étaient souvent réunis. L'acte d'affranchissement avait pour effet immédiat de rendre le serf de caselage propriétaire des terres qu'il cultivait. Les chartes sont explicites à ce sujet.

« Nous affranchissons, délions et quittons de tout joug de servitude, eux et leurs héritiers nés et à naître en légitime mariage, les décorons du présent d'une liberté perpétuelle. Quant à leurs biens meubles et immeubles provenant de caselage ou d'autre source, présents et à venir, nous les leur laissons, à eux et à leurs héritiers légitimes, pour les posséder paisiblement à perpétuité, voulant qu'ils en fassent à l'avenir leur entière volonté, à charge de cinq sous tournois à raison de leur caselage que nous leur concé-

---

[1] « Natura omnes homines sunt liberi; sed jus gentium aliquos servos fecit. Et quia de facili res ad suam naturam revertitur homines, nostros de corpore et caselagio manumittimus, et ab omni jugo servitutis absolvimus et quitamus, ipsos et heredes eorum perpetue libertatis munere decorantes, etc. »

Mars 1258. Manumission d'Étienne et Roger de Valeda frères et de P. de Valeda leur neveu. Reg. C, fol. 4 r°.

Manumission de Guicharde, fille de Guillaume de Castel-Sarrasin. 7 septembre 1255. Alfonse et Jeanne, man. de P. de Lomberetes et des siens, ab omni servitute corporis, fol. 4 v°.

1267. Lundi après l'Annonciation de la Vierge. Affranchissement de Richarde, fille de feu Sicard Viguier, femme de Robert de la Forêt. *Ibid.*, fol. 8 v°.

Mars 1269-1270. — Affranchissement de Raymond Issarin, notaire de Laurac, « hominem de corpore et casclagio ». *Ibid.*, 21 r°.

dons à titre de fief censuel (censive), lesquels cinq sous eux et leurs héritiers payeront, à nous et à nos héritiers, chaque année ; nous réservant tous les droits et redevances que nous avons sur nos autres hommes libres[1]. » Par son testament, Alfonse affranchit tous ses serfs et leurs enfants[2].

Le tiers état croissait de jour en jour en richesses et en importance. Il jouissait dans le Midi de plus de considération que dans le Nord. Dès le commencement du treizième siècle, il y possédait des fiefs nobles. Cependant Alfonse fit saisir et mettre sous sa main, à plusieurs reprises, les biens nobles achetés par des roturiers[3], et ne les leur rendit qu'après avoir reçu de chacun une indemnité. Plusieurs actes de confirmation de francs-fiefs nous sont parvenus[4]. En 1269, les habitants de Toulouse envoyèrent des députés au parlement d'Alfonse, pour se plaindre de ce que le sénéchal avait saisi les nouveaux acquêts, et demander la permission de constituer des personnes en état de desservir les fiefs qui étaient entre les mains des non-nobles[5].

---

[1] Affranchissement de Guillaume Benoît et Guillaume Raimond de Villemur. *Ibid.*, p. 225. — Autre, p. 205 ; — autre, p. 201.

[2] Vaissete, t. III, 518.

[3] Ordre au sénéchal de Rouergue. Reg. B, fol. 147 (an 1270).

[4] « Nos Bertrando Pictavini et Raimondo Pictavini, de Avinioneto, fratribus, ea que in feodis et retrofeodis nostris usque ad tempus presentis concessionis ab eisdem sunt licite acquisita, quantum ad nos pertinet, liberaliter confirmamus. » Décembre 1268. Reg. C, fol. 10 v°. Il y a dans le registre C un très-grand nombre de confirmations d'acquêts de francs-fiefs. *Ibidem*, fol. 21 v°, 29 v°, 31 v°. Les comptes seuls nous font connaître les finances payées par les acquéreurs ou les détenteurs de francs-fiefs. Voyez Bibl. imp., n° 9019, fol. 33. Je trouve un droit de 13 livres pour un acquêt de 50 livres, de 9 livres pour un acquêt de 20 livres.

[5] Reg. B, fol. 75 v°. Mardi après la Saint-Pierre 1269. Mandement au sénéchal de Toulouse.

Les Toulousains se sentaient soutenus par les nobles de la province, qui se plaignirent, de leur côté, de ce que les agents du comte avaient saisi les acquisitions faites par les églises et les roturiers dans les fiefs qui étaient immédiatement dans leur mouvance. Alfonse défendit à ses officiers de saisir les arrière-fiefs, mais il leur ordonna d'inviter les feudataires à saisir eux-mêmes les acquêts faits sans autorisation par des non-nobles dans leurs fiefs, faute de quoi le comte exercerait ses droits [1].

La situation du tiers état dans le Midi reçut donc sous Alfonse des atteintes assez graves, par suite de l'interdiction d'acquérir des fiefs sans payer finance. Alfonse accorda aussi aux bourgeois de ses domaines de l'Ouest l'autorisation d'acquérir des biens nobles, à condition de payer des droits de francs-fiefs [2].

Il ne faut pas se faire illusion; en empêchant les bourgeois de posséder des fiefs, Alfonse n'avait pas l'intention de maintenir intacts les principes de la féodalité, ni de sauvegarder les intérêts de la noblesse; il voulait tout simplement accroître ses revenus, en vendant les confirma-

[1] Lettre d'Alfonse à Gille Camelin. Reg. B, fol. 84 r°. « Egidio Camelini. Ad aures nostras prolatum est quod nonnulli barones et milites comitatus nostri Tholose offensos se reputant et gravatos super eo quod passim et indifferenter in manu nostra capi facitis acquisitiones factas ab ecclesiis seu personis innobilibus in feudis que immediate ab eis movere dignoscuntur; quibus acquisicionibus ipsi vel predecessores sui assensum suum minime prebuerunt. Quare vobis mandamus quatinus acquisiciones hujusmodi que im[m]ediate de suis movent feudis, de quibus constare poterit quod suus vel predecessorum suorum assensus minime intervenerit, in manu nostra nullatenus capiatis, precipientes tamen eisdem baronibus et militibus ut feuda preter assensum suum et predecessorum suorum a personis ecclesiasticis seu personis innobilibus taliter acquisita, infra tempus legitimum ad manum suam revocent, sicut decet, alioquin nos acquisitiones hujusmodi ex tunc saisiri nostro nomine faceremus ». Dimanche avant l'Assomption 1269.

[2] Compte de 1269 de la sénéchaussée de Saintonge. Bibl. imp., n° 9019, fol. 33.

tions d'acquisitions de cette nature. Car il était encore mieux disposé pour le tiers état que pour la noblesse.

On vit même des faits bizarres se produire, qui montrent les rapides progrès accomplis par les classes inférieures, et font voir qu'avec de l'argent on arrivait à tout. Au mois de septembre 1255, Alfonse affranchit toute une famille : Pierre, Guillaume, Pons et Bernard de Lauberete, frères, Valence et Géraude, leurs sœurs[1] ; en même temps il reçut l'hommage de l'aîné, Pierre, comme franc homme et bourgeois, pour un village que ce dernier possédait[2], et dont les habitants promirent de payer chaque année au comte 24 livres tournois.

En Languedoc, chaque ville avait ses libertés, mais il y avait en outre dans cette province, dès le treizième siècle, une sorte de système représentatif : je veux parler des états provinciaux. Les comtes de Toulouse et leurs grands vassaux étaient dans l'usage de réunir les nobles, les ecclésiastiques et les principaux bourgeois de leurs domaines pour leur demander conseil dans des affaires importantes, ou en obtenir des subsides. Cet usage était tellement enraciné dans le pays que les Français n'osèrent s'en départir. En 1212, Simon de Montfort convoqua dans la ville de Pamiers un grand parlement, où il appela les évêques, les nobles et les bourgeois notables. Ce fut dans cette assemblée que furent dressés les fameux statuts destinés à régir le pays. La convocation de cette assemblée ne fut pas une vaine formalité, car les statuts furent préparés et rédigés par une commission composée de quatre

---

[1] Reg. C, fol. 4 v°. L'acte de manumission n'indique pas la somme qui fut payée pour ces affranchissements ; un compte nous apprend qu'elle s'éleva à 250 livres tournois. Trésor des chartes, J. 317, n° 64, fol. 11 r°.

[2] *Ibid.* « De qua quidem [de villa Hermier] ipsum Petrum in francum hominem et burgensem nostrum recepimus. »

prélats, de quatre nobles et de quatre membres du tiers état. Une ordonnance de Philippe de Valois, que n'a pas connue dom Vaissete, nous apprend qu'après la cession du Languedoc à Louis VIII par Amaury de Monfort, on réunit à Béziers une assemblée des trois ordres pour aviser à l'organisation administrative du pays[1].

Nous avons vu qu'en 1254, saint Louis, au retour de la croisade, et voulant donner satisfaction aux plaintes que lui adressèrent les populations du Midi, promulgua un statut où, conformément à l'usage établi dans le pays depuis les temps les plus reculés, il permit la libre exportation des denrées, avec cette seule restriction, qu'en cas de disette, le sénéchal pourrait défendre la sortie des grains, mais seulement après avoir assemblé un conseil non suspect, où devaient se trouver des prélats, des barons, des chevaliers et des habitants des bonnes villes dont le consentement serait nécessaire pour porter et révoquer les défenses de ce genre[2]. Cette mesure fut même étendue à tout le royaume.

Dom Vaissete a publié plusieurs procès-verbaux d'assemblée des trois états de la sénéchaussée de Carcassonne (année 1269)[3]. L'assemblée était convoquée à la requête de prélats, barons et magistrats municipaux, par le sénéchal, au moyen d'une circulaire envoyée à ceux qui étaient appelés par leur position à figurer dans ces assemblées : c'étaient les évêques, les abbés, les commandeurs du Temple et de Saint-Jean de Jérusalem, les vassaux immé-

---

[1] « Cum temporibus retroactis quibus villa et vicecomitatus Biterris et Carcassone ad nos... pervenerunt... communi consilio et assensu prelatorum, baronum, militum et aliorum subjectorum, ordinatum fuerit quod in dicta villa esset unus vicarius. » *Recueil des Ordonnances*, t. III, p. 268.

[2] *Idem*, t. I, p. 74, art. 27.

[3] *Histoire de Languedoc*, t. III. Preuves, col. 586, 587.

diats et les consuls des bonnes villes ; ces derniers représentaient de droit leurs concitoyens.

Saint Louis peut être considéré, sinon comme l'inventeur, du moins comme le régulateur des assemblées d'états particuliers en France. Toutefois dom Vaissete prétend que ces états votèrent des subsides au Roi ; il n'en est rien, car saint Louis, ainsi que nous l'avons montré plus haut, s'adressa séparément aux habitants des villes et villages de ses domaines pour leur demander des subsides.

Je n'ai trouvé, pendant le règne d'Alfonse, aucune trace de tenue d'états dans le Toulousain : ce qui ne veut pas dire qu'il n'y en ait pas eu. En Agenais, les institutions représentatives étaient en honneur. En 1263, l'évêque d'Agen, Guillaume, prétendit avoir le droit de changer les monnaies en signe de joyeux avénement ; il exposa ses droits devant une assemblée composée des nobles et des magistrats municipaux des villes du diocèse[1].

En résumé, on peut affirmer qu'avant 1271 les états provinciaux ne furent pas réunis dans les États d'Alfonse pour voter les impôts extraordinaires ; mais le tiers état n'en fut pas moins consulté, et appelé à se prononcer sur les demandes de subsides qui étaient faites à chaque communauté d'habitants en particulier. Toutefois, on doit reconnaître que c'est dans le Midi que des assemblées composées de membres des trois ordres paraissent pour la première fois ; la réunion du Languedoc à la couronne inspira l'idée de généraliser ces assemblées, et donna certainement naissance aux états généraux.

---

[1] Samedi avant la Sainte-Catherine 1263. Lettre de l'évêque d'Agen à Alfonse. Orig., Arch. de l'Emp., J. 320, n° 64.

CONCLUSION.

Dans l'introduction placée en tête de cet ouvrage, nous avons dû, avant d'engager le lecteur dans un pays entièrement inconnu, lui indiquer quel était l'objet de nos recherches et quel en avait été le résultat. Nous nous proposions de montrer par quels moyens Alfonse de Poitiers avait puissamment contribué à l'établissement de notre unité nationale en rendant françaises des provinces qui jusqu'alors avaient été hostiles à la royauté capétienne. Il eut la gloire de guérir par son bon gouvernement les blessures que la guerre des Albigeois avait faites au Languedoc, et de réconcilier ce grand pays avec la France du Nord. Il conquit aussi l'affection des provinces de l'Ouest qui avaient appartenu aux Anglais et avaient conservé pour eux de la sympathie. Il atteignit ce double but grâce à une centralisation administrative intelligente et énergique, attestée par des milliers de documents authentiques. Alfonse fut le trait d'union entre le gouvernement féodal et le gouvernement royal.

Ce grand résultat, l'histoire nous permet de l'apercevoir, à nous que les événements accomplis instruisent en nous faisant voir les conséquences de faits dont nul au treizième siècle ne pouvait mesurer la portée véritable. Il est incontestable qu'Alfonse ne poursuivit pas sciemment le but qu'il lui était donné d'atteindre, et qu'il était dans l'impossibilité d'entrevoir. Il n'eut d'autre intention que de bien administrer ses États, et il ne crut pouvoir mieux faire que d'imiter la savante hiérarchie en usage dans les domaines royaux et les sages lois de saint Louis, qu'il prit pour modèle.

On ne peut donc étudier les institutions d'Alfonse sans apprendre à mieux connaître celles de son frère; elles s'éclairent mutuellement, et l'on peut dire avec le poëte romain :

.... Mutato nomine de te
Fabula narratur.

Telle était l'épigraphe de notre travail quand nous le présentâmes au suffrage de l'Académie des inscriptions : ce sera aussi notre conclusion.

NOTE

SUR

LES SOURCES MANUSCRITES DE L'HISTOIRE ADMINISTRATIVE D'ALFONSE.

Outre les pièces originales, au nombre de plus de trois cents, conservées aux Archives de l'Empire, dans le *Trésor des Chartes* et dans le *Supplément* du même fonds, il convient d'indiquer plusieurs registres, rouleaux ou recueils factices, qui éclairent d'une façon particulière les institutions administratives en vigueur sous Alfonse, comte de Poitiers et de Toulouse.

Registre A, coté JJ. 24^c et jadis J. 319, n° 4, registre en parchemin de 156 fol., reliure moderne en maroquin rouge; écriture fine, cursive à longues lignes, renfermant la transcription des mandements adressés par Alfonse à ses sénéchaux et autres agents, de 1267 à 1269. Les lettres sont transcrites par sénéchaussées.

Registre B, coté JJ. 24^d et jadis J. 319, n° 5, registre en parchemin de 184 fol., suite du registre A, de 1269 à 1270.

Registre C, coté JJ. 24^b, registre en parchemin, mutilé, de 118 fol., écriture du Midi, encre pâle; renfermant la transcription des chartes émanées de la chancellerie d'Alfonse et des actes concernant ce prince dans les provinces du Midi, de 1249 à 1270, plus la copie de quelques actes antérieurs. Les Chartes et les actes sont classés par sénéchaussées. Les dix premiers feuillets ont été arrachés, il en manque aussi à la fin. Ce registre précieux, que Catel a cité dans ses *Comtes de Tolose* comme étant à Millau, dont Vaissete a fait un grand usage sous le nom de Cartulaire d'Alfonse, conservé au collège des Jésuites de Toulouse, et dont un certain nombre d'actes ont été transcrits dans le tome LXXIV de la collection Doat à la Bibliothèque impériale, avait disparu à la suite de la suppression de l'ordre des Jésuites et de la dispersion de leurs bibliothèques. On le regardait même comme perdu, quand, grâce aux indications de MM. Baudouin et Chaverondier, archivistes de la Haute-Garonne et de la Loire, j'en ai retrouvé la trace; je l'ai acquis en 1866 d'un manufacturier de Saint-Étienne et cédé aux Archives de l'Empire.

On trouve divers fragments d'un ancien registre d'Alfonse pour les années 1262-1266, conservé encore au quinzième siècle au Trésor des Chartes, dans un cahier de 14 fol., coté J. 317 n° 55, et dans plusieurs feuillets conservés au cabinet des manuscrits de la Bibliothèque impériale, où ils ont d'abord figuré au cabinet des titres dans les boîtes Courtenay. Ils ont été reliés par les soins de M. L. Delisle sous le n° 210 de la collection des Cartulaires; ils portent actuellement le n° 10,918 du fonds latin. Ces fragments, outre la copie des lettres d'Alfonse, offrent la transcription de lettres de différents personnages, notamment de saint Louis, de la reine Marguerite, de la reine d'Angleterre, etc.; on y lit aussi les procédures des enquêteurs en Poitou et en Saintonge de 1259 à 1263.

Registre J. 190, n° 61. Registre des enquêteurs et décisions du parlement d'Alfonse de 1259 à 1266. Fragments en parchemin formant 72 folios.

J. 1031, n° 11. Immense rouleau en parchemin renfermant l'indication sommaire des décisions du parlement de Toulouse en 1270.

KK. 316, petit registre en papier coton de 159 folios, reliure du temps en basane gaufrée, ornée de clous d'étain. Comptes de 1243 à 1248.

J. 317, n° 61. Comptes de recettes et de dépenses de 1249 à 1259; cahier de parchemin de 74 folios.

J. 192, n° 19. Rouleau renfermant les comptes abrégés de 1263 à 1268.

Bibliothèque impériale, n° 9019, registre renfermant un recueil de comptes originaux de dépenses et de recettes, soit des sénéchaussées, soit de l'hôtel, de 1255 à 1270.

JJ. XI. Registre en parchemin de 40 folios, reliure moderne en maroquin rouge, renfermant l'état des fiefs et des revenus d'Alfonse en Poitou, Auvergne, Albigeois, Agenais, Quercy, Rouergue et Venaissin. Voyez, pour plus de détails, plus haut, p. 229 et suivantes.

TABLE ALPHABÉTIQUE

DES

NOMS DE PERSONNES ET DE LIEUX.

AARON, juif, 261.
ACHÈRES (Notre-Dame d'), 462.
AGEN, bourgeois, 73; — consuls, 74; — couvents et hôpitaux, 465; — don gratuit, 303, 309; — évêque, 73, 212, 214; — monnaie, 214.
AGENAIS, baylies, 175, 256; — barons, 523; — don gratuit, 303; — états, 212, 530; — fouage, 280, 296 et suivantes; — priviléges, 414; — province, 65, 73, 90, 93, 94; — revenus, 243, — sénéchaux, 167.
AIGUES-MORTES, 118, 119, 348.
ALAMAN (Sicard d'), 71, 81, 117, 125, 169, 214, 248, 380, 389, 413, 502.
ALBANO (évêque d'), légat du Saint-Siége, 74, 78, 316, 430, 433.
ALBI, don gratuit, 307; — évêque, 214, 215, 385, 478; — Mineurs, 467; — monnaie, 214, 215.
ALBIGEOIS (province), 65, 141, 142, — baylies, 179; — fouage, 280, 308; — revenus, 280 et suivantes; — sénéchaux, 168, 169.
ALBIGEOIS (hérétiques), 441 et suivantes; — croisade, 13 et suivantes.
ALÈGRE (Hugue d'), damoiseau, 41.
ALFONSE, doit épouser Isabelle de la Marche, 42; — armé chevalier à Saumur, 43 et suivantes; — va à la croisade, 61; — fait prisonnier en Egypte, 78; — infirme, 87; — régent du royaume, 88; — sa correspondance avec la reine Marguerite, 98; — son testament, 119; — sa mort, 120; — affilié à des ordres religieux, 458 et suivantes.
ALLIER, rivière, 411.
AMIEL (Jean), monnoyer, 207.
AMIENS, Mineurs et Prêcheurs, 462.
ANDUSE (Béraud d'), 480.
ANGERVILLERS (Jean d'), sénéchal d'Agenais, 153, 167.
ANGLAIS (barons), 104 et suivantes.
ANGLETERRE (Henri III, roi d'), 79, 89 et suivantes, 99 et suivantes; — archidiacre, 482.
ANGOULÊME (comté d'), 55.
ANIORTO (Othon, Bernard et Gérard de), 449.
ANJOU (Charles d'), 79, 87, 112, à 114, 297.
APT, atelier monétaire, 199.
ARAGON (infants d'), 113.
ARAGON (roi d'), 18, 52, 59, 89, 312.
ARCHEVÊQUE (l'). Voyez Parthenay.
ARMAGNAC (Géraud d'), 500.
ARNAUDINS, monnaie, 214.
ARPAJON (Bernard d'), 473.
ARSIS (Jean d'), sénéchal de Rouer-

gue et de Venaissin, 167, 168, 170, 454, 455.
ARSIS (Hugues d'), sénéchal de Toulouse, 169.
ARTOIS, comtes, 43.
ARVEM (Pierre), damoiseau, 418.
ASTOAUD (Pons d'), 80, 81, 125, 126, 389, 390.
ATZON (Jean), archidiacre d'Issoudun, 328.
AUBERT (Jean), monnoyer, 190, 204.
AUBETERRE, seigneurie, 55.
AUBROC (Colle), parricide, 260.
AUBUSSON, revenus, 239.
AUDEBAUT (Durand), marchand, 384.
AUNIS, 49, 56; — grand fief, 54, 172.
AURIOL (Jean), 80, 81.
AUZON (Bompar d'), 411.
AUZON, prévôté, 173.
AUTRICHE (hôtel d') à Paris, 96.
AUVERGNE, 56, 138; — baylies, 173; — connétables, 154; 166, 167; — enquêteurs, 405 et suivantes; — montagnes, 139; — revenus, 239 et suivantes; — subsides, 308.
AUXERRE, Mineurs et Prêcheurs, 462.
AVELLANET, bastide, 512.
AVIGNON, 38, 74, 79, 180, 206, 250, 251, 468.
AVIGNONNET, baylie, 178; — hôpitaux, 466.
AYMARGUES, 119.
AYMET, bastide, 512.

BAGNAUX (Étienne de), 453.
BAGNAUX (Guillaume de), sénéchal d'Agenais, 167.
BALAGUIER (Bertrand de), 300.
BARDIN (Guillaume), auteur d'une chronique du parlement de Toulouse, 375.
BARRASSAT, honneur, 57.
BARROT, seigneurie, 57.
BAUTERS, justice, 384.
BAYNAC, château, 68.
BAYONNE, 52, 91, 110.
BAZADAIS, 263.

BÉARN (Gaston de), 100, 101, 102, 103.
BEAUJEU (Imbert de), 44, 60.
BEAULIEU, près de Chartres, léproserie, 462.
BEAUMARCHAIS (Eustache de), sénéchal de Poitou, 147, 164, 165, 166, 323.
BEAUMONT (Jean de), 338.
BEAUMONT (Philippe de), 396.
BEAUMONT (Robert de), chevalier, 45.
BEAUREGARD, château, 432.
BEAUVAIS, Mineurs et Prêcheurs, 462.
BEIGNIÈRES, religieuses, 466.
BELLEGARDE, habitants, 404.
BELLEPERCHE, abbé, 438, 483.
BELLEVILLE (Maurice de), 112, 228, 381, 488, 490, 500.
BÉNON, 137, 162, 172, 239, 465.
BERMOND (Guillaume), notaire, 248; — Pierre, 389.
BERTIN (Pierre), 135.
BÉRIGES, tour, 53.
BÉZIERS, vicomte, 140.
BÉZIERS (Étienne de), clerc d'Alfonse, 304, 453.
BIGORRE, comte, 52.
BLAGNAC, léproserie, 466.
BLANCHE, reine, 386.
BLÉSOIS, archidiacre, Jean de la Grange, 430.
BOCCANIGRA, Génois, 113.
BOCÉ (Hugues de), chevalier, 382.
BOILLIE (Robert), 164.
BOIS (Jacques du), clerc d'Alfonse, 126, 333, 450, 451, 456, 457.
BOISSY (Philippe de), sénéchal de Rouergue, 168.
BOLLENE, habitants, 294, 296.
BONAFOUS, atelier monétaire, 215.
BONIN, juif, 321.
BONNAC, baylie, 178; — léproserie, 466.
BONNEVAL, abbaye, 464.
BONNEVAL (Gille de), grangier de Tours, 128, 430.
BONNIEUX, baylie, 179.
BORDEAUX, concile, 432; — mon-

naie, 89; — maire, 52; — ville, 91.
BOULOGNE, comte, 112.
BOURBON, sire, 138, 185; — Guillaume de Dampierre, 56; — Archambaud, 57.
BOURGES, bailli, 428.
BOURGOGNE, duc, 297.
BOUZAGUES (Imbert de), 117.
BREAIN, hôtel-Dieu, 465.
BRENS (Pierre de), 140.
BRESSOLLES (M.), 151.
BRETAGNE (comte de), Pierre Mauclerc, 55.
BRETAGNE (Jean, fils du duc de), 121, note 1.
BRETON (Pierre le), 338.
BREUIL, baylie, 173.
BRIOUDE, bayle, 409, 411; — baylie, 173.
BRIQUEVILLE (Robert de), 477.
BUCY (Jean de), intendant de Jeanne, 344; — Simon, 118.
BUZET, châtelain, 162; — baylie, 178; — hôpitaux, 466; — seigneurie, 67.

CADEROUSSE (Guillaume de), 68.
CADILLAC, habitants, 298.
CAHORS, évêque, 477.
CAHORS, diocèse, 90, 92; — évêque, 66, 420; — monnaie, 212, 215.
CAHORSIN, Quercy.
CAHUSAC, baylie, 179; — léproserie, 467.
CAJETAN (cardinal J.), 433.
CALCIATA, Caussade.
CALUTIAE (Arnaldus), 141.
CAMBRAI (Guichard, chanoine de), 382.
CAMELIN (Gille), chanoine de Saint-Quiriace de Provins, clerc d'Alfonse, 127, 248, 418, 527.
CANDAL, abbé, 401.
CANLETIO (Willelmus de), 141.
CAORSINE (monnaie), 214, 215.
CAP-DE-FER (Guillaume), clerc, 385.

CARA (Vital), blasphème contre les Français, 265.
CARBONNE, bastide, 512.
CARBONNEL (Bertrand), noble, 303.
CARCASSONE, 142; — atelier monétaire, 186, 193, 199; — état de la sénéchaussée, 529, 530.
CARLAT, vicomté, 89.
CARMEL (chapitre du Mont-), 458.
CARMINE (abbatia de), 462.
CARPENTRAS, 68.
CARROIL (Geoffroi de), chevalier quoique non noble, 260, 476.
CASENEUVE (frère Jean de), 389.
CASSAGNES, baylie, 177.
CASSEFORT (Navarre), monnoyer, 215.
CASTANET, hôpitaux, 466.
CASTELNAU (d'Albigeois), baylie, 179.
CASTELNAU (Haute-Garonne), 71, 178.
CASTELNAU (Aymeri de), 67; — Pierre, 23, 24.
CASTELNAUDARY, 150; — coutumes, 522.
CASTELSAGRAT, baylie, 176.
CASTELSARRASIN, hôpitaux, 466; — habitants, 510; — juridiction, 351.
CASTEL-SEIGNORET, baylie, 175.
CASTILHON, bastide, 512.
CASTRES, comté, 495; — Prêcheurs, 467.
CATALOGNE, 89; — vaisseaux loués en Catalogne pour la croisade, 119.
CATHARES ou Albigeois, hérétiques, 441.
CAUMONT, bastide, 512; — hôpitaux, 466.
CAUSSADE (Calciata), baylie, 176; — châtelain, 162.
CAVAILLON, baylie, 179; — habitants, 463; — leude, 259.
CAYLUS, baylie, 176; — châtelain, 162.
CAVX (Jean de), Templier, 118.
CEBAZAT, prévôté, 174.

CELLE (Geoffroy de la), 135.
CEPET, léproserie, 467; — seigneurie, 68.
CHABOT (Girard), 490; — Sabran, 490.
CHALEVENNE, léproserie, 461.
CHAMAIS (Jean), 496.
CHAMENIACO (Bernard de), 143.
CHAMPAGNE, comte, Thibaud, 31, 38.
CHAMPIGNY (Henri de), prieur des Prêcheurs de Sens, 390.
CHAMPS (Henri des), 393.
CHARENTE, rivière, 91.
CHARENTON, hôtel-Dieu, 461.
CHARLES V abolit le fouage, 295.
CHARTRES, Filles-Dieu, 463; — hôpital Saint-André, 462; — léproserie, 464; — Mineurs et Prêcheurs, 461.
CHARTRES (Renaud de), inquisiteur, 453 et suivantes.
CHARZAIS, hôtel-Dieu, 464.
CHATEAUBRIAND, sire, 490.
CHATEAUROUX (Hugues de), évêque de Poitiers, 430.
CHATEIGNERAIE (la), sire, Thibaud, 490.
CHATEL (Jean du), prieur des Prêcheurs de Poitiers, 393, 397.
CHATEL-ACHARD, château, 54.
CHATEL-AILLON, 487.
CHATEL-GUYON, baylie, 174; revenus, 239.
CHATELLERAULT, Mineurs, 464.
CHATELLERAULT, sire, 501.
CHATELLERAULT (Jean de), 488.
CHATRES, hôtel-Dieu, 464.
CHAUCEROIE (Geoffroi de), 490.
CHERVEUS, prévôté, 172; — revenus, 238.
CHEVREUSE (Gui et Hervé de), 68, 71, 128, 268.
CINTEGABELLE, fief, 67; —léproserie, 466.
CINTEGABELLE (Bernard, fille d'Aicard de), 67.
CITEAUX, abbé, 85; — chapitre, 458.

CLARET (Simon), sénéchal d'Agenais, 167.
CLÉMENT IV, pape, 217, 315, 429, 433. *Voyez* Gui Fouquet.
CLERMONT, évêque, 56, 60, 407, 428; — monnaie, 216; — ville, 57.
CLERMONT (Oise), léproserie, 464.
CLISSON (traité de), 42.
CLUNY, chapitre, 458.
COFIER (Jean), clerc d'Alfonse, 213.
COGNAC, Mineurs, 465; — seigneurie, 55; — sire, 501.
COMMINGES (comte de), 59, 72, 79, 100, 101, 102, 103, 503.
COMPIÈGNE, hôtel-Dieu, Mineurs, Prêcheurs, 462.
CONDOM, couvents et hôpitaux, 465.
CONQUES, abbaye, 475; — abbé, 385.
CORBEIL, hôtel-Dieu, léproserie, 462.
CORBEIL (traité de) entre saint Louis et le roi d'Aragon, 89.
CORBEIL (Jean de), 45.
CORDES, bastide, 512; — baylie, 170; —hôpitaux, 467; — revenus, 324.
CORNU (Henri), archevêque de Sens, 88.
COULONS, prévôté, 137, 172.
COUR NOTRE-DAME, abbaye, 462.
COURCELLES (Amaury de), 166, 167.
COURNON, baylie, 174.
COUTES (Simon de), 147, 164, 165, 166.
CROZANT, 54.
CURZON, château, 487; — châtelain, 162.

DAVI (Hélie), chevalier, 261.
DELISLE (M. Léopold), 46 et suivantes.
DIMIER (Jean), monnoyer, 215.
DORAT en Auvergne, 57.
DOUÉ (Guillaume de), chevalier, 432.
DREUX (comte de), 45.

TABLE ALPHABÉTIQUE. 539

ÉCHELLE (Trinitaires près de l'), 462.
ÉLÉONORE D'ANGLETERRE, sa correspondance avec Alfonse, 99 et suivantes.
ÉLISABETH DE LA MARCHE, promise à Alfonse, 42.
ENNEZAT, baylie, 173.
ESCRENES (Jean d'), 157.
ESNANCOURT (messire Jean d'), 74.
ÉTAMPES, Mineurs, 461; — Trinitaires, 462.
EU, comte, 51, 54; — comtesse, 488.

ESPERT, bastide, 512.
EYSSES, abbé, 512.
FANJAUX, *Fanum Jovis*, baylie, 178; — hôpitaux, 468; — seigneurie, 68.
FAUTRIER (Pierre), monnoyer, 185.
FAYE (de), Raoul, 134; — Renard, 396.
FELGAR (Raymond de), évêque de Toulouse, 479 et suivantes.
FERRIER (Bertrand), 208, 245.
FEZENSAC, comté, 68.
FIGEAC, abbaye, 21, 66; — couvents, 468.
FIGEAC (Raoul de), 385.
FLANDRE, comtesse, 297.
FOIX, comte, 59; — comté, 64.
FONTAINE-LE-COMTE, abbaye, 464.
FONTAINEBLEAU, Trinitaires, 461.
FONTDOUCE, abbaye, 465.
FONTENAY-LE-COMTE, 53; — hôpitaux, 464; — prévôté, 171, 172; — revenus, 235.
FONTENAY-SOUS-BOIS, léproserie, 461.
FONTEVRAULT, abbaye, 62, 82, 84, 462.
FONTGOMBAUD, abbé, 259.
FORÊT (Rainaud de la), 259.
FOUQUET (Gui), depuis pape sous le nom de Clément IV, 114, 146, 248, 249, 389.
FOUR (Guillaume du), juge du sénéchal de Toulouse, 379.

FOUSSERET, bastide, 510; — léproserie, 466.
FOUTEL ou Malnoue, abbaye, 461.
FRÉDÉRIC II, empereur, 36, 53, 68.
FRONTENAY, prévôté, 137; — prieur, 218.

GAILLAC, abbé, 159, 400, 478; — baylies, 179, 385; — hôpitaux, 467; — revenus, 242.
GAILLARD, trésorier de l'hôtel, 346.
GARDOUCH, fief, 67.
GARENGIER (Guillaume), 259.
GARRAUDE (François de), 482.
GASCOGNE, 91.
GÊNES, vaisseaux loués dans cette ville, 119.
GENESTEL, religieuses, 466.
GENSAC (Gentile, fille d'Adhémar de), 67.
GIEN (de), frère Jacques, 391; — Raoul, 399.
GILLE, clerc de l'inquisition, 451.
GIMONT, bastide, 512.
GIRARD (Maurice), 424.
GIRAUD (Jean), condamné, 259.
GONEL (Etienne), clerc, 305.
GONESSE (Raoul de), chanoine de Chartres, trésorier de Saint-Hilaire, 125, 189, 397, 476, 502.
GORDES, prieur, 402.
GOURDON, seigneurs, 66.
GOUTIÈRES, baylie, 174; — terre, 57.
GRANDE-CASTRUM, Puymirol.
GRANDSELVE, abbé, 38.
GRÉGOIRE IX, pape, 435.
GUICHARD, clerc d'Alfonse, 203, 432.
GUIGNAC, Renaud, chevalier, 396.
GUIOLLE (la), baylie, 177.
GUISERGUES (Bernard de), monnoyer, 194 et suivantes.
GYF, abbaye, 461.

HAIE (Maurice de la), 490.
HALE (Jean de la), 76.
HAQUIN, juif, 261.
HAUTE-BRUYÈRE, abbaye, 461.

HENRI III, roi d'Angleterre, 52. — Voyez Angleterre.
HERMENT, chapitre, 437.
HONOR, signification de ce mot, 495.
HONORIUS IV, pape, 32, 33, 34.
HORACE cité par Alfonse, 102.

ILE (de l'), Ansel, 71; — B., prévôt de Toulouse, 316.
ILE-JOURDAIN (Bernard de l'), prévôt de l'Église de Toulouse, 479.
INCARD (Aymeri), commissaire sur le fait des Juifs, 328.
INNOCENT III, pape, 24 à 31.
INNOCENT IV, 179, 441, 443; — ses grâces envers Alfonse, 313.
ISAAC de Paris, Juif, 321.
ISABELLE, comtesse de la Marche, 41.
ISLE (l'), en Venaissin, baylie, 68, 179; — Mineurs, 468.

JARCY, abbaye, 469.
JARD, abbaye, 462.
JARNAC, seigneurie, 55; — sire, 490.
JEANNE, fille de Raymond VII, 39, 40, 41; 78, 82, 90; — son testament, 120; — son hôtel, 343.
JOINVILLE (sire de) raconte inexactement ce qui se passa entre saint Louis et le comte de la Marche en 1241, 48; — passage de ce chroniqueur sainement interprété, 306, 307.

KAERCY, Quercy.

LAGNY, foire, 340.
LAGORT, bois en Saintonge, 238, 253.
LAJARDEL (Robert de), 385.
LANDREVILLE (Pierre de), sénéchal d'Albigeois, de Rouergue et de Toulouse, 168, 169.
LANGEAC, baylie, 173.
LANGIACUM, Langeac.
LANGUEDOC, ce qu'on entendait par ce mot au moyen âge, 63.
LANGY, baylie, 174.
LATA-ROSA (Thomas de), 400.
LAUBERETE, frères, 528.

LAURAC, 68, 72; — baylie, 178; — hôpitaux, 466.
LAUSERTE, baylie, 176; — hôpitaux, 465.
LAUTREC, vicomte, 59, 159, 307.
LAVARZAC (Pierre de), 68.
LAVAUR, VAURUM, 151; — baylie, 178; — hôtel-Dieu, 466.
LEICESTER, comte, 95, 99.
LENAIN DE TILLEMONT, auteur d'une vie de saint Louis, 3.
LENGIS, Langy.
LESCURE, en Rouergue, revenus, 246.
LÉVIS (sire de), maréchal de la Foi, 64.
LIEUSAINT, hôpital, 463.
LIMOGES, abbé de Saint-Martial, 246; — diocèse, 90; — vicomtesse, 365.
LOMAGNE, vicomte, 59.
LOMAGNE (Eude et Siquis de), 68.
LOMAGNE (Philippe de), 120, 121.
LONGCHAMP, abbaye, 461.
LONGPONT, hôpitaux, 462.
LONJUMEAU, léproserie, 463.
LONJUMEAU, frère du Val des Écoliers, 461.
LOUIS VIII, 26, 32, 33, 34, 37, 42.
LOUIS IX, son peu de goût pour la parure, 44, 45; — respecte le droit des gens, 110, 111; — menace l'évêque de Clermont de la saisie de son temporel, 216; — demande et obtient des subsides de ses bonnes villes, 297; — lève des impôts extraordinaires du consentement de ses sujets, 306, 307; — Lettre à Alfonse sur une monnaie arabe, 217; — réprime les exactions des prévôts de Melun, 258; — poursuit les Juifs, 318; — institue des enquêteurs, 386.
LOUIS, fils de saint Louis, 87, 88.
LUÇON, château, 488.
LUNEL, sire, 59, 74, 78, 87, 169.
LUSIGNAN, sire, 48, 50, 321, 464.
LUSIGNAN (Geoffroy de), 53, 54, 381; — Guillaume, 51; — Hugues,

4, 423. *Voyez* Marche (comte de la).

Macon (Etienne de), chanoine de Beauvais, 432.
Maguelone, monnaie de l'évêque, 217.
Mahomet, monnaies françaises sur lesquelles il en est mention, 217.
Maignac (Ythier de), 364.
Maillé (Hardouin de), 134, 136, 163.
Maisons (Jean de), 389.
Malaucène, baylie, 179.
Malet (Pierre), 261.
Mançois, monnaie, 182, 206.
Mans (le), baylie, 174.
Mantes, Mineurs, 461.
Marabotins ou mailles d'or, leur valeur, 218.
Marche (la), comte, 50, 59, 60, 321, 385, 482; — comtesse, 50 et suivantes.
Marcheois, monnaie, 212.
Marennes, prévôté, 172.
Marguerite de Provence, sa correspondance avec Alfonse, 98 et suivantes.
Marly, hôtel-Dieu, 464.
Marmande, 32, 72; — châtelain, 162; habitants, 510, 511; — péage, 85, 175, 266, 277.
Marmoutier, abbé, 482.
Martel, fief, 66.
Martel (Jean de), monnoyer, 202.
Mas-du-Puy, revenus, 246.
Mas-Grenier, abbé, 479.
Matha (Foulque de), chevalier, 457.
Mathieu Paris, chroniqueur peu sûr, 48, 53.
Mauléon, sire, 394.
Mauléon (Savary de), 135, note 1.
Maumont (Géraud de), 381.
Mauriac, doyen, 408.
Maurice (Pierre), 496.
Meaux, Mineurs, 461.
Melgoriens, monnaie, 185, 217.
Mello (Dreu de), 383.

Melun, exactions des prévôts, 258.
Melun (Adam de), enquêteur, 400.
Mercoeur (Béraud de), 166.
Mercy-Dieu, abbaye, 464.
Merpins, château, 54, 55.
Mervant, 53.
Meulan (Alain de), archidiacre d'Évreux, 128.
Mezy (Eustache de), clerc, 289, 399.
Millau, 71, — baylie, 177; — châtelain, 162; — consuls, 123; — couvents, 71; — don gratuit, 301, 309.
Milleschamps (Évrard de), connétable d'Auvergne, 167.
Milloe (la), Millau.
Mirabel, baylie, 176.
Mirebeau, Mineurs, 464.
Mirebeau (de), Pons, 450, 501; — Raoul, doyen de Poitiers, 128.
Mirepoix, sire, 449.
Mirmanda, Marmande.
Mitry, Trinitaires, 463.
Moissac, abbé, 421, 429, 476, 477; — baylie, 176; — don gratuit, 302; — hôpitaux, 465; — habitants, 510; — juridiction, 350,
Mollières, baylie, 176.
Monclar, baylie, 175.
Monjoire (Guillaume de), 366.
Mons (Renaud de), avocat, 260.
Mons-Lanardi, Montdenard.
Montagnes d'Auvergne, 139.
Montalsac, bastide, 512.
Montastruc, léproserie, 466.
Montargis, religieuses, 462.
Montauban, baylie, 176; — couvents et hôpitaux, 465; — Mineurs, 468; — ville, 302.
Montaut (Sicard de), 115.
Montboissier, finances, 279.
Montcel, prévôté, 173.
Montcuq, baylie, 176; — châtelain, 162; — curé, 484; — hôpitaux, 465.
Montdenard, Mons-Lanardi, baylie, 176; — fief, 68.

MONTDENARD (Armand de), 421, 477.
MONT-DIEU, religieuses, 466.
MONTESQUIEU, 67; — léproserie, 466.
MONTFERRAND, habitants forcés d'accorder un subside, 291, 293.
MONTFLANQUIN, bastide neuve; 303; — baylie, 175.
MONTFORT (de), Amaury, 144; — Simon, chef de la croisade, 26, 31 à 33, 75, 142, 143, 528; — Simon, gouverneur de Guienne, 72; *Voyez* Leicester.
MONTGISCARD, baylie, 178; — fief, 67.
MONTJOIE, bastide, 512; — baylie, 176.
MONTLÉART (Guillaume de), 76.
MONT-LEVRAT, hôpital, 465.
MONTLHÉRY, hôpitaux, 462.
MONTMIRAIL (Robert de), 135.
MONTMORILLON, 172; — habitants, 394; — hôtel-Dieu, 464; — prévôté, 117, 172; — revenus, 237.
MONTON, prévôté, 173.
MONTONNIÈRE (Eude de la), clerc d'Alfonse, 126, 303, 304, 389 à 391, 399.
MONTPELLIER, juridiction communale, 356; — seigneurie, 89.
MONTPEZAT (Eude de), 68.
MONTREUIL-BONNIN, atelier monétaire, 182, 183, 190 et suivantes, 211; — châtellenie, 395; — prévôté, 117, 171; — revenus, 237.
MONTREUIL EN GATINAIS, 53.
MONTROUGE, Guillelmites, 462.
MORNAS, atelier monétaire, 199; — baylie, 179.
MOSSE, juif, 261, 320, 321.
MURVIEIL (Sicard de), chevalier, 45.

NABINAUS (Ytier de), avocat auprès des officialités, 424.
NAJAC, 68; — bastide, 512; — baylie, 177; — châtelain, 162; — hôtel-Dieu, 467.
NANGERVILLE, bastide, 512.
NANGERVILLE (Thibaud de), 169.

NANTEUIL (Jean de), 120, 126, 127.
NANTOIS à l'escu, monnaie, 182.
NARBONNE, archevêque, 478 et suivantes, 481; — province exempte de la régale, 435; — vicomte, 59.
NAVARRE, roi, 297.
NEMOURS, abbaye, 461.
NEUVILLE (Thomas de), 127.
NEUVY (Thibaud de), 164, 279, 424, 431.
NEVERS, comte, 297.
NEVILLE (Geoffroi de), 135.
NICE, atelier monétaire, 199.
NÎMES, atelier monétaire, 193, 199; — juridiction municipale, 355; — hôtel-Dieu, maladrerie, 464.
NIORT, baylie; 137; — émeute, 281; châtelain, 136, 161, 223; — finance, 279; — halle, 268; — juifs, 319; — hôtel-Dieu, maladrerie, 464; — prévôté, 171; — revenus, 235.
NIVARD (messire), connétable d'Auvergne, 167.
NONNETTE, bayle, 406; — finance, 279; — prévôté, 173.
NOYON, Mineurs, 462.

OLARGUE (Pons d'), 45.
OLERON (île d'), faux monnayeurs, 218; — prévôté, 137, note 5.
OLONE, château, 487; — châtelain, 162.
OPPÈDE, baylie, 179; — habitants, 251.
ORCET, prieur, 408.
ORLÉANS, couvents et hospices, 461, 462.
ORZALS, en Rouergue, mines d'argent, 208 et suivantes.
OUTRE-GARONNE, baylie, 175.
OUTRE-LOT, baylie, 65, 177.

PACY (Jean de), 338.
PALAMÉNIT, bastide, 512.
PALLUEL, bastide, 174.
PALUD (la), baylie, 179.

PANETIER (le), Adam, 163, 225; — Guillaume, 136; — Simon, 162.
PARADIS (le), monastère en Agenais, 62.
PARC NOTRE-DAME, abbaye, 460.
PAREITE (Renaud de la), 76.
PARIS, collége Saint-Bernard, 485; — églises et hôpitaux, 460 à 464; — le Temple, lieu de dépôt du trésor d'Alfonse, 344.
PARIS (Eudes de), enquêteur, 399, 400.
PARTES THOLOSANÆ, 64.
PARTHENAY, châtelain, 162;—Mineurs, 464; — sire Hugues, l'archevêque, 383, 490.
PARTHENAY (Geoffroi de), 399.
PATERNE, Pernes.
PENNE d'Agenais, 60, 73; — châtelain, 162.
PENNE d'Albigeois, baylie, 179; — léproserie, 467.
PÉRIGORD, comte, 45.
PÉRIGUEUX, diocèse, 90, 92, 93.
PERNES, Paterne, baylie, 179; — brécage, 256.
PETIT-JAULNAI, habitants, 384.
PETRUCIA, Peyrusse.
PEYRUSSE, baylie, 177, 245; — hôpitaux, 467.
PHILIPPE, sénéchal d'Agenais, 141, note 4; —trésorier de Saint-Hilaire de Poitiers, 68, 69 et suivantes, 125.
PHILIPPE AUGUSTE, sa réponse à l'évêque de Paris et au légat au sujet des Albigeois, 24, 25.
PICQUIGNY (Guillaume de), 490.
PIN (le), abbaye, 464.
PINCIACUM, Pionsat.
PIONSAT, baylie, 174; — fief, 57.
PLAILLY (Herbert de), connétable d'Auvergne, 167.
PODIA, religieuses, 464.
POILEVOISIN (Aubert de), 396.
POIRÉ (le), baillie, 232, 233.
POISSY, léproserie, 460.
POITEVINS, monnaie, 182 et suivantes, 189.

POITIERS, châtelain, 168; — commune, 505; — évêque, 381, 424, 425, 430, 436, 437; — filles publiques, 395; — frères de la Pénitence, 468; — juifs, 329; — hôpitaux, 464; — Moutier-Neuf, 365; — parlement tenu à Poitiers en 1270, 415; — Prêcheurs, 464; — réunion de barons, 283; — prévôté, 137, 171;—Sachets, 464; — Saint-Cyprien, 459; — Sainte-Croix, 439, 464; — Sainte-Radegonde, 439, 464; — Trinitaires, 464; — université, 484.
POITOU, barons, 490, 498, 499; — cens double, 281; — don des habitants, 279; — enquêteurs, 393 et suivantes; — juifs, 324, 326; — prévôtés, 171, 172; — revenus, 230 et suivantes; — sénéchaux, 135, 163 à 166;—Templiers, 438.
PONCEAUX (Henri de), 167.
PONS, Mineurs, 465.
PONS (Renaud de), 54, 385.
PONT-DE-SORGUE, atelier monétaire, 184, 199, 211; — baylie, 179.
PONT-DU-CHATEAU, baylie, 173; —coutumes, 505.
PONT-LA-REINE, Trinitaires, 461.
PONTLEVOI (Jean, Nicolas et Pierre de), 202 et suivantes.
PONT-NOTRE-DAME, abbaye, 462.
PONTOISE, séjour d'Alfonse, 335; — églises et hôpitaux, 461, 462.
PONTARMÉ, Trinitaires, 463.
PORT-ROYAL, abbaye, 461.
PORT-SAINTE-MARIE, baylie, 175; — don gratuit, 303, 309; — habitants, 262.
POUJOL, village détruit par la guerre, 513.
PRAHEC, prévôté, 137, 172; —revenus, 231, 235.
PRIS, château près de Rodez, 81.
PROUILLE, Jacobines, 467, 468.
PROVENCE, signification étendue de ce nom au moyen âge, 63, 64; — comte Raymond Bérenger, 58;

— marquisat, 78; — monnaie, 206, 207.
PROVENÇAUX, monnaie, 206.
PRUNAY (Jean de), sénéchal de Venaissin, 170, 207.
PUYCELEV, fouage, 242.
PUYLAURENS, baylie, 178; — léproserie, 467.
PUYMIROL, Grande Castrum, baylie, 175.

QUEILHE (Guillaume de la), 68.
QUERCY, *Caturcinium Kaerci*, 65, 72, 91, 94; — fouage, 280, 308; — revenus, 243.
QUINÇAY, abbé, 481.

RABASTEINS, *Rapistagnum*, baylie, 179; — hôpitaux, 467.
RABASTEINS (Maître de), damoiseau, 379.
RAIGNI, hôpital, 465.
RANCON (Geoffroi de), 52, 54.
RAPISTAGNUM, Rabasteins.
RAYMOND VI, ses nombreux mariages, 18, 19.
RAYMOND VII, son testament, 80, 81, 82, 85; — cassé, 85; — sa mort, 62.
RAYMONDINS (d'Albi), monnaie, 214, 215.
RÉ (abbé de), 437; — château, 487.
REÇALTO (Raymond de), 140.
RÉOLE (la), maire, 52.
RENALD (Bernard), monnoyer toulousain, 187.
RENAUT (maître), 74.
RICHARD, frère du roi d'Angleterre, 46, 75.
RICHARD DE SAINT-ANGE (le cardinal), 114.
RIEUX (*Rivi*), 67; — baylie, 178.
RIOM (assemblée ecclésiastique à), en 1252, 445; — baylie, 173; — château, 119; — coutumes, 505 et suivantes; — don gratuit, 309; — enquête, 408; — finances, 279; — monnaie, 183, 184, 211; — subside forcé, 289, 291.
RIOMOIS, monnaie, 183, 184.
RIS, Auvergne, baylie, 174.
RIVI, Rieux et Ris.
ROAUD (G.), 137.
ROCHE (la), abbaye, 461.
ROCHE (de la), Amenon, 503; — Gui, clerc, 288, 289.
ROCHE D'AGOULT (la), 57, 119; — baylie, 174.
ROCHE-SERVIÈRE, prieur, 259; — sire, 490.
ROCHE-SUR-YON (la), assise, 368; — châtelain, 165; — dame, 221; — revenus, 231.
ROCHECHOUART, vicomte, 268.
ROCHEFORT, dame, 488.
ROCHEFORT (de), Charles, 394; — Joffrei, 488.
ROCHELLE (la), 104, 105, 106, 107, 119; — aide extraordinaire, 288; — changeurs, 221; — châtelain, 162; — couvents et hôpitaux, 464; — don, 279, 309; — Filles-Dieu, 468; — halles, 269, 270, 271; — juifs, 319; — prêt, 289; — prévôté, 172; — priviléges, 505, 506; — tour de Mau s'i frote, 269.
ROCHES (Guillaume des), 136.
RODEZ, comte, 59, 501, 502; — couvents et hôpitaux, 467; — évêque, 242, 454, 455, 470 et suivantes, 483; — monnaie du comte; — monnaie, 215, 216.
ROHAN, vicomte, 228.
ROMORANTIN, archiprêtre, 392, 402.
RONCEVAUX (histoire de), 341.
ROQUEFORT (sire Géraud de), 407.
ROQUEFORT (Aymeri de), 67.
ROQUE-VALSERGUE, châtelain, 162.
ROTAUDE (la), feutrière, 397.
ROUERGUE, comté, 65, 141, 142, 151; — baylies, 177; — juifs, 326; — mines, 245; — revenus, 244 et suivantes; — sénéchaux, 167, 168.
ROUSSILLON, 89.
ROUX (Guillaume le), clerc, 127.

TABLE ALPHABÉTIQUE.

Rovignan (Arnaud de), 212, 213.
Ruette (Robert), 127, 128.

Sabazacum, Cebazat.
Saclay (Etienne de), trésorier de Saint-Hilaire, 125, 128.
Saint-André-lez-Avignon, abbé, 170.
Saint-Antonin, atelier monétaire, 211; — Mineurs, 468; — ville, 65.
Saint-Cyr, abbaye, 461.
Saint-Emilion, maire, 52.
Saint-Félix, baylie, 178; — hôpitaux, 466.
Saint-Geniès, baylie, 177.
Saint-Jean-d'Angély, 56; — châtelain, 162; — commune, 504, 505; — couvents et hôpitaux, 464, 465; — finance, 279; — juifs, 319; — prévôté, 172; — revenus, 239.
Saint-Julien, consuls, 402.
Saint-Maurice, abbé, 263.
Saint-Maixent, hôtel du comte, 397; Juifs, 319; — revenus, 236.
Saint-Martin en Lauraguais, hôpitaux, 466.
Saint-Michel en Lherm, 487.
Saint-Omer, 105.
Saint-Pastour, baylie, 175.
Saint-Pierre-le-Moutier, coutumes, 505.
Saint-Pourçain, péage, 174.
Saint-Quentin, Mineurs, 463.
Saint-Romain (Hugue de), chevalier, 289, 244, 245.
Saint-Rome, baylie, 178; — fief, 67.
Saint-Savin, abbé, 459; — prévôté, 137, 172.
Saint-Séverin, abbé, 482.
Saint-Sulpice, bastide, 512; — léproserie, 466.
Sainte-Flaive, paroisse, 233.
Sainte-Foi, bastide, 512; — baylie, 166; — châtelain, 162; — léproserie, 466.
Sainte-Maure (Guillaume de), 383, 490.
Saintes, baylie, 137; — château, 457; — châtellenie, 55; — cohue,

269; — évêque, 385, 457; — couvents et hôpitaux, 464; — juifs, 319; — prévôté, 172, 232.
Saintonge, 91, 93; — cens doublé, 281; — juifs, 324, 326; — prévôtés, 172, 235; — revenus, 238, 239; — sénéchaux, 167.
Sainville, Frères et lépreux, 462.
Salles, bastide, 512.
Salomon, clerc, 302.
Sanzay, 394; — prévôté, 171.
Sarlat, abbé, 68.
Saumur, grande fête pour la chevalerie d'Alfonse, 43 et suivantes.
Saussaye (la), religieuses, 461.
Sauve, viguier perpétuel, 159.
Sauve-Majeure, abbé, 459.
Sauveterre, hôpital, 463.
Séguret, baylie, 179; — château, 68.
Sens, archevêque, Henri Cornu, 88; — Mineurs, Prêcheurs, 462.
Septfonts, bastide, 512; — baylie, 177.
Servière (Guillaume de), 37, note 2.
Severac (Gui, sire de), 471.
Sevestre, monseigneur, 496.
Simon, cardinal du titre de Sainte-Cécile, légat, 432, 433.
Sorin (Pierre), 429, 430.
Soissons, comte, 43.
Sours (Jean de), sénéchal de Saintonge, 166, 270.
Souterraine (Soudan de la), 262.
Sylars (Geoffroi de), chevalier, 394.

Taillebourg, 54; — Trinitaires, 469.
Talmont, châtelain, 162, 368; — fief, 127.
Tantalon (Arnal de), sénéchal d'Agenais, 167.
Tarascon, atelier monétaire, 199.
Thezac (Gaubert de), 263.
Thiers, abbaye, 483.
Thillay (Pierre de), 133.
Thomas (Geoffroi), connétable d'Auvergne, 167.
Thouarçais, succession bizarre, 494.

THOUARS, baillis, 257; — châtelain, 162; — rachat, 228.
THOUARS (vicomtes de), Aimeri, 135; — Renaud, 112; — vicomte, 488, 489; — vicomté, 127.
THYAIS (Guillaume le), 127, 163.
TONNAY, chambellanie, 395; — prévôté, 137, 172.
TONNAY (Robert de), 395.
TORNEHAM (Geoffroi de), 135.
TOULOUSE, atelier monétaire, 185, 199; — baylie, 177; — bourgeois et habitants, 71, 72, 509; — château Narbonnais, 162; — comté, 39, 64; — comtes, appréciation de leur puissance, 17 et suivantes; — confrérie du Carmel, 469; — consuls, 366, 413; — cour du viguier, 363; — couvents et hôpitaux, 465, 466; — don gratuit, 309; — évêque, 322, 443, 479 et suivantes; — juridiction municipale, 357; — Mineurs, 468; — parlement, 410; — sénéchaux, 169; — Trinitaires, 468; — ville, 77, 389; — université, 484, 485; — viguier, 450.
TOULOUSAIN, baylies, 177; — juifs, 326; — revenus, 246 et suivantes.
TOUR (Gui de la), évêque de Clermont, 432.
TOUR (Bertrand, sire de la), 407.
TOURNOELLE, baylie, 174.
TOURNOIS, type monétaire adopté par Alfonse, 183 et suivantes.
TOURNON, baylie, 175.
TOURS, Mineurs, Prêcheurs, 461.
TOUZET (Bon), juge du sénéchal d'Agenais, 243.
TURPIN (Jean), 162.
TRENCAVEL, fils de l'ancien vicomte de Béziers, 58, 59.
TRÉSORIER (Pierre le), 462.
TROYES (Marc de), 192, 219.
TRUEL (Arnaud), de Cahors, 211.
TURENNE, vicomtes, 66.

UNAUD (R.), 67.

URBAIN IV, 113, 313, 315, 442, 443, 480.

VAISON, baylie, 179.
VALENCE, abbaye, 464.
VALLÈGUE, hôpitaux, 466.
VAL-PROFOND, abbaye, 461.
VAUDOIS, hérétiques distincts des Cathares, 441.
VAUGRIGNEUSE (Guillaume de), archidiacre de Paris, 128, 189; — G., sénéchal de Venaissin, 170.
VAUX (les), baylie, 178.
VAZIÈGE, fief, 67.
VENAISSIN (comtat), 39, 65, 74, 78, 79, 120, 141, 142; — baylies, 179; — don gratuit, 305, 309; — enquêteurs, 400, 402 et suivantes; — revenus, 248 et suivantes; — sénéchaux, 169, 170.
VENDÔME (traité de), 43.
VERDUN, 72; — châtelain, 162; — hôpitaux, 466.
VERFEIL, bastide, 512.
VERGNE (Raoul de la), 368.
VERNEUIL (Nicolas de), 477.
VERNON, hôtel-Dieu, 462.
VERNON (Guillaume de), chevalier, 364, 382.
VEYRAC, bastide, 512.
VICOMTE (Jean le), 342.
VICHY, prévôté, 174.
VIGUIER (Pierre), archidiacre de Saintes, 128.
VILLEBÉON (M. de), 127, n° 4.
VILLEBOIS, seigneurie, 55.
VILLEFAVEREUSE (Philippe de), sénéchal d'Agenais, 167, 513.
VILLEFRANCHE (Haute-Garonne), 512.
VILLEFRANCHE DE ROUERGUE, 177, 512; — églises et hôpitaux, 467; — sa fondation, 514; — sa construction, 474.
VILLEMUR, 72.
VILLÈLE (Aimeri de), 451.
VILLENEUVE-DE-POUJOL, ou Villeneuve-sur-Lot, baylie, 175, 512, 513.

VILLENEUVE DE ROUERGUE, 177; — hôpitaux, 467.
VILLERÉAL, baylie, 175.
VILLESALEM, religieuses, 464.
VILLETTE (Thomas de), sénéchal de Saintes, 282.
VILLETTE (Jean de), 166.
VILLIERS, abbaye, 461.
VILLIERS (Oudard de), 156.
VINCENNES, bonshommes, 460.

VINCENT DE BEAUVAIS, chroniqueur peu sûr, 47, 53.
VITAL (Pierre) de Martel, 211.
VIVIEN, évêque de Rodez, 470.
VOISINES, abbaye, 461.
VOISINS (Guillaume de), 161.
VOISINS (Pierre de), sénéchal de Toulouse, 169, 185.
VOUVANT, 53; — châtelain, 162.

YERRES, abbaye, 462.

TABLE DES MATIÈRES[1].

	Page
INTRODUCTION...	1

LIVRE PREMIER.
RÉCIT DES ÉVÉNEMENTS.

CHAPITRE PREMIER. — La guerre des Albigeois et ses conséquences..	13
CHAPITRE II. — Le Poitou et Alfonse.	40
CHAPITRE III. — Alfonse devient comte de Toulouse.	58
CHAPITRE IV. — Biographie d'Alfonse, comte de Poitiers et de Toulouse.	86

LIVRE DEUXIÈME.
ADMINISTRATION GÉNÉRALE.

PREMIÈRE PARTIE. — Administration centrale.	122
DEUXIÈME PARTIE. — Administration locale.	129
CHAPITRE PREMIER. — Baillis et sénéchaux.	129
CHAPITRE II. — Prévôts et bayles.	154
CHAPITRE III. — Liste des sénéchaux du comte Alfonse	163
CHAPITRE IV. — Divisions administratives des domaines d'Alfonse	171

LIVRE TROISIÈME.
FINANCES.

CHAPITRE PREMIER. — Histoire monétaire d'Alfonse	181
CHAPITRE II. — Administration financière et revenus ordinaires	223
CHAPITRE III. — Impôts extraordinaires.	278
CHAPITRE IV. — Grâces apostoliques.	313
CHAPITRE V. — Confiscations sur les Juifs et les hérétiques	318
CHAPITRE VI. — Dépenses, comptabilité, trésor.	333

[1] Nous ne donnons ici que les titres des chapitres; dans l'ouvrage même chaque titre de chapitre est suivi d'un sommaire détaillé que l'on trouvera facilement à la page indiquée, et qu'il eût été superflu de reproduire, d'autant plus que la table des chapitres est précédée de la table alphabétique des noms de personnes et de lieux.

LIVRE QUATRIÈME.

ORGANISATION JUDICIAIRE.

Chapitre premier. — Juridictions de premier degré.	350
Chapitre II. — Juridictions de second degré et appel.	365
Chapitre III. — Juridiction supérieure	373

LIVRE CINQUIÈME.

RAPPORTS D'ALFONSE AVEC LES TROIS ORDRES.

Chapitre premier. — Rapports avec le clergé.	422
Chapitre II. — Rapports avec la noblesse.	485
Chapitre III. — Rapports avec le tiers état.	504
Conclusion	531
Note sur les sources manuscrites de l'histoire administrative d'Alfonse.	533
Table alphabétique des noms de personnes et de lieux.	535

ADDITIONS ET CORRECTIONS.

Page 38, ligne 6, au lieu de *reste fidèle*, lisez *demeure fidèle*.
— 82, — 19, au lieu de *cinquante* chevaliers, lisez *quarante*...
— 126, — 20, au lieu de *fuiz le roi*, lisez *fiuz*...
— 130, note 1, ligne 3, au lieu de *t. I, p.* 49, lisez *p.* 49.
— 130, — 1, — 4, au lieu de 1199, lisez 1179.
— 117, ligne 4, au lieu de *Simon de toutes*, lisez *Simon de Coutes de*...
— 156, note 3, ligne 5, au lieu de *jurisdictioni*, lisez *jurisdictionis*.
— 157, — 1, — 4, au lieu de *quas sub talium*, lisez *que*.
— 165, ligne 8, au lieu de *fuiz*, lisez *fiuz*.
— 175, — 4, au lieu de *Grand-Castang*, lisez *Puymirol, Lot-et-Garonne*,
— 194, — 14, au lieu de *fuiz*, lisez *fiuz*.
— 233, note 3, ligne 15, avant *invenire* ajouter *poteritis*.
— 232, ligne 19, au lieu de *Peray*, lisez *Poiré*.
— 233, note 1, au lieu de *cona* lisez *coua cujus exitus*.
— 236, — 3, ligne 4, au lieu de *forbisor*, lisez *forbisorem*.
— 241, — 1, au lieu de *t. II*, lisez *t. I*.
— 248, — 2, au lieu de *Picard d'Alaman*, lisez *Sicard d'Alaman*.
— 252, ligne 15, au lieu de 1245, lisez 1243. — Note 2, ligne 10, au lieu de *ad justitiam*, lisez *ac*...
— 253, note, ligne 19, au lieu de *marcha*, lisez *marcham*.
— 269, note 3, ligne 8, au lieu de *remata*, lisez *remota*.
— 271, — 1, — 7, au lieu de *quas preces*, lisez *quos*. — Note 2, ligne 11, au lieu de *detentio*, lisez *detentis*.
— 301, — 1, — 2, au lieu de *tali locis*, lisez *talis loci*.
— 358, — 2, — 2, au lieu de *Marchegny*, lisez *Marchegay*.
— 412, — 4, au lieu de *Massillon*, lisez *Fléchier*.
— 416, notes 1 et 2, au lieu de J. 1131, lisez J. 1031.

www.ingramcontent.com/pod-product-compliance
Lightning Source LLC
Chambersburg PA
CBHW070831230426
43667CB00011B/1754